Buch und Reformation

Schriften der Stiftung Luthergedenkstätten
in Sachsen-Anhalt, Bd. 16

Stiftung Luthergedenkstätten in Sachsen-Anhalt

Buch und Reformation

Beiträge zur Buch- und Bibliotheksgeschichte Mitteldeutschlands im 16. Jahrhundert

Herausgegeben von

Enno Bünz, Thomas Fuchs und Stefan Rhein

Evangelische Verlagsanstalt · Leipzig

Umschlagbild: Universitätsbibliothek Leipzig, Kirchg.944/1: Argula on Grumbach: Wye ein christliche Fraw des Adels in Beyern durch iren … Sendbrieffe die Hohenschul zu Ingoldstat … straffet, [Erfurt: Matthes Maler 1523] (VD16 G 3680).

Bibliographische Information der Deutschen Nationalbibliothek
Die Deutsche Nationalbibliothek verzeichnet diese Publikation in der Deutschen Nationalbibliographie; detaillierte bibliographische Daten sind im Internet über http://dnb.dnb.de abrufbar.

Printed in Germany · H 7759

Das Buch wurde auf alterungsbeständigem Papier gedruckt.

Gesamtgestaltung: Kai-Michael Gustmann, Leipzig
Satz: Susanne Dietel, Leipzig
Druck und Binden: Hubert & Co., Göttingen

ISBN 978-3-374-03752-0
www.eva-leipzig.de

Vorwort

Buchdruck und Reformation sind schillernde Begriffe in der geschichtswissenschaftlichen Selbstverständigung. Sie bringen zwei der zentralen Momente der deutschen Geschichte zusammen: die Erfindung des Buchdrucks und die Reformation Martin Luthers. Der vorliegende Sammelband beleuchtet diesen immer wieder postulierten Zusammenhang von Buchdruck und Reformation und damit einen kulturellen Transformationsprozess von welthistorischer Bedeutung.

Hervorgegangen ist der vorliegende Band aus den Vorträgen auf der Fachtagung „Buch und Reformation", die am 6. und 7. Mai 2011 im Cranach-Haus in Wittenberg stattfand. Sie schließt an die Leipziger Tagung „Bücher, Drucker, Bibliotheken in Mitteldeutschland" von 2003 an, deren Referate in dem gleichnamigen Sammelband 2006 publiziert wurden.

Die Wittenberger Tagung wurde durch die Unterstützung der Stiftung Luthergedenkstätten in Sachsen-Anhalt, des Instituts für Sächsische Geschichte und Volkskunde e. V. in Dresden sowie der Vereinigten Domstifter zu Merseburg und Naumburg und des Kollegiatstifts Zeitz ermöglicht. Dafür danken wir den verantwortlichen Gremien.

Die Redaktion des Sammelbandes lag an der Universitätsbibliothek Leipzig. Namentlich danken wir Sylvia Kabelitz M.A. und Teresa Kilian für die Korrekturarbeiten. Der Großteil der Vorlagen für die Abbildungen wurde in der Digitalisierungswerkstatt der Universitätsbibliothek dankenswerterweise von Angelika Hahn und Sabine Ullmann produziert. Der Drucksatz wurde von Susanne Dietel hergestellt, wobei sie von Kai-Michael Gustmann unterstützt wurde, wofür wir beiden danken. Das Register wurde maßgeblich von Lea Morgenstern B.A. vom Lehrstuhl für Sächsische Landesgeschichte an der Universität Leipzig bearbeitet. Dafür gilt ihr unser Dank.

Abschließend danken wir den Mitarbeiterinnen und Mitarbeitern der Evangelischen Verlagsanstalt für die Unterstützung bei der Drucklegung des Bandes.

Leipzig und Wittenberg, im Februar 2014 *Die Herausgeber*

Inhalt

9 THOMAS FUCHS
Einleitung: Buch und Reformation

39 ENNO BÜNZ
Das Buch in den Händen von Geistlichen. Beobachtungen zum kirchlichen und klerikalen Buchbesitz (12. – 16. Jahrhundert)

69 ARMIN KOHNLE
Martin Luthers Adelsschrift und ihre Rezeption. Beobachtungen am Beispiel einer „reformatorischen Hauptschrift"

87 HENDRIKJE CARIUS
Die „Bibliotheca Spalatini" als humanistisch-reformatorische Gelehrtenbibliothek

125 THOMAS LANG
„bucher gud unde beße" – Die Beziehung zwischen der Wittenberger Schlossbibliothek und dem kursächsischen Hof: Möglichkeiten und Grenzen der Auswertung von Rechnungsquellen

173 STEFAN MICHEL
Der Sammler, Herausgeber, Multiplikator und Händler von Luthers Büchern Georg Rörer. Ein Beitrag zur reformatorischen Buchproduktion

191 THOMAS THIBAULT DÖRING
Caspar Borner und seine Bibliothek

213 STEFAN RHEIN
Melanchthons Bücherschrank

241 JOACHIM OTT
Buchdruck, Polemik und Zensur um 1560. Eine Bücherliste des Jenaer Bibliothekars Martin Bott

277 HEIKO JADATZ
Mitteldeutsche Pfarr- und Kirchenbibliotheken im 16. Jahrhundert: Befunde in den Akten der evangelischen Kirchenvisitationen

287 THOMAS FUCHS
Prolegomena zu einer evangelischen Theologie der Bibliothek. Die Gründung der Kirchenbibliothek von St. Nicolai in Leipzig

305 ABKÜRZUNGEN

307 REGISTER DER PERSONEN, ORTE UND KÖRPERSCHAFTEN

321 DIE AUTORINNEN UND AUTOREN DES BANDES

Thomas Fuchs

Einleitung: Buch und Reformation

> „Auf wunderbare Weise wurde Luthers Neues Testament durch die Buchdrucker vervielfältigt, so daß auch Schuster und Frauen und alle Laien, welche nur halbwegs die deutschen Buchstaben gelernt hatten, es aufs eifrigste lasen, wie die Quelle aller Wahrheit. Die Anhänger Luthers trugen das Buch bei sich und lernten es durch immer neues Lesen auswendig. Dadurch eigneten sie sich binnen weniger Monate so viele Lehrkenntnisse an, daß sie nicht davor zurückschreckten, nicht bloß mit katholischen Laien, sondern auch mit Priestern und Mönchen, ja sogar mit theologischen Magistern und Doktoren über Glaubensfragen und das Evangelium zu disputieren."[1]

Johannes Cochlaeus, der gleichermaßen aktive wie missachtete theologische Gegner Luthers beschrieb in diesem berühmten Zitat die Bedeutung des Buchdrucks für die reformatorische Auseinandersetzung. Es ist geradezu sein Erschrecken zu spüren, dass sogar Frauen und Laien das Bildungs- und Bibelauslegungsmonopol des Klerus zu brechen begannen und die evangelische Lehre vom allgemeinen Priestertum in die Tat umzusetzen versuchten. Sie waren „witzig" geworden, um in der Sprache der Quellen zu reden. Der Buchdruck hatte zu einer ungeahnten Demokratisierung des Textzugangs geführt. Texte lesen zu können, von der dafür notwendigen Ausbildung und den dafür notwendigen finanziellen Mitteln abgesehen, war nun zumindest den bürgerlichen Schichten in den Städten möglich, und diese hatte Cochlaeus vornehmlich im Blick.

Zwei Phänomene bildeten die Voraussetzung für den Demokratisierungsprozess des Lesens: Die Bücher mussten relativ billig sein, auf jeden Fall sehr viel billiger als die voluminösen Foliobände der Frühdruckzeit. Diese Voraussetzung wurde mit der Vermassung der Flugschriftenproduktion in den 1520er Jahren erreicht.[2] Die Flugschriften bedeuteten

---

1 Zitiert nach Bernd Moeller: Luther und die Städte, in: Aus der Lutherforschung. Drei Vorträge, Gerda Henkel Vorlesung, hrsg. von der gemeinsamen Kommission der Rheinisch-Westfälischen Akademie der Wissenschaften und der Gerda Henkel Stiftung. Opladen 1983, S. 9–26, hier S. 19.

2 Die moderne Erforschung der Flugschriften begann mit dem Tübinger Flugschriftenprojekt 1973–1987 und der bibliographischen Aufarbeitung und Microfiche-Edition größerer Textmengen, vgl. Flugschriften als Massenmedium der Reformationszeit: Beiträge zum Tübinger Symposion 1980, hrsg. von Hans-Joachim Köhler, Stuttgart 1981; die Bibliographie: Hans-Joachim Köhler: Bibliographie der Flugschriften des 16. Jahrhunderts, Teil 1, Das frühe 16. Jahrhundert (1501–1530), Bd. 1–3, Tübingen 1991–1996, Teil 2 mit der Bibliographie zum späteren 16. Jahrhundert erschien nicht mehr, da die Arbeit am VD16 solche Bibliographien überflüssig machte; die Flugschriften wurden in zwei Microficheeditionen publiziert, 5.000 Titel in: Flugschriften des frühen 16. Jahrhunderts (1501–1530), Ser. 1–10, hrsg. von Hans-Joachim Köhler, Zug 1978–1987; 5.548 Titel in: Flugschriften des späteren 16. Jahrhunderts 1531–1600, Ser. 1–22, hrsg. von dems., Leiden 1990–2013; weitere bedeutende Microfiche-Editionen befeuerten die Erforschung der Flugschriftenliteratur: Flugschriftensammlung Gustav Freytag: vollständige Wiedergabe der 6.265 Flugschriften aus dem 15.–17. Jahrhundert sowie des Katalogs von Paul Hohenemser auf Microfiche, Teil 1: Fiche 1–352, Teil 2: Fiche 353–746, München

eine medientypologische Revolution, unabhängig davon, ob es den Typus schon vor 1520 gegeben hatte, denn in der Frühdruckzeit war er nur ein Randphänomen. Damit verbunden war die erhebliche Verbilligung der einzelnen Druckwerke, nicht nur aufgrund des Umfangs, sondern auch da sie aufgrund ihres geringen Umfangs nicht mehr in aufwändige Holzdeckelbände eingebunden werden mussten, um benutzbar zu werden und die Benutzung schadlos zu überstehen.

Die zweite Voraussetzung war die Verwendung der Volkssprache. Die Flugschriften zeichnen sich typologisch gerade dadurch gegenüber dem gelehrten theologischen Schrifttum aus. Luther und seine Mitstreiter schrieben in den Flugschriften auf Deutsch, auch wenn für sie als gebildete Theologen Latein die eigentliche Ausdrucksform war. Sie nutzten das neue Medium deshalb ganz direkt für die Massenverbreitung ihrer Ideen. Die Flugschrift intendierte den nichtakademischen Massenmarkt. Und selbst die Texte, die Luther auf Latein geschrieben hatte, um ein gelehrtes Publikum zu erreichen, beispielsweise „De captivitate Babylonica ecclesiae praeludium", wurden umgehend ins Deutsche übersetzt.

Cochlaeus reproduzierte nicht nur einen Topos, die Laien hielten in der Frühphase der Reformation den Klerikern tatsächlich Bücher entgegen und widersprachen ihnen damit. In Magdeburg zum Beispiel verwickelte am 7. August 1524 ein „Seiden-krahmer Knecht" einen Franziskaner in eine wilde Diskussion, als er während der Predigt den Mönch der Lüge bezichtigte:

> „Munnich Du leugst, alles was du sagst; sich, hier stehet viel anders und hatte ein buech in der Handt gehabt. Deswegen ist der Munnich gantz und gar verschrocken und ist von stundt vom Predigstuel gegangen, er hette den sermon bey der Helfte zu ende gebracht, ist das Volck mit bespottung davongegangen."[3]

Ganz so überraschend, wie Cochlaeus den Eindruck erweckte, tauchte der religiös mündig gewordene Laie nicht am Horizont auf. Weitsichtige Gemüter hatten schon in der Frühzeit des Buchdrucks die allmählich auftauchende Gefahr des „witzigen" Laien gesehen. So hieß es in einem Zensuredikt von 1485 des Mainzer Erzbischofs Berthold von Henneberg, ein zumindest politisch weitsichtiger Kopf, dass durch den Buchdruck eine Vielzahl von Menschen vom rechten Glaubensweg abweichen würden:

---

u.a. 1980. Parallel dazu wurden umfangreiche Flugschriftenbestände im Kontext der These von der Reformation als frühbürgerliche Revolution editiert und bibliographisch aufgearbeitet: Flugschriften der Bauernkriegszeit, unter Leitung von Adolf Laube und Hans Werner Seiffert bearb. von Christel Laufer, Berlin 1975; Die Wahrheit muss ans Licht! Dialoge aus der Zeit der Reformation, hrsg. von Rudolf Bentzinger, Leipzig 1982; Flugschriften der frühen Reformationsbewegung (1518–1524), 2 Bde., hrsg. von Adolf Laube, Berlin 1983; Flugschriften vom Bauernkrieg zum Täuferreich (1526–1535), 2 Bde., hrsg. von dems., Berlin 1992; Flugschriften gegen die Reformation (1518–1524), hrsg. u. bearb. von dems. unter Mitarb. von Ulman Weiß, Berlin 1997; Helmut Claus: Der deutsche Bauernkrieg im Druckschaffen der Jahre 1524–1526: Verzeichnis der Flugschriften und Dichtungen, Gotha 1975.

[3] Quellen zur Reformation 1517–1555, hrsg. von Ruth Kastner, Darmstadt 1994, S. 201–205.

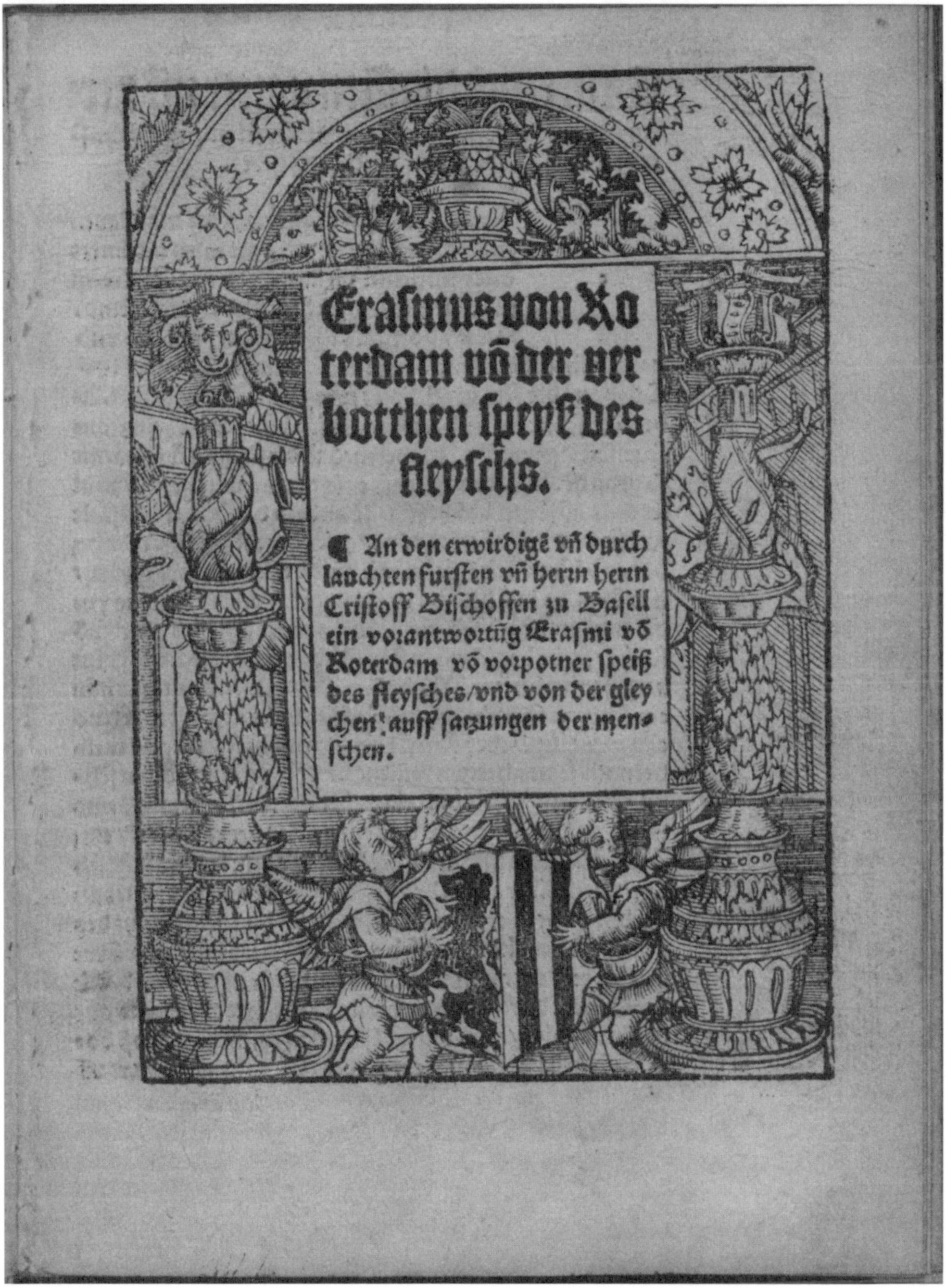

Erasmus von Ro
terdam võ der ver
botthen speyß des
fleyschs.

¶ An den erwirdigẽ vñ durch
lauchten fursten vñ herrn herrn
Cristoff Bischoffen zu Basell
ein vorantwortũg Erasmi võ
Roterdam võ vorpotner speiß
des fleysches/vnd von der gley
chen auff satzungen der men-
schen.

Abb. 1: *Desiderius Erasmus: Von der verbotthen speyß des fleyschs, Leipzig: Stöckel, Wolfgang, 1523 (UB Leipzig, Off.Lips.:Stö.119; VD16 E 1907).*

> „Denn wir mußten sehen, daß Bücher, die die Ordnung der Heiligen Messe enthalten, und außerdem solche, die über göttliche Dinge und die Hauptfragen unserer Religion verfaßt worden sind, aus der lateinischen in die deutsche Sprache übersetzt wurden und nicht ohne Schaden für die Religion durch die Hand des Volkes wandern."[4]

Ein dritter wichtiger Moment des Zusammenhangs von Buchdruck und Reformation scheint in diesem Zitat auf: Neben dem geringen Preis des neuen Medientypus und der Verwendung des Deutschen in den Propagandatexten der Reformation spielte die Übersetzung der heiligen Schrift ins Deutsche eine zentrale Rolle bei der Bestimmung des Verhältnisses von Buch und Reformation, und zwar in einer Form, die den Anspruch vertrat, dass der von Luther geschaffene deutsche Text des Neuen und Alten Testaments das Gotteswort selbst enthalte.

Dieser Anspruch war von umso größerer Bedeutung, da der christliche Glaube ein Glaube des Wortes über den Neuen Bund ist. Er basiert auf einer Wortverkündigung, die seit apostolischer Zeit in Offenbarungsschriften vertextlicht wurde. Die Buchorientierung der christlichen Religion wurde in der Reformationszeit durch das sola scriptura-Prinzip der Reformatoren dramatisch aktualisiert. Die evangelische Bibelreferenz erhob das Buch an sich überhaupt erst in den kulturellen Rang, den es seit dieser Zeit einnimmt. Die Bibelreferenz wurde dadurch zu einem zentralen Motor für die Expansion des Buchwesens im Reich seit den 1520er Jahren. Durch das sola scriptura-Prinzip wurde das Buch ein wesentlicher Bestandteil der reformatorischen Religion.

Die Vertextlichungsleistung der christlichen Offenbarungsschriften war mit den Bibelübersetzungen Luthers allgemein zugänglich. Hierfür spielte es keine Rolle, dass schon 14 oberdeutsche und vier niederdeutsche Bibelausgaben vor Luther erschienen[5] und parallel zu seiner Übersetzungsarbeit deutsche Bibeln von Hieronymus Emser, Johannes Eck und Johannes Dietenberger publiziert wurden.[6] Nicht die Übersetzungsarbeit Luthers und seiner Mitarbeiter war entscheidend, sondern der Glaube, dass diese Übersetzung genauso heilig wie der griechische und hebräische Urtext sei. Die Lutherübersetzungen wurden semantisch zu heiligen Texten aufgeladen:

> „Lyben freünd wölcher kain schwert oder Bybel hatt/ wye Christus sagt/ der verkauff ain rock vnd kauff ain Bibel darumb/ oder die vier Euangeli/vnd sant Paulus leer [...] die zeyt ist hie/ das wir vns wern müssen mit disem schwert/ nyemandt kan sich entschuldigenn mit der armut/ kanst du brot kauffen zu speyß des leybs lieber freünd du werest kain gutter Christ/ wenn du nit meer auf das brot der seelen acht hetest das ist das wort gots/ wie Christus Matt. 4. sagt/ kanst nit selb lesen/ so gang zu aynem der

4 Stephan Füssel: Gutenberg und seine Wirkung, Frankfurt a. M. 1999, S. 74.

5 Biblia: Deutsche Bibeln vor und nach Martin Luther. Ausstellung der Universitätsbibliothek Heidelberg vom 15. Dezember 1982 bis 26. Februar 1983, Katalog von Joachim-Felix Leonhard, Heidelberg 1982, S. 108.

6 Ebd., S. 228–229, 234–235, 238–239.

auch ain willen darzu hatt/ wann got hatt ain gefallen an solcher gesellschaft/ oder leere deyne kinder sollichs oder bestell ain armen Schüler der lißt dir vmb ain stuck brots so vil du ains tags bedarffest. [...] Hast du kain buch vnd bist arm/ vnd kanst kain buch kauffen/ so betel ain buch/ es ist die eerlicher am Ewangeli zu betlen/ dann ain stuck brots von der sel hayl wegen bit fleyssig vmb Euangelisch predicanten bit auch ander das sy dir das Euangeli lesen."[7]

Tatsächlich wurde die reformatorische Botschaft durch das Verlesen lutherischer Schriften verbreitet. Ein eindrückliches Beispiel für diesen Vorgang ist aus Kaufbeuren überliefert. Eines der frühesten Zeugnisse für die Ausbreitung der reformatorischen Botschaft in der Stadt datiert in das Jahr 1521. Der Jurist Dr. Sebastian Fuchssteiner las von einem eigenen Predigtstuhl in der Martinskirche Schriften Luthers vor.[8]

Das obige Zitat verweist auf ein weiteres Problem bei der Bewertung des Zusammenhangs von Buchdruck und Reformation: die Lesefähigkeit der Bevölkerung. Vom Buchdruck kann nicht auf die Lesefähigkeit der Bevölkerung geschlossen werden. Bei den Behauptungen zur allgemeinen Lesefähigkeit im 16. Jahrhundert, die als sehr gering veranschlagt wird, geht es mehr um ein Tappen im Dunkeln der Quellenüberlieferung als um Wissen.[9] Hier wird Erkenntnis suggeriert, wo es nur um Vermuten gehen kann. Zumindest in den Städten muss es aber eine weitreichende zumindest rudimentäre Lesefähigkeit gegeben haben. Es sollte zu denken geben, dass eine Stadt wie Leipzig im frühen 16. Jahrhundert schon zwei Gymnasien und eine unbekannte Anzahl von sogenannten Winkelschulen beherbergte und selbst für Mädchen Schulen vorhanden waren.[10] Mit Sicherheit ist aber von einem erheblichen Alphabetisierungsgefälle zwischen Stadt und Land auszugehen. Vielleicht liegt auch hier ein Grund dafür, dass die frühe Reformation vor allem ein städtisches Ereignis war.[11] Dies spricht, nicht nur, für die Bedeutung des Buches in der frühen Reformationsepoche.

Die evangelische Botschaft wurde durch eine Vielzahl von Multiplikatoren unter den Menschen verbreitet. Flugschriften oder allgemein gedruckte Texte waren nur eine unter verschiedenen Möglichkeiten, die evangelische Botschaft den Menschen zu verkünden:

---

7 Konrad Distelmaier: Ein treue Ermahnung, daß ein jeder Christ selbst zu seiner Seel Heil sehe, [Augsburg: Heinrich Steiner] 1523, Bl. A3v (VD16 D 2065).

8 Karl Alt: Reformation und Gegenreformation in der freien Reichsstadt Kaufbeuren, München 1932, S. 15.

9 Hans Erich Bödeker (Hrsg.): Alphabetisierung und Literalisierung in Deutschland in der Frühen Neuzeit, Tübingen 1999.

10 Detlef Döring (Hrsg.): Schule in Leipzig: Aspekte einer achthundertjährigen Geschichte, Leipzig 2011; Ralf Thomas: Die Neuordnung der Schulen und der Universität Leipzig, in: Das Jahrhundert der Reformation in Sachsen, im Auftr. der Arbeitsgemeinschaft für Sächsiche Kirchengeschichte anlässlich ihres 125-jährigen Bestehens hrsg. von Helmar Junghans, 2., durchges. u. erw. Aufl., Leipzig 2005, S. 115–132.

11 Grundlegend: Bernd Moeller: Reichsstadt und Reformation, Gütersloh 1962; ders. und Karl Stackmann: Städtische Predigt in der Frühzeit der Reformation: eine Untersuchung deutscher Flugschriften der Jahre 1522 bis 1529, Göttingen 1996; als vorbildhaft gilt die Studie: Thomas A. Brady: Ruling class, regime and Reformation at Strasbourg: 1520–1555, Leiden 1978; Kaspar von Greyerz: Stadt und Reformation: Stand und Aufgaben der Forschung, in: Archiv für Reformationsgeschichte 75/76 (1984), S. 6–63.

Predigt, Bilder, Mund-zu-Mund-Propaganda, Theaterstücke und vieles andere mehr gehörten zum Instrumentarium evangelischer Werbung. Explizit wurde auf die Bedeutung der Lieder für die Ausbreitung der Reformation hingewiesen, die recht wenig beachtet werden.[12] Die Nichtberücksichtigung des Liedes als Instrument der Verbreitung reformatorischer Ideen in der deutschen Reformationsgeschichtsschreibung liegt vor allem an ihrer fehlenden bibliographischen Beschreibung, da im VD16 Musica practica bei der Erschließung nicht berücksichtigt wurde.

Unbestritten ist, dass viele zentrale Prozesse der Reformationszeit durch Bücher angestoßen wurden, an erster Stelle die Schriften Luthers im Ablassstreit, seine sogenannten reformatorischen Hauptschriften von 1520, aber auch Texte wie die Zwölf Artikel der Bauernschaft, die die aufrührerische Botschaft in den deutschsprachigen Ländern verbreiteten. Die Reformation war aber nicht nur eine Zeit erheblicher Bedeutungssteigerung des gedruckten Buches, sondern auch eine sehr buchfeindliche Zeit. Die Reformatoren und ihre Anhänger kämpften nicht nur mit dem Buch, sondern auch gegen das Buch,[13] und zwar das Buch der römischen Tradition. Luther selbst hatte in einem Akt tiefer symbolischer Bedeutung nicht nur die Bannandrohungsbulle, sondern auch die Hauptwerke des römischen Glaubens und des römisch-kirchlichen Rechts am 10. Dezember 1520 vor dem Elstertor in Wittenberg den Flammen übergeben. Die Bauern zerstörten im Namen der evangelischen Erneuerung des gesellschaftlichen und politischen Lebens hunderte von Bibliotheken in den von ihnen eroberten Klöstern.[14] Bestimmte Täufergruppen schließlich wandten sich ganz offen gegen den in den Büchern enthaltenen toten Buchstaben und propagierten stattdessen die direkte Beziehung zu Gott.[15]

In manchen Gebieten des Reiches, insbesondere in den früh zur Reformation übergegangenen, führte der Kampf der Reformatoren gegen den traditionellen Glauben zum Totalverlust der mittelalterlichen Buchüberlieferung. Als Beispiele kann auf Hessen und Thüringen hingewiesen werden. Gebiete dagegen, die beim römischen Glauben blieben oder spät zur Reformation übergingen, können auf eine deutlich bessere Überlieferungssituation verweisen. Zu nennen sind hier die mittelalterlichen Bibliotheken in den katholischen Gebieten des Südens, vor allem in Bayern und Oberschwaben, sowie das albertinische Sachsen, das in einem gleichsam geordneten obrigkeitlichen Herrschaftsakt zur

---

12 Tilman Matthias Schröder: Ein Lied und seine Folgen. Michael Stifel und die Reformation in Esslingen, in: Esslinger Studien 28 (1989), S. 51–64; Inge Mager: Lied und Reformation: Beobachtungen zur reformatorischen Singbewegung in norddeutschen Städten, in: Wolfenbütteler Forschungen 31 (1986), S. 25–38.

13 Richard van Dülmen: Reformation als Revolution. Soziale Bewegung und religiöser Radikalismus in der deutschen Reformation, München 1977, S. 300.

14 Manfred Straube: Reformation, Bauernkrieg und „Klosterstürme". in: Bauernkrieg zwischen Harz und Thüringer Wald, hrsg. von Günter Vogler, Stuttgart 2008, S. 381–395; Thomas T. Müller: Der Bauernauftsand im Eichsfeld. Verlauf und Wirkungen im Spiegel der Schadenslisten der Klöster Reifenstein, Beuren, Teistungenburg und Worbis, in: Bauernkrieg zwischen Harz und Thüringer Wald (wie Anm. oben), S. 157–177.

15 Van Dülmen: Reformation als Revolution (wie Anm. 13), S. 202–203.

Reformation überging und so die Erhaltung eines signifikanten Anteils der mittelalterlichen klösterlichen Buchüberlieferung erst möglich machte.[16]

Durch die religiöse Auseinandersetzung wurde das Buch als Vehikel des Glaubenskampfes symbolisch aufgeladen. Für die Reformatoren symbolisierten die Bücher im Guten wie im Schlechten den säkularen und theologisch-religiösen Fortschritt der evangelischen Bewegung. Sie wurden zu Siegeszeichen. Nikolaus Selnecker, der 1580 die Bibliothek der Thomaskirche gründete, stellte nur die Bücher des alten Glaubens in der neuen Bibliothek auf, die in seinen evangelischen Augen überlieferungswürdig waren.[17] Daneben erwarb er eine deutsche Bibelübersetzung von 1518 für die Thomaskirchenbibliothek. Dazu trug er eine Notiz in das Buch ein: „Diese Bibel in zwey theil gebunden, sol derwegen billich auffgehalten werden, das wir sehen, wie man vor vnser zeit geteutschet hat, und was wir, Gott lob, dagegen zurechnen für ein herrlich teutsch vnd liecht haben."[18]

Das Buch in seinem Zeichenvorrat besteht aus einer Vielzahl von Teilen symbolhaften Charakters. Dazu gehören die Einbände mit ihren Prägungen in Form von Besitzzeichen, Schmuckelementen sowie religiösen und politischen Bekenntnissen. Im evangelischen Bereich füllen Einbände mit Plattenstempeln, die Porträts Luthers, Melanchthons und anderer Reformatoren zeigen, die Regale der Altbestandsbibliotheken. Vorsatzblätter, die beschrieben wurden, getrüffelte Exemplare, Kolorierungen, Zeichnungen, Marginalien und Chronikeinträge in den einzelnen Büchern bilden die gesamte Lebenswelt der Zeitgenossen ab. Selbst der schmucklose Pergamenteinband ist ein historisches Zeugnis, das nüchternen Pragmatismus, ein artifizielles Verhältnis zum Buch oder einfach nur einen engen finanziellen Spielraum des Vorbesitzers widerspiegelt.

Das Buch der Vormoderne war nicht einfach nur ein Behältnis von Text sondern auch eine Ansammlung seiner Teile. Das Buch in seiner tatsächlichen physischen Gestalt war noch nicht normiert, was zu einem erheblichen Teil seine Faszination ausmacht. Es stellt ein beeindruckendes Phänomen dar, dass aus dem gesamten 15., 16. und 17. Jahrhundert keine zwei Bücher erhalten sind, die in ihrem äußerlichen Erscheinungsbild absolut iden-

16 Anette Löffler: Die Leipziger Klosterbibliotheken und deren Buchbesitz um 1500 – eine Bestandsaufnahme, in: Bücher, Drucker, Bibliotheken in Mitteldeutschland. Neue Forschungen zur Kommunikations- und Mediengeschichte um 1500, hrsg. von Enno Bünz, Leipzig 2006, S. 167–206; Christoph Mackert: Repositus ad bibliothecam publicam – eine frühe öffentliche Bibliothek in Altzelle?, in: Die Zisterzienser und ihre Bibliotheken. Buchbesitz und Schriftgebrauch des Klosters Altzelle im europäischen Vergleich, hrsg. von Tom Graber und Martina Schattkowsky, Leipzig 2008, S. 86–170; Christoph Mackert: Die Bibliothek des Augustinerchorherrenstifts St. Thomas, in: 3 x Thomas. Die Bibliotheken des Thomasklosters, der Thomaskirche und der Thomasschule im Laufe der Jahrhunderte, Katalog zur gleichnamigen Ausstellung in der Bibliotheca Albertina vom 18. Oktober 2012 bis 20. Januar 2013, hrsg. von Thomas Fuchs und Christoph Mackert, Leipzig 2012, S. 9–36.

17 Thomas Fuchs: Die Bibliothek der Thomaskirche, in: 800 Jahre Thomana. Glauben – Singen – Lernen, Festschrift zum Jubiläum von Thomaskirche, Thomanerchor und Thomasschule, hrsg. von Stefan Altner und Martin Petzoldt, Wettin-Löbejün 2012, S. 347–363.

18 UB Leipzig, St.Thomas.295:1, Bibel teütsch der erst tail, Augsburg: Silvan Otmar; Johann Rynmann, 1518 (VD16 B 2676).

tisch sind, ganz anders als im Bereich des sich seit dem 18. Jahrhundert herausbildenden modernen Buches, das gesellschaftliche Massenware wurde. Aus buchgeschichtlicher Sicht gibt es keine zwei Bücher mit demselben Bedeutungsinhalt und Zeichencharakter. Deshalb kann es eine Bibliographie für historische Bücher nicht geben. Dass identische Texte hergestellt wurden, ist aus buchhistorischer Perspektive eigentlich unerheblich, da jeder Text in seinen je eigenen Bedeutungszusammenhang gegossen wurde. Das Buch der Vormoderne war ein zutiefst individuelles ‚Ding', wir können diese Individualität nur nicht mehr in allen Fällen nachvollziehen.

Aber nicht nur von seinem intrinsischen Charakter ist ein Buch der Vormoderne ein singulärer, nichtwiederholter Gegenstand, auch von seinem extrensischen Charakter her ist das Buch unwiederholbar, auch wenn wir diesen in den meisten Fällen nicht mehr rekonstruieren können. Erst durch die Kontextualisierung eines Buches unter anderen Büchern wird es in seinem vollständigen Charakter verstehbar. Ein Buch in einer Bibliothek ist etwas anderes als ein Buch außerhalb einer Bibliothek. Beispielsweise ist es wahrscheinlicher, dass ein Buch außerhalb einer Bibliothek gelesen wird als innerhalb einer Bibliothek. Texte wurden aber nicht nur als Teile einer Sammlung kontextualisiert, sondern auch durch ihre Zugehörigkeit zu einem Sammelband. Es ist ein allseits bekannter Umstand, dass die meisten Buchtitel des 16. Jahrhunderts nicht als alleinstehendes Buch überliefert wurden sondern in Sammelbänden. Nur die umfangreichen Werke wurden unabhängig von anderen Texten gebunden. Die Textfunktion eines Buches ändert sich durch diese Kontextualisierungen, die wir nur noch rudimentär nachvollziehen können. Durch die Einbettung in den evangelischen Kontext eines Sammelbandes wurde ein Text von Erasmus von Rotterdam ganz selbstverständlich zu einem evangelischen Text.

In Ergänzung zu dieser statistisch-deskriptiven Beschreibung werden in der Buch- und Bibliotheksgeschichte zunehmend provenienzgeschichtliche Untersuchungen geltend gemacht und im Rahmen der bibliographischen Beschreibung der Drucke durchgeführt.[19] Bei der Provenienzerschließung geht es nicht um einzelne Bücher oder die in ihnen transportierten Texte, sondern um die historische und sammlungsgeschichtliche Kontextualisierung der Bücher.[20] Die Provenienzforschung hat in den letzten Jahren erhebliche Fortschritte gemacht, so dass wir nicht mehr nur über Texte, sondern auch über Bücher insgesamt reden können. Aus forschungsstrategischen Gründen ist eine systematische Beschreibung der Provenienzgeschichte der großen Sammlungen mit Drucken des 16. Jahrhunderts

19 Beispiele für von der DFG geförderte Projekte: Forschungsbibliothek Gotha: Katalogisierung und Teildigitalisierung der Druckschriften des 15., 16. und 17. Jahrhunderts der Universitäts- und Forschungsbibliothek Erfurt/Gotha; UB Leipzig: Online-Erschließung der Musikbibliothek von Carl Ferdinand Becker (1804–1877).

20 Empfehlungen zur Provenienzerschließung der Arbeitsgemeinschaft Alte Drucke beim Gemeinsamen Bibliotheksverbund: http://aad.gbv.de/empfehlung/aad_provenienz.pdf.

vonnöten, von der Staatsbibliothek zu Berlin bis zur Ratsschulbibliothek Zwickau.[21] Eine Vielzahl von Fragestellungen innerhalb der Reformationsgeschichtsschreibung können von systematischen Provenienzerschließungen profitieren: Fragen nach Frömmigkeitsvorstellungen, der Reichweite der reformatorischen Predigt, der Lesefähigkeit in bestimmten Sozialschichten, der Erinnerungsstrategien sowie -inhalte und vieles weitere mehr.

In diesem Forschungsfeld kommt den evangelischen Kirchen- und Schulbibliotheken eine Schlüsselrolle zu. Hier besteht aber auch der größte Erschließungs- und Forschungsbedarf. Die evangelischen Kirchenbibliotheken, die ihre Blütezeit im 16. und in der ersten Hälfte des 17. Jahrhunderts erlebten, sind wohl die einzige bedeutende Überlieferungsgruppe zur Geschichte des 16. Jahrhunderts, in der noch nennenswerte Quellenfunde zur Reformationsgeschichte zu erwarten sind.[22]

Die Forschungen zum Zusammenhang von Buchdruck und Reformation sind dagegen ausgaben- und textorientiert und folgen einer recht einfachen Gleichung: Die Texte geben Auskunft über die Rezeptionsvorgänge und die Reichweite der reformatorischen Botschaft.[23] Viele Drucke bedeuten in dieser Gleichung viele Leser getreu dem Motto, dass ein Buchdrucker nur das produziert habe, was er auch tatsächlich absetzen konnte. Die moderne kapitalistische Ökonomie wird dabei gleichsam in die Vergangenheit verlängert. In gewisser Weise muss in dieser Herangehensweise das Buch abstrahiert und aus seinem historischen Kontext herausgelöst werden.

Die Zahlenspiele mit den riesigen Mengen gedruckter Bücher im 16. Jahrhundert dürfen nicht darüber hinwegtäuschen, dass ein Buch ein exklusives ‚Ding' darstellte und sein Besitz wesentlich an bestimmte soziale Voraussetzungen gebunden war. Spätestens in der zweiten Hälfte des 16. Jahrhunderts war der Buchmarkt gesättigt und die Buchdrucker produzierten, vor allem aufgrund der Zwänge des Tauschhandels, am Markt vorbei. Es sollte

---

21 Beispiel für die Provenienzerschließung einer bedeutenden Altbestandsbibliothek: Thomas Fuchs: Die Archäologie des alten Buches. Geschichte des Altbestandes der Gottfried Wilhelm Leibniz Bibliothek von ihrer Gründung bis 1866, in: Leibniz und seine Bücher. Büchersammlungen der Leibnizzeit in der Gottfried Wilhelm Leibniz Bibliothek, Katalog zur gleichnamigen Ausstellung mit Beiträgen von Annette von Boetticher und Karin Hartbecke, bearb. von Thomas Fuchs, Hameln 2006, S. 42–68; das Beispiel von Gottfried Wilhelm Leibniz: Karin Hartbecke (Hrsg.): Zwischen Fürstenwillkür und Menschheitswohl – Gottfried Wilhelm Leibniz als Bibliothekar, Frankfurt a.M. 2008; Kathrin Paasch: Die Bibliothek des Johann Christian von Boineburg (1622–1672). Ein Beitrag zur Bibliotheksgeschichte des Polyhistorismus, Berlin 2005.

22 Hierzu gehören Bibliotheken wie die Marienbibliothek Halle und die Kirchenbibliothek Pegau, vgl. die Einträge im Handbuch der historischen Buchbestände in Deutschland, Österreich und Europa: http://fabian.sub.uni-goettingen.de; Frank-Joachim Stewing: Bibliothek und Buchbesitz einer spätmittelalterlichen Pfarrkirche im mitteldeutschen Raum: Das Beispiel Rudolstadt, in: Bücher, Drucker, Bibliotheken (wie Anm. 16), S. 207–303. Selbst im Segment der mittelalterlichen Handschriften sind noch unbekannte Stücke in den Pfarrbibliotheken zu erwarten, vgl. das von der DFG geförderte Projekt der UB Leipzig: Erschließung von Kleinsammlungen mittelalterlicher Handschriften in Sachsen und dem Leipziger Umland: http://www.ub.uni-leipzig.de/projekte/kleinsammlungen-mittelalterlicher-handschriften.html.

23 Wolfgang E. J. Weber: Buchdruck. Repräsentation und Verbreitung von Wissen, in: Macht des Wissens. Die Entstehung der modernen Wissensgesellschaft, hrsg. von Richard van Dülmen und Sina Rauschenberg, Köln u. a. 2004, S. 65–87, hier S. 77.

zu denken geben, dass Bücher zwischen den Buchhändlern nicht nach ihrem intrinsischen Wert, sondern nach ihrem Papiergehalt gemessen wurden.[24] Der Inhalt spielte mit Ausnahme von Kupferstichwerken keine Rolle. Vor diesem Hintergrund darf nicht der Fehler gemacht werden, von der Buchproduktion auf die Rezeptionswirkung von Texten zu schließen. Mitnichten fanden alle Bücher ihre Leserinnen und Leser. Viele waren nur Teil eines Materialumlaufs. Die Berücksichtigung der Zwänge des Buchhandels bei der Bewertung der Bedeutung des Buchdrucks für die Geschichte der Reformation ist ein methodisches Problem, das aufgrund der problematischen Quellenlage wohl kaum zu lösen sein wird.

Wie trügerisch die Druckzahlen sein können, soll mit der Entwicklung der Druckproduktion am Ende des 16. Jahrhunderts aufgezeigt werden. Zwischen 1561 und 1570 wurden im deutschen Sprachraum im Jahr durchschnittlich 1.141 Drucke publiziert, im letzten Jahrzehnt des 16. Jahrhunderts durchschnittlich pro Jahr 1.951.[25] In der Spitzenzeit der populären Reformationsbewegung mit ihrem Höhepunkt der Flugschriftenproduktion wurden folgende Ausgabenzahlen erreicht: 1.217 Drucke 1522 bis zu ihrem Höhepunkt 1524 mit 1.465 Titeln, um über 1.356 Ausgaben im Jahr 1525 auf 989 Drucke im Jahr 1526 abzustürzen.

Das Phänomen ist eindeutig: Gegen Ende des 16. Jahrhunderts lässt sich eine erhebliche Steigerung der Titelzahlen nachweisen. Nur nach den Druckzahlen zu urteilen, wäre das letzte Jahrzehnt das heißeste reformatorische Jahrzehnt des 16. Jahrhunderts gewesen. An manchen Druckorten setzte in den letzten Jahrzehnten überhaupt erst so etwas wie eine nennenswerte Druckproduktion ein. 1598, 1599 und 1600 wurden beispielsweise in Jena 162, 158 und 190 Drucke produziert. Zwischen 1554 und 1589 wurden insgesamt 822 Drucke hergestellt, das bedeutet pro Jahr im Durchschnitt 22,8 Titel. In den drei letzten Jahren des 16. Jahrhunderts wurden durchschnittlich 170 Titel pro Jahr in Jena gedruckt. Dies bedeutet eine Steigerung der Druckproduktion um den Faktor 7,46.

Diese Steigerungsrate ist höher als die Entwicklung der Druckzahlen im Reich zwischen dem letzten vorreformatorischen Jahr 1516 mit 504 Drucken und dem Höhepunkt der lutherischen Flugschriftenproduktion 1524 mit 1.465 Titeln. Hier betrug der Steigerungsfaktor nur 2,9. Irgendetwas Revolutionäres muss in Jena in den letzten Jahren des 16. Jahrhunderts geschehen sein. Kein Ereignis in der Reichsgeschichte, der Religionsge-

---

[24] Ein Beispiel aus dem späten 17. Jahrhundert, Testament des Buchhändlers Johann Fritsch, Stadtarchiv Leipzig, Titel XLVI, Nr. 509, Bd. 2, Bl. 211a: die Buchhändler Lorenz Sigismund Köster, Christian Gensch und Johann Heinrich Ellinger bewerten den Ballen Sortiments- und Verlagsbücher mit 9 RT pro Ballen, 24. und 31. Mai 1682. Ellinger schreibt, dass der Preis angemessen sei, „in ansehung der vielen alten und verlegenen bucher"; zum Vergleich: Makulatur wurde mit 3 Reichstalern berechnet, gutes Schreibpapier mit 11 Reichstalern und 6 Groschen, Papier minderer Qualität mit 6 Reichstalern; vgl. Joachim Knape und Dietmar Till: Deutschland, in: Geschichte Buchkultur, Band 6: Renaissance, hrsg. von Alfred Noe, Graz 2008, S. 231–304, hier S. 257.

[25] Die Zahlen sind der VD16-Datenbank entnommen.

schichte oder der Stadt- und Universitätsgeschichte Jenas bietet eine Erklärung für diese erhebliche Steigerungsquote. Mit Sicherheit geschah die Expansion der Druckproduktion am Markt vorbei. Noch im 17. Jahrhundert waren die Leipziger Buchläden voll mit Drucken der zweiten Hälfte des 16. Jahrhunderts, für die es keine Käufer gab. 1677 lagerten im Buchladen Heinrich Simons noch 74 Exemplare eines 1570 gedruckten Katechismus Martin Luthers,[26] die offensichtlich unverkäuflich waren. Selbst einzelne Titel der ersten Hälfte des 16. Jahrhunderts waren in Simons Buchladen erhältlich. Der überwiegende Teil seines Angebotes bestand aus Vorkriegsware. Nach seinem Tod wurde der gesamte Buchbestand an den Buchhändler Barthol Molau verkauft,[27] der sie wiederum in seinem Buchladen anbot. Im Geschäft von Johann Fritsch, einem der bedeutendsten Buchhändler und Verleger der zweiten Hälfte des 17. Jahrhunderts, wurden 1682 Bände der Wittenberger und Jenaer Lutherausgaben aus der Mitte des 16. Jahrhunderts zum Kauf angeboten.[28]

Nur aufgrund der fehlenden Quellen wissen wir nichts von unverkäuflichen Buchauflagen aus der ersten Hälfte des 16. Jahrhunderts. Da sich aber die Markt- und Buchhandelsmechanismen im 16. und 17. Jahrhundert grundsätzlich nicht änderten, ist davon auszugehen, dass zu einem großen Teil am Lesermarkt vorbei produziert wurde, wahrscheinlich der ursächliche Grund dafür, dass so viele Druckereien ökonomisch nicht lebensfähig waren.

Diese methodischen Probleme dürfen nicht unterschätzt werden. Inzwischen wird die in der Kirchengeschichtsschreibung traditionell behauptete enge kausale Verbindung[29] von Reformation und Buchdruck zunehmend kritisch hinterfragt. Sätze wie „Reformation durch Bücher“[30] oder „Die gesellschaftlichen Veränderungen, die das 16. Jahrhundert durch Reformation und den Buchdruck erfuhr, sind ohne den Buchdruck nicht denkbar“[31] sowie das bekannte Diktum Bernd Moellers „ohne Buchdruck keine Reformation“[32] werden in ihrer Pauschalität kritisch bewertet. Andrew Pettegree hat darauf hingewiesen, dass sich

---

[26] Eine der beiden Ausgaben: VD16 L 5120, Nürnberg 1570; VD16 L 5119, Magdeburg 1570; Das testamentarische Verzeichnis des Besitzes von Heinrich Simon: Stadtarchiv Leipzig, Titel XLVI, Nr. 511, Bd. 2, S. 114.

[27] Ebd., S. 16.

[28] Ebd., Nr. 509, Bd. 2, Bl. 164a, Inventar des Buchladens von Fritsch vom Mai 1682.

[29] Otto Clemen: Die lutherische Reformation und der Buchdruck, Leipzig 1939.

[30] Erdmann Weyrauch: Reformation durch Bücher: Druckstadt Wittenberg, in: Gutenberg. 550 Jahre Buchdruck in Europa [Ausstellung im Zeughaus der Herzog-August-Bibliothek Wolfenbüttel vom 5. Mai bis 30. September 1990; Ausstellung und Katalog: Paul Raabe mit Beiträgen von Martin Boghardt u. a.], Weinheim 1990, S. 53–59.

[31] Marion Janzin und Joachim Güntner: Das Buch vom Buch. 5000 Jahre Buchgeschichte, Neuausg., Hannover 1995, S. 169.

[32] Bernd Moeller: Stadt und Buch. Bemerkungen zur Struktur der Reformatorischen Bewegung in Deutschland, in: ders.: Die Reformation und das Mittelalter. Kirchenhistorische Aufsätze, hrsg. von Johannes Schilling, Göttingen 1991, S. 111–124, hier S. 117; zusammenfassend: ders.: Reformation der Bücher – Reformation des Glaubens im 16. Jahrhundert, [Vortrag, gehalten am 02. Juli 2000 im Rahmen der Ausstellung „Gutenberg und seine Wirkung“ in der Paulinerkirche in Göttingen], http://webdoc.sub.gwdg.de/ebook/aw/2000/gutenberg_vortrag/vortrag-moeller.pdf.

volksreformatorische Bewegungen wie in Schottland und Südfrankreich praktisch ohne Buchdruck entwickeln konnten.[33]

Schon Bob Scribner hat herausgestellt, dass spätestens auf dem Land die mündliche Kommunikation und nicht der Buchdruck das entscheidende Medium für die Verbreitung reformatorischer Ideen war.[34] Gerade bei den evangelischen Bewegungen, die die reformatorische Botschaft radikalisierten, war der Buchdruck am wenigsten wichtig. Bei den Bauern und bestimmten Täufergruppen kann eine geradezu bildungs- und buchfeindliche Religiosität nachgewiesen werden. Die beiden Sozial- und Religionsgruppen, die am entschiedensten reformatorische Ideen aufgriffen, waren die buchfeindlichsten Gruppen des 16. Jahrhunderts. Schon von daher erscheint eine Gleichung wie „ohne Buchdruck keine Reformation" problematisch, da sie die lutherische Variante der Reformation zum Paradigma stilisiert.[35] Es gab durchaus Reformationen, die den Buchdruck nicht zur Verbreitung evangelischer Ideen benötigten.

Unter Berücksichtigung dieser Einwände spielt die Auszählung der Druckproduktion eine wichtige Rolle bei der Beschreibung der Entwicklung der Reformation in Europa. Mark Edwards hat auf die überragende Bedeutung des deutsch schreibenden oder übersetzten Luthers hingewiesen. Insbesondere in den 1520er Jahren wurde durch den Buchdruck eine Massenbewegung geformt.[36] Es gibt einige klare Befunde: die überragende Bedeutung des reformatorischen Luthers in den 1520er Jahren, die Dominanz der Evangelischen im Buchdruck, die Verbreitung über eine Vielzahl von Druckzentren und die Bedeutung des Nachdrucks, die Verdrängung des Lateinischen durch die Volkssprache sowie die Bedeutung der Illustration für die Verbreitung der reformatorischen Botschaft unter den Illiteraten.[37] Diese Beobachtungen gelten für die frühe Reformationsepoche und für das Reich. Im späten 16. Jahrhundert beobachten wir eine erhebliche Zunahme der Druckmenge, die Herausbildung eines Verlagswesens und die Zurückdrängung der Buchbinder und Buch-

[33] Andrew Pettegree und Matthew Hall: Buchdruck und Reformation – eine Neubetrachtung, in: Bücher, Drucker, Bibliotheken (wie Anm. 16), S. 343–371, hier S. 371.

[34] Robert W. Scribner: How many could read? Comments on Bernd Moellers Stadt und Buch, in: Stadtbürgertum und Adel in der Reformation. Studien zur Sozialgeschichte der Reformation in England und Deutschland, hrsg. von Wolfgang J. Mommsen, Stuttgart 1979, S. 44 f.; ders.: Flugblatt und Analphabetentum. Wie kam der gemeine Mann zu reformatorischen Ideen?, in: Flugschriften als Massenmedium der Reformationszeit. Beiträge zum Tübinger Symposium 1980, hrsg. von Hans-Joachim Köhler, Stuttgart 1981, S. 65–76; vgl. dazu auch: Andrew Pettegree: Reformation and the culture of persuasion, Cambridge u. a. 2005.

[35] Vgl. Hans-Jürgen Gortz: Eine „bewegte Epoche". Zur Heterogenität reformatorischer Bewegungen, in: Wegscheiden der Reformation. Alternatives Denken vom 16. bis zum 18. Jahrhundert, hrsg. von Günter Vogler, Weimar 1994, S. 23–56.

[36] Mark U. Edwards: Printing, propaganda, and Martin Luther, Berkeley u. a. 1994, S. 1; so auch: John L. Flood: The Book in Reformation Germany, in: The reformation and the book, ed. by Jean-François Gilmont. Engl. ed. and transl. by Karin Maag, Aldershot 1998, S. 21–103.

[37] Pettegree und Hall: Buchdruck und Reformation (wie Anm. 33), hier S. 347–348; vgl. ders.: The Reformation and the Book: A Reconsideration, in: The Historical Journal 47 (2004), S.785–808.

drucker aus der Druckschriftendistribution, die herausragende Position Melanchthons als Autor sowie die erhebliche Überproduktion, die den Buchhandel belastete.

Es gilt als unbestritten, dass der Buchdruck zumindest im ersten Jahrzehnt der Reformation von entscheidender Bedeutung für den Erfolg Luthers und seiner Anhänger und Mitstreiter war. Darüber hinaus betonen weitere Interpretationsansätze den sakralen Charakter von Büchern und Bibliotheken und beschreiben damit einen grundlegend neuen Umgang mit dem gedruckten Buch an sich.[38] Von kommunikationsgeschichtlicher Seite werden die Veränderungen der Medientypologie durch den Buchdruck der Reformationszeit betont[39] und der Buchdruck insgesamt und die Buchgeschichte der Reformationszeit als Medienrevolution[40] charakterisiert. Die medienhistorische Interpretation wird bis zu der These zugespitzt, dass die Reformation als Medienereignis[41] beschrieben werden müsse und die Reformation „im Kern […] nicht theologischer oder religiöser, sondern mediengeschichtlicher Natur“[42] gewesen sei. Diese Ansätze beschreiben die Buchgeschichte des 16. Jahrhunderts nicht von den Menschen, den Autoren und Lesern, her, sondern von den Objekten.[43] In diesem Kontext hat die Bezeichnung der Reformation als Medienrevolution weit über die eigentliche Reformationsgeschichtsschreibung hinaus Anklang gefunden.[44] In ähnlicher Weise, nur säkular gewendet, wurde in den angelsächsischen Ländern, die Reformation durch die Fortschrittsthese ergänzt. Paradigmatisch wirkten die Arbeiten von Elizabeth Eisenstein, die den Buchdruck als Motor des Fortschritts interpretierte und

38 Nadezda Shevchenko: Eine historische Anthropologie des Buches. Bücher in der preußischen Herzogsfamilie zur Zeit der Reformation, Göttingen 2007; Brage bei der Wieden: Außenwelt und Anschauungen Ludolf von Münchhausens (1570–1640), Hannover 1993; Gerhardt Powitz: Die Bibliothek des Frankfurter Juristen Ludwig von Marburg zum Paradies. Eine Büchersammlung aus der Frühzeit des Buchdrucks, in: Archiv für Geschichte des Buchwesens 51 (1999), S. 333–369; Anneliese Schmitt: Alexius Bresnicer – Humanist, Dramatiker, Theologe und Reformator. Eine Bibliothek gibt Auskunft über ein Leben, in: Gutenberg-Jahrbuch 86 (2011), S. 216–245. Peter Vodosek: Zum Stand der bibliotheksgeschichtlichen Forschung, in: Gutenberg-Jahrbuch 69 (1994), S. 307–310.

39 Füssel: Gutenberg und seine Wirkung (wie Anm. 4).

40 Johannes Burkhardt: Das Reformationsjahrhundert: deutsche Geschichte zwischen Medienrevolution und Institutionenbildung 1517–1617, Stuttgart 2002.

41 Berndt Hamm: Die Reformation als Medienereignis, in: Jahrbuch für Biblische Theologie 11 (1996), S. 137–166; Knape und Till: Deutschland (wie Anm. 24), S. 281–287.

42 Werner Faulstich: Medien zwischen Herrschaft und Revolte. Die Medienkultur der frühen Neuzeit (1400–1700), Göttingen 1998, S. 162.

43 Michael Giesecke: Der Buchdruck in der frühen Neuzeit: eine historische Fallstudie über die Durchsetzung neuer Informations- und Kommunikationstechnologien, Frankfurt am Main 1991, inzwischen in 4. Auflage 2006; Sven Grampp: Ins Universum technischer Reproduzierbarkeit. Der Buchdruck als historiographische Referenzfigur in der Medientheorie, Konstanz 2009.

44 Mit Gutenberg fing es an: die Medienrevolution verändert die Welt; [Sonderausstellung des Deutschen Bauernkriegsmuseums Böblingen in Verbindung mit dem Nationalmuseum in Prag (Národní muzeum v Praze) 19. November 2005 bis 26. März 2006], hrsg. von Günter Scholz, Böblingen 2005; John Man: The Gutenberg revolution. The story of a genius and an invention that changed the world, London 2002; Gutenberg, Aventur und Kunst: vom Geheimunternehmen zur ersten Medienrevolution; Katalog zur Ausstellung der Stadt Mainz anlässlich des 600. Geburtstages von Johannes Gutenberg, 14. April – 3. Oktober 2000, hrsg. von der Stadt Mainz, Mainz 2000.

somit Anbindung an das traditionelle Fortschrittsparadigma der evangelischen und säkularen Reformationsgeschichtsschreibung fand, eines Fortschritts, der sich in der Kirchengeschichte theologisch manifestierte, ökonomisch bei den marxistischen Historikern, in der Konfessionalisierungsforschung als Fortschritt des Staates und in jüngster Zeit im Konzept der Medienrevolution in der Form der kulturellen Revolution.

Das Buch wird als wichtiges Vehikel der Ausbreitung der reformatorischen Botschaft beschrieben, als Zeugnis für das mutige Bekennen und den wahren Glauben. Bis in jüngere Zeit wurde das Thema Buch und Reformation vor allem in Deutschland abgehandelt. Erhebliche Fortschritte und Differenzierungen bei der Bewertung von Buchdruck und Reformation wurden in den letzten Jahren durch die Erarbeitung des „Universal Short Title Catalogue (USTC)“ an der University of St Andrews und den damit einhergehenden Forschungen und Erschließungsarbeiten erreicht.[45] Der spezielle deutsche Blick auf die Reformationsgeschichte wurde dabei gerade für das Thema Buchdruck durch eine europäische Perspektive ergänzt, die durch den inhaltlichen und statistischen Vergleich der Druckzahlen die gleichsam symbiotische Beziehung von Reformation und Buchdruck in Frage gestellt hat.

In jüngster Zeit mehren sich die Stimmen, die die Probleme des Buchdrucks deutlich artikulieren und die Buchgeschichte vor der Reformation als eine Aneinanderreihung von Krisen des Buchgewerbes beschreiben. Johannes Burkhardt und Andrew Pettegree haben darauf hingewiesen, dass die Reformation den Buchdruck aus einer existentiellen Krise gerettet habe.[46] Die Reformation stellte dem Buchdruck das Medienereignis bereit, das er benötigte, um den gesättigten Markt neu zu beleben, dem Buchdruck überhaupt eine Existenzberechtigung zu geben. Die Reformation trug wesentlich zum Entstehen eines Buchmarktes bei und befeuerte die Gelehrtenkultur, eine wissenssoziologische Revolution im 16. Jahrhundert.[47] Darüber hinaus betont Pettegree immer wieder die ökonomische Bedeutung des Buchdrucks, der für die großen Druckzentren des 16. Jahrhunderts von zentraler Bedeutung gewesen sei.[48] Entscheidend für die Entwicklung des Buchdrucks war seine Wiederbelebung durch die Reformation.[49] Durch diesen Befund wird auch die These

---

45 http://www.ustc.ac.uk/; Publikationsreihe: Library of the written word, The handpress world; mit den Katalogen der Buchproduktion verschiedener Länder: Netherlandish books: books published in the Low Countries and Dutch books printed abroad before 1601, Teil 1: A–J, Teil 2: K–Z, ed. by Andrew Pettegree, Leiden 2011; French vernacular books: books published in the French language before 1601, Teil 1: A–G, Teil 2: H–Z, ed. by Andrew Pettegree, Leiden 2007; French books: books published in France before 1601 in Latin and languages other than French, Teil 3: A–G, Teil 4: H–Z, ed. by Andrew Pettegree, Leiden 2012.

46 Burkhardt: Das Reformationsjahrhundert (wie Anm. 40), S. 26; Andrew Pettegree: The book in the Renaissance, New Haven und London 2010, S. 43 f.; vgl. auch: Knape und Till: Deutschland (wie Anm. 24), S. 253 f.

47 Marcus Sandl: Medialität und Ereignis. Eine Zeitgeschichte der Reformation, Zürich 2011.

48 Pettegree: Reformation and the culture of persuasion (wie Anm. 34), S. 128 f.; ders.: The book in the Renaissance (wie Anm. 46), S. 249 f.

49 Pettegree: The book in the Renaissance (wie Anm. 46), S. 65 f.

Abb. 2: *Eines der berühmtesten Druckwerke des 16. Jahrhunderts: die Polyglotte aus der Officina Plantiniana in Antwerpen: Biblia Sacra Hebraice, Chaldaice, Graece, & Latine. Tomus I–VIII, Antwerpen: Christophorus Plantin, 1567–1572 (UB Leipzig, St. Thomas.19:1).*

relativiert, dass der Bedarf des Marktes an Büchern an den Druckzahlen ermessen werden könne.[50] Der Zusammenhang von Bücher- und Auflagenzahlen und der Bedeutung eines Gegenstandes ist eine gleichermaßen breit rezipierte wie unbewiesene Hypothese.

Bei der statistischen Bewertung der Druckzahlen existieren mehrere Probleme: Im VD16 werden Einblattdrucke, die einen erheblichen Teil des Druckschaffens der Frühen Neuzeit ausmachten, sowie die Musica practica und die Karten nicht berücksichtigt. Der Buchdruck produzierte, wie schon erwähnt, zu einem hohen Teil an den Marktbedürfnissen vorbei, und die frühe Druckgeschichte muss eher als Krisen- denn als Erfolgsgeschichte betrachtet werden. Vom ökonomischen Gesichtspunkt aus gesehen konnten nur einzelne Drucker-Verleger tatsächlich von ihrem Geschäft leben. Die Mehrzahl der Pressen bestand nur kurze Zeit. Der Buchdruck war kein gutes Geschäft. Die Gründe für das Fast-Scheitern des Buchdrucks waren vielfältig: die Orientierung an der Handschriftenepoche und damit viel zu teure Produkte, zu viel Angebot, zu wenig Nachfrage, das Fehlen eines funktionierenden Verteilungssystems, die Produktion am Markt vorbei, die territoriale Zersplitterung des Reiches.[51] Viel zu wenig beachtet wird der enge Zusammenhang zwischen Verteilung und Buchdruck. Die überlebensfähigen Drucker der Frühdruckzeit zeichneten sich durch den Aufbau eines entsprechenden Verteilungssystems aus, Aldus Manutius, Peter Drach oder Anton Koberger, während die Leipziger und Frankfurter Drucker von der Messe profitieren konnten, die ihnen ein institutionalisiertes Verteilungszentrum gleichsam kostenlos vor die Haustür stellte.

Die Entwicklung des Druckgewerbes in Europa in der Frühdruckzeit belegt eindrücklich die Probleme: Zwar hatten rund 200 Städte in Europa irgendwann im 15. Jahrhundert mindestens eine Buchpresse, aber nur zwölf Orte stellten zwei Drittel aller Bücher im 15. Jahrhundert her. Bis zur Reformation sollte sich daran wenig ändern. Hundert Jahre später sind nur drei Druckzentren hinzugekommen: London, Antwerpen und Wittenberg. London und Antwerpen waren internationale Metropolen mit einer entsprechenden Funktion im Warenverkehr.[52] Die dritte Stadt ragt heraus: Wittenberg ist eine historische Anomalie.[53] Zwar beherbergte die Stadt seit 1502 eine Universität, aber trotzdem gelang in den ersten Jahren nicht die Gründung einer lebensfähigen Druckerei.[54] Ursächlich hierfür war die Nähe zu Leipzig als Buchmetropole und als zentrales Verteilungszentrum für Güter aller Art im mitteldeutschen Raum.

---

50 Vgl. hierzu die kritischen Bemerkungen zu einer unkritischen Interpretation des Druckaufkommens für sozial- und ideengeschichtliche Interpretationen: Uwe Neddermeyer: Möglichkeiten und Grenzen einer Lokalgeschichte des Buchdrucks. Das Beispiel Augsburg, in: Zeitschrift für historische Forschung 26 (1999), S. 75–84.

51 Pettegree: The book in the Renaissance (wie Anm. 46), S. 43 f.

52 Ebd., S. 65 f.

53 Ebd., S. 91 f.

54 Andreas Gössner: Die Anfänge des Buchdrucks für universitäre Zwecke am Beispiel Wittenbergs, in: Bücher, Drucker, Bibliotheken (wie Anm. 16), S. 133–152.

Die Druckzahlen waren in Wittenberg vor der Reformation außerordentlich gering. Erst zwei Faktoren katapultierten Wittenberg in den Rang eines Druckzentrums: Das Auftreten Martin Luthers und die gegenreformatorische Politik Herzog Georgs, die Leipzig vom sechsten Platz der europäischen Druckzentren auf den zehnten Platz zurückwarf. Mit der antireformatorischen Politik Herzog Georgs fiel Leipzig als Verteilungszentrum für die lutherische Druckproduktion praktisch aus. Wittenberg, wo im 15. Jahrhundert kein einziges Buch gedruckt wurde und von 1502 bis 1517 nur 126, produzierte in den restlichen 83 Jahren des Jahrhunderts doppelt so viele Drucke wie die italienischen Druckorte mit Ausnahme von Venedig zusammen. Der Aufstieg Wittenbergs war ein singuläres Ereignis der europäischen Druckgeschichte des 16. Jahrhunderts und kann nur mit dem Auftreten Luthers und der Reformation erklärt werden.

Von dem Autor Luther wurden im 16. Jahrhundert rund 7.900 Werke produziert. Nur vier Prozent, etwa 350 Werke, wurden außerhalb des deutschen Sprachbereichs publiziert. In vielen großen und kleinen Orten entstanden Druckereien. Die Reformation brachte einen Buchmarkt hervor, der dann bedient werden konnte. Darüber hinaus wurden neue Publikationsformen entwickelt oder erheblich ausgebaut wie Neue Zeitungen, Einblattdrucke, Leichenpredigten und Flugschriften, die sich dauerhaft etablieren konnten.[55] Der Staat stieg in das Druckwesen ein und brachte den Offizinen gesicherte Einnahmen unabhängig vom Marktgeschehen. Dies betraf nicht nur pragmatische Texte sondern auch theologische.[56] Der Buchdruck wuchs in die Gesellschaft hinein und wurde zu einem selbstverständlichen Teil der Alltagskultur. Alle diese Entwicklungen vollzogen sich zu einem großen Teil innerhalb einer gebildeten Alltagskultur, die durch das Vordringen zumindest der religiösen Erbauungsliteratur in die bürgerlichen Schichten belegt wird. Die neue Kultur des Lesens schlug sich auch in Bibliotheken nieder. Im 16. Jahrhundert sammelten nicht nur Spitzengelehrte wie Konrad Peutinger[57] in Augsburg viele Bücher, sondern auch Handelsherren und ihre Familien. Beispiele für diese Prozesse aus Leipzig sind die Bibliothek der Leipziger Ratsherrenfamilie Oelhafen von Schöllenbach und der Buchbesitz von Frauen.[58] Allerdings ist die Bewertung des Buchbesitzes außerhalb des Adels und der Gebildeten, Professoren, Pfarrer und Lehrer, sowie der städtischen Eliten ein schwieriges methodisches Problem, das nur durch umfangreiche Provenienzuntersuchungen besser bearbeitet werden kann.

---

55 Jonathan Green: Printing and prophecy: prognostication and media change 1450–1550, Ann Arbor 2012; Füssel: Gutenberg und seine Wirkung (wie Anm. 4), S. 76–100.

56 Beispielsweise wurden vom Konkordienbuch 1580 und 1581 insgesamt zehn Ausgaben in Dresden gedruckt: VD16 K 1990–1994, ZV 9128, ZV 9129, ZV 20351, ZV 28435, ZV 29351.

57 Die Bibliothek Konrad Peutingers: Edition der historischen Kataloge und Rekonstruktion der Bestände, Teil 1–2, bearb. von Hans-Jörg Künast und Helmut Zäh, Tübingen 2003–2005; vgl. den Beitrag von Enno Bünz.

58 3 x Thomas (wie Anm. 16), S. 63–71. 129–132.

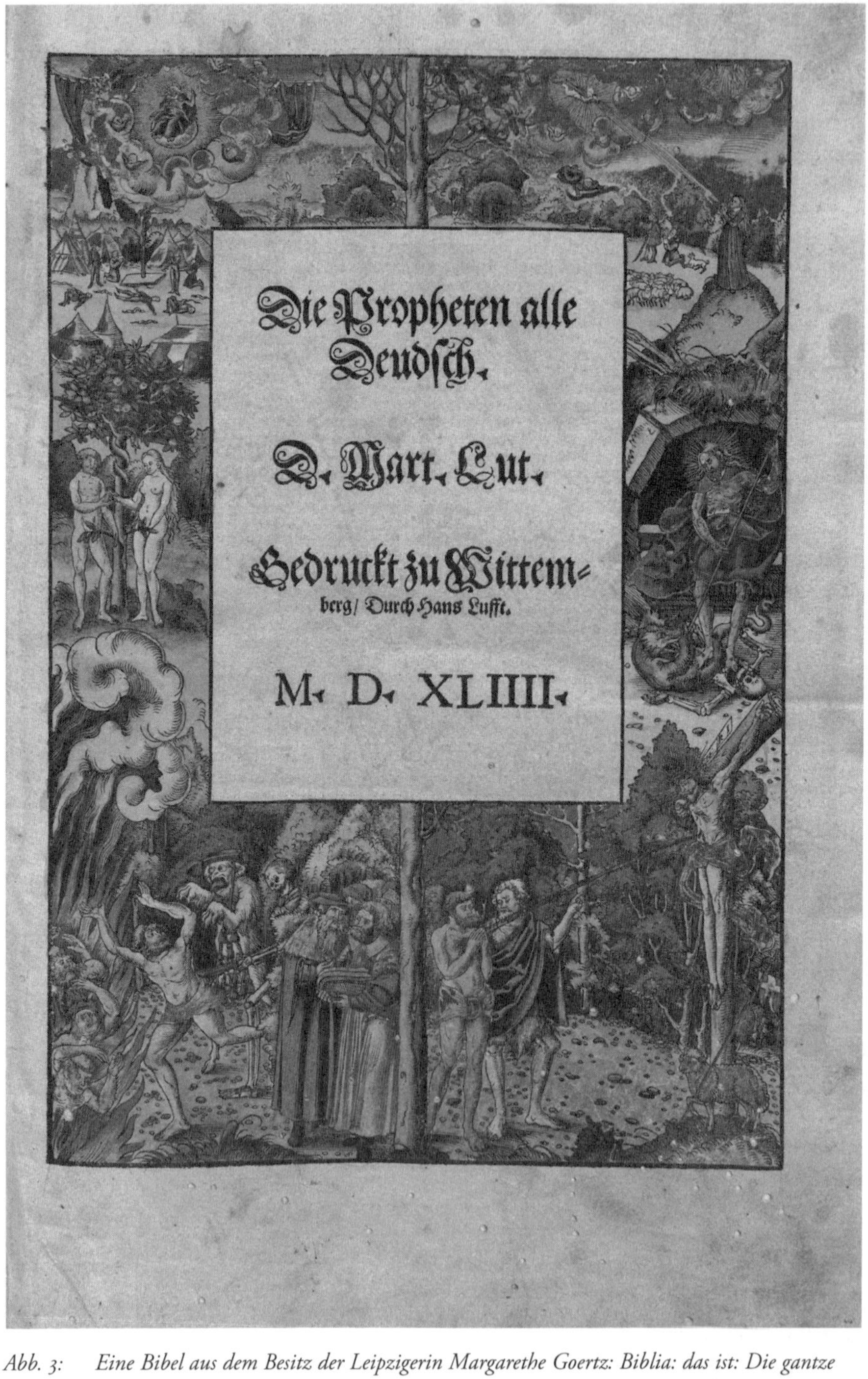

Abb. 3: *Eine Bibel aus dem Besitz der Leipzigerin Margarethe Goertz: Biblia: das ist: Die gantze Heilige Schrifft: Deudsch, Wittenberg: Hans Lufft, 1545 (UB Leipzig, St.Thomas.158; VD16 B 2719).*

Die Außergewöhnlichkeit der 1520er Jahre in der Buchdruckgeschichte, die eben nicht den Normalfall repräsentieren, zeigt sich daran, dass in einigen Städten Druckereien entstanden, die nach dem Bauernkrieg sofort wieder eingingen (Altenburg, Coburg, Jena) und über Jahrzehnte keine Druckereien mehr in ihren Mauern beheimateten. In anderen Städten ist eine erhebliche Steigerung der Druckproduktion zu beobachten. Vor diesem Hintergrund gewinnt auch die These wieder mehr Plausibilität, die eine Volks- von einer obrigkeitlichen Reformation unterscheidet.[59] In der Druckgeschichte können wir tatsächlich eine Scheidung von populärer und obrigkeitlicher Reformation im Sinne einer Reformatorenreformation beobachten. Theologische und religiöse Konflikte wie das Interim oder die diversen Abendmahlstreitigkeiten waren im Buchdruck wenig präsent.[60] Nicht nur wurde am Markt vorbeiproduziert, sondern durch den Buchdruck konnten die Konfliktparteien ihrem Handeln auch Bedeutung geben. Die Hysterie der Konflikte mündete in eine durch den Buchdruck ausgetragene gelehrte Schlacht, die weitgehend auf die Sozialschicht der Gelehrten und die politischen Entscheidungsträger beschränkt blieb.

Ein Blick auf die wichtigsten Druckzentren des 15. und 16. Jahrhunderts kann einige allgemeine Entwicklungen der Buchdruckgeschichte des 16. Jahrhunderts verdeutlichen, wie Tabelle 1 zeigt. Insgesamt wurden die zentralen Verteilungsorte und nationalen bzw. regionalen Handelszentren gestärkt. Besonders augenfällig verlief diese Konzentrationsbewegung in England, wo London als einziger nennenswerter Druckort im 16. Jahrhundert erscheint. Auch in Frankreich finden wir eine entsprechende Konzentrationsbewegung mit der herausgehobenen Stellung von Paris und einer nachrangigen von Lyon. Hier entwickelten sich ein Zentrum im Nordwesten und eines im Südosten, so dass sich verteilungsökonomisch eine günstige Infrastruktur herausbildete. In Italien war die Situation ganz ähnlich. Es entstanden zwei Druckzentren: Venedig in seiner Tradition als herausragendes Buchdruck- und Verteilungszentrum, das alle anderen überragte, sowie Rom als Sitz der Kurie und als Zentralort des römischen Katholizismus. Die übrigen italienischen Druckorte erlebten im Vergleich zu den Zentralorten in Frankreich und England einen erheblichen Niedergang. Besonders hart traf es den Süden: Das Beispiel Neapels zeigt den im 16. Jahrhundert einsetzenden kulturellen Abstieg Süditaliens. In Neapel wurden 1.361 Drucke im 16. Jahrhundert hergestellt, in der Inkunabelzeit 336, ziemlich genau eine Vervierfachung der Druckzahl, während Lyon eine Steigerung um den Faktor 12,9 erlebte, Venedig um den Faktor 10, Paris 11,4, London einen Faktor von 81,3 und Leipzig trotz Herzog Georgs Politik immer noch einen Faktor von 5,1.

Die Länder, die unmittelbar mit der reformatorischen Herausforderung konfrontiert wurden, sei es ablehnend, sei es aufnehmend, wurden von den Expansionsprozessen der

---

59 Franz Lau: Der Bauernkrieg und das angebliche Ende der lutherischen Reformation als spontaner Volksbewegung, in: Wirkungen der deutschen Reformation bis 1555, hrsg. von Walther Hubatsch, Darmstadt 1970, S. 68–100.

60 Anja Moritz: Interim und Apokalypse. Die religiösen Vereinheitlichungsversuche Karls V. im Spiegel der magdeburgischen Publizistik 1548–1551/52, Tübingen 2009, S. 30–43.

15. Jahrhundert		16. Jahrhundert		
Druckort	**Ausgaben**	**Druckort**	**Ausgaben**	
	GW		USTC	VD16
Venedig	4.349	Paris	43.873	
Paris	3.841	Venedig	26.454	
Rom	2.282	Lyon	21.083	
Köln	1.754	Antwerpen	13.538	
Lyon	1.632	London	13.497	
Leipzig	1.533	Wittenberg	9.454	9.411
Straßburg	1.368	Nürnberg	8.206	6.973
Augsburg	1.359	Rom	8.179	
Mailand	1.216	Köln	7.999	7.802
Nürnberg	1.158	Leipzig	7.909	8.019
Florenz	1.067	Straßburg	7.825	6.579
Basel	943	Basel	7.758	6.797
Mainz	472	Frankfurt/M.	5.898	5.811
Ulm	439	Augsburg	5.693	5.368
Speyer	359	Florenz	4.677	
Neapel	336	Genf	4.229	
Bamberg	167	Mailand	3.013	
London	166	Erfurt	2.745	2.792
Magdeburg	140	Magdeburg	2.712	2.661
Erfurt	134	Jena	2.314	2.382
Genf	124	Frankfurt/O.	1.897	1.931
Wien	111	Zürich	1.906	1.638
Rostock	29	Rostock	1.701	1.503
Prag	24	Wien	1.570	1.381
Breslau	15	Neapel	1.361	
Zürich	11	Mainz	1.265	1.262
Danzig	5	Prag	1.247	
Frankfurt/O.	3	Breslau	639	358
		Speyer	472	478
		Zwickau	353	358
		Danzig	287	187
		Ulm	264	255
		Bamberg	151	149

Tabelle 1: Druckorte nach Titelzahlen, 15. und 16. Jahrhundert im Vergleich.

Buchkultur durchdrungen: Das Reich, Norditalien, Frankreich, die Niederlande, England. Die anderen Länder verloren den Anschluss, vor allem Süditalien und die iberische Halbinsel.[61] Sieger waren in den Zentralstaaten die großen nationalen Verteilungszentren: London in England sowie Paris und mit Abstrichen Lyon in Frankreich sowie Antwerpen in den Niederlanden. Das Reich mit seiner ihm eigenen politischen Struktur förderte die Dezentralisierung des Druckgewerbes, deshalb blieb es buchgeschichtlich auch zurück, im 15. und 16. Jahrhundert hinter den italienischen, im 17. Jahrhundert hinter den französischen und niederländischen Druckereien. Bezogen auf die Wechselwirkung von Reformation und Buchdruck war das Reich nicht das Paradigma, sondern die Ausnahme. Die Buchökonomie in Deutschland beschritt einen wenig innovativen und zukunftsfähigen Weg. Die deutschen Druckereien produzierten schlechtere und inhaltlich weniger innovative Bücher als die Offizinen in England, Frankreich und in den Niederlanden.

Andrew Pettegree hat drei Typen eines Zentrum-Peripherie-Verhältnisses in der Buchökonomie ausgemacht: Der Fall England mit einem einzigen Druckzentrum, Frankreich und Italien mit wenigen, eigentlich nur zwei Druckzentren, und das Reich mit einer Vielzahl von regionalen Druckzentren.[62] In gewisser Weise spiegeln diese Strukturen die politische Geographie der jeweiligen Länder wider.

Wird die Typenbildung Pettegrees für das Reich weitergeführt, finden wir in Deutschland auf regional-territorialer Ebene ebenfalls die Herausbildung von zentralen Buchproduktions-, Verteilungs- und Handelsorten, an erster Stelle Leipzig, gefolgt von Köln am Niederrhein mit seiner Nähe zu den Niederlanden, Frankfurt am Main als dem zentralen Messeplatz des 16. Jahrhunderts sowie Nürnberg als regionalem Handelszentrum im Südosten, ergänzt durch das im Südwesten konkurrenzlose Straßburg. Begleitet wurde diese Entwicklung durch die Marginalisierung bedeutender Druckorte der Frühdruckzeit wie Ulm und Speyer. Besonders eindrücklich ist das Beispiel Bamberg, wo im 16. Jahrhundert weniger Bücher gedruckt wurden als in der Inkunabelzeit, ein wohl einzigartiges Beispiel.

Im 16. Jahrhundert wurden die Anomalien und Strukturwidrigkeiten der Frühdruckzeit ausgeglichen, die in einer unökonomischen, an kirchlichen und universitären Institutionen orientierten Verteilung der Buchdruckzentren zum Ausdruck kam. Im 16. Jahrhundert wurde der Vorrang der Kulturökonomie vor der Verteilungsökonomie rückgängig gemacht, ein schmerzhafter Anpassungsprozess an die ökonomische Realität im Reich und in den Territorien bzw. Reichsstädten. Speyer, Bamberg und Ulm waren eben keine kulturellen, intellektuellen oder ökonomischen Zentren. Dieser Strukturanpassungsprozess war im Reich umso ausgeprägter, da die Strukturwidrigkeiten der Frühdruckzeit durch

[61] Benito Rial Costas (Ed.): Print culture and peripheries in early modern Europe: a contribution to the history of printing and the book trade in small European and Spanish cities, Leiden 2013; Andrew Pettegree: The French book and the European book world, Leiden 2007.

[62] Pettegree und Hall: Buchdruck und Reformation (wie Anm. 33), S. 353.

die politische und ökonomische Zersplitterung Deutschlands befeuert und künstlich am Leben gehalten wurden.

Dass sich Leipzig als überlegenes Zentrum der Buchindustrie im 16. Jahrhundert nicht etablieren konnte, lag an der antireformatorischen Politik Herzog Georgs und seiner Langzeitfolgen. Erst in der Zeit nach dem Dreißigjährigen Krieg wurde Leipzig an den Ort gesetzt, wo es hingehörte und ohne Herzog Georg auch schon im 16. Jahrhundert gelandet wäre. Antwerpens und Londons Aufstieg zeigt die Überwindung der alten Buchproduktions- und Buchhandelsstrukturen der Frühdruckzeit. Aber auch Rom profitierte als Druckort von der Reformation, ex negativo, ebenso wie Mainz. Das Ergebnis der Bereinigung der Druckindustrie der Frühdruckzeit war im 17. Jahrhundert die Herausbildung der „verspäteten" Vormachtstellung Leipzigs im deutschen Druckgewerbe. Die Produktionszahlen der wichtigsten Druckorte belegen die Fortsetzung der Entwicklungen des 16. Jahrhunderts. Leipzig war der wichtigste Druckort mit 26.461 Titeln. Wittenberg produzierte 20.511 Titel. Weit abgeschlagen landeten Köln mit 7.364 und Nürnberg mit 11.675 Ausgaben auf den Plätzen.[63]

Die ökonomisch fundierte Bereinigung der Buchproduktionslandschaft in Europa wurde nur von zwei neuen Druckzentren durchbrochen, die nicht die Bedingung erfüllten, ein überregional ausstrahlendes Verteilungs- und Handelszentrum zu sein: Wittenberg und Genf.[64] Sie fügten sich nicht in das beherrschende Schema der Konzentration des Buchgewerbes in den großen überregionalen Handels- und im Westen auch der politischen Zentren ein. In beiden Fällen lag es an ihren großen Reformatorenpersönlichkeiten, in Wittenberg Luther und Melanchthon, in Genf Calvin, wobei Wittenberg Genf immer noch deutlich hinter sich ließ, da Calvin gleichsam die heroische Phase der Reformationszeit verpasst hatte. Die großen Reformatorenpersönlichkeiten Luther, Melanchthon und Calvin konnten die ökonomischen Differenzierungsprozesse Europas zumindest zeitweise außer Kraft setzen. Wittenberg konnte aber auch deswegen eine so herausragende Stellung im europäischen Buchwesen einnehmen, weil in den entscheidenden Jahren der frühen Reformationsepoche Herzog Georg die übermächtige Konkurrenz in Leipzig ausgeschaltet hatte. Er hatte damit der Gegenreformation einen Bärendienst erwiesen. Es dauerte 100 Jahre, bis dieser Irrtum der Geschichte durch die Leipziger Verleger rückgängig gemacht wurde.

In Deutschland spielten Leipzig und Wittenberg eine Sonderrolle, Wittenberg wegen Luther, Leipzig wegen der Messe und seiner Funktion als Verteilungszentrum zwischen

---

63 Die Zahlen beruhen auf der Auszählung der VD17-Datenbank. Dabei ist zu berücksichtigen, dass VD17 eine erhebliche Anzahl der Drucke des 17. Jahrhunderts im deutschen Sprachraum nicht verzeichnet. Wahrscheinlich fehlen insgesamt noch 40 Prozent der Drucke, bei den hier genannten Druckorten wird der Anteil der noch nicht bearbeiteten Drucke bei 10–20 Prozent liegen.

64 Andrew Pettegree: Calvinismus und Buchdruck, in: Calvinismus. Die Reformierten in Deutschland und Europa [eine Ausstellung des Deutschen Historischen Museums Berlin und der Johannes a Lasco Bibliothek Emden; Ausstellungshalle des Deutschen Historischen Museums, 1. April bis 19. Juli 2009], hrsg. von Ansgar Reiss u. a., Dresden 2009, S.43–50.

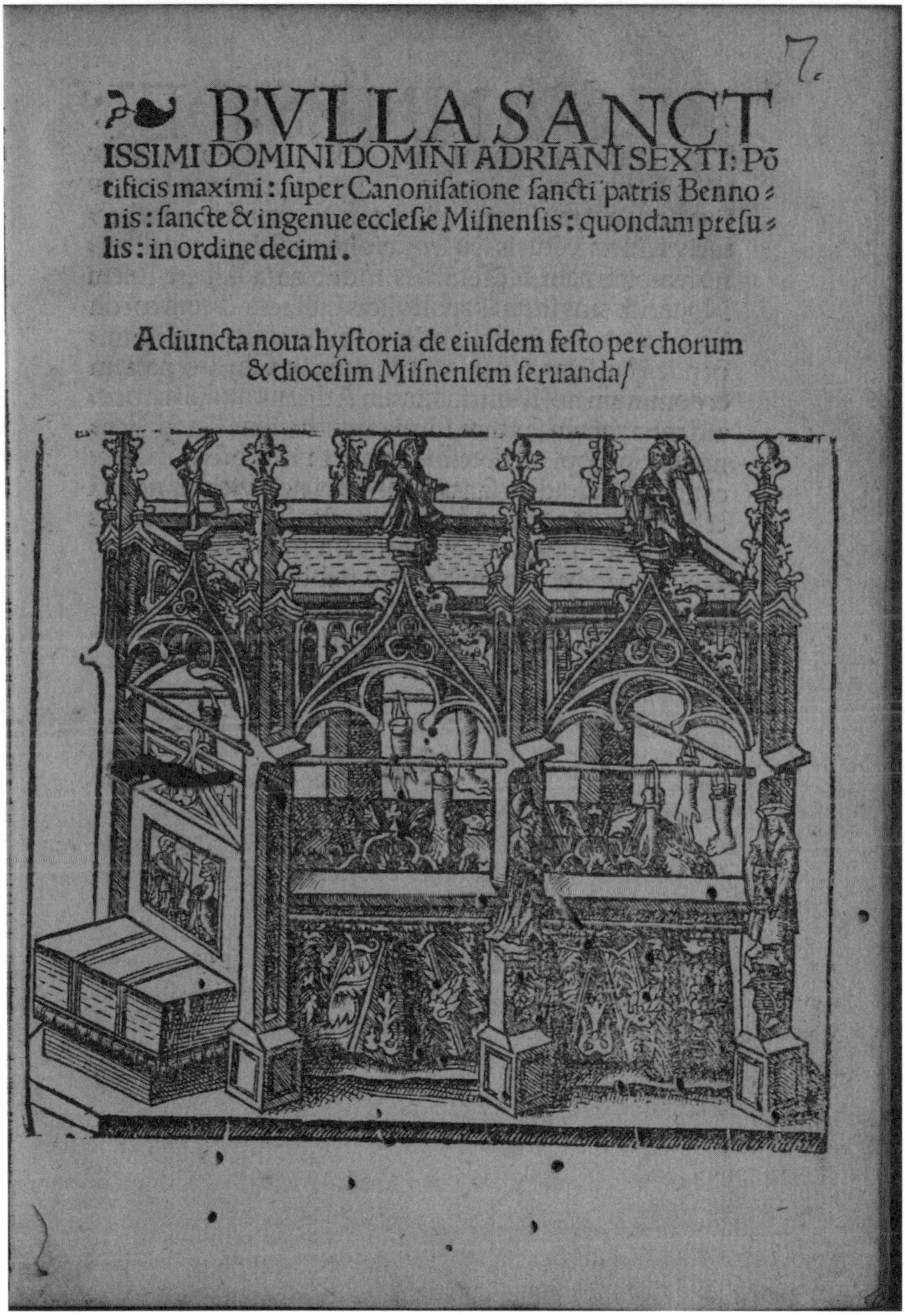
BVLLA SANCT
ISSIMI DOMINI DOMINI ADRIANI SEXTI: Pō
tificis maximi: ſuper Canoniſatione ſancti patris Benno=
nis: ſancte & ingenue eccleſie Miſnenſis: quondam preſu=
lis: in ordine decimi.

Adiuncta noua hyſtoria de eiuſdem feſto per chorum
& dioceſim Miſnenſem ſeruanda/

Abb. 4: Eine heftige Auseinandersetzung entwickelte sich zwischen Luther und Herzog Georg um die Kanonisation von St. Benno: Bvlla Sanctissimi Domini Domini Adriani Sexti: Pontificis maximi: super Canonisatione sancti patris Bennonis: sancte & ingenue ecclesie Misnensis, [Leipzig: Jakob Thanner, 1523] (UB Leipzig, St.Thomas.669/7; VD16 ZV 8862).

West und Ost sowie zwischen Süd und Nord. Wäre Herzog Georg nicht gewesen, hätte Leipzig den Rang von Antwerpen einnehmen können, aber niemals die Funktion eines der großen Zentren für den nationalen Buchmarkt wie Venedig für Italien, Paris für Frankreich und London für England aufgrund der politischen Uneinheitlichkeit des Reiches. Im mitteldeutschen Raum, mit den ernestinischen und albertinischen Territorien, brachte die Reformation, deren Durchsetzungsphase in diesem Raum mit dem Jahr 1539 als abgeschlossen gelten kann, zwei zentrale Buchproduktionszentren hervor: Leipzig und Wittenberg, wobei sich Leipzig neben Frankfurt am Main als größtes Verteilungszentrum im Reich etablieren konnte.

Sind die Grundentwicklungen der europäischen Buchgeschichte deutlich, der Aufstieg der westeuropäischen Handelszentren, der beginnende Aufstieg Leipzigs, die Bereinigung der chaotischen Druckgeschichte der Inkunabelzeit, die herausragende Stellung Wittenbergs innerhalb Deutschlands, so sind doch einige Punkte noch unklar. Dies betrifft vor allem die Druckgeschichte der beiden bedeutendsten östlichen Metropolen, nämlich Breslau und Danzig. Danzig war im 16. Jahrhundert immerhin die größte deutschsprachige Stadt noch vor Köln, und Breslau besaß zwischen Leipzig und Prag ebenfalls Metropolenfunktion. Beide Städte sind in den vorliegenden Bibliographien wahrscheinlich unterrepräsentiert, sie waren mit Sicherheit wichtigere Buchzentren, als es VD16 suggeriert.

VD16 ist das Stichwort, bei dem über methodische Fragen gesprochen werden muss. Alle statistischen Erhebungen zum deutschen Buchdruck basieren auf Auszählungen des VD16. Dies bedingt einige Fallen, die man sich immer verdeutlichen muss. Zuerst besteht ein zentrales Problem bei der Bewertung der Bedeutung des Buchdrucks für die reformatorische Bewegung der frühen 1520er Jahre darin, dass zwar die Flugschriften wohl sehr vollständig verzeichnet wurden, aber Einblattdrucke vollständig fehlen. Dadurch wird das Bild der reformatorischen Propaganda nicht unerheblich verzerrt, ebenso wie durch das Fehlen der Einblattdrucke der Staat als wichtiger Partner der Druckindustrie unterbelichtet bleibt, der in einer Vielzahl von Einblattdrucken das neue Medium nutzte, um sich den Untertanen als Verordnungsstaat zu präsentieren. Die fehlende Verzeichnung der Musica practica lässt das so mächtige Reformationsmedium des Liedes in den Hintergrund treten. Wie weit diese Verzerrungen reichen, kann die obige Tabelle leicht nachweisen. Nürnberg war ein wichtiger Druckort für Liedtexte im 16. Jahrhundert. Da diese fehlen, sind die Titelzahlen im VD16 für Nürnberg sehr viel niedriger als im USTC. Ganz ähnlich liegt der Fall bei Straßburg, nur dass hier weniger die fehlenden Liederdrucke ins Gewicht fallen, als vielmehr die fehlende Beteiligung der bedeutenden Elsäßer Altbestandsbibliotheken in Schlettstadt, Hagenau und Straßburg. Ähnlich wie im Elsaß verhält es sich mit den Schweizer Bibliotheken, weswegen für Basel im USTC 1.000 Drucke mehr nachgewiesen sind als im VD16.[65] Für die acht führenden deutschen Druckorte verzeichnet VD16 56.760 Drucke, der USTC aber 60.742, d. h. rund zehn Prozent mehr. Besonders auffällig ist das Missverhältnis bei den Druckorten Breslau (USTC: 639; VD16: 358) und Danzig (USTC: 287; VD16: 187) mit nur 56 Prozent und 65 Prozent der im USTC verzeichneten Titel im VD16. Für vergleichende statistische Auswertung der Druckproduktion im Reich ist die VD16-Datenbank deshalb nur bedingt aussagefähig.

	Druckort	**Titel im USTC**		**Druckort**	**Titel im VD16**
1.	Wittenberg	9.454	1.	Wittenberg	9.411
2.	Nürnberg	8.206	2.	Leipzig	8.019
3.	Köln	7.999	3.	Köln	7.802
4.	Leipzig	7.909	4.	Nürnberg	6.973
5.	Straßburg	7.825	5.	Basel	6.797
6.	Basel	7.758	6.	Straßburg	6.579
7.	Frankfurt/M.	5.898	7.	Frankfurt/M.	5.811
8.	Augsburg	5.693	8.	Augsburg	5.368

Tabelle 2: Rangfolge der deutschen Druckorte

Leipzig ist in diesem Vergleich die einzige Stadt, die im VD16 mehr Nachweise besitzt als im USTC. Dies liegt am VD16-Projekt der UB Leipzig,[66] in dem eine große Anzahl von Neuaufnahmen in die VD16-Datenbank eingearbeitet wurde, die im USTC noch keine Berücksichtigung gefunden haben. Würden Einblattdrucke berücksichtigt werden, würde die Zahl Leipziger Drucke überproportional steigen, da die Stadt ein wichtiger Druckort für die Ernestiner und Albertiner war.

Der vorliegende Sammelband ist aber weniger Problemen der Verzeichnung von Drucken des 16. Jahrhunderts gewidmet als vielmehr Einzeluntersuchungen zur Buch- und Bibliotheksgeschichte in den mitteldeutschen Territorien des Heiligen Römischen Reiches Deutscher Nation. Die einzelnen Beiträge gehen auf Vorträge der Fachtagung „Buch und Reformation“ zurück, die vom 6. bis zum 8. Mai 2011 im Cranach-Haus in Wittenberg stattfand. Es handelte sich dabei um eine Gemeinschaftsveranstaltung des Instituts für Sächsische Geschichte und Volkskunde e. V., der Stiftung Luthergedenkstätten in Sachsen-

65 Beispielhaft Drucke der National Library of Scotland, die im VD16 fehlen: William A. Kelly: Index of prints not listed in VD16, in: Gutenberg-Jahrbuch 84 (2009), S. 271–288; ders.: Supplement to VD16 – Index of Prints, in: Gutenberg-Jahrbuch 85 (2010), S. 204–212. Die Titel wurden inzwischen nachgearbeitet, zeigen aber das Potential ausländischer Bibliotheken für die Verzeichnung im VD16.

66 http://histbest.ub.uni-leipzig.de/content/cbu_vd16.xml.

Abb. 5: Fachtagung Buch und Reformation, Programm.

Anhalt, der Universitätsbibliothek Leipzig und der Vereinigten Domstifter zu Merseburg und Naumburg und des Kollegiatstifts Zeitz.

In dem Beitrag „Das Buch in den Händen von Geistlichen" thematisiert Enno Bünz die Veränderungen der Bedeutung des Buches im Besitz von Geistlichen im Spätmittelalter und in der Reformation. Anhand von Bischofsgräbern lässt sich ein Darstellungstypus des Geistlichen mit dem Buch aufzeigen. Seit dem 15. Jahrhundert wuchs zunehmend der Druck auf die Geistlichen, Bücher zu besitzen und zu lesen, aufgrund der gestiegenen Ansprüche an die Klerikerbildung. Unabhängig von der Bedeutung des Buches für den reformatorischen Glauben, lässt sich auch auf katholischer Seite ein erhebliches Wachstum des Buchbesitzes nachweisen. Im 16. Jahrhundert schließlich wurde die Darstellung des evangelischen Pfarrers auf den Gräbern mit der Bibel in der Hand ein eigenständiger Darstellungstypus.

Der besonderen Wirkung von Büchern in der frühen Reformationsgeschichte widmet sich Armin Kohnle in seinem Beitrag „Martin Luthers Adelsschrift und ihre Rezeption. Beobachtungen am Beispiel einer reformatorischen Hauptschrift". Die Adelsschrift entfaltete eine breite Rezeptionswirkung, die nach 1521 schlagartig versiegte. In der älteren Forschung wurde der Text häufig als einer der Schlüsseltexte der Reformation innerhalb des Konzepts der reformatorischen Hauptschriften interpretiert, die einen „Kompaktluther" präsentierten. Die „Adelsschrift" entstand im Kontext der Kritik an der Kurie durch die Gravaminabewegung. Sie löste eine polemische Auseinandersetzung aus, bei der sich Kritik leichter nachweisen lässt als Zustimmung. Grundthema der Diskussion war die These vom allgemeinen Priestertum. Nur Johannes Eck ging es vornehmlich um die Verteidigung des Papstes.

Anhand des in der Forschungsbibliothek Gotha überlieferten Bibliothekskataloges beschreibt Hendrikje Carius in ihrem Beitrag „Die Privatbibliothek von Georg Spalatin" das Werden einer herausragenden Gelehrtenbibliothek der ersten Hälfte des 16. Jahrhunderts. Zwar wurde die Sammlung Spalatins im Laufe der Jahrhunderte zerstreut, aber der Katalog ermöglicht einen detaillierten Blick auf Spalatin als Büchersammler. Zunächst leitete ihn ein humanistisches Sammlungsinteresse, das seit 1518 reformatorisch überformt wurde. Entsprechend häufig vertreten waren die Autoren Erasmus von Rotterdam und Martin Luther. Seit 1525 standen die historischen Studien Spalatins und religionspolitische Fragen bei der Bucherwerbung im Vordergrund. Der Katalog der Bibliothek ist in 35 Fachgruppen unterteilt und umfasst 415 Bände, von denen 73,5 Prozent theologischen Inhalts waren.

Einen wichtigen Hinweis auf bisher wenig genutzte Quellen für die Buch-, Bibliotheks- und Provenienzgeschichte gibt Thomas Lang mit seinem Beitrag „Die Wittenberger Schlossbibliothek und der kursächsische Hof in der Regierungszeit Friedrich des Weisen (1486–1525): Möglichkeiten und Grenzen der Auswertung von Rechnungsquellen". Grundsätzlich besitzt die Rechnungsüberlieferung einen großen Wert für die Rekonstruktion des ansonsten unbekannten privaten Buchbesitzes des Kurfürsten, aber auch für die Verwendung des Buches im höfischen Kontext. Die ältesten Schichten des Buchbestandes am kursächsischen Hof in der Zeit Friedrichs III. lassen sich aus den Rechnungen beschreiben. Die Büchernachweise in der Rechnungsüberlieferung sind vielfältig: Ankäufe, Buchbinderarbeiten, Bibliotheksmöbel wie Pulte, die Lagerung von Büchern und Bücher als Geschenke begegnen in den Akten.

Der Beitrag „Georg Rörer als Sammler, Herausgeber und Multiplikator von Luthers Büchern. Ein Beitrag zur reformatorischen Buchproduktion“ von Stefan Michel thematisiert die Überlieferung und Herausgabe von Luthers Werken. In einem von der Deutschen Forschungsgemeinschaft geförderten Projekt an der Thüringer Universitäts- und Landesbibliothek (ThULB) Jena wird die dort aufbewahrte Luthersammlung Rörers erschlossen, digitalisiert und im Internet präsentiert.[67] Georg Rörer selbst sah seine Sammlung als Schatz der Wittenberger Reformation an. Er suchte permanent nach neuen Quellen, die er seiner Sammlung einverleibte. Von den ursprünglich 40 Bänden sind noch 35 erhalten sowie zwei Bände Bibelexemplare aus Luthers Besitz. Rörer besaß wahrscheinlich auch eine Büchersammlung, von der nur noch ein Inventar erhalten ist. Die Jenaer Sammlung zeigt, wie planvoll Rörer vorging. Sie enthält Notizen von wem er das Material bekam. Caspar Cruciger und Johannes Bugenhagen waren seine wichtigsten Quellen. Nach seinem Tode 1557 wurden die Handschriften der Universitätsbibliothek Jena übergeben, wo sie den Rang einer ernestinischen Staatssammlung einnahmen. Aber nicht nur als Sammler von Luthertexten, sondern auch als Herausgeber von Luthers Werken hat sich Rörer um das Vermächtnis des Reformators verdient gemacht. Durch seine Mitarbeit an der Wittenberger und Jenaer Lutherausgabe wurde seine Sammlung erheblich aufgewertet.

In einer detailreichen Studie thematisiert Thomas Thibault Döring die „Privatbibliotek Caspar Borners“. Borner war einer der herausragenden Persönlichkeiten beim Übergang der Universität Leipzig zur Reformation. Als Professor für Theologie bekleidete er drei Mal das Amt des Rektors der Universität Leipzig. Die Gründung der Universitätsbibliothek mit dem Bibliotheksgut der aufgelösten herzoglich-sächsischen Klöster ging auf ihn zurück. Seine Privatbibliothek wurde nach seinem Tod am 21. November 1547 aus seinen Privaträumen in das Paulinum, dem ersten Standort der Universitätsbibliothek im ehemaligen Dominikanerkloster St. Pauli, verbracht. Die von Borner für die neugegründete Universitätsbibliothek ausgewählten Klosterbestände wurden mit seiner Privatbibliothek vermischt und auf 53 Pulten nach den vier Fakultäten angekettet. Unter der Aufsicht Joachim Fellers (1638–1691; seit 1676 Leiter der Universitätsbibliothek) wurde die Pultaufstellung durch eine Regalaufstellung abgelöst. Die Auflösung der Sammelbände für die systematische Aufstellung sowie Dublettenverkäufe im 18. und 19. Jahrhundert erschweren die Rekonstruktion der Bibliothek Borners.

Einer sehr viel schlechter dokumentierten Gelehrtenbibliothek widmet sich Stefan Rhein in seinem Beitrag „Melanchthons Bücherschrank“. Erstmals erwähnte Melanchthon 1518 in einem Brief an Spalatin seine Bibliothek. 1541 schrieb er in einem Brief, dass er genügend Bücher zu Hause habe. Allerdings sind nur wenige Bände aus der Bibliothek Melanchthons erhalten. In seinem Briefwechsel finden sich einige Hinweise dazu. Auch Kataloge oder Inventare seiner Büchersammlung sind nicht überliefert, ganz im Gegensatz

[67] http://www.urmel-dl.de/Projekte/SammlungGeorgRörer.html.

zur Bibliothek von Johannes Reuchlin. Reuchlin war das große Vorbild Melanchthons. Eigentlich hatte Reuchlin seine Bibliothek Melanchthon versprochen, aber wegen der Hinwendung seines Neffen zur Reformation nicht vererbt. Schließlich erbte das Pforzheimer Michaelsstift die Bibliothek Reuchlins.

Einem Thema der frühen Jenaer Bibliotheksgeschichte wendet sich Joachim Ott in seinem Aufsatz „Buchdruck, Polemik und Zensur um 1560. Eine Bücherliste des Jenaer Bibliothekars Martin Bott" zu. In der Vergangenheit wurde diese Liste mit 73 aufgeführten Titeln als Pflichtablieferung von Zensurexemplaren zum Verbleib in der Universitätsbibliothek Jena interpretiert. Durch einen Abgleich mit den historischen Katalogen der ThULB Jena und den aus dieser Zeit überlieferten Buchbeständen wird nachgewiesen, dass es sich nicht um eine solche Zensurliste handeln kann. Tatsächlich entstand die Liste im Zusammenhang mit dem Willen Herzog Johann Friedrichs II., im Zusammenhang mit den konfessionellen Auseinandersetzungen auswärtige wie Jenaer Drucke zur Einsichtnahme und Prüfung zu erlangen. Die Bücherliste Botts ist in diesem Kontext zu interpretieren.

Dem immer noch wenig erforschten Thema der evangelischen Kirchenbibliotheken wendet sich Heiko Jadatz unter der Überschrift „Mitteldeutsche Pfarr- und Kirchenbibliotheken im 16. Jahrhundert. Befunde in den Akten der evangelischen Kirchenvisitationen" zu. Visitationsakten bilden zentrale Quellen neben Testamenten und Nachlassinventaren für die Erforschung der Kirchen- und Pfarrbibliotheken auf dem Land. In den Visitationsartikeln wurde festgelegt, welche Bücher in den evangelischen Kirchen vorhanden sein mussten. Die Bücher sollten im Besitz der Kirche und nicht der Pfarrer verbleiben. Bei einem Stellenwechsel sollten die Kirchenältesten nach einer Inventarisierung die Bücher entgegennehmen. Bei den unterschiedlichen Visitationen wurden nicht nur die Pfarrbibliotheken kontrolliert, sondern auch das Lektüreverhalten der Pfarrer überwacht.

In dem Beitrag „Prolegomena zu einer evangelischen Theologie der Bibliothek. Die Gründung der Kirchenbibliothek von St. Nikolai in Leipzig" werden die diskurs- und ideengeschichtlichen Bedingungen bei der Gründung einer evangelischen Kirchenbibliothek im 16. Jahrhundert behandelt. Gemeindeprinzip, Schriftbezug und evangelisches Bekenntnis bildeten das geistesgeschichtliche Fundament für die Einrichtung einer Büchersammlung an der Leipziger Stadtkirche durch Cornelius Becker 1597. Die Bücher kamen als Geschenke der Geistlichen von St. Nikolai, der Ratsherren und der Bürger sowie als Erwerbungen aus Geldmitteln der Stadt in die neugegründete Bibliothek. Sie diente vornehmlich der Sicherstellung des evangelischen Bekenntnisses und als Bildungsmöglichkeit für die Geistlichen, die in den konfessionellen Auseinandersetzungen der Zeit gefordert waren.

Enno Bünz

Das Buch in den Händen von Geistlichen

Beobachtungen zum kirchlichen und klerikalen Buchbesitz im 12. bis 16. Jahrhundert

Für Michael Brandt (Hildesheim)
in dankbarer Erinnerung an die
gemeinsamen Jahre im Dienste
des hl. Bernward 1991 – 1993

I

Wer den Würzburger Dom durch das Hauptportal betritt, stößt linker Hand am ersten Langhauspfeiler auf das Grabmal des Bischofs Gottfried von Spitzenberg, der 1190 auf dem Kreuzzug Kaiser Friedrich Barbarossas im Heiligen Land gestorben ist. Die Rotsandsteinplatte zeigt fast in Lebensgröße „im eingetieften Mittelfeld als Hochrelief die Ganzfigur des Verstorbenen in pontificalibus" (Abb. 1). In der Rechten hält Gottfried von Spitzenberg den Bischofsstab, in der Linken ein geöffnetes Buch, in dem deutlich lesbar die Worte „orate pro me" eingemeißelt sind.[1] Das Grabmal dürfte zeitlich ziemlich am Anfang der dann gängigen Praxis stehen, dem Bischof als Attribut nicht nur den Hirtenstab, sondern ein Buch in die Hand zu geben und dieses mit der Aufforderung an den Betrachter zu verknüpfen, für den Verstorbenen zu beten. Als zweites Beispiel sei der Grabstein des ebenfalls 1190 verstorbenen Bischofs Adelog von Hildesheim erwähnt, der noch aufwendiger gestaltet ist. Auch Adelog hält in der Rechten den Bischofsstab und in der Linken ein aufgeschlagenes Buch, das den Betrachter in elegischen Distichen mit den Worten anspricht: „Weltlicher Ruhm vergeht, anerkennenswerte Schönheit welkt, hohe Abkunft schwindet. Jetzt rufe ich nur noch schweigend dies: Bete für mich".[2] Als drittes und letztes Beispiel sei das

[1] Felix Mader: Die Kunstdenkmäler von Unterfranken und Aschaffenburg, 12: Stadt Würzburg, München 1915, S. 64 f. mit Abbildung, beschreibt den Vorkriegszustand; Die Würzburger Inschriften bis 1525. Auf der Grundlage des Nachlasses von Theodor Kramer unter Mitarbeit von Franz X. Herrmann bearb. von Karl Borchardt, Wiesbaden 1988, S. 12 f., Nr. 12. Für Unterstützung bei der Bildrecherche und -bearbeitung danke ich Frau Janine Rickers B.A., Hilfskraft an meinem Lehrstuhl. Die Redefassung des öffentlichen Abendvortrags auf der Tagung „Buch und Reformation" wurde weitgehend beibehalten. Meinem Assistenten Dr. Marek Wejwoda danke ich für die kritische Lektüre des Manuskripts, meiner Doktorandin Sabine Zinsmeyer (Institut für Sächsische Geschichte und Volkskunde in Dresden) für Unterstützung bei der Bildbearbeitung.

[2] Christine Wulf: Der Hildesheimer Dom als Grablege, in: Ego sum Hildensemensis. Bischof, Domkapitel und Dom in Hildesheim 815 bis 1810, hrsg. von Ulrich Knapp, Petersberg 2000, S. 245–287, hier S. 252 f. mit Abbildung.

Abb. 1: Grabmal (Kenotaph) des Würzburger Bischofs Gottfried von Spitzenberg (gest. 1190) im Dom zu Würzburg (Felix Mader: Die Kunstdenkmäler von Unterfranken und Aschaffenburg 12: Stadt Würzburg, München 1915, S. 65.).

um 1200 angefertigte Bronzegrabmal eines Erzbischofs im Magdeburger Dom angeführt, das Wichmann (1152–1192) oder Ludolf von Magdeburg (1192–1205) darstellen dürfte. Der

Verstorbene ist in Pontifikalgewändern dargestellt und hält in der Beuge des linken Arms ein Buch, das allerdings keinen Text erkennen lässt, weil es verschlossen ist.[3]

Das Buch wird seit dem 12. Jahrhundert auf den Figurengrabmälern von Erzbischöfen und Bischöfen geradezu zum festen Attribut[4], wie neben den genannten Beispielen nachdrücklich die Grabsteine der Erzbischöfe im Mainzer Dom zeigen, die seit dem 13. Jahrhundert erhalten sind, wobei die hohen Geistlichen in der Regel allerdings kein aufgeschlagenes Buch mit Devise, sondern einen geschlossenen Band in Händen halten. Wurde von diesem ikonographischen Schema abgewichen, lagen plausible Gründe vor. So galt es beispielsweise in Mainz, die besondere politische Rolle bestimmter Erzbischöfe darzustellen: Siegfried von Eppstein (gest. 1249) krönt gleichzeitig mit beiden Händen die Könige Heinrich Raspe und Wilhelm von Holland.[5] So blieb für ein Buch keine Hand frei. Noch handfester verfuhr man in Würzburg, wo in der zweiten Hälfte des 14. Jahrhunderts auf den Bischofsgrabsteinen das Buch durch das Schwert verdrängt wurde, denn diese Insignie sollte den Anspruch der Fürstbischöfe auf das Herzogtum Franken verdeutlichen, der letztlich allerdings nie realisiert wurde.[6]

Die Regel ist aber die Bischofsdarstellung mit Buch[7], das als Attribut doch wohl auf die bischöflichen Kompetenzen innerhalb der Diözese verweist, nämlich die Lehr-, Predigt- und Jurisdiktionsbefugnis. In Analogie wird man in diesem Zusammenhang übrigens auf die Grabsteine von Äbten und Äbtissinnen verweisen können, welche ebenfalls ein Buch als Attribut zeigen. Ob es sich hierbei um eine Bibel oder – was doch wahrscheinlicher ist – um den Regeltext handelt[8], ist in unserem Zusammenhang nicht wichtig.

---

3 Heiko Brandl/Christian Forster: Der Dom zu Magdeburg, Band 2: Ausstattung, Regensburg 2011, S. 686–688, mit Abbildung S. 687.

4 Vgl. die zahlreichen Beispiele im Bildteil von Siegfried H. Steinberg/Christine Steinberg-von Pape: Das Bildnis geistlicher und weltlicher Fürsten und Herren, 1. Teil: Von der Mitte des 10. bis zum Ende des 12. Jahrhunderts (950–1200), Leipzig u. a. 1931, die aber in Text und Kommentar nicht auf ikonographische Details wie Bücher in den Händen von Geistlichen eingehen, weil es ihnen um die Darstellung der Porträtkunst geht. Der von der Redaktion bearbeitete Artikel „Buch" in: Lexikon der christlichen Ikonographie, hrsg. von Engelbert Kirschbaum in Zusammenarbeit mit Günter Bandmann u. a., Band 1: Allgemeine Ikonographie A–Ezechiel, Rom u. a. 2004, Sp. 337 führt hier nicht weiter. Verwiesen wird dort auf den Artikel „Attribute" (von R. Volp/L. Kaute), ebd. Sp. 197–201, wo aber nur allgemein angemerkt wird, das Buch verweise „auf die Lehrfunktion der attribuierten Person" (Sp. 199). Auch der Artikel „Bischof" (von A. A. Strnad), ebd. Sp. 301–303, geht nicht auf das Buch als Attribut des Bischofs ein.

5 Die Inschriften der Stadt Mainz von frühmittelalterlicher Zeit bis 1650, ges. und bearb. von Fritz Viktor Arens auf Grund der Vorarbeiten von Konrad F. Bauer, Stuttgart 1958, S. 27 f. Nr. 22.

6 Theobald Freudenberg: „Herbipolis sola iudicat ense et stola", in: Würzburger Diözesangeschichtsblätter 51 (1989), S. 501–513.

7 Regionale Unterschiede sind allerdings festzustellen. So ist die Darstellung des Bischofs mit Buch offenbar in den Bistümern Lübeck und Ratzeburg nicht üblich gewesen. Siehe Klaus Krüger: Corpus der mittelalterlichen Grabdenkmäler in Lübeck, Schleswig-Holstein und Lauenburg (1100–1600), Stuttgart 1999, S. 180 mit den Abbildungen 17–23 (Lübeck) und 47–54 (Ratzeburg).

8 Siehe exemplarisch Yvonne Monsees: Entwicklung und Typologie der Abtsgrabplatten im Zisterzienserkloster Eberbach, in: Mainzer Zeitschrift 82 (1987), S. 25–38; ergänzend nun dies.: Verloren und wiedergefunden – zur Grabplatte des Abtes Martin Rifflinck, in: Das Zisterzienserkloster Eberbach an der Zeitenwende. Abt Martin Rifflinck (1498–1506) zum

Abb. 2: *Grabmal des Brandenburger Bischofs Stefan Bodeker OPraem (gest. 1459) im Dom zu Brandenburg (Aufnahme des Verfassers).*

Trotz der beträchtlichen Fortschritte, die das große Editionsvorhaben „Die Deutschen Inschriften" in den letzten Jahrzehnten gemacht hat, sind wir von einem Gesamtüberblick der Grabmalkunst in Deutschland noch weit entfernt. Deshalb ist es vorerst auch schwer zu entscheiden, wo und wie häufig von den gängigen ikonographischen Mustern abgewichen wurde, um dem Buch eine besondere Stellung auf dem Grabbild einzuräumen. Denn gerade solche Beispiele verdienen größere Aufmerksamkeit, dürften sie doch auf Bischofsgestalten verweisen, für die ein besonderes Verhältnis zu Büchern anzunehmen ist. Hier nur zwei Beispiele:

Im südlichen Querhaus des Doms zu Brandenburg findet sich das Grabmal des Bischofs Stefan Bodeker (Böttcher), der nach einigen Jahren als Generalvikar von 1421 bis 1459 das Bischofsamt bekleidet hat (Abb. 2). Der sehr gut erhaltene Grabstein zeigt Stefan Bodeker in Pontifikalgewändern, in der Linken den Bischofsstab haltend, die Rechte zum Segensgestus erhoben. Er hält also kein Buch in der Hand, aber links neben der Bischofsgestalt steht ein Bücherpult, auf dem ein dicker Band liegt. Weitere Bücher sind in die Fächer des Lesepults hinein gestapelt. Diese außergewöhnliche Darstellung überrascht nicht, wenn man sich vergegenwärtigt, dass Stefan Bodeker „der bedeutendste Gelehrte unter den Brandenburger Bischöfen" war, der nicht nur eine stattliche Bibliothek besessen, sondern auch selbst etliche theologische Werke verfasst hat.[9] Ein akademisches Studium hatte Bodeker übrigens seit 1406 in Erfurt, Prag und schließlich in Leipzig absolviert, wo er 1412 wohl zum Bakkalar des Kirchenrechts promoviert wurde. Sein Grabstein im Brandenburger Dom ziert folglich ein Gelehrtengrab.[10]

Eine andere Form des bischöflichen Gelehrtengrabes findet sich in der Würzburger Franziskanerkirche. An der südlichen Langhauswand steht die überlebensgroße Grabplatte des Weihbischofs Georg Antworter, der von 1479 bis 1499 amtiert hat (Abb. 3).[11] In der Umschrift des Grabsteins wird er neben seinen kirchlichen Funktionen auch als „sacre theologie professor" bezeichnet, vermutlich, weil er im Rahmen des Ordens- bzw. Hausstudiums gelehrt hat. Georg Antworter hält nicht nur in der rechten Hand etwas ungelenk, weil quer liegend, einen prächtigen Band, sondern hinter ihm sind auch mehrere Bücher

500. Todestag, hrsg. von Wolfgang Riedel, Mainz 2007, S. 433–447; Krüger: Corpus (wie Anm. 7), S. 180 hält das Buch in der Hand von Äbten für eine Bibel.

9 Felix Escher: Art. „Bodeker, Stephan", in: Die Bischöfe des Heiligen Römischen Reiches 1448 bis 1648. Ein biographisches Lexikon, hrsg. von Erwin Gatz unter Mitwirkung von Clemens Brodkorb, Berlin 1996, S. 62 f.; ausführlich Annette Wigger: Stephan Boedecker OPraem., Bischof von Brandenburg (1421–1459). Leben, Wirken und ausgewählte Werke, Frankfurt a.M. u. a. 1992; ergänzend Marek Wejwoda: Die Leipziger Juristenfakultät im 15. Jahrhundert. Vergleichende Studien zu Institution und Personal, fachlichem Profil und gesellschaftlicher Wirksamkeit, Leipzig 2012, S. 104 f. (Biogramm).

10 Zur Einordnung des Grabmals zuletzt Renate Johne: Ein Bischof als Gelehrter. Zum Epitaph des Stephan Bodeker im Dom St. Peter und Paul zu Brandenburg, in: Dissertatiunculae criticae. Festschrift für Günther Christian Hansen, hrsg. von Christian-Friedrich Collatz u. a., Würzburg 1998, S. 479–485; Dies.: Die Bischofsgräber. Brandenburger Bischöfe im Spiegel ihrer Grabplatten, Brandenburg 2005, S. 31–42.

11 Egon Johannes Greipl: Art. „Antworter, Georg", in: Bischöfe des Heiligen Römischen Reiches (wie Anm. 9), S. 25.

Abb. 3: *Grabmal des Würzburger Weihbischofs Georg Antworter OFM (gest. 1499) in der Franziskanerkirche zu Würzburg (Aufnahme des Verfassers).*

dargestellt, nämlich am Fußende, unter den angewinkelten Armen und hinter dem Kopf, sodass er geradezu auf Büchern zu liegen scheint.[12]

Ob sich Georg Antworter auf seinen Büchern begraben ließ? Gut 400 Jahre später bestimmte der mecklenburgische Pastor und Geschichtsforscher Gottlieb Matthias Carl Masch (1794–1878) als seinen letzten Willen tatsächlich, er wolle auf seinen Lieblingsbüchern beigesetzt werden, so dass sein Grab besonders tief ausgehoben werden musste.[13] Der Würzburger Weihbischof Georg Antworter scheint es den Totengräbern aber nicht so schwer gemacht zu haben, denn es ist belegt, dass er seine Bibliothek von 70 Bänden nicht mit ins Grab nahm, sondern dem Würzburger Franziskanerkonvent vermacht hat.[14]

Niemand wird so naiv sein, zwischen der Ikonographie eines Grabmals und dem Bücherbesitz des Dargestellten einen unmittelbaren Zusammenhang herzustellen. Wenn schon gelehrte Bischöfe wie Stefan Bodeker in Brandenburg und Georg Antworter in Würzburg in sehr unterschiedlicher Weise mit etlichen Büchern auf ihren Grabsteinen dargestellt wurden, wie hätte man dann nur den Grabstein des bibliophilen Bischofs Julius Pflug von Naumburg gestalten sollen, dessen reichhaltige Bibliothek uns vor Augen steht, weil sie in gewisser Weise den Bezugs- und Ausgangspunkt dieser Tagung darstellt? Tatsächlich aber entspricht auch das Grabmal des 1564 verstorbenen Julius Pflug im Chor der Stiftskirche zu Zeitz dem gängigen Typus der spätmittelalterlichen Bischofsgrabmäler (Abb. 4). Der in Pontifikalgewändern dargestellte Bischof hält in der einen Hand den Bischofsstab, in der anderen einen sehr dicken Band, der – das mag man als individuellen Zug betrachten können – so geöffnet ist, dass der Bischof darin zu lesen scheint. Nur mit diesem Detail weicht das Grabbild von den gängigen Darstellungsformen ab.

II

Dass vorreformatorische, katholische und lutherische Geistliche als Repräsentanten einer Schriftreligion ständig mit Büchern zu tun hatten, ist eine Selbstverständlichkeit, die kaum der Erwähnung bedarf. Für den Gottesdienst und die Liturgie, das tägliche Brevier- oder sogar Chorgebet, die Spendung von Sakramenten und Sakramentalien, aber auch für die Vorbereitung von Predigten u. a. kirchlichen Akten musste nicht nur die Bibel oder ersatzweise ein Lektionar mit den für die Gottesdienstfeier erforderlichen Schriftlesungen zur Hand sein. Man benötigte schon eine kleine Handbibliothek mit Büchern für die verschiedensten Zwecke und Anlässe. Bei der Eichstätter Diözesanvisitation von 1480 wurden die Pfarrgeistlichen danach gefragt, ob Brevier (für das Stundengebet), Messbuch

[12] Mader: Kunstdenkmäler (wie Anm. 1), S. 186.

[13] Grete Grewolls: Wer war wer in Mecklenburg-Vorpommern? Ein Personenlexikon, Bremen 1995, S. 279–280.

[14] Alexander Büchner: Die ehemalige Bibliothek des Würzburger Franziskanerklosters, in: Im Dienst an der Gemeinde. 750 Jahre Franziskaner-Minoriten in Würzburg 1221–1971, Würzburg 1972, S. 149–167, hier S. 156 und S. 158.

Abb. 4: *Grabmal des Naumburger Bischofs Julius Pflug (gest. 1564) in der ehemaligen Stiftskirche St. Peter zu Zeitz (Die Inschriften der Stadt Zeitz. Gesammelt und bearbeitet von Martina Voigt unter Verwendung von Vorarbeiten von Ernst Schubert, Berlin/Wiesbaden 2001, Nr. 120.).*

(für die Gottesdienstfeier) und Rituale (für Spendung der Sakramente und Sakramentalien) vorhanden waren.[15] Aber das war nur die Mindestausstattung, wie wir aus spätmittelalterlichen Kircheninventaren wissen, die auch Graduale, Psalter, Antiphonar, Legendar, Diurnale, Passionar usw. nennen.[16] Man kann davon ausgehen, dass diese Bücher in den Dom-, Stifts- und Klosterkirchen sämtlich vorhanden waren, vielfach auch in mehreren Exemplaren, und selbst in den Pfarrkirchen wurden die meisten dieser Bücher benötigt. Hier hat die Reformation natürlich vielerorts zu einem radikalen Wandel geführt, weil die Veränderungen im Gottesdienst (man denke nur ganz pragmatisch an den Übergang vom Lateinischen zur Volkssprache) und in der liturgischen Praxis die meisten Bücher haben obsolet werden lassen.[17]

Was wissen wir über den Buchbesitz von Geistlichen im späten Mittelalter und in der beginnenden frühen Neuzeit? Dabei muss zunächst einmal betont werden, dass Geistlichkeit vor der Reformation ein wesentlich vielgestaltigeres Phänomen ist, als danach. Vom Erzbischof oder Bischof über die Prälaten bzw. Äbte oder Prioren als Vorsteher geistlicher Gemeinschaften bis hin zu den Pfarrern, den Prädikanten und einfachen Messpriestern ohne Seelsorgeverpflichtung unterscheiden sich die Geistlichen der spätmittelalterlichen Kirche nicht nur hinsichtlich ihrer Stellung in der Hierarchie, sondern auch hinsichtlich ihrer Funktionen und ihrer wirtschaftlichen Lage. Ein kleiner Landpfarrer im Wittenberger Kurkreis benötigte nicht nur weniger Bücher als der Propst des Allerheiligenstiftes zu Wittenberg, er verfügte durch seine zumeist mehr schlecht als recht dotierte Pfarrpfründe auch über deutlich weniger Mittel als ein gut bepfründeter Stiftsherr, um überhaupt Bücher anzuschaffen.

Die Reformation hat hier vereinheitlichend gewirkt, gab es doch neben bzw. über den Pfarrern in Stadt und Land nur noch die Superintendenten, die ähnlich wie die Bischöfe vor der Reformation die geistliche Aufsicht über ein geschlossenes Gebiet führten. Geistliche Stellen ohne Seelsorgeverpflichtung bzw. ohne Rückbindung an eine Gemeinde gab es in der lutherischen Kirche hingegen nicht mehr. Das Anforderungsprofil an die lutherischen Geistlichen war deutlich einheitlicher, was auch Rückwirkungen auf Bildung und Bücherbesitz haben musste. Martin Luther polterte in seiner Ratsherren-Schrift 1524 gegen die „doctores, predicatores, magistros, pfaffen und müniche, [...] die uns nichts gutes leer-

15 Franz Xaver Buchner: Kirchliche Zustände in der Diözese Eichstätt am Ausgange des 15. Jahrhunderts. Ein Beitrag zur Diözesan- und Lokalgeschichte nach den Visitationsprotokollen von Vogt (zuerst 1902–1904), wiederabgedruckt in: ders.: Klerus, Kirche und Frömmigkeit im spätmittelalterlichen Bistum Eichstätt, hrsg. von Enno Bünz und Klaus Walter Littger, St. Ottilien 1997, S. 83–198, hier S. 152–155; Peter Thaddäus Lang: Würfel, Wein und Wettersegen. Klerus und Gläubige im Bistum Eichstätt am Vorabend der Reformation, in: Martin Luther. Probleme seiner Zeit, hrsg. von Volker Press und Dieter Stievermann, Stuttgart 1986, S. 219–243, hier S. 229.

16 Zu den Bezeichnungen siehe Virgil Fiala/Wolfgang Irtenkauf: Versuch einer liturgischen Nomenklatur, in: Zur Katalogisierung mittelalterlicher und neuerer Handschriften, hrsg. von Clemens Köttelwesch, Frankfurt a.M. 1963, S. 105–137.

17 Exemplarisch Arno Heerdegen: Geschichte der Allgemeinen Kirchenvisitation in den Ernestinischen Landen im Jahre 1554/55. Nach Akten des Sachsen-Ernestinischen Gesamtarchivs in Weimar, Jena 1914, S. 113–125.

ten" und deren Bibliotheken „nur des drecks und mistes yhrer unfletigen giftigen bücher" voll waren und stellte dem ein eigenes Anschaffungsprogramm entgegen.[18]

Wenn es im Folgenden um Bücher in den Händen von Geistlichen gehen soll, dann interessiert uns ihr persönlicher Buchbesitz und damit nur ein Ausschnitt des kirchlichen Bibliothekswesens.[19] Neben dem persönlichen hat es aber zumeist auch einen institutionellen Buchbesitz gegeben. Das bedeutet ganz praktisch, dass ein Bischof eigene Bücher besaß, die nach seinem Tod verschenkt, verkauft oder vererbt wurden, dass es darüber hinaus aber auch eine bischöfliche Bibliothek geben konnte, die über den Wechsel der Amtsinhaber hinaus Bestand hatte. Frank-Joachim Stewing hat das Problem vor wenigen Jahren anhand des Buchbesitzes der Naumburger Bischöfe deutlich gemacht.[20] Ebenso ist es möglich gewesen, dass Mitglieder von Dom- und Kollegiatstiften, z. T. aber auch die Vorsteher und Religiosen von Klöstern über privaten Buchbesitz verfügten, daneben aber eine Stifts- bzw. Klosterbibliothek bestand. Entsprechend trifft man auch im Niederkirchenwesen auf das Phänomen unterschiedlicher Buchbestände. An manchen Pfarrkirchen gab es eine eigenständige Kirchenbibliothek, die aus den Einkünften der so genannten Kirchenfabrik finanziert wurde, während die Pfarrgeistlichen sich eigene Bücher anschafften, über die sie dann frei verfügen konnten.

Ganz unabhängig von diesen kirchlichen Bibliotheken sind jene mehr oder minder umfangreichen Buchbestände zu sehen, die an Dom-, Stifts-, Kloster- und Pfarrkirchen für den Vollzug des Gottesdienstes und anderer liturgischer Feiern vorhanden waren und die deshalb zumeist im Chor in einem Wandschrank („armarium") oder im Gestühl verwahrt wurden. Es handelte sich hierbei zwar auch um Bücher, die sich in den Händen von Geistlichen befanden, aber diese Bücher wurden aus ganz praktischen Gründen immer in der Kirche verwahrt, wo sie bei Gottesdienst und Chorgebet zur Hand sein mussten. Diese Bücher waren für den Gebrauch bestimmt und wurden entsprechend intensiv verschlissen, wie vielfach an den Kirchenrechnungen ablesbar ist, die Ausgaben für die Neuanschaffung bzw. Reparatur dieser Bände ausweisen. Niedersteinbach südwestlich Rochlitz im Bistum Merseburg ist eine der wenigen mitteldeutschen Landpfarreien, für die eine spätmittelal-

---

[18] WA 15, S. 51 f.

[19] Über den privaten und institutionellen Buchbesitz der Geistlichkeit und der Kirche in Böhmen sei verwiesen auf die zahlreichen Studien von Ivan Hlaváček: Knihy a knihovny v českém středověku, (studie k jejich dějinam do husitství), Praže 2005. Der Sammelband: The church and the book. Papers read at the 2000 summer meeting and the 2001 winter meeting of the Ecclesiastical History Society, ed. by Robert Norman Swanson, Woodbridge u.a. 2004 enthält trotz des weitgespannten Titels keine für das hier behandelte Thema einschlägigen Beiträge. Auf der Auswertung von Klerikertestamenten beruht die Studie von Edward L. Meek: Printing and the English Clergy in the Later Middle Ages, in: Transactions of the Cambridge Bibliographical Society 11 (1997), Nr. 2, S. 112–126. Siehe künftig auch meinen Beitrag: Buchbesitz von Pfarrern im ausgehenden Mittelalter (15. und frühes 16. Jahrhundert), in den Akten der Tagung „Paläste der Gelehrsamkeit. Privatbibliotheken im späten Mittelalter und in der frühen Neuzeit", hrsg. von Oliver Auge und Falk Eisermann (im Manuskript abgeschlossen).

[20] Frank-Joachim Stewing: Buchbesitz der Naumburger Bischöfe in Zeitz im Mittelalter, in: Die Stiftsbibliothek und das Stiftsarchiv in Zeitz, hrsg. von Detlef Deye und Roland Rittig, [Halle] 2006, S. 8–28.

terliche Kirchenrechnung erhalten ist; 1483 wurden zwei Gulden und drei Heller für das neue Messbuch ausgegeben, 1487 16 Groschen für die Neubindung und 1519 wurden acht Heller für Borten an das Messbuch abgerechnet.[21] In größeren Kirchen kamen solche Ausgabeposten natürlich häufiger vor. Für das Domkapitel Ratzeburg in Schleswig-Holstein habe ich jüngst den Rechnungen der Kirchenfabrik etliche Ausgabeposten für die Neubindung liturgischer Bücher entnehmen können, beispielsweise 1457 eines Psalteriums, 1458 eines Psalteriums und eines Antiphonars, 1485 eines Antiphonars auf Pergament und eines Evangelienbuches, 1486 eines Evangeliars und eines Antiphonars usw.[22] Die Beispiele zeigen, dass Kirchenrechnungen etliche Nachrichten über die Anschaffung und Pflege des Buchbestandes enthalten können. Allerdings finden sich in den Rechnungen der Kirchenfabrik zumeist nur Bücher, die eine praktische Funktion in der Kirche hatten und deshalb nicht Bibliotheksgut waren. In den Verwaltungsbereich der so genannten „fabrica ecclesie" gehörte in Dom- und Stiftskirchen ebenso wie in Stadt- und Dorfpfarreien alles, was mit dem baulichen Unterhalt und der Ausstattung des Gotteshauses zusammenhing.[23] Will man den persönlichen Buchbesitz von Geistlichen kennen lernen, sind Kirchenrechnungen eine denkbar unergiebige Quelle, übrigens vor wie nach der Reformation.

Welche Quellen können uns über den privaten Buchbesitz von Klerikern Auskunft geben? Grundsätzlich kommen dafür natürlich alle erdenklichen Dokumente in Frage: Privatbriefe, in denen von Buchanschaffungen die Rede ist, Urkunden, die Bücherschenkungen an eine geistliche Institution dokumentieren, Testamente und damit vielfach korrespondierend Nachlassverzeichnisse oder Inventare, die den hinterlassenen Besitz eines Geistlichen verzeichnen. Die Überlieferungschance solcher Aufzeichnungen ist eher gering zu veranschlagen, doch kommt dem Historiker manchmal der Überlieferungszufall zu Hilfe. So fand sich im schriftlichen Nachlass Thomas Müntzers, der in Frankenhausen 1525 erbeutet wurde, u. a. ein kleiner, unscheinbarer Zettel, auf dem Konrad Glitsch, Pfarrer von Orlamünde in Thüringen, 1519 etliche Buchtitel notiert hat: mehrere aktuelle Flugschriften Luthers, Karlstadts und Johannes Ecks sowie den „Liber cultus ruris" des Petrus de Crescenciis. Höchstwahrscheinlich war Thomas Müntzer, der 1519 Hilfsgeistlicher in

21 Georg Buchwald: Das Rechnungsbuch der Kirche zu Niedersteinbach vom Jahre 1460 bis zur Reformation, in: Beiträge zur sächsischen Kirchengeschichte 32 (1919), S. 43–63, hier S. 53 f.

22 Landeshauptarchiv Schwerin, Bestand 2.12-3/1 Bistum/Fürstbistum Ratzeburg, Nr. 182; siehe auch Enno Bünz: Ratzeburg, Domkapitel St. Maria und St. Johannes Ev., in: Mecklenburgisches Klosterbuch. Handbuch der Klöster, Stifte und Kommenden (10.–16. Jahrhundert), hrsg. von Wolfgang Huschner, Ernst Münch und Wolfgang E. Wagner, Rostock 2014 (im Druck), Abschnitt 5.4.

23 Siehe dazu exemplarisch Frank-Joachim Stewing: Bibliothek und Buchbesitz einer spätmittelalterlichen Pfarrkirche im mitteldeutschen Raum: Das Beispiel Rudolstadt, in: Bücher, Drucker, Bibliotheken in Mitteldeutschland. Neue Forschungen zur Kommunikations- und Mediengeschichte um 1500, hrsg. von Enno Bünz, Leipzig 2006, S. 207–303; ders.: Zum Buchbesitz an der Rudolstädter Stadtkirche im späten Mittelalter, in: Blätter der Gesellschaft für Buchkultur und Geschichte 8 (2004), S. 9–45; ders.: Quellen zur Entwicklung der geistlichen Institutionen in Rudolstadt in Spätmittelalter und Frühneuzeit, in: Blätter der Gesellschaft für Buchkultur und Geschichte 9 (2005), S. 17–79.

Orlamünde war, mit diesem Einkaufszettel(?) losgeschickt worden, um die Bücher irgendwo für seinen Pfarrherrn zu besorgen.[24] Die systematische Suche nach solchen Quellen in Archiven und Bibliotheken, Urkundenbüchern und anderen Quelleneditionen wird allerdings sehr schnell zu einem uferlosen Unterfangen.

Aber hier kommt uns nun der schon fast sprichwörtliche deutsche Gelehrtenfleiß zu Hilfe, der bekanntlich auf vielen Gebieten Grundlagenwerke geschaffen hat, so auch für unser Thema. Noch vor dem Ersten Weltkrieg wurden sowohl in Deutschland als auch in Österreich zwei große Editionsvorhaben begründet, die das Ziel verfolgen, einschlägige Quellen zum Buchbesitz zu erfassen und zu edieren. Unter dem Titel „Mittelalterliche Bibliothekskataloge Deutschlands und der Schweiz"[25] sind von 1918 bis 2009 insgesamt vier Editionsbände in acht Teilbänden erschienen, unter dem Titel „Mittelalterliche Bibliothekskataloge Österreichs"[26] von 1915 bis 1971 zusammen sechs Bände. In beiden Fällen handelt es sich um Akademievorhaben, die nach jahrzehntelanger Arbeit mittlerweile allerdings weithin zum Erliegen gekommen sind. Bearbeitet sind bislang Süd- und Südwestdeutschland, die deutschsprachige Schweiz und ungefähr die Hälfte Österreichs. Obwohl einiger Anlass bestünde, über das sehr bedächtige Bearbeitungstempo und die nicht minder unbefriedigende geographische Reichweite dieser Editionsvorhaben zu klagen, will ich die acht Bände der mittelalterlichen Bibliothekskataloge Deutschlands und der Schweiz doch zum Ausgangspunkt einer ersten Betrachtung wählen.

Insgesamt handelt es sich um knapp über 400 Texte, die vom 9. bis zum 15. Jahrhundert, vereinzelt auch bis ins frühe 16. Jahrhundert reichen.[27] Dieses auf den ersten Blick umfangreiche und vielfältige Material lässt sich auf verschiedene Kategorien reduzieren. Die überwiegende Zahl von Bibliothekskatalogen bezieht sich auf Klöster. Die Bibliotheken von Dom- und Kollegiatstiften sind demgegenüber deutlich seltener dokumentiert. Allerdings handelt es sich sowohl bei den auf Kloster- bzw. Stiftsbibliotheken bezogenen Verzeichnissen nicht immer um vollständige Bibliothekskataloge, sondern mehrfach auch

---

24 Ulrich Bubenheimer: Thomas Müntzer. Herkunft und Bildung, Leiden u. a. 1989, S. 254.

25 Mittelalterliche Bibliothekskataloge Deutschlands und der Schweiz, 1: Die Bistümer Konstanz und Chur, bearb. von Paul Lehmann, München 1918; 2: Bistum Mainz: Erfurt, bearb. von Paul Lehmann, München 1928; 3,1: Bistum Augsburg, bearb. von Paul Ruf, München 1932; 3,2: Bistum Eichstätt, bearb. von Paul Ruf, München 1933; 3,3: Bistum Bamberg, bearb. von Paul Ruf, München 1939; 3,4: Register, München 1962; 4,1: Bistümer Passau und Regensburg, bearb. von Christine-Elisabeth Ineichen-Eder, München 1977; 4,2: Bistum Freising, bearb. von Günther Glauche. Bistum Würzburg, bearb. von Hermann Knaus, München 1979; 4,3: Register Bistümer Passau, Regensburg, Freising, Würzburg, hrsg. von Helmut Gneuss, München 2009.

26 Mittelalterliche Bibliothekskataloge Österreichs, 1: Niederösterreich, bearb. von Theodor Gottlieb, Wien 1915; 1 Nachtrag Niederösterreich: Bücherverzeichnisse in Korneuburger, Tullner und Wiener Neustädter Testamenten, bearb. von Paul Uiblein, Wien 1969; 2: Register zum 1. Band, bearb. von Artur Goldmann, Wien 1929; 3: Steiermark, bearb. von Gerlinde Möser-Mersky, Wien 1961; 4: Salzburg, bearb. von Gerlinde Möser-Mersky, Wien 1966; 5: Oberösterreich, bearb. von Herbert Paulhart, Wien 1971.

27 Bistümer Konstanz und Chur 96, Stadt Erfurt 15, Bistümer Augsburg, Eichstätt, Bamberg 155, Bistümer Passau, Regensburg, Freising und Würzburg 140.

um Listen von Büchern, die durch Weltgeistliche geschenkt oder vermacht wurden. Mit anderen Worten: Die Bibliotheken geistlicher Institutionen gingen vielfach aus dem persönlichen Buchbesitz von Geistlichen hervor.

Bischöflicher Buchbesitz kommt in der Edition der „Mittelalterlichen Bibliothekskataloge“ so gut wie nicht vor. Für Konstanz ist eine Preisliste der von Bischof Otto III. hinterlassenen Bücher von 1451 erhalten.[28] Für das Bistum Augsburg ist neben dem Bücherverzeichnis des Bischofs Embrico von ca. 1063/75, das einen Teil der Dombibliothek dokumentiert,[29] nur eine Liste der Bücher des Bischofs Peter von Schaumberg nachweisbar, die er 1460 dem Kloster St. Mang in Füssen geschenkt hat.[30] Aus dem Bistum Eichstätt kennen wir ein Verzeichnis jener Bücher, die Bischof Johann IV. von Breslau 1500 an die Prädikatur der Pfarrkirche in Wemding – das war sein Geburtsort – gestiftet hat.[31] Wenig ergiebig sind die Bibliothekskataloge für das Bistum Passau; denn wir kennen lediglich ein Verzeichnis der von Bischof Otto von Lonsdorf zwischen 1255 und 1263 aus der Dombibliothek entliehenen Bücher.[32] In Freising gab es zumindest zweimal Anlass, bischöfliche Bücher zu verzeichnen: 1316 wurden die Bücher in den Turmzimmern unter Bischof Konrad Sendlinger aufgelistet,[33] und 1453 die von Bischof Johannes Grünwalder hinterlassenen Bücher.[34] Aus dem Bistum Würzburg kennen wir als Zeugnis klerikalen Buchbesitzes hingegen nur die dürftige Auflistung der Bücher, welche der Elekt Gottfried von Hohenlohe 1197 dem Domstift geschenkt hat.[35]

Für unser Vortragsthema offenbart die große Edition der „Mittelalterlichen Bibliothekskataloge Deutschlands und der Schweiz“ allerdings auch einige gravierende Mängel, die auf absehbare Zeit nicht zu beheben sind. Chronologisch bildet das Jahr 1500 als konventionelle Zäsur zwischen Mittelalter und Neuzeit für dieses Werk die Bearbeitungsgrenze. Nur in wenigen Fällen werden auch Bibliothekskataloge oder verwandte Quellen aus späterer Zeit herangezogen, beispielsweise das Testament des Dr. Georg Erlbach zugunsten des Klosters St. Emmeram in Regensburg von 1520.[36] Damit ist ein schneller Vergleich von geistlichem Buchbesitz vor und nach der Reformation leider nicht möglich. Ein grundsätzliches heuristisches Problem dieses großen Quellenwerkes ist zudem, dass die Bearbeiter von Anfang

---

28 Mittelalterliche Bibliothekskataloge (wie Anm. 25) 1, S. 202 ff. Nr. 38; ebd. S. 200 f. Nr. 37 findet sich auch noch ein Verzeichnis der vom Bischof Otto aus der Dombibliothek entliehenen Bücher.

29 Mittelalterliche Bibliothekskataloge (wie Anm. 25) 3/1, S. 15 ff. Nr. 2.

30 Ebd., S. 118 f. Nr. 32.

31 Mittelalterliche Bibliothekskataloge (wie Anm. 25) 3/2, S. 318 f. Nr. 81.

32 Mittelalterliche Bibliothekskataloge (wie Anm. 25) 4/1, S. 32 ff. Nr. 7; ein ebd., S. 27 Nr. 6 ediertes Verzeichnis der Dombibliothek von 1259 nennt Bücher, die Bischof Otto entliehen hatte, siehe dazu: Die Regesten der Bischöfe von Passau, Band 3: 1254–1282, bearb. von Egon Boshof unter Mitarbeit von Thomas Frenz u. a., München 2007, S. 72 f. Nr. 2294.

33 Mittelalterliche Bibliothekskataloge (wie Anm. 25) 4/2, S. 629 f. Nr. 79.

34 Ebd., S. 630 ff. Nr. 80.

35 Ebd., S. 989 Nr. 131.

36 Mittelalterliche Bibliothekskataloge (wie Anm. 25) 4/1, S. 386 ff. Nr. 37.

an kein klares Konzept davon hatten, welche Quellen in diese Edition gehören. Denn Bibliothekskataloge im Wortsinne, die den gesamten Buchbestand zu einem bestimmten Zeitpunkt erfassen, gibt es nur verhältnismäßig selten. Hinzu kommen anderweitige Quellen wie Ausleihlisten, Verzeichnisse von Bücherkäufen oder -schenkungen, aber auch Vermächtnisse und Testamente. Die Unklarheit darüber, was denn nun eigentlich in diese Edition alles hineingehört, mag mit dazu beigetragen haben, dass diese großen Vorhaben sowohl in Deutschland als auch in Österreich zum Erliegen gekommen sind. Aus mitteldeutscher Perspektive ist selbstverständlich besonders zu bedauern, dass es bislang nicht gelungen ist, den Band 2 über die Stadt Erfurt (als Teil des Erzbistums Mainz) um weitere Bände zu ergänzen. Angesichts der Aufhebung vieler mitteldeutscher Klöster und Stifte im Zuge der Reformation wäre es hier aber auch nicht naheliegend, die Grenze schon um 1500 anzulegen, sondern darüber hinaus zu gehen, denn gerade die Sequestrationsverzeichnisse der mitteldeutschen Klosterbibliotheken dokumentieren weithin noch mittelalterliche Buchbestände.[37]

Die eher dürftige Bilanz bischöflichen Buchbesitzes scheint auf den ersten Blick das gängige Bild zu bestätigen, dass die deutschen Bischöfe im Mittelalter eher das Schwert als ein Buch in Händen hielten, denn sie waren seit dem Hochmittelalter bekanntlich nicht nur geistliche Herren in ihrer Diözese, sondern Reichs- und Fürstbischöfe. „Wißt ihr nicht“, schrieb der sächsische Herzog 1231 an einige Bischöfe, „daß euch vor den Bischöfen anderer Länder ein sonderliches Privilegium auszeichnet, da ihr nicht nur Bischöfe, sondern auch Fürsten und Herren seid?“[38] Hierin lagen Chance aber auch Gefahr des bischöflichen Daseins in dieser Zeit. Cäsarius von Heisterbach erzählt in seinen Wundergeschichten aus dem 13. Jahrhundert, ein Magister der Pariser Universität habe rundweg erklärt, „alles könne er glauben, nur nicht, daß jemals ein deutscher Bischof selig werde“. Als man ihn nach den Gründen fragte, „verwies er auf die Verbindung der geistlichen Gewalt mit irdischer Herrschaft“.[39] Die Bischöfe der deutschen Reichskirche waren eben zugleich Territorialpolitiker auf dem Weg zur Landesherrschaft.

Aber damit ist nur eine Entwicklungslinie des bischöflichen Amtsverständnisses bezeichnet, die bis in das ausgehende Mittelalter durchläuft.[40] Auf der anderen Seite ist auch nicht zu übersehen, dass die geistlichen Bildungsanforderungen und der tatsächliche Bildungsstand im Laufe des späten Mittelalters gestiegen sind und sich auch auf das Bischofsamt ausgewirkt haben. Die gründliche Untersuchung über die Bildungswege der Bischöfe der Kirchenprovinz Salzburg, zu der u. a. Brixen, Freising und Regensburg gehörten, durch

[37] Siehe dazu die weiterführenden Hinweise bei Enno Bünz: Bücher, Drucker, Bibliotheken in Mitteldeutschland um 1500. Zur Einführung, in: Bücher, Drucker, Bibliotheken (wie Anm. 23), S. 13–47, hier S. 38 f. Anm. 116.

[38] Zitiert nach Albert Hauck: Die Entstehung der geistlichen Territorien, Leipzig 1909, S. 647.

[39] Ebd., S. 647.

[40] Vgl. die Beiträge in: Der Bischof in seiner Zeit. Bischofstyp und Bischofsideal im Spiegel der Kölner Kirche. Festgabe für Joseph Kardinal Höffner, hrsg. von Peter Berglar und Odilo Engels, Köln 1986.

Rainald Becker hat für den Zeitraum 1448 bis 1648 gezeigt, dass die meisten Bischöfe akademisch gebildet waren und tatsächlich wohl eher mit Büchern als mit Schwertern hantierten.[41] Der weit verbreiteten „Klage über die vorgebliche oder tatsächliche intellektuelle Indolenz des Reichsepiskopats" im 15. und 16. Jahrhundert lassen sich – wie die empirische Forschung gezeigt hat – zahlreiche Juristenbischöfe und Theologenbischöfe, vereinzelt auch Humanistenbischöfe als Bildungs- und Professionalisierungstypen entgegenstellen.[42]

Das legt auch ein Blick auf Mitteldeutschland nahe. Für das Bistum Naumburg gibt es zwar – wie für ganz Mitteldeutschland mit der Ausnahme Erfurts – noch keinen Band der „Mittelalterlichen Bibliothekskataloge". Mittlerweile sind aber etliche Nachrichten bekannt, die das Urteil nahelegen, dass die Bibliothek des Bischofs Julius Pflug gewissermaßen nur die Spitze des Eisberges ist, wobei man – um im Bild zu bleiben – wohl besser von einem Bücherberg sprechen sollte. Allein aus dem 15. Jahrhundert haben wir vor allem durch Bücherschenkungen Nachrichten über den Buchbesitz der Bischöfe Gerhard II. von Goch (gest. 1422), Johannes II. von Schleinitz (gest. 1434), Peter von Schleinitz (gest. 1463), Dietrich III. von Bocksdorf (gest. 1466) und Johannes III. von Schönberg (gest. 1517).[43] Ob es begrifflich sehr erhellend ist, Bücher aus dem Besitz der Bischöfe und bischöflichen Buchbesitz zu differenzieren,[44] ob es auch in der Sache immer klar trennbar ist, sei hier dahingestellt. Tatsächlich haben Bischöfe durch Ankäufe, Schenkungen und Legate den so genannten bischöflichen Buchbesitz, also den institutionellen Buchbestand der bischöflichen Kurie vermehrt, aber ein Automatismus bestand hier nicht. So wissen wir beispielsweise von dem gelehrten Juristen Dietrich von Bocksdorf, dass er seine stattliche Buchsammlung von mindestens 88, wahrscheinlich sogar 100 Handschriften teils dem Leipziger Rat, teils aber auch dem Zisterzienserkloster Altzelle und dem Dominikanerkloster Leipzig geschenkt hat.[45] Im Kern handelt es sich um eine juristische Fachbibliothek, doch zeugen einige theologische und historiographische Handschriften sowie nicht zuletzt die zweibändige Bocksdorf-Bibel auch von anderen Interessen.

Auf einen wichtigen Aspekt ist hier noch hinzuweisen, wenn es darum geht anhand von Bücherverzeichnissen oder durch die Rekonstruktion der einstigen Provenienzen anhand

[41] Rainald Becker: Wege auf den Bischofsthron. Geistliche Karrieren in der Kirchenprovinz Salzburg in Spätmittelalter, Humanismus und konfessionellem Zeitalter (1448–1648), Rom u. a. 2006.

[42] Ebd., S. 367 ff.

[43] Stewing: Buchbesitz der Naumburger Bischöfe (wie Anm. 20), S. 11. Einzelnachweise finden sich bei Heinz Wiessner: Das Bistum Naumburg 1: Die Diözese, 2 Bände, Berlin u. a. 1997–1998; für Dietrich von Bocksdorf s. u. Anm. 45.

[44] So Stewing: Buchbesitz der Naumburger Bischöfe (wie Anm. 20), S. 9, der aber S. 12 selbst meint, dass es nicht einfach ist, „im konkreten Fall immer strikt zwischen privatem Buchbesitz der Bischöfe und bischöflichem Buchbesitz unterscheiden zu können".

[45] Marek Wejwoda: Dietrich von Bocksdorf (ca. 1410–1466). Ein gelehrter Jurist des Spätmittelalters zwischen Lehrstuhl und Rechtspraxis, Fürstendienst und kirchlicher Karriere, 3 Teilbände, Phil. Diss. Leipzig 2010 (masch.), hier Teil 2, S. 415–494 und Teil 3, S. 882–983. Dieser Teil erscheint voraussichtlich unter dem Titel „Dietrich von Bocksdorf und seine Bücher. Rekonstruktion, Analyse und Interpretation einer spätmittelalterlichen Gelehrtenbibliothek" 2014 in den „Schriften aus der Universitätsbibliothek Leipzig".

der erhaltenen Bücher die Bibliothek eines Bischofs zu rekonstruieren. In ihnen spiegelt sich nicht allein und wohl nicht einmal primär das bischöfliche Amt wider, denn diese Bibliotheken wurden ja im Laufe eines Lebens aufgebaut. Wenn man bedenkt, dass Dietrich von Bocksdorf überhaupt erst drei Jahre vor seinem Tod Bischof geworden ist, dann wird deutlich, dass Bocksdorf zwar ein Bischof mit stattlicher Bibliothek war, dass diese Bibliothek allerdings gar nicht mit seinem bischöflichen Amt, sondern nur mit seinen diversen früheren Tätigkeiten zusammenhing. Diese Einschränkung wird man bei bischöflichem Buchbesitz vielfach manchen können, denn der Karriereweg führte zumeist nicht direkt vom Universitätsstudium auf den Bischofsstuhl.

Während wir über den Buchbesitz der Naumburger Bischöfe im 15. und 16. Jahrhundert recht gut orientiert sind und künftige Forschungen über die Bibliothek Julius Pflugs hier noch weiter führen werden, kann dies für den Buchbesitz der meisten Bischöfe im spätmittelalterlichen Reich leider nicht gesagt werden. Systematische Darstellungen der Bischofsviten in den Bänden des großangelegten Vorhabens der „Germania Sacra" bieten zwar vereinzelte Hinweise auf Buchbesitz, doch sind die Bearbeiter diesem Aspekt offenbar nicht systematisch nachgegangen. Deshalb können auch hier nur einige wenige Fingerzeige geboten werden, um den Blick auf Naumburg perspektivisch noch etwas zu erweitern. Die Würzburger Bischöfe des 15. und 16. Jahrhunderts haben gewiss etliches an Büchern zusammengebracht, doch ist die Hofbibliothek beim Brand des Schlosses Marienberg 1572 restlos zugrunde gegangen.[46] Dass Bischof Rudolf von Scherenberg (1466–1495) bereits früh die Bedeutung der Druckkunst erkannte und schon 1479 mehreren Druckern ein Privileg erteilte, ist seit langem bekannt.[47] Für seine Nachfolger Lorenz von Bibra und Konrad II. von Thüngen sind humanistische Neigungen und literarische Interessen überliefert. Fürstbischof Julius Echter von Mespelbrunn (1573–1617) hat schon als Domscholaster und -dekan Bücher gesammelt, wobei ihn neben juristischen und theologischen Werken vor allem Klassiker und Geschichtsschreiber interessierten, und der stattliche Buchbestand bildete dann den Grundstock, um die fürstbischöfliche Hofbibliothek nach dem erwähnten Brand neu aufzubauen.[48]

Betrachten wir nun zum Vergleich die Verhältnisse an der kirchlichen Basis, im Niederkirchenwesen, mit dem der Bereich der Pfarreien und des Pfarrklerus angesprochen ist. Auch hier ist zwischen Buchbesitz der Pfarrkirche und persönlichem Buchbesitz des Pfarrgeistlichen zu unterscheiden, wobei der institutionelle Buchbesitz – wie schon dargelegt – einerseits die gottesdienstlich-liturgischen Bücher der Pfarrkirche und andererseits die Bücher einer Pfarr- oder Kirchenbibliothek umfassen konnte. Die Pfarr- und Kirchen-

46 Alfred Wendehorst: Das Bistum Würzburg, 3: Die Bischofsreihe von 1455 bis 1617, Berlin u. a. 1978, S. 145.

47 Ebd., S. 45; Falk Eisermann: Buchdruck und Herrschaftspraxis im 15. Jahrhundert. Der Würzburger Fürstbischof Rudolf von Scherenberg und sein Drucker Georg Reyser, in: Würzburg, der Große Löwenhof und die deutsche Literatur des Spätmittelalters, hrsg. von Horst Brunner, Wiesbaden 2004, S. 495–513.

48 Wendehorst: Bistum Würzburg, 3 (wie Anm. 46), S. 225 f.

bibliotheken haben lange Zeit im Schatten der durchweg stattlicheren Kloster- und Stiftsbibliotheken gestanden.[49] Eine neuere Übersicht verzeichnet für den deutschsprachigen Raum (allerdings unter fast gänzlichem Ausschluss Österreichs) 146 Kirchenbibliotheken, die ganz überwiegend an Pfarrkirchen zu lokalisieren sind.[50] Selbst wenn es durch künftigen Forschungseifer gelingen sollte, diese Zahl noch zu verdoppeln, wird die Gesamtbilanz doch eher bescheiden aussehen. Denn diese wenigen hundert Pfarrbibliotheken aus vorreformatorischer Zeit sind mit der Gesamtzahl an Pfarreien im deutschsprachigen Raum zu konfrontieren, die sich am Ende des Mittelalters auf mehrere Zehntausend belief. Zudem ist zu berücksichtigen, dass etliche Pfarrbibliotheken im Zusammenhang mit spätmittelalterlichen Prädikaturstiftungen eingerichtet wurden, weil sie vor allem einem gelehrten Prediger, weniger dem Pfarrer, zur Vorbereitung seiner Predigten dienen sollten.[51] In der kleinen Reichsstadt Isny im Allgäu wurde 1462 von dem Konstanzer Domherrn Johannes Guldin, der von dort stammte, eine Prädikatur an der Pfarrkirche St. Nikolai gestiftet. Darauf geht die dortige Prädikantenbibliothek zurück, die überregional bekannt ist, weil der spätmittelalterliche Buchbestand nicht nur zu großen Teilen erhalten ist, sondern sich die Bibliothek auch noch immer in dem dafür, um 1475, geschaffenen Bibliotheksraum über der Sakristei befindet (Abb. 5).[52] Die Bibliothek umfasst heute noch 70 Handschriften, 171 Inkunabeln, 104 Drucke aus der Zeit 1500 bis 1517, 340 Drucke aus der Reformationszeit (1517–1529) und zahlreiche neuere Werke.

Die Prädikaturbibliothek der seit dem 16. Jahrhundert evangelischen Pfarrkirche St. Nikolai in Isny zeigt eindrucksvoll, dass es neben dem radikalen Bruch und Neubeginn auch Kirchenbibliotheken gab, die über die Schwelle der Reformation bewahrt wurden. Des Weiteren lenkt die Entstehungsgeschichte der Kirchenbibliothek in Isny unsere Aufmerksamkeit aber noch auf einen anderen grundsätzlichen Gesichtspunkt: In Isny spiel-

[49] Den Forschungsstand referiert am umfassendsten Markus Lommer: Kirche und Geisteskultur in Sulzbach bis zur Einführung der Reformation. Predigerstelle, Kirchenbibliothek und „Lateinschule" einer Stadtpfarrei auf dem Nordgau vor dem Hintergrund der überregionalen Entwicklung, Regensburg 1998, S. 42–71, der S. 66–68 auch für eine klarere Verwendung der Begriffe Kirchen-, Pfarrkirchen- und Pfarrbibliothek plädiert, die man erst ab einer „gehobeneren Form" von Buchbeständen verwenden, nicht aber schon auf die Liturgica in der Kirche anwenden könne. Das Verhältnis von Pfarr- und Pfarrerbibliothek wird von Lommer nicht weiter diskutiert.

[50] Lommer: Kirche und Geisteskultur (wie Anm. 49), S. 389–396. Zur inhaltlichen und regionalen Abgrenzung der Liste ebd., S. 389 Anm. 27b.

[51] An folgenden Pfarrkirchen gehen die Bibliotheken auf Prädikaturstiftungen zurück: Berching 1513 oder wenig später, Biberach, Chammünster/Cham, Donauwörth 1446, Heilbronn 1520, Horb, Isny 1482, Kempten, Lauffen am Neckar, Marbach, Nürtingen, Saulgau, Sulzbach, Ulm 1439/44, Wassertrüdingen 1519, Wemding 1500, nach Lommer: Kirche und Geisteskultur (wie Anm. 49).

[52] Helmut Schmid: „ain liebrey zu den büchern". Die mittelalterliche Predigerbücherei der Nikolaikirche zu Isny, Ravensburg [2003]; etliche weitere Bibliotheken über der Sakristei nennt Arnd Reitemeier: Pfarrkirchen in der Stadt des späten Mittelalters: Politik, Wirtschaft, Verwaltung, Stuttgart 2005, S. 213, der darauf hinweist, dass auch die Ausstattung der Bibliotheksräume Sache der Kirchenpfleger war; Anne Schaich: Mittelalterliche Sakristeien im deutschsprachigen Raum. Architektur und Kunst eines liturgischen Raumes, Kiel 2009, S. 177 f. u. ö. geht leider nur punktuell auf Bibliotheksräume über den Sakristeien ein.

Abb. 5: *Prädikaturbibliothek von ca. 1460 in der ev. Pfarrkirche St. Nikolai zu Isny (Helmut Schmid: „ain liebrey zu den büchern". Die mittelalterliche Predigerbücherei der Nikolaikirche zu Isny, Ravensburg [2003], S. 2.).*

te für den Ausbau der Bibliothek die Bücherschenkung des dort tätigen Pfarrgeistlichen Magister Konrad Brenbach eine wichtige Rolle. Betrachtet man die Entwicklung vorreformatorischer Pfarr- und Kirchenbibliotheken näher, lässt sich vielerorts feststellen, dass die Buchbestände zumeist nicht das Ergebnis einer systematischen Anschaffungspolitik sind, sondern schubweise durch Schenkungen und Legate angewachsen sind. Zumeist waren es die Pfarrgeistlichen selbst, die ihre Bücher dorthin gaben. Johannes Seeburg, Professor des Römischen Rechts in Leipzig, Pfarrer von St. Katharinen in Braunschweig und Stiftskanoniker in St. Severi zu Erfurt, vermachte 1499 testamentarisch der Pfarrkirche St. Cyriakus in Duderstadt (nahebei liegt Seeburg, der mutmaßliche Geburtsort des Testators) vier Handschriften mit den Dekretalen, dem Liber sextus, den Clementinen und den Institutionen, und er sagte von diesen Büchern ausdrücklich, dass er sie „mit eigener Hand geschrieben habe"; die Bücher sollten in der Bibliothek der Kirche angekettet werden und jedermann zur Verfügung stehen.[53] Der Leipziger Theologe Stephan Hufner, gestorben 1465, vermachte eine Anzahl Bücher, und zwar sowohl solche, die er selbst geschrieben als auch solche, die er gekauft hatte, der Pfarrkirche St. Marien in seiner Heimatstadt Prettin (Bistum Brandenburg); er begründete diese Entscheidung in seinem Testament damit, dass die Bücher so den Wissbegierigen dienen könnten und der Kirche mehr Nutzen bringen möchten, als wenn man sie verkaufen würde.[54]

Dass ganze Bibliotheken aus dem Nachlass eines Pfarrers aber tatsächlich auch verkauft wurden, zeigt das Beispiel des Peter Scheu, der 1510 in Frankfurt am Main verstorben ist, wo er seit 1505 die Hauptpfarrei St. Bartholomäus innehatte.[55] Scheu hatte in Leipzig studiert und den Grad eines Doktors der Hl. Schrift erlangt, war also ein gelehrter Theologe mit einer entsprechend stattlichen Bibliothek von schätzungsweise 150 Titeln.[56] Neben den systematischen Darstellungen der Theologie wie den Summen des Thomas von Aquin und des Antonius Florentinus sowie dem „Compendium" des Hugo von Ripelin stehen die Sentenzen des Petrus Lombardus mitsamt Kommentarwerken, weiter Werke der Bibelexegese wie die „Postilla" des Nikolaus von Lyra, patristische Kommentare von Augustinus und Gregor dem Großen, als ergänzende Hilfsmittel diverse Wortkonkordanzen und lexi-

[53] Hartmut Boockmann: Die Lebenswelt eines spätmittelalterlichen Juristen. Das Testament des „doctor legum" Johannes von Seeburg, in: Philologie als Kulturwissenschaft. Festschrift für Karl Stackmann zum 65. Geburtstag, Göttingen 1987, S. 287–305; wiederabgedruckt in ders.: Wege ins Mittelalter. Historische Aufsätze, München 2000, S. 168–185, Zitate S. 171. Das Testament ist gedruckt in: Urkundenbuch der Stadt Duderstadt bis zum Jahre 1500, hrsg. von Julius Jaeger, Hildesheim 1885, S. 322–335 Nr. 517.

[54] Franz Falk: Zur Geschichte der öffentlichen Bibliotheken in Deutschland von Gutenberg bis um 1520, in: Historisches Jahrbuch 1 (1880), S. 297–304, hier S. 303; zur Vita siehe: Die Professoren und Dozenten der Theologischen Fakultät der Universität Leipzig von 1409 bis 2009, hrsg. von Markus Hein und Helmar Junghans unter Mitarbeit von Alexander Bartmuß u. a., Leipzig 2009, S. 109 f.

[55] Gerhardt Powitz: Die Bibliothek des Frankfurter Stadtpfarrers Peter Scheu († 1510). Klerikaler Buchbesitz um 1500 und der Handel mit Büchern als Nachlaßgut, in: Gutenberg-Jahrbuch 2001, S. 314–333.

[56] Powitz: Bibliothek (wie Anm. 55), S. 318.

kalische Hilfsmittel. Neben dieser dogmatischen und exegetischen Literatur nehmen die Predigtsammlungen – insgesamt 25 Bände – den größten Anteil ein, darunter Klassiker wie Bonaventura, aber auch aktuelle Werke, wie das Predigthandbuch des 1504 verstorbenen Pelbart von Temesvar, wobei beeindruckt, welche Bedeutung Predigtsammlungen franziskanischer Autoren auch im Weltklerus hatten. Für die sakramentale Seelsorge und katechetische Aufgaben besaß Peter Scheu u. a. das „Parochiale curatorum" des Michael Lochmair und das „Praeceptorium" des Johannes Nider, aber auch Werke über die Messfeier (u. a. Gabriel Biel). Bemerkenswert sind mehrere Bücher über das Hexenwesen, nämlich der Hexenhammer und Schriften des Ulrich Molitoris und des Martin Plantsch. Bemerkenswert, wenn auch für Weltgeistliche des späten Mittelalters nicht ganz überraschend, ist der Besitz eines vollständigen Satzes der Kirchenrechtsquellen einschließlich mehrerer Kommentare zum Dekret („Archidiaconus" = Guido de Baysso), zu den Dekretalen („Summa Hostiensis") und zum Liber Sextus („Summa Geminiani" = Dominicus de s. Geminiano). Mit der „Summa Raymundi" besaß Scheu außerdem die sehr verbreitete und „maßgebende Beicht- und Ehesumme", doch standen ihm auf diesem Feld auch noch weitere Werke wie die „Summa angelica" zu Gebote.[57] Das Artesstudium, das Scheu wie erwähnt in Leipzig absolviert hatte, bereicherte seine Bibliothek um die gängigen grammatikalischen Werke (Donat, „Doctrinale", Johannes von Garlandia), aber auch um Werke der scholastischen Philosophie und Logik (Petrus Hispanus, Johannes Versor). Eine kleine Gruppe von Büchern wie Ciceros „De officiis" und aktuellere Werke von Autoren Italiens (Baptista Guarinus, Marcus Antonius Sabellicus) und der Niederlande (Henricus Boort aus Deventer) belegen auch humanistische Interessen. Gleichwohl wird man die Büchersammlung Peter Scheus als eine im Kern „theologisch-kanonistische Fachbibliothek eines Pfarrgeistlichen" charakterisieren dürfen, die „nach Umfang und inhaltlicher Ausgewogenheit als gut ausgestattet gelten" kann.[58]

Das war die Bibliothek eines Stadtpfarrers in einer bedeutenden Reichsstadt. Wie aber sah es auf dem platten Land aus? Durchmustert man die Bände der Reihe „Mittelalterliche Bibliothekskataloge Deutschlands und der Schweiz", finden sich darin zwar etliche Bücherlisten aus Testamenten, Legaten und Schenkungen, aber nur ein vollständiges Inventar der Bibliothek eines Dorfpfarrers: Um 1469 stellte Johannes Seratoris, Pfarrer von Bernbeuren im Bistum Augsburg, ein Verzeichnis aller Bücher zusammen, die er gekauft und geschrieben hatte.[59] Die Auflistung der insgesamt 21 Bände bietet überwiegend Predigtliteratur, gefolgt von dogmatischen und exegetischen Werken, wobei mehrere Werke des Wiener Theologen Thomas Ebendorfer („Haselbach") ins Auge fallen. Bücher für die Seelsorgepraxis spielen keine Rolle, wenn man einmal von einem (anonymen) Trak-

[57] Zu dieser s. u. Anm. 69.

[58] Powitz: Bibliothek (wie Anm. 55), S. 320.

[59] Die Überschrift lautet: „Item ego Johannes Seratoris de oppido Füssen habeo tot libros quos emi et scripsi", in: Mittelalterliche Bibliothekskataloge (wie Anm. 25) 3/1, S. 80.

tat über die Sakramente und zwei weiteren Abhandlungen über die Beichte und über die Verwandtschaftsgrade absieht.[60] Bemerkenswert ist, dass Johannes Seratoris „partem biblie scilicet vetus testamentum in bona scriptura" besaß. Ein Neues Testament war hingegen nicht vorhanden. Wie repräsentativ dieser Buchbesitz eines Landpfarrers ist, sei dahingestellt, doch sind entsprechende Bücherinventare auch nach der Reformation eher selten überliefert.[61] Da die Pfarrgeistlichen weder über ihre Pfründeneinkünfte noch über ihren sonstigen Besitz irgendjemandem gegenüber Rechenschaft ablegen mussten,[62] wissen wir eben auch über den persönlichen Buchbesitz wesentlich weniger als über den Buchbesitz der Kirchenfabrik.

Betrachtet man den Buchbesitz von Pfarrseelsorgern, wird man zu unterscheiden haben zwischen Titeln, die gewissermaßen von dienstlichem Belang waren und anderen, die eher die geistlichen (und geistigen) Interessen des Klerikers widerspiegeln. Der persönliche Buchbesitz ist natürlich von großer Mannigfaltigkeit, und es wäre letztlich beliebig, hier einzelne theologische, literarische oder historiographische Titel als Belege zu nennen. Konkreter greifbar ist das, was den Pfarrern zur Verrichtung ihrer Dienstgeschäfte zur Verfügung stand, sei es nun für die Feier des Gottesdienstes, zur Vorbereitung der Predigt oder zur Spendung des Bußsakraments. Im Laufe des 15. Jahrhunderts wurde dieses Schrifttum für Seelsorger fast unübersehbar, vor allem, seitdem man die junge Druckkunst zur Verbreitung dieser Schriften einsetzen konnte. Die Vorteile wurden schnell erkannt, auch wenn bis zur Reformation bei weitem nicht jeder deutsche Bischofssitz auch eine Buchdruckerei in seinen Mauern hatte.[63] Verbreitet waren Handreichungen für den Seelsorger, wie das 1503 gedruckte „Manuale curatorum" des Basler Pfarrers Johann Ulrich Surgant, dem weitere ähnliche Handbücher an die Seite zu stellen wären.[64] Der in der Seelsorge erfahre-

60 „Item tractatum de sacramentis cum tractatulo magistri Johannis Parysiensis de confessione et tractatu de affinitate", in: Mittelalterliche Bibliothekskataloge (wie Anm. 25) 3/1, S. 80.

61 Siehe beispielsweise Frank-Joachim Stewing: Buchbesitz der Landgeistlichkeit in Thüringen im 16. Jahrhundert. Das Beispiel Simon Hartung, gestorben 1563 als evangelischer Pfarrer von Kapellendorf, in: Die Kirche von Kapellendorf. Studien zur Geschichte und Architektur einer ländlichen Pfarr- und Klosterkirche, hrsg. von Helge Wittmann, Petersberg 2003, S. 83–111.

62 Abrechnungen eines Pfarrers über seine Einkünfte und Ausgaben sind deshalb selten, siehe z. B. Die Finanzen eines spätmittelalterlichen Stadtpfarrers. Das Rechnungsbuch des Johann Hovet, Pfarrer von St. Johannis in Göttingen, für das Jahr 1510/1511, hrsg. von Malte Prietzel, Hannover 1994. Hovet ließ sich in seiner Pfarrei durch einen Stellvertreter vertreten, der ihm gegenüber deshalb über die Pfarrpfründe Rechnung legen musste. Unter diesen Umständen sind Ausgaben (zusammengestellt S. 27–32) für Bücher gar nicht zu erwarten.

63 Vgl. die Nachweise bei Ferdinand Geldner: Die deutschen Inkunabeldrucker. Ein Handbuch der deutschen Buchdrucker des XV. Jahrhunderts nach Druckorten, 2 Bände, Stuttgart 1968–1970; nützlich ist in diesem Zusammenhang noch immer Franz Falk: Die Druckkunst im Dienste der Kirche, zunächst in Deutschland, bis zum Jahre 1520, Köln 1879 (Nachdruck Amsterdam 1969). Anstelle weiterer Nachweise sei verwiesen auf: Der Buchdruck im 15. Jahrhundert. Eine Bibliographie, hrsg. von Severin Corsten u. a., 2 Bände, Stuttgart 1988–1993.

64 Dorothea Roth: Die mittelalterliche Predigttheorie und das Manuale Curatorum des Johann Ulrich Surgant, Basel/Stuttgart 1956, S. 149 ff.; Manfred Probst: Bibliographie der katholischen Ritualiendrucke des deutschen Sprachbereichs. Diözesane und private Ausgaben, Münster 1993, bietet als Anhang 2, S. 153–155, auch ein Verzeichnis gedruckter

ne Surgant bot eine Handreichung für sämtliche Amtsverrichtungen des Pfarrers. In den Mittelpunkt seines Werkes stellte er das Predigtamt. Seine Ausführungen werden ergänzt durch ein bibliographisches Verzeichnis von 90 Werken des 5. bis 15. Jahrhunderts, die für den Prediger von Nutzen sein konnten,[65] wobei allerdings kaum vorstellbar ist, dass selbst gelehrte Prediger diesen Buchbestand komplett zur Hand gehabt haben. Aber bei Surgants Liste mag wie bei heutigen Lektürelisten zu Vorlesungen und Seminaren der Gedanke eine Rolle gespielt haben, dass bei hundert Buchempfehlungen zumindest zwei oder drei hängen bleiben werden.

Gab es nicht schon am Ausgang des Mittelalters zu viele Bücher? Speyerer Diözesanstatuten von 1516 betonen, es gebe nun

> „so mannigfaltige und leichtverständliche Predigtsammlungen, so viele Postillen, lateinische, deutsche und gedruckte, so viele billige Schriftchen über die Art und Weise der Predigt, so viele Praeceptoria, compendia, resolutoria, so viele Summen über Tugenden und Laster, über die Todsünden und andere nützliche Stoffe für die Volkspredigt, dass der Prediger fast nichts anderes nötig hat als eine bescheidene Grundlage in der Grammatik und ein bisschen Arbeit und Eifer beim Lesen und Auswendiglernen"[66].

Aus der kritischen, schriftgegründeten Sicht der Reformatoren war das alles wertloser Plunder. Besonders leicht ließ sich über eine weitverbreitete Sammlung von Musterpredigten spotten, die den vielversprechenden Titel „Dormi secure" trug.[67] Allein dieses Werk ist bis 1500 in 23 Auflagen erschienen. Der „Manipulus curatorum" des Guido von Monte Rocherii hat schon im 15. Jahrhundert 68 Auflagen erlebt.[68] Nützlich waren auch die Beichtbüchlein, die nach Erfindung des Buchdrucks in großer Zahl auf dem Markt waren. Ein in vielen Pfarrerbibliotheken nachweisbares Standardwerk war der Beichtspiegel des Franziskaners Angelus Carleti, der seit 1498 in zahlreichen Auflagen erschienen ist.[69] Der Frankfurter Pfarrer Johannes Lupi verfasste bis 1468 einen Beichtspiegel nach den Zehn

---

pastoraler Handbücher, die leicht mit Ritualien verwechselt werden können, darunter acht „Manuale" aus vorreformatorischer Zeit, doch fehlt z. B. Surgant. Die Beiträge in: A Companion to Pastoral Care in the Late Middle Ages (1200–1500), ed. by Ronald J. Stansbury, Leiden/Boston 2010 beziehen sich fast ausschließlich auf die Verhältnisse in West- und Südeuropa, siehe dazu meine Besprechung in: H-Soz-u-Kult, 16.01.2013, http://hsozkult.geschichte.hu-berlin.de/rezensionen/2013-1-034

65 Rudolf Hirsch: Surgant's List of Recommended Books for Preachers (1502–03), in: Renaissance Quarterly 20 (1967), S. 199–210, hier S. 204–210.

66 Collectio processuum synodalium et constitutionum ecclesiasticarum diocesis Spirensis ab anno 1397 usque ad annum 1720, Speyer 1786, S. 179, hier zitiert nach der Übersetzung von Friedrich Wilhelm Oediger: Über die Bildung der Geistlichen im späten Mittelalter, Leiden/Köln 1953, S. 125.

67 Oediger: Bildung (wie Anm. 66), S. 128–131.

68 Angaben ebd., S. 131.

69 Martin Ohst: Pflichtbeichte. Untersuchungen zum Bußwesen im Hohen und Späten Mittelalter, Tübingen 1995, S. 224–295; ein Exemplar aus dem Besitz eines thüringischen Weltgeistlichen behandelt Enno Bünz: Angelus de Claviso: Summa Angelica de casibus conscientiae (Straßburg: Martin Flach d. Ä., 15. März 1498), in: Aus den Sammlungen der Histori-

Geboten und ordnete testamentarisch an, diesen zu drucken und an die Sedeskirchen im Erzbistum Mainz zu verteilen. 1478 wurde das Büchlein in der bekannten Druckerei der Marienthaler Kugelherren gedruckt.[70] Ob und wie die Verteilung der Bücher bewerkstelligt wurde, ist zwar unbekannt, doch unterliegt es keinem Zweifel, dass eine funktionierende Bistumsverwaltung derlei organisieren konnte.[71] Als 1520 für das Bistum Chur ein neues Brevier und Direktorium in Augsburg gedruckt wurden, legte man ein vollständiges Verzeichnis der Benefizien an, wohl um die Auflage berechnen zu können. Über den Verkauf des Breviers an die Pfarrer wurde genau Buch geführt.[72] Dabei erfährt man, dass der Kaufpreis nur zur Hälfte von den Geistlichen selbst getragen werden musste, während für den Rest die Kirchenfabrik aufzukommen hatte.[73]

Insgesamt lässt sich feststellen, dass die Wahrscheinlichkeit, bei Weltgeistlichen eine größere Zahl von Büchern nachzuweisen, im Laufe des 15. Jahrhunderts wächst. Dies hängt nicht allein mit der neuen Produktionsform des Buchdrucks zusammen, die Bücher seit dem letzten Viertel des 15. Jahrhunderts zunehmend billiger machte, sondern dabei spielen als weitere Faktoren auch die gesteigerten Ansprüche an die Klerikerbildung und – davon nicht zu trennen – das vielfältigere Angebot an einschlägiger Literatur für Gottesdienst, Predigt und Seelsorge eine Rolle. Dass der Pfarrer einer mittelalterlichen Großstadt wie Peter Scheu in Frankfurt Anfang des 16. Jahrhunderts über 150 Bücher besaß, ist alles andere als ungewöhnlich. Selbst Geistliche ohne Seelsorgeverpflichtungen konnten zu dieser Zeit schon mehr Bücher besitzen, wie Inventare von Messpriestern aus Breslau und Nürnberg exemplarisch zeigen. Der letzte katholische Pfarrer von Schweinfurt am Main hinterließ 1554 eine Bibliothek von immerhin 273 Titeln.[74] Im Laufe des 16. Jahrhunderts

schen Bibliothek der Stadt Rudolstadt. Drucke, Handschriften und Autographen des 15. bis 20. Jahrhunderts, hrsg. von Michael Schütterle, Rudolstadt 1998, S. 36 f. mit Abbildung und S. 113 f.

70 Siehe die umfassend kommentierte Ausgabe: Beichtbüchlein des Magisters Johannes Wolff (Lupi), ersten Pfarrers an der St. Peterskirche zu Frankfurt a. M., 1453 bis 1468. Neu hrsg. mit einer Einleitung, Übersetzung ins Neuhochdeutsche und erklärenden Noten versehen von F. W. Battenberg, Gießen 1907. Ebd., S. 49 im Explicit wird das Testament Lupis mit der Bestimmung, die gedruckten Exemplare an die „parrochiae sedium diocesis Maguntinensis" zu verteilen, erwähnt. Gleichzeitig ist übrigens eine weniger ausführlich kommentierte Edition erschienen: Drei Beichtbüchlein nach den zehn Geboten aus der Frühzeit der Buchdruckerkunst, hrsg. von Franz Falk, Münster 1907, S. 6–75, das zitierte Explicit hier S. 75. Die Vergabe an sämtliche Pfarreien der riesigen Diözese, wie verschiedentlich in der Literatur behauptet, wäre nicht nur wegen der organisatorischen Schwierigkeiten ausgeschlossen gewesen, denn man hätte tausende Exemplare drucken müssen.

71 Zu den Kommunikationsstrukturen und -wegen in den Diözesen Enno Bünz: „Die Kirche im Dorf lassen ...". Formen der Kommunikation im spätmittelalterlichen Niederkirchenwesen, in: Kommunikation in der ländlichen Gesellschaft vom Mittelalter bis zur Moderne, hrsg. von Werner Rösener, Göttingen 2000, S. 77–167, hier S. 88–112.

72 Siehe Oskar Vasella: Beiträge zur kirchlichen Statistik des Bistums Chur vor der Reformation (zuerst 1944), in: ders.: Geistliche und Bauern. Ausgewählte Aufsätze zu Spätmittelalter und Reformation in Graubünden und seinen Nachbargebieten, hrsg. von Ursus Brunold und Werner Vogler, Chur 1996, S. 562–592, hier S. 575 f.

73 Ebd., S. 577. Gleichwohl gab es Widerstände gegen den Kauf.

74 Friedrich Merzbacher: Die Bücherei des fränkischen Humanisten Johann Feigenbaum. Aus dem Bibliothekskatalog von Stift Haug in Würzburg, in: Zentralblatt für Bibliothekswesen 66 (1952), S. 265–283 und S. 456.

entstanden dann noch weit größere geistliche Privatbibliotheken. Wie der Einladung zu dieser Tagung zu entnehmen ist, sind von der Bibliothek des Naumburger Bischofs Julius Pflug etwa 1.000 Bände erhalten geblieben. Ein noch fleißigerer Büchersammler war der Wiener Bischof Johannes Fabri, der 1541 mehr als 5.000 Bände besaß.[75]

Johannes Fabri war offenkundig ein Bücherliebhaber, dem mancher Besucher angesichts der wohlgefüllten Regale vielleicht die Frage gestellt hat, auf die man als Bibliomane auch heute gefasst sein muß: Haben Sie die auch alle gelesen? Ich gebe darauf meistens die Antwort: Noch nicht, aber ich weiß schon von jedem Buch, wo es steht! Mit dieser Antwort mag sich auch mancher mittelalterlicher Buchliebhaber beruhigt haben. Die Klage, es gäbe zu viele Bücher, ist ein alter Topos. Im „Narrenschiff" (erschienen Basel 1494) geißelt Sebastian Brant unter der Kapitelüberschrift „Von unnutzen buchern" den Bibliophilen, der viele Bücher besitzt, sie aber nur wenig versteht:

> „Den vordantz hat man mir gelan /
> Dann ich on nutz vil buecher han /
> Die ich nit lyß / und nyt verstan".[76]

Die Frage nach dem Nutzen der Bücher führt zur Frage nach den Lesepraktiken, die zumeist nicht einfach zu beantworten sind. Vielfach bleibt gar nichts anderes übrig, als vom Buchbesitz auf Lektürepraktiken zu schließen,[77] aber ein solches Verfahren ist natürlich methodisch problematisch. Nur selten ist die Überlieferungslage so günstig wie im Falle Johannes Hinderbachs (1418–1486), des Bischofs von Trient, aus dessen Besitz fast 100 Handschriften und 40 Inkunabeln überliefert sind, die am Rand zahlreiche eigenhändige Glossen ihres Besitzers tragen. Daniela Rando hat sich diesen Sachverhalt zunutze gemacht und anhand der autographen Marginalien die „Selbst-Biographie" des Bischofs geschrieben.[78] Rando deutet Hinderbachs Notate als Sinnstiftung des eigenen „Ich", als „erzählte Memoria": Dabei erscheint der Vorgang des Lesens selbst, der Textaneignung als „Memo-

---

[75] Alphons Lhotsky: Die Bibliothek des Bischofs von Wien Dr. Johannes Fabri (1530–1541), in: Festschrift Karl Eder zum siebzigsten Geburtstag, hrsg. von Helmut J. Mezler-Andelberg, Innsbruck 1959, S. 71–81; wiederabgedruckt in: Alphons Lhotsky: Aufsätze und Vorträge, 3: Historiographie, Quellenkunde, Wissenschaftsgeschichte, Wien 1972, S. 228–241.

[76] Sebastian Brant: Das Narrenschiff. Nach der Erstausgabe (Basel 1494) mit den Zusätzen der Ausgabe von 1495 und 1499 sowie den Holzschnitten der deutschen Originalausgaben, hrsg. von Manfred Lemmer, 3. erw. Aufl., Tübingen 1986, S. 7 f.; das Nachdenken über den Sinn und Zweck des Besitzes vieler Bücher ist natürlich älter. Vgl. in diesem Zusammenhang am Beispiel der Quaestio eines italienischen Juristen Ingrid Baumgärtner: An expediat habere multos libros. Zum Wert von Büchern oder der Bildungshorizont des Oldradus de Ponte, in: Archiv für Kulturgeschichte 74 (1992), S. 303–332.

[77] So z. B. Rainald Becker: Lesepraktiken im tridentinischen Episkopat – Geistliches und Weltliches in der Bibliothek des Seckauer Bischofs Johannes Markus von Aldringen. Mit der Edition seines Bücherinventars von 1633, in: Religiöse Prägung und politische Ordnung in der Neuzeit. Festschrift für Winfried Becker zum 65. Geburtstag, hrsg. von Bernhard Löffler und Karsten Ruppert, Köln u. a. 2006, S. 83–112.

[78] Daniela Rando: Johannes Hinderbach (1418–1486). Eine „Selbst"-Biographie, Berlin 2008.

Abb. 6: Löwenstein-Porträt-Diptychon, rechter Flügel: Der Bamberger Domherr Georg von Löwenstein, Hans Pleydenwurff, um 1456 (Nürnberg, Germanisches Nationalmuseum, Inv.-Nr. 156).

rierung", die darauf zielt, „sich die Vorlage bei fortschreitender Lektüre einzuprägen", eine Art „Einverleibung"[79], die sich neben Randnotizen auch in zahlreichen graphischen Symbolen und Markierungen niedergeschlagen hat, die das Wiederauffinden bestimmter Stellen ermöglichen sollten. Rando spricht in diesem Zusammenhang vom „hermeneutischen Dialog" des Lesers – also Johannes Hinderbachs – mit seinem Text. Im Gegensatz zu Sebastian Brants Büchernarr praktizierte der Trienter Bischof eine intensive, keine extensive Lektüre, und damit eine Leseweise, wie sie auch für Martin Luther und andere Zeitgenossen nachgewiesen werden kann.[80]

Noch ein anderer Aspekt der Lesepraktiken sei hier angesprochen, der mit der Funktion von Büchern als Medien der Frömmigkeitspraktiken zusammenhängt. Das Buch in den Händen von Geistlichen ist nicht nur Informationsträger für bestimmte Wissensstoffe, sondern es ist auch selbst Medium der „praxis pietatis", denn für den Geistlichen war das Brevier als Hilfsmittel für das Stundengebet unverzichtbar. Dies verdeutlicht in besonders nachdrücklicher Weise das Porträt des Bamberger Domherrn Georg von Löwenstein, den Hans Pleydenwurff vor 1457 im Alter von 75 bis 80 Jahren gemalt hat (Abb. 6). Die Darstellung des Bamberger Domherrn ist die wohl älteste Porträtdarstellung in der deutschen Kunst vor Albrecht Dürer, doch soll uns weniger die künstlerische Qualität als die religiöse Aussage des Bildes beschäftigen: „Georg von Löwenstein hat das Buch mit seinem grünen Umschlag zugeklappt und vor einem Lesezeichen seinen Daumen an der zuletzt gelesenen Stelle eingelegt"[81]. Er scheint das Brevier gerade geschlossen und den Blick nachdenklich gehoben zu haben. Was aber sieht der Bamberger Domherr? Heute blickt er auf dem Gemälde im Germanischen Nationalmuseum Nürnberg ins Leere. Aber ursprünglich war das Porträt Teil eines Diptychons, dessen Gegenstück sich jetzt im Basler Kunstmuseum befindet und das Christus als Schmerzensmann zeigt, welcher sich dem Bamberger Domherrn zuwendet und die Rechte erhoben hat, um ihn zu segnen. Der Kunstgriff des zugeschlagenen Buches mit dem eingelegten Daumen verweist, wie Peter Schmidt vor wenigen Jahren herausgearbeitet hat, auf den seit frühchristlicher Zeit geläufigen Zusammenhang von „lectio" und „oratio". Durch die fromme Lektüre erstehen vor dem inneren Auge des

79 Ebd., S. 196 und S. 199.

80 Holger Flachmann: Martin Luther und das Buch. Eine historische Studie zur Bedeutung des Buches im Handeln und Denken des Reformators, Tübingen 1996, S. 27 f. Flachmann geht allerdings, wie S. 10 ff. ausgeführt wird, methodisch anders vor und bezieht sich vor allem auf Selbstaussagen des Reformators. Die Bibliothek wurde, wie S. 30 f. erwähnt, nach dem Tod Luthers zerstreut. Ob Luther seine Bücher mit Randglossen und Notizen versah, wird nicht ganz klar. Namentlich gekennzeichnet hat er sie jedenfalls nicht.

81 Peter Schmidt: Der Finger in der Handschrift. Vom Öffnen, Blättern und Schließen von Codices auf spätmittelalterlichen Bildern, in: Codex und Raum, hrsg. von Stephan Müller u. a., Wiesbaden 2009, S. 85–125, hier S. 93. Zum Porträt des Domherrn zuletzt Robert Suckale: Die Erneuerung der Malkunst vor Dürer, Band 1, Petersberg 2009, S. 104–106, und: Der frühe Dürer. Ausstellung im Germanischen Nationalmuseum Nürnberg vom 24. Mai bis 2. September 2012, hrsg. von Daniel Hess und Thomas Eser, Nürnberg 2012, S. 340 und S. 342 f.

Abb. 7: *Grabstein des Pastors Heinrich Lampe (gest. 1583) in der ev. Pfarrkirche St. Magni zu Braunschweig (Sabine Wehking, Inschriftenkommission, Akademie der Wissenschaften Göttingen).*

Lesers imaginäre Bilder, mit denen er sich das Heilsgeschehen vergegenwärtigen kann.[82] Ähnlich wie die Randnotizen, die Bischof Johannes Hinderbach in seinen Büchern angebracht hat, verweist auch das Diptychon des Hans Pleydenwurff auf eine Form intensiver Lektüre, hier allerdings nicht zur intellektuellen Aneignung eines Textes, sondern zur Vergegenwärtigung des Heilsgeschehens. Was eine solche Form intensiver Lektüre bedeutete, ist angesichts des aktuellen Medienwandels, der schnelle Lesetechniken erfordert, noch schwerer verständlich zu machen.

III

Obwohl die Ikonographie der Grabmäler von Geistlichen noch keine umfassende Darstellung erhalten hat, wollen wir abschließend doch noch einmal danach fragen, ob es Veränderungen durch die Reformation gegeben hat. Tatsächlich wird erst durch den Glaubenswandel des 16. Jahrhunderts das Buch zu einem allgegenwärtigen Attribut in der Grabkunst. Bis zur Reformation wurde der Priester, auch der Pfarrgeistliche, durchweg mit einem Kelch in der Hand bzw. in den Händen dargestellt. Dieser Grabmaltypus war überregional so verbreitet, dass man praktisch in jedem beliebigen Kunstdenkmäler- bzw. Inschrifteninventar Beispiele dafür findet.[83] Grabmäler von Pfarrgeistlichen aus nachreformatorischer Zeit sind relativ selten, doch mag das auch mit dem bisherigen Forschungsstand zu erklären sein. Ist aber ein Einzelgrabmal für einen lutherischen Pfarrgeistlichen erhalten, fehlt das Buch als Attribut nie. So hält der 1583 verstorbene Pastor Heinrich Lampe von St. Magni in Braunschweig selbstverständlich ein Buch in den Händen (Abb. 7).[84] Als 1609 Alhard Mattenclot, der Pfarrer von Barterode bei Göttingen starb, wurde ihm in seiner Kirche ein Grabstein errichtet (Abb. 8), auf dem der Verstorbene mit dem Kelch in der Rechten und dem Buch in der Linken dargestellt ist.[85] Diese Darstellungsform des einfachen Pfarrgeistlichen mit Buch war theologisches Programm, verweist es doch auf das Predigtamt als Hauptaufgabe des lutherischen Pastors. Ob hier an eine Vorbildwirkung der Grabplatte Martin Luthers selbst zu denken ist, die den Reformator als Gelehrten, bekleidet mit der Schaube, das Buch in den Händen zeigt, ist wohl wenig wahrscheinlich, zumal

[82] Schmidt: Finger (wie Anm. 81), S. 95.

[83] Für Schleswig-Holstein siehe Krüger: Corpus (wie Anm. 7), S. 181, und ders.: Selbstdarstellung und Selbstverständnis nordelbischer Geistlicher im Spiegel spätmittelalterlicher Grabsteine und Testamente, in: Klerus, Kirche und Frömmigkeit im spätmittelalterlichen Schleswig-Holstein, hrsg. von Enno Bünz und Klaus-Joachim Lorenzen-Schmidt, Neumünster 2005, S. 167–190.

[84] Die Inschriften der Stadt Braunschweig von 1529 bis 1671, ges. und bearb. von Sabine Wehking, Wiesbaden 2001, S. 138, Nr. 587 mit Abbildung 37.

[85] Die Inschriften des Landkreises Göttingen, ges. und bearb. von Sabine Wehking, Wiesbaden 2006, S. 277, Nr. 287 mit Abbildung 222.

Abb. 8: *Grabstein des Pastors Alhard Mattenclot (gest. 1609) in der Pfarrkirche von Barterode bei Göttingen (Sabine Wehking, Inschriftenkommission, Akademie der Wissenschaften Göttingen).*

die Grabplatte 1546 nicht nach Wittenberg gelangte, sondern durch Zufall in Jena verblieb.[1]

Das griffige Diktum Bernd Moellers, „ohne Buchdruck keine Reformation", ließe sich auf das gesamte Zeitalter der Konfessionalisierung des 16. Jahrhunderts übertragen und es würde dabei wohl deutlich werden, dass bei der Formierung der Geistlichkeit auf katholischer wie evangelischer Seite Buchbesitz und Buchgebrauch, vor allem aber die Verbreitung ganz bestimmter Bücher, eine wesentliche Rolle gespielt haben. Auf diesem Forschungsfeld scheint mir bislang für die evangelische Seite wesentlich mehr geleistet worden zu sein als für die katholische.[2] Die weitere Beschäftigung mit der Bibliothek des Naumburger Bischofs Julius Pflug liegt schon deshalb nahe. Letztlich geht es aber nicht um ein überholtes konfessionelles „entweder–oder" sondern um ein besseres Verständnis der Funktion des Buches in den Händen von Geistlichen vor wie nach der Reformation.

Die Weimarer Geistlichen, die 1551 in Weimar die Prüfung und Ordination der lutherischen Pfarrer vornahmen, erwarteten, dass die zu Ordinierenden wenigstens eine deutsche Bibel und – als Predigtsammlung – Luthers Postille besaßen und gaben als Begründung an, „mus doch ein landsknecht sein wehr und waffen haben", bevor er sich einschreiben lasse.[3] Ganz neu war dieses Bild nicht, denn schon vor der Reformation hatte Thomas von Kempen in seinem „Doctrinale iuvenum" betont: „Ein Kleriker ohne heilige Bücher ist wie ein Soldat ohne Waffen, ein Schiff ohne Ruder, ein Schreiber ohne Federn"[4].

1 Die Inschriften der Stadt Jena bis 1650, ges. und bearb. von Luise und Klaus Hallof, Berlin u. a. 1992, S. 41–44, Nr. 61; Martin Brecht: Martin Luther, Band 3: Die Erhaltung der Kirche 1532–1546, Stuttgart 1987, S. 372 geht auf die Grabplatte nicht ein, bildet sie aber auf Tafel XX ab.

2 Siehe z. B. Wolfgang Zimmermann: Konfessionalisierung und Buchbesitz. Klerikerbibliotheken im Landkapitel Mergentheim im 17. Jahrhundert, in: Württembergisch Franken 86 (2002), S. 333–351.

3 Heerdegen: Kirchenvisitation (wie Anm. 17), S. 11.

4 Zitiert nach Oediger: Bildung (wie Anm. 66), S. 121.

Armin Kohnle

Martin Luthers Adelsschrift und ihre Rezeption

Beobachtungen am Beispiel einer „reformatorischen Hauptschrift"

Das Tagungsthema „Buch und Reformation" lässt unterschiedliche Ausdeutungen zu.[1] Unbestritten richtig ist Bernd Moellers bekanntes Diktum: „Ohne Buch(druck) keine Reformation".[2] Nicht nur das Buch als solches, sondern seine massenhafte Verbreitung, die gestiegene Lesefähigkeit der Bevölkerung und das Vorhandensein eines intellektuellen städtischen Bürgertums waren Grundvoraussetzungen für das Bekanntwerden Luthers[3] und für die Rezeption seiner Theologie, mithin für den Erfolg der Reformation.[4] Dass die schriftliche Kommunikationsebene nicht die einzige war, dass neben ihr auch mündliche, bildliche, musikalische und handgreiflich-inszenatorische Verbreitungswege der reformatorischen Botschaft standen, hat die sozial- und kulturgeschichtliche Reformationsforschung längst offengelegt.[5] Text und Bild, Lesen und Vorlesen, Hören und Sehen ergänzten sich bei der Verbreitung des Evangeliums, wie am Beispiel von Flugblättern und Flugschriften

---

1 Im folgenden Beitrag wurde der Vortragsstil beibehalten, lediglich die wichtigsten Belege wurden nachgetragen. Ich danke meiner Hilfskraft Lisa Yvonne Bender für die Unterstützung bei der Redaktion des Textes.

2 Bernd Moeller: Stadt und Buch. Bemerkungen zur Struktur der reformatorischen Bewegung in Deutschland, in: Stadtbürgertum und Adel in der Reformation. Studien zur Sozialgeschichte der Reformation in England und Deutschland, hrsg. von Wolfgang J. Mommsen in Verbindung mit Peter Alter und Robert W. Scribner, Stuttgart 1979, S. 25–39; Zitat 30 (= ders.: Die Reformation und das Mittelalter. Kirchenhistorische Aufsätze, Göttingen 1991, Zitat 115).

3 Vgl. Bernd Moeller: Das Berühmtwerden Luthers, in: Zeitschrift für historische Forschung 15 (1988), S. 65–92.

4 Zu dem, vor allem in der älteren Literatur diskutierten Themenkomplex „Buch und Reformation" vgl. Otto Clemen: Die lutherische Reformation und der Buchdruck, Leipzig 1939; Louise W. Holborn: Printing and the Growth of a Protestant Movement in Germany from 1517 to 1524, in: Church History 11 (1942), S. 123–137; Richard G. Cole: The Pamphlet and Social Forces in the Reformation, in: Lutheran Quarterly 17 (1965), S. 135–195; Rolf Engelsing: Analphabetentum und Lektüre. Zur Sozialgeschichte des Lesens in Deutschland zwischen feudaler und industrieller Gesellschaft, Stuttgart 1973; Barbara Könneker: Die deutsche Literatur der Reformationszeit, München 1975; Robert W. Scribner: How Many Could Read? Comments on Bernd Moeller's „Stadt und Buch", in: Stadtbürgertum und Adel (wie Anm. 2), S. 44 f.; Erdmann Weyrauch: Überlegungen zur Bedeutung des Buches im Jahrhundert der Reformation, in: Flugschriften als Massenmedium der Reformationszeit. Beiträge zum Tübinger Symposion 1980, hrsg. von Hans-Joachim Köhler, Stuttgart 1981, S. 243–259.

5 Zu den Aktions- und Inszenierungsformen in der frühreformatorischen Bewegung vgl. Thomas Kaufmann: Geschichte der Reformation, Frankfurt/Leipzig 2009, S. 320–364.

der Reformationszeit vielfach gezeigt werden konnte.[6] Diesen allgemeinen Problemen, die heute kaum noch umstritten sind, muss hier nicht weiter nachgegangen werden.

Viel schwieriger zu beantworten ist die Frage, ob es ohne ein bestimmtes Buch keine Reformation gegeben hätte, oder anders gewendet: Gibt es unter den zahlreichen Veröffentlichungen Martin Luthers eine oder mehrere Schriften, die als Träger der reformatorischen Botschaft besondere Bedeutung oder Wirkung entfalteten? Dies führt zu den sogenannten „reformatorischen Hauptschriften" des Jahres 1520, denen in der Forschung seit langem ein besonderer Stellenwert im reformatorischen Prozess zugeschrieben wird. In einem ersten Abschnitt soll deshalb die Frage gestellt werden, ob sich das Konzept „reformatorische Hauptschriften" schon in der zeitgenössischen Wahrnehmung finden lässt oder ob es sich um ein Forschungskonstrukt handelt, dessen Entstehung dann näher zu erklären wäre. Der Mittelteil der folgenden Ausführungen behandelt exemplarisch Luthers Schrift an den christlichen Adel deutscher Nation[7] und zwar unter dem im Rahmen dieser Tagung besonders interessierenden Aspekt, was sie uns über Luthers eigene Lektüre verrät. Schließlich geht es drittens um die zeitgenössische Rezeption dieser reformatorischen „Hauptschrift".

Die Adelsschrift eignet sich für eine exemplarische Untersuchung besonders gut, nicht nur, weil sie zu den bekanntesten Lutherschriften gehört, sondern auch, weil man sich auf eine Reihe vor allem älterer Spezialuntersuchungen stützen kann.[8] Mehr als eine kritische Vergegenwärtigung dieser verstreuten und teilweise verschütteten Erkenntnisse kann hier

---

6 Zu den Flugschriften des 16. Jahrhunderts vgl. Heinz Scheible: Reform, Revolution, Reformation. Grundsätze zur Beurteilung der Flugschriften, in: ARG 65 (1974), S. 108–134; Bernd Moeller: Flugschriften der Reformationszeit, in: TRE 11 (1983), S. 240–246, mit der dort verzeichneten älteren Literatur; weiterhin: Flugschriften als Massenmedium (wie Anm. 4); und die von Hans-Joachim Köhler besorgten Mikrofiche-Serien: Flugschriften des frühen 16. Jahrhunderts, Zug 1978–1987 (dazu Hans-Joachim Köhler: Bibliographie der Flugschriften des 16. Jahrhunderts. Das frühe 16. Jahrhundert, 3 Bde., Tübingen 1991–1996.); Flugschriften des späteren 16. Jahrhunderts, Leiden 1990–2011.

7 Neben der Edition in WA 6, S. 404–469 wird hier die von Karlheinz Blaschke besorgte Ausgabe in: Martin Luther. Studienausgabe, hrsg. von Hans-Ulrich Delius, Bd. 2, Berlin 1982, S. 96–167, herangezogen. Vgl. demnächst auch Armin Kohnle: Martin Luthers Adelsschrift. Studienausgabe (in Vorbereitung).

8 Walther Köhler: Luthers Schrift An den christlichen Adel deutscher Nation im Spiegel der Kultur- und Zeitgeschichte. Ein Beitrag zum Verständnis dieser Schrift Luthers, Halle 1895 (identisch mit: Walther Köhler: Die Quellen zu Luthers Schrift „An den christlichen Adel deutschen Nation". Ein Beitrag zum Verständnis dieser Schrift Luthers, Phil. Diss. Heidelberg, Halle 1895.); Walther Köhler: Luther und die Kirchengeschichte nach seinen Schriften. Zunächst bis 1521, Erlangen 1900; Ernst Kohlmeyer: Die Entstehung der Schrift Luthers „An den christlichen Adel deutscher Nation", Gütersloh 1922; Ernst Kohlmeyer: Noch ein Wort zu Luthers Schrift an den christlichen Adel, in: Zeitschrift für Kirchengeschichte 44 (1925), S. 582–594; Walther Köhler: Zu Luthers Schrift „An den christlichen Adel deutscher Nation", in: Zeitschrift der Savigny-Stiftung für Rechtsgeschichte 45 Kanonistische Abteilung 14 (1925), S. 1–38; Walther Köhler: Rezension, in: Zeitschrift der Savigny-Stiftung für Rechtsgeschichte 47 Kanonistische Abteilung 16 (1927), S. 486–493; Karl Bauer: Luthers Aufruf an den Adel, die Kirche zu reformieren, in: Archiv für Reformationsgeschichte 32 (1935), S. 167–217 (die letzten Gefechte zwischen Kohlmeyer und Köhler sind Bauer allerdings entgangen). Von jüngeren Publikationen seien genannt Albrecht Beutel: Dreifach vermauertes Rom, in: Reformatio. Evangelische Zeitschrift für Kultur und Politik 42 (1993), S. 12–18; Jörg Haustein: Luthers Schrift an den christlichen Adel zwischen Theologie und Politik, in: Martin Luther et les débuts de la réforme, hrsg. von Jean Schillinger, Nancy 2001, S. 43–58.

nicht geleistet werden. Doch auch so wird es hoffentlich gelingen, einige wichtige Aspekte des Tagungsthemas zu reflektieren.

1. Reformatorische Hauptschriften?

Die Rede von den „reformatorischen Hauptschriften des Jahres 1520" – gemeint sind damit in der Regel neben der Adelsschrift die Schrift „Von der babylonischen Gefangenschaft der Kirche"[9], die Schrift „Von der Freiheit eines Christenmenschen"[10] und gelegentlich als vierte Schrift „Von den guten Werken"[11] – darf heute konfessionenübergreifend als etabliert gelten und gehört zum kirchengeschichtlichen Grundwissen.[12] Unter diesen Hauptschriften wird der Adelsschrift gelegentlich noch einmal eine Sonderstellung zugewiesen, erscheint sie in der Literatur doch auch als „Schlüsseltext der Reformation"[13] oder als diejenige Lutherschrift, die die „breiteste und durchschlagendste Wirkung"[14] erzielte, oder gar als „undoubtedly Luther's greatest work"[15] wenigstens für den an Theologie weniger interessierten Allgemeinhistoriker.

Um eine zeitgenössische Kategorie handelt es sich bei der Rede von den reformatorischen Hauptschriften allerdings nicht. Es sind bisher keine Stimmen des 16. Jahrhunderts bekannt, die die betreffenden drei beziehungsweise vier Schriften des Jahres 1520 zusammengenommen und in den Rang von Hauptschriften der Wittenberger Reformation erhoben hätten. Luther selbst war gegenüber dem Ewigkeitswert seiner Bücher bekanntlich skeptisch und maß auch den Schriften von 1520 keine zeitübergreifende Bedeutung zu, auch nicht der Adelsschrift.[16] Allerdings war, wie Bernd Moeller glaubte beobachten zu können, die zeitgenössische Wirkungsgeschichte der Adelsschrift „durchaus merkwürdig" und hatte „innerhalb seines [Luthers] Werkes kaum Analogien".[17] Dieses Urteil stützt Moeller einerseits auf den „explosionsartigen Erfolg" der Schrift gleich nach ihrem Erscheinen. Die mit 4.000 Exemplaren außergewöhnlich hohe, bei Melchior Lotter in

---

9 Luther: Studienausgabe 2 (wie Anm. 7), S. (168), 172–259.

10 Ebd., S. 263–309.

11 Ebd., S. (12), 15–88.

12 Vgl. die Angaben in Anm. 39, die freilich nicht mehr sein können als eine stichprobenartige Sondierung der Literatur.

13 Bernd Moeller: Klerus und Antiklerikalismus in Luthers Schrift ‚An den Christlichen Adel deutscher Nation' von 1520, in: ders.: Luther-Rezeption. Kirchenhistorische Aufsätze zur Reformationsgeschichte, hrsg. von Johannes Schilling, Göttingen 2001, S. 108–120, hier S. 108 und 111.

14 Beutel: Rom (wie Anm. 8), S. 18.

15 An Open Letter to the Christian Nobility of the German Nation Concerning the Reform of the Christian Estate 1520, eingeleitet und übersetzt von Charles M. Jacobs, Philadelphia 1915, S. 59; vgl. auch Blaschke in: Luther: Studienausgabe 2 (wie Anm. 7), S. 93 f.

16 Vgl. Luthers bekanntes Diktum von 1537, wonach er lediglich den Katechismus und die Schrift „Vom unfreien Willen" (1525) in ihrem zeitlosen Wert anerkenne; WABr 8, S. 99, 5–8, Nr. 3162.

17 Moeller: Klerus (wie Anm. 13), S. 109.

An den Christlichenn
Adel deutscher Nation:
von des Christlichen
standes besserung:
D. Martinus
Luther.

Durch yhn selbs ge/
mehret vnd corrigirt.

Vuittemberg.

Abb. 1: Titelblatt (UB Leipzig, 8-B.S.T. 83/29, VD16 L 3759).

Wittenberg gedruckte erste Auflage war innerhalb weniger Tage vergriffen, so dass eine von Luther überarbeitete zweite Auflage noch 1520 auf den Markt kam.[18] Außerdem erschienen noch in den Jahren 1520 und 1521 insgesamt ein gutes Dutzend Nachdrucke[19] in Wittenberg, Leipzig, Basel, Augsburg, Halberstadt und Straßburg[20], darunter eine Übersetzung ins Niederdeutsche und 1533 eine italienische, aber keine lateinische Fassung. Moeller hat daraus geschlossen, dass die Schrift publizistisch über die im Titel genannte deutsche Nation kaum hinausgewirkt hat.[21] Nach dem ungeheuren Anfangserfolg versiegte das Interesse nach 1521 schlagartig.

Was, so könnte man fragen, macht die Schrift dann so außergewöhnlich, dass man sie nicht nur als eine der Hauptschriften, sondern sogar als wichtigste Lutherschrift überhaupt bezeichnen konnte? Moeller[22] nennt zwei Gründe: Neben dem außergewöhnlichen Inhalt (Luthers einzige Reformschrift) verweist er auf den Umstand, dass sie in einem Augenblick erschien, als Luther gerade noch unverurteilt war – die Bannandrohungsbulle wurde ja erst im Herbst 1520 im Reich bekannt.[23] Diese Überlegung vermag aber nicht so recht zu überzeugen, setzt sie doch voraus, dass sich ein Buch eines Ketzers weniger gut verkaufen lasse als das eines unverurteilten Autors. Ist es nicht eher umgekehrt? Der anfängliche Verkaufserfolg erklärt sich doch wohl überwiegend aus dem Inhalt der Schrift, die mit ihrer Reformthematik in eine brandaktuelle Diskussion eingriff. Dieser Umstand erklärt auch, warum die Nachfrage nach 1521 so schnell versiegte: Die Kehrseite der Aktualität ist das rasche Überholtwerden durch die Ereignisse. Konnte man Luther 1520/21 noch für einen Parteigänger derjenigen Kräfte im Reich halten, die das etablierte kirchliche System reformieren, aber nicht beseitigen wollten, war dies nach erfolgtem Lutherbann und Wormser Edikt kaum noch möglich. Als systemimmanenter Reformer wurde Luther jetzt nicht mehr wahrgenommen, sondern als systemverändernder Reformator.

Doch verschwand die Adelsschrift auch jetzt nicht vom Büchermarkt. In die Gesamtausgaben der Werke Martin Luthers wurde sie seit der Mitte des 16. Jahrhunderts regelmäßig aufgenommen: Sie fehlt weder in der Wittenberger[24] noch in der Jenaer[25], nicht

---

18 Vgl. Moeller: Klerus (wie Anm. 13), S. 109; die nur selten einmal bekannte Auflagenhöhe ist erwähnt in WABr 2, S. 167 f., Nr. 327.

19 WA 6, 397–401, unterscheidet 14 hochdeutsche Nachdrucke sowie eine niederdeutsche und eine italienische Übertragung; Moeller: Klerus (wie Anm. 13), S. 109, spricht von 14.

20 Moeller: Klerus (wie Anm. 13), S. 109, nennt noch München.

21 Ebd., S. 109.

22 Ebd., S. 110.

23 Armin Kohnle: Reichstag und Reformation. Kaiserliche und ständische Religionspolitik von den Anfängen der Causa Lutheri bis zum Nürnberger Religionsfrieden, Gütersloh 2001, S. 45–83.

24 Kurt Aland: Hilfsbuch zum Lutherstudium, 4. Aufl., Bielefeld 1996, S. 555: Bd. 6 (1553), Bl. 569r–592v. Vgl. zum Folgenden auch WA 6, 402.

25 Ebd., S. 572: Bd. 1 (1555), Bl. 319r–348v.

in der Altenburger[26], der Leipziger[27] oder der Erlanger[28] Ausgabe, auch nicht bei Walch[29]. Hier muss der Auffassung widersprochen werden, die Zeitgenossen hätten die Schrift in Gesamtausgaben nicht lesen können.[30] Zwar ist die Adelsschrift als selbständige Veröffentlichung nach dem augenblicklichen Stand unseres Wissens erst 1782 wieder nachgedruckt worden[31], zwischen 1870 und 1884 dann dreimal[32]; doch begegnet sie in Luthersammlungen auch des früheren 19. Jahrhunderts regelmäßig[33], war für ein interessiertes Publikum also eigentlich immer auf dem Markt. Noch vor der Weimarer Ausgabe legte Karl Benrath 1884 eine durchaus auch heute noch brauchbare kommentierte Ausgabe vor.[34]

Mit diesen Beobachtungen ist die Frage nach der Entstehung der Kategorie „reformatorische Hauptschriften" noch nicht beantwortet. Hier kann auch nur ein vorläufiges Ergebnis präsentiert werden, wonach die Kanonisierung der „Trias": Adelsschrift, Freiheitsschrift, Babylonica das Ergebnis eines Forschungsdiskurses der 1870er und 1880er Jahre darstellt, ein Diskurs, der offensichtlich durch die Textausgaben Ludwig Lemmes von 1875[35] und Karl Alfred von Hases[36] aus dem Jahr 1888 maßgeblich geprägt wurde. Lemme (1847–1927), damals noch in Breslau, später Systematiker in Heidelberg, sprach von den „drei großen Reformationsschriften", Hase (1842–1914),[37] praktischer Theologe in Breslau, ausdrücklich von den „reformatorischen Hauptschriften" Luthers. Bis dahin ist zwar auch schon gelegentlich von „Hauptschriften" Luthers die Rede gewesen, aber noch in einem umfassenderen Sinne und noch nicht auf die spätere Trias reduziert. Seit den 1890er Jahren ist der Dreier-Kanon in der Literatur dann einigermaßen fest etabliert – und dies bis heute, wie man in dem Wikipedia-Artikel zu Martin Luther sehen kann, in dem den drei reformatorischen Hauptschriften ein eigenes Kapitel gewidmet ist.[38] Variationen gab es aber

---

26 Ebd., S. 597: Bd. 1, S. 480v–510v.

27 Ebd., S. 612: Bd. 17, S. 457r–490r.

28 Ebd., S. 26: E1 Deutsche Schriften Bd. 21, (274) 277–360.

29 Ebd., S. 26: W1 Bd. 10, Sp. 296–399; W2 Bd. 10, Sp. 266–351.

30 Vgl. Moeller: Klerus (wie Anm. 13), S. 109: „1521 erschienen nur noch zwei Nachdrucke, seither bis zu Luthers Tod kein einziger mehr – auch in Gesamtausgaben konnten die Zeitgenossen das Buch in späteren Jahren nicht lesen."

31 Vgl. WA 6, S. 401, Nr. 4 A: Hochdeutsche Ausgaben neuerer Zeit.

32 Ebd., S. 401 f. Nr. 4 B–D.

33 Vgl. die Hinweise unten Anm. 36 und 39.

34 Martin Luther: An den christlichen Adel deutscher Nation von des christlichen Standes Besserung, bearb. von Karl Benrath, Halle 1884.

35 Die drei großen Reformationsschriften Luthers vom Jahre 1520: An den christlichen Adel deutscher Nation von des christlichen Standes Besserung. Von der babylonischen Gefangenschaft der Kirche und Von der Freiheit eines Christenmenschen, hrsg. von Ludwig Lemme, Gotha 1875, 2. Aufl. 1884.

36 Die reformatorischen Hauptschriften D. Martin Luthers, mit einer Einleitung von Karl Alfred von Hase, Gotha 1888.

37 Karl Alfred von Hase, Sohn des bekannten Jenaer Professors Karl August von Hase (1800–1890); zu ihm vgl. Magdalena Herbst: Karl von Hase als Kirchenhistoriker, Tübingen 2012.

38 http://de.wikipedia.org/wiki/Luther#Reformatorische_Hauptschriften (abgerufen am 4.5.2011).

An den Christli-
chen Adel deutscher Nation
von des Christlichen standes besserung.
D. Martinus Luther

Abb. 2: Titelblatt (UB Leipzig, Libri.sep.4234, VD16 L 3753).

immer,[39] wie etwa der schon erwähnte Versuch zeigt, zu der etablierten Dreizahl die Schrift „Von den guten Werken" hinzuzuzählen.[40] Ebenso gab und gibt es Autoren, die den Terminus „reformatorische Hauptschriften" vermeiden[41] oder nur unter Vorbehalt verwenden.[42]

Scheinen also Lemme und Hase die maßgeblichen Propagatoren eines Kanons von reformatorischen Hauptschriften Luthers zu sein, liegt es nahe, nach einer Begründung ihrer Entscheidung gerade für diese Lutherschriften zu suchen. Im Vorwort zur zweiten Auflage von 1884 äußerte sich Lemme deutlich genug: Die drei Schriften stellen „anerkanntermaßen" und „auf dem Höhepunkt der reformatorischen Vollkraft Luthers den Gesamtumfang seiner reformatorischen Grundanschauung in einer so eigentümlich zusammenfassenden Weise dar, daß dieselben ihre besonders hervorstechende Bedeutung stets behalten werden". Und weiter: „Aber diese Bedeutung haben diese drei Schriften allerdings, daß,

39 Ohne Anspruch auf Vollständigkeit sei stichprobenartig und in chronologischer Reihe auf folgende Titel hingewiesen: Otto von Gerlach: Luthers Werke. Vollständige Auswahl seiner Hauptschriften, 24 Bde., Berlin 1841–1848 (versteht „Hauptschriften" noch in einem allgemeinen Sinne als „alles Wichtige"); Julius Köstlin: Luthers Theologie in ihrer geschichtlichen Entwicklung. Bd. 1, Stuttgart 1863, S. 290–370, versteht „Hauptschriften" in einem umfassenden Sinne, indem er theologisch wichtige Schriften seit Ende 1519 zu ihnen rechnet. Die üblichen drei Schriften des Jahres 1520 werden als „vornehmste reformatorische Schriften" allerdings noch einmal besonders herausgehoben; Christian Wilhelm Niedner: Lehrbuch der christlichen Kirchengeschichte, Berlin 1866, S. 598, 602, 604, zählt mindestens fünf Hauptschriften, neben den drei des Jahres 1520 auch noch die Ablassthesen und die Resolutiones; Julius Köstlin/Gustav Kawerau: Martin Luther. Sein Leben und seine Schriften, Bd. 1, 5. Aufl. Berlin 1903, S. 303, zählt nach der Kapitelsystematik zu den „großen reformatorischen Schriften" nur die Adelsschrift und die Babylonica; Bernhard Lohse: Martin Luther. Eine Einführung in sein Leben und sein Werk, 2. Aufl. München 1982, S.60, spricht von den „drei sog. reformatorischen Hauptschriften"; Otto Hermann Pesch: Hinführung zu Luther, Mainz 1982, S. 176, spricht von den drei „sogenannten reformatorischen Hauptschriften": Adelsschrift, Freiheitsschrift und De Captivitate; Johannes Wallmann: Kirchengeschichte Deutschlands seit der Reformation, 6. Aufl. Tübingen 2006, S. 28 f., spricht von den „großen Schriften des Jahres 1520", im Text dann auch von den „reformatorischen Hauptschriften", zu denen er die üblichen drei Schriften Luthers zählt; Karl-Heinz zur Mühlen: Reformation und Gegenreformation Tl. 1, Göttingen 1999, behandelt S. 67–80 unter der Überschrift „reformatorische Hauptschriften" neben der üblichen Trias auch die Schrift „Von den guten Werken"; Jens Wolff behandelt unter der Gattungsbezeichnung „Programmschriften" auch die „drei Hauptschriften von 1520" in: Luther Handbuch, hrsg. von Albrecht Beutel, 2. Aufl., Tübingen 2010, S. 266–269.

40 So schon Paul Wernle: Der evangelische Glaube nach den Hauptschriften der Reformatoren. Bd. 1: Luther, Tübingen 1918, S. 49: „Diese Schrift – ein paar Monate älter als die ‚Babylonische Gefangenschaft' – sollte man billig zu den Hauptschriften der Reformation zählen, da doch Luther nie in seinem Leben etwas Einfacheres, Tieferes und Schöneres geschrieben hat." Wernle versteht „Hauptschriften" allerdings umfassender im Sinne von wichtigen Lutherschriften, die Adelsschrift behandelt er nicht.

41 Wenn ich richtig sehe, trifft dies zu auf Martin Brecht: Martin Luther Bd. 1. Sein Weg zur Reformation 1483–1521, Stuttgart 1983; ebenso auf Wolf-Dieter Hauschild: Lehrbuch der Kirchen- und Dogmengeschichte. Bd. 2: Reformation und Neuzeit, Gütersloh 1999, hier S. 43, der die Adelsschrift, Von den guten Werken, Von der Freiheit eines Christenmenschen und De captivitate Babylonica ecclesiae „programmatische Schriften" nennt; Wolfgang Sommer/Detlef Klahr: Kirchengeschichtliches Repetitorium, 4. Aufl., Göttingen 2006, S. 130 f., sprechen lediglich von „Schriften des Jahres 1520".

42 So Volker Leppin: Martin Luther, Darmstadt 2006, S. 154, wo es heißt: „Binnen weniger Monate folgten die drei Schriften, die als ‚reformatorische Hauptschriften' gelten, weil sie als Ensemble das gesamte reformatorische Programm vor Augen stellen …"

wer sie kennt, Luther kennt als den Reformator der Kirche."[43] Das Konzept der reformatorischen Hauptschriften ist letztlich also das Produkt der Überzeugung des ausgehenden 19. Jahrhunderts, in diesen Schriften einen kompakten Luther zu erhalten. Unproblematisch ist eine solche Sichtweise gewiss nicht, steht sie doch in der Gefahr, nicht nur einen kompakten, sondern auch einen statischen Luther zu erhalten und Entwicklungen seiner Theologie vor und nach 1520 zu übersehen.

Wenn die Adelsschrift bis in die Gegenwart zu den am weitesten verbreiteten Lutherschriften gehört und beispielsweise auch als preiswerte Reclam-Ausgabe[44] auf dem Markt ist, hat dies auch heute noch vornehmlich inhaltliche Gründe: Sie berührt die allgemeinen und großen Probleme der politischen, sozialen und wirtschaftlichen Ordnung ihrer Zeit. Zusammen mit dem reformatorisch fundamentalen theologischen Gedanken des allgemeinen Priestertums der Getauften (die berühmte Niederlegung der drei Mauern der Romanisten) und mit ihrer bis zum Antichrist-Vorwurf gesteigerten Kritik an Papst und römischer Kurie eröffnet diese Schrift ein Panorama an Themen, das über die theologiegeschichtliche Reformationsforschung hinaus für alle Historiker und für ein religiös aufgeschlossenes Laienpublikum von Interesse ist.

2. Aufbau und Motivation der Adelsschrift

Zum Inhalt der Schrift ist damit vorerst genug gesagt. Über Entstehungszeit, Motivation und Aufbau der Adelsschrift kann hier ebenfalls nur das Nötigste gesagt werden. Sehr viel Genaues wissen wir nämlich nicht. Anfang Juni 1520 schrieb Luther an Spalatin, er wolle eine öffentliche „scheda" an Kaiser Karl und den deutschen Adel richten gegen die Tyrannei der römischen Kurie.[45] Am 20. Juli hatte die Drucklegung schon begonnen,[46] was aber nicht gleichbedeutend mit dem Abschluss des Manuskripts sein muss, denn die Fieberhaftigkeit, mit der Luther in diesen Jahren arbeitete, führte gelegentlich dazu, dass er am Ende eines Manuskripts noch schrieb, während der Anfang schon in der Druckerei war. Sichere Belege über das Erscheinen des Werkes haben wir erst von Mitte August.[47] Dass Luther nur zwei Wochen geschrieben haben soll, wie Blaschke in der Martin Luther Studienausgabe meinte und wie es seither immer wieder zu lesen ist, dürfte ausgeschlossen sein und wird

[43] Die drei großen Reformationsschriften (wie Anm. 35), S. VIII.

[44] Martin Luther: An den christlichen Adel deutscher Nation. Von der Freiheit eines Christenmenschen [u.a.], hrsg. von Ernst Kähler (Reclams Universal-Bibliothek 1578), Stuttgart 1983, S. 9–109. Ich bereite augenblicklich eine Neuausgabe nur der Adelsschrift für die Reclam Universal-Bibliothek vor.

[45] WABr 2, S. 13–15 Nr. 298, 7. Juni 1520.

[46] Ebd., S. 14–17 Nr. 314, 20. Juli 1520.

[47] Ebd., S. 167.

von den Quellen auch nicht gestützt.[48] Zwischen Anfang/Mitte Juni und Ende Juli/Anfang August liegen doch eher sechs oder sieben Wochen Bearbeitungszeit.[49] Die ursprünglich geplante „scheda" wuchs sich unter der Feder zu einem „libellus" aus.[50]

Über Aufbau und Motivation der Adelsschrift ist in der Forschung des ausgehenden 19. und frühen 20. Jahrhunderts viel Tinte vergossen und philologischer Scharfsinn eingesetzt worden, ohne dass sich in jeder Hinsicht belastbare Resultate ergeben hätten. Die Einzelheiten können hier auf sich beruhen, vielmehr werden zwei zunächst den Aufbau der Schrift betreffende Fragen herausgegriffen, die von Bedeutung sind, weil sie Rückschlüsse auf Luthers Arbeitsweise zulassen. Die erste Frage betrifft die Einheitlichkeit der Schrift, die zweite das damit zusammenhängende Problem eines Fortschreitens Luthers zu neuen Erkenntnissen im Zuge der Niederschrift.

1. In der älteren Forschung wurde die Meinung vertreten, dass die Schrift Brüche aufweise, die auf Nachträge beziehungsweise Einschübe Luthers schließen lassen. Auf der anderen Seite vertrat Walther Köhler nachdrücklich die einheitliche Komposition der Schrift.[51] Plausibler ist allerdings die Meinung, dass man die Schrift zwar nicht als aus unterschiedlichen Stücken zusammengesetzt betrachten kann, dass sie aber auch nicht in einem Zug niedergeschrieben wurde. Die Rekonstruktion, die Ernst Kohlmeyer schon 1925 vorgetragen hat, hat am meisten für sich.[52] Demnach ist die Adelsschrift während zweier Arbeitsphasen entstanden, wobei ein erster Teil bis Ende Juni 1520 abgeschlossen wurde, der zweite Teil,[53] eine 28 Punkte umfassende, umfangreiche Liste von Reformforderungen,[54] nach einer Unterbrechung im Verlauf des Juli.
2. Wichtiger als die formale Frage der Einheitlichkeit sind die inhaltlichen Probleme, die sich daran anschließen. Wiederum ist Kohlmeyer recht zu geben, der eine doppelte Verschiebung der Argumentation Luthers vom ersten zum zweiten Teil beobachtet hat.

---

48 Blaschke, Luther: Studienausgabe 2 (wie Anm. 7), 91. Diese Annahme beruht auf der Voraussetzung, dass das Manuskript am 23. Juni (Datum der Widmungsvorrede an Amsdorf) fertiggestellt gewesen sein soll. So auch WA 6, S. 392; Beutel: Rom (wie Anm. 8), S. 13; Moeller: Klerus (wie Anm. 13), S. 108, Anm. 4; Haustein: Luthers Schrift (wie Anm. 8), S. 43. Diese Annahme scheint mir aber nicht zwingend, zumal dann nicht, wenn man von einem stückweisen Druck ausgeht. Für überzeugender halte ich deshalb die Rekonstruktion bei Kohlmeyer: Entstehung (wie Anm. 8), S. 76 f.

49 Realistischer berechnet Köhler: Quellen (wie Anm. 8), S. 23, Anm. 1, die Bearbeitungszeit auf eineinhalb bis zwei Monate.

50 Auf die Verschiebung der Ausdrucksweise Luthers hat vor allem Bauer: Luthers Aufruf (wie Anm. 8), S. 182–188, aufmerksam gemacht, sie war aber auch schon Kohlmeyer: Wort zu Luthers Schrift (wie Anm. 8), S. 589, aufgefallen. Wenigstens das wird man daraus folgern dürfen, dass Luthers Schrift umfangreicher ausfiel als ursprünglich geplant.

51 Die Titel vgl. oben in Anm. 8. Die kompakteste Zusammenfassung der Forschungsdiskussion bei Blaschke, in: Luther: Studienausgabe 2 (wie Anm. 7), S. 92 f.

52 Kohlmeyer: Wort zu Luthers Schrift (wie Anm. 8), S. 588 f.: Kohlmeyer revidiert hier aufgrund der Kritik Köhlers zwar seine frühere Annahme, dass bis WA 6, S. 427,29, ein erster selbständiger Entwurf vorliege, hält aber fest, dass an dieser Stelle eine Zäsur zu erkennen sei, die auf eine „Unterbrechung in der Abfassung der Schrift" schließen lasse, und dass Luther erst nach einer „Pause" den zweiten Teil niedergeschrieben habe.

53 Ab WA 6, S. 427,29; Luther: Studienausgabe 2 (wie Anm. 7), S. 122,1.

54 Eine Gliederungsübersicht bei Haustein: Luthers Schrift (wie Anm. 8), S. 55–57.

Sie betrifft zum einen die Haltung zum Papst, die sich von einer noch gewisse Grenzen einhaltenden Kritik im ersten zur offenen Identifizierung des Papstes mit dem Antichrist im zweiten Teil radikalisiert. Ähnlich verhält es sich mit Luthers Meinung zu dem Problem, welche Instanzen denn für die Behebung der Missstände in der Kirche zuständig sein sollen. Ist es im ersten Teil noch das Konzil und nur bei dessen Versagen die weltliche Obrigkeit, kehrt sich im zweiten Teil das Verhältnis um, indem die Umsetzung des großen Reformprogramms überwiegend der weltlichen Gewalt übertragen wird. In dem Maße, wie Luthers Distanz zur spätmittelalterlichen Kirche im Zuge der Niederschrift gewachsen ist, wuchs seine Hoffnung auf die weltliche Obrigkeit als Trägerin der Reformation. Dieser in der Adelsschrift in seiner Entstehung zu greifende Gedanke wurde 1523 in der Obrigkeitsschrift dann voll entfaltet.

Was die Motivation der Adelsschrift angeht, so hat man vier Komplexe unterschieden:[55] Auf Abfassung und Inhalt der Schrift sollen gewirkt haben:

1. die kurialistische Propaganda eines Augustin von Alveldt und Silvester Prierias, mit der sich Luther Mitte 1520 auseinandersetzte und die ihn zu einem tieferen, über den Reflexionsstand der Leipziger Disputation[56] hinausführenden Nachdenken über das Wesen des Papsttums anregte. Der Fortgang des römischen Prozesses, der am 15. Juni 1520 mit der Bannandrohungsbulle Exsurge zum Abschluss kam, hat hingegen keinen nachweisbaren Einfluss auf die Entstehung der Adelsschrift gehabt;[57]
2. Luthers Beziehungen zu romkritischen Humanisten und Reichsrittern, insbesondere die Schutzangebote der Reichsritter Franz von Sickingen und Silvester von Schaumburg, die ihn im Mai und Juni 1520 erreichten;
3. die breite und facettenreiche zeitgenössische Reformdebatte, die ein Nachdenken über das Konzil als Plattform einer Neuordnung der Kirche ebenso einschloss wie nationalkirchliche Ansätze. Sie wären in Analogie zum gallikanischen System auf ein „germanikanisches“[58] System im Reich hinausgelaufen; schließlich
4. mögliche Anregungen, die Luther aus dem Kreis der kursächsischen Juristen und Politiker, von seinen Wittenberger Kollegen und von anderen Informanten erhalten haben könnte.

---

[55] Zur Veranlassung vgl. ausführlich bei Kohlmeyer: Entstehung (wie Anm. 8), S. 34–75, und in den Einleitungen zu WA und Luther: Studienausgabe 2 (wie Anm. 7).

[56] Zur Leipziger Disputation vgl. Markus Hein/Armin Kohnle: Die Leipziger Disputation 1519. 1. Leipziger Arbeitsgespräch zur Reformation, Leipzig 2011.

[57] Anders Blaschke in Luther: Studienausgabe 2 (wie Anm. 7), S. 91, der es immerhin für denkbar hält, dass Luther Informationen über die bevorstehende Bannandrohungsbulle erhalten hat; vgl. aber Kohnle: Reichstag (wie Anm. 23), S. 53: Luther wusste erst seit Mitte August, dass die Bulle unterwegs war.

[58] Der treffende Begriff bei Moeller: Klerus (wie Anm. 13), S. 115.

Um mit diesem letzten Punkt zu beginnen, den Karl Bauer 1935 so stark machte, dass es aussieht, als sei die Adelsschrift ein Gemeinschaftswerk der Wittenberger gewesen,[59] so sind die Indizien für eine direkte Einflussnahme von Luthers Wittenberger Umfeld auf den Inhalt insgesamt doch sehr dünn. Richtig ist zwar, dass Luther auch bei der Abfassung dieser Schrift nicht der einsame Heros war, zu dem man ihn früher gerne stilisierte, dass er sich vielmehr mit anderen beriet und austauschte, wie es die meisten nachdenkenden Menschen tun, mehr aber auch nicht. Ebenso übertrieben wurde früher der Einfluss romkritischer Humanisten vom Schlage eines Crotus oder Hutten beziehungsweise der Einfluss radikaler Reichsritter herausgestellt. Franz Wilhelm Kampschulte erklärte die reformatorischen Schriften des Jahres 1520 insgesamt für ein Produkt des Bündnisses Luthers mit dem Humanisten- und Rittermilieu, das ihn ermutigt habe;[60] Johannes Janssen steigerte diese Ansicht in konfessionspolemischer Absicht bis zum Vorwurf der Mitgliedschaft Luthers in einer „politisch-kirchlichen Revolutionspartei"[61]. Nicht weniger übertrieben waren manche evangelische Abwehrreaktionen, die auf eine Minimierung, wenn nicht völlige Leugnung des Einflusses der zeitgenössischen romfeindlichen Literatur und insbesondere der Schutzversprechen der Reichsritter hinausliefen.[62] So richtig es ist, dass im Titel der Adelsschrift nicht der Niederadel als Adressat speziell im Blick war, sondern dass Luther mit „Adel" die im Reich anzutreffenden Obrigkeiten insgesamt, besonders aber die Landesherrn,[63] ansprechen wollte, so richtig ist auch, dass Luther mit den zeitgenössischen Debatten vertraut war und dass er die national gefärbte, antirömische humanistische Propaganda kannte. Ebenso vertraut war er mit der Reformdiskussion seiner Tage. Dabei interessierte ihn freilich vor allem die theologische Dimension der Problematik, auf die er durch Alveldt und Prierias erneut gestoßen worden war.

[59] Bauer: Luthers Aufruf (wie Anm. 8), S. 205: Bauer hat die Gefahr, dass man ihn so verstehen würde, offenbar erkannt und sie durch die Bemerkung abzuwenden versucht, die Schrift sei gleichwohl „Luthers eigenstes Werk" geblieben.

[60] F[ranz] W[ilhelm] Kampschulte: Die Universität Erfurt in ihrem Verhältnisse zu dem Humanismus und der Reformation. Aus den Quellen dargestellt, Tl. 2, Trier 1860, S. 43–105.

[61] Janssen zitiert nach Köhler: Quellen (wie Anm. 8), S. 16.

[62] So vor allem bei Kohlmeyer: Entstehung (wie Anm. 8), S. 34–63. Ebd., S. 63 das Fazit: „So ist im vorstehenden der Einfluß äußerer Einwirkungen auf die Entstehung der Schrift an den Adel rundweg abgewiesen. Es besteht kein Zusammenhang mit den Einladungen Sickingens und Schaumbergs (so!), und die nicht spurlos an Luthers Schriftstellerei vorübergegangenen Dialoge Huttens haben zwar in mehreren Angriffen Luthers auf römische Mißstände, nicht aber auf die kuriale Machtstellung des Papstes überhaupt ihre Nachwirkung gehabt." Im Ergebnis ist dies nicht weit entfernt von dem, was schon Knaake in WA 6, S. 381–403, zu Kampschulte gesagt hatte.

[63] Dies ist am ausführlichsten von Kohlmeyer: Entstehung (wie Anm. 8), S. 35–39, begründet worden; vgl. auch Blaschke in Luther: Studienausgabe 2 (wie Anm. 7), S. 93.

3. Luther als Leser in der Adelsschrift

Diese Bemerkungen führen mitten hinein in die Frage, welche Bücher Luther selbst für die Abfassung der Adelsschrift zur Kenntnis genommen haben könnte. Die Frage ist leichter gestellt als beantwortet, denn Luthers Lektürehorizont war von humanistischer Breite zumindest auf den Gebieten, die für ihn als Theologen wichtig waren: in der Kirchen- und Konziliengeschichte war er ebenso zu Hause wie in der allgemeinen Geschichte, im Kirchenrecht, in den Kirchenvätern und in der Dogmen- und Theologiegeschichte der Antike und des Mittelalters. Dass Luther seine Bibel kannte, versteht sich von selbst. Walther Köhler, der die bis heute gültige Untersuchung zu den Quellen der Adelsschrift angestellt hat,[64] errechnete aufgrund direkter Quellennennungen, dass biblische Zitate mit großem Abstand die erste Stelle einnehmen, gefolgt von Zitaten aus dem geistlichen Recht und den Kirchenvätern.[65] In der Regel aber nannte Luther seine Quellen nicht oder nur undeutlich.

Hier interessiert in erster Linie das Material, das Luther als Leser solcher Texte ausweist, die in der zeitgenössischen Reformdiskussion eine Rolle spielten: die Reformschriften seit dem 15. Jahrhundert, die Gravamina der deutschen Nation und die Schriften der Humanisten. Luthers persönlicher Buchbesitz lässt sich nicht mehr rekonstruieren, da seine Bibliothek nach seinem Tod zerstreut wurde und er seine Bücher nicht mit einem Eigentumsvermerk zu versehen pflegte.[66] Dass Luther Zugang zu der 1512 eingerichteten Wittenberger Schlossbibliothek hatte, ist zwar bekannt, wie intensiv er sie tatsächlich genutzt hat, bleibt dennoch weitgehend im Dunkeln.[67]

Dass Luthers Adelsschrift mit ihren Reformforderungen eine Nähe zu den Gravamina nationis Germanicae[68] aufweist, ist immer wieder beobachtet worden. Was genau Luther an Traktaten und Beschwerdelisten benutzt hat, ist trotz zahlreicher Anklänge und Ähnlichkeiten aber nur ganz schwer nachzuweisen. Köhler hat ermittelt, dass Luther mit einigen Reformtraktaten des 15. Jahrhunderts, wie der Reformschrift des Dietrich von Nieheim, vertraut war.[69] Auch die Akten des Konstanzer Konzils hat er vermutlich gekannt.[70] Mit einiger Sicherheit darf man die Kenntnis der bekannten „Reformatio Sigismundi" anneh-

[64] Vgl. Köhler: Quellen (wie Anm. 8), das im Folgenden durchgehend zitiert wird. Die textidentische Arbeit Köhler: Luthers Schrift (wie Anm. 8), weicht in der Zählung um zwei Seiten ab. Zu den Quellen der Adelsschrift vgl. WA 6, S. 393–396.

[65] Vgl. Köhler: Quellen (wie Anm. 8), S. 23–26.

[66] Vgl. Holger Flachmann: Martin Luther und das Buch. Eine historische Studie zur Bedeutung des Buches im Handeln und Denken des Reformators, Tübingen 1996, S. 30.

[67] Vgl. Carl Georg Brandis: Luther und Melanchthon als Benutzer der Wittenberger Schloßbibliothek, in: Theologische Studien und Kritiken 90 (1917), S. 206–221; Flachmann: Luther und das Buch (wie Anm. 66), S. 32.

[68] Eike Wolgast: Gravamina nationis germanicae, in: TRE 14 (1985), S. 131–134.

[69] Vgl. Köhler: Quellen (wie Anm. 8), S. 115–117.

[70] Vgl. die zusammenfassenden Erwägungen bei ebd., S. 129 f.

men, denn zwischen dieser und der Adelsschrift gibt es zahlreiche Berührungen.[71] Dies gilt auch für die Akten des Basler Konzils[72] und die zahlreichen Beschwerdelisten der Reichstage des ausgehenden 15. und frühen 16. Jahrhunderts, die sich sachlich mit Luthers Forderungen immer wieder treffen. Sichereren Boden betreten wir mit dem Reformgutachten Jakob Wimpfelings für Kaiser Maximilian I. von 1510, das Luther mit ebenso hoher Wahrscheinlichkeit gekannt hat wie andere Reformschriften dieses Humanisten.[73] Die kirchenpolitische Standardliteratur dieser Zeit wie das Encomion des Erasmus von Rotterdam, die Lütticher Denkschrift von 1518, die Satire De obitu Julii von 1513 oder den Pasquillus von 1518 war Luther überhaupt geläufig.[74]

Kenntnis und Lektüre sind nun aber noch lange nicht mit Einfluss gleichzusetzen. Luther scheint die kirchenpolitische Literatur seiner Zeit vielmehr als Reservoir für Einzelstoffe benutzt zu haben, die sich in der Adelsschrift verwerten ließen.[75]

Heftig gestritten wurde über die Frage, welche Bedeutung der Vadiscus des Ulrich von Hutten auf die Adelsschrift hatte. Luther könnte die von scharfer Polemik gegen Papsttum und Kurie geprägten Dialoge Huttens im Mai 1520 in den Händen gehabt haben.[76] Tatsächlich lassen sich Berührungen nachweisen, die zumindest nahelegen, dass Luther die Schrift gekannt und benutzt hat. Die alte These von der Abhängigkeit Luthers von der antirömischen humanistischen Propaganda seiner Tage ist damit aber keineswegs erhärtet. Eine Anregung hat Ulrich von Hutten für Luther vielleicht geliefert, mehr aber auch nicht. Wichtiger als andere Autoren aus dem Kontext der kirchlichen Reformdiskussion ist Hutten für Luther nicht gewesen.[77]

4. Die zeitgenössischen Reaktionen auf die Adelsschrift

Ist damit gezeigt, dass Luther ein ebenso interessierter wie gut informierter Leser der Reformliteratur seiner Zeit gewesen ist, stellt sich zum Abschluss die Frage, wie die Adelsschrift von den Zeitgenossen aufgenommen wurde. Von ihrer Verbreitung im Druck und ihrem späten Aufstieg zu einer reformatorischen Hauptschrift war bereits die Rede. An dieser Stelle kann es also nur darum gehen, die unmittelbaren literarischen Reaktionen näher in den Blick zu nehmen. Die Rekonstruktion der Wirkungsgeschichte leidet nun aber

[71] Vgl. seine Einzelbeobachtungen zusammenfassend ebd., S. 139 f.

[72] Vgl. ebd., S. 140.

[73] Vgl. ebd., S. 154–170. S. 164: Wimpfelings Gutachten war Luther bekannt.

[74] Die Zusammenstellung bei Kohlmeyer: Entstehung (wie Anm. 8), S. 43 f.

[75] Vgl. ebd., S. 47.

[76] Vgl. ebd., S. 47–62.

[77] Vgl. das zusammenfassende Urteil ebd., S. 59.

unter der Tatsache, dass sich vor allem die ablehnenden Reaktionen in Schriften manifestierten, während sich die Zustimmung viel schwieriger nachweisen lässt.

Bewertet man die Lehre vom allgemeinen Priestertum der Getauften als die langfristig wichtigste theologische Erkenntnis, die Luther durch die Adelsschrift verbreitete, so wird man sagen können, dass diese Lehre bald überall zum Grundbestand evangelischer Überzeugungen gehörte. Dass Luther sich durch seine Vorschläge als Kirchenreformer einen Namen machte, ist zum Beispiel daran abzulesen, dass die mit der Ausarbeitung neuer Gravamina gegen Rom beschäftigten Reichsstände ihn während des Wormser Reichstags von 1521 trotz des Lutherbanns zum Teil noch für einen der Ihren hielten und ihn nicht ohne weiteres dem weltlichen Arm zur Aburteilung ausliefern wollten.[78] Luther selbst hat später behauptet, seine Schrift habe den Ständen in Worms vorgelegen,[79] und Karl Bauer wollte tatsächlich eine Benutzung der Adelsschrift in den Wormser Gravamina wiederfinden.[80] Ohne dies im Einzelnen nachgeprüft zu haben, sind erhebliche Zweifel anzumelden, ob Herzog Georg von Sachsen als einer der Protagonisten der Wormser Gravamina sich wirklich von Luther hätte inspirieren lassen.[81]

Der durch die Adelsschrift ausgelöste, noch 1520 einsetzende Streitschriftenkrieg ist seinem Verlauf nach zwar bekannt, inhaltlich für die antilutherische Seite bislang aber noch nicht genügend ausgewertet. Als erster trat Luthers alter Gegner Johannes Eck in den Ring, indem er im Oktober eine „Entschuldigung" des Konstanzer Konzils und des Kaisers Sigismund gegen Luthers Vorwürfe verfaßte.[82] Luther replizierte darauf wenig später mit der Schrift „Von den neuen Eckischen Bullen und Lügen"[83]. Hieronymus Emser unternahm ebenfalls noch 1520 eine Widerlegung der Adelsschrift[84], auf die Luther mit der heftigen „Antwort auf das Buch Bock Emsers zu Leipzig" reagierte. In der dadurch ausgelösten Kontroverse zwischen Luther und Emser äußerten sich beide Seiten nicht weniger als viermal literarisch.[85] In seiner dritten Schrift gegen Emser fertigte Luther nebenbei auch Thomas

---

78 Vgl. Kohnle: Reichstag (wie Anm. 23), S. 87.

79 Tischrede vom 2. Februar 1538, zitiert Bauer, Luthers Aufruf (wie Anm. 8), S. 217.

80 Vgl. ebd.

81 Zu Georgs Gravamina-Initiative im Zusammenhang des Wormser Reichstags vgl. Christoph Volkmar: Reform statt Reformation. Die Kirchenpolitik Herzog Georgs von Sachsen 1488–1525, Tübingen 2008, S. 176–179.

82 Johannes Eck: Vier deutsche Schriften gegen Martin Luther, den Bürgermeister und Rat von Konstanz, Ambrosius Blarer und Konrad Sam, hrsg. von Karl Meisen und Friedrich Zoepfl, Münster 1929, S. 1–18.

83 WA 6, S. 579–594.

84 Hieronymus Emser: Wie das vnchristenliche buch Martini Luters Augustiners an den Tewtschen Adel außgangen, Leipzig: Landsberg, 1521 (VD16 E 1137; vgl. WA 6, S. 402).

85 WA 7, S. 259–265, S. 266–283, S. 614–688. WA 8, S. 241–254; vgl. zum Ganzen auch Moeller: Klerus (wie Anm. 13), S. 119 Anm. 76.

Murner ab,[86] der Anfang 1521 mit einem eigenen Appell an den deutschen Adel, er solle den Glauben gegen Martin Luther verteidigen,[87] hervorgetreten war.

Mit Ausnahme von Eck ging es den genannten Luthergegnern interessanterweise nicht in erster Linie um eine Verteidigung des Papstes und der Kurie, sondern sie kämpften für die mittelalterliche Scheidung des Weiheklerus von den Laien gegen Luthers Lehre vom allgemeinen Priestertum der Getauften.[88] Die Schrift Ecks bildete unter den antilutherischen Pamphleten eine gewisse Ausnahme, geht es Luthers altem Kontrahenten in der Leipziger Disputation doch nur vordergründig um die Adelsschrift als solche, tatsächlich aber um sein Lieblingsthema, nämlich Luthers Nähe zu Hus und dem Hussitismus nachzuweisen und vor allem seine zahlreichen Ketzereien aufzuzählen.

5. Schlussbemerkungen

Die vorstehenden Ausführungen verstanden sich als Fallstudie zum Thema Buch und Reformation. Betrachtet wurde ein herausragendes Werk des erfolgreichsten Autors der Reformationszeit. Die Adelsschrift erlaubt es, Luther gleichsam über die Schulter zu schauen, ihn beim Bücherschreiben zu beobachten. Auch wenn Größe und Zusammensetzung der Luther zur Verfügung stehenden Bibliothek nicht mehr rekonstruiert werden können, steht doch fest, dass er Zugang nicht nur zu den Standardwerken des geistlichen Rechts und der Geschichte, sondern auch zu aktueller Reformliteratur gehabt haben muss. Dass er diese Texte alle beim Schreiben vor sich liegen hatte, ist nicht sehr wahrscheinlich, dass er vieles aus dem Gedächtnis referierte, scheint schon eher plausibel. Sehr gut nachvollziehbar ist die an der Adelsschrift zu machende Beobachtung, dass gelehrte Tätigkeit immer wieder unterbrochen und nach einer Ablenkung Tage oder gar Wochen später wieder aufgenommen werden muss. Im Falle der Adelsschrift führte die Unterbrechung zu einer Neuordnung der Gedanken und zu einer Zuspitzung von Luthers Haltung zum Papst und zur Rolle der weltlichen Gewalt im reformatorischen Prozess.

Die Adelsschrift atmet noch etwas von der aufgewühlten Atmosphäre des Jahres 1520, als Bücher noch schneller geschrieben wurden als wir es heute üblicherweise tun, als Bücher aber auch noch mehr bewegten als es heute der Fall ist. Das Buch beherrschte als Medium die reformatorische Szene. Luther war der Meister dieser Szene. Den aufsehenerregenden

86 WA 7, S. 681–688.

87 Thomas Murner: An den Großmechtigsten un[d] Durchlüchtigsten adel tütscher nation das sye den christlichen glauben beschirmen, wyder den zerstörer des glaube[n]s Christi, Martinu[m] luther, einen [ver]fierer der einfeltige[n] Christen, [Straßburg] 1520 (VD16 M 7020).

88 Moeller: Klerus (wie Anm. 13), S. 119.

Inhalt der Adelsschrift registrierten schon die Zeitgenossen. In den Rang einer Hauptschrift, wenn nicht sogar der Hauptschrift der Reformation erhob sie aber erst das ausgehende 19. Jahrhundert.

Hendrikje Carius

Die „Bibliotheca Spalatini" als humanistisch-reformatorische Gelehrtenbibliothek*

1. Einleitung

Im Zuge der reformatorischen Bewegung präsentierte sich vor allem der mitteldeutsche Raum buch-, literatur- und bibliothekshistorisch gesehen als ein besonders „aktiver, weit nach außen hin ausstrahlender Raum".[1] Der sächsische Humanist, Theologe, Reformator und Historiograph Georg Spalatin (1484–1545) hat diesen entscheidend mitgeprägt.[2] Er gilt als einer der ersten wichtigen protestantischen Akteure im sich neu formierenden Bibliothekswesen. Als Bibliothekar der Georgenthaler Klosterbibliothek zwischen 1505 und 1508 und der Wittenberger kurfürstlichen Bibliothek Friedrichs III. von Sachsen seit 1512 verfügte er über ein ausgeprägtes Expertenwissen zur Buch- und Bibliothekslandschaft im Alten Reich.[3] Damit eng verbunden sind die gängigen Vorstellungen über Spalatins passionierte Sammlertätigkeit und Bibliophilie, die mit zeitgenössischen Zuschreibungen als „biblio-

* Eine gekürzte Fassung dieses Beitrags ist erschienen: Die Privatbibliothek des Georg Spalatin, in: Spalatin in Altenburg. Eine Stadt plant ihre Ausstellung, hrsg. von Hans Joachim Kessler und Jutta Penndorf, Halle 2012, S. 80–94. Eine digitale Edition des Bücherverzeichnisses Georg Spalatins ist in Vorbereitung. Für wertvolle Hinweise bedanke ich mich bei Herrn Dr. Daniel Gehrt (Gotha) sowie Prof. Dr. Konrad Amann (Jena).

1 Volker Honemann: Mitteldeutschland. Eine Bildungs-, Literatur- und Bibliothekslandschaft im späten Mittelalter, in: Bücher, Drucker, Bibliotheken in Mitteldeutschland. Neue Forschungen zur Kommunikations- und Mediengeschichte um 1500, hrsg. von Enno Bünz, Leipzig 2006, S. 49–67, hier S. 67; Herwarth von Schade: Der Einfluss der Reformation auf die Entwicklung des evangelischen Bibliothekswesens, in: Beiträge zur Geschichte des Buchwesens im konfessionellen Zeitalter, hrsg. von Herbert G. Göpfert, Peter Vodosek und Reinhard Wittmann, Wiesbaden 1985, S. 147–177, hier S. 170; Nadezda Shevchenko: Eine historische Anthropologie des Buches. Bücher in der preußischen Herzogsfamilie zur Zeit der Reformation, Göttingen 2007; Heinrich Kramm: Deutsche Bibliotheken unter dem Einfluß von Humanismus und Reformation. Ein Beitrag zur deutschen Bildungsgeschichte, Leipzig 1938.

2 Zur Biographie Georg Spalatins siehe u. a. Irmgard Höss: Georg Spalatin 1484–1545. Ein Leben in der Zeit des Humanismus und der Reformation, 2. Aufl., Weimar 1989; Björn Schmalz: Georg Spalatin und sein Wirken in Altenburg, Beucha 2009; Vita Georgii Spalatini, in: Spalatiniana, hrsg. von Georg Berbig, Leipzig 1908.

3 Vgl. zu Spalatin als Bibliothekar Höss: Spalatin (wie Anm. 2), S. 65–70, 284, 368, 376–378, 408; Joachim Bauer: Kurfürst Johann Friedrich I. und die Bücher, in: Johann Friedrich I. – der lutherische Kurfürst, hrsg. von Volker Leppin, Georg Schmidt und Sabine Wefers, Gütersloh 2006, S. 169–189; Ernst Hildebrandt: Die kurfürstliche Schloß- und Universitätsbibliothek zu Wittenberg 1512–1547, in: Zeitschrift für Buchkunde 2 (1925), S. 34–42, 109–129 und 157–188; Georg Buchwald: Zu Spalatins Reisen, insbesondere nach Wittenberg in Angelegenheiten der Kurfürstlichen Bibliothek, in: Archiv für Bibliographie, Buch- und Bibliothekswesen 2 (1929), S. 92–113; Eine aktuelle, systematische Untersuchung zu diesem Themenfeld liegt bislang nicht vor.

phylaci et philobiblio"[4], „rare humanitatis homo"[5] oder etwa als „vir maxime eruditus et pius, incredibili praeterea humanitate in omnes"[6] korrespondieren: Noch im April 1517 gedachte der Nürnberger Humanist Christoph Scheurl (1481–1542) zwischen Georg Spalatin und dem später entschiedenen Gegner der Reformation Johannes Eck (1486–1543) eine freundschaftliche Beziehung zu initiieren. So pries er Spalatin als außerordentlich lohnenswerten Kandidaten für eine dem humanistischen Ideal entsprechende „amicitia", in erster Linie als Bibliothekar Kurfürst Friedrichs des Weisen, der Chroniken schreibe. Zugleich zielte er mit den Worten, dass Spalatin nichts anderes tun würde außer lesen und schreiben, auf dessen bemerkenswerte Gelehrsamkeit. Zudem wies er ihn als ein Liebhaber alter Sachen aus: Die alten Codices würden an ihn wie an einen Mäzenaten verkauft. Schließlich sei Spalatin nichts willkommener, als ihn über Neuerscheinungen zu benachrichtigen:

> „Princeps Federicus Saxo apud se habet Georgium Spalatinum, canonicum Aldenburgensem, bibliotecarium suum et qui chronicas scribit, mihi amicissimum. Opto vehementer inter vos constituere amicitiam. Si aliquid hominis vis videre, lege novissimas litteras ad me: nihil facit praeter scribere et legere, vetustatis amator, antiquissimi codices usu Maecenatis ad hunc deferuntur. Propositum est nullum librum desiderari in bibliotheca principali. Nihil gratius utrique feceris quam si aliquam rationem nostri temporis librorum reddideris."[7]

Spalatin hat dabei auch eine eigene, mit mittelalterlichen Handschriften und Inkunabeln, wertvollen Codices, Bibelausgaben, weitgehend kompletten Kirchenväter- und Klassikerausgaben sowie einer ebenso mit klassischen wie mit hochaktuellen historiographischen Werken und Chroniken exquisit ausgestattete Bibliothek zusammengetragen.[8] Eines der wohl geläufigsten Exemplare der „Bibliotheca Spalatini" ist eine als „Spalatin-Bibel" bekannte Vulgata.[9] Die im Altenburger Stadtarchiv überlieferte Bibel soll Spalatin Luther

---

4 Luther an Spalatin, 31. Dezember 1516, WABr 1, S. 82, Nr. 21. Weitere Bezeichnungen bei Kramm: Bibliotheken (wie Anm. 1), S. 232.

5 Mutian an Urban, um den 20. November 1505, in: Der Briefwechsel des Conradus Mutianus, bearb. von Karl Gillert, 1. Bd., Halle 1890, S. 36, Nr. 25.

6 Bucer an Rhenanus, Heidelberg, 19. März 1520, in: Briefwechsel des Beatus Rhenanus, hrsg. von Adalbert Horawitz und Karl Hartfelder, Leipzig 1886, Ndr. Nieuwkoop 1966, S. 216, Nr. 160.

7 Scheurl an Eck, Nürnberg, 1. April 1517, in: Christoph Scheurl's Briefbuch, hrsg. von Franz Freiherr von Soden und Joachim Karl Friedrich Knaake, 2. Bd., Potsdam 1872, S. 11 f., Nr. 123.

8 Vgl. zur Privatbibliothek bereits Hildebrandt: Schloß- und Universitätsbibliothek (wie Anm. 3), S. 112–114.

9 Stadtarchiv Altenburg, Ratsarchiv A I 2. Es handelt sich nach dem Stand von Felicitas Marwinski und Christine Schmidt um eine 1486 in Speyer von Peter Drach gedruckte lateinische Bibel. Im Altenburger Stadtarchiv ist neben der lateinischen Bibel noch die Erstausgabe des „Theuerdanks" aus dem Besitz Georg Spalatins nachgewiesen (siehe Anm. 165); vgl. Felicitas Marwinski und Christine Schmidt: Stadtarchiv (Altenburg), in: Handbuch der historischen Buchbestände in Deutschland, hrsg. von Bernhard Fabian, Kap. 1.1 und Kap. 2.2., online: http://fabian.sub.uni-goettingen.de/?Stadtarchiv_(Altenburg) (Stand 09.12.2013).

während seines Aufenthaltes auf der Wartburg ausgeliehen und für die Bibelübersetzung benutzt haben.[10]

Insgesamt teilt Spalatins Bibliothek jedoch das Fatum zahlreicher anderer Gelehrtenbibliotheken des 16. Jahrhunderts, von denen nur noch wenige Bände erhalten sind. Da angesichts der Überlieferungslage eine Untersuchung am Bestand nur eingeschränkt möglich ist, können – wie im Fall Spalatins – insbesondere Kataloge, Inventare oder Nachlassinventare Aufschluss über den privaten Buchbesitz geben.[11] Ausgangspunkt für die Erschließung des Buchbesitzes Spalatins ist ein eigenhändig von ihm angefertigtes Bücherverzeichnis, das in der Forschungsbibliothek Gotha unter ihren Spalatiniana überliefert ist.[12] Der Wert dieser Quelle ist nicht hoch genug einzuschätzen, zumal für andere zentrale Protagonisten im Gravitationszentrum der Reformation, Martin Luther (1483–1546)[13] oder Philipp Melanchthon (1497–1560)[14], keine ähnlichen Dokumente ihres privaten Buchbesitzes überliefert sind.[15] So wie bei diesen bleiben nicht zuletzt die Korrespondenzen weitere wichtige Anhaltspunkte für das bibliothekarische Agieren Spalatins, seine Teilhabe an Bücherzirkulationen sowie am kommunikativen Austausch über Bücher mit Lektüreempfehlungen, Recherche- oder Erwerbungsaufträgen sowie -absichten etc. Mit einer systematischen Auswertung des Briefwechsels Spalatins kann die Bibliothek perspektivisch auch als Ausdruck der humanistisch-reformatorischen Netzwerke analysiert werden, in die Spalatin eingebunden war. Eine Grundlage dafür wird Christine Weide mit ihrer Dissertation zu seinem Briefwechsel bieten.[16] An die Geschichte privaten Buchbesitzes sind neben

---

10 Höss: Spalatin (wie Anm. 2), S. 36, bezieht sich dabei auf die Vorbemerkung der Archivverwaltung zu dem Exemplar; vgl. Kramm: Bibliotheken (wie Anm. 1), S. 116. Derzeit wird erstmals eine genaue Untersuchung des Exemplars vorgenommen.

11 Als Quellen können zudem Auktionskataloge, Testamente oder Schenkungsurkunden fungieren, die im Sinne kulturhistorischer Bewertungen durch Aussagen aus Briefwechseln, Tagebüchern, Reiseberichten, Provenienzhinweisen, Eigentumsvermerken, Lesenotizen oder Rechnungen ergänzt werden. Dazu auch Wolfgang Milde: De captu lectoris – Von der Wirkung des Buches, in: De captu lectoris. Wirkungen des Buches im 15. und 16. Jahrhundert, dargestellt an ausgewählten Handschriften und Drucken, hrsg. von Wolfgang Milde und Werner Schuder, Berlin/New York 1988, S. 1–28; Reinhard Wittmann: Bücherkataloge des 16.–18. Jahrhunderts als Quelle der Buchgeschichte. Eine Einführung, in: Bücherkataloge als buchgeschichtliche Quellen in der frühen Neuzeit, hrsg. von Reinhard Wittmann, Wiesbaden 1985, S. 7–17.

12 FB Gotha, Chart. B 24; Ernst Salomon Cyprian: Catalogus codicum manuscriptorum bibliothecae Gothana, Leipzig 1714, S. 113 f., Nr. XXIV. Der Spalatinnachlass ist im HANS-OPAC der Universitäts- und Forschungsbibliothek Erfurt/Gotha online verfügbar: http://hans.uni-erfurt.de/hans/index.htm. Ein gedruckter Katalog erscheint 2014; vgl. Daniel Gehrt: Die Spalatiniana in der Forschungsbibliothek Gotha, in: Eine Stadt plant ihre Ausstellung, hrsg. von Hans Joachim Kessler und Jutta Penndorf. Halle 2012, S. 95–102.

13 Holger Flachmann: Luther und das Buch. Eine historische Studie zur Bedeutung des Buches im Handeln und Denken des Reformators, Tübingen 1996, S. 30–35, hier S. 30.

14 Siehe dazu den Beitrag von Stefan Rhein in diesem Band.

15 Ladislaus Buzas: Deutsche Bibliotheksgeschichte der Neuzeit (1500–1800), Wiesbaden 1976, S. 86; Kramm: Bibliotheken (wie Anm. 1), S. 57.

16 Christine Weide: Studien zu Georg Spalatins Briefwechsel, masch. Diss. Kiel 2010; Georg Berbig: Georg Spalatin und sein Verhältnis zu Martin Luther auf Grund ihres Briefwechsels bis zum Jahre 1525, Halle 1906.

Kommunikationsnetzwerken, der intellektuellen Biographie des Sammlers[17] auch Fragen nach den Organisationsformen des Wissens bzw. Repräsentationen desselben sowie nach Wissenskulturen geknüpft.[18] Nach den Arbeiten von Irmgard Höß oder dem Beitrag von Ernst Hildebrandt zur kurfürstlichen Schloß- und Universitätsbibliothek in Wittenberg, die Spalatins bibliothekarisches Wirken auch in Bezug auf seine eigene Büchersammlung in den Blick genommen haben, hat die Bibliothek Spalatins neuerdings wieder verstärkt Aufmerksamkeit erlangt – als Bezugspunkt für die Untersuchung von Spalatins Quellen für seine historiographischen Studien. Dabei haben jüngst Christina Meckelnborg und Anne-Beate Riecke für ihre kodikologische, provenienzhistorische und inhaltliche Untersuchung der „Chronik der Sachsen und Thüringer" auch Spalatins Bücherinventar als Verzeichnis möglicher Quellen ausgewertet.[19] Aber auch im Rahmen der laufenden Rekonstruktion der Bibliotheca Electoralis rückt Spalatin als ihr erster Bibliothekar ins Blickfeld.[20]

Zu Recht wird in der aktuellen Forschung die Spannung betont, in der sich Bibliotheken in ihrem Ensemblebild als Ausdruck der Individualität des Besitzers und eines allgemeinen, zeitlich gebundenen ideengeschichtlichen wie historisch-sozialen Kontextes analysieren lassen.[21] Vor diesem Hintergrund richtet die folgende Annäherung an die Bibliothek Spalatins den Fokus auf ihren spezifisch humanistisch-reformatorischen Zuschnitt, wozu Aspekte ihrer Geschichte mit einem kursorischen wie exemplarischen Überblick über Systematik und Profil der Sammlung verbunden werden.

---

17 Zu Gelehrtenbibliotheken als „Wesenskern der Gelehrtenexistenz" Matthias dall'Asta: Bibliotheca trilinguis und „dimidium animae". Johannes Reuchlin als Büchersammler, in: Sammler und Bibliotheken im Wandel der Zeiten, hrsg. von Sabine Graef, Sünje Prühlen und Hans-Walter Stork, Frankfurt a.M. 2010, S. 117–143, hier S. 118, oder als „Selbst"-Biographie des Sammlers: Daniela Rando: Johannes Hinderbach (1418–1486). Eine „Selbst"-Biographie, aus dem Italienischen von Wolfgang Decker, Berlin 2008.

18 Kulturen des Wissens im 18. Jahrhundert, hrsg. von Ulrich Johannes Schneider, Berlin/New York 2008.

19 Christina Meckelnborg und Anne-Beate Riecke: Georg Spalatins Chronik der Sachsen und Thüringer. Ein historiographisches Großprojekt der Frühen Neuzeit, Wien/Köln/Weimar 2011; Dies.: Die „Chronik der Sachsen und Thüringer" von Georg Spalatin, in: Fata Libellorum, Festschrift für Franzjosef Pensel zum 70. Geburtstag, hrsg. von Rudolf Bentzinger und Ulrich-Dieter Oppitz, Göppingen 1999, S. 131–162.

20 Vgl. das DFG-Projekt „Wissenschaftliche Aufarbeitung, Digitalisierung und Präsentation der Bibliotheca Electoralis" an der ThULB Jena: http://www.urmel-dl.de/Projekte/BibliothecaElectoralis.html (Stand: 09.12.2013).

21 Zum Forschungsstand und den Forschungsperspektiven spätmittelalterlicher und frühneuzeitlicher Privatbibliotheken im Alten Reich vgl. Frank Fürbeth: Deutsche Privatbibliotheken des Spätmittelalters und der Frühen Neuzeit. Forschungsstand und -perspektiven, in: Zur Erforschung mittelalterlicher Bibliotheken: Chancen – Entwicklungen – Perspektiven, hrsg. von Andrea Rapp und Michael Embach, Frankfurt a.M. 2009, S. 185–209; Wolfgang Adam: Bibliotheken als Speicher von Expertenwissen. Zur Bedeutung von Privatbibliotheken für die interdisziplinäre Frühneuzeit-Forschung, in: Repräsentation, Wissen, Öffentlichkeit. Bibliotheken zwischen Barock und Aufklärung, hrsg. von Claudia Brinker-von der Heyde und Jürgen Wolf, Kassel 2011, S. 61–69.

2. Auf dem Weg zu einer Sammlungsgeschichte der „Bibliotheca Spalatini"

Über die Entstehung und Entwicklung der Büchersammlung Spalatins liegen allenfalls marginale Informationen vor, weshalb diese Geschichte aus Korrespondenzen und anderen o. g. Quellen erst zu rekonstruieren ist. Dazu zählen auch Zeugnisse seiner Aussagen sowie die seiner Zeitgenossen über die Bibliothek und seine Bücher, wie sie für andere Humanisten vorliegen.[22]

Spalatin forcierte früh den systematischen Aufbau seiner eigenen Büchersammlung. Zeitlebens flossen seine Finanzen nicht zuletzt in seine Bibliothek, so dass er sich trotz vergleichsweise hoher Einkünfte beständig in einer problematischen Finanzlage befand.[23] Den Grundstock für seine Sammlung legte Spalatin mit ersten Erwerbungen in der Zeit als Novizenlehrer und Klosterbibliothekar im Zisterzienserkloster Georgenthal ab 1505. Er stand dabei in enger Verbindung zu humanistischen Gelehrtenkreisen, die auf seine Studienzeit an der Erfurter Universität zurückging. Dort hatte er sich in den literarisch-philologisch orientierten Erfurter Humanistenkreis integriert.[24] Bereits in Georgenthal stand Spalatin zusammen mit Conrad Mutian (1470–1526) und dem Zisterzienser Heinrich Urban (1494–1539) für Erwerbungsprojekte in Kontakt mit gelehrten Buchdruckern wie Aldus Manutius in Venedig,[25] an den er später auch für die kurfürstliche Bibliothek anknüpfen konnte.

In Bezug auf seine eigene Bibliothek handelte Spalatin professionell und nutzte dabei seine zahlreichen Kontakte. Literatursuche und -ausleihe sowie die Debatten über Bücher waren neben Topoi wie dem Freundeslob oder der Wiederbelebung der klassischen „latinitas" Standardthemen der Humanistenkorrespondenz. Neben den Hauptkorrespondenzpartnern Luther und Melanchthon stand Spalatin in Kontakt mit Conrad Mutian, Justus Jonas, Veit Warbeck, Johann Reuchlin, Johannes Bugenhagen etc.[26] Die gegenseitige Hilfe-

---

22 Z. B. für Mutian Karl Krause: Bibliologisches aus Mutians Briefen, in: Zentralblatt für Bibliothekswesen 10 (1893), S. 1–19; für Reuchlin: dall'Asta: Bibliotheca trilinguis (wie Anm. 17); vgl. die Beurteilung der Bibliothek Reuchlins durch Melanchthon in einem Brief an Spalatin (Oktober 1523): Heinz Scheible: Reuchlins Einfluß auf Melanchthon, in: Reuchlin und die Juden, hrsg. von Arno Herzig und Julius H. Schoeps, Sigmaringen 1993, S. 123–149, hier S. 128 f.

23 Vgl. Höss: Spalatin (wie Anm. 2), S. 52, S. 395–400.

24 Fidel Rädle: Mutians Briefwechsel und der Erfurter Humanismus, in: Humanismus in Erfurt, hrsg. von Gerlinde Huber-Rebenich und Walther Ludwig, Rudolstadt/Jena 2002, S. 111–129; Christine Treml: Humanistische Gemeinschaftsbildung. Sozio-kulturelle Untersuchung zur Entstehung eines neuen Gelehrtenstandes in der frühen Neuzeit, Hildesheim/Zürich/New York 1989, S. 66 ff.; Conradus Mutianus Rufus und der Humanismus in Erfurt. Katalog zur Ausstellung der Forschungsbibliothek Gotha auf Schloss Friedenstein, 21. August bis 1. November 2009, hrsg. von Christoph Fasbender, Gotha 2009.

25 Dazu Höss: Spalatin (wie Anm. 2), S. 28–30.

26 Insgesamt sind ca. 2.000 Briefe überliefert. Christine Weide: Der Briefwechsel zwischen Georg Spalatin und Philipp Melanchthon. Eine Bestandsaufnahme, in: Philipp Melanchthon. Lehrer Deutschlands, Reformator Europas, hrsg. von Irene Dingel und Armin Kohnle, Leipzig 2011, S. 35–42, hier S. 35.

leistung innerhalb dieses Netzwerkes war dabei eine wichtige Grundlage zur Erschließung eines noch rudimentären Buchmarktes.[27] Die Bibliothek war kein statischer Wissensspeicher, sondern etwa in Form des Büchertausches gegenüber dem Netzwerk der „amici" offen. So erbat sich Mutian Literatur von Spalatin und dankte ihm mit einem Gedicht.[28] Vice versa war Spalatin als dankbarer Adressat für Buchgaben bekannt, wie Melanchthon ihm gegenüber im Zusammenhang mit einem Geschenk im April 1544 formulierte: „Mitto tibi pagellam. Nam tu solus mihi pro hoc genere munusculorum gratias agis multi alii fortassis etiam contemnunt sed utinam diu tales pagellas habeat Germania."[29]

Auch die „ratio de constituendae bibliothecae" war ein Thema, über das sich verständigt wurde – Mutian hatte sich in dieser Angelegenheit ratsuchend an Johannes Reuchlin gewandt.[30] Einen systematischen Überblick über Buch- und Bibliotheksbestände sowie Bibliotheksordnungen verschaffte sich Spalatin nicht zuletzt gezielt durch die auf seine Initiative erstellten Verzeichnisse von acht Klosterbibliotheken aus dem Jahr 1514, die als Orientierungsgrundlage für Büchergänzungen der Wittenberger Bibliothek gelten.[31]

Im Rahmen seiner vielfältigen Handlungsfelder am kursächsischen Hof in der Kanzlei, als Hofkaplan, Geheimsekretär, kurfürstlicher Beichtvater und schließlich Hofprediger, verband Spalatin beruflich motivierte Reisen mit Bibliotheks- und Messebesuchen, auch im Auftrag Anderer: Für Melanchthon sollte Spalatin 1518 eine griechische Bibel aus Nürnberg besorgen.[32] Wiederholt richtete er die Bitte an Spalatin, während seines Wormser Aufenthaltes (1521) für seine geplanten kirchenhistorischen Studien die bischöfliche Biblio-

27 Treml: Gemeinschaftsbildung (wie Anm. 24), S. 79 f.

28 Mutian an Spalatin, zwischen Ende 1505 und Herbst 1508, Briefwechsel des Conradus Mutianus (wie Anm. 5), S. 140 f., Nr. 101; Philipp Knüpffer: Art. Mutianus Rufus, Gedicht an Spalatin als Dank für ausgeliehene Bücher, in: Conradus Mutianus Rufus (wie Anm. 24), S. 53 f.

29 Melanchthon an Spalatin, 7. April 1544, CR 5, Sp. 354, Nr. 2905; vgl. ähnlich Melanchthon an Camerarius, 25. Januar 1545, CR 5, Sp. 668, Nr. 3128: Melanchthon dankte Camerarius für die Abfassung und die Zusendung eines Gedichts und verwies in diesem Zusammenhang auf die alleinige Dankbarkeit Spalatins für literarische Gaben: „Mihi cum viveret Spalatinus, praeter eum nemo gratias agebat vel pro libellis missis, vel navata opera. Ita nec tibi multos arbitror ostendere gratitudinis significationem. Ego tamen et Ecclesiae et meo nomine tibi gratias ago et quod scripsisti has gravissimas conciones, et quod exempla nobis misisti."

30 Mutian an Reuchlin, 13. September 1516, Briefwechsel des Conradus Mutianus (wie Anm. 5), S. 229 f., Nr. 565; Krause: Bibliologisches (wie Anm. 22), S. 15.

31 Zisterzienserkloster Altzelle und Grünhain, Servitenkloster in Halle, Zisterzienserkloster Lehnin, Dominikanerkloster in Leipzig, Augustiner- und Dominikanerkloster Nürnberg, Benediktinerkloster Reinhardsbrunn: ThULB Jena, Ms. App. 22 A, beschrieben in: Die Handschriften der Thüringer Universitäts- und Landesbibliothek Jena, Bd. 2: Die mittelalterlichen lateinischen Handschriften der Signaturreihen außerhalb der Electoralis-Gruppe, beschrieben von Bettina Klein-Ilbeck und Joachim Ott unter Mitarb. von Gerhardt Powitz und Bernhard Tönnies, Wiesbaden 2009, S. 57–65; vgl. Johann Christoph Mylius: Memorabilia bibliothecae academicae Jenensis sive designatio codicum manuscriptorum in illa bibliotheca et librorum impressorum plerumque rariorum, Jena/Weißenfels 1746, S. 22; Kramm: Bibliotheken (wie Anm. 1), S. 23, 213; Anette Löffler: Die Leipziger Klosterbibliotheken und deren Buchbesitz um 1500 – eine Bestandsaufnahme, in: Bücher, Drucker, Bibliotheken (wie Anm. 1), S. 167–206, hier S. 168.

32 Mutian an Spalatin, 24. September 1518, MBW T 1, S. 76, Nr. 24.

thek nach ungedruckten Schriften der Kirchenväter durchzusehen.[33] Im Januar 1527 – Spalatin wirkte seit 1525 als Pfarrer und seit 1528 als Superintendent in Altenburg – wurde er angehalten, für Georg Maior Altenburger Klosterbibliotheken nach juristischen und kanonischen Büchern für dessen Studien durchzusehen, um die dieser dann Kurfürst Johann bitten wolle.[34] Im Gegenzug ließ sich Spalatin über Arbeiten der Korrespondenzpartner informieren, die ihn mit Büchern oder Abschriften versorgten.[35]

Die Beobachtung des Büchermarktes und die aktive Einbindung in Bücherzirkulationen im Alten Reich liefen bei Spalatin parallel zu seinen beruflichen Bibliotheksaktivitäten. Interessierte er sich bei Bücherkäufen für die kurfürstliche Bibliothek auch privat, erwarb er Dubletten. Nicht in jedem Fall wird zu rekonstruieren sein, in welcher Funktion er Bücher erwarb. Auch Geschenke und Widmungsexemplare ergänzten die Sammlung, wie dem Briefwechsel zu entnehmen ist: So schickte Scheurl auf Spalatins Interessenbekundung im Januar 1511 unter anderem ein Exemplar seiner Lobrede auf die sächsischen Fürsten für seine Büchersammlung.[36] Auch andere Freunde und Korrespondenzpartner wie Melanchthon verfuhren so, der beispielsweise gleich zwei Exemplare der hebräischen Grammatik Johannes Böschensteins an Spalatin übersandte, die sowohl für den Kurfürsten als auch für Spalatin vorgesehen waren.[37] Ein Geschenkexemplar von Eobanus Hessus' „De pugna studentum Erphordiensium" (1506), ein 54 Distichen umfassendes Carmen anlässlich eines Kampfes zwischen Erfurter Stadtbewohnern und Studenten, ist in der Forschungsbibliothek Gotha überliefert.[38] Es enthält auf dem Titelblatt eine handschriftliche Widmung an Georg Spalatin: „Spalatino Suo". Im Bücherinventar sind Geschenkexemplare nur selten als solche vermerkt. Jedoch hat Spalatin in der Rubrik der „Orationalia und betbucher" gleich zwei besondere Geschenkexemplare enger Vertrauter vermerkt: Zum einen von Conrad Mutian („Diurnale Maguntinum dono Mutiani Doctoris") sowie zum anderen von Wenzeslaus Linck („Diurnale Augstinianum, dono Doctoris Vinclai Lincj").[39]

Für die inhaltliche Ausrichtung der Bibliothek ist signifikant, dass Spalatin zunächst zielstrebig einem humanistisch motivierten Sammelinteresse folgte. Die an der Bildungstradition der „studia humanitatis" ausgerichteten Sammlungsschwerpunkte, die sich auch

33 „Est et quod te vehementer oro, ut velis bibliothecam episcopi Vangionum lustrare, ut audio, copiosam explorareque, si quid ibi sit veterum theologorum. Nam poetas et oratores puto qui istheic sunt stanneis typis publicatos. Tu rem literarium ac christianum adiuva, cui fato destinatus videris." MBW T 1, S. 246, Nr. 119.

34 Melanchton an Spalatin, Januar 1527, MBW T 3, S. 33 f., Nr. 524.

35 Weide: Briefwechsel (wie Anm. 26), S. 35–42; speziell für die Arbeit an der Chronik der Sachsen und Thüringer vgl. die Analyse der Korrespondenzen 1513 und 1514 bei Meckelnborg/Riecke: Chronik (wie Anm. 19), S. 59–74.

36 Scheurl an Spalatin, 1. Januar 1511, Scheurl's Briefbuch (wie Anm. 7), S. 65, Nr. 45.

37 Melanchthon an Spalatin, 16. Dezember 1518, CR 1, Sp. 55 f., Nr. 28.

38 Eobanus Hessus: De Pvgna Stvdentvm Erphordiensivm cum quibusdam coniuratis nebulonibus […] carmen, Erfurt: Wolfgang Stürmer, [1506], FB Gotha, Mon. typ 1509 4° 13 (2), (VD16 E 1543).

39 FB Gotha, Chart. B 24, Bl. 95r.

in den frühen Erwerbungen für die kurfürstliche Bibliothek in Wittenberg zeigen,[40] verschoben sich aber mit dem Beginn der reformatorischen Bewegung ab 1517/18 um reformatorisches Schriftgut. Der systematische Erwerb der Schriften Luthers und Erasmus' markieren das Interesse an den beiden Hauptprotagonisten der für Spalatin zentralen geistigen Einflüsse der Reformation und des Humanismus.[41] Die Wertschätzung für Erasmus spiegelte sich auch in der kurfürstlichen Bibliothek wider, in der alle seine Schriften gesammelt wurden, wie Spalatin bekanntlich bereits in seinem ersten Brief an Erasmus vom 11. Dezember 1516 mitteilte.[42] Darüber hinaus bildeten ihre Werke eine wichtige Arbeitsgrundlage für seine umfangreiche Übersetzertätigkeit. Spalatin fungierte nicht nur im kurfürstlichen Auftrag als Übersetzer von lateinischen Korrespondenzen oder Werken, sondern legte als Übersetzer der lateinischen Schriften Martin Luthers, Desiderius Erasmus und Philipp Melanchthons eine Grundlage für die breite Rezeption humanistischer und reformatorischer Ideen im Alten Reich. Zu einigen im Bücherverzeichnis notierten und von ihm übersetzten Werken hat Spalatin die Ergänzung „a Spalatino descripta" vorgenommen.[43]

Die in einer von den wenigen identifizierten Druckwerken wie dem „Panegyricus"[44] von Erasmus vorhandenen Anstreichungen und marginalen lateinischen Randnotizen – zumeist Stichworte als Findhilfe – deuten auf ein eher exzerpierendes Leseverhalten Spalatins. Den Lesezeitraum hat Spalatin für die 1504 in Paris bei Ascenius gedruckte Gelegenheitsschrift im Exemplar vermerkt und auf die Zeit zwischen dem 20. und dem 23. August 1515 datiert sowie mit der Ortsangabe Torgau versehen.[45] Die auf Philipp I. von Kastilien (1478–1506) zielende erasmische Panegyrik hat Spalatin in seinem Verzeichnis als „Erasmi

40 Vgl. zum humanistischen Profil der Neuerwerbungen Spalatins für die kurfürstliche Bibliothek in Wittenberg von 1512/1513 (Rechnung: FB Gotha, Chart. B 24, Bl. 110r–114r): Walter Friedensburg: Geschichte der Universität Wittenberg, Halle 1917, S. 153 f.; Gustav von Buchwald: Archivalische Mittheilungen über Bücherbezüge der kurfürstlichen Bibliothek und Georg Spalatin's in Wittenberg, in: Archiv für Geschichte des Deutschen Buchhandels 18 (1896), S. 7–15, hier S. 7–10; Höss: Spalatin (wie Anm. 2), S. 67 f.; weitere Nachweise bei Meckelnborg/Riecke: Chronik (wie Anm. 19), S. 48.

41 FB Gotha, Chart. B 24, Bl. 52av. Der „Catalogus librorum Erasmi" (o.D.) ist der „Erasmica Theologia" im Bücherverzeichnis zugeordnet. Ein Verzeichnis lutherischer Schriften: ebd., Bl. 16r.

42 „Habet etiam Princeps meus clementissimus, Dux Fridericus Saxoniae, Sacri Ro. Imp. Elector, non minus sapientia et religione et doctrina quam opibus praestantissimus, libros tuos omnes, quoscunque inuenimus, in sua bibliotheca ducali, comparaturus etiam reliquos quotquot posthac vbicunque edideris terrarum." Spalatin an Desiderius Erasmus, 11. Dezember 1516, Desiderii Erasmi Roterodami Opus epistolarum, hrsg. von Percy Stafford Allen, Bd. 2, Oxford 1910, S. 415–418, Nr. 501, hier S. 417; Höss: Spalatin (wie Anm. 2), S. 67 f.

43 Z.B. FB Gotha, Chart. B 24, Bl. 11r–v.

44 Desiderius Erasmus: Ad illustrissimum principem Philippum Austriæ ducem, Maximiliani Cæsaris filium, de triumphali profectione Hispaniensi, deque felici in patriam reditu, Pangyricus [...], Paris 1504, FB Gotha, Mon. typ 1504 4° (11). Laut Notiz von Ernst Salomon Cyprian auf dem hinteren Vorsatzblatt stammen die handschriftlichen Einträge von Georg Spalatin.

45 Ebd., fol. II: „Torg. XIII. Kal. Sept. MDXV", fol. XXXVIIv: „Torg. X Kal. Septembr. MDXV".

Panegyricus" angeführt.[46] Auch in anderen Bänden enthalten die Randnotizen Inhaltsangaben sowie Heraushebungen durch Nota. Lesedatierungen sind auch in einigen anderen Drucken angegeben, wie beispielsweise in „De institvendis ministris Ecclesiae, ad Clarissimum Senatum Pragensem Bohemiae" (Wittenberg 1523) von Martin Luther (15. November 1523 in Allstedt[47]) oder in der von Spalatin offenbar intensiv durchgearbeiteten Schrift „Ad Gasparis Schatz, geyri [sic] minoritae plicas responsio" (Wittenberg 1523) von Johann Briesmann: „Lochae perlegi Fer. iiii post Corporis Christi Diem M.D.XXIII" (10. Juni 1523).[48]

Nach Spalatins Tod 1545 verblieb die Büchersammlung zum Teil in Privatbesitz. Einen Beleg dafür liefert das im Altenburger Stadtarchiv bewahrte, im Auftrag des Rats der Stadt Altenburg angefertigte Nachlassinventar vom 19. Januar 1545,[49] in dem neben dem Mobiliar auch knapp 340 Bände, ungebundene Schriften und Kollektaneen seiner Bibliothek verzeichnet sind. Unter der Rubrik „Bucher in der Liberey"[50] sind Bibeln, Werke Martin Luthers, „Opera doctorum in sacra Theologia", „Iuridica facultas", „Historiographi et Chronographi" sowie „Opera Philosophorum", „Oratorum et aliorum authorum et mixta", „Poete" und „Medicinae authores" aufgeführt. Aufgenommen ist dabei jeweils nur der erste Titel der Sammelbände. Notiert sind zum Teil die Einbände („ein schwarz buch"; „ein weis buch"). Zahlreiche Titel sind als ungebunden ausgewiesen, darunter eine ganze Rubrik: „In Theologia alles ungebunden";[51] außerdem sind Pergamenteinbände, zum Beispiel bei den Poeten (Horaz, Vergil), angegeben.[52]

Ein Teil der Sammlung (rund 50 Bände), darunter auch Handschriften und Bibeln, ging in den Besitz des Schwiegersohns und späteren Altenburger Schulrektors Michael Chilian (1550–1576) über. Auch dessen Bruder Laurentius Chilian erhielt sechs Bände. An Spalatins Bruder Stephan Burckhardt gingen fünf Bände lutherischer Schriften. Vermutlich wechselte auch das Bücherverzeichnis in den Besitz Michael Chilians über.

Dem Testament Spalatins vom 13. Oktober 1535 gemäß sollte das Manuskript der sächsischen Chronik sowie weitere Schriften an den Kurfürsten gehen.[53] In einem Brief vom 24. Januar 1546 hatte Melanchthon Katharina Spalatin empfohlen, sie solle den Kurfürsten die Bücher besichtigen lassen, „daß seine Churf. Gn. zu sich nehmen, was sie ihr Chf.

[46] FB Gotha, Chart. B 24, Bl. 55r.

[47] „D[ome]nica post Martini. In Arce Altstedien. M.D.XXIII." (G4a). Gustav Kawerau: Ein Sammelband aus der Bibliothek Georg Spalatins, in: ARG 6 (1909), S. 227–230, hier S. 229.

[48] Ebd.

[49] „Abschrift des Inuentarij vber des hernn Spalatini etc. selligen gedechtnus vorlassene habe Anno domini 1545", Stadtarchiv Altenburg, Ratsarchiv XIV. 10. Nr. 51.

[50] Ebd., Bl. 9r–16v.

[51] Ebd., Bl. 15r–16r.

[52] Ebd., Bl. 16r.

[53] ThHStAW, EGA, Reg. O 56, Bl. 2r–6v, hier Bl. 4v; Meckelnborg/Riecke: Chronik (wie Anm. 19), S. 189–192; Transkription des Testaments bei Schmalz: Spalatin (wie Anm. 2), S. 127–130.

Gn. für bequem achten. Dieses wird euch zu Gutem gereichen."[54] Doch in den kursächsischen Rechnungsbüchern ist bereits für den 25. Januar 1545 vermerkt, dass „des Spalent(i) nus buchere Anher", d. h. nach Torgau, gebracht worden seien.[55] Diesen Transport hatte Kurfürst Johann Friedrich I. von Sachsen der Witwe Spalatin schon am 18. Januar 1545 mit Blick auf Spalatins „buecher, brief und hendel" angekündigt.[56] Darunter befanden sich alle für den Kurfürsten relevanten Akten und Bestände aus dem amtlichen Nachlass. Dazu gehörten auch offenbar das Chronikcorpus sowie die chronikalen Arbeiten Spalatins.[57]

So zerstreute sich die Bibliothek Spalatins. Für die heute in der Forschungsbibliothek Gotha bislang nachgewiesenen Drucke und Schriften wird vermutet, dass diese nach dem Tod Spalatins in die Altenburger Herzogliche Bibliothek gelangten und 1672 mit einem Großteil der anderen Bestände nach Gotha kamen.[58] Der Bücherkatalog von Spalatins Bibliothek gelangte mit Sicherheit vor 1693 in die Herzogliche Bibliothek Gotha, da Christian Schlegel das Verzeichnis zusammen mit anderen Gothaer Handschriften aus dem Nachlass Spalatins in seiner Spalatinbiographie verzeichnet hat.[59]

Bislang sind Drucke aus dem Besitz Spalatins im Stadtarchiv Altenburg (Ratsbibliothek)[60], in der Thüringer Universitäts- und Landesbibliothek Jena (Bibliotheca Electoralis)[61], der Forschungsbibliothek Gotha[62] und der Universitätsbibliothek Leipzig[63] bekannt.[64] Die von Gustav Kawerau 1909 erwähnten beiden Sammelbände aus dem Besitz Spalatins in der heutigen Staatsbibliothek zu Berlin – Preußischer Kulturbesitz[65] sowie der ehemaligen Kir-

---

54 Melanchthon an Katharina Spalatin, 24. Januar 1545, CR 5, Sp. 666 f., Nr. 3127. Wie bereits bei Meckelnborg und Riecke: Chronik (wie Anm. 19), S. 204, festgestellt, ist nicht bekannt, ob Katharina Spalatin tatsächlich eine finanzielle Entschädigung für die Bücher erhielt.

55 Helmar Junghans: Eintragungen in kursächsischen Rechnungsbüchern zu Wittenberger Reformatoren und Georg Spalatin von 1519 bis 1553 (Teil 2), hrsg. von Rainer Hambrecht, komm. von Helmar Junghans, in: Lutherjahrbuch 56 (1989), S. 68–129, Nr. 270.

56 ThHStAW, EGA, Reg. O 56, Bl. 19r–20v, hier Bl. 19v.

57 Meckelnborg/Riecke: Chronik (wie Anm. 19), S. 202. Meckelnborg und Riecke weisen nach, dass die Chronikbände schon vor 1540 nach Torgau gegangen sein müssen; die losen Chroniklagen befanden sich seit 1544 in Weimar: ebd., S. 195–204.

58 Gehrt: Spalatiniana (wie Anm. 12).

59 Christian Schlegel: Historia Vitae Georgii Spalatini Theologi, Politici Primique Historici Saxonici Viri De Ecclesia Et Republ. Infinitis Modis Meriti Praeside Caspare Sagittario, SS. Theol. D. Historico Ducali Saxon. & Historiarum Prof. P. [...], Jena 1693, S. 200 (VD17 39:121322Q). Vgl. auch das bislang unerschlossene, intensiv eigenhändig von Schlegel redigierte Exemplar für eine geplante, jedoch nicht realisierte zweite Auflage: FB Gotha, Chart. B 181, S. 200.

60 Siehe Anm. 9, 96, 165.

61 Siehe Anm. 144.

62 Siehe Anm. 38, 44, 97, 129.

63 Siehe Anm. 100.

64 Eine genaue Untersuchung und Beschreibung der Bände steht noch aus.

65 Die Schriften des Sammelbandes können im OPAC der Staatsbibliothek zu Berlin – Preußischer Kulturbesitz recherchiert werden. Laut Auskunft von Eva Rothkirch (Berlin) ist der Band während des Zweiten Weltkrieges verlagert worden und wird zu den Kriegsverlusten der Staatsbibliothek zu Berlin gerechnet. Kawerau: Sammelband (wie Anm. 47), S. 230; Melanchthons Briefwechsel, Bd. 1 (1510–1528), hrsg. von Otto Clemen, Leipzig 1926, Nr. 104; Der Sammelband

chenbibliothek der Friedenskirche zu Glogau[66] sind zwar identifiziert, gelten aber als Verluste in der Folge des Zweiten Weltkrieges.

3. Bücherverzeichnis, Ordnung und Profil der „Bibliotheca Spalatini“

Das im Quartformat vorliegende und mit einem Pergamenteinband versehene Bücherverzeichnis hat Spalatin überwiegend eigenhändig verfasst. Es trägt den Titel „Bibliotheca Georgij./ Spalatini./ Des Spalatini Librey./ .M.D.XXXV./ 1535“ (Abb. 1).[67] Eine Bücherrechnung des Altenburger Buchführers Wolf Fries von 1512/1513 für Buchkäufe Spalatins (152 Titel) zum Aufbau der kurfürstlichen Bibliothek in Wittenberg ist an das Inventar angebunden.[68] Eine eingehende kodikologische Beschreibung für beide Bestandteile der Handschrift haben Christina Meckelnborg und Anne-Beate Riecke vorgelegt.[69]

Das Verzeichnis umfasst rund 100 Blatt, wurde auf den 23. Mai 1535 datiert und dokumentiert einen Besitzstand, der offensichtlich bis 1543 ergänzt wurde.[70] Es diente als Standortverzeichnis und beschränkt sich – wie andere Kataloge des 16. Jahrhunderts – in den bibliographischen Angaben auf die Nennung von Autor und Kurztitel. Druckort und -jahr, Verleger sowie Format (u. a. arcus, regal, text) werden jedoch in Einzelfällen angegeben. Besonders die begehrten Drucke des venezianischen Druckers Aldus Manutius, aber auch Drucke von Johannes Froben oder Thomas Anshelm wies Spalatin aus. Insgesamt enthält das Verzeichnis über etwa 1.500 Einträge.[71] In zahlreichen Fällen sind die Titelangaben ungenau, so dass von einer noch weit höheren Zahl von Einzeltiteln auszugehen ist.[72] Der

---

(Luth. 9502) mit Schriften von 1520 und 1521 enthält neben 21 anderen Schriften die 1521 in Wittenberg gedruckten „Epigrammata in iuris canonici incendium“ von Heliodorus Alexicacus (SBB-PK, 4“Luth. 9502-no.5), die Melanchthon am 22. Februar 1521 an Spalatin schickte (MBW T 1, Nr. 127). Liste der Titel: FB Gotha, Chart. B 24, Bl. 14v.

66 Nach Auskunft von Grzegorz Sobel (Breslau) ist der Verbleib der Kirchenbibliothek unklar; Kawerau: Sammelband (wie Anm. 47), S. 227–230.

67 FB Gotha, Chart. B 24, Bl. 6r–100r; vgl. für Büchererwerbungen nach 1535 u. a.: Bl. 101r–102r (14 Titel). Siehe dazu weiterführend die genaue Beschreibung der Handschrift bei Meckelnborg/Riecke: Chronik (wie Anm. 19), S. 541–544.

68 FB Gotha, Chart. B 24, Bl. 110r–114r. Dazu Meckelnborg/Riecke: Chronik (wie Anm. 19), S. 545 f.; Buchwald: Bücherbezüge (wie Anm. 40), S. 7–15.

69 Meckelnborg/Riecke: Chronik (wie Anm. 19), S. 541–546. Mit Identifizierung einiger Titel: ebd., S. 544. Siehe auch Hildebrandt: Schloß- und Universitätsbibliothek (wie Anm. 3), S. 112–114; Handschriftenarchiv der Berlin-Brandenburgischen Akademie der Wissenschaften, Gotha, Herzogliche Bibliothek. Chart. B 24, beschrieben von Heinrich Niewöhner, Gotha 1919.

70 Vgl. die Jahresangabe, FB Gotha, Chart. B 24, Bl. 60v.

71 Präzisierungen sind durch die – soweit möglich – bibliographische Identifizierung der Titel im Zuge der Edition des Verzeichnisses zu erwarten.

72 Spalatin weist in einigen Fällen keine Einzeltitel aus, sondern fasst diese zusammen: „etlich büchlein [Name des Autors]“ oder „mancherley zusammengehefft“ (FB Gotha, Chart. B 24, Bl. 74v).

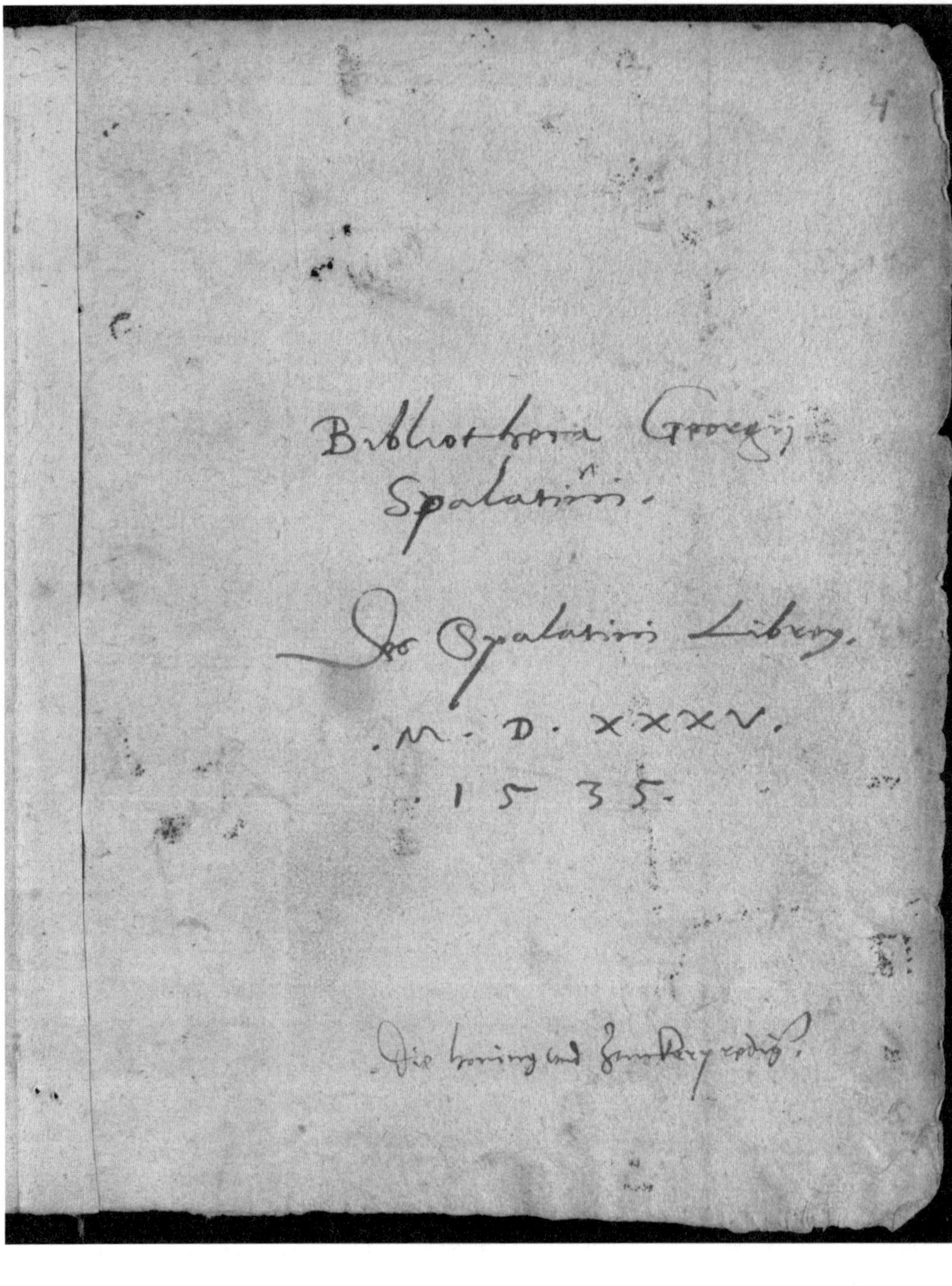

Abb. 1: *Bücherverzeichnis Spalatins (FB Gotha, Chart. B 24, Bl. 6r).*

Bestand von 1535 wies nach eigenen Angaben Spalatins 415 Bände auf.[73] Die Nachträge lassen sich schwer identifizieren, zumal der Buchbestand nur am Anfang des Verzeichnisses nummeriert (1–27)[74] ist und die buchbinderischen Einheiten nicht durchweg exakt bestimmbar sind.[75] Unabhängig davon gehört Spalatins Sammlung zu den umfangreicheren Gelehrtenbibliotheken des 16. Jahrhunderts – ähnlich wie etwa die noch erhaltene Bibliothek des elsässischen Humanisten Beatus Rhenanus (671 Bände mit 1.159 Titeln).[76] Als in ihrem thematischen Zuschnitt und den über 2.200 Bänden mit über 6.000 Einzeltiteln „bedeutendste(n) deutsche(n) Gelehrtenbibliothek ihrer Zeit" gilt nach wie vor die „Bibliotheca Peutingeriana".[77]

Die Anfertigung des Bücherverzeichnisses fiel – ähnlich wie die Erstellung von Katalogen für die kurfürstliche Bibliothek (1536)[78] – in das gleiche Jahr wie die Abfassung von Spalatins Testament. Die Inventarisierung steht in Zusammenhang mit dem Umzug der Bibliothek in die vom Holzhaus am Steig nahe gelegene St. Martinskapelle, die sich Spalatin 1534 als sicheren, da massiveren Bewahrungsort für die kurfürstliche Chronik sowie für andere „so mancherley herrliche Antiquitet, kunststucke, bucher u. schrifften aus mancherley deutschen u. frembder Nation u. Konyg Reichen"[79] ausgesucht hatte.[80] Die „Sachen" stünden, schilderte Spalatin gegenüber Johann Friedrich I. die Situation, „unrichtig u. zerstreut", da er kein „steinern Gewölb" habe.[81] Nach einem mit kurfürstlichem Zuschuss finanzierten Umbau erfolgte der Umzug 1536.[82] Für dieses Jahr gibt es ein neues, um das alte Bücherverzeichnis gelegtes Titelblatt mit der Aufschrift „SPALATINI BIBLIOTHECA. .M.D.XXXVI"; die Aufstellung der Bücher blieb somit erhalten.[83] Einige Jahre später stand im neuen, im Februar 1541 erworbenen Haus in der Johannesgasse, ein Ausbau an, der insbesondere sein Arbeitszimmer und seine Bibliothek betraf.[84] Für den Gewölbebau erbat sich Spalatin wiederum finanzielle Unterstützung bei Johann Friedrich I.:

---

73 Ebd., Bl. 5r. Meckelnborg/Riecke: Chronik (wie Anm. 19), S. 544.

74 FB Gotha, Chart. B 24, Bl. 6r–10v.

75 Meckelnborg/Riecke: Chronik (wie Anm. 19), S. 544. Diese werden offensichtlich jeweils durch eine horizontale Linie voneinander abgeteilt.

76 Hubert Meyer: Beatus Rhenanus (de Sélestat) et sa bibliotheque, in: Librarium 19 (1976), S. 21–31, hier S. 31.

77 Hans-Jörg Künast/Helmut Zäh: Die Bibliothek von Konrad Peutinger. Geschichte – Rekonstruktion – Forschungsperspektiven, in: Bibliothek und Wissenschaft 39 (2006), S. 43–72, hier S. 71.

78 Die im Zuge der Neuorganisation der kurfürstlichen Bibliothek erfolgte Katalogerstellung stand in Zusammenhang mit der Neuordnung bzw. Fundation der Universität durch Johann Friedrich I. am 5. Mai 1536.

79 Spalatin an Kurfürst Johann Friedrich I., 26. September 1534, ThHStAW, EGA, Reg. O 488, Bl. 1r–v. Zit. n. FB Gotha, Chart. A 1289 I, Bl. 719r–720r, hier Bl. 719r.

80 Höss: Spalatin (wie Anm. 2), S. 397; Meckelnborg/Riecke: Chronik (wie Anm. 19), S. 193.

81 Vgl. Spalatin an Kurfürst Johann Friedrich I., 2. Januar 1535, FB Gotha, Chart. A 1289 I, Bl. 725r–v; vgl. Kurfürst Johann Friedrich I. an Spalatin, 7. Januar 1535, FB Gotha, Chart. A 1289 I, Bl. 726r–v.

82 Höss: Spalatin (wie Anm. 2), S. 398.

83 FB Gotha, Chart. B 24, Bl. 1r, 108v. Dazu Meckelnborg/Riecke: Chronik (wie Anm. 19), S. 195.

84 Nachweise ebd.; Höss: Spalatin (wie Anm. 2), S. 398.

> „Sonderlich, weil ich etlich gemach gedrungen, werde nicht nach lassen, sondern nach notturft und bevor mein librey und cam[m]ern daran, die auf das zcenfach gewelb in meynem new erkaufft haus mussten legen lassen, welchs [...] gewisslich under einhundert guld[en] nicht werdet lauffen."[85]

Die Ordnung der Bibliothek blieb auch nach diesen räumlichen Veränderungen erhalten.

3.1. Über die Ordnung der „Bibliotheca Spalatini"

Die fast parallele Neuordnung, Systematisierung und Verzeichnung der kurfürstlichen und eigenen Bibliothek bot Spalatin die Gelegenheit, mit unterschiedlichen Perspektiven und Methoden im Sinne eines „Laboratoriums" der Wissenserschließung und -organisation zu experimentieren. Darauf deutet die trotz inhaltlicher Parallelen unterschiedliche Katalogisierung beider Bibliotheken. Anders als in den Wittenberger Katalogen operierte Spalatin hier nicht mit den Sprachen als Systematisierungsprinzip, sondern ging von den einzelnen Wissenschaften aus.[86]

Spalatins Sammlung ist fachsystematisch gegliedert und in 37 Sachgruppen unterteilt. Die Aufteilung der Fachgruppen mag zunächst als Ausdruck der Verankerung in der mittelalterlichen Wissenstradition gelten, in der die Anordnung der Literatur wie bei dem vorliegenden Verzeichnis mit der Bibel und ihren einzelnen Büchern begann, im Anschluss daran folgten die Kirchenväter, mittelalterliche Theologen, antike Autoren und abschließend die Schriften der „artes liberales".[87] Das Prinzip einer Dreiteilung in Bibel, theologische und profane Literatur spiegelt sich bei Spalatin zwar wider, wird allerdings nicht stringent eingehalten.

---

85 Spalatin an Kurfürst Johann Friedrich I., [15. Juli] 1541, ThHStAW, EGA, Reg. O 64, Bl. 1r. Zit. n. Schmalz: Spalatin (wie Anm. 2), S. 147.

86 Sachiko Kusukawa: A Wittenberg University Library catalogue of 1536, Cambridge 1995. Auf die Problematiken der Arbeit verweist Konrad Amann: Rörers Spuren in der Bibliotheca Electoralis. Vorläufige Beobachtungen zu seiner Herkunft und Arbeitsweise, in: Georg Rörer (1492–1557). Der Chronist der Wittenberger Reformation, hrsg. von Stefan Michel und Christian Speer, Leipzig 2012, S. 201–217, S. 209; Kramm: Bibliotheken (wie Anm. 1), S. 226.

87 Wolfgang Milde: Über Bücherverzeichnisse der Humanistenzeit (Petrarca, Tommaso Parentucelli, Hartmann Schedel), in: Bücherkataloge (wie Anm. 11), S. 19–31; Karl Christ: Ein bibliothekarischer Briefwechsel des 16. Jahrhunderts. De ordinanda bibliotheca, in: Aus der Handschriften-Abteilung der Preußischen Staatsbibliothek, hrsg. von Hermann Degering, Karl Christ und Julius Schuster, Berlin 1922, S. 64–77.

Systematik	**Blatt**
Theologia hebraica	6r
Theologia greca	8r
Biblia Latina	9r–v
Lutherana Latina	10r–21v
Lutherana Germanica	22r–37v
Lutherana Latina et Germanica	38r–42v
Theologi Latini	44r–45v
Theologia Latina	46r–v
Theologi Greci Latine versi	47r–v
Erasmica Theologica	52r–v
Philosophi Greci et Latine versi	53r–v
Philosophi Latini	54r–v
Philosophia Erasmica	55r–v
Medici	57r–58v
Historici olim graeci deinde versi Latine	59r–v
Historici Latini	60r–v
Poetae Greci	61r–v
Jura	63r–64v
Deutsch bucher in Rechten	64r
Poetae Latini	65r–66v
D. Phil. Melanchthonis varia in Theologia	67r–v
Doctoris Pomerani varia	69r–70v
Miscellanei Codices	71r–73v
Antilutherana Latina	75r–v
Was wider doctore[m] Martinu[m] Luther deutsch gemacht ist	77r–v
Was wider Doctor Martinus Luther deutsch geschrieben ist worden	79r
Oratores et Rhetores	83r–84v
Grammatici Greci	85r
Historici Latini Recentiores	87r–88v
Deutsch Historien und Cronicken	89r–v
Varii	90r
Mathematicj et Geographi	91r
Gramatici Latini	93r–v
Vocabularia	94r
Orationalia und betbücher	95r
Deutsch Bücher in pergamen gebunden	97r
Lateinisch bucher in pergamen gebunden	99r

Der theologischen Abteilung folgen die Disziplinen Philosophie, Medizin und Geschichte. Die juristische Literatur wird gewissermaßen umrahmt von Werken griechischer und lateinischer Dichter, an die sich wiederum Werke zeitgenössischer theologischer Autoren (Philipp Melanchthon, Johannes Bugenhagen) anschließen. Die generell nach Inhalt, Sprache (hebräisch, griechisch, lateinisch, deutsch) oder Autorenschaft geordneten Untergruppen ergänzt Spalatin an dieser Stelle durch eine nach dem formalem Ordnungskriterium definierte Gruppe der Codices. Es folgen die nicht der theologischen Literatur zugeordneten antilutherischen Schriften, Werke zur Rhetorik, griechische Grammatiken, zeitgenössische historische Werke und Chroniken, mathematische und geographische Titel sowie lateinische Grammatiken und Wörterbücher. Am Ende stehen die Gebets- und Andachtsbücher sowie wiederum die nach formalen Gesichtspunkten geordneten deutschen und lateinischen, in Pergament gebundenen Bücher.

Insgesamt geht bereits aus der Systematik[88] der inhaltliche Fokus und Zuschnitt der Bibliothek hervor, der durch die Hervorhebung von reformatorischen Autoren und Erasmus von Rotterdam als dem Hauptrepräsentanten des Humanismus deutlich wird. Dies ist im Vergleich zum mittelalterlichen Horizont ein wesentlicher Unterschied, der sich nicht nur quantitativ erklären lässt: Hinter der mittelalterlichen Ordnung stand eine durch die christliche Theologie bestimmte Hierarchie, die auf die Bibel zulief. Die nachfolgende Literatur galt dem Verständnis der Heiligen Schrift und der Apologie der christlichen Lehre. Spalatin brach dieses theologische Sinnsystem auf, indem er den hebräischen, griechischen und lateinischen Bibelausgaben Werke Luthers folgen ließ und diese der patristischen Literatur voranstellte. Bezeichnenderweise erhält Erasmus mit seinen theologischen Werken eine eigene Gruppe – ein Vorgehen, welches seinen prominenten Stellenwert für die Rezeption humanistischen Gedankengutes im Kontext der Theologie verdeutlicht. Es zeigt sich so, dass die herkömmliche Ordnung nicht nur im Paradigma der Reformation,[89] sondern auch im Paradigma des Humanismus aufgebrochen wurde, indem die humanistischen Schriften einen eigenen – von der Heilsgeschichte abgekoppelten – Sinn erhielten. Auch in den Inventaren der kurfürstlichen Bibliothek war Erasmus neben Luther der einzige Autor, dessen Werke nicht nach Sachgebieten getrennt, sondern geschlossen verzeichnet bzw. aufgestellt wurden.[90] Eine nachträglich dem Verzeichnis Spalatins beigefügte Systematik von

88 Transkription bereits bei Hildebrandt: Schloß- und Universitätsbibliothek (wie Anm. 3), S. 113 f.

89 Zur reformatorischen Bibliotheksauffassung Martin Luthers vgl. Martin Luther: An die Ratherren aller Städte deutsches Lands, daß sie christliche Schulen aufrichten und halten sollen, 1524, WA 15, S. 27–53, hier S. 52: „Erstlich sollt die heylige schrifft beyde auff Lateinisch, Kriechisch, Ebreisch, und Deutsch, und ob sie noch ynn mehr sprachen were, drynnen seyn. Darnach die besten ausleger und die Elltisten beyde Kriechisch, Ebreysch und Lateinisch, wo ich sie finden kuende. Darnach solche buecher, die zu den sprachen zu lernen dienen, alls die Poeten und Oratores, nicht angesehen ob sie Heyden odder Christen weren, Kriechisch odder Lateinisch. Denn aus solchen mus man die Grammatica lernen. Darnach sollten seyn die buecher von den freyen kuensten und sonst von allen andern kuensten. Zuletzt auch der Recht und Ertzeney buecher. […] Mit den fuernemsten aber sollten seyn die Cronicken und Historien."

90 Vgl. Kusukawa: Catalogue (wie Anm. 86), S. 64–67.

1539 weist unter dem Titel „Ordinatio librorum et Enchiridiorum et literarum G. Spalatini“ auf zwölf Sachgruppen der Sammlung Spalatins hin, ohne diese jedoch im Anschluss komplett aufzulisten.[91]

1. Theologica latina.
2. Theologica germanica.
3. αγοραι.
4. D. Lutheri Lucubrationes et similium.
5. Historica latina.
6. Historica germanica.
7. Visitatio Misnen[sis], et Voitlandica.
8. Visitatio Salensis.
9. Legalia et Iuridica.
10. L[itterari]ae principales ad visitationem/ pertinentes.
11. Comicialia.
12. Visitatio Ducis Heinrici Saxoniae/ Misnica.

Im Vorwort zu seinem Bücherverzeichnis schloss Spalatin insgesamt zehn Sammlungsgruppen aus. Dazu zählten die an ihn gerichteten Briefe, Materialien für die chronikalen und theologischen Studien, seine Bilder- und Druckgraphiksammlung, Münzen, eigene Exzerpte, selbst verfasste Lyrik- und Prosadichtung, Übersetzungen etc.:

> „1 Exceptis Enchiridijs epistularum eruditorum ad me, 2 Enchiridijs chronicorum, 3 Enchiridijs cause Euangelij et religionis, 4 Enchiridijs ex omni studiorum genere mea Spalatini manu collectis, 5 Exceptis etiam nondum ligatis codicibus hebreis Grecis. Latinis et Germanis, 6 Exceptis litteris ad me, Spalatinum Rhomanorum Pontificum duorum, Regis Danorum Christiani, Trium Electorum Saxoniae, Aliorum Principum et Regulorum aliquot Nobilium Ciuitatum, Ex Germania, Ex Italia, Ex Gallia, Ex Rhoma, Ex Hispania, Ex Dania, 7 Exceptis Aniquitatibus In picturis, In monochromatis, In diuersis nomismatibus, In Stemmatis principum et nobilium familiarum, [5v] 8 Exceptis etiam que ego Spalatinus et carmine et prosa latine diuersis temporibus scripsi, 9 Exceptis etiam, que ex latina in germanicam linguam uerti manu exarata. In diuersis studiorum generibus (nondum typis excusa). Theologia, Iuris uterque, Historia, Philosophia. 10 Exceptis etiam que in germanicam linguam transtuli typis excusa.“[92]

Inhaltlich deckte Spalatins Bibliothek mit den Fächern Theologie, Geschichte, Poetik/Rhetorik, Philosophie, Philologie, Medizin, Recht, Mathematik und Geographie den ganzen Fächerkanon ab, der zunächst auf eine universal ausgerichtete Bibliothek schließen lässt. Die Bibliothek wies mit gut zwei Drittel ihres Bestandes jedoch einen deutlichen theolo-

[91] FB Gotha, Chart. B 24, Bl. 3r–v. Vgl. Meckelnborg/Riecke: Chronik (wie Anm. 19), S. 542; Hildebrandt: Schloß- und Universitätsbibliothek (wie Anm. 3), S. 113.

[92] FB Gotha, Chart. B 24, Bl. 5r–v. Transkription bei Meckelnborg/Riecke: Chronik (wie Anm. 19), S. 543; Cyprian: Catalogus (wie Anm. 12), S. 113, Nr. XXIV.

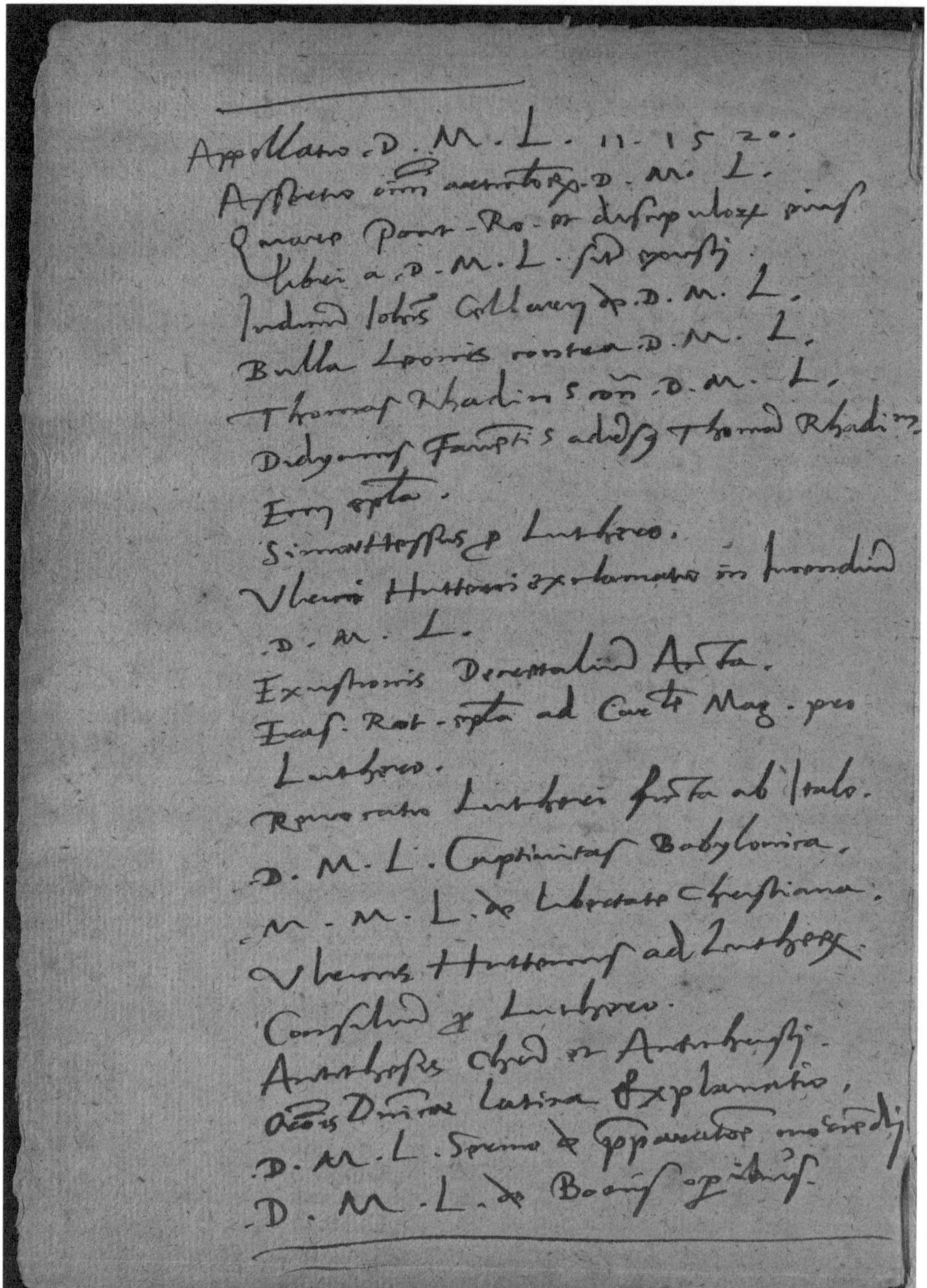

Abb. 2: *Titel eines unter „Lutherana Latina“ verzeichneten Sammelbandes aus dem Besitz Georg Spalatins (FB Gotha, Chart. B 24, Bl. 14v).*

gischen Schwerpunkt auf. Die Dominanz des theologischen Schrifttums resultiert nicht zuletzt aus dem Sammlungsschwerpunkt von „Lutherana“. Allerdings verringert sich die Zahl der Martin Luther zugeschriebenen Drucke um die in den Sammelbänden enthaltenen Schriften von Autoren aus zum Teil anderen Kontexten. So enthält der den „Lutherana Latina“ zugeordnete Sammelband nicht nur Schriften von Johann Cellarius oder Melanchthon, sondern auch von Eck sowie die Bannandrohungsbulle Leos X. gegen Martin Luther.[93]

3.2. Zum Profil der „Bibliotheca Spalatini“

Für Spalatin besaß zunächst das humanistisch motivierte Bibelstudium einen prominenten Stellenwert.[94] Er konnte dabei auf etliche Ausgaben von hebräischen, griechischen, lateinischen und deutschsprachigen Bibeln und Bibelteilen zurückgreifen.[95] Neben der Altenburger Vulgata, die Spalatin 1507 in Erfurt vom Buchhändler Johann Dulcus Hessus gekauft hat,[96] ist auch in der Forschungsbibliothek eine „Biblia Latina“ aus dem Besitz Georg Spalatins überliefert. Die mit einem Halbledereinband auf Holzdeckeln versehene, mit rotem Samt bezogene Vulgata aus dem 15. Jahrhundert trägt auf dem Vorderspiegel den Besitzvermerk „Biblia G. Spalatini. MDXVIII“. Die Bibel gelangte vor 1714 in die Herzogliche Bibliothek Gotha.[97] Im Unterschied zur Altenburger Spalatin-Bibel verfügt die Gothaer Bibel jedoch über keine Marginalien – sie ist aber sehr stark abgegriffen und weist starke Benutzungsspuren auf.

Spalatin verfügte erwartungsgemäß auch über Luthers 1522 in Wittenberg von Melchior Lotter d. J. gedruckte Bibelübersetzung „Das Newe Testament Deutzsch“ – die unter dem Terminus ‚Septembertestament‘ bekannte erste Ausgabe des Neuen Testaments, das die Grundlage des evangelischen Glaubens allgemein verfügbar machte. Ebenso wenig überraschend gelangte die 1534 erschienene zweibändige deutsche Lutherbibel in Spalatins Besitz.[98] Mit der „Biblia Hebraica“ hatte Spalatin aber auch die 1534/35 erschienene zwei-

93 FB Gotha, Chart. B 24, Bl. 14v.

94 Vgl. Höss: Spalatin (wie Anm. 2), S. 36 f.

95 FB Gotha, Chart. B 24, Bl. 6r: „Biblia hebraica“, 8r: fünfbändige „Biblia greca“, 9r–v: „Biblia latina, Biblia in membrana textuali forma, Biblia forma arcuali, biblia in membrana forma Enchiridij“, 46r: sechs nach Formaten spezifizierte lateinische Bibelausgaben u. a.

96 Stadtarchiv Altenburg, Ratsarchiv A I 2. Das dritte Vorsatzblatt enthält den eigenhändigen Besitzvermerk Spalatins: „Haec Biblia prima omnium ego, G. Spalatinus, in vallibus Divi Georgii in Thuringia legi.“ Das Exemplar enthält zahlreiche Randnotizen und Unterstreichungen.

97 „Biblia Latina“, Pergamenthandschrift aus dem 15. Jahrhundert, FB Gotha, Memb. II 4; im Verzeichnis: FB Gotha, Chart. B 24, Bl. 9r; Cyprian: Catalogus (wie Anm. 12), S. 100, Nr. IV; Die abendländischen Handschriften der Forschungs- und Landesbibliothek Gotha. Bestandsverzeichnis 2: Kleinformatige Pergamenthandschriften Memb. II, bearb. von Cornelia Hopf, Gotha 1997, S. 20 f.

98 FB Gotha, Chart. B 24, Bl. 22r.

bändige Ausgabe des Alten Testaments in seinem Besitz, die der Theologe und Kosmograph Sebastian Münster (1488–1552) mit einer lateinischen Übersetzung und Anmerkungen versehen hatte.[99]

Auf der Linie einer humanistischen Bibelphilologie liegt das von Spalatin genutzte Exemplar des 1506 in Pforzheim erschienenen grammatikalisch-lexikalischen Werks „Rudimenta linguae hebraicae" von Johannes Reuchlin. Für die historische Bibelkritik stilbildend galt der in Spalatins Bibliothek vorliegende Kommentar „Annotationes in Novum Testamentum" des italienischen Humanisten Lorenzo Valla (1405–1457), den Erasmus wiederentdeckte und 1505 edierte. Darüber hinaus waren in seiner Bibliothek Psalter sowie Kommentare des Alten und Neuen Testaments vorhanden. In der Leipziger Universitätsbibliothek ist aus der Ratsbibliothek das von Aldus Manutius gedruckte „Psalterium graecum cura Justini Decadyi" (Venedig 1497/98)[100] überliefert. Der Vorderspiegel enthält einen Besitzeintrag Spalatins („Spalatini") mit dem späteren Zusatz: „Nunc Michaelis Chiliani", d. h. es gehörte zu den Bänden, die nach seinem Tod in den Besitz Michael Chilians übergingen.[101] Den Band hat Spalatin intensiv durchgearbeitet und mit zahlreichen lateinischen Randnotizen versehen.

Das religiös aktualisierte humanistische Bildungskonzept sah die Ablösung der scholastischen Lektüre nicht nur durch das Studium der Bibel, sondern auch der Kirchenväter vor. Über Spalatins bemerkenswerte Sammlung von Bibelausgaben hinaus wies auch die patristische Literatur eine starke Präsenz auf. Seine Sammlung lateinischer und griechischer Werkausgaben der antiken Kirchenväter, die im Unterschied zu Bibliotheken anderer Reformatoren in der symbolischen Hierarchie allerdings erst nach Luther als dem ‚Kirchenvater des Protestantismus' rangiert, war fast komplett.[102] Innerhalb der lateinischen Literatur der Alten Kirche waren Werkausgaben von Augustin, Ambrosius, Hieronymus sowie Schriften von Origines, Cyprian, Laktanz, Tertullian und Hilarius vorhanden.[103] Unter den Ausgaben der griechischen Kirchenväter waren insbesondere Johannes Chrysostomus, Gregor von Nazianz und Cyrill von Alexandrien vertreten.[104]

Spalatins Sammlung enthielt auch hagiographische Werke wie den „Catalogus sanctorum et gestorum eorum", der Sammlung von Heiligenlegenden von Petrus de Natalibus.[105]

---

99 Ebd., Bl. 101r.

100 Universitätsbibliothek Leipzig, Rep. II 4 122–b. Emil Wilhelm Robert Naumann: Catalogus librorum manuscriptorum, qui in bibliotheca senatoria civitatis Lipsiensis asservantur, Grimmen 1838, S. 39.

101 Psalterium grecum unter „Theologia greca" in Chart. B 24, Bl. 8r; Psalterium grecum, Stadtarchiv Altenburg, Ratsarchiv XIV. 10. Bl. 17r, Nr. 51. Auf dem Titelblatt notierte Spalatin das Lesedatum „perlegit G. Spalatinus MDXL" sowie den Verleger „ab Aldo excusum".

102 Vgl. Heinrich Bullinger Bibliographie. Bd. 3: Heinrich Bullingers Privatbibliothek, bearb. von Urs B. Leu/Sandra Weidmann, Zürich 2004, S. 45.

103 FB Gotha, Chart. B 24, ab Bl. 44r.

104 Ebd.

105 Ebd., Bl. 48r.

Auch die für Hagiographien modellbildend wirkende „Vita Patrorum", die Lebensbeschreibungen und Sprüche der ersten christlichen Mönche (3.–5. n. Chr.) zusammenstellte, fehlte nicht. Ob Spalatin die von Luther veranlasste Neuausgabe besaß, geht aus dem Verzeichnis nicht hervor.[106] Mit dem „Rationale divinorum officiorum" des französischen Theologen Guillelmus Durandus (um 1235–1296) besaß Spalatin das weit verbreitete Handbuch zum liturgischen Recht, das in der Mainzer Offizin Johann Fusts und Peter Schöffers als eines der ersten Drucke erschien.

In den humanistischen Kanon mittelalterlicher Autoren gehörte der Exeget Nicolaus de Lyra (1270/75–1349), der mit zahlreichen Schriften in Spalatins Bibliothek präsent war. Daneben waren durchaus scholastische Bestände vorhanden, etwa die von Petrus Lombardus (um 1100–1160) verfassten Sentenzen („Libri sententiarum"). Auch Bernhard von Clairvaux (um 1090–1153) war mit Werken vertreten – Spalatin hat sich wie Luther mit ihm beschäftigt, der ihn zu Übersetzungen anhielt.[107] Daneben waren Schriften des Theologen und Mystikers Johannes Tauler (1300–1361) vorhanden,[108] dessen Predigten Luther Spalatin im Dezember 1516 anempfohlen hatte.[109] Auch der französische Theologe, Kirchenpolitiker und Kanzler der Pariser Universität Johannes Gerson (1363–1429), der gegenüber der Scholastik eine mystisch inspirierte Theologie vertrat und als Vertreter des Nominalismus den Humanismus beeinflusste, war mit seinen Schriften in der Bibliothek Spalatins vorhanden.[110] Spalatin hat sich mit Gersons frühmittelalterlicher Frömmigkeitstheologie beschäftigt und Übersetzungen seines – als erster Katechismus geltenden – „Opus tripartitum" angefertigt.[111]

Unter den zeitgenössischen theologischen Werken dominierten ohne Frage lutherische Schriften und Drucke aus dem Reformatorenkreis, die Spalatins Bibliothek zu einem reformatorischen Wissensspeicher werden ließen. Dieses Übergewicht spiegelte die Situation auf dem Buchmarkt wider: Die Schriften Luthers und die seiner Mitstreiter „überschwemmten" zwischen 1520 und 1526 geradezu den Buchmarkt.[112] Vom Hauptprotagonisten Mar-

---

[106] Ebd.

[107] Kürzlich ist eine Übersetzung Spalatins in der Forschungsbibliothek Gotha entdeckt worden: Ps.-Bernhard von Clairvaux: Eyn kurtzer außzug aus St. Bernharts Buchlein von der form und weis eynes Christlichen Lebens, FB Gotha, Chart. B 169, Bl. 145v–176v.

[108] Ebd., Bl. 45r.

[109] Luther an Spalatin, 14. Dezember 1516, WABr 1, S. 79, Nr. 30.

[110] FB Gotha, Chart. B 24, Bl. 45v.

[111] Johannes Gerson: Eyn Jnnig Buchlein Christlich zue hayl allen stenden [...]. Üs. von Georg Spalatin; ders.: Von der Weiß Cristlich vnd wol zusterben ('Ars moriendi' aus Gersons Opus tripartitum). FB Gotha, Chart. B 169, Bl. 145v–176v.

[112] Andrew Pettegree und Matthew Hall: Buchdruck und Reformation – Eine Neubetrachtung, in: Bücher, Drucker, Bibliotheken (wie Anm. 1), S. 343–371; vgl. weiterführend Michael Giesecke: Der Buchdruck in der frühen Neuzeit. Eine historische Fallstudie über die Durchsetzung neuer Informations- und Kommunikationstechnologien, Frankfurt 1991; Johannes Burkhardt: Das Reformationsjahrhundert. Deutsche Geschichte zwischen Medienrevolution und Institutionenbildung 1517–1617, Stuttgart 2002; Andrew Pettegree: The Book in the Renaissance, New Haven 2010.

tin Luther sammelte Spalatin praktisch alles, geordnet nach lateinischen und deutschen Schriften. Dabei erhielt er zahlreiche Schriften, vor allem die Traktatliteratur, als Geschenkexemplare. Hintergrund für die außerordentlich hohen Titelzahlen im Bereich der Theologie ist schließlich die akkurate Titelaufnahme insbesondere der Pamphletistik der 1520er Jahre. Von den Schriften des kirchlich-politischen Reformprogramms Luthers aus dem Jahr 1520 war „De libertate Christiana" diejenige, die er gleich mehrfach besaß.[113] Spalatin sammelte neben den Reformationsflugschriften Drucke aller Gattungen: angefangen bei exegetischen Schriften über Predigten, Disputationen, Postillen bis hin zur Erbauungsliteratur.

Auch die zunehmende Politisierung der Reformation spiegelt sich in der Bibliothek Spalatins wider. Als besonderer thematischer Schwerpunkt wird dabei der publizistisch begleitete Bauernkrieg 1524/25 sichtbar.[114] Die Phase der Konsolidierung der reformatorischen Bewegung repräsentieren schließlich die Bekenntnisschriften[115] und Kirchenordnungen der 1530er Jahre.[116]

Spalatins Bibliothek enthielt nicht nur Drucke des engeren Reformatorenkreises um Philipp Melanchthon, Johannes Bugenhagen (1485–1558), Wenzeslaus Linck (1483–1547), Justus Jonas (1493–1555) und Nikolaus von Amsdorf (1483–1565), auch die Schriften von Andreas Bodenstein von Karlstadt (ca. 1480–1541) sowie Thomas Müntzer (um 1490–1525) waren anteilsmäßig stark vertreten und in der Liste weitgehend zusammenhängend notiert.

Auch von allen innerhalb des Alten Reiches tätigen bekannteren Reformatoren waren Drucke vorhanden, darunter Schriften des württembergischen Reformators Johannes Brenz (1499–1570), des elsässischen Reformators Martin Bucer (1491–1551), des Zürcher Reformators Huldrich Zwingli (1484–1531), des Basler Reformators Johannes Oekolampad (1482–1531) sowie Schriften von Franz Lambert von Avignon (1486/87–1530). Spalatin stand seit 1522 in Korrespondenz mit der ersten für die Reformation publizistisch tätigen Frau Argula von Grumbach (1492–1568), von der er drei Drucke besaß.[117]

Unter den „Antilutherana" finden sich Schriften der führenden Propagandisten gegen die Reformation, darunter die theologisch gebildeten Humanisten Johannes Cochlaeus (1479–1552), Johannes Eck (1486–1543) und Hieronymus Emser (1478–1527). In dieser Kategorie ist auch das von Emser im Auftrag Herzog Georgs von Sachsen 1528 gedruckte Neue Testament verzeichnet, die die Lutherübersetzung von 1522 korrigieren sollte.[118]

Die Sammlung von Reformationsschriften war für Spalatin Arbeitsinstrumentarium und Dokumentation zugleich. Er konnte darauf für Übersetzungen sowie für seine reformationshistorischen Studien zurückgreifen – wie die „Christlichen Religionshändel" bzw.

---

113 FB Gotha, Chart. B 24, Bl. 12r, 14v, 15v, 21r.

114 Ebd., Bl. 29r.

115 Ebd., Bl. 27v.

116 Ebd., Bl. 28r.

117 Ebd., Bl. 32r.

118 Ebd., Bl. 79r.

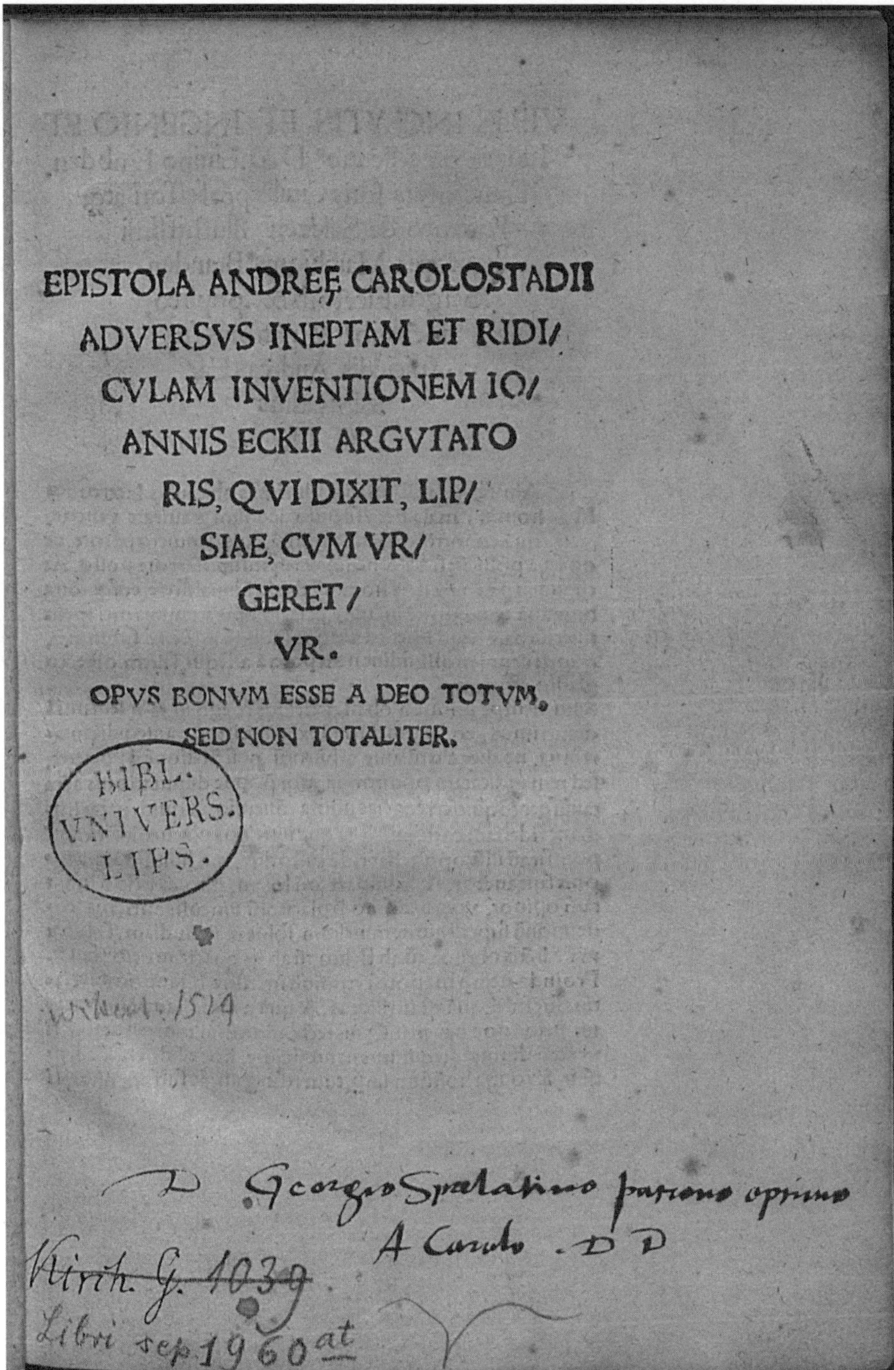

Abb. 3: *Druck Karlstadts mit eigenhändiger Autorenwidmung für Spalatin (UB Leipzig, Libri.sep.1960-at).*

„Religionssachen“, die die Zeit von 1518 bis 1543 behandelte und von Ernst Salomon Cyprian 1718 unter dem Titel „Annales Reformationis“ herausgegeben wurde.[119]

Ein weiterer zentraler Sammlungsbestand der „Bibliotheca Spalatini“ betraf mit rund zehn Prozent des Gesamtumfangs die Bereiche Grammatik, Poesie und Rhetorik. Das infolge der humanistischen Bildungsreform umstrukturierte Trivium innerhalb der „septem artes liberalis“ fand ihren Ausdruck in der Erweiterung um griechische Sprache, Moralphilosophie und Geschichte. Die Grammatik vermittelte dabei die instrumentellen Grundlagen für die Erschließung literarischer Texte und war somit Ausgangspunkt der textorientierten und thematisch gebundenen Praxis frühneuzeitlicher Wissensvermittlung. Sie gehörte im humanistischen Bildungsideal zur grundlegenden Wissenschaft insofern, als sie die für die Interpretation klassischer Werke fachübergreifenden Kompetenzen versprach. In Spalatins Sammlung der „Grammatici Greci“ befanden sich neben drei griechischen Wörterbüchern (u. a. von Julius Pollux) die aktuellen Grammatiken und Lehrwerke Melanchthons, Erasmus‘, Theodor Gazas sowie die „Dragmata graecae literaturae“ von Oekolampad (1518). Ein ähnliches Bild ergibt das lateinische Pendant, bei dem sich ebenfalls die für den Humanismus stilbildend wirkenden Werke finden wie die „Grammatica“ des Johannes Aventin (1515), philologische Schriften von Erasmus und Melanchthon, Gulielmus Budaeus sowie – ebenfalls in dieser Rubrik – Coelius Rhodiginus‘ „Lectionem antiquarum“ (1516).

Die Kultivierung von Sprache in Orientierung an die klassische Latinität, war – zugleich als Beleg für moralische Qualitäten – ein sinnstiftendes Element innerhalb der humanistischen Gelehrtenrepublik, die die Philosophie bzw. Logik als grundlegende Disziplin in den Hintergrund rückte.[120] Poesie und Rhetorik avancierten damit zu einem eigenwertigen Bereich im humanistischen Fächerkanon. In quantitativer Hinsicht bildete sich dies auch in Spalatins Bibliothek ab, in der Poesie und Rhetorik einen zweiten Schwerpunkt nach der Theologie ausmachten. Auch die Diskurse in den Korrespondenzen innerhalb des humanistischen Netzwerkes um Spalatin belegen dies geradezu modellhaft.

Den Bestand differenzierte Spalatin in „Poetae Greci“, „Poetae Latini“ sowie „Oratores et Rhetores“. Darüber hinaus finden sich in der Gruppe der in Pergament gebundenen Codices zahlreiche zusätzliche Titel. Unter den griechischen Autoren waren dabei Homer („Ilias“ und „Odyssee“), Lukian, Demosthenes, Herodot, Aristophanes und Euripides vertreten. Von den lateinischen Autoren werden Ovid, Vergil, Terenz, Plautus, Horaz, Cicero, Cäsar, Sallust sowie Catull gelistet. Über die antike Literatur hinaus waren die Schriften zeitgenössischer Humanisten stark präsent. Vor allen Dingen lag der Fokus auf Werken von Baptista Mantuanus (1448–1516), mit dem Mutian während seines Studiums in Italien zwi-

119 Georg Spalatin: Annales Reformationis Oder Jahr-Bücher von der Reformation Lvtheri, aus dessen Avtographo ans Licht gestellet von Ernst Salomon Cyprian, Leipzig 1718.

120 Gunter E. Grimm: Literatur und Gelehrtentum in Deutschland. Untersuchungen zum Wandel ihres Verhältnisses vom Humanismus bis zur Frühaufklärung, Tübingen 1983, S. 81.

schen 1495 und 1502 persönlich in Kontakt gekommen war.[121] Der mit Pico della Mirandola und Erasmus bekannte Karmeliter Mantuanus gehörte zu den zeitgenössisch hochgeschätzten Poeten und wurde auch im Erfurter Humanistenkreis stark rezipiert. Dies galt auch für die Schriften Philipp Beroalds d. Ä. (1453–1505), den Mutian in Bologna gehört hatte. Die für die Ausbildung der italienischen Literatursprache richtungsweisenden Schriften des italienischen Gelehrten und Kardinals Pietro Bembo (1470–1547) hatte Spalatin ebenfalls in seiner Bibliothek. Eine besondere Bedeutung kam überdies dem italienischen Dichter und Humanisten Angelo Poliziano (1454–1494) zu, dessen Dichtungen und Übersetzungen Spalatin zielgerichtet erwarb. Aus dem Umkreis des Erfurter Humanistenkreises dominierten besonders die Werke von Eobanus Hessus, auf den zwischen 1514 und 1517 die Führung der „sodalitas" übergegangen war.[122]

Die Rhetorik als das neue Paradigma des Humanismus zielte auf Cicero als dem „unangefochtenen Vorbild[es] für die Humanisten seit Petrarca"[123] – aber durchaus auch darüber hinaus. Die „imitatio" klassischer Leitfiguren – wie dem in Spalatins Sammlung umfangreich präsenten Cicero – blieb auch bei den Theoretikern des beginnenden 16. Jahrhunderts vorrangig. Für die protestantischen Gebiete erwies sich dabei Melanchthon als richtungsweisend. Er verfasste mit „De rhetorica libri tres" (1519) ein rhetorisches Lehrbuch, das Spalatin ebenso wie dessen „De orationes" in seiner Bibliothek hatte.[124] Die Wertschätzung Melanchthons gegenüber Poesie und Rhetorik teilte Spalatin mit ihm, zumal sich letzterer auch als „poeta" betätigte. Erasmische Schriften fehlten auch in dieser Abteilung nicht; zeitgenössische Autoren wie Reuchlin und Hutten ergänzten das Profil der Rhetorik-Sammlung.

Auch die Aufwertung des moralphilosophischen Schrifttums der Antike im Kanon der „studia humanitatis" schlug sich in Spalatins Buchbesitz nieder.[125] Neben der antiken und zeitgenössischen Philosophie konzentrierte sich die philosophische Sammlung auf die Philosophie des Erasmus, dessen Werke Spalatin wie in der Theologie einer eigenen Gruppe zugeordnet hat. Das erasmisch geprägte Ensemble weist in seiner Orientierung an der antiken Philosophie aber auch die besonders im Erfurter Humanistenkreis rezipierte Literatur auf.

Die zwischen 1495 und 1498 bei Aldus Manutius veröffentlichte fünfbändige Ausgabe der Werke des Aristoteles und die 1513 gedruckte Gesamtausgabe von Platons Werken erscheinen in der Kategorie „Philosophi Greci & Latine versi" als zentrale Autoritäten an erster Stelle.[126] Zudem besaß Spalatin Werke von den griechischen Autoren Theophrast,

121 Karl Krause: Der Briefwechsel des Mutianus Rufus, Kassel 1885, S. IV.

122 Ingeborg Grässer-Eberbach: Helius Eobanus Hessus. Der Poet des Erfurter Humanistenkreises, Erfurt 1993, S. 64.

123 Grimm: Literatur und Gelehrtentum (wie Anm. 120), S. 75.

124 Ebd., S. 92.

125 Paul Oskar Kristeller: Classics and Renaissance Thought, Cambridge 1955, S. 10.

126 FB Gotha, Chart. B 24, Bl. 53r.

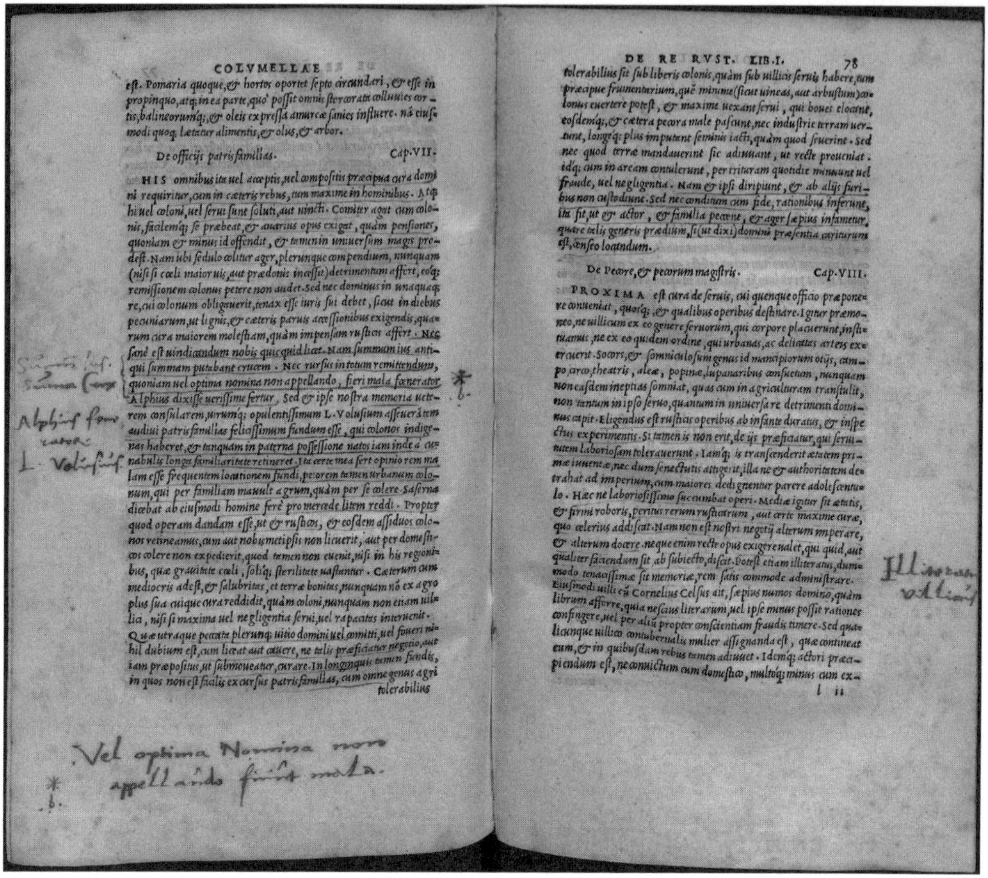

Abb. 4: Randnotizen Georg Spalatins in den „Libri de re rustica" von 1514 (FB Gotha, Mon. typ 1514 8° 7).

Plutarch, Diogenes und Xenophon. Bei den römischen Autoren lag der Fokus typischerweise auf Cicero. Des Weiteren waren die Werke von Plinius, Seneca, Cato, Columella, Palladius und Sallust vorhanden. Auch eine Ausgabe von Albertus Magnus „De Animalibus" befand sich in Spalatins Bibliothek.[127] Der bei Aldus Manutius im Druck erschienene Band „Libri de re rustica" (1514)[128] ist 1678 als Bestandteil der Bibliotheca Gerhardina in die Herzogliche Bibliothek Gotha gelangt.[129] Auch dieser Druck weist Randnotizen bzw. Stichworte als Findhilfe auf, die auf Spalatin zurückgehen.

127 Ebd., Bl. 54v.

128 Ebd., Bl. 54r.

129 Libri de re rvstica. M. Catonis lib. I., M. Terentii Varronis lib. III., L. Iunii Moderati Columellae lib. XII, eiusdem de arboribus liber [...] Palladii lib. XIIII, Venedig 1514, FB Gotha, Mon. typ 1514 8° 7. Zur Bibliotheca Gerhardina vgl. Helmut Claus: Bibliotheca Gerhardina. Eigenart und Schicksal einer thüringischen Gelehrtenbibliothek des 17. Jahrhunderts, Gotha 1968. Laut dem Nachlassinventar Spalatins ist es nach dem Tod Spalatins an Michael Chilian gegangen.

Von den im Erfurter Humanistenkreis rezipierten italienischen Humanisten hatte Spalatin Petrarcas „De remedius utriusque fortunae" im Besitz – eine Schrift, zu der er 1532 eine Übersetzung veröffentlichte.[130] Lorenzo Valla war mit „De libero arbitrio" und „Apologia contra Calumniatores" vertreten;[131] von Thomas Morus war eine Ausgabe der „Utopia" (1517) vorhanden.[132]

Unter den „Erasmica" waren zahlreiche Übersetzungen antiker Autoren verzeichnet (Plutarch, Lukian). Ansonsten verfügte Spalatin über das zentrale philosophische Schrifttum von Erasmus, darunter das Friedenstraktat „Querela pacis" (1517).[133] Auch diese Schrift gehörte zu den Werken, die Spalatin übersetzte und damit die Grundlage für eine breite Debatte über die Reform des Fürstenstaates schuf.[134]

Spalatin rezipierte überdies die Schriften der italienischen Neuplatoniker Marsilio Ficino (1433–1499) und Giovanni Pico della Mirandola (1463–1493), die für die Synthese von antikem Platonismus mit dem Christentum richtungsweisend wurden. Mutian hatte die in der Akademie von Florenz virulenten neuplatonischen Konzepte aufgenommen und innerhalb des Humanistenkreises weiter tradiert. Spalatin besaß verschiedene Schriften von ihnen, unter anderem Ficinos „De vita libri tres" (1489). Mit Abhandlungen wie Reuchlins „Liber de verbo mirifico"[135] (1494) und den Werken von Paulus Ricius (ca. 1480–1541/1542) erweiterte sich das klassische, neuplatonische und zeitgenössisch-humanistische Profil der „Philosophica" um eine kabbalistische Nuance.

Im Rahmen des humanistischen Bildungsprogramms etablierte sich die unabhängig von der Theologie mit einem eigenen Wert versehene Historie zu einem ihrer zentralen Gegenstände;[136] dies korrespondierte mit ihrem erheblichen Anteil an der humanistischen Produktion.[137] Dieser Zusammenhang spiegelte sich auch in der antike und zeitgenössische Werke umfassenden Sammlung des historiographisch tätigen Spalatin,[138] die damit nach Theologie und Poesie/Rhetorik einen weiteren Schwerpunkt in seiner Bibliothek ausmach-

130 Franciscus Petrarca: Von der Artzney bayder Glück [...], Augsburg 1532 (VD16 P 1725).

131 FB Gotha, Chart. B 24, Bl. 55v.

132 Ebd., Bl. 55v.

133 Ebd., Bl. 55r.

134 Vgl. Joachim Hamm: Pax Erasmiana deutsch. Zu den Erasmusübersetzungen Ulrich Varnbülers und Georg Spalatins, in: Humanismus in der deutschen Literatur des Mittelalters und der Frühen Neuzeit, hrsg. von Nicola McLelland und Hans-Jochen Schiewer und Stefanie Schmitt, Tübingen 2008, S. 25–51.

135 Capnion de verbo mirifico, Chart. B 24, Bl. 71r.

136 Ulrich Muhlack: Geschichtswissenschaft im Humanismus und in der Aufklärung. Die Vorgeschichte des Historismus, München 1991; Paul Joachimsen: Geschichtsauffassung und Geschichtsschreibung in Deutschland unter dem Einfluß des Humanismus, Erster Teil, Leipzig 1910.

137 Ulrich Muhlack: Die humanistische Historiographie. Umfang, Bedeutung, Probleme, in: Deutsche Landesgeschichtsschreibung im Zeichen des Humanismus, hrsg. von Franz Brendle u. a., Stuttgart 2001, S. 3–18.

138 Willy Flach: Georg Spalatin als Geschichtsschreiber. Beiträge aus Spalatins Nachlaß im Thüringischen Staatsarchiv Weimar, in: Zur Geschichte und Kultur des Elb-Saale-Raumes. Festschrift für Walter Möllenberg, hrsg. von Otto Korn, Burg bei Magdeburg 1939, S. 211–230. Neudruck in: Meckelnborg/Riecke: Chronik (wie Anm. 19), S. 623–645.

te. Im Unterschied zu allen anderen Fachbereichen ist Spalatins Sammlung an historischer Literatur aufgrund der Forschungen von Christina Meckelnborg und Anne-Beate Riecke bislang am besten untersucht, auch wenn sich herausgestellt hat, dass der Ertrag für ihre Perspektive auf den Bestand beschränkt ist: Gerade der Anteil der für die Chronik der Sachsen und Thüringer benutzten Werke erscheint „geradezu verschwindend gering".[139] Auch insgesamt hielt die Bibliothek vor dem Hintergrund der umfangreichen historischen Studien Spalatins weniger Material vor, als zunächst von Meckelnborg und Riecke erwartet. Der Bestand umfasste – je nach Zuordnung und Zählung – jedoch immerhin mehr als 50 Bände.[140]

Spalatin differenzierte den historischen Bestand in griechische und römische Literatur, ältere und jüngere römische Literatur sowie klassische lateinische und deutsche Literatur, wie es der gängigen humanistischen Systematisierung im 16. Jahrhundert entsprach.[141] An antiker Geschichtsliteratur enthielt Spalatins Bibliothek Werke der bedeutendsten Autoren wie Titus Livius, Iustinus, Tacitus, Caesar, Plutarch, Plinius, Sueton, Valerius Maximus, Josephus Flavius, Florus etc., für die überwiegend lediglich der Autorenname angegeben ist. Auch die antike Kirchengeschichte mit Werken von Eusebius (um 260–339), allen voran die 1506 in Hagenau im Druck erschienene „Historia ecclesiastica" als der zentralen Quelle für die älteste Geschichte des Christentums ordnete Spalatin dieser Gruppe zu.[142]

Unter der Rubrik „Historici olim greci deinde versi Latine" findet sich ein weiterer Band aus Spalatins Besitz,[143] der heute in der Bibliotheca Electoralis der Thüringer Universitäts- und Landesbibliothek Jena überliefert ist: die im Oktavformat vorliegende Schrift „De regno" des griechischen Autors und Philosophen Dio Chrysostomus.[144] Die Titelangabe auf dem Titelblatt ist von Spalatin eigenhändig geschrieben. Zudem findet sich auf dem Vorderspiegel ein Besitzvermerk („G. Spalatini"). Nach einer Notiz vom 19. August 1681

[139] Meckelnborg/Riecke: Chronik (wie Anm. 19), S. 292. Auch den Quellenwert des Verzeichnisses von Spalatin aus dem Jahr 1515 („Vertzeichnus vnd Register der bucher aus welchen meyns Gnedigsten Hern Hertzog Fridrichs zw Sachsen Churfursten etc. Cronicka gemacht ist", ThHStAW, EGA, Reg. O 26) relativieren die Autorinnen; lediglich ein Fünftel der Titel hat Spalatin tatsächlich genutzt. Sie sehen daher darin eher einen an den Kurfürsten adressierten Rechenschaftsbericht mit Auflistung möglichst vieler Quellen (ebd., S. 292). Näher zu untersuchen bleibt im Einzelnen die Nutzung von Sekundärquellen.

[140] Meckelnborg/Riecke: Chronik (wie Anm. 19), S. 544, gehen auf der Basis von drei Rubriken der Historica von ca. 45 Büchern aus. Neben den angegebenen Kategorien sind auch in anderen Sachgruppen historische Werke zu identifizieren (s. a. ebd., S. 292, Anm. 73). Hinzu kommt die Rubrik „Deutsch Historien und Cronicken".

[141] Muhlack: Die humanistische Historiographie (wie Anm. 137), S. 14.

[142] FB Gotha, Chart. B 24, Bl. 59r.

[143] Ebd., Bl. 59v.

[144] Dio Chrysostomus: De regno, lat. von Francesco de Piccolomini. Mit Widmungsbrief an Erzherzog Maximilian I., Rom 1. Januar 1469 [Rom 1469], ThULB Jena, 4 Phil. III,5 (GW 8368). Vgl. Mylius: Memorabilia (wie Anm. 31), S. 233 mit dem Eintrag: „DION de regno, Romae 1469. ex bibliotheca Georg. Spalatini, qui etiam propria manu nomen inscripsie suum."

des Jenaer Historikers Caspar Sagittarius auf dem Vorderspiegel gelangte der Band zu jener Zeit erneut in die Jenaer Bibliothek.[145]

Innerhalb der lateinischen Werke mittelalterlicher und zeitgenössischer Historiographen war der italienische Humanist und Manutius-Freund Marcus Antonius Sabellicus mit seinen „Enneades sive rapsodiae historiarum" präsent, einer 1504 abgeschlossen vorliegenden Universalgeschichte.[146] Das Ensemble wurde ergänzt durch Werke von Paulus Orosius[147] und Isidor von Sevilla[148], an die sich eine Pergamenthandschrift der zwischen 1012 und 1018 verfassten Chronik Thietmars von Merseburg anschloss: „Thetmari Episcopi Merseburgensis Heinricus Primus, Otto Primus, Otto Secundus, Otto Tertius, Heinrichus S. Conegunde maritus In Membrana".[149] Selbst dieses kostbare Werk lieh Spalatin (an Melanchthon) aus, wie der Leihnehmer gegenüber Camerarius erwähnte: „Historicum veterem mihi nuper exhibuit Spalatinus, Episcopum Mersburgensem, qui vixit cum Othone tertio, et Henrico Bambergensi. Tuum civem honestissimis laudibus ornat. Itaque legens afficior magna voluptate."[150]

Mit der als „Chronica Nurembergensis latina" verzeichneten Schedelschen Weltchronik (1493), für die Spalatin auch die Formatangabe (Regal) vermerkt hat, enthielt die Bibliothek ein weiteres zentrales, chronikales Werk.[151]

Zu dem Fokus auf die griechisch-römische Antike, die sich auch in Spalatins Sammlung historischer Literatur niederschlug, kam die Perspektive auf das germanisch-deutsche Altertum und die eigene „patria" hinzu.[152] Spalatins Sammlung an aktuellen historiographischen Titeln reflektiert zum einen diese Entwicklung und zum anderen auch seine Partizipation am humanistischen Nationaldiskurs. Die zunächst reichspatriotische Gesinnung vieler Humanisten – mit zeitlichen Kulminationspunkten um die Kaiserwahlen von Maximilian I. und Karl V.[153] – wurde insbesondere durch das wieder entdeckte und edierte reichsmetaphysische Werk Ottos von Freising (um 1112–1158) mobilisiert. Während auf der Reichsebene in der „translatio imperii", dem Übergang des Römischen auf das Deutsche Reich, eine imperiale Dignität konnotiert werden konnte, wurde auf territorialer Ebene die

---

145 „Hunc librum/ cui Georgius Spalatinus nomen/ suum inscripsit/ qvique, forte ad Bibliothecam hanc pertinuit/ a Bielckio Bibliopola redemptum/ publico denuo sacravit."

146 Entsprechend Meckelnborg/Riecke: Chronik (wie Anm. 19), S. 293, besaß Spalatin den Druck Paris: Jean Petit und Josse Badius, 1509.

147 FB Gotha, Chart. B 24, Bl. 87v.

148 Ebd., Bl. 88v.

149 Ebd.

150 Melanchthon an Camerarius, 31. August [1538], CR 3, Sp. 571–573, Nr. 1714, hier Sp. 572 f.

151 Hartmann Schedel: Chronica, Nürnberg: Anton Koberger, 1493 (GW M40784). FB Gotha, Chart. B 24, Bl. 88r.

152 Caspar Hirschi: Wettkampf der Nationen: Konstruktionen einer deutschen Ehrgemeinschaft an der Wende vom Mittelalter zur Neuzeit, Göttingen 2005.

153 Die in Spalatins Besitz gewesene „Panegyrik" von Georg Sibutus (um 1480–nach 1528) oder die „Oratio" von Hermolaus Barbarus (1454–1493) 1486 auf Maximilian I. mögen dies exemplifizieren. FB Gotha, Chart. B 24, Bl. 100r.

Position der Landesherren zu definieren und legitimieren gesucht.[154] Als Bestandteil dieser Bewegung können die regionalgeschichtlichen Werke verstanden werden, von denen Spalatin die 1521 abgeschlossene bayerische Chronik „Annales ducum Baioariae“ (1519–1521) des mit ihm korrespondierenden Johannes Aventin (1477–1534) benennt, der ihn auch mit Material für die sächsische Chronik versorgte.[155] Mit Albert Krantz‘ „Saxonia“ (1520)[156] oder Werner Rolevincks „De laude antiquae Saxoniae, nunc Westfaliae dictae“ (1474)[157] sind weitere Landeschroniken im Bibliotheksbestand zu benennen. Angeführt sind ferner die von Saxo Grammaticus (ca. 1150–nach 1221) verfassten „Gesta danorum“, die Spalatin als Grundlage für seine unveröffentlicht gebliebene Studie „Ein kurzer auszug von den konygen zu Dennemarck und iren vornemsten geschichten“ (1514) gedient haben können.[158]

Als Initial für die Hinwendung zur deutschen Vergangenheit fungierte die vom italienischen Humanisten Enea Silvio Piccolomini (1405–1464) wiederentdeckte „Germania“ des Tacitus.[159] Die zentralen, sich auf den Tacitus-Text beziehenden Germania-Traktate hat Spalatin in seiner Bibliothek versammelt. Angefangen bei Jakob Wimpfelings „Epitome rerum Germanicarum“ (1501)[160] bis hin zu Beatus Rhenanus historisch-kritischem Geschichtswerk „Rerum Germanicarum libri tres“[161] (1531), das als bedeutendstes historiographisches Verdienst des Humanismus gilt.

Die von den Humanisten lancierte Aufwertung des nationalen Kapitals, verbunden mit der Idee der deutschen Freiheit, kristallisierte sich an deren Personifizierung Arminius. Spalatin beteiligte sich im Zuge der humanistisch-patriotischen Emphase auch an diesem Diskurs. So verfasste er die 1535 in Wittenberg veröffentlichte erste Biographie des Arminius, die letzteren endgültig zum Nationalhelden werden ließ.[162] Zuvor formulierte Ulrich Hutten seine Version vom „Arminius“ (1529), die Spalatin auch in seinem Besitz hatte.

Unter der Kategorie „Deutsch Historien und Cronicken“[163] hat Spalatin – abgesehen u. a. von der „Chronica“ des Berliner Hofastrologen Johannes Carion (1499–1538) von 1532 sowie dem „Theuerdank“ – zahlreiche Titel unter recht heterogenen Gruppen zusammenfasst: Chroniken, Historien, Praktiken und Zeitungen. Spalatin blieb auffallend unspezi-

---

154 Dieter Mertens: Landeschronistik im Zeitalter des Humanismus und ihre spätmittelalterlichen Wurzeln, in: Deutsche Landesgeschichtsschreibung (wie Anm. 137), S. 19–31.

155 Vgl. Meckelnborg/Riecke: Chronik (wie Anm. 19), S. 66 f.

156 FB Gotha, Chart. B 24, Bl. 87r.

157 Ebd., Bl. 99v.

158 ThHStAW, EGA, Reg. O 11, Bl. 1r–35r.

159 Dieter Mertens: Die Instrumentalisierung der „Germania“ des Tacitus durch die deutschen Humanisten, in: Zur Geschichte der Gleichung „germanisch – deutsch“: Sprache und Namen, Geschichte und Institutionen, hrsg. von Heinrich Beck, Berlin u. a. 2004, S. 37–101.

160 FB Gotha, Chart. B 24, Bl. 99r.

161 Ebd., Bl. 87r.

162 Georg Spalatin: Von dem teuren Fürsten Arminio ein kurzer Auszug aus glaubwürdigen lateinischen historien durch Georg Spalatin zusammengetragen und verteutscht, Wittenberg 1535.

163 FB Gotha, Chart. B 24, Bl. 89r.

fisch, zumal er für seine historiographischen Studien auch viele Originalurkunden, wertvolle Handschriften aus der kurfürstlichen Registratur in seiner Bibliothek bewahrte.[164]

Von dem 1517 in Nürnberg verlegten Versepos „Theuerdank", einem von Kaiser Maximilian I. in Orientierung an die ritterliche höfische Epik des 13. Jahrhunderts (mit)verfassten Werk, besaß Spalatin die Erstausgabe, die im Altenburger Stadtarchiv überliefert ist.[165] Es enthält einen eigenhändigen Besitzeintrag auf dem Vorderspiegel und auf dem Titelblatt; im Inhaltsverzeichnis hat Spalatin „Teurdanck" eigenhändig als „Kayser Maximilian" identifiziert.[166] Insgesamt weist der Band nur marginale Unterstreichungen auf.[167] Der Altenburger Diakon Paul Martin Sagittarius (1645–1694) hat den Band am 10. November 1680 der Altenburger Ratsbibliothek übereignet.

Das Profil der juristischen Sammlung mit ihren weniger als 30 Einträgen ist vorrangig auf Gesetzesliteratur ausgerichtet.[168] Auffallend ist das Fehlen der mittelalterlichen Legisten und Glossatoren wie Baldus oder Bartolus. Als Grundlagenwerk fungierte das als „ratio scripta" angesehene „Corpus iuris civilis", von dem Spalatin mit den Digesten und Institutionen die einzelnen Bestandteile aufführt. Des Weiteren konnte er in seiner Bibliothek auf das Dekret Gratians, die Dekretalen, den „Liber Sextus" und die „Clementinae" als den Bestandteilen des „Corpus iuris canonici" zurückgreifen. Auch die für die Textkritik des „Corpus iuris civile" wichtige „littera Florentina" hatte Spalatin in seinem Bestand. Als Konsiliensammlung besaß Spalatin die von Baptista de Tortis 1491 verlegten „Decisiones Rotae". Mit den Institutionen hat sich Spalatin intensiv beschäftigt, von denen er im Auftrag Friedrichs III. 1515 eine Übersetzung („Die teutsch Instituta") anfertigte.[169] Seine Sammlung zum heimischen Recht hat Spalatin bemerkenswert unspezifisch („ein alds geschriben", „ein alds gedruckt", „ein gedeutscht Rechtsbuch aus geistlichen vnd weltlichen Rechten"[170]) verzeichnet. Zu den erwähnten Rechtsbüchern führt Spalatin mit dem „Processus iuris deutsch" Georgs von Rotschitz (1529) ein zeitgenössisches Grundlagenwerk zum sächsischen Prozessrecht auf.[171] Zentral für Spalatins Funktion als Politikberater war die aktuelle Reichsgesetzgebung. Dazu zählten die erste gedruckte Reichsgesetzsammlung

[164] Höss: Spalatin (wie Anm. 2), S. 397.

[165] Die geuerlicheiten und einsteils der geschichten des loblichen streytparen und hochberumbten helds und Ritters herr Tewrdannckhs, Nürnberg: Johann Schönsperger d.Ä., 1517, Stadtarchiv Altenburg, Ratsarchiv Da I 1 (VD16 M 1649). Auf der Rückseite des ersten Vorsatzblattes: „In/ augmentum/ ampliss. Bibliothecae Senatoriae/ praesentem librum/ è/ Georgjj Spalatinij/ primi sacrorum altenburesium abristitis/ post renovatam à Luthero doctrinam/ Bibliotheca/ ad se devolutum/ offere voluis/ LMQ/ M. Paulus Martinus Sagittarius/ Diaconus Atenburg/ IV. Eid. Nov. A. C. MDCLXXX."

[166] Ebd., fol. A1v.

[167] Im Inhaltsverzeichnis hat sich Spalatin an den entsprechenden Stellen den Hinweis „Blanck Konyg" für den „Weißkonyg", ein weiteres Buchprojekt Maximilians I., notiert (z. B. ebd., fol. A2r).

[168] Diese Zahl ergibt sich durch die Auflistung der einzelnen Bestandteile. Das Nachlassverzeichnis führt insgesamt 17 Werkeinheiten sowie außerdem Kollektaneen auf. Stadtarchiv Altenburg, Ratsarchiv XIV. 10. Bl. 12v f., Nr. 51.

[169] Georg Spalatin: Die teutsch Instituta, [Wittenberg] 1515, FB Gotha, Chart. A 496.

[170] FB Gotha Chart. B 24, Bl. 64v.

[171] Ebd.

wie sie ihm im „Buch des Heiligen Römischen Reichs Unnderhalltung“ (1501)[172] vorlagen. 1530 kamen die Reichsabschiede des Augsburger Reichstages hinzu.[173] Leitbild für die historisch-kritische Arbeit war Lorenzo Vallas Schrift über die Konstantinische Schenkung („De falso credita et ementita donatione Constantini“, 1440), die Spalatin ebenfalls in der Rubrik Recht verzeichnete.[174] Darin wies der italienische Humanist die Übertragung der Herrschaft Kaiser Konstantins (306–337) an Papst Silvester I. als Konstruktion zurück, mit der die Kirche ihren Machtanspruch legitimiert hatte. Dieser Zusammenhang bildete eine prominente Grundlage für die antipäpstliche Kritik der Reformatoren.

Vergleichsweise marginal nimmt sich in der Bibliothek Spalatins die naturwissenschaftliche Literatur mit ebenfalls nicht mehr als 30 Titeln aus. Spalatin beschränkte sich auf die Stücke der „auctoritates“, die er zielstrebig in seine Sammlung integrierte. Vor allem geowissenschaftliche Abhandlungen fielen in sein Interessensspektrum, darunter Kosmographien und länderkundliche Abhandlungen. Ein besonderes Anliegen war es ihm, die Kosmographie von Ptolemäus in seiner Bibliothek aufnehmen zu können. So formulierte er gegenüber Willibald Pirckheimer im April 1529 explizit diese Absicht: „Erit tamen tandem deo volente, ut et ipsum habeam in nostra supellectile chartacea.“[175] Spalatin war schließlich erfolgreich, notierte sie als „Ptolemeus Regal“ an erster Stelle der Rubrik „Mathematicij et Geographi“.[176] Spalatin besaß darüber hinaus die „Cosmographia“ (1485)[177] von Pius II. sowie die Abhandlungen von Strabo („De situ orbis“), Plinius d. J. („De viri illustribus“)[178], Pomponius Mela („De situ orbis“, 1498) und Gaius Julius Solinus („De situ orbis terrarum“, 1512) in der Sammlung.[179] Als grundlegendes naturgeschichtliches Werk hatte Spalatin Plinius‘ d. Ä. „Historia naturalis“[180] in seinem Besitz. Eher bescheiden präsentiert sich dagegen die mathematische Abteilung, die etwa das elementare Lehrbuch des Rechnens von Georg Peuerbach, „Elementa Arithmetices, Algorithmus de numeris integris“, abdeckte.[181] Ferner befand sich mit Erasmus Stellas „Interpretamenti gemmarum libellus unicus“ (1517) auch eine mineralogische Abhandlung oder mit Paulus Jovius‘ „De Romanis piscibus libellus“ ein aktuelles zoologisches Werk in seiner Sammlung.

---

172 Ebd.

173 Ebd., Bl. 74v.

174 Unabhängig von Valla hatte sich Nikolaus von Kues 1433 mit der Thematik beschäftigt. Seine Schrift ist ebenfalls an der Stelle verzeichnet, ebd., Bl. 64r. Ob Spalatin die von Hutten 1519 herausgegebene Ausgabe Vallas Schrift oder einen früheren Druck besaß, geht aus dem Verzeichnis nicht hervor.

175 Spalatin an Pirckheimer, 18. April 1529, Willibald Pirckheimers Briefwechsel, hrsg. von Helga Scheible, Bd. 7, München 2009, S. 200, Nr. 1224.

176 FB Gotha, Chart. B 24, Bl. 91r.

177 Ebd., Bl. 72r.

178 Ebd., Bl. 100r.

179 Ebd., Bl. 72v.

180 Ebd.

181 Ebd., Bl. 100r.

Auch in der medizinischen Literatur umgab sich Spalatin mit den Referenzwerken des Humanismus.[182] So befanden sich die Werke der klassischen griechischen Autoritäten Galenus und Hippokrates in seiner Bibliothek. Zum Grundbestand der „ars medicinae" gehörten zudem die Werke des römischen Medizintheoretikers Cornelius Celsus, von Paulus Aegineta sowie Philaretus' „De Pulsibus".[183] Unter den zeitgenössischen Schriften waren auch populäre Darstellungen zu finden, wie etwa die erste Hebammenlehre „De partu hominis" (1532) von Eucharius Rösslin.[184] Medizinische Schriften des Marcus Gatenara, Leonhard Fuchs, Otto Brunfels („Theses seu communes loci totius rei medicae") und zwei deutsche Arznei- und Kräuterbücher gehörten ebenfalls zur Sammlung.[185]

4. Repräsentation und „Gedechtnus"

Der Umgang mit Büchern, eine der „Grundbefindlichkeiten der humanistischen Existenz"[186], gehörte konstitutiv zur Selbstkonstruktion und Selbstpräsentation der Gelehrtenrepublik. Die Bibliothek avancierte dabei zur typischen „mikrokosmischen Repräsentation [...] der Welt der Gelehrsamkeit".[187] Auf der Suche nach „Positions- und Wertungsmarkierungen in Privatbibliotheken"[188] ist es dabei nicht unwichtig, auch jenen Aspekten nachzugehen, die – über die Fragen der inhaltlichen Zusammensetzung hinausweisend – das individuelle Ensemblebild prägten.[189] Zuletzt hat Wolfgang Adam für die Entschlüsselung der Relationen zwischen Bibliotheksgestaltung und dem Inhalt der Bücher als Untersuchungsfeld plädiert.[190] Während sich im Zuge der Neuordnung der kurfürstlichen Bibliothek 1537 auch ein Einrichtungsprogramm[191] mit gemalten Porträts der Könige und Kurfürsten von Sachsen, der Fürsten von Anhalt und „großen gelehrten Conterfey"[192] formuliert findet, ist die

[182] Ebd., Bl. 57r–58r.

[183] Ebd., Bl. 72v.

[184] Ebd., Bl. 73v.

[185] Ebd., Bl. 58r.

[186] August Buck: Das gelehrte Buch im Humanismus, in: Gelehrte Bücher vom Humanismus bis zur Gegenwart, hrsg. von Berhard Fabian und Paul Raabe, Wiesbaden 1983, S. 1–16, hier S. 2.

[187] Dirk Werle: Copia librorum. Problemgeschichte imaginierter Bibliotheken 1580–1630, Tübingen 2007, S. 100.

[188] Wolfgang Harms: Wege der Texte zum Leser im sechzehnten und siebzehnten Jahrhundert, in: Buchhandel-Bibliothek-Nationalbibliothek. Vorträge eines Symposiums der Arbeitsgemeinschaft Sammlung Deutscher Drucke, hrsg. von Bernhard Fabian, Wiesbaden 1997, S. 53–86, hier S. 69; Nadezda Shevchenko spricht davon, dass Bücher „mit unterschiedlichen Gegenständen in einen räumlichen und diskursiven Kontext" gesetzt wurden. Shevchenko: Anthropologie (wie Anm. 1), S. 231.

[189] Ein Plädoyer für eine Funktionsgeschichte der Bibliothek bei Bernhard Fabian: Der Gelehrte als Leser. Über Bücher und Bibliotheken, Hildesheim u. a. 1998, S. 14.

[190] Adam: Bibliotheken (wie Anm. 21), S. 68.

[191] Vgl. z. B. Spalatin an Kurfürst Johann Friedrich I., 26. April 1537, FB Gotha, Chart. A 1289 I, Bl. 802r–803v, insbesondere Bl. 802v; Höss: Spalatin (wie Anm. 2), S. 376 f.

[192] Spalatin an Kurfürst Johann Friedrich I., 4. September 1537, FB Gotha, Chart. A 1289 I, Bl. 811r–v.

Einrichtung der „Bibliotheca Spalatini" noch nicht entsprechend rekonstruiert. Das Nachlassverzeichnis listet unter der Rubrik „In der Liberey" lediglich „zwene kiefferne Tische" und ein „messen handfas mit zynnen vnd Cupeln".[193] Tatsächlich war Spalatin jedoch kontinuierlich um die Ausgestaltung seiner Bibliothek bestrebt. So übersandte Melanchthon Spalatin im Herbst 1527 zusammen mit Büchern auch zwei von Dürer angefertigte Porträts: „Habes etiam duo exempla imaginis meae expressae a summo artifice."[194] Im April 1529 bat Spalatin Willibald Pirckheimer, ihm doch für seine Bibliothek ein Bild von Dürer zu übersenden. Mit der Angabe des zukünftigen Standortes artikulierte er die ihm gegenüber entgegengebrachte Wertschätzung, „ut mihi mittas muneri tuum icona a Durerio nostro expressum. Mirum enim, quam cupiam istum habere domi meae inter reliquos heroum inconas."[195] Zur Komplettierung seiner Sammlung von Fürsten und Gelehrtenbildnissen wandte sich Spalatin am 7. August 1541 auch an Herzog Albrecht von Preußen:

> „Jrer f. Gnaden vnd derselben eelichen gemaheln Contrafactur auf eine[m] tuchlein sampt Jrer beyden wapen zuschicken. Jn[n] meine Librey zu eine[m] ewigen gedechtnus neben anderer Konyge Churfursten Fursten Herren vnd freunde Contrafacturn vnd bildnissen zuuerordnen."[196]

Die Ausstattung der Bibliothek mit Porträts spiegelte in charakteristischer Weise das humanistische Programm wider, das – in der Nivellierung von Standesunterschieden zwischen geistiger und adliger Elite – gleichzeitig der Selbstinszenierung des Besitzers diente. Darüber hinaus ließen sich die humanistischen Topoi „decor", „labor" und „eruditio" in der Gelehrtenbibliothek synthetisieren. Darin zeigt sich freilich auch das Movens eines Vertreters der neuen Gelehrtenkultur, den funktionellen Aspekt der Bibliothek mit dem prestige- und repräsentationsorientierten Habitus des Humanismus zu verbinden. Weitere Sammlungsobjekte, die neben Gelehrten- und Fürstenporträts ihren Platz in der Bibliothek erhielten, waren dem numismatischen Interesse Spalatins gemäß Münzen[197] sowie Stammtafeln und Wappendarstellungen. Die durch die Gemälde-, Graphik- und Münzsammlung ausgestattete Bibliothek ging damit nicht nur in einer Ansammlung von Büchern auf, sondern wurde auch symbolisch als ein Gesamtkonzept begriffen. Noch kaum berück-

---

193 Stadtarchiv Altenburg, Ratsarchiv XIV. 10. Bl. 8v, Nr. 51.

194 Melanchthon an Spalatin, Jena, 19. Oktober 1527, MBW T 3, S. 181 f., Nr. 606, hier S. 182.

195 Spalatin an Pirckheimer, 18. April 1529, in: Pirckheimers Briefwechsel (wie Anm. 175), 7. Bd., S. 200, Nr. 1224.

196 Spalatin an Herzog Albrecht von Preußen, 7. August 1541, Geheimes Staatsarchiv Preußischer Kulturbesitz zu Berlin, XX. HA HBA A 4 K.206; Herzog Albrecht sandte ihm nach dessen wiederholten Bitten – vor der zugesicherten Fertigstellung der Porträts – am 2. März 1542 zunächst „vnser contrefeung auff einen kleinenn guldennen schaw pfenning", Shevchenko: Anthropologie (wie Anm. 1), S. 234; vgl. Höss: Spalatin (wie Anm. 2), S. 414.

197 Spalatin hatte die Münzsammlung – laut Testament vom 2. Juli 1519 – von Degenhart Pfeffinger geerbt. Vgl. dazu Meckelnborg/Riecke: Chronik (wie Anm. 19), S. 202 f.

sichtigt wurde dabei Spalatins Affinität zur Kunst sowie seine Kunstsammlertätigkeit.[198] Davon abgesehen steht die Ausgestaltung der „Bibliotheca Spalatini" unter dem Motiv des „ewige(n) gedechtnus", das nicht zuletzt im Kontext der historischen Arbeiten Spalatins relevant wird. Die Bedeutung der Bilder in Bezug auf die historische Memoria hat Spalatin in Anlehnung an Cicero klar herausgestellt: „Wenn ein mensch nicht weiß was vor im geschehen ist, das ist nichts anders denn alltzeit ein kindt sein. Denn des menschen Leben ist nichts wenn er nicht die alden geschichte zu gedechtenis furet."[199]

5. Zusammenfassung

„De Luthero multa" so ist das prägnante Credo im „Dictionnaire des manuscrits" von 1853 zum Gothaer Bestand, der dem Hinweis auf den „Catalogus bibliothecae Spalatini ipsius manu scriptus" vorangestellt ist und auch auf den im Katalog verzeichneten Bibliotheksbestand zutrifft.[200] Ebenfalls aus der Mitte des 19. Jahrhunderts datiert eine weitere Äußerung zur Bibliothek Spalatins, die eine für „jene Zeiten reiche und kostbare Bibliothek" beschreibt, „die nicht blos theologische [...] Bücher enthielt".[201] Anknüpfend an diese Beobachtungen und beide weiterführend erscheint die „Bibliotheca Spalatini" paradigmatisch für die Bibliotheken der zweiten Humanistengeneration, die sich in der Orientierung an der klassischen Antike und der Historiographie mit den Humanisten des 15. Jahrhunderts deckten und darüber hinaus jedoch wesentlich von der Reformation geprägt wurden.[202] Spalatins Sammlung hob sich dabei von anderen reformatorisch beeinflussten humanistischen Gelehrtenbibliotheken in der ersten Hälfte des 16. Jahrhunderts ab, zumal er im Gravitationszentrum der Reformation wirkte, dem Mittelpunkt der lutherischen Reformation und des Buchdrucks. In der „respublica litteraria" exzellent vernetzt, gehörte Spalatin zu jener frühneuzeitlichen Bildungselite, die durch eine einflussreiche Position am Fürstenhof, als humanistischer Publizist, Übersetzer und Kirchenpolitiker einen erheblichen Beitrag zur Diffusion reformatorischer Konzepte in die Gelehrtengemeinschaft und die politische

198 Edgar Bierende: Lucas Cranach d. Ä. und der deutsche Humanismus, München/Berlin 2002, S. 178. Bierende verweist darauf, dass Spalatin als „humanistischer Kunstsammler" bislang nicht von der Forschung in den Blick genommen wurde (S. 390).

199 Spalatin an Herzog Albrecht von Preußen, 28. Dezember 1540, Geheimes Staatsarchiv Preußischer Kulturbesitz zu Berlin, XX. HA HBA A 4 K.204, zit. in: Shevchenko: Anthropologie (wie Anm. 1), S. 234. Vgl. ebd. zur mnemotechnischen Funktion der Sammlung von bildlichen und textuellen Medien.

200 Unter Bezug auf Ernst Salomon Cyprians Handschriftenbeschreibung (Cyprian: Catalogus [wie Anm. 12], S. 113 f., Nr. XXIV): Louis de Mas Latrie: Dictionnaire des manuscrits, ou recueil de catalogues de manuscrits existant dans les principales bibliothèques d'Europe, Bd. 2, Paris 1853, Sp. 14.

201 August Julius Löbe: Einige Nachträge zu Spalatin's Lebensgeschichte, in: Mitteilungen der Geschichts- und Alterthumsforschenden Gesellschaft des Osterlandes zu Altenburg 2 (1845–1848), S. 202–210.

202 Vgl. Buzas: Bibliotheksgeschichte (wie Anm. 15), S. 86.

Praxis leistete. Er nahm dabei eine Scharnierstelle zwischen den verschiedenen geistigen Strömungen der Zeit ein, deren Repräsentationen sich in seiner Bibliothek niederschlugen. Die theologische Sammlung reflektiert dabei die politischen Zeitumstände und Entwicklungen der religionspolitischen Auseinandersetzungen zwischen 1517 bis zum Anfang der 1540er Jahre. So erscheint die Bibliothek als genuiner Wissensspeicher der ersten Reformatorengeneration, der die vorreformatorische, humanistische Schicht quantitativ komplett überlagert. Allerdings sollte dabei nicht übersehen werden, dass Spalatin systematisch die Texte der im humanistischen Kanon als „boni auctores" firmierenden Repräsentanten eines neuen Wissenssystems zusammengetragen hat. So darf seine Sammlung in diesem Sinne auch als idealtypische Wissensrepräsentanz des Humanismus gelten.

Spalatins Ordnungssystem reflektiert zwar die Kontinuitäten zwischen mittelalterlichen und humanistischen Bibliotheksentwürfen, doch erbrachte er vor dem Hintergrund von Humanismus und Reformation eine Eigenleistung. Das Verhältnis des Gelehrten zu seiner Bibliothek äußerte sich schließlich über die symbolische Bedeutung der Bibliothek und ihrer Systematisierung hinaus im Gebrauch:[203] Die Bibliothek trug für Spalatin vor allem einen instrumentellen Charakter. Damit war sie ähnlich wie andere Humanistenbibliotheken eine fachliche Referenzbibliothek, deren quantitativer Fokus auf Theologie, Poetik/Rhetorik und Geschichte lag. Dieses Profil korrespondierte mit den vielfältigen beruflichen Handlungsfeldern Spalatins. Der Schwerpunkt auf der Poetik und Rhetorik war typisch humanistisch und bildete die Ausgangsbasis für die Partizipation am humanistischen Diskurs. Lediglich in den für die alltägliche Arbeitspraxis weniger relevanten Disziplinen der „scientes naturalis" ging die Sammelintensität nicht in die Tiefe, sondern orientierte sich an den zentralen Werken des jeweiligen Gebietes.

Persönliche wie berufliche Sammel- und Lektüreinteressen gingen bei Spalatin fließend ineinander über und können schlechterdings kaum getrennt betrachtet werden. Dabei schrieb er sich mit der inhaltlichen Ausrichtung seines Bestands in zeitgenössische Diskurse ein, die von der Kategorie Religion und Nation bis hin zur dynastischen Identitätsstiftung reichten. Schnittstellen zwischen humanistischen und reformatorischen Wissenskulturen fanden sich gerade in diesem Bereich. War es doch die Vorstellung nationaler Freiheit, die die Humanisten wirkungsmächtig in ihren Germania-Traktaten reichsweit verbreiteten und im Konglomerat mit den reformatorischen Freiheitskonzepten eine der Grundlagen für den Erfolg der frühen Reformation legte.[204] Spalatin führte diese Ansätze ‚physisch' wie intellektuell zusammen.

Die „Bibliotheca Spalatini" war insgesamt als Teil einer spezifisch humanistisch-reformatorischen Gelehrten- und Bibliothekskultur nicht zuletzt Ausdruck für diese maßgebli-

---

203 Fabian: Gelehrte (wie Anm. 189), S. 14.

204 Georg Schmidt: Luther und die frühe Reformation – ein nationales Ereignis? in: Die frühe Reformation in Deutschland als Umbruch, hrsg. von Bernd Moeller, Gütersloh 1998, S. 54–75.

chen Wissensparadigmen im Zentrum der Reformation. Die geplante digitale Edition des Verzeichnisses wird mit den diese begleitenden kontextualisierenden Untersuchungen und Darstellungen etwa ihrer Dynamiken, der Identifikation der verzeichneten und weiterer Schriften, der Erschließung der überlieferten Bände, einem Abgleich bzw. einer Verknüpfung der Inventare zusammen mit detaillierten fachspezifischen Analysen des inhaltlichen Profils das entworfene Bild schärfen können und vielfältige Anknüpfungspunkte für weiterführende, interdisziplinäre Forschungen bieten.

Thomas Lang

„bucher gud unde beße" – Die Wittenberger Schlossbibliothek und der kursächsische Hof in der Regierungszeit Friedrichs des Weisen (1486–1525)

Möglichkeiten und Grenzen der Auswertung von Rechnungsquellen

1. Einleitung

Kurfürst Friedrich III. von Sachsen an Herzog Johann von Sachsen, Lochau, 13. August.1520:

> „[...] Doctor Martinus buchlein schicke ich e[uer] l[ieben], ßo ffil ich der itzunder neuhe habe, er macht itz wider ayns, ßo bald das fertigk, wyl ich e[uer] l[ieben], ab got wyl, auch schicken. Er had keynen passum drucken lassen. Ich besßorge, syhe werden mir den münch vertreyben, dan syhe wellen in, alls man saget, bannen und alle, dy ime anhengigk seyne."[1]

Mit diesem Brief aus dem Jahr 1520 beginnt das „Neue Urkundenbuch zur Geschichte der evangelischen Kirchen-Reformation", das Carl Eduard Förstemann 1842 herausgab. Das zitierte Schriftstück fasste Friedrich der Weise (1463–1525) eigenhändig in seinem Jagdschloss Lochau, dem heutigen Annaburg, ab. In ihm teilte der sächsische Kurfürst seinem Bruder Herzog Johann (1468–1532) neben den jüngsten Jagderfolgen auch mit, dass er einige Drucke Martin Luthers erhalten und gelesen habe.

Drei Tatsachen sind an diesem Brief bemerkenswert. Erstens erfahren wir, dass der Kurfürst nicht in Wittenberg, der kursächsischen Hauptstadt, weilte, die in der folgenden Dekade zum Mittelpunkt der reformatorischen Bewegung werden sollte, sondern sich in einem seiner Jagdschlösser aufhielt. Dies ist für die Zeit nach 1520 vielfach belegt. Im eben genannten Urkundenbuch befindet sich nicht ein einziger Brief, der vom Kurfürsten oder seinem Bruder Herzog Johann in Wittenberg ausgestellt wurde.[2] Hingegen sind Briefe von den Reichstagen und aus den Jagdschlössern Colditz und Lochau mehr als üblich.[3] Ledig-

---

1 Neues Urkundenbuch zu Geschichte der evangelischen Kirchen-Reformation, hrsg. von Carl Eduard Förstemann, 1. Band, Hamburg 1842, Teil 1, Nr. 1, S. 1.

2 In einem der seltenen Fälle, in denen die Rede auf Wittenberg kommt, wird die Rolle der Stadt als religiöses Zentrum deutlich. Bevor der Kurfürst zum Reichstag aufbrach, teilte er mit: „wyl ich, ab got wyl, nach Wittenberg zchyn, und meynen orlaub von alle liben heylligen nehmen"; ebd., Teil 1, Nr. 1, S. 2.

3 Vgl. ebd. Dort sind abgedruckt allein 29 Briefe des Kurfürsten aus Lochau (1520: 2, 1522: 5, 1524: 11, 1525: 8) und 19 Briefe aus Colditz (1522: 3, 1523: 6, 1524: 10), zudem vier Briefe, die an zwei Tagen aus Torgau abgesandt wurden, zwei Briefe,

lich die kursächsischen Räte schlugen, während der Reisen des Kurfürsten zu den Reichstagen, in der Elbestadt ihr Lager auf, versandten von dort Anordnungen und Briefe.[4]

Dieser Fakt bringt für das Thema „Buch und Kurfürst" gewisse Probleme mit sich. Auch wenn es im Zeitraum von 1500 bis 1525 einzelne Jahre mit verstärktem Aufenthalt des Hofes in Wittenberg gegeben hat, so unter anderem die Jahre 1508 und 1509[5], ist doch spätestens nach 1520 von einer räumlichen Distanz zwischen kurfürstlichem Hoflager und der in dieser Zeit in Wittenberg etablierten Schloss- und Universitätsbibliothek auszugehen. Von ‚Griffreichweite' kann umso weniger im Fall Herzog Johanns die Rede sein, der sich seit der Mutschierung von 1513 häufiger in Weimar und Coburg aufhielt.[6]

Zweitens erfahren wir aus diesem Brief, dass der Kurfürst über die Vorgänge in Wittenberg und „um den Mönch" informiert war, ja sogar um dessen Bannung fürchtete. Man kann sogar die Schlussfolgerung ziehen, dass Luther eines der Themen war, die im engen Umfeld des Kurfürsten kursierten. Denn selbst der am Tisch des Fürsten sitzende Hofnarr[7] war auf dem Wormser Reichstag 1521 in der Lage, einen Brief zu schreiben, in dem er so viel Kenntnis von den Lehren Luthers zeigte, dass es dem Kurfürsten zu riskant schien, diesen öffentlich verlesen zu lassen. Friedrich der Weise scheute sogar davor zurück, den

---

die Grimma als Ausstellungsort nennen, ein Brief aus Borna und ein weiterer, der in Allstedt abgefasst wurde. Nur neun Briefe Johanns des Beständigen aus seiner Residenz in Weimar sind enthalten (1524: 2, 1525: 7). Mehrfach empfängt der Herzog u. a. in Coburg Briefe seines Bruders. Hingegen werden 17 Briefe mit diversen Beilagen vom Reichstag in Worms (Januar bis Mai 1521) und vier Briefe vom Reichstag in Nürnberg (November 1523 bis Februar 1524) wiedergegeben. Weitere Briefe sind auf den Reisen so u. a. in Heidelberg entstanden. Zu ergänzen wäre diese Stichprobe mit weiteren Briefwechselsammlungen oder den Reichstagsakten, ohne dass sich die Aufenthaltsschwerpunkte weiter verschieben würden. Vgl. u. a. Sina Westphal: Die Korrespondenz zwischen Kurfürst Friedrich dem Weisen von Sachsen und der Reichsstadt Nürnberg. Analyse und Edition, Frankfurt am Main u. a. 2011.

4 So erhielten die Räte Heinrich von Einsiedel und Christoph Taubenheim vom in Worms weilenden Kurfürsten am 12. März 1521 Anweisungen nach Wittenberg gesandt; Neues Urkundenbuch (wie Anm. 1), Teil 2, Nr. 21, S. 64 f.

5 Friedrich der Weise und Johann der Beständige hielten sich im Jahr 1508 zusammengenommen 64 Tage in Wittenberg auf, veranstalteten um den 13. und 14. November ein Turnier mit zahlreichen Gästen und über 250 Pferden und begingen das Weihnachtsfest in der Elbestadt gemeinsam mit Räten des Bischofs von Köln und des Landgrafen von Hessen. Ähnliches lässt sich über das Jahr 1509 aussagen. In diesem Jahr waren die beiden Fürsten 78 Tage in Wittenberg anwesend. Friedrich beging dort das Osterfest. Vgl. vor allem ThHStAW, EGA, Reg. Bb 2751, Bl. 67r–69r (Bauten für das Lager), 156r–192v (Lagerbuch 1508f), dazu diverse Einträge im Küchenbuch, in den Ausgaben für den gnädigen Herren und unter den Nachreisen. Vgl. für 1509 zudem ThHStAW, EGA, Reg. Bb 2754, 22r–43v (Erwähnungen in der Küchen- und Haferrechnung); vgl. zu den Hoflagern bis 1510 Thomas Lang: Der Kurfürst zu Besuch in seiner Residenz. Nutzung und Ausbau der Wittenberger Residenz in der Zeit von 1485–1510, in: Das ernestinische Wittenberg. Universität und Stadt (1486–1547), hrsg. von Heiner Lück u. a., Petersberg 2011, S. 93–116; zur Methode vgl. Brigitte Streich: Zwischen Reiseherrschaft und Residenzbildung. Der wettinische Hof im späten Mittelalter, Köln/Wien 1989.

6 Ernst Müller: Die Mutschierung von 1513 im ernestinischen Sachsen, in: Jahrbuch für Regionalgeschichte 14 (1987), S. 173–183; vgl. auch Uwe Schirmer: Kursächsische Staatsfinanzen (1456–1656). Strukturen – Verfassung – Funktionseliten, Stuttgart 2006, S. 328–334.

7 Zumindest ist vom Hofnarren Albrecht bekannt, dass er 1522 in Lochau neben Spalatin am Herrentisch beim Kurfürsten saß. Vgl. zur Lochauer Tischordnung von 1522 Fritz Stoy: Friedrichs des Weisen Hoflager in Lochau in seinen letzten Lebensjahren, in: Forschung und Leben. Heimatblätter des Schönburgbundes 2 (1928), S. 276–290, hier S. 280. Eine ähnliche Tischordnung befindet sich auch im Lagerbuch von 1524: ThHStAW, EGA, Reg. Bb 1796, Bl. 1r–2v.

Brief einem Boten an seinen Bruder zu überantworten. Er wollte über den Spott des Narren lieber persönlich „wol berichten".[8]

Weiter teilte der Kurfürst in dem oben angeführten Schreiben mit, dass er, sobald neue Schriften Luthers in Wittenberg erscheinen sollten, diese an seinen Bruder weiterleiten wolle. Dass Friedrich der Weise sich zu diesem Zeitpunkt selbst in Lochau befand, scheint dabei kein Problem dargestellt zu haben, ebenso wenig, dass Herzog Johann sich irgendwo zwischen Coburg und Weimar aufhielt. Aus diesen zwei Feststellungen ergibt sich drittens folgender Fragekomplex: Wie funktionierte die Kommunikation mit der Bibliothek in Wittenberg? Erfüllte sie eine höfische Funktion oder diente sie nur als Universitätsbibliothek oder war es umgekehrt? Besaß der Kurfürst eventuell auch andere Buchbestände zur persönlichen Verwendung, die uns heute unbekannt sind?

2. Forschungslage

Nun ist das Feld der Schloss- und Universitätsbibliothek kein unerforschtes. Die noch vorhandenen Reste der Wittenberger Universitätsbibliothek, der sogenannten „Bibliotheca Electoralis"[9], werden seit einigen Jahren intensiv von Seiten der ThULB Jena untersucht.[10] Man konnte dabei sowohl auf edierte Bibliothekskataloge u. a. von 1536[11] und aktuelle Handschriftenkataloge der „Electoralis"[12] sowie auf ältere und jüngere Darstellungen zur

[8] Vgl. den Brief von Kurfürst Friedrich III. von Sachsen an Herzog Johann aus Worms, am 4. Mai 1521: „... der Fricz narhe had gancz aynen guthen briff geschrieben, dye weyll aber ßo ffyll von doctor Martinus dor innen angeczaigt und von den rotten huttlein, darff ich den briff nicht lessen lassen, wyhe ich dan, wyl got, e[uer] l[ieben] wol berichten wyl"; Neues Urkundenbuch (wie Anm. 1), Teil 1, Nr. 23, S. 15.

[9] Trotz der aufgeworfenen Diskussionen um den Begriff „electoralis" wird dieser hier verwendet, da er sich schlicht und einfach eingebürgert hat und von den entsprechenden Projekten verwendet wird.

[10] Das von 2008 bis 2012 durch die Thüringische Universitäts- und Landesbibliothek Jena und die Deutsche Forschungsgemeinschaft (DFG) finanzierte Projekt zur Erschließung der „Bibliotheca Electoralis" war auf der Tagung „Buch und Reformation" durch mehrere Mitglieder vertreten; die Vorstellung des Projektes oblag Konrad Amann (Jena); vgl. zum Projekt die Internetpräsentation auf: www.urmel-dl.de/Projekte/BibliothecaElectoralis/Projekt.html; letzter Zugriff: 15.01.2012.

[11] Die nach Auskunft von Konrad Amann (Jena) nur auf Grund von Kopien erstellte und nicht auf kodikologischen Untersuchungen beruhende Edition von Sachiko Kusukawa: A Wittenberg University library catalgue of 1536, Cambridge 1995, scheint zahlreiche Fehlidentifikationen in den aktuellen Beständen aufzuweisen. Die Arbeit dient hier daher nur zur Identifikation von Büchern, die 1536 im Bestand der Bibliothek gelegen haben könnten.

[12] Die Handschriften der Thüringer Universitäts- und Landesbibliothek Jena. Band 1: Die mittelalterlichen lateinischen Handschriften der Electoralis-Gruppe, bearb. von Bernhard Tönnies, Wiesbaden 2002.

Bibliothek zurückgreifen.[13] Von jenen ist m. E. die Arbeit von Ernst Hildebrand aus den 20er Jahren des letzten Jahrhunderts die wirkungsmächtigste.[14]

Mehr Wert auf den repräsentativen Gebrauch des Buches am Hof wurde vor allem von der Kunstwissenschaft gelegt. Hier streifen die Studien von Cornelius Gurlitt zur Kunst unter Friedrich dem Weisen nur die Buchillustration.[15] Einzelne Beispiele für Prunkausgaben im tatsächlichen oder vermeintlichen Hofgebrauch waren ebenfalls Objekt umfangreicher wissenschaftlicher sowie editorischer Bestrebungen: so die Chorbücher Friedrichs des Weisen,[16] das Wittenberg Heiltumsbuch von 1509[17] und jüngst auch die Sächsische Chronik Georg Spalatins.[18]

---

[13] Am bedeutendsten scheint von den älteren Schriften Johann Christoph Mylius: Memorabilia Bibliothecae Academiae Jenensis [...], Jena u. a. 1746; besonders zum 425. Jubiläum erschienen mehrere Schriften: Konrad Marwinski: 425 Jahre Universitätsbibliothek Jena. Kurzgefasste Bibliotheksgeschichte 1558–1983, Jena 1983; Irmgard Kratzsch: Alte Lutherana aus der Universitätsbibliothek Jena, Jena 1983. Hinzu kommen weitere Schriften von Irmgard Kratzsch und weiteren Autoren, die hier aus Platzgründen nicht genannt werden.

[14] Ernst Hildebrandt: Die kurfürstliche Schloss- und Universitätsbibliothek zu Wittenberg 1512–1547. Beiträge zu ihrer Geschichte, in: Zeitschrift für Buchkunde 2 (1925), S. 34–42, 109–129, 157–188.

[15] Vgl. Cornelius Gurlitt: Die Kunst unter Kurfürst Friedrich dem Weisen, Dresden 1897, S. 53 f.; die Studie von Robert Bruck: Friedrich der Weise als Förder der Kunst, Straßburg 1903, S. 302 f., bietet zumindest in dieser Hinsicht nichts Neues, vielmehr übernimmt Bruck die Angaben von Gurlitt mit allen Lücken und Transkriptionsfehlern. Vgl. dazu den Anhang, dort werden die Angaben von Gurlitt wiedergegeben.

[16] Vgl. u. a. Jürgen Heidrich: Die deutschen Chorbücher aus der Hofkapelle Friedrichs des Weisen. Ein Beitrag zur mitteldeutschen geistlichen Musikpraxis um 1500, Baden-Baden 1993; Das Fest-Epistolar Friedrichs des Weisen: Hs. MS.EL.F.2 aus dem Bestand der Universitätsbibliothek Jena, 2 Bde., hrsg. von Rainer Behrends und Irmgard Kratzsch, Gütersloh 1983.

[17] Vgl. den Nachdruck: Lucas Cranach: Wittenberger Heiltumsbuch. Dye Zaigung des hochlobwirdigen Hailigthumbs der Stifft-Kirchen aller Hailigen zu Wittenburg, Faksimile-ND der Ausgabe Wittenberg 1509, Unterschneidheim 1969; vgl. dazu die älteren Arbeiten von Ernst Schulte-Strathaus: Die Wittenberger Heiligtumsbücher vom Jahre 1509 mit Holzschnitten von Lucas Cranach, in: Gutenberg-Jahrbuch 5 (1930), S. 175–186; zur Einordnung des Wittenberger Heiltums und des Heiltumsbuches unter Einbeziehung älterer Literatur vgl. Hartmut Kühne: Ostensio reliquiarum. Untersuchungen über Entstehung, Ausbreitung, Gestalt und Funktion der Heiltumsweisungen im römisch-deutschen Regnum, Berlin u. a. 2000, S. 400–423, zum Wittenberger Heiltum; eine jüngere gelungene Interpretation bietet Livia Cárdenas: Friedrich der Weise und das Wittenberger Heiltumsbuch. Mediale Repräsentation zwischen Mittelalter und Neuzeit, Mag. HU Berlin 1999, Berlin 2002; vgl. auch die symboltheoretische an einzelnen Punkten etwas überhobene Interpretation von Birgit Luscher: Reliquienverehrung als Symbolsystem. Volkskirchliche Praxis und reformatorischer Umbruch: Zum Wittenberger Reliquienschatz und zur Transformation des symbolischen Denkens bei Luther, Berlin/Münster 2008.

[18] Christiane Andersson: Die Spalatin-Chronik und ihre Illustrationen aus der Cranach-Werkstatt, in: Lucas Cranach. Ein Maler-Unternehmer aus Franken, Katalog zur Landesausstellung in der Festung Rosenberg, Kronach, 17. Mai–21. August 1994, hrsg. von Claus Grimm u. a., Regensburg 1994, S. 208–217; Christina Meckelnborg und Anne-Beate Riecke: Die „Chronik der Sachsen und Thüringer" von Georg Spalatin, in: Fata Libellorum. Festschrift für Franzjosef Pensel zum 70. Geburtstag, hrsg. von Rudolf Bentzinger und Ulrich-Dieter Oppitz, Göppingen 1999, S. 131–162; die in der Landesbibliothek Coburger liegenden Teile der Chronik wurden unlängst in einem Gemeinschaftsprojekt der UB Würzburg, des Lehrstuhls für Informatik II dieser Universität und der Coburger Landesbibliothek digitalisiert, mit verschiedenen Registerfunktionen beispielhaft erschlossen und ins Internet gestellt: www.landesbibliothek-coburg.de/spalatin.htm (letzter Zugriff: 29.08.2011).

Mit dem Wittenberger Humanismus und dem damit verbundenen Buchdruck haben sich zahlreiche Publikationen befasst. Die älteren und noch immer aktuellen Schriften[19] wurden von Andreas Gößner[20] unter Einbringung eigener und anderer neuerer Studien[21] umfassend dargestellt, so dass hier nicht mehr weiter darauf eingegangen werden muss.

Als dem bedeutendsten Vermittler zwischen der humanistischen Sphäre der Universität und dem Kreis um Martin Luther stand Georg Burckhardt aus Spalt genannt Spalatin (1484–1545) seit langer Zeit im Fokus der reformations- und auch bibliotheksgeschichtlichen Studien.[22] Der kurfürstliche Sekretär, nach eigener Ansicht Bibliothekar und Vertrauter Friedrichs[23], hat durch sein Testament einen Teil seines Nachlasses dem Kurfürsten vermacht.[24] Dadurch sind heute große Teile seines Briefwechsels, seiner Bücher und Archivalien in Gotha und Weimar erhalten geblieben.[25] Diese Überlieferungslage beeinflusst fraglos unser heutiges Bild der Wittenberger Bibliothek.

Angesichts dieses Forschungsstandes kann hier keine vollständige historische Abhandlung der Hofbibliotheksgeschichte geboten oder der eben aufgestellte Fragenkomplex

---

19 Damit ist vor allem gemeint Maria Grossmann: Wittenberger Drucke 1502 bis 1517. Ein bibliographischer Beitrag zur Geschichte des Humanismus in Deutschland, Wien 1971.

20 Andreas Gössner: Die Anfänge des Buchdrucks für universitäre Zwecke am Beispiel Wittenbergs, in: Drucker, Bibliotheken in Mitteldeutschland: neue Forschungen zur Kommunikations- und Mediengeschichte um 1500, hrsg. von Enno Bünz, Leipzig 2006, S. 133–152.

21 Eine neuere Studie konnte bei Gössner: Anfänge (wie Anm. 20) noch nicht einbezogen werden: Manfred Rudersdorf und Thomas Töpfer: Fürstenhof, Universität und Territorialstaat. Der Wittenberger Humanismus, seine Wirkungsräume und Funktionsfelder im Zeichen der Reformation, in: Funktionen des Humanismus. Studien zum Nutzen des Neuen in der humanistischen Kultur, hrsg. von Thomas Maissen und Gerrit Walther, Göttingen 2006, S. 214–261.

22 Zu Spalatin s. vor allem Irmgard Höss: Georg Spalatin 1484–1545. Ein Leben in der Zeit des Humanismus und der Reformation, Weimar 1956 (ND 1989); vgl. auch die ältere Abhandlung Christian Gotthold Neudecker und Ludwig Preller: Friedrichs des Weisen Leben und Zeitgeschichte. Georg Spalatins historischer Nachlaß und Briefe, Bd. 1: Das Leben und die Zeitgeschichte Friedrichs des Weisen, Jena 1851; vgl. zur Altenburger Zeit Spalatins das jüngst erschienene Werk von Björn Schmalz: Georg Spalatin und sein Wirken in Altenburg (1525–1545), Beucha 2009; gerade von Hildebrandt: Schloss- und Universitätsbibliothek (wie Anm. 14), S. 111–114, wird die Bedeutung Spalatins für die Wittenberger Bibliotheksgeschichte als zentral beschrieben. So wird laut Hildebrandt, der sich dabei auf Schreiben des Kurfürsten über die Einrichtung der Bibliothek stützte, in Wittenberg zum ersten Mal unter Spalatin eine Bibliothek gegründet, s. Ebd., S. 175 f. Als erster analysiert Hildebrandt auch Spalatins Kataloge und gibt diese auszugsweise wieder, s. Ebd., S. 157–175. Vgl. zu Spalatins eigenen Schriften Hans Volz: Bibliographie der im 16. Jahrhundert erschienen Schriften Georg Spalatins, in: Zeitschrift für Bibliothekswesen und Bibliographie 5 (1958), S. 83–119.

23 Vgl. zur Selbsteinschätzung Spalatins in seiner Tätigkeit für den Fürsten: Spalatiniana, hrsg. von Georg Berbig, Leipzig 1908, S. 53.

24 Vgl. den Entwurf vom 13. Oktober 1535: ThHStAW, EGA, Reg. O 56; gedruckt bei Schmalz: Spalatin (wie Anm. 22), S. 127–130, dort zur Bibliothek S. 128 f. Einige kleinere Korrekturen der sonst guten Transkription sind wichtig: S. 129, Z. 3 statt „zeilen" lies „sextern", S. 129, Z. 8 statt „zum vil" lies „zum teil"; vgl. zum Testament auch Andersson: Spalatin-Chronik (wie Anm. 18), S. 211 f.

25 Bezeichnend ist allein die Benennung der Registrante O im THStAW, EGA: „Spalatin, Wittenberg, Jena, Ehesachen" – in dieser Reihenfolge; die Bestände in Gotha dienten Neudecker und Preller: Spalatins Nachlaß (wie Anm. 22) als Grundlage für ihr Editionsvorhaben. Heute sind sie zum Teil über den Katalog der Universitäts- und Forschungsbibliothek Erfurt/Gotha erschlossen.

abschließend beantwortet werden. Ziel ist es vielmehr, anhand einiger Beispiele zu zeigen, welchen Nutzen die Auswertung von Rechnungsquellen für die Erforschung der Geschichte der Schloss- und Universitätsbibliothek erbringen kann.

3. Methode

Es waren vor allem Karl Eduard Förstemann und Georg Buchwald, die die Forschung zur Reformation und besonders Friedrich dem Weisen um das Wissen über die Möglichkeiten der Rechnungsquellen bereicherten.[26] Auch die Bibliotheksgeschichte und natürlich Spalatin fielen in das Interesse vor allem Buchwalds.[27] Seine Forschungen machten zwar deutlich, dass zahlreiche Aussagen über Bucherwerb aus den Rechnungsquellen gewonnen werden können, jedoch knüpfte an dessen ‚Florilegien' keine systematische Erforschung der Rechnungsquellen an. Die Rechnungen galten mit Buchwald als erschlossen. Weitere systematische Studien schienen zu aufwendig und über das von Buchwald gefundene hinaus zu wenig ertragreich, um sinnvoll zu sein.

Die im Jahr 2006 erschienene Arbeit von Uwe Schirmer zur kursächsischen Staatsfinanz enthielt kleinere Abhandlungen zu verschiedenen kulturhistorischen Themen.[28] Darunter befand sich neben Bekanntem auch Neues zum höfischen Buchgebrauch.[29] Viele der dort gezeigten Einträge waren für die Forschung vollkommen neu.[30] Ich möchte hier nur zwei der dort genannten Belege anführen.

---

26 Vgl. u. a. Karl Eduard Förstemann: Auszüge aus den Hofstaatsrechnungen des Herzogs Johann zu Sachsen von 1513–1518, in: Neue Mitteilungen aus dem Gebiet historisch-antiquarischer Forschungen 5 (1841), Nr. 4, S. 33–76; ders.: Einige Mitteilungen aus den Wittenberger Kämmereirechnungen in der ersten Hälfte des 16. Jahrhunderts, in: Neue Mitteilungen aus dem Gebiete historisch-antiquarischer Forschungen 3 (1836), Nr. 1, S. 103–119; Georg Buchwald: Zur mittelalterlichen Frömmigkeit am kurfürstlichen Hof kurz vor der Reformation, in: ARG 27 (1930), S. 62–110; ders.: Allerlei Wittenbergisches aus der Reformationszeit. Aus Rechnungsbüchern des Thüringischen Staatsarchives in Weimar, Teil 1–6, in: Luther. Zeitschrift der Luthergesellschaft 10 (1928), S. 107–112; 11 (1929), S. 29–31, 54–62, 82–92; 13 (1931), S. 56–61; 14 (1932), S. 75–84.

27 Vor allem Georg Buchwald: Zu Spalatins Reisen, insbesondere nach Wittenberg in Angelegenheit der kurfürstlichen Bibliothek, in: Archiv für Bibliographie, Buch- und Bibliothekswesen 2 (1928), S. 92–114; ders.: Archivalische Mittheilungen über Bücherbezüge der kurfürstlichen Bibliothek und Georg Spalatin's in Wittenberg, in: Archiv für Geschichte des deutschen Buchhandels 18 (1896), S. 7–15.

28 Schirmer: Staatsfinanzen (wie Anm. 6). Einige dieser Notizen sind auch für die Reformationsgeschichte von Interesse, so ebd., S. 357 f. Anm. 980: Zahlungen an Martin Luther zur Heimreise vom Reichstag in Worms von 40 Gulden und S. 443: 100 Gulden an Katharina von Bora nach dem Tod ihres Mannes Martin Luther aus der kurfürstlichen Kasse.

29 Schirmer: Staatsfinanzen (wie Anm. 6), S. 311 f.: zahlreiche z. T. auch bei Buchwald zu findende Anmerkungen zur Druckerei und Buchkunst am Hof und in Wittenberg um 1500, S. 436: u. a. zur Illumination eines Fechtbuches 1543; S. 437 f.: Einkauf von evangelischen Bibeldrucken, sowie Produktion von Flugschriften zwischen 1530 und 1549; S. 360, S. 456 f.: zum Verwaltungsschriftgut, Materialbeschaffung und Verwaltungsdrucken.

30 Eine systematische Durchsicht der entsprechenden Rechnungsquellen und ein Vergleich mit den bekannten Editionen zum Buchbesitz und Bucherwerb am Hof ist im Projekt „Ernestinisches Wittenberg" für 2013 geplant, mehrere Stichproben wurden bereits erhoben.

> Rentkammer- & Zentamtsrechnung (= kursächsische Zentralkasse) Anfang Oktober 1502: „30 fl befehl Pfeffinger für bucher Magister Stolberg, der probst zu Wittenberg, genommen, im Michils markte".[31]

Dieser Einkauf von Büchern durch den Propst[32] der Wittenberger Stiftskirche Aller Heiligen auf dem Michaelismarkt[33] 1502 dürfte durchaus im Kontext mit der Universitätsgründung gestanden haben. Dazu ist anzumerken, dass der Propst Hermann Kaiser aus Stollberg an siebenter und damit prominenter Stelle unter den Lehrkräften in der Matrikel der Universität eingetragen wurde.[34] Es ist eher unwahrscheinlich, dass es sich bei dieser Nennung nur um eine Ehrenbezeigung handelte. Andere dort genannte Geistliche, Franziskaner und Augustiner-Eremiten sind später als Lehrkräfte belegt. Das Kloster der Franziskaner und die Stadtkirche dienten bei der Gründung der Universität als Lehrorte, zumal die Kollegien erst noch errichtet werden mussten.[35] Da der kurfürstliche Schatullenwart Degenhart Pfeffinger[36] das Geld zur Verfügung stellte, ist zu vermuten, dass der Kurfürst den Befehl gab, diese Bücher aus seiner privaten Kasse zu bezahlen.[37] Dieser Beleg zeigt also, dass vor der Eröffnung der Universität am 18. Oktober 1502 Bücher auf dem Leipziger Markt von einem späteren Universitätsangehörigen auf Kosten der Privatkasse des Fürsten gekauft wurden. Dies ist ein Fakt, der für die Geschichte der Universitätsbibliothek durchaus interessant sein dürfte.

---

31 Schirmer: Staatsfinanzen (wie Anm. 6), S. 312, nach ThHStAW, EGA, Reg. Bb 4180, Bl. 14r.

32 Gemeint ist hier vermutlich Hermann Kaiser (Cesar) aus Stollberg, der von Juni 1502 bis November 1503 auf Bitten des Kurfürsten das Amt des Propstes im Allerheiligenstift übernahm und in der Matrikel der Universität an siebenter Stelle geführt wird; vgl. Das Bistum Brandenburg, Teil 2, bearb. von Fritz Bünger und Gottfried Wentz, Berlin 1941, S. 115 f. mit weiterer Literatur.

33 Die Märkte in Leipzig scheinen die am nächsten liegende Quelle für Bücher des Hofes gewesen zu sein. Zudem kaufte der Kurfürst bei Aufenthalten in Erfurt und Nürnberg neben Kunsthandwerk auch Bücher ein.

34 Nach dem Festredner zur Universitätsgründung Nikolaus Schreiter aus Coburg und vor dem Augustiner-Eremiten und Theologen Sigismund Epp wird er wie folgt geführt: „Hermannus Keyser de Stolberg arcium magister et sacre theologie baccalaureus formatus, ecclesie colligiate huius opidi prepositus. lip."; Album Academiae Vitebergensis. Ältere Reihe, Bd. 1: 1502–1560, bearb. von Karl Eduard Förstemann, Leipzig 1841 (ND Aalen 1976), S. 1.

35 Vgl. dazu Ulrike Ludwig: Die Universitätsgebäude von der Gründung der Leucorea 1502 bis zum Jahr 1547, in: Wittenberg Universität (wie Anm. 5), S. 121–134, hier S. 121 mit weiterer Literatur.

36 Degenhart Pfeffinger war eine der einflussreichsten Personen am kursächsischen Hof. 1496 wurde er zum Türknecht, dem Verwalter der kurfürstlichen Schatulle ernannt. 1509 stieg er zum Landesrentmeister auf. Dieses Amt bekleidete er bis zu seinem Tod. Zur Person Pfeffingers vgl. die ältere Literatur erschließend Enno Bünz: Die Heiltumssammlung des Degenhard Pfeffinger, in: „Ich armer sundiger mensch". Heiligen- und Reliquienkult am Übergang zum konfessionellen Zeitalter, hrsg. von Andreas Tacke, Göttingen 2006, S. 125–169, und zur Rolle als Finanzwart zusammenfassend Schirmer: Staatsfinanzen (wie Anm. 6), S. 280.

37 Die Schatulle diente als Handkasse des Kurfürsten, die aus der zentralen Kasse gespeist wurde. Der dafür verantwortliche Türknecht reiste daher meist mit dem Fürsten durch das Land, vgl. dazu Schirmer: Staatsfinanzen (wie Anm. 6), S. 279–281.

Der folgende Eintrag, den Schirmer edierte, war in der Kunstgeschichte bekannt, wurde aber von Cornelius Gurlitt den Sinn entstellend verlesen.[38]

> Rentkammer- & Zentamtsrechnung (= kursächsische Zentralkasse) 1496: „1 ß 45 gr Melcher Kartenmaler zu Leiptzigk zcalt, uf bevehl m[eines] gn[ädigen] h[ern] Friedrich, von eym stock zu graben und von 200 wappen zu drucken."[39]

Im Auftrag Friedrich des Weisen wurde also 1496 vom Leipziger Kartenmaler Melcher ein Druckstock ‚gegraben', mit dem man 200 Wappen drucken wollte. Die bisherige Interpretation stellt darauf ab, dass es sich bei diesen Drucken um ein kursächsisches Wappen handelte, dass man an Wimpeln oder Fahnen aufhängen und somit für große Aufzüge und Festivitäten nutzen konnte.[40]

Ich möchte diese Belege um einige Hinweise aus der Botenrechnung des Amtes Wittenberg erweitern. 1496 gingen zwei Mal Briefe des Kurfürsten in Wittenberg ein, in denen die „edilluten zu lande zu Sachsen gehorindt [...] umb vortzeichnung yrer wapen" gebeten wurden.[41] Die Briefe gingen unter anderem auch an die Grafen von Barby. Man stellte also ein Verzeichnis der dem Fürsten untertänigen oder auch nur verbundenen Edelleute auf. Jene Wappen standen im Kriegsfall samt ihren Trägern vor dem Landesherren, im Frieden hingen sie bei Festlichkeiten und Turnieren an den Herbergen des Kurfürsten. Daher liegt die Vermutung nahe, dass die so gewonnenen Verzeichnisse für die Erstellung eines Wappenbuches u.a. für den Gebrauch durch einen Herold dienen könnten. Der Anlass war vermutlich die Hochzeit Herzog Georgs von Sachsen (1471–1539) im November des gleichen Jahres. Bezeichnend ist nun, dass es zwar grundlegende Werke zur Heraldik[42], aber kein Verzeichnis der Wappen des eigenen Herrschaftsbereiches in den existierenden Resten der Wittenberger Bibliothek in Jena, der „Electoralis", gibt.

Auch andere Prunkbände, von denen in erzählenden Quellen die Rede ist, lassen sich nicht im heutigen ‚Restbestand' der herzoglichen Bibliothek in Jena finden. So spricht der in Wittenberg lebende Poet Georg Sibutus 1508 von einem Turnierbuch, in dem über 100 Lanzengänge des Herzogs Johann abgebildet waren, das er selbst eingesehen haben

---

[38] Gurlitt: Kunst (wie Anm. 15), S. 53, hat jedoch Fehler in der Transkription. Dort steht statt „wapen" „wegen", was den Sinn vollkommen entstellt. Bruck: Friedrich der Weise (wie Anm. 15), S. 302, übernimmt diese Fehler.

[39] Schirmer: Staatsfinanzen (wie Anm. 6), S. 312; Gurlitt: Kunst (wie Anm. 15), S. 53; ThHStAW, EGA, Reg. Bb 4147, Bl. 484r.

[40] Ich bin für den Hinweis darauf Martin Treu (Luthergedenkstätten Wittenberg) zu Dank verpflichtet; Gurlitt: Kunst (wie Anm. 15), S. 53: „1 fl 4 gr Melcher Karten Maler geben von 200 wapen zu mallen und zudrucken, die mein g. h. mit zur ke. mt. genommen haben"; vgl. ThHStAW, EGA, Reg. Bb 4147, Bl. 539r [bei Gurlitt ohne Blattangabe].

[41] ThHStAW, EGA, Reg. Bb 2734, Bl. 59r.

[42] Konrad Amann (Jena) verwies darauf, dass in der „Electoralis" noch Wappenbücher liegen. Mir war es allerdings nicht möglich, diese mit den verfügbaren Suchmaschinen und den aktuellen doch recht breiten Rubriken aufzufinden.

Abb. 1: Herzog Johann Friedrich unterliegt Heinrich von Bünau in einem Turnier 1521 in Worms, nach dem Turnierbuch Johann Friedrichs I. von Sachsen des Großmütigen (Kunstsammlungen der Veste Coburg, Kupferstichkabinett Inv.-Nr.: Ms.02).

will.[43] Andere Rechnungen nennen bedeutende Summen, die von den sächsischen Kurfürsten für die Illumination von Fechtbüchern ausgegeben wurden.[44] Solche Bücher kennen wir. Sie werden unter anderem in der Veste Coburg ausgestellt (vgl. Abb. 1) oder sind noch

43 Vgl. Luzi Schucan: Das Gedicht des Georg Sibutus auf das Wittenberger Turnier von 1508, eingeleitet, paraphrasiert und in Auszügen übersetzt von Luzi Schucan, in: Akten des Kolloquiums zur Basler Cranach-Ausstellung 1974, Basel 1977, S. 37–52, S. 49: „Woher ich das weiß? Fürwahr, ich habe wahrhaftig die Taten unseres Herzogs gesehen, die neulich erst in einem Buch getreulich gemalt worden sind. Bilder von über 100 Lanzengängen habe ich gesehen, die der Herzog ritt. Der Herzog selber war immer auf dem Pferd gemalt, denn fürwahr, jedesmal wenn man ihn mitten auf dem Kampfplatz sehen konnte, war er Sieger und war nie von seinem Pferd geworfen worden."

44 Auf dem Neujahrsmarkt 1543 wurde „vor ein buchlein, darinnen die ringer und fechter abgemalt sein" und für eine „Lucrecia" 183 Gulden aus der Rentkammer gezahlt; s. Schirmer: Staatsfinanzen (wie Anm. 6), S. 436, dort verwiesen auf ThHStAW, EGA, Reg. Bb 4527, Bl. 10r.

heute in der Sächsischen Staats-, Landes- und Universitätsbibliothek Dresden zu finden.[45] Sie liegen jedoch nicht in den Beständen der Jenaer „Electoralis".[46]

4. „Bucher gud unde besse" – Anfänge der Schlossbibliothek in Wittenberg

Doch kommen wir zurück zur Frage, was wir über die Wittenberger Schlossbibliothek aussagen können. Das frühste bekannte Verzeichnis von Büchern im Schloss stammt aus dem Jahr 1437 und wurde bereits von Woldemar Lippert im 19. Jahrhundert ediert.[47] Die Schlossbibliothek befand sich demnach in zwei Kisten verwahrt in der Kapelle (das ist der Vorgängerbau der Schlosskirche) rechter Hand und gegenüber dem Eingang. Die Bibliothek bestand aus 31 Büchern. Neben germanistisch und kirchenhistorisch Interessantem, wie dem „liet von Troye", Reiseberichten und Märtyrerlegenden, enthielten die Truhen auch eine Sachsenspiegelhandschrift und mehrere Chroniken – ja sogar eine Sachsenchronik. Letztere beginnt mit den gleichen Worten wie eine Sächsische Weltchronik, die Lippert damals in der herzoglichen Bibliothek in Gotha ausfindig machen konnte.[48] Neben dieser Vermutung zum Verbleib einzelner Bestände ist hier deutlich zu machen, dass es sich bei diesen Büchern nicht um die Bibliothek des Aller-Heiligen-Stifts handelte, wie man wegen der Unterbringung vermuten könnte, sondern um den Besitz des Kurfürsten in Wittenberg, über den der Amtsschosser – der Wirtschaftsverwalter des Amtes – Auskunft gab.[49]

---

45 Turnierbuch Johann Friedrichs I. von Sachsen, genannt der Großmütige V, CXV, Kunstsammlungen der Feste Coburg, Kupferstichkabinett Inv.-Nr.: Ms.02; vgl. dazu den Katalogteil in: Apelles am Fürstenhof. Facetten der Hofkunst um 1500 im Alten Reich, Katalog zur Ausstellung in den Kunstsammlungen der Veste Coburg 22. August bis 7. November 2010, hrsg. von Matthias Müller u. a., Berlin 2010, S. 225 f.

46 Diese Aussage beschränkt sich auf eigene Recherchen, die durch die modernen und alten Rubriken auf der Präsentation des „Electoralis"-Projektes der ThULB Jena möglich sind (vgl. Anm. 10).

47 Woldemar Lippert: Der älteste kursächsische Bibliothekskatalog aus dem Jahre 1437, in: Neues Archiv für sächsische Geschichte 16 (1895), S. 135–139.

48 Ebd., S. 137 f.: „Vielleicht ist es die von Weiland Vorwort S. 7 als No. 24 bezeichnete Hs. der herzoglichen Bibliothek Gotha aus dem 13. Jahrhundert, denn diese beginnt und endet thatsächlich mit den bezeichneten Stücken, und die alte Wittenberger Bibliothek ist wohl mit den Ernestinern nach Thüringen gekommen. In der That ist diese Handschrift, die als Buch grossen Formats (liber magnus) bezeichnet ist, ein Foliant."

49 So ist am Rand folgende Notiz zu finden: „Kristanus Kune dixit hunc librum quondam domine ducisse obtulisse, dumodo fuit schosserus in Wittinberg", s. Ebd., S. 139. Dazu ist allerdings anzumerken, dass Kirstan Kune nur von 1449 bis 1451 als Gewinner bzw. Schösser in Wittenberg tätig war, zuvor von 1436 an in Torgau als Geleitsmann zu belegen ist und nach 1453 in Meißen als Schösser arbeitete; s. ThHStAW, EGA, Reg. Bb 2709, Bl. 1r; vgl. Christian Hesse: Amtsträger der Fürsten im spätmittelalterlichen Reich. Die Funktionseliten der lokalen Verwaltung in Bayern-Landshut, Hessen, Sachsen und Württemberg 1350–1515, München 2005, S. 611; vgl. Friedrich Albrecht von Langenn: Herzog Albrecht der Beherzte, Stammvater des königlichen Hauses Sachsen. Eine Darstellung aus der sächsischen Regenten-, Staats- und Cultur-Geschichte des XV. Jahrhunderts, großentheils aus archivalischen Quellen, Leipzig 1838, S. 568.

Im Jahr 1470 waren von diesen immerhin 31 großen und kleinen Büchern nur noch 23 übrig.[50] Diese Aussage ist anhand eines in Dresden liegenden Amtsinventars möglich. Es handelt sich dabei im weitesten Sinne auch um eine Art Abrechnung, denn dieses Verzeichnis wurde bei der Übergabe des Wittenberger Amtes samt Burg an einen neuen Schosser erstellt.

Nach den Geräten „uff der brugke" und noch vor den verschiedenen Waffen „uffm thorme" gab man als einzigen Besitz des Amtes in der „capella" an: „Item 23 bucher gud unde beße kleyn und groß".[51] Diese Beschreibung von Büchern ist leider typisch. Es interessierte den Schosser hier schlicht und einfach nicht, was in den Büchern stand. Es ging um ihren materiellen Wert.

5. Von Chronisten und Sängern – Adam Singer als Hofchronist

Für die Zeit um 1500 hat sich ein solches Inventar bisher nicht finden lassen. Dafür enthalten aber die Rechnungen der regionalen Verwaltung nämlich des Amtes und des im Schloss wohnenden, kurfürstlichen Amtsschössers einige verstreute aber umso interessantere Belege. Die Amtsrechnungen sind eine Quellengattung, die im Gegensatz zu den kursorisch befragten Rechnungen der Rentkammer oder der kunsthistorisch interessanten Rechnungen der persönlichen Schatullen des Fürsten bisher nicht im Fokus der Forschung lagen. Für die Amtsrechnungen gilt, dass die meisten für den Kurfürsten getätigten Ausgaben dort unter der Rubrik „Ussgabe für m[einen] g[nedigen] h[erren]" versammelt sind. Besonders interessant scheinen mir vier Einträge der Wittenberger Rechnungen um 1500, die sich erneut mit Chroniken befassen. Soweit mir bekannt, ist von diesen Einträgen nur einer von der Forschung wahrgenommen worden.

> Johannes Meiffert, Wittenberger Amtsrechnung zwischen dem 3. April 1491 und 1. September 1491[52]: „Item 40 gr von eym buche **speculum Arnoldi denova Villa** gnant czu schriben, hat m. g. h. durch doctor Mellerstat befoln"[53] [Hervorhebung vom Vf.]

Der erste Eintrag informiert uns darüber, dass in Wittenberg die Bücher nicht nur lagen, sondern dass man auch über die Kompetenz verfügte, sie zu vervielfältigen. Der Leibarzt

[50] Vgl. das ‚Übergabeprotokoll' mit Amtsinventar von Ambrosius Gertitz an Johannes Meiferth von 1471: Sächsisches Hauptstaatsarchiv Dresden, Wittenberger Archiv 10005, Cammersachen, Loc. 4336 Nr. 21, Bl. 72r–77v.

[51] Ebd., Bl. 73v.

[52] Der Eintrag hat keine Datierung, steht jedoch zwischen zwei Einträgen, die auf die Woche nach Palmarum und die Woche nach Egidius datiert sind.

[53] ThHStAW, EGA, Reg. Bb 2736, Bl. 61r.

und Gelehrte Martin Pollich von Mellrichstadt (um 1455–1513)[54] ließ 1491 in Wittenberg ein „speculum medicinae" des spanischen Arztes Arnaldus de Villa nova (1235–1313)[55] abschreiben. Diese Abschrift diente dem Arzt vermutlich als Quelle für den um 1495 bei Martin Landsberg in Leipzig erfolgten Neudruck des „Speculum medicine".[56]

Dass man auch kompilatorisch tätig war, deutet weiterer Beleg aus den Amtsrechungen an (vgl. Abb. 2):

> Johannes Meiffert, Wittenberger Amtsrechnung 17. – 23. Dezember 1497: „Item 28 gr Martinus Centzelschriber selb2r[57] mit 2 pf[erden] vorczert, alß er uß befel des lantfoits die **nawe kronicke** gen Leiptzk gefurth unde die inbind[en] lassen, pq. Lucie."[58] [Hervorhebung vom Vf.]

Eine neue Chronik musste eingebunden werden und wurde dafür nach Leipzig gebracht. Eventuell besitzt diese Chronik noch heute einen typischen Leipziger Einband.[59] Meines Erachtens ist es hoch wahrscheinlich, dass die Chronik auch in Wittenberg entstanden ist. Zwei weitere Belege helfen dabei, etwas über den Autor der Chroniken zu erfahren.

> Anton Niemeck, Wittenberger Amtsrechnung Mai 1501–Mai 1502: „Item 42 gr vor 1 buch **cornüpinn** gnant Adam Singer unnd dem poeten"[60] [Hervorhebung vom Vf.]

---

[54] Zur Einordnung der Rolle von Pollich s. jetzt Enno Bünz: Gründung und Entfaltung. Die spätmittelalterliche Universität Leipzig 1409–1539, in: Geschichte der Universität Leipzig 1409–2009, Bd. 1: Spätes Mittelalter und Frühe Neuzeit 1409–1830/31, hrsg. von dems. u. a., Leipzig 2009, S. 21–325, hier S. 253–255; für neuere Informationen zur Stellung an der Universität vgl. Beate Kusche: „Ego collegiatus" – Die Magisterkollegien an der Universität Leipzig von 1409 bis zur Einführung der Reformation 1539. Eine struktur- und personengeschichtliche Untersuchung, Teilbd. 2, Leipzig 2009, S. 725–728; für umfassende Information s. Helmut Schlereth: Martin Pollich von Mellrichstadt (geb. um 1455, gest. 1513) und sein Streit mit Simon Pistoris über den Ursprung der „Syphilis", Würzburg 2001.

[55] Arnaud war Mediziner, Artist und spanischer Hofarzt. Diverse medizinische Werke gehen auf ihn zurück darunter das „speculum medicinae". Andere gerade alchemische Werke darunter auch ein „speculum alchmiae" wurden ihm zugeschrieben. Vgl. Raoul Manselli: Art. „Arnald von Villanova", in: Lexikon des Mittelalters 1 (1999), S. 994–996.

[56] Vgl. zum Druck Bünz: Gründung (wie Anm. 54), S. 255 und Schlereth: Martin Pollich (wie Anm. 54), S. 219 f. Vier Drucke dieses Werks sind laut Inkunabelkatalog erhalten geblieben. Einer befindet sich in der UB Leipzig (Allg. Path.240), einer in der Staatsbibliothek Bamberg (Inc.typ.L.I.9) und zwei weitere in der Bayerischen Staatsbibliothek München (Sign.: 4 Inc.s.a. 1310/1 und 4 Inc.s.a. 1926).

[57] Tatsächlich steht dort „selb ii'", da bei der Edition von Rechnungen hier die römischen durch arabische Ziffern ersetzt wurden, ergibt sich diese eher ungewöhnliche Form der Auflösung.

[58] ThHStAW, EGA, Reg. Bb 2736, Bl. 59v.

[59] Antje J. Gornig vom Projekt „Ernestinisches Wittenberg" hat bei ihren Recherchen in den städtischen Kämmereirechnungen inzwischen die Erwähnung eines Wittenberger Buchbinders in der ersten Hälfte des 15. Jahrhunderts ausmachen können. Der Beleg wird im zweiten Band der Wittenberg-Forschungen veröffentlicht (vgl. Anm. 144). Um 1490 scheint es, dem oben genannten Eintrag zu Folge keine Buchbinder mehr in Wittenberg gegeben zu haben, oder ihre Fertigkeit entsprach nicht den Anforderungen. Erst im Jahr 1511 erfährt man erneut von einem Wittenberger Buchbinder, er war verhaftet worden: 13 Groschen wurden einem Boten nach Weimar bezahlt, „als der schosser m. gt. hernn underricht des gefangen buchbinders halbenn uf s. f. g. schreiben gethon"; ThHStAW, EGA, Reg. Bb 2758, Bl. 75r.

[60] ThHStAW, EGA, Reg. Bb 2741, Bl. 53r.

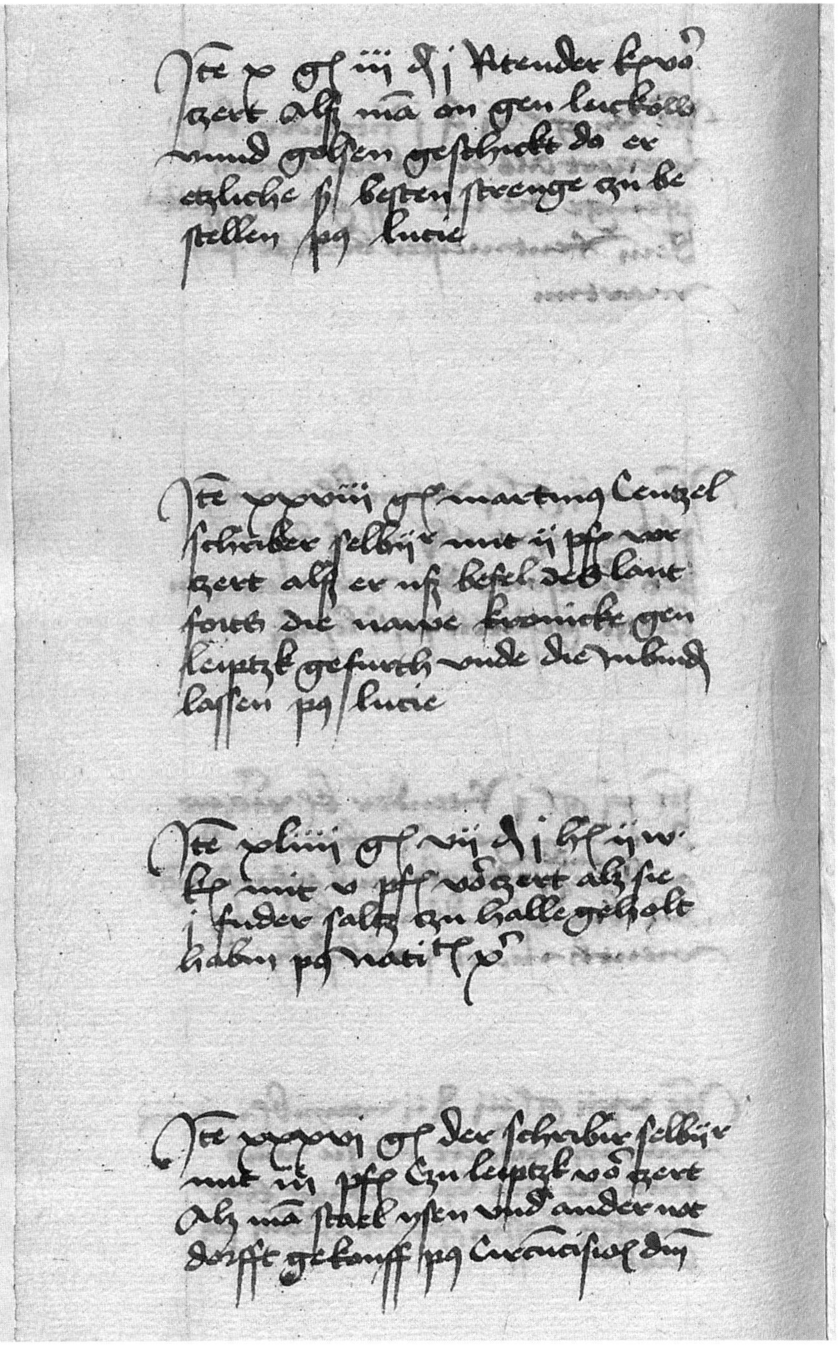

Abb. 2: *Zahlung für Botenlohn um eine „nawe kronicke" zum Einbinden nach Leipzig zu bringen, Ausschnitt aus der Wittenberger Amtsbotenrechnung 1497 (ThHStAW, EGA, Reg. Bb 2736 Bl. 59v).*

> Anton Niemeck, Wittenberger Amtsrechnung Mai 1504–April 1505: „31 gr Adam Singer von 7 sexternen, die er an der **cronicken** hat schreybenn lassen"[61] [Hervorhebung vom Vf.]

Während der dritte Beleg bekannt ist und vom Verfassen von sechs Bögen/Lagen an einer Chronik berichtet,[62] ist der zweite unbekannt und handelt von einem Buch, dass ich bisher nicht eindeutig zuordnen konnte. Es liegt die Vermutung nahe, dass Niccolò Perottis (1429–1480) „Cornucopiae" gemeint ist. Dieses 1489 in Venedig erschienene Werk stellt lexikon- bzw. „füllhornartig" berühmte Künstler der Antike vor.[63] Falls ich hier nicht falsch liege, wäre dies ein nützliches Hilfsmittel für einen Chronisten.

Mit dem Poeten wird Urbanus „Poeta" gemeint sein, der in diesem Jahr im Schloss versorgt und entlohnt wurde. Er scheint an der Schlosskirche tätig gewesen zu sein, denn er wird im Jahr 1501 durch Wolf „Organiste", also den Orgelspieler an der Schlosskirche, in den Küchenrechnungen abgelöst.[64] Vermutlich ist er identisch mit jenem Urban, der um 1505 als Doktor Kitzschers Kaplan in Wittenberg erwähnt wird und der u. a. fünf Bücher für die Schlosskirche einbinden ließ.[65] Zu dem genannten Adam Singer hat es hingegen verwechslungsreiche, musikhistorische und germanistische Studien gegeben.[66] Hier stellte besonders die Eigenart von Rechnungen, Personen nur im Kontext der ausgeübten Funktion zu benennen, ein Problem dar. Gerade zwischen Adam Singer, Adam von Fulda, Adam Renner und auch Adam Kraft von Fulda ist in älteren Werken oft nicht genug unterschieden worden.[67] Einige fantasievolle Interpretationen haben z. B. auf der Grundlage

61 ThHStAW, EGA, Reg. Bb 2744, Bl. 53v unter „Außgabe auf schrift und geheiß m[eines] g[nädig]st h[erren] die cammer belangend".

62 U. a. erwähnt bei Heidrich: Chorbücher (wie Anm. 16), S. 306; Wilibald Gurlitt: Johannes Walter und die Musik der Reformationszeit, in: Lutherjahrbuch 15 (1933), S. 11 Anm. 1.

63 Zur Einordnung vgl. Ulrich Pfisterer: Apelles im Norden, in: Apelles am Fürstenhof (wie Anm. 45), S. 9–21, hier S. 10 und S. 20 Anm. 7.

64 Urbanus wird in der Woche vom 13. September 1500 (nach Nat. Mar.) an als „Item Urbanus Poeta 3 nacht" in der Wittenberger Amtsküchenrechnung geführt, ThHStAW, EGA, Reg. Bb 2739, Bl. 27r. Noch im selben Jahr erhielt er Stoff für „rogk, hose und yopen" und 2 ß 48 gr Sold und ein Bett; vgl. ebd., Bl. 52r, 80v. Im folgenden Jahr wird er regelmäßig hinter Adam Singer in der Küchenrechnung genannt. Nach der Woche Visitationis Marie (beginnt 4. Juli 1501) während eines Aufenthalts des Grafen von Barby erscheint an seiner Stelle Wulff Organist; vgl. ebd., Bb 2741, 22r–v.

65 Unter den Schatullenausgaben 1506 in Wittenberg wird er „Urbann, doctor Kitzschers caplan" genannt, ThHStAW, EGA, Reg. Bb 4187, Bl. 15r–v. Es kann hier nicht mit letzter Sicherheit bestimmt werden, ob der Propst des Aller-Heiligen-Stifts Dr. Friedrich Kitzscher oder der Rat Dr. Johannes Kitzscher gemeint ist.

66 Vgl. für die Musikwissenschaft u. a. Wilhelm Ehmann: Adam von Fulda als Vertreter der ersten deutschen Komponistengeneration, Berlin 1936, untersucht, nicht ohne Einfluss des damaligen Zeitgeistes („musikalische Kolonisten" S. 29), vor allem kodikologische und musiktheoretische Fragestellungen und lässt den Lebenslauf, soweit er nicht aus den historisch Adam von Fulda zugewiesenen Bänden belegen lässt, außen vor. Eine Rolle als Chronist ist somit Ehmann nicht bekannt. Für die Germanistik äußert sich zusammenfassend Heinrich Hüschen: Art. „Adam von Fulda", in: Die deutsche Literatur des Mittelalters. Verfasserlexikon 1 (1978), Sp. 54–61; vgl. zudem die älteren Studien gekonnt kombinierend und zum Lebenslauf umfangreicher Gurlitt: Johannes Walter (wie Anm. 62), S. 1–112, zu Adam von Fulda S. 9–11.

67 Vgl. die kritischen Anmerkungen zum Forschungsstand bei Heidrich: Chorbücher (wie Anm. 16), S. 304–311 zu Adam von Fulda und der „Doppelmeisterproblematik" mit Adam Renner.

der Immatrikulation eines „Adam de Fulda" an der Wittenberger Universität 1502[68] Adam Singer eine Musikprofessur[69] verliehen. Dies ließ kritische Fragen aufkommen, die neuere germanistische Studien aufgreifen.[70]

Wenn wir uns an die halbwegs sicheren Angaben zu Adam Singer bzw. von Fulda halten, handelt es sich bei Adam Singer, um einen kurfürstlichen Hofmusiker, der seit den 1490er Jahren in Torgau belegt ist.[71] In Wittenberg hatte jener – in den Akten des Amtes durchgängig als Adam Singer bezeichnete Mann – dann nicht (nur?), wie dies die Benennung vermuten lässt, eine musikalische Funktion. Er hatte auch den Auftrag erhalten „alte historien croniken und geschichten" zu erkunden.[72] In der Hauptstadt des Kurkreises ist er nach den üblichen Angaben 1497 zu finden. Sein Todesdatum wird 1505 oder 1506 angegeben.

Die eben gezeigten Rechnungseinträge bestätigen meines Erachtens die Rolle Adam Singers als Chronisten. Aber es gibt noch einen weiteren Bereich, in den Amtsrechnungen Licht bringen können. So ist es aus historischer Sicht unerfreulich, wenn man Werke kennt, ihnen aber keinen sicher identifizierbaren Autor mit nachvollziehbarem Lebensweg zuordnen kann und so der Wirkungskreis unbekannt bleibt. Hier kann man die in den Nebenresidenzen geführten Küchenrechnungen der Ämter heranziehen. In Wittenberg bieten diese bis 1516 Auskunft über die wöchentlichen Kosten der Schloss- oder Amtsküche. Aus ihnen kann man nicht nur kulturgeschichtlich Interessantes zum Lebensmittel- oder Bierverbrauch ableiten, sondern mit relativ großer Genauigkeit auch Aussagen zum Aufenthaltsort von Personen treffen.[73] Der Amtsschreiber führte Buch über jene Personen,

---

68 Album Academiae Vitebergensis (wie Anm. 34), S. 2: Adam steht zwischen den Studenten, hinter einem Universitätsnotar und ohne weiteren Kommentar oder Titel, die sonst bei den anderen Lehrkräften zu finden sind.

69 Derartige Interpretationen sind bis in den Artikel des Verfasserlexikons vorgedrungen; vgl. Hüschen: Adam von Fulda (wie Anm. 66), Sp. 54. Daher ging Heidrich: Chorbücher (wie Anm. 16) in der Quellenkritik so weit, eine Überarbeitung des Artikels im Verfasserlexikon des Mittelalters anzuraten.

70 Vgl. vor allem: Der gute Gerhart Rudolfs von Ems in einer anonymen Prosaauflösung und die lateinische und deutsche Fassung der Gerold-Legende Albrechts von Bonstetten. Nach den Handschriften Reg. O 157 und Reg. O 29a und b im Thüringischen Hauptstaatsarchiv Weimar, hrsg. von Rudolf Bentzinger, Berlin 2001 – ein herzlicher Dank für den Hinweis auf diese Quellenedition gilt Anke Neugebauer (Halle/ Wittenberg).

71 Vgl. Hüschen: Adam von Fulda (wie Anm. 66), S. 54; vgl. u. a. auch die Besoldung 1493 auch ThHStAW, EGA, Reg. Bb 4147, Bl. 67r.

72 S. Gerhart Rudolfs (wie Anm. 70), S. 15, Anm. 48, mit weiterer Literatur. Nach einem Missivenregister von 1492 erhielt er am 12. März 1492 (Montag nach Invocavit) einen offenen Brief des Kurfürsten: „Adam Singer eynen gemeinen offenbriff gegeben, sich daruff in etlichen clostern, stifften und andern enden, da er sich hin fugen sol umb alte historien, croniken und geschichten zuerkunden und wo er die funde abcz[u]schreiben und meym gnedigsten hern zu zubrengen"; Randvermerk: „princip." für den Fürsten als Verfasser, ThHStAW, EGA, Kopial F 20, Bl. 20r.

73 Zur Auswertung von Küchenrechnungen vgl. Manfred Straube: Handel und Verbrauch von Nahrungsmitteln im Umfeld Martin Luthers, in: Fundsache Luther. Archäologen auf der Spur des Reformators. Begleitband zur Landesausstellung Fundsache Luther. Archäologen auf den Spuren des Reformators im Landesmuseum für Vorgeschichte, hrsg. von Harald Meller, Halle/Saale 2008, S. 277–298; vgl. zur Entwicklung der Rechnungsgattung Brigitte Streich: Vom Liber computacionum zum Küchenbuch. Das Residenzenproblem im Spiegel der wettinischen Rechnungen, in: Vorträge und Forschungen zur Residenzenfrage, hrsg. von Peter Johanek, Sigmaringen 1990, S. 121–146.

die neben dem Gesinde von der Schlossküche versorgt wurden, wie das folgende Beispiel zeigt (vgl. Abb. 3).

> Johannes Meiffert, Wittenberger Amtsküchenrechnung der Woche nach Omnium Sanctorum (5.–11. November) 1497: „daz teglich gesinde, It[em] den lantfoit selb4e[74] mit 4 pf[erden] 1 nacht, It[em] Hogenest mit 1 pf[erd] 1 nacht, It[em] 2 waynk[nechte] mit 4 waynpf[erden] von Beltitz [= Belzig] 1 nacht, It[em] Cristoff Renner selb3te mit 3 pf[erden], It[em] Claus Bildesnitz[er] selb2r, Ite[m] **Adam Singer**, It[em] 8 st[ein]metzen, It[em] 1 hutten junge, It[em] 10 czime[r]lute uff der bruck, It[em] 2 tissche[r], Ite[m] 16 tagelon[er] kalg gesatzt, Item Hans Ulno, Item 3 smide, It[em] 2 karn jungen alle die woche, It[em] 2 waynk[nechte] mit 4 pf[erden] von der Locho [= Lochau] 1 nacht."[75] [Hervorhebung vom Vf.]

Hier gilt unser Augenmerk dem mittleren Teil der Liste. Dort erscheint hinter Claus Bildschnitzer bzw. Heffner[76], der in diesem Jahr auch an den steinernen Wappen im Schloss arbeitete, der genannte Adam Singer. Anhand solcher Belege kann man nachvollziehen, dass Singer von Lochau[77] über Torgau[78] in der Woche vom 10. September 1497 (Woche nach Nativitatis Mariae) nach Wittenberg kam.[79] Bis zu seinem Tod 1505 kann man ihn fast durchgängig in Küchenrechnungen im Schloss an der Elbe nachweisen.[80] Lediglich kleine

74 Dort steht „selbiiii[e]" für selbviert (die genannte und drei weitere Personen). Da arabische Zahlen bei der Transkription von Rechnungen üblich sind, wurde hier die oben gezeigte Form gewählt.

75 ThHStAW, EGA, Reg. Bb 2736, Bl. 36v.

76 Zur bisher unterschätzten Rolle Heffners beim Schlossbau vgl. Anke Neugebauer: Am Anfang war die Residenz – Forschungen und Perspektiven, in: Wittenberg Universität (wie Anm. 5), S. 82–92.

77 Singer ist zumindest in der Rentamtsrechnung von Montag Pauli Conv. (= 25. Januar) bis Exaudi (15. Mai) 1496 in Lochau belegt. Dort bezieht er, wie eine Rechnung belegt, größere Mengen an Papier, s. ThHStAW, EGA, Reg. Bb 4147, Bl. 413r: „12 ½ gr fur 5 bücher real pappir Adam singer gein der Lochaw gesant".

78 Gegen Ende des Jahres 1496 weilt Singer dann in Torgau, s. ThHStAW, EGA, Reg. Bb 4147, Bl. 463v: „2 ß 27 gr an 7 gulden magistro Pasca zcallt zu Torgaw montag nach Galli nemlich 2 guldin fur ein coralein, 2 gulden fur Hennslin Narren und 3 guldin fur Adam Singer"; Ehmann: Adam von Fulda (wie Anm. 66), S. 31, meinte über die Verwendung des gleichen Papiers wie in der Kanzlei, eine Verbindung nach Torgau belegen zu können.

79 ThHStAW, EGA, Reg. Bb 2736, Bl. 30v.

80 Hier sei nur als Beispiel das Rechnungsjahr 1498/99 ausgeführt: „Item Adam Singer" wurde vom 29. April 1498 an (Misericordias domini) bis in die Woche ab 29. Juli 1498 (nach Jacobi) nach dem Landvogt und vor den Steinmetzen und Claus Bildschnitzer in der Küchenrechnung geführt, vgl. ThHStAW, EGA, Reg. Bb 2737, Bl. 16r–24r. In der Woche 5.–11. August 1498 (nach Petri ad vincula) fehlt Singer und wird erst in der Folgewoche wieder mit einem Pferd geführt, vgl. ebd., Bl. 25r–v. In der Woche nach Thome (ab 23. Dezember 1498) war Adam Singer mit einem Pferd für drei Nächte anwesend, fehlte dann in den folgenden Wochen nach Weihnachten, vgl. ebd., 38v. Erst Anfang Februar erscheint der Sänger wieder (Woche Purificatio) in Wittenberg mit einem Pferd für vier Nächte (vmtl. ab dem 6. Februar 1499), vgl. ebd., Bl. 42v. In den folgenden beiden Wochen wurde der Sänger für jeweils fünf Tage mit einem Pferd versorgt, vgl. ebd., Bl. 43r–v. In der Woche vom 24. Februar–2. März 1499 verköstigte man Singer die ganze Woche, vgl. ebd. Bl. 44v. Vom 2. März bis zum 7. April ist Singer andernorts zu suchen. Er ist offensichtlich in dieser Woche mit anderen Sängern nach Weimar unterwegs gewesen: Laut Nachreiserechnung hat ein Wagenknecht mit vier Wagenpferden 14 gr 4 d 1 h verzehrt, als er von Weimar „wedir her hem gefaren do er die singer von Torgow hinuff gefurth, p[ost] q[uem] reminiscere", vgl. ebd., 63r. In der Woche Quasimodogenito (7. März 1499) erschien Adam Singer wieder in der Wittenberger

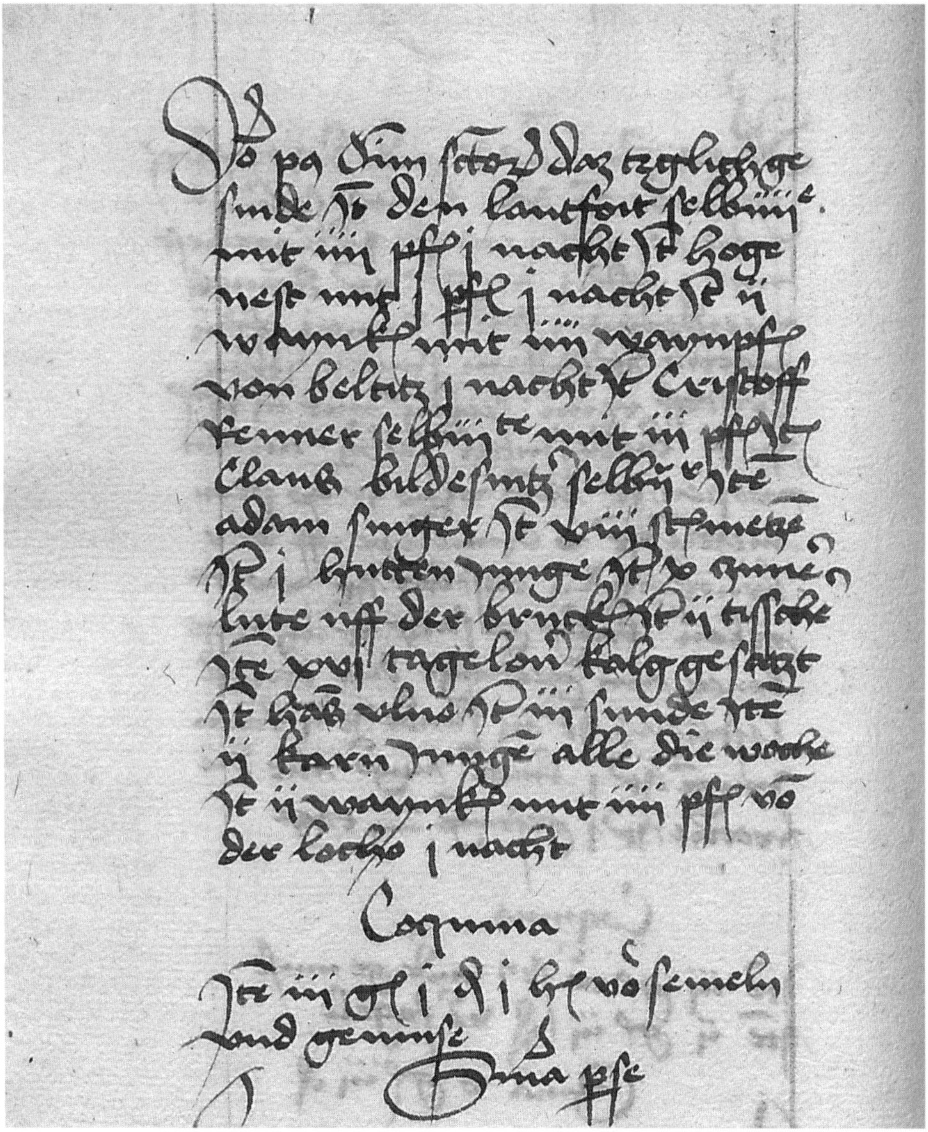

Abb. 3: *Von der Wittenberger Amtsküche versorgte Personen in der Woche nach Omnium Sanctorum 1497, unter ihnen Adam Singer, Ausschnitt der Wittenberger Amtsküchenrechnung (ThHStAW, EGA, Reg. Bb 2736 Bl. 36v).*

Küchenrechnung und ist bis zum 27. April dort zu belegen, er fehlt lediglich an zwei Tagen in der Woche. Mis. Dmn. 1499, vgl. ebd., 48v.

Ausflüge waren z. B. im Jahr 1500 zur Hochzeit Herzog Johanns nach Torgau möglich.[81] Diese Feststellung wird auch davon nicht angefochten, dass Adam Singer seinen Sold zum Teil aus dem Amt Lochau bezog.[82] Dieses Geld ließ sich viel leichter transportieren als die täglichen Rationen aus der Wittenberger Amtsküche. Ab 1499 erhielt Adam dann auch Gehalt und 1501 Hofkleidung aus dem Wittenberger Amt.[83] Der ‚Hofhistoriograph' Singer arbeitete also seit 1497 im Wittenberger Schloss. Somit wäre er der bedeutendste Kandidat, von dem jene „nawe kronicke" stammen könnte, die man 1497 zum Binden nach Leipzig brachte. Im Schloss konnte er zudem kurz nach Gründung der Universität Kontakt zu anderen Gelehrten aufnehmen. So ist es denkbar, dass er ab 1504 u. a. die Bekannten des „welschen malers" Jacopo de Barbari – einem Vorgänger Lucas Cranachs als Hofmaler – kennen lernte.[84] Dem Künstler hatte man im Schloss eine Stube zugewiesen und richtete für den Italiener und seine Gäste die Küche aus.[85] Unter diesen Gästen befanden sich u. a. der Jurist Petrus Thomai aus Ravenna, sein Sohn Vincentius (im Jahr 1504 Rektor der Universität) und der Drucker und Humanist Nicolaus Marschalk.[86] Solch bedeutende Gelehrte brachten auch ihre eigenen Bücher mit nach Wittenberg; für Ravennas Buchbestellungen gab der Kurfürst sogar Geld aus der eigenen Schatulle.[87] In das Jahr 1504 fällt auch die ers-

---

81 Nach einem kurzen Hoflager des Herzogs von Lüneburg mit dessen Gemahlin und Herzog Albrecht von Mecklenburg in Wittenberg fehlt Singer. Er reiste offensichtlich mit den anderen Gästen zur Hochzeit am 1. März 1500 (Esto michi) von Wittenberg nach Torgau, vgl. ThHStAW, EGA, Reg. Bb 2738, Bl. 46r. Auf einem geliehenen Pferd kehrte der Sänger in der Woche nach Reminiscere zurück: „3 gr 3 d 1 boten er hat 1 pferdt, doruff Adam singer von Torgo her ap geritten, wieder hin uff czu reiten, pq. Reminiscere", vgl. ThHStAW, EGA, Reg. Bb 2738, Bl. 72r; vgl. zur Hochzeit Carl August Hugo Burkhardt: Die Vermählung des Herzogs Johann von Sachsen: 1.–5. März 1500, in: Neues Archiv für sächsische Geschichte 15 (1894), S. 283–298.

82 Vgl. dazu Gurlitt: Johannes Walter (wie Anm. 62), S. 10; vgl. ThStAW, EGA, Reg. Bb 4147, Bl. 391r für 1496.

83 Zum ersten Mal belegt 1499: „7 ß 52 gr 4 d 1 h Adam Singer solt uff 3 virtel Jahrs" (10 ß 30 gr im Jahr 1501), außerdem erhielt er ein Schwein aus der Amtswirtschaft, s. ThHStAW, EGA, Reg. Bb 2738, 56r, 119v; 1501: ebd., Bb 2741, Bl. 54r; 1503: ebd., Bb 2742, Bl. 52v; 1504: ebd., Bb 2744, Bl. 53v. Visitationis Mariae 1501 erhielt Adam Singer auf Befehl des Kurfürsten eine Sondervergütung von 3 ß 30 gr. Auch ein Hofgewand von fünf Ellen lundisch, anderthalb Ellen mechelisch Tuch sowie aus Barchent im Wert von 2 ß 17 gr erhielt er das erste Mal 1501, s. ebd., Bb 2741, Bl. 53r, 54r. Im Jahr 1498 erhält Singer Geld für zwei Hofgewänder aus der Rentamtskasse: „10 fl 10 gr Adam Singer zcalt fur 2 hofgewant Michaelis im 98ten".

84 Vgl. zur Rolle von Barbari jetzt Beate Böckem: Jacopo de' Barbari: Ein Apelles am Fürstenhof, in: Apelles am Fürstenhof (wie Anm. 45), S. 23–33. Die Dissertation von Böckem zum Hofmaler Barbari ist im Druck.

85 Ein Kachelofen wurde 1504 und in den folgenden Jahren in des „welsschenn malers stublein" gesetzt, vgl. ThHStAW, EGA, Reg. Bb 2746, Bl. 90v.

86 Diese Angaben gehen auf ein Küchenregister zurück, das nur teilweise von Bruck ediert wurde, vgl. Bruck: Friedrich der Weise (wie Anm. 15), S. 287 f.; ThHStAW, EGA, Reg. Bb 2745: „Cüchenregister des wellischen malers von montage nach Jacobi biß uf Martini anno 1504" (9 Blatt). Eine Edition ist im Rahmen der Dissertation von Beate Böckem (Basel) geplant.

87 In der Schatullen- und Rentamtsrechnung lassen sich entsprechende Ausgaben belegen. So zahlte der Kurfürst am 2. Juni 1505 (Montag vor Erasmi) Geld für mehrere Bücher, die Wolfgang Reißenbusch, damals noch Magister an der Universität, für den Juristen Ravenna besorgt hatte: „4 fl 1 gr fur etzlich bucher fur Ravenati tataretnn [!] und aurea apostula seyn Reysenbusch geantwort laud einer zcettel"; ThHStAW, EGA, Reg. Bb 4187, Bl. 22r. Seit 1502 lassen sich zudem in den Rentamtsrechnungen Belege für den Einkauf von theologischer, vor allem jedoch juristischer Literatur für

te bedeutende, testamentarische Stiftung von Büchern an den Kurfürsten. Der Meißner Domherr und sächsische Adelige Thamo Loeser stiftete zahlreiche „theologische, juristische und philosophische Werke", die vermutlich dem Chronisten zur Verfügung gestanden haben. Reste dieser Bände haben sich später in der „Electoralis" nachweisen lassen.[88]

Spätestens zwischen Mai 1502 und Mai 1503 wurde Adam Singer nicht nur im Schloss sondern auch in der Elbestadt selbst heimisch. In diesem Zeitraum heiratete der Hofangehörige eine Wittenbergerin. Dies erfahren wir aus einem häufig ignorierten Teil der Amtsrechnungen, jenem Teil, der sich mit den Einnahmen und Ausgaben der Naturalwirtschaft befasst. Dort findet man, wenn man bei einem großzügigen Herren wie Friedrich dem Weisen im Dienst stand, auch jene Geschenke, die der Hof machte, wenn ein Hofangehöriger heiratete. So wurden vier Scheffel Korn, 1¼ Fass Bier, ½ Seite Speck, ein ¾ Rind und anderthalb Schweine „Adam Singer uf die hochzceit" vermacht.[89]

Trotz eigenem Hausstand erhielt Adam Singer nach wie vor Vollverpflegung aus dem Amt und wurde ab dem Jahr 1503 sogar unter dem ständig anwesenden Gesinde des Schlosses geführt.[90] Sein Arbeitsweg war nicht weit. Er wohnte den Angaben nach, die ich Insa Christiane Hennen und Elgin von Gaisberg[91] vom Projekt Ernestinisches Wittenberg verdanke, in einem kleinen Haus in der Schlossstraße (Coswiger Viertel 10), das wohl heute

die Wittenberger Professoren finden; vgl. ThHStAW, EGA, Reg. Bb 4175, Bl. 108v; ebd., Bb 4180, Bl. 25r; ebd., Bb 4183, Bl. 18v, 20v, vgl. auch Buchwald: Wittenbergisches (wie Anm. 26), S. 60. Auch der Dekan der Wittenberger Artisten Ambrosius Vollandt brachte 1502 seine Bücher mit: „8 fl 13 gr Umbhawen zcalt, furlon von 5 fassen mit büchern gein Liptzk, gehorn doctor Ambrosio Valentini"; Schirmer: Staatsfinanzen (wie Anm. 6), S. 312 Anm. 774; ThHStAW, EGA, Reg. Bb 4180, Bl. 25v.

88 Vgl. Mylius: Memorabilia (wie Anm. 13), S. 2, 26. Mit nicht wirklich überzeugenden Argumenten stellt sich Hildebrandt: Schloss- und Universitätsbibliothek (wie Anm. 14), S. 115 f., gegen die Aufnahme dieser Stiftung in die Wittenberger Bibliothek vor 1512. Dabei zweifelt Hildebrandt sogar Einträge in Jenaer Beständen an, die auf den Eingang der Stiftung verweisen, da die Einträge nicht von Spalatins Hand stammen. Es ist anzumerken, dass die finanziellen Einkünfte aus der testamentarischen Stiftung Losers bereits in der Wittenberger Festordnung von 1508 an Magister Sebastian Küchenmeister im Aller-Heiligen-Stift ausgeteilt wurden. Eine gezielte Stiftung an die, 1508 in die Universität inkorporierte Schlosskirche wäre also auch für den Bücherbestand denkbar; vgl. u. a. dazu Adolf Aber: Die Pflege der Musik unter den Wettinern und wettinischen Ernestinern. Von den Anfängen bis zur Auflösung der Weimarer Hofkapelle 1662, Leipzig 1921, S. 45 f.; nach ThHStAW, EGA, O 159, Bl. 106 ff.

89 ThHStAW, EGA, Reg. Bb 126, Bl. 3v, 6v, 8v, 11v, 12v. Die Detailrechnung des Amtes ist leider nicht erhalten. Lediglich die Gegenrechnung der Ämter am Hof kann hier herangezogen werden. Ansonsten könnte man sogar das Datum der Heirat bestimmen.

90 ThHStAW, EGA, Reg. Bb 2742, Bl. 1v.

91 Vgl. zur Methode der Auswertung der städtischen Schossbücher in den Kämmereirechnungen Insa Christiane Hennen: Universität und Stadt: Einwohner, Verdichtungsprozesse, Wohnhäuser, in: Wittenberg Universität (wie Anm. 5), S. 135–145, und Elgin von Gaisberg: Die Stadt als Quelle: Bildliche Überlieferung und baulicher Bestand, in: ebd., S. 30–48; vgl. auch Monika Lücke: Versuch einer Vermögenstopographie für die Stadt Wittenberg in der ersten Hälfte des 16. Jahrhunderts, in: Die Sozialstruktur und Sozialtopographie vorindustrieller Städte. Beiträge eines Workshops am Institut für Geschichte der Martin-Luther-Universität Halle-Wittenberg am 27. und 28. Januar 2000, hrsg. von Matthias Meinhardt, Berlin 2005, S. 247–262.

nicht mehr existiert und sich westlich der Schlossstraße 4 befand (Abb. 4).[92] Hier sind es die städtischen Kämmereirechnungen, die uns jene Aussagen ermöglichen.

Bereits im Dezember 1503 war Adam Singer so schwer erkrankt, dass der Kurfürst ihm von Torgau aus sechs Gulden für die Auslagen an Ärzte und Apotheker sandte.[93] Etwa ein Jahr später, kurz vor dem 26. Januar 1505, starb Singer. Es mag sein, dass er schon geschwächt war, als die ersten Ausläufer der im Sommer 1506 grassierenden Pest Wittenberg erreichten. Sicher ist, dass in diesem Winter mehrere Schlossangehörige zu Grabe getragen wurden; neben dem Sänger, verstarben auch ein Orgelmacher und ein Wagenknecht. Zu ihren Begräbnissen stiftete das Amt Wittenberg sieben Pfund Wachs für Kerzen – dies ist die letzte Nachricht, die uns die Rechnungen zum Leben Adam Singers in Wittenberg bieten.[94]

Länger lässt sich indes seine Witwe nachweisen. Sie sollte ihm nicht bereits 1513 in den Tod folgen, wie Wilibald Gurlitt behauptete,[95] sondern sie heiratete erneut, wie Spenden des kurfürstlichen Amtmanns zur Hochzeit belegen.[96] Offensichtlich war ihr Mann erneut ein Sänger aus der kurfürstlichen Cantorei nämlich Hermann Baumgarten[97], denn dieser erscheint als neuer Schosszahler auf ihrem Grundstück. Es scheint sogar, dass die Musik(er)-liebende Wittenbergerin auch diesen Ehemann überlebte. Denn 1523 erscheint eine „Hermann Sengeryn“ als Besitzerin des besagten Grundstücks in den städtischen Kämmereirechnungen.

Nach dem Tod Adam Singers wurde die Stelle des Hofchronisten offensichtlich durch Heinrich von Bünau dem ‚schwarzen Abt‘ von Sponheim Johannes Trithemius (1462–

[92] Gurlitt: Johannes Walter (wie Anm. 62), S. 11, spricht von „in der Schloßgasse am Markt zur Linken“ und identifiziert diesen Ort mit der Schloßstraße 5. Nach den Zusammenstellungen aus den Kämmereirechnungen von Insa-Christian Hennen bewohnte Adam Sänger eine nicht brauberechtigte Bude zwischen den größeren Grundstücken von Peter Pannickow und Bartel Schmidt, s. u. a. RatsA Wittenberg, KR 1504, Bl. 3r. Im 17. Jahrhundert erhielt das Grundstück die Nummer: Coswiger Viertel 10. Diese ist nach den Rekonstruktionen von Elgin von Gaisberg vermutlich mit der heutigen Brache zwischen Schlossstraße 4 und 6 zu identifizieren.

[93] In der Rechnung der Kammer unter der allgemeinen Ausgabe zum 20. Dezember 1503: „6 fl Adam Singer dy im m[ein] g[nädiger] hern zcu stewer inseiner kranckhayt, zcu Thorgaw am abent Thome uf bevelh Pf[effingers] Balthasar Trumeter geantwort“; ThHStAW, EGA, Reg. Bb 4185, Bl. 54r.

[94] In der Wachsrechnung ist notiert: „7 lb zcur bestetunghe Adam Syngers unde des orgelmacher ouch eynn wagen knecht uffem slosse Lampraecht genannth“, ThHStAW, EGA, Reg. Bb 2744, Bl. 130v. Der Todeszeitpunkt ergibt sich aus der Küchenrechnung. Von der Woche nach Pauli Conversionis an führte man Claus Bildschnitzer und Adam Singer nicht mehr im Gesinde: „es hat sich das tegellich gesinde, do Adam Singer gestorbenn unnde Claus Bildenschnittzer ouch abgethonn genyderth, unde ist blibenn 210 personen, do. post Pauli conversionis“; ebd., Bl. 14v.

[95] Gurlitt: Johannes Walter (wie Anm. 62), S. 11.

[96] In der Bierausgabe des Amtes Mai 1512 bis 1513: „1 fas uff bevelh m. gst. h. der Adam Sengerin zcur hochtzeit“, ThHStAW, EGA, Reg. Bb 2760, Bl. 114r.

[97] Baumgarten wurde von Gurlitt: Johannes Walter (wie Anm. 62), S. 11, als ein seit 1511 in der Kantorei belegter Sänger identifiziert, was noch einmal zu prüfen wäre.

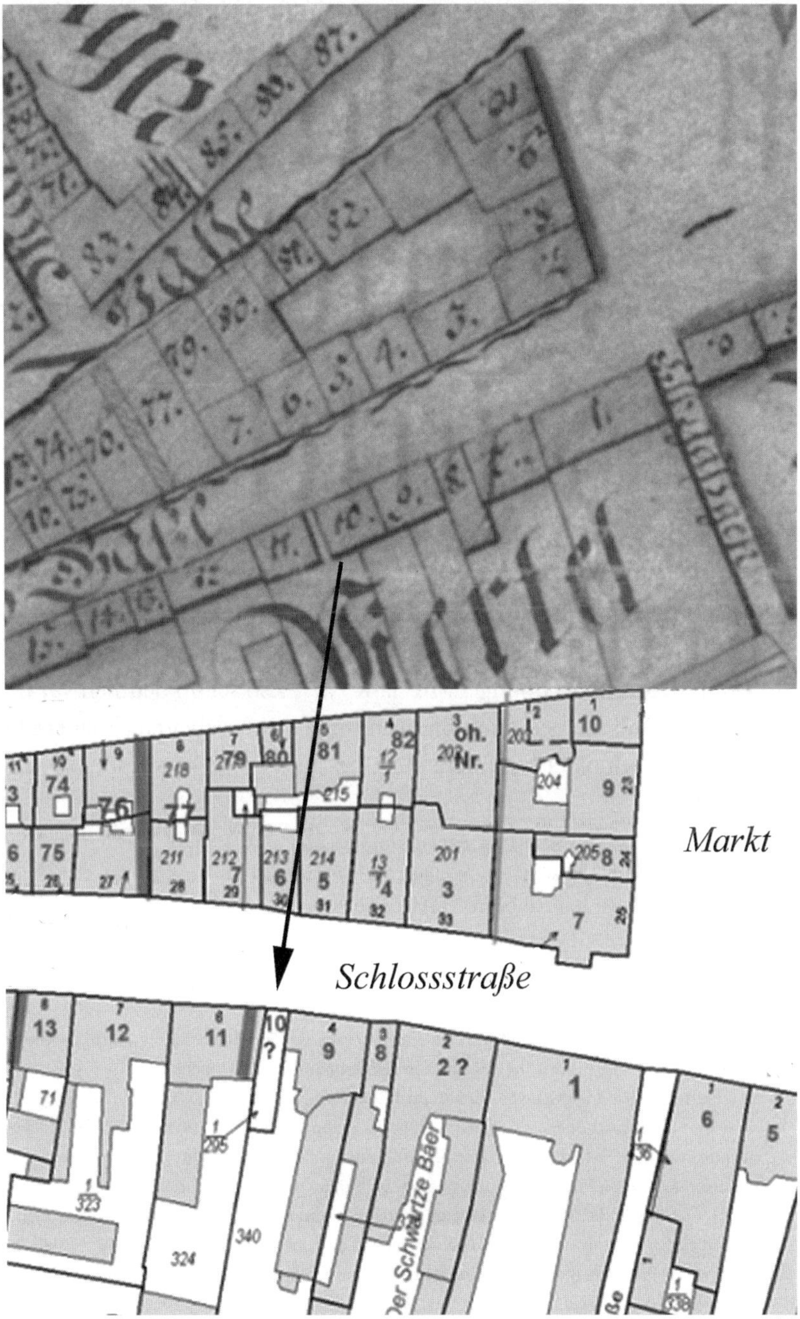

Abb. 4: *Vermuteter Wohnort der Adam Sengerin (1503) und Hermann Sengerin (1523), Kompilation (Elgin von Gaisberg/Insa-Christiane Hennen: Bearbeitete Katasterkarte von Wittenberg; Städtische Sammlungen Wittenberg, Ratsarchiv, Nr. 60, Stadtplan 1742).*

1516)[98] angeboten, wie ersterer in seinen Schriften berichtete.[99] Im Einzelnen wäre dessen Wirken, das ihn wohl nicht nach Wittenberg führte, u. a. mit den Beständen der „Electoralis" zu prüfen. Meines Erachtens haben wir es bei Adam Singer nicht mit einem Sänger zu tun, der ein historiographisches Hobby betrieb, sondern mit dem Vorgänger Georg Spalatins als Hofhistoriograph. Allerdings ist er ein Vorgänger, der seinen Nachlass nicht dem Kurfürsten vermachte. So verblieben nur noch einzelne Belege in Rechnungsbüchern.

6. „Vom Studiorum zur Liberey" – Vorgänger von Spalatins Bibliothek in Wittenberg

Doch damit erschöpft sich die Aussagekraft der Amtsrechnungen nicht. Bauten, die vom Kurfürst angeordnet und bezahlt wurden, sind üblicherweise nicht von der zentralen Rentkammer verwaltet worden.[100] Bei zahlreichen parallelen Bauunternehmungen, wie sie Friedrich der Weise in Torgau, Colditz, Lochau und auch Wittenberg leitete, war es sinnvoll, die Details von dem vor Ort ansässigen Amtmann oder Schösser erledigen zu lassen. Aus diesem Grund finden sich Abrechnungen zur lokalen Bautätigkeit des Landesherren, so auch zu Pulten für Bibliotheken, in den Ausgaben zur „Erhaltung der Gebäude des Hofes" in den Amtsrechnungen. Im Jahr 1507, also schon deutlich vor der Anstellung Spalatins in Wittenberg, berichten Baurechnungen von Arbeiten an einem Studiorum in einer Hofstube des Schlosses (vgl. Abb. 5).

> Anton Niemeck, Wittenberger Amtsrechnung Mai 1506 – April 1507: „12 gr Bartel Tisscher von 1 große[n] thure[n] vor das ey[n]e gewelbe, 1 thure[n] zu bessern, vor 1 tisch unde **1 banck ins studor[u]m** in der hoffestubenn."[101] [Hervorhebung vom Vf.]

---

[98] Klaus Arnold: Johannes Trithemius (1462–1516), 2., bibliogr. und überlieferungsgesch. neu bearb. Aufl., Würzburg 1991, bietet vor allem eine Einbettung des Abtes in sein humanistisches Umfeld.

[99] Vgl. Gustav Bauch: Heinrich von Bünau, in: Neues Archiv für sächsische Geschichte 26 (1905), S. 58 f.: „quod tua serenitas a me consumari desidert historiam des gestis Saxonum, quam Adam de Fulda olim inchoavit, sed morte praeventus non complevit" (Trithemius, Opera II, 518); darauf aufbauend Gurlitt: Johannes Walter (wie Anm. 62), S. 10, und Hüschen: Adam von Fulda (wie Anm. 66), Sp. 55; hingegen berichtet Arnold: Johannes Trithemius (wie Anm. 98), S. 61, 70, 84, nur von der Freundschaft zwischen Trithemius und Heinrich von Bünau, der bei einem Besuch den Sponheimer Bibliothekskatalog mit 1500 Titeln ‚auslieh' und bis zu seinem Tod nicht zurückgab. Lediglich ein Brief an Bünau und ein Brief an Friedrich den Weisen sind gedruckt, vgl. ebd., S. 268, 276; vgl. zum Katalog auch Bauch: Heinrich von Bünau (s.o.), S. 47 f., 62.

[100] Die detaillierten Baurechnungen wurden vor Ort geführt und am Hof beim Rentmeister abgerechnet. Erhalten haben sich meist nur einzelne Jahrgänge solcher oft auf die Wochen genau geführten Abrechnungen, so u. a. im Thüringischen Hauptstaatsarchiv die Reg. S. In der Rentamtskasse sind hingegen nur die Überweisungen an das jeweilige Amt, größere Bestallungen und Materiallieferungen, soweit diese aus der Zentralkasse gezahlt wurden, zu finden.

[101] ThHStAW, EGA, Reg. Bb 2748, Bl. 76v.

> Anton Niemeck, Wittenberger Amtsrechnung 7./21. März (nach Oculi und Judica) 1507: „40 gr Bartel Schober eynn mewrer, er hat 3 steine[n] thuren vorandert unnde von entzeler erbeit, unde 3 tage am **studorium in der hofestuben** [...]."[102] [Hervorhebung vom Vf.]

Ob wir es hier mit einem privaten Studienraum oder einer neuen Bibliothek zu tun haben bleibt vorerst unklar. Es ist jedoch darauf hinzuweisen, dass im Rahmen der Universitätsgründung auch im Franziskanerkloster noch 1504 auf Kosten der Amtskasse ein „studorium" eingerichtet[103] und zugleich an den Häusern der führenden Professoren gearbeitet wurde.[104] Wichtig ist jedoch, dass die „hofstuben" im Schloss weiter mit ähnlichen Funktionen belegt sein sollten.

Eine universitäre Nutzung des Schlosses und der Hofstuben ist für das Jahr 1511 belegt.[105] Im Wintersemester dieses Jahres immatrikulierten sich die jungen Herrn von Braunschweig, die Herzöge Otto I. (1495–1549) und Ernst I. von Braunschweig und Lüneburg (1497–1546) an der Universität. Zusammen mit mehreren meißnischen und fränkischen Adligen[106] bezogen sie freilich nicht das Kollegium, sondern weilten mit ihrem Präzeptor Egbert Nithart, einem aus Minden stammenden Rostocker Magister, im Schloss.[107] Als zweiten Präzeptor nimmt Irmgard Höss den Humanisten Spalatin an, da dieser bereits am 21. Oktober einen Brief von Christoph Scheurl erhielt, in dem ihm zum neuen Tätigkeitsfeld Glück gewünscht wurde.[108] Tatsächlich sind „m[eine] g[nädigen] junge[n] herrn von Brunschwigk selb12", das erste Mal in der Woche nach Mauritius in Wittenberg anzutreffen.[109] Eventuell kamen sie gemeinsam mit Kurfürst Friedrich und Herzog Johann in der Woche zuvor am Freitag, dem 25. September 1511 in Wittenberg an.[110] Nachdem die sächsischen Herzöge abgezogen waren, blieben die jungen Braunschweigischen Herren mit zehn nicht genannten Begleitern bis zum Ende der Woche. Erst im folgenden Jahr nach

---

102 Ebd., Bl. 77r.

103 ThHStAW, EGA, Reg. Bb 2744, Bl. 99r.

104 U. a. am Haus von „doctor Wulffgange" Stähelin, ebd., Bl. 98v–99v.

105 Vgl. Walter Friedensburg: Urkundenbuch der Universität Wittenberg, Bd. 1: 1502–1610, Magdeburg 1926, S. 62, Nr. 32 vom 27. September 1511.

106 In der Matrikel folgen auf die Herzöge mit dem Zusatz „familiares eorundum: Joannes de Hirsfeldt Nobil: Misnen. dyoc., Thedelo de Hanstedt: Nobilis: Mindensis dyocesis, Hugoldus alias Haubold Pflugk Nobilis: Misnen. dyoc., Heinricus de Lindenaw Nobilis Merssburgen. dyoc., Hector de Hesperck Nobilis Herbipolen. dyoc." und nicht als adelig aber als zur ‚familia' gehörig gekennzeichnet ein Bekannter Spalatins „Heinricus Appollonius de Hohenkirchen Maguntien. dyoc.", Album Academiae Vitebergensis (wie Anm. 34), S. 38; vgl. dazu Höss: Spalatin (wie Anm. 22), S. 35 Anm. 29, S. 61–65. Vgl. jetzt auch Gerrit Deutschländer: Dienen lernen, um zu herrschen. Höfische Erziehung im ausgehenden Mittelalter (1450–1550), Berlin 2012, S. 303 f.

107 Vgl. ebd. und zur akademischen Laufbahn von Nithart: Art. „Egbert Nytert (ID: 1558461067)", in: RAG – Repertorium Academicum Germanicum: www.rag-online.org (Abgerufen: 22.09.2011).

108 Höss: Spalatin (wie Anm. 22), S. 61 f.

109 ThHStAW, EGA, Reg. Bb 2758, Bl. 38v.

110 Ebd., Bl. 38v.

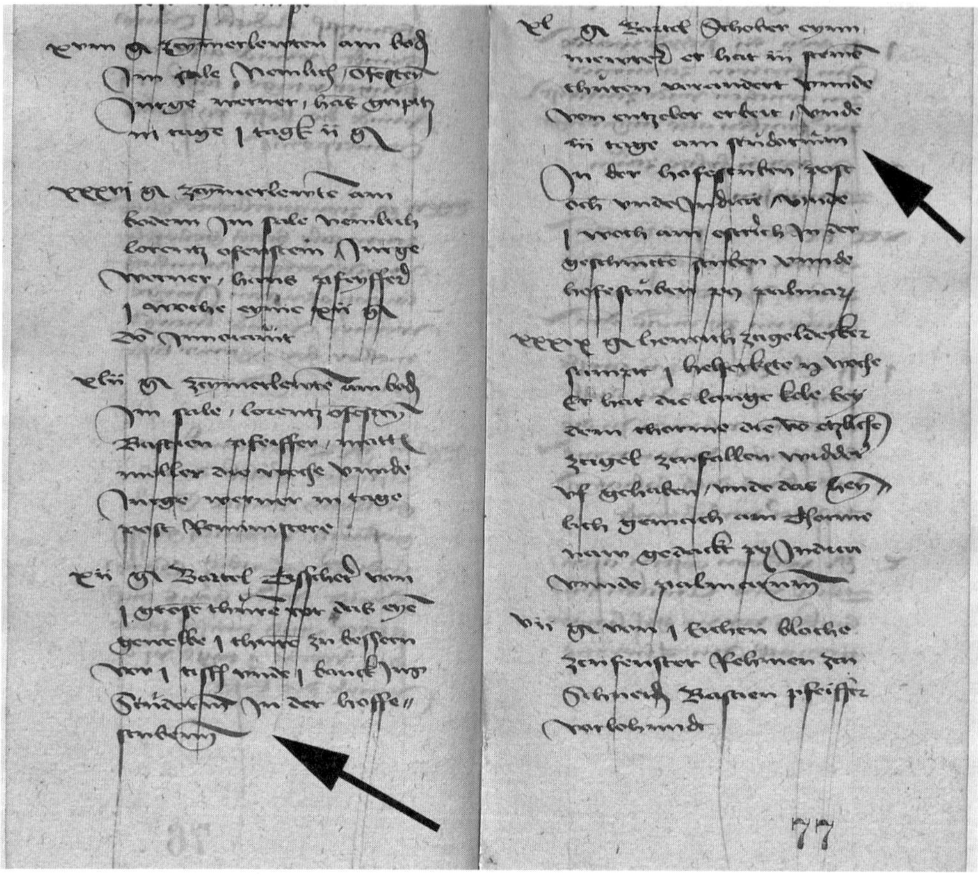

Abb. 5: Zwei Belege eines „Studorium" in der Hofstube des Wittenberger Schlosses, Auszug aus den Wittenberger Amtsbaurechnungen der Jahre nach 1507 (ThHStAW, EGA, Reg. Bb 2749 Bl. 76v-77r).

dem 18. Januar 1512 (Woche nach Antonii) werden die jungen Herren wieder in der Wittenberger Küchenrechnung erwähnt.[111] Da für die Braunschweiger und ihr Gefolge eine eigene Küche eingerichtet und ein eigenes Lagerbuch geführt wurde, kann über die Begleiter, unter denen laut Höss auch Spalatin zu vermuten wäre, oder über deren Aufenthalte aus diesen Quellen nichts Genaueres gesagt werden.[112] Jedoch spricht eine Rechnung mit zahlreichen Umbauten für diese jungen Fürsten, die Ulrike Ludwig (Wittenberg) ausfindig

111 Ebd., Bl. 52r: „dye edellewth unde borger mith 8 pf[erden], 1 nacht m[eine] g[nädigen] junge[n] hern angeno[mme]n, des probstes knechte mit 4 pf[erden] m[einer] g[nädigen] junge[n] herrnn gesindt 1 nacht [...] Woche nach Anthony".

112 Ebd., Bl. 91v: „6 ß 16 gr 1 d 1 h vor die außrichtunge vor m. g. junge hern v. Brunswigk auf 12 tage eher yr f. g. aygen adder sonderlich kuchen angefangen sampt dem hawßgesinde".

machen konnte, vom Bau von „3 pulpet zcu den buchernn".[113] Man richtete also eine kleine Bibliothek für die Adelssprosse im Schloss ein.

Spalatin erwähnte zwar, in seinen in der „Spalatiniana" Berbigs abgedruckten Ephemeriden, dass Friedrich III., sächsischer Kurfürst, 1512 die Bibliothek im Schloss Wittenberg gründete, in der er Bibliothekar zu sein pflegte.[114] Nichtsdestotrotz lässt sich festhalten, dass Spalatin im Wittenberger Schloss bereits ein „studorium" mit Pulten vorfand und dass dort schon vor ihm Chronisten an einer sächsischen Chronik geschrieben hatten. Damit hatte das geistig-geistliche Zentrum in Wittenberg durchaus eine höfische Funktion. Spalatin führte diese zu ihrer Vollendung.

Obwohl Spalatin 1512 große Ankäufe für die Bibliothek tätigte, lassen sich nur in geringerem Umfang Bauarbeiten an einer Bibliothek im Schloss nachweisen.[115] Der Buchführer Wolf Fryeß sandte allein im Jahr 1512 25 gebundene und 20 ungebundene Titel an Spalatin. Im folgenden Jahr waren es sogar elf gebundene und 78 ungebundene Titel sowie 18 alte Drucke, die an Spalatin geschickt wurden.[116] Interessanterweise befinden sich unter diesen Titeln auch Werke für den Messgebrauch wie „2 missal meysnisch gebunden" für sechs Gulden und ein Nürnbergisches Passional für drei Gulden.[117] Dazu passt, dass in den Wittenberger Amtsrechnungen unter der Rubrik „Ausgabe für die Kirche" die Rede von Buchpulten ist.

> Anton Niemeck, Wittenberger Amtsrechnung 1512f: „5 ß für eyn newen gestule mit 4 stenden mit geschnitten decken und **2 grossen pulpstenn mit kasten vor die chorschuler und 1 hoch pulpt mit 1 gewunden stabe** alles von eichen holtze in chor zcu machen nach angebung des probsts Fabian Tischer vorlohnt."[118] [Hervorhebung vom Vf.]

Dort, also in der neu errichteten Schlosskirche – wohl im fertiggestellten kleinen Chor, waren einige Bücher für den Mess- und Chorgebrauch, eventuell sogar Chorbücher Fried-

113 ThHStAW, EGA, Reg. Bb 2757, Bl. 30v.

114 Vgl. Spalatiniana (wie Anm. 23), S. 38. Auch wenn es in dieser Zeit keine fest angestellten Bibliothekare gab, so soll hier doch angemerkt werden, dass Spalatin sich nicht nur in seiner Vita selbst als Bibliothekar ansah, sondern 1517–1520 von Luther mehrfach als „ducali Bibliothecario Vittenbergae" (so ein Brief vom 15. April 1518) tituliert wurde, wie Hildebrandt: Schloss- und Universitätsbibliothek (wie Anm. 14), S. 182, feststellte.

115 Zur Verortung der Bibliothek vgl. Hildebrandt: Schloss- und Universitätsbibliothek (wie Anm. 14), S. 175 f.

116 Vgl. die Edition der entsprechenden Rechnung bei Buchwald: Bücherbezüge (wie Anm. 27), S. 7–9.

117 Ebd., S. 8; vgl. zum Verbleib dieser Missale in der Wittenberger Schlosskirche Johannes Meissner: Descriptio ecclesiae collegiatae omnium sanctorum Wittenbergensis, eiusque fundatio, jura, privilegia et ornatus, quae adhuc extant, Wittenberg 1668, S. 69; auch wiedergegeben in: Fritz Bellmann, Marie-Luise Harksen und Roland Werner: Die Denkmale der Lutherstadt Wittenberg, Weimar 1979, S. 257.

118 ThHStAW, EGA, Reg. Bb 2760, Bl. 79r. Über diesen Eintrag berichten Bellmann, Harksen und Werner: Denkmale (wie Anm. 117), S. 396, ohne, wie Heidrich: Chorbücher (wie Anm. 16), S. 396 Anm. 131, feststellt, die Quelle zu nennen.

richs des Weisen untergebracht.[119] Gerade die Chorbücher des Fürsten waren in ihrer Liturgie eher auf den Gebrauch im Großen Chor des Aller-Heiligen-Stifts der Schlosskirche ausgerichtet, als für den privaten Gebrauch des Fürsten geeignet. Dies betrifft vor allem die deutschen Chorbücher 34 und 35 in der Jenaer Chorbuchsammlung, wie Heidrich feststellte, und sogar das Festepistolar Friedrichs des Weisen, wie Beherends anmerkte.[120] Neben diesen Pulten wurde eine erste Bibliothek in der Schlosskirche eingerichtet. Unter den Baurechnungen der Schlosskirche für das Jahr 1512 ist auch eine Sammelrechnung, in der zum ersten Mal der Begriff „liberey" auftaucht. Diese sollte ebenfalls mit zwei Pulten versehen werden.

> Anton Niemeck, Wittenberger Amtsrechnung 1512f: „33 gr vor taglont **Fabian Tischer** selbander 1 ½ wochen an den kastenn in der capitel stuben darauff man das heyligthum und sarche setzt, vor 3 kleine bencke uff der porkirche, auch von **2 pulpten in die librey** und brether darunder auch 2 klincken an 2 thüren zcumachen."[121] [Hervorhebung vom Vf.]

Es muss vorerst unklar bleiben, ob in der hier genannten „liberey" nur die Bücher des Aller-Heiligen-Stifts verwahrt wurden, oder ob wir hier tatsächlich die fürstliche Bibliothek oder eine Studienbibliothek greifen können. Dass diese Bibliothek relativ hoch gelegen hat und somit nicht identisch mit den durch Stufen erschlossenen Pulten im Schlosskirchenchor war, zugleich auch nicht auf den durch Treppentürme erschlossenen Emporen liegen konnte, wird durch Hinweise auf Arbeiten an Stiegen deutlich, über die man die„liberey" erreichte.

> Wittenberger Amtsküchenrechnung 9.–15. Mai (Woche Cantate) 1512: „6 tisscher, 2 zcimerleute an **stigenn vor der liberey**."[122] [Hervorhebung vom Vf.]

Die Verbindung zwischen geistlichem Gesang und Bildung war relativ eng, wie eine weitere Rechnungsgattung belegt: die Schatulle. Diese Kasse war dem Fürsten am nächsten. Aus ihr entnahm der Fürst Spielausgaben, das Geld für Geschenke und zum Teil für Herbergen. Die Schatulle wurde vom Türknecht verwaltet, der dafür zu sorgen hatte, dass sie immer

---

119 Dagegen äußert Heidrich: Chorbücher (wie Anm. 16), S. 377–380: die Chorbücher könnten auch in der Propstei untergebracht gewesen sein. Jedoch argumentiert er selbst ebd., S. 377, dass die Aufschrift „Chorus Prepos[itus]" auf dem Chorbuch 34 für eine Zuordnung zum Großen Chor der Stiftskirche spricht. Auf eine Unterbringung im Kleinen Chor deuten die erst Ende 1510 abgeschlossenen Bauarbeiten; vgl. Franz Bischoff: Die Einrichtung des sogenannten Kleinen Chores an der Wittenberger Schloßkirche durch Kurfürst Friedrich den Weisen – Auftrag und Ausführung, in: Sachsen und Anhalt 25 (2007), S. 147-208.

120 Heidrich: Chorbücher (wie Anm. 16), S. 374–386, und Fest-Epistolar (wie Anm. 16), S. 17 f.

121 ThHStAW, EGA, Reg. Bb 2760, Bl. 79r.

122 Ebd., Bl. 16v. Vergleiche dazu auch die Auszüge aus der Küchenrechnung bei Buchwald: Spalatins Reisen (wie Anm. 27), S. 93–95.

gut mit Geld aus der Rentkammer gefüllt war.[123] Für uns ist hier bedeutend, dass diese Kasse am ehesten die Vorlieben des Fürsten widerspiegelt. Dort werden Almosen ebenso wie Gaben an Musiker, Geld für den Einkauf von Kleinodien oder für Messelesungen, Pferde, samtene Gewänder für den Hofnarren etc. angeführt. Auch dem oben genannten Poet Urbanus aus Wittenberg begegnen wir erneut. Er erhielt seinen Sold direkt aus der Tasche des Fürsten.[124]

Für die Zeit von September 1501 bis September 1502 führte ein nicht genannter Schreiber, hinter dem man den Kammerschreiber Steffan Strehl vermuten kann, Buch über diese Kasse. Das 50 Blatt starke Schmalfolioheft mit etwa acht Einträgen pro Seite wird dominiert von Einträgen, die von Degenhart Pfeffinger, dem Schatullenwart, angeordnet wurden. In diesem Band finden sich vier Einträge, die sich mit dem Kauf von ungenannten Büchern befassen. Ein 15 Groschen teures Buch ließ der Kurfürst durch seinen Leibarzt Mellerstadt an den Bischof von Worms verschenken,[125] während er für sich von „doctor Stoltz"[126] für vier Gulden etliche Bücher kaufen ließ.[127] Zweimal jedoch schaffte man auch Bücher für die „singerknaben" an, die aus der Schatulle bezahlt wurden.[128] Die Titel dieser sieben Bücher bleiben unbenannt, lediglich der Preis von zwei bis drei Groschen weist auf günstige Studiendrucke hin. Einem Straßburger Singerjungen wurde vom schon genannten Degenhart Pfeffinger zudem Schreibzeug gestellt.[129] Ein Weidaer Knabe erhielt sogar Geld für den Besuch von Lektionen und für eine Herberge in Leipzig.[130]

Wir halten also fest: Eine Verbindung von Buchbesitz, Bildungsförderung und der Musikpflege war in Wittenberg üblich – ein Zentrum dieser Bestrebungen war die Wittenberger Schlosskirche. Bücher wurden in Pulten in der oberen Hofstube, wohl im dort gelegenen Studiorum, im Chor der Schlosskirche und einer hoch gelegenen „Liberey" ebenfalls in der Schlosskirche aufbewahrt.

---

123 Zur Schatullenrechnung vgl. Schirmer: Staatsfinanzen (wie Anm. 6), S. 279–281.

124 Unter dem Sonntag nach Mauritius (26. September 1501): „10 fl dem Poeten zu Wittenberg bustio [?] uf sein soldt uf be[vehl] Pfe[ffinger] zur Loch[au]. uts.", ThHStAW, EGA, Reg. Bb 4177, Bl. 44r.

125 Schirmer: Staatsfinanzen (wie Anm. 6), S. 311 mit Anm. 773, dort verwiesen auf: ThHStAW, EGA, Reg. Bb 4177, Bl. 37v.

126 Dr. Peter Bestolz war kursächsischer Rat und Oberhofrichter und zudem in den Niederlanden als Kunstagent tätig; vgl. Lück Heiner: Die kursächsische Gerichtsverfassung 1423–1550, Köln 1997, S. 114, und Gurlitt: Kunst (wie Anm. 15), S. 4.

127 ThHStAW, EGA, Reg. Bb 4177, Bl. 5v.

128 Ebd., Bl. 11r, 17v; vgl. dazu den Eintrag von 1494 bei Aber: Pflege (wie Anm. 88), S. 67: „18 gr denn dreyen singer jungenn vor drey bucher, darinne sie lernnen sollenn gekauft uf bevel meins gnedigen herrn durch Jurg Kitzscher zu Liptzk gekauft", dort verwiesen auf ThHStAW, EGA, Reg. Bb 4152.

129 Ebd., Bl. 12v; vgl. Edition bei Aber: Pflege (wie Anm. 88), S. 67.

130 Ebd., Bl. 44r, Eintrag vom Sonntag nach Nat. Mariae (11. September 1502): „3 fl 18 gr uf bevelh Pfef[fingers] zu Leyptzk zcalt fur Weyda den singerjungen fur lectiones und herberg gelt".

7. „Ein Lectorium für Bastel" – Entstehung der Bibliothek unter Spalatin

Im Jahr 1513 zeigten sich erste Spuren einer studentischen Nutzung in der oberen Hofstube. Die Anordnung des Kurfürsten, dass die Juristen anlässlich des Eintreffens der Herrn von Braunschweig „in arce in superioi aula" also der oberen Hofstube des Schlosses lesen sollten, wurde offensichtlich umgesetzt.[131] Wie Funde von Anke Neugebauer (Wittenberg/Halle a. d. Saale) aus den Amtsrechnungen belegen, wurde die große oder obere Hofstube im ersten Obergeschoss im Südflügel des Schlosses in diesen Jahren als Lektorium bezeichnet (Abb. 6). Es mussten „in der grossen hofstubenn, da das lectorium innen ist", Butzenscheiben repariert werden, „do der windt die fenster unnd sonderlich die studenten mergklich zugebrauchen".[132] Zudem wurde an einer „kathedra", also einem Lesepult, in diesem Lectorium gearbeitet.[133] Es lässt sich nur vermuten, dass die Pulte im Lektorium die Studienbibliothek für die hochadeligen Studenten enthielten. Noch im Rechnungsjahr 1515/16 sprechen die Rechnungen von der oberen Hofstube „darinnen das lectorium gewest".[134]

Sicher ist, dass Georg Spalatin im Wittenberger Schloss neben seiner Tätigkeit als Bibliothekar und vermutlich als Präzeptor der Braunschweigischen Prinzen auch mit der Erziehung eines der unehelichen Söhne von Friedrich dem Weisen mit Namen „Bastel" beschäftigt war.[135] Diesmal können die Küchenbücher des Amtes wieder bis auf die Woche genau Kenntnis über die Aufenthalte Spalatins und seines Zöglings in Wittenberg verschaffen, wie ein Beispiel aus dem Jahr 1515 illustriert.[136]

---

131 Friedensburg: Urkundenbuch (wie Anm. 105), S. 62, Nr. 32. Ulrike Ludwig (Leipzig/Wittenberg) gilt mein Dank für den Hinweis auf das Exzerpt bei Friedensburg.

132 ThHStAW, EGA, Reg. Bb 2762, Bl. 126r, 125v.

133 Ebd., Bl. 125v, „fur 1 trith zu der kathedra ins lector[iu]m zw machen".

134 ThHStAW, EGA, Reg. Bb 2765, Bl. 143r.

135 Vgl. Höss: Spalatin (wie Anm. 22), S. 70 f.; vgl. nach wie vor aktuell und die alte Literatur übertreffend zur „Lebensgefährtin" und den unehelichen Kindern Friedrich des Weisen: Ingetraut Ludolphy: Friedrich der Weise, Kurfürst von Sachsen 1463–1525, Göttingen 1984 (ND Leipzig 2007), S. 47–53; mit umfassenderen Ausführungen vgl. Iris Ritschel: Friedrich der Weise und seine Gefährtin. Überlegungen und Erkenntnisse zu fünf verdächtig(t)en Kunstwerken, in: „... wir wollen der Liebe Raum geben." Konkubinate geistlicher und weltlicher Fürsten um 1500, hrsg. von Andreas Tacke, Halle/Saale 2006, S. 296–341.

136 Mithin kann hier auch die Frage nach dem Itinerar von Spalatin für Wittenberg beantwortet werden, die Hildebrandt: Schloss- und Universitätsbibliothek (wie Anm. 14), S. 182, so formulierte: „An Hand des reichen Quellenmaterials, insbesondere des riesigen Briefwechsels Spalatins, auch seiner Autobiographie, ließe sich die nicht uninteressante Aufgabe lösen, eine Art Itinerar für Spalatin festzustellen. Dann würden wir auch zu der Kenntnis gelangen, wie oft er in Wittenberg weilte." – Ich verzichte hier aus Platzgründen darauf, verweise auf das Beispiel bei Adam Singer, vgl. Anm. 30.

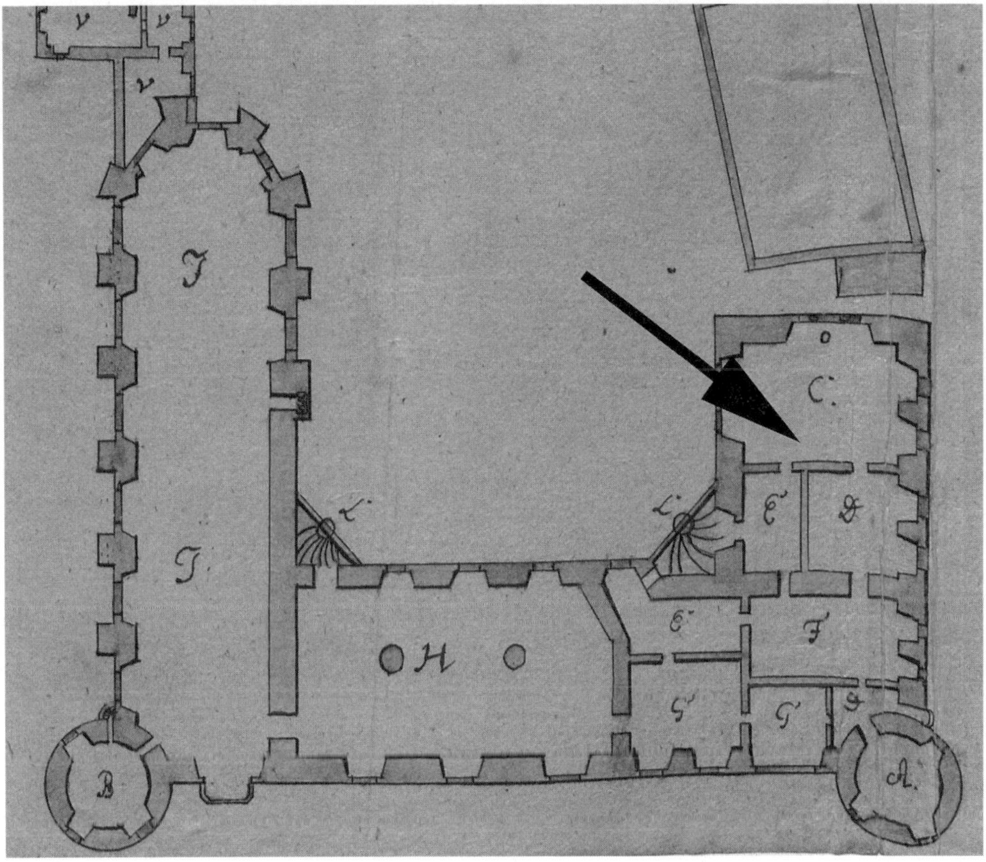

Abb. 6: *Grundriss des Wittenberger Schlosses aus der Zeit um 1750 mit der oberen Hofstube, in der sich vermutlich die „Lyberey" befand (Städtische Sammlungen Wittenberg, Ratsarchiv, Urbarium 9 (Bb 6), Bl. 376r).*

> In der Küchenrechnung der Woche auf den Sonntag Jubilate (29. April) 1515 sind u. a. folgende Personen angeführt: „Das tegklich gesinde 40 personen, mein gnediger herre von Wildenfels salb dritte mit 2 pferden 3 nacht, magister Spalatinus salbander, Bastel, Hirsfeld [...] ein schreyber am ambtbuch [...]; dazu wurden als angezeugt personen inder die wuchen gespeiset: [...] funf studenten hat magister Spalatinus zu gast gehat 1 moltzeyt"[137].

Die Gruppe umfasste neben Spalatin und Bastel mit seinem Diener auch den Ritter Johannes von Hirschfeld, der schon die Herzöge von Lüneburg begleitete. Sie werden längere Zeit in der gleichen Reihenfolge in der Küchenrechnung genannt und reisten meist

137 ThHStAW, EGA, Reg. Bb 2765, Bl. 28r.

gemeinsam an und ab. Es ist also wahrscheinlich, dass es in der Nutzung des Schlosses und der dort lagernden Bücher für die Erziehung des adligen Nachwuchses eine gewisse Kontinuität gab. Bei Spalatins Neigung zu anspruchsvollen Autoren, mit der er bereits beim achtjährigen Herzog Johann Friedrich auf wenig Gegenliebe gestoßen war,[138] kann man nur hoffen, dass Bastel – angesichts der wachsenden Bibliothek – diesen Anforderungen besser gewachsen war.

Im Juli des gleichen Jahres (1515) arbeitete der Tischler Fabian, der schon 1512 Pulte in die „liberey" in der Schlosskirche gesetzt hatte, wieder unter Anleitung Spalatins in der Bibliothek, wie Küchenrechnungen belegen.

> Wittenberger Amtsküchenrechnung Woche nach Petri und Pauli (1.–7. Juli) 1515: „Item Fabian Tiescher arbeyt magister Spalentin inn der liberey."[139]

Sicherlich dienten die genannten Arbeiten der Erweiterung der Abstellfläche der Bibliothek, denn eine solche war dringend notwendig geworden. Allein für seine Sachsenchronik hatte Spalatin zu dieser Zeit bereits über 180 Bücher aber auch ‚alte Briefe', ‚glaubwürdige Erfahrung' und ‚schriftliche Entbietung' verwendet, wie eine Liste aus dem Jahr 1515 belegt.[140] Leider ist dort nur eine „sechsische Chronik" ohne Autor genannt, so fehlt in dieser Liste der Name des Adam von Fulda. Es scheint jedoch sicher, dass Spalatin 1515 eine Sachsenchronik des Adam von Fulda besaß, so taucht Fulda in Schriften aus Spalatins Nachlass auf, die durch Wasserzeichen auf die Zeit zwischen 1510 und 1515 datiert werden konnten.[141] Einige Prosateile dieser Schriften wurden unlängst vom Germanisten Rudolf Bentzinger in der Registrande O (also dem Nachlass von Spalatin) in Weimar entdeckt und in einem Projekt ediert.[142] Vor dieser Veröffentlichung stammte die frühste Erwähnung der Chroniken Adams von Fulda als eine der Quellen für Spalatins Sachsenchronik aus Spalatins Testament von 1535.[143]

Auch Material für die Studenten scheint in dieser Bibliothek gelagert worden zu sein. Enno Bünz (Leipzig), der jüngst im zweiten Band der Wittenberg-Forschungen Teile der

---

138 Vgl. Höss: Spalatin (wie Anm. 22), S. 43 f., mit weiteren Quellen.

139 ThHStAW, EGA, Reg. Bb 2765, Bl. 42r; bis Woche Divissionis Appostolorum 1515, ebd., Bl. 45r.

140 ThHStAW, EGA, Reg. O 26, die Zitate hier von Bl. 6r; vgl. dazu Andersson: Spalatin-Chronik (wie Anm. 18), S. 211.

141 Gerhart Rudolfs (wie Anm. 70), S. 15.

142 Ebd.

143 ThHStAW, EGA, Reg. O 56, Bl. 3v–4r: „Unnd in der andern cronicken laden die bucher liegenn, so ichs Spalentin nur von anfang der welt, angefangen, unnd biz auff unser zeit, von keysern, fursten, pebsten gebraucht, sampt etlichenn grosser hendeln unnd sachenn, auch des **Adams von Fulda**, lateinischen und deutzschen zweien buchernn, nemlich eins lateynisch, das ander deutsch, daraus die cronicken so vil das furstlich /Bl. 4r/ hause zu Sachssen belangt, zum teil geczogenn, sampt des hern Pfeffingers seligen testament, auch der lieberey zu Wittemberg auffm schlos registern und schlusselen dartzu gehorigk, zu zustellenn" [Hervorhebung d. Vf.]; gedruckt bei Schmalz: Spalatin (wie Anm. 22), S. 128; vgl. zur Edition Anm. 24.

Reisebeschreibungen des bayerischen Adeligen Hans Herzheimer von 1519 edierte, wies auf dessen Äußerungen zur Nutzung und Lage der Bibliothek hin, die schon Ingetraut Ludolphy bekannt waren.[144] Darin spricht Herzheimer davon, dass „ir churf(urstlich) gn(aden) bey der selben sloskirchen ain vast costlich gezierte liberey“ hätte.[145] Die Lage der Bücherei in der Schlosskirche wird also bestätigt. Zum Bestand der Bücherei meint der bayerische Adelige, der immerhin Vater zweier Wittenberger Studenten war, sie enthielte Literatur in Latein, Hebräisch, Griechisch und Arabisch, die die Themenbereiche der Theologie, Jurisprudenz, Medizin und anderer Fakultäten umfassen würde. Die Struktur der Bibliothek gleicht also jener der herzoglichen Bibliothek, deren erster Katalog 1536 von Spalatin verfasst wurde und die auf die Benutzung durch Studenten und Lehrkräfte ausgerichtet war. Hans Herzheimer schließt bereits 1519 seinen Bericht mit den Worten: „welichen dreij zungen alda ytz in der vniversitett offenbar gelesen vnd gelernt werden.“[146] Er geht also davon aus, dass die Universitätsangehörigen die Bibliothek nutzten, darin lasen und daraus lehrten. Herzheimers Reisebegleiter war der Bibliothekar und Präzeptor Georg Spalatin, so dass er diese Information aus erster Hand hatte.[147]

Mit Rechnungsbelegen aus späterer Zeit konnte Anke Neugebauer (Wittenberg/Halle a. d. Saale) die Lage der Wittenberg Bibliothek in der Schlosskirche inzwischen genauer eingrenzen und bestätigen. Von 1512 bzw. 1515 bis in die 1530er Jahre lag sie im Dachstuhl über dem Gewölbe zwischen dem Taubenschlag und dem Glockentürmchen mit der Schlosskirchenuhr. Erst im Jahr 1536 gab Kurfürst Johann Friedrich (1503–1554) die Anweisung, dass man die Hofstube an einen bequemeren Ort verlege, nämlich in die obere Hofstube,[148] in der sich um 1515 noch das Lektorium für adelige Studenten befunden hatte. Die entsprechenden Angaben zur Lage und Details zum endgültigen Umbau dieser Stube zur Bibliothek bietet Neugebauer in einem Aufsatz im zweiten Band der Wittenberg-Forschungen.[149]

[144] Enno Bünz: Wittenberg 1519: Was ein Reisender von der Stadt wahrgenommen hat, und was nicht, in: Das ernestinische Wittenberg: Die Stadt und ihre Einwohner (1486–1547), Bd.1, hrsg. von Heiner Lück u. a., Petersberg 2013, S. 9–24, hier S. 15, 22; Ludolphy: Friedrich (wie Anm. 135), S. 334 f.

[145] Bünz: Wittenberg 1519 (wie Anm. 144), S. 22.

[146] Ebd.

[147] Ebd., S. 12–15.

[148] Hildebrandt: Schloss- und Universitätsbibliothek (wie Anm. 14), S. 176.

[149] Anke Neugebauer: Wohnen im Wittenberger Schloss: Zur Nutzung und Ausstattung der fürstlichen Gemächer, Stuben und Kammern, in: Wittenberg 1519 (wie Anm. 144), S. 315–333, hier S. 320 f.

8. „Briefe, Bücher und Singvögel" – Kontakt zwischen dem Hoflager und der Bibliothek

Wie kommunizierte nun der Hof mit diesem Hort des Wissens, wenn er nicht gerade in Wittenberg lag? Um diese Frage beantworten zu können, muss eine weitere Rechnungsgattung herangezogen werden: die sogenannten Lager- oder Reisebücher. Diese dienten dazu, Ausgaben des Fürsten auf den Reisen im Ausland oder im (Neben-)Lager in einem seiner Ämter abzurechnen.[150] Das Haupthoflager befand sich meist in einem dem Fürsten nahegelegenen Teil des Landes, begleitete ihn jedoch nicht auf allen Reisen. Die Hofküche wurde in den Küchenbüchern abgegolten, regelmäßige Ausgaben an die Hofangehörigen wie Schuh- und Hufschlaggeld, Sold etc. beglich die Kammerkasse, die einzelnen Ämter konnten für diese Ausgaben auch herangezogen werden, wurden aber vom Rentamt oder aus der Kammerkasse entschädigt.[151] Eine wirklich saubere Trennung zwischen Hoflager und reisendem Fürsten wurde jedoch weder in der Praxis noch in der Begrifflichkeit vollzogen. Hier soll das bereits von Fritz Stoy beschriebene „Lochauer Lagerbuch" als Beispiel dienen. Es befindet sich im Thüringischen Hauptstaatsarchiv zwischen den Lochauer Amtsrechnungen. Ähnlich den Lagerbüchern, die von Amtsleuten über die Ausgaben für die Lager der Fürsten geführt und später mit der Kammerkasse oder dem Rentamt abgerechnet wurden, beinhaltete es die Ausgaben für die Küche, einige Handwerkerentlohnungen sowie Fuhr- und Botenlöhne des Fürsten während seiner Lager in Lochau. Auch in diesem Rechnungsbuch machen die Ausgaben zur Versorgung mit Nahrungsmitteln und Futter für die Pferde drei Viertel des Schrifttums aus. Hier interessiert aber vor allem die Rubrik des „Extra", die mit ‚alles andere' ganz treffend übersetzt ist. Ein Beispiel aus dem 420 Blatt umfassenden Lochauer Lagerbuch im Folioformat mag das verdeutlichen (Abb. 7).[152]

> Lochauer Lagerbuch (Extra) vom Donnerstag Corporis Christi (26. Mai) 1524: „1 gr Albrecht Narnn hat Sebastian aus geben, 1 gr Thonius Tischer fur 5 futter uber taffeln, 1 fl Valten Lauscher alhie aus gnaden unde zcw steuer, 1 fl aus gnandenn einem aus getretten barfüssen monchens vonn Halberstatt,

---

[150] Vgl. dazu Streich: Liber computacionum (wie Anm. 73), S. 122 f.

[151] Ich schließe mich hier nicht vollends Brigitte Streich an, die als entscheidenden Faktor für die Residenzbildung das seltener wechselnde Haupthoflager ausmachte. In der Zeit nach 1500 zogen mit den Fürsten oft über 100 Reiter durch das Land und in die Ferne. Wenn das Haupthoflager vom Fürsten an einem gelegenen Ort hinterlassen wurde, umfasste es häufiger inklusive der Kanzlei 100 Hofangehörige mit etwa 60 Pferden; vgl. den Aufenthalt des Hofes in Wittenberg vom 9. bis 17. Dezember 1486: ThHStAW, EGA, Reg. Bb 2726, Bl. 80r–v, 84r. In einem solchen Fall würde ich den Aufenthaltsort des Landesherren als Sitz der Regierung zumindest aber als Repräsentationszentrum ansehen. Zudem waren zentrale Institutionen wie das Oberhofgericht, die Finanzverwaltung etc. an anderen Orten untergebracht, daher kann man in den wettinischen Landen, wie auch Streich: Liber computacionum (wie Anm. 73), S. 122, anmerkte, die Residenz nicht als Ort der zentralen Institutionen erfassen.

[152] ThHStAW, EGA, Reg. Bb 1796. Vgl. zu den Lochauer Lagerbüchern Stoy: Hoflager in Lochau (wie Anm. 7), zur Bedeutung bes. S. 276 f., 283.

Abb. 7: *Das „Lochauer Lagerbuch", 425 Blatt mit über 1000 Einträgen, 16 davon befassen sich mit Büchern am Hof (ThHStAW, EGA, Reg. Bb 1796).*

> zcu zcerunghe, lauts Hans Feils zcedell, 2 gr 8 d botlonn mit m[eines] g[nädigen] h[errn] briffenn hedann gegen Wyttembergk etc., Summa 2 fl 4 gr 8 d"[153].

Man erkennt hier den vermischten Charakter dieser Einträge. Der Vorteil daran ist, dass ein anschauliches Bild vom alltäglichen Leben am Hof und dem Nebeneinander von Gewöhnlichem und Außergewöhnlichem geboten wird. So löst sich auch die Frage nach der Vermittlung zwischen Wittenberg und Lochau. Georg Spalatin reiste häufiger mit gemieteten Pferden vom Hof für einige Tage nach Wittenberg.[154] Außerdem herrschte ein fast täglicher Verkehr von Boten, Räten und Knechten, die im Auftrag des Kurfürsten Wittenberg aufsuchten. Als „Kontaktmann" diente auch Lucas Maler – also Lucas Cranach der

[153] ThHStAW, EGA, Reg. Bb 1796, Bl. 27v.

[154] Vgl. dazu u. a. Stoy: Hoflager in Lochau (wie Anm. 7), S. 283.

Ältere (um 1475–1555), der nicht nur bemalte Tücher, Singvögel, Wein und Lebensmittel, sondern auch Nachrichten und in einem Fall sogar Bücher aus der Stadt an den Lochauer Hof transportierte.[155]

Der Nachteil dieses vermischten Charakters der Quelle ist, dass man allein in dem hier verwendeten Rechnungsbuch mehr als 1.000 Belege durchsuchen muss, um jene 16 [!] Einträge zu finden, die sich ausdrücklich mit Büchern befassen. Diese Einträge haben nicht immer die erwünschte Genauigkeit. Nur selten erfährt man, dass es sich um ein „Hilarin, epistell Petri“ oder „Judas“ handelt, eher üblich sind die Bezeichnungen „buch, buchlein, exemplaria“ etc., so dass die Benennung „deutzsch psalmen“ schon als eine Inhaltsangabe erscheint.[156] Oft handelt sich bei den Rechnungen um Bucheinkäufe, die Spalatin tätigte, oder Geld, das er ausgab, um Bücher binden zu lassen, die in die „lyberey“ eingingen. Dabei wurde jedoch nicht vermerkt, ob man die Wittenberger oder eine Lochauer Bibliothek meinte.

Viele Einträge wurden von der Forschung bereits rezipiert.[157] Allerdings war man meist auf der Suche nach Luther, Spalatin, Cranach oder der Hofkantorei, wie sich noch heute durch entsprechende Bleistiftmarkierungen neben den Einträgen nachvollziehen lässt.[158] Genauso leicht kann man allerdings nachvollziehen, was bei dieser interessengeleiteten, deduktiven Suche übersehen wurde.[159] Sicherlich kann man auf einige der sich ständig wiederholenden Einträge zu den Reisen Spalatins zwischen Wittenberg und Lochau verzichten, jedoch haben es zumindest drei dieser übersehenen Einträge in sich.

Ein erster nicht markierter und lediglich in einem älteren Aufsatz von Fritz Stoy gewürdigter Eintrag betrifft ein „psalterium“ Pommers, das Ende Mai 1524 an den Hof gelangte.[160]

---

155 Am 29. Dezember 1524 (Donnerstag nach Innoc. Puer.): „3 gr 4 d botlon Sommer hat Lucas Maller mit etlichenn buchlein oberschicktt“, ThHStAW, EGA, Reg. Bb 1796, Bl. 235r. Vgl. zahlreiche Einträge im Lochauer Lagerbuch von 1524 und danach (Auszüge): Ebd., Bl. 6r, 12r (L.s „briffen vonn Wyttenberg“ nach Lochau), 17v (Briefe des Kurfürsten an L.), 31r, 58v, 90v (Briefe des Kurfürsten an L.), 95r, 124v, 150r, 221, 231v (L. erhält Geld an einen Tischler für „muster den thorm zcw Kolditz“), 368v, 404r etc.; vgl. Werner Schade: Die Malerfamilie Cranach, Dresden 1974, S. 411 f.; vgl. zudem Stoy: Hoflager in Lochau (wie Anm. 7), S. 284 f., allerdings ohne Blattangaben.

156 Vgl. zu den Bezeichnungen den Anhang, ThHStAW, EGA, Reg. Bb 1796, Bl. 159r, 301r, 250v.

157 Vgl. dazu die Zusammenstellungen im Anhang.

158 Als eifrige ‚Anstreicher‘ würde ich folgende Personen vermuten: Georg Buchwald auf der Suche nach Spalatins Reisen (wie Anm. 27), zudem Georg Berbig auf der Suche nach Spalatiniana (wie Anm. 23), Aber: Pflege (wie Anm. 88) und Schade: Cranach (wie Anm. 155).

159 Selbst einige Hinweise auf Luther wurden offenbar übersehen. So erhielten am Sonntag Basili[dis] (12. Juni 1524), als der Kurfürst erneut in Lochau sein Hoflager bezogen hatte, folgende Personen Wild „vorschancktt: 1 keuhl doctor Martinus} Wittenbergk, 1 keuhl dem Philipp Melanchthon} Wittenbergk, 1 bugk Bomer} Wittenbergk, 1 bugk Lucas Maler} Wittenbergk, 1 blat doctor Jheroni[m]us} Wittenbergk, 1 bug Albrecht vonn Lindenaw, 1 blat Hans Betmeister, 1 blat Spalatinus“; ThHStAW, EGA, Reg. Bb 1796, Bl. 58v. Lediglich bei Schade findet sich der Hinweis, dass Cranach zwei Stück Wild vom Hof geschenkt bekam. In welcher Gesellschaft er sich befand, erfährt man nur bei Buchwald; vgl. Schade: Cranach (wie Anm. 155), S. 412; vgl. Buchwald: Lutherana (wie Anm. 195), S. 84..

160 Stoy: Hoflager in Lochau (wie Anm. 7), S. 283, bietet eine Paraphrase; vgl. Buchwald: Lutherana (wie Anm. 195), S. 28.

> Lochauer Lagerbuch unter dem Extra vom Mittwoch nach Trinitatis (25. Mai) 1524: „5 gr magister Spalatin von des Pommern psalter m[einem] gh[nädige]n eynczubindenn aus geben."[161]

Hierbei handelt es sich um einen Psalter des Johannes Bugenhagen (1485–1558), der zu Studienzwecken seit April 1521 in Wittenberg weilte und im Oktober 1523 zum Pfarrer an der Marienkirche in Wittenberg ernannt worden war.[162] Seine Predigt- und Lehrtätigkeit begleiteten Kommentare und Interpretationen u. a. zum Buch der Psalmen.[163] Bereits 1524 erschien in Wittenberg ein lateinischer Kommentar Bugenhagens zu den Psalmen König Davids.[164] Noch im Herbst des gleichen Jahres wurde dieser Kommentar von Stefan Roth aus Zwickau in Deutsch übersetzt und ebenfalls in der Elbestadt gedruckt.[165] Eine Interpretation der Psalmenbücher, über die Bugenhagen im Winter 1523 las, wurde auf Drängen Luthers veröffentlicht. Zusammen mit Geleitschreiben Luthers und Melanchthons sowie einer Widmung an Friedrich den Weisen erschien der erste Druck im März 1524 in Basel.[166] Es folgten weitere Versionen im Juli in Mainz und im August in Nürnberg und Straßburg.[167] Vermutlich war es eine jener Psalmeninterpretationen, die Spalatin für den Kurfürsten Ende Mai binden ließ. Dies mag nur ein Beispiel dafür sein, wie schnell die Vertrauten Friedrichs des Weisen und mit ihnen der Hof die aktuellen Entwicklungen in Wittenberg rezipierten.

Der Kontakt zwischen Spalatin und Bugenhagen war ohnehin eng, so stellte der Wittenberger Pfarrer auf Bitten des „ducalis sacellani" Spalatin eine „postillatio" zu allen Fest- und Heiligentagen für den geistlichen Gebrauch zusammen.[168] Es verwundert auch nicht, dass weitere Rechnungen für Werke Bugenhagens zu finden sind, auch vier Sendbriefe

161 ThHStAW, EGA, Reg. Bb 1796, Bl. 25v.

162 Hier kann keine vollständige Bibliographie zu Bugenhagen geboten werden, daher nur der Hinweis auf die aktuelle Forschungszusammenstellung bei: Johannes Bugenhagen Pomeranus – nachgelassene Studien zur Biographie, mit einer Bibliographie zur Johannes-Bugenhagen-Forschung, hrsg. von Irmfried Garbe u. a., Frankfurt u. a. 2008; Johannes Bugenhagen (1485–1558) – der Bischof der Reformation. Beiträge der Bugenhagen-Tagungen 2008 in Barth und Greifswald, hrsg. von Irmfried Garbe und Heinrich Kröger, Leipzig 2010.

163 Ungedruckte Predigten Johann Bugenhagens aus den Jahren 1524 bis 1529. Zumeist aus Handschriften der Großherzoglichen Bibliothek zu Jena zum erstenmal veröffentlicht, hrsg. von Georg Buchwald, Leipzig 1910, S. IX f.

164 Zu den Psalmenkommentaren Georg Geisenhof: Bibliotheca Bugenhagiana: Bibliographie der Druckschriften des D. Johannes Bugenhagen, Bibliotheca Bugenhagiana, Leipzig 1908 (ND Nieuwkoop 1963), Nr. 3 f.

165 Johannes Bugenhagen: Der erste Psalm Davids durch Johannem Buggenhagen den Pomer lateynisch aussgelegt, vleyssig verteutzschet, nach der dolmetzschung D. M. Luthers, übers. von Stefan Roth, Wittenberg: Nickel Schirlentz, 1524 (VD16 B 9316).

166 Johannes Bugenhagen Pomerani: In Librum Psalmorum Interpretatio, Basel: Adam Petri, 1524 (VD16 B 3137). Eine weitere Ausgabe folgte im August 1524 (VD16 B 3138).

167 Hier der Kürze halber nur die Nummern des Verzeichnisses der Drucke des 16. Jahrhunderts: VD16 B 3140, VD16 B 3141 und VD16 B 3142.

168 Johannes Bugenhagen: Postillatio Iohannis Bugenhagii Pomerani Episcopi Wittenbergensis in Evangelia, usui temporum & sanctorum totius anni servintia. Ad preces Georgii Spalatini Ducalis Sacellani scripta, Bamberg: Georg Erlinger, 1524 (VD16 B 9346). Weitere Drucke erschienen in Hagenau, Mainz und Straßburg.

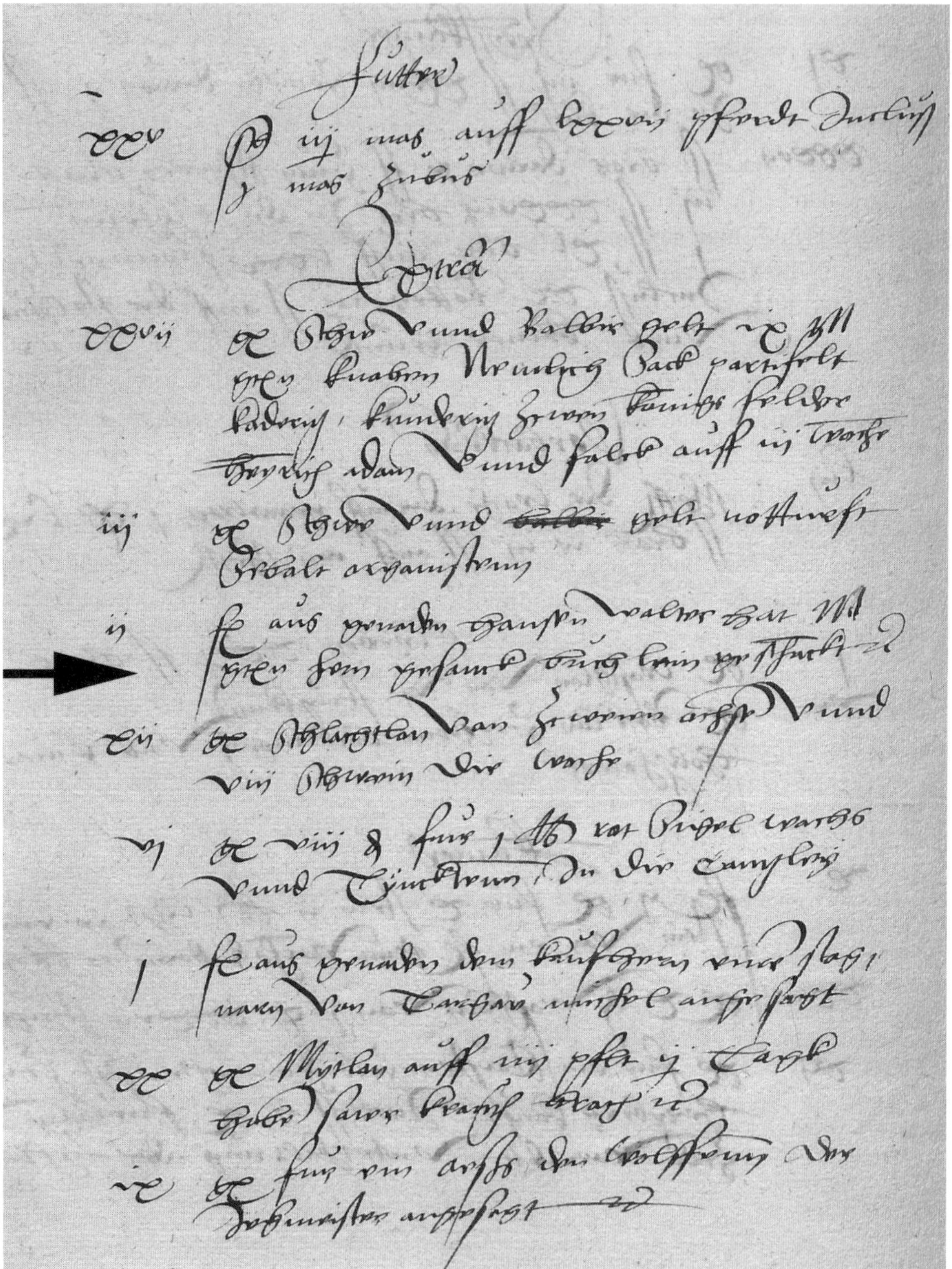

Abb. 8: *Ausgaben für das Extra vom 30. Dezember 1524, darunter die Zahlung von zwei Gulden an Johannes Walter für sein „gesanck buchlein" (ThHStAW, EGA, Reg. Bb 1796 Bl. 238v).*

(„mysiven") des ‚Pommern', wie Bugenhagen in den Quellen oft betitelt wurde, werden genannt.[169] Zumindest die Psalter gingen in die Wittenberger Bibliothek ein und wurden noch 1536 in dieser aufbewahrt, wie ein alphabetischer Katalog aus diesem Jahr beweist. Dort wurde „Pomeranus Doctor in psalterium" unter der Rubrik „Psalterium" geführt.[170]

Mit Paulus Knot, dem Spalatin laut einem weiteren nicht markierten Rechnungseintrag Geld für ein „Deuteronomium" übersandte, ist ein weiteres Mitglied der Hofkapelle zu greifen, das sich nachweislich mit der Beschaffung von Büchern für den Hof befasste.[171]

> Lochauer Lagerbuch unter dem Extra vom Montag nach Palmarum (10. April) 1525: „8 gr 2 d m[a]g[iste]r Spaltin er Paulus Knoth uberschickt fur 2 deuternomi etc."[172]

Im Anschluss an die Deuteronomium-Vorlesungen Luthers um 1523 waren Vorlesungsmitschriften entstanden, die wohl Anfang 1525 bei Hans Luft als „Deuteronomion Mose cum Annotationibus" in den Druck gingen.[173] Bereits im November 1524 hatte Bugenhagen eigene Anmerkungen zum 5. Buch Mose herausgegeben, die gleichwohl auf Mitschriften von Luthers Vorlesungen beruhten.[174] Es lässt sich hier nicht mit Sicherheit sagen, welche Version des Buches man am Hof besaß – in jedem Fall wird das Interesse des Hofes an Wittenberger Predigten und Vorlesungen deutlich. Auch der bedeutendste, bisher unbekannte Eintrag betrifft einen Angehörigen der Hofkapelle:

> Lochauer Lagerbuch unter dem Extra vom Sonnabend nach Innoc. Puer. (31. Dezember) 1524: „2 fl aus genaden Hansen Walter hat m[einem] g[nädigs]t[e]n hern gesanck buchlein geschanckt."[175]

Mit dem hier genannten Hans ist Johannes Walter (1496–1570) gemeint, der unter dem Namen „Johannes der Singer" seit 1521 Sänger und seit 1525 „componist" an der Hofkapelle in Torgau war.[176] Nach dem Tod Friedrichs des Weisen wurde er zum bedeutendsten evangelischen Komponisten und Lieddichter. Der Forschungsstand zu ihm gilt als umfassend

---

169 ThHStAW, EGA, Reg. Bb 1796, Bl. 363r, vgl. Anhang.

170 Hildebrandt: Schloss- und Universitätsbibliothek (wie Anm. 14), S. 163; Katalog AK II, Bl. 33r–34r.

171 Nach Gurlitt: Johannes Walter (wie Anm. 62), S. 39, ist Knot später auch als Visitationsschreiber zu greifen. Seine weiteren Tätigkeiten für den Hof u. a. bei der Verwaltung der Reliquien, auf die Martin Treu (Luthergedenkstätten Wittenberg) hinwies, müssten noch einmal anhand von weiterer Literatur nachvollzogen werden.

172 ThHStAW, EGA, Reg. Bb 1796, Bl. 387r; vgl. Buchwald: Lutherana (wie Anm. 195), S. 28.

173 Vgl. u. a. Martin Luther: Deuteronomion Mose cum Annotationibus, Wittenberg: Hans Lufft, 1525 (VD16 B 3024); zahlreiche weitere Publikationen.

174 Vgl. Julius Köstlin: Luther, sein Leben und seine Schriften, hrsg. von Gustav Kawerau, 5., neubearb. Aufl., Berlin 1903, S. 579; Johannes Bugenhagen: Annotationes in Deuteronomium, in Samuelem prophetam, id est, duos libros Regum, Basel: Adam Petri, 1524 (VD16 B 4724).

175 ThHStAW, EGA, Reg. Bb 1796, Bl. 238v.

176 Zu Johannes Walter informieren umfassend: Walter Blanckenburg: Johann Walter. Leben und Werk, aus dem Nachl. hrsg. von Friedhelm Brusniak, Tutzing 1991 und Gurlitt: Johannes Walter (wie Anm. 62), S. 1–112.

und erschöpft. Dennoch ist der zitierte Rechnungseintrag m. E. bisher nicht bekannt.[177] Das hier genannte „gesank buchlein", das Friedrich der Weise kurz nach Weihnachten würdigte, ist das von Lucas Cranach dem Älteren und Christian Döring 1524 in Wittenberg gedruckte „Geystlich Gesangk Buchleyn" (Abb. 9).[178] Es enthielt ein Vorwort und neben anderen auch 24 deutsche Texte Luthers aus den Jahren 1523–1524, die Walter zu drei- bis fünfstimmigen Choralsätzen vertont hatte.[179] In der Kirchenordnung von Martin Luther und Pfarrer Bugenhagen vom Winter 1524 empfahlen diese das „Singen von deutschen Hymnen".[180] Neben einigen auf Luther zurückgehenden Einblattdrucken[181] scheinen wohl auch Walters Komposition gemeint zu sein, wobei im Fall des „gesanck buchleins" die Mehrstimmigkeit auch eine Verwendung für die höfische Musik der Vokalkapelle nahe legt. Im November 1525 nahm der Komponist Walter auf Einladung Luthers an den Beratungen über die „Deutsche Messe" teil und überbrachte seine Eindrücke dem Hof.[182] Als im Jahr 1526 dann die Auflösung der Hofkapelle drohte, setzten sich sowohl Melanchthon wie auch Luther für Walter ein, wobei sie besonders auf dessen ‚im Dienst des Neuen' stehenden, kompositorischen Fähigkeiten hinwiesen.[183] Nach Einführung der evangelischen

177 So bereits 1997 zusammenfassend Laurenz Lütteken: „… wohl nur wenige Bereiche der mitteldeutschen Musikgeschichte des 16. Jahrhunderts dürften so vielschichtig und so gründlich untersucht worden sein wie ausgerechnet die Rolle Johann Walters in der Reformation"; Laurenz Lütteken: Patronage und Reformation: Johann Walter und die Folgen, in: Tradition in der mitteldeutschen Musik des 16. Jahrhunderts. Symposiumsbericht, hrsg. von Jürgen Heidrich und Ulrich Konrad, Göttingen 1997, S. 63–74. Eine neue Zusammenstellung der Quellen zu Walter erarbeitet Christa Maria Richter (Dresden/Freiburg im Breisgau). Auch ihr war der Eintrag bisher unbekannt. Erste Ergebnisse sind hier veröffentlicht: Richter, Christa Maria: Johann Walter aus Sicht der neu entdeckten Textdokumente, in: Johann Walter, Torgau und die evangelische Kirchenmusik, hrsg. von Matthias Herrmann, Altenburg 2013, S. 127–166.

178 Johann Walter: Geystliche gesangk Buchleyn: Bassvs & Tenor, Wittenberg: [Lucas Cranach & Christian Döring], 1524 (VD16 L 4776).

179 Walter Blankenburg: Das „Geistliche gesangk Buchleyn" von Johann Walter, in: Johann Walter: Das geistliche Gesangbüchlein: Chorgesangbuch. Faksimile-Nachdruck des Zweitdruckes Worms 1525, hrsg. von dems., Kassel u.a. 1979, S. 5–16, hier S. 6 f. Erhalten haben sich von der Originalauflage von 1524 laut Blankenburg nur die Baß- und Tenorstimme, davon letztere Stimmfassung im Wittenberger Lutherhaus der Stiftung Luthergedenkstätten, sowie beide Stimmfassungen in der Bayerischen Staatsbibliothek München (Sign.: Mus.pr. 9294-1/2); vgl. ebd., S. 14.

180 Gurlitt: Johannes Walter (wie Anm. 62), S. 32. Im Gegensatz zu Gurlitt geht Blankenburg von einer weitgehend unabhängigen Redaktion und Zusammenstellung der Lieder durch Johannes Walter aus, die nicht [!] für den Gemeindegebrauch gedacht war, vgl. Blankenburg: Das „Geistliche gesangk Buchleyn" (wie Anm. 179), S. 8–10; vgl. zur Kirchenordnung Nikolaus Müller: Urkunden das Allerheiligenstift zu Wittenberg betreffend, 1522–1526, aus dem Nachl. hrsg. von Karl Pallas, in: ARG 12 (1915), S. 111 f.

181 Vgl. u.a. die Drucke „Ain lobesang auff das Osterfest" [und] „Der lobesang Christ ist erstanden, g[bessert]" von 1524 beschrieben von Gerhard Hahn: Ein bisher nicht bekannter Druck mit Luthers Osterliedern, in: Jahrbuch für Liturgie und Hymnologie 17 (1973), S. 213–216.

182 Gurlitt: Johannes Walter (wie Anm. 62), S. 35 f.

183 So zitiert Gurlitt: Johannes Walter (wie Anm. 62), S. 34 f., einen Brief von Melanchthon an Herzog Johann vom 20. Juni 1526: „[…] solcher Leut von Nöten, die da helfen konnten, daß nicht alt Gesang allein unterdrückt werden, sonder auch neue und besser wieder angericht werden"; vgl. CR 1, S. 799, Nr. 385 und MBW Nr. 466. Briefe Luthers mit der Empfehlung, Kirchengüter auf die Sänger zu verwenden, gehen am gleichen Tag an den Fürsten ab. Dieser jedoch verweist darauf, dass man gottgefälligere Dinge mit dem Geld anfangen könne und er außerdem nicht in Torgau sei, so gingen

Abb. 9: Tenorstimme zu „Got sey gelobet" von Johannes Walter aus dem „Geistlichen Gesanck Büchleyns", Wittenberg 1524, Bl. 5 (Bayerische Staatsbibliothek München, Mus.pr. 9294-1/2; VD16 L 4776).

Kantoreiordnung von 1528/29 übernahm man Walters Kompositionen daher auch in die entsprechenden Gebrauchshandschriften für den evangelischen Gottesdienst.[184] Kurzum, wir haben es hier mit dem ersten bedeutenden evangelischen Gesangbuch zu tun.[185] Dieses stammte aus der Feder eines Hofsängers und fand – dem oben erwähnten Eintrag zu Folge – am Hof Friedrichs des Weisen gnädige Aufnahme, wobei die Summe von zwei Gulden nicht überragend erscheint.[186] Friedrich der Weise vergab auch aus Mildtätigkeit an einzelne Personen durchaus einen Gulden, so u. a. am 11. Dezember 1524: „aus genaden

„dieselben Gesellen den mehrern Teil müßig und bringen ihr Zeit also in Faulheit und ohn Nutz zu", Gurlitt: Johannes Walter (wie Anm. 62), S. 34 f.

184 Blankenburg: Das „Geistliche gesangk Buchleyn" (wie Anm. 179), S. 12.

185 Zur Einordnung vgl. Markus Jenny: Kirchenlied, Gesangbuch und Kirchenmusik, in: Martin Luther und die Reformation in Deutschland. Ausstellung zum 500. Geburtstag Martin Luthers, veranstaltet vom Germanischen Nationalmuseum Nürnberg in Zusammenarbeit mit dem Verein für Reformationsgeschichte, hrsg. von Gerhard Bott, Frankfurt a.M. 1983, S. 293–322, bes. S. 305: Luther als Schöpfer des evangelischen Gesangbuches.

186 Neben dem Huldgeld für das nach Lochau gesandte Exemplar spricht für die höfische Anerkennung der Arbeit, dass der Druck in Zusammenarbeit mit dem Hofmaler Lucas Cranach dem Älteren und Christian Döring entstand; vgl. Blankenburg: Das „Geistliche gesangk Buchleyn" (wie Anm. 179), S. 14, und Lütteken: Patronage (wie Anm. 177), S. 67.

einem armen krancken meygdelein".[187] Im Jahr 1547, in dem man mit anderen Problemen zu kämpfen hatte, zahlte Kurfürst Johann Friedrich gar acht Gulden und fünf Groschen für eine „simphonei".[188] Auch die eher späte Würdigung des Werkes am Lochauer Hof hilft uns nicht, die Zielrichtung der Schrift zwischen Hof- und Gemeindegebrauch aufzulösen.[189] Es ist aber möglich, dass der Sänger Walter die Chance bekam, seine Kompositionen dem Kurfürsten zu präsentieren. Denn die „singer von Torgow" wurden am 2. August 1524 (Dienstag Steffani) von Torgau nach Lochau gebracht, um ihre Kunst dem Hof darzubieten.[190]

9. Fazit

Was können also Rechnungsquellen für Fragen zum Zusammenhang von Buch und Reformation leisten? Sie können sowohl über unbekannte Werke, Autoren und deren Lebensläufe, die Unterbringung von Büchern und sogar zur Rezeptionsgeschichte Aussagen machen, die ohne diese Quellengattung gar nicht möglich wären. Dazu ist allerdings eine erneute, strukturierte Suche in den Rechnungen der Rentkammer, der Lager- und Reisebücher, der Rechnungen der Ämter, sowie der hier nicht genauer angeführten aber häufig aussagekräftigsten Rechnungen der persönlichen Schatulle der Fürsten möglich. Denn auch wenn wir bereits vieles wissen, das was noch fehlt, könnte von ungleich größerer Bedeutung sein.

---

187 ThHStAW, EGA, Reg. Bb 1796, 208v. Einträge mit ähnlich hohen Summen für wohltätige Zwecke finden sich mehrfach in diesem Lagerbuch.

188 Schirmer: Staatsfinanzen (wie Anm. 6), S. 439 f., dort verwiesen auf ThHStAW, EGA, Reg. Bb 4599, Bl. 24v.

189 Blankenburg: Das „Geistliche gesangk Buchleyn" (wie Anm. 179), S. 12, führt diese Zielrichtungen neben einer Anregung für die Schulmusik und dem bürgerlichen Gebrauch ins Feld.

190 ThHStAW, EGA, Reg. Bb 1796, Bl. 92r, weitere Belege (Auszüge): Bl. 39r (4 Gulden an einen Bassisten aus der „cantorey"), 41v (1 Gulden an einen Trompeter des Hochmeister vom Deutschen Orden) und 116v (1 Gulden an einen Knaben aus der „syngerey").

Anhang

Einleitung

Grundlage für die folgende Edition bildet das Lochauer Lagerbuch von 1524/1525[191], das neben den Schatullenrechnungen 1501 bzw. 1505[192] und den Wittenberger Amtsrechnungen von 1486–1515[193] im vorangegangenen Aufsatz als Lieferant für Quellenzitate diente. Zur Prüfung, ob die genannten Auszüge bereits bekannt sind, wurden die Zusammenstellungen von Cornelius Gurlitt[194], Georg Buchwald[195], Fritz Stoy[196] und Uwe Schirmer[197] zur Druckerei und dem Buchwesen am kursächsischen Hof sowie zur Wittenberger Schloss- und Universitätsbibliothek herangezogen. Vergleichend wurden zudem die Werke von Werner Schade[198], Jürgen Heidrich[199], Ernst Hildebrandt[200], Irmgard Höss[201] und Björn Schmalz[202] durchgesehen.

Neben den genannten und weithin bekannten Aufsätzen muss hier auch auf die umfassenderen Editionen von Rainer Hambrecht und Helmar Junghans[203] hingewiesen werden. Auf der Suche nach Rechnungsbelegen zu den Reformatoren und vor allem Spalatin im Coburger Staatsarchiv stießen sie auch auf Hinweise zum kurfürstlichen Bucherwerb. Sie konzentrieren sich freilich auf die Angaben zu den Reformatoren und zu der Zeit nach 1519. So können sie unter anderem Belege für die Aufnahme des Neuen Testaments am Hof und in der Wittenberger Bibliothek (1522) oder für den großangelegten Ankauf der neuen Messordnung (1526) bieten – sparen aber viele Angaben zum sonstigen Bucherwerb für den Kurfürsten aus.

Die genannten Werke müssten als Grundlage dienen, wollte man sich erneut mit den Belegen zu Bucherwerben für die Wittenberger Bibliothek bzw. für den kursächsischen

---

191 ThHStAW, EGA, Reg. Bb 1796.

192 ThHStAW, EGA, Reg. Bb 4177 und Bb 4187.

193 ThHStAW, EGA, Reg. Bb 2725 ff.

194 Gurlitt: Kunst (wie Anm. 15), S. 53 f.; Bruck: Friedrich der Weise (wie Anm. 15), S. 302 f.

195 Buchwald: Wittenbergisches (wie Anm. 26); ders.: Spalatins Reisen (wie Anm. 27), S. 92–114; ders.: Bücherbezüge (wie Anm. 27), S. 7–15, ders.: Lutherana: Notizen aus Rechnungsbüchern des Thüringischen Staatsarchivs Weimar, in: ARG 25 (1928), S. 1–98.

196 Stoy: Hoflager in Lochau (wie Anm. 7), S. 276–290.

197 Schirmer: Staatsfinanzen (wie Anm. 6).

198 Schade: Cranach (wie Anm. 155).

199 Heidrich: Chorbücher (wie Anm. 16).

200 Hildebrandt: Schloss- und Universitätsbibliothek (wie Anm. 14).

201 Höss: Spalatin (wie Anm. 22).

202 Schmalz: Spalatin (wie Anm. 22).

203 Eintragungen in kursächsischen Rechnungsbüchern zu Wittenberger Reformatoren und Georg Spalatin von 1519 bis 1553, hrsg. von Rainer Hambrecht, komm. von Helmar Junghans, in: Lutherjahrbuch 55 (1988), S. 102–117, und 56 (1989), S. 68–128.

Hof auseinandersetzen, wie das Projekt „Ernestinisches Wittenberg" beabsichtigt. Umfangreichere Stichproben des Verfassers belegten, dass neben den in diesen Werken edierten Einträgen weitere Belege zum Bucherwerb in den entsprechenden Rechnungsbüchern vorhanden waren. Genau genommen wurden bisher nur einzelne Zeugnisse ediert. Selbst bei öfter herangezogenen Rechnungsbänden, ist davon auszugehen, dass noch einmal weitere 20 Prozent ungeborgene Einträge in den Quellen ruhen.

Lediglich für sechs der im Folgenden angeführten Auszüge aus dem Lochauer Lagerbuch sind in der Literatur Hinweise zu finden. Alle diese Belege hat Fritz Stoy paraphrasiert, auf einen von ihnen hat Werner Schade verwiesen. In diesen Fällen wurden die dortigen Paraphrasen mit der Quelle verglichen. Hinter den entsprechenden Belegen sind in eckigen Klammern die Autoren, die die Einträge wiedergeben oder auf sie verweisen, vermerkt. Die vollständigen bibliographischen Angaben und Hinweise auf Personen und Werke befinden sich in den Fußnoten. In einigen Fällen befanden sich Markierungen neben dem entsprechenden Eintrag in den Quellen, ohne dass bisher der Editionsort ausfindig gemacht werden konnte. Dies wurde ebenfalls in eckigen Klammern vermerkt.

Jahr Monat Tag (Datum nach Quelle), Ort der Zahlung/ weitere Orte, Art der Rechnung: „Quellenzitat" o. „Zitat einer Paraphrase oder einer besseren Edition" [Markierungen, Autoren, die Exzerpte oder Editionen bieten, Ergänzungsvermerke]

In Abgrenzungen von Hambrecht und Junghans wurden bei der Edition abgewandelte Richtlinien zur Edition landesgeschichtlicher Quellen angewendet. Diese beinhalten u. a. die Vereinheitlichung der Groß- und Kleinschreibung (nur Eigennamen groß), Verwendung von arabischen Zahlen, Vereinheitlichung der v/u und i/j. Die Auflösung von Abkürzungen wird durch eckige Klammern deutlich gemacht.

Einträge im Lochauer Lagerbuch vom 1. Mai 1524 bis 5. Mai 1525

1524 Mai 5 (Donnerstag nach Voc. Joc. = Asc. Dmn.), Lochau/ Torgau, Lagerbuch:
„1 fl 5 gr aber mahl dem kleinschmidt Sportstatts vonn Torgaw hat mgro. Spaltino[204] 1 kasten beslahen dar inne er m[einem] g[nädig]st[en] hern etzlich register unnd vor-eut[205] inne zu behalten unnde die selbigen“ [!] [ohne Markierung][206]

1524 Mai 25 (Mittwoch nach Trinitatis), Lochau, Lagerbuch:
„5 gr magister Spalatin von des Pommern psalter[207] m[einem] ghn[ädigsten] eynczu-bindenn aus geben“ [ohne Markierung – Stoy, Buchwald][208]

1524 Aug. 3 (Mittwoch nach Petri ad vincula), Lochau, Lagerbuch:
„27 gr hat m[a]g[iste]r Spaltin von etlichen buchern einzubinden seint dem jungen hern vonn Lünburg[209] worden, lauts seiner zcettelnn“ [markiert – Stoy][210]

1524 Aug. 12 (Freitags nach Laurentius), Lochau/ Schweinitz, Lagerbuch:
„2 fl 13 gr m[a]g[iste]r Spaltin lauts zcweyer zcetteln entricht, nemlich 17 gr für pappir

---

204 Einer der verschiedenen Kurznamen für den kurfürstlichen Vertrauten Spalatin also Georg Burkhardt aus Spalt (1484–1545); vgl. für Literatur den Beitrag.

205 Die Stelle ist unleserlich, hier sind evtl. Vorräte gemeint.

206 ThHStAW, EGA, Reg. Bb 1796, Bl. 8v.

207 Vermutlich war damit folgendes Werk gemeint: Johannes Bugenhagen: Der erste Psalm Davids durch Johannem Buggenhagen den Pomer lateynisch aussgelegt, vleyssig verteutzschet, nach der dolmetzschung D. M. Luthers, übersetzt von Stefan Roth, Wittenberg 1524 (VD16 B 9316). In der Schlossbibliothek befand sich laut Katalog von 1536 unter den Psaltern: „Pomeranus Doctor in psalterium“, vgl. Hildebrandt: Schloss- und Universitätsbibliothek (wie Anm. 14), S. 163, Katalog AK II, Bl. 33r–34r. Genaueres zum Hintergrund im Beitrag s.o.

208 ThHStAW, EGA, Reg. Bb 1796, Bl. 25v; vgl. Paraphrase bei Stoy: Hoflager in Lochau (wie Anm. 7), S. 284; vgl. Buchwald: Lutherana (wie Anm. 195), S. 28.

209 Hier ist Herzog Ernst I. von Braunschweig und Lüneburg (1497–1546) gemeint, der sich im Jahr 1524 zusammen mit seinem Bruder Franz (1508–1549) am Hof aufhielt. Während Ernst am 11. Juni 1524 (Sonnabend nach Priccii und Feliciani) mit Herzog Johann dem Beständigen nach Lochau kam, traf sein Bruder erst am 9. September 1524 (Freitag nach Nat. Mar.) im Jagdschloss ein; vgl. Lochauer Lagerbuch 1524 f: ThHStAW, EGA, Reg. Bb 1796, Bl. 54r, 138r. Ernst nahm am 18. September (Sonntags nach Lamperti) Abschied vom Hof und wurde mit einer Rüstung aus Wittenberger Manufaktur im Wert von 100 Gulden beschenkt, während sein Bruder in der Nähe des Kurfürsten blieb; vgl. ebd., Bl. 154v und 155v. Vgl. zu den Büchern im Besitz der Fürsten den Eintrag unter dem 12. Februar 1525.

210 ThHStAW, EGA, Reg. Bb 1796, Bl. 95r; vgl. Paraphrase bei Stoy: Hoflager in Lochau (wie Anm. 7), S. 283.

unnd tinckt dem pfarner zcur Schweynitz[211] 7 gr hat Spaltin zcu Wyttenberg vorczert etc." [markiert][212]

1524 Sept. 9 (Freitags nach Nat. Mar.), Lochau/ Nürnberg, Lagerbuch:
„34 gr vor ein latteinische biblien ergatt[213][?] Nur[m]b[er]gk gedrugk, inclusß 9 gr davon einzubindenn m[ein] g[nädiger] h[err] Francisus[214] worden Spalatin anzceig[t]" [markiert – Stoy][215]

1524 Sept. 20 (Dienstag Vigilia Mathei), Lochau/ Schweinitz, Lagerbuch:
„16 gr 2 d m[a]g[iste]r Spaltin nehmlich 5 gr fur Matt[..]ien zcu dintten[216] pfarner zur Schweinitz[217] 7 gr fur ein Hilarin[218] ein zubinden in die lieberey und botlohn etc. lauts seiner zcetteln" [markiert][219]

---

211 Nach Eintragungen (wie Anm. 203), S. 75 Anm. 98, ist hier Hermann Behm – seit 1501 Pfarrer in Schweinitz, verstorben am 31. März 1526 – gemeint. Vgl. dazu auch Otto Clemen: Der letzte katholische und der erste evangelische Pfarrer in Schweinitz, in: Zeitschrift des Vereins für Kirchengeschichte der Provinz Sachsen und des Freistaates Anhalt 30 (1934), S. 91–95, zur Klage von dessen Nichte, in der sie über den Alltag und die Wirtschaft der Pfarrei Auskunft gibt. Weder Irmgard Höss noch Björn Schmalz (wie Anm. 22) führen ihn im Register. Vgl. dazu die Anmerkungen zu den erhaltenen Abschriften der Einträge vom 11. Dezember 1524 und 12. Februar 1525.

212 ThHStAW, EGA, Reg. Bb 1796, Bl. 110r.

213 Stoy liest hier „so Vogel zu Nürnberg gedruckt". Vgl. zur Illumination eines Bibeldruckes im Jahr 1524 die Auszüge aus dem Lochauer Lagerbuch 1524 und die chronologische Zusammenstellung zum gleichen Jahr.

214 Hier ist Herzog Franz von Braunschweig und Lüneburg (1508–1549) gemeint (s.o.).

215 ThHStAW, EGA, Reg. Bb 1796, Bl. 138r; vgl. Paraphrase bei Stoy: Hoflager in Lochau (wie Anm. 7), S. 284.

216 Entweder handelt es sich um den Namen eines bisher Unbekannten, der Tinte an den Pfarrer lieferte, oder um ein verlesenes Grundprodukt für Tinte.

217 Vgl. zu diesem Anm. 212 sowie die Anmerkungen zu den erhaltenen Abschriften der Einträge vom 11. Dezember 1524 und vom 12. Februar 1525.

218 Es ist unklar welcher oder welche Heilige mit Hilarin gemeint ist. So kann mit „Hilarin" die Mutter der Märtyrerin Sanct Affra Hilarie gemeint sein, die zu den Heiligen des Augsburger Bistums gehörten. Friedrich der Weise besaß Reliquien von ihr. Im zweiten Reliquiar des ersten Ganges der Heiltumsweisung befanden sich in einem „prillen glas mit einer zubrochen cristallein döck [...] Von sanct Hylaria in muter sant Affre 4 pti."; vgl. Cranach: Heiltumsbuch (wie Anm. 17), [unpag]. Somit wäre ein Werk wie das folgende denkbar: Berno Augiensis und Veit Bild: Das leben, verdienen vnd wunderwerck der hailigen Augspurger Bistumbs bischoffen, sant Vlrichs vnd Symprechts, auch der säligen martrerin sant Aphre, irer muter Hilarie geschlecht vnd gesellschafft, in vnserm daselbst loblichen gotshauß rastend, Augspurg 1516 (VD16 B 2050). Aber auch die Deutung als Heiligengeschichte des Hilarion (vmtl. von Gaza) wäre nicht abzuweisen. Im dritten Gang des Wittenberger Heiltums befand sich als 6. Stück eine Greifenklaue mit einem Bild „sant Leupoldi", in dem sich „von Sant Hilariano 1 ptic." befand. Genauen Aufschluss können hier nur Funde in den Beständen der „Electoralis" in der ThULB Jena oder der Universitäts- und Forschungsbibliothek Erfurt/Gotha bringen.

219 ThHStAW, EGA, Reg. Bb 1796, Bl. 159r.

1524 Dez. 11 (Sonntag nach Conc. Mar.), Lochau/ Schweinitz, Lagerbuch:
„9 gr Spaltin aus geben fur die erst[220] epistell Petri[221] durch den pfarner zcu der Schweynitz[222] geschryebenn lauts seiner zcettelnn“ [Stoy – ergänzt][223]

1524 Dez. 19 (Montag nach Lucie), Lochau/ Schweinitz, Lagerbuch:
„7 gr für 3 bucher papir und tinckten pulffer dem pfarner zcur Schwynitz[224], bevelh Spaltinus“ [markiert][225]

1524 Dez. 29 (Donnerstag nach Innoc. Puer.), Lochau/ [Wittenberg], Lagerbuch:
„3 gr 4 d botlon Sommer[226] hat Lucas Maller[227] mit etlichenn buchlein oberschicktt“ [markiert– Stoy, Schade][228]

---

220 Stoy liest „die Rest epistel“.

221 Vermutlich ist eine Abschrift gemeint, die von einer 1523 gehaltenen und 1524 mehrfach gedruckten Predigt Luthers stammt; Martin Luther: Epistel S. Petri gepredigt vnd aussgelegt durch Martinum Luther. Wittembergk XXIII, Wittenberg: Nickel Schirlentz, 1524 (VD16 L 4598). Eine solche Abschrift, die durch einen Deckblatteintrag dem Pfarrer von Schweinitz zugeschrieben werden kann, liegt heute in Berlin – zugewiesen und beschrieben von Anna-Beate Riecke, Martin Luther: Predigt über den ersten Petrusbrief: Epistel Sanct Petri gepredigt vnnd außgelegtt durch Martinum Luther, Schweinitz [1524 – Ergänzung des Vf.], Staatsbibliothek zu Berlin – Preußischer Kulturbesitz, Ms. germ. fol. 1301. Das Buch ist durch einen Zettel im Spiegel als Abschrift des Pfarrers von Schweinitz identifizierbar; vgl. den Nachweis in den manuscripta mediaevalia von Anna-Beate Riecke mit weiteren Belegen (www.manuscripta mediaevalia.de, letzter Zugriff: 13.09.2011). Diese Handschrift lag zuvor in der Ministerialbibliothek Celle, sie war im Besitz einer Tochter des Herzogs Heinrich I. von Braunschweig und Lüneburg (1468–1532) und der Margarethe von Sachsen (1469–1528) mit Namen Apolonia (1499–1571). Das Buch kann nicht nur über die Mutter Apolonias, eine Schwester Friedrichs des Weisen, sondern auch über ihren jüngeren Bruder Franz (1508–1549) nach Celle gekommen sein. Letzterer war am 9. September 1524 (Freitag nach Nat. Mar.) nach Lochau gekommen, reiste in Begleitung des Kurfürsten weiter und war mit drei Pferden bis in den Mai 1525, also bis zum Tod Friedrichs des Weisen, am kurfürstlichen Hof. Bei der Beerdigung des Kurfürsten in Wittenberg ging Franz als erster der Adeligen hinter dem Sarg Friedrichs; vgl. Neudecker und Preller: Spalatins Nachlaß (wie Anm. 22), S. 70, und Lochauer Lagerbuch 1524 f: ThHStAW, EGA, Reg. Bb 1796, Bl. 138r, 422v.

222 Vgl. zu diesem Anm. 212 und die Anmerkungen zu den erhaltenen Abschriften zum Eintrag vom 12. Februar 1525.

223 ThHStAW, EGA, Reg. Bb 1796, Bl. 208v; vgl. Paraphrase bei Stoy: Hoflager in Lochau (wie Anm. 7), S. 283.

224 Vgl. zu diesem Anm. 212 und die Anmerkungen zu den erhaltenen Abschriften der Einträge vom 11. Dezember 1524 und 12. Februar 1525.

225 ThHStAW, EGA, Reg. Bb 1796, Bl. 219v.

226 Stoys Paraphrase verkürzt hier um die Pfennige und den Namen des Boten, macht zudem aus dem Botenlohn einen „Brotlohn“.

227 Hier ist vermutlich Lucas Cranach d. Ältere gemeint, der in den Rechnungsquellen meist als Lucas Maler bezeichnet wird. Er war nicht nur als Hofmaler tätig, sondern versorgte auch den Hof des Kurfürsten mit Wein und Nachrichten aus Wittenberg. Vgl. dazu die Anmerkungen im Artikel und u. a. Stoy: Hoflager in Lochau (wie Anm. 7), S. 283.

228 ThHStAW, EGA, Reg. Bb 1796, Bl. 235r; Schade: Cranach (wie Anm. 155), S. 411 f.; vgl. Stoy: Hoflager in Lochau (wie Anm. 7), S. 284 f.

1524 Dez. 31 (Sonnabend nach Innoc. Puer.), Lochau/[Wittenberg o. Torgau], Lagerbuch:
„2 fl aus genaden Hansen Walter[229] hat m[einem] g[nädigs]t[en] hern gesanck buchlein[230] geschanckt“ [ohne Markierung][231]

1525 Jan. 7 (Sonnabend nach Trium Regnum), Lochau, Lagerbuch:
„1 gr 10 d m[a]g[iste]r Spalatin für 4 deutzsch psalmen[232] und 4 exemplar etc.“ [markiert][233]

1525 Feb. 12 (Sonntag nach Scholastice = Circumdedit), Lochau/ Schweinitz, Lagerbuch:
„7 gr m[a]g[iste]r Spaltin außgeben fur sanct Peters epistelnn und Iudas[234] lauts seyner handtschryfft durch den pfarner czw der Schweynitz[235] außgeschriebenn“ [markiert][236]

1525 Mär. 7 (Dienstag nach Invocavit), Lochau/ Wittenberg/ Torgau, Lagerbuch:
„5 gr einem hat bucher von Wyttemberg gein Torgaw und furder anher getragen mein g[nädigs]tn hern bevelh H[ans] F[eil][237]“ [markiert!][238]

1525 Mär. 27 (Montag nach Letare), Lochau/ [Wittenberg], Lagerbuch:
„1 gr 8 d für 4 myssiven des Pomerann[239] und 4 sermen m[a]g[iste]r Spaltin“ [markiert][240]

---

229 Gemeint ist der Hofkapellsänger und Komponist Johannes Walter, vgl. dazu die Ausführungen im Artikel.

230 Walter: Geystliche gesangk Buchleyn: wie Anm. 178; vgl. dazu Blankenburg: Johann Walter (wie Anm. 176), S. 5–16, und die Ausführungen im Artikel.

231 ThHStAW, EGA, Reg. Bb 1796, Bl. 238v.

232 Im Jahr 1524 haben Martin Luther und Johannes Bugenhagen zahlreiche deutsche oder verdeutschte Psalmen und Predigten drucken lassen, so dass unklar bleiben muss, welche Bücher hier gemeint sind.

233 ThHStAW, EGA, Reg. Bb 1796, Bl. 250v.

234 Vermutlich wurde hier eine Abschrift der im Jahr 1524 in Wittenberg und andernorts erschienenen Ausgabe der entsprechenden Predigten von Martin Luther angefertigt; vgl. u. a. Martin Luther: Die ander Epistel Sanct Petri vnd eine S. Judas gepredigt vnd ausgelegt durch Mart. Luther, Wittenberg: Hans Lufft, 1524 (VD16 L 4610 und VD16 L 4585). Eine solche Abschrift liegt heute in Berlin, zugewiesen und beschrieben von Anna-Beate Riecke, Martin Luther: Die ander Epistel S. Petri und eine S. Judas gepredigt und ausgelegt, Schweinitz [1525 – Ergänzung des Vf.] Staatsbibliothek zu Berlin – Preußischer Kulturbesitz, Ms. germ. fol. 1299. Das Buch ist durch einen Zettel im Spiegel als Abschrift des Pfarrers von Schweinitz identifizierbar; vgl. den Nachweis in den manuscripta mediaevalia von Anna-Beate Riecke mit weiteren Belegen (www.manuscripta-mediaevalia.de, letzter Zugriff: 13.09.2011). Diese Handschrift lag zuvor in der Ministerialbibliothek Celle, vgl. dazu Anm. 221.

235 Vgl. zu diesem Anm. 212 und die Anmerkungen zu den erhaltenen Abschriften zum Eintrag vom 11. Dezember 1524.

236 ThHStAW, EGA, Reg. Bb 1796, Bl. 301r.

237 Johann Feil war der Sekretär Friedrichs des Weisen und wurde auch in dessen Testament bedacht; vgl. Schirmer: Staatsfinanzen (wie Anm. 6), S. 381.

238 ThHStAW, EGA, Reg. Bb 1796, Bl. 330v.

239 Vmtl. sind nicht näher beschriebene Sendbriefe Johannes Bugenhagens gemeint.

240 ThHStAW, EGA, Reg. Bb 1796, Bl. 363r.

1525 Apr. 10 (Montag nach Palmarum), Lochau/ [Wittenberg o. Torgau], Lagerbuch:
„8 gr 2 d m[a]g[iste]r Spaltin er Paulus Knoth[241] uberschickt fur 2 deuternomi[242] etc.“ [ohne Markierung – Buchwald][243]

1525 Apr. 21 (Freitag nach Ostern), Lochau/ Schweinitz, Lagerbuch:
„1 fl 10 gr 6 d m[a]g[iste]r Spaltin dem pfarner zur Schweinitz[244] gebenn, nemlich 25 gr für ein rißs pappir, 3 gr fur pulff[e]r, 1 ½ gr fur gum[m]i arabicum[245], inclußis 2 gr botlon lauts seiner hantschrifft“ [Stoy – ergänzt][246]

---

[241] Zu Paulus Knot (gest. 1535), der als Chorsänger, Visitationsschreiber und in anderen Funktionen am Hof zu greifen ist, vgl. Heidrich: Chorbücher (wie Anm. 16), S. 321 f.

[242] Vermutlich sind die Drucke zu einer Vorlesung Luthers über das Buch Mose gemeint. Er selbst hat sie 1525 in den Druck gebracht; Bugenhagen war schneller und veröffentlichte seine Mitschriften und Gedanken bereits 1524. Vgl. Martin Luther: Deuteronomion Mose cum Annotationibus, Wittenberg: Hans Lufft, 1525 (VD16 B 3024); Johannes Bugenhagen: Annotationes in Deuteronomium, in Samuelem prophetam, id est, duos libros Regum, Basel: Adam Petri, 1524 (VD16 B 4724).

[243] ThHStAW, EGA, Reg. Bb 1796, Bl. 387r; vgl. Buchwald: Lutherana (wie Anm. 195), S. 28.

[244] Vgl. zu diesem Anm. 212 und die Anmerkungen zu den erhaltenen Abschriften der Einträge vom 11. Dezember 1524 und 12. Februar 1525.

[245] Vermutlich ist hier „gummi arabicum“ gemeint, eine wasserlösliche Verbindung auf Alkalisalzbasis, die gelöst wegen ihrer zähklebrigen Eigenschaft u. a. für das Bekleben von Papier verwendet wurde.

[246] ThHStAW, EGA, Reg. Bb 1796, Bl. 405v; Paraphrase bei Stoy: Hoflager in Lochau (wie Anm. 7), S. 283.

Stefan Michel

Der Sammler, Herausgeber, Multiplikator und Händler von Luthers Büchern Georg Rörer

Ein Beitrag zur reformatorischen Buchproduktion

Michael Beyer (Leipzig) zum 60. Geburtstag

1. Einleitung

Ein Mann mit Buch steht neben Philipp Melanchthon am Taufstein.[1] Er hält das Buch so, dass Melanchthon daraus lesen kann. Ist es eine Bibel? Oder eine Agende? Vielleicht Luthers Deutsche Messe? Oder doch Luthers Taufbüchlein? – Wer der Mann ist, konnte bisher nicht eindeutig ermittelt werden. Es könnte Georg Rörer (1492–1557) sein, den Lukas Cranach der Jüngere (1515–1586) da auf dem linken Flügel des Altars der Wittenberger Stadtkirche in Szene gesetzt hat. Das würde zumindest passen, denn Rörer war an dieser Kirche seit 1525 Diakon gewesen und er hatte eine Beziehung zu Büchern. Er benutzte im Gottesdienst Bücher, um daraus die Lesungen oder liturgische Stücke vorzutragen. So sang er am 29. Oktober 1525 das erste Mal Luthers Deutsche Messe – vielleicht aus einem ähnlichen Buch – im öffentlichen Gottesdienst.[2] Aber Rörer war auch außerhalb der Kirche ein Mann des Buches, der im Kreis der Wittenberger Theologen für die Buchproduktion als Herausgeber und Lektor in den Druckereien der Elbestadt besondere Aufgaben übernommen hatte.

Als Georg Rörer sich am 11. April 1522 an der Universität Wittenberg als Student einschrieb,[3] stand er im 30. Lebensjahr. Ob er zu diesem Zeitpunkt bereits Schriften Luthers besessen hat, kann nicht mehr festgestellt werden, könnte aber wahrscheinlich sein,

---

1 Zur theologischen Deutung dieser Darstellung vgl. Albrecht Beutel: Praeceptor Germaniae – Doctor ecclesiae. Melanchthons Selbstverständnis als Gelehrter, in: ders.: Protestantische Konkretionen. Studien zur Kirchengeschichte, Tübingen 1998, S. 124–139, hier S. 132.

2 ThULB Jena, Ms. Bos. 0.17c, Bl. 199r (= WA 17/I, S. 444, Anm. zu Zeile 12): „Ea dominica 1. cecini missam germanicam W. Anno 25."

3 Karl Eduard Förstemann: Album Academiae Vitebergensis, Bd. 1 (1502–1560), Leipzig 1841, S. 115. Zur weiteren Biographie Rörers vgl. Stefan Michel: Sammler – Chronist – Korrektor – Editor. Zur Bedeutung des Sammlers Georg Rörer (1492–1557) und seiner Sammlung für die Wittenberger Reformation, in: Georg Rörer (1492–1557). Der Chronist der Wittenberger Reformation, hrsg. von Stefan Michel und Christian Speer, Leipzig 2012, S. 9–58, dort auch weitere Literatur.

da sich die Reformation besonders durch das Buch verbreitete.[4] Das Thema „Buch und Reformation“ füllt Georg Rörer und sein Umgang mit Büchern – insbesondere denen von Martin Luther – auf ganz eigene Weise und dazu noch vielfältig aus. So begann er relativ schnell nach seiner Ankunft in Wittenberg, Luthers Predigten und später auch seine Vorlesungen mitzuschreiben – also handschriftliche Bücher herzustellen. Was er nicht persönlich aufzeichnen konnte, besorgte er sich durch Tauschen oder Abschreiben von Freunden. So entstand eine unvergleichliche Sammlung, die ab dem ausgehenden 19. Jahrhundert der kritischen Weimarer Lutherausgabe als unersetzliche Editionsgrundlage dienen sollte,[5] aber bereits schon zu Lebzeiten des „Sammlers“ berühmt und begehrt war. Rörer erlangte schnell die Gunst Luthers, der ihn als zuverlässigen Korrektor seiner Schriften in den Wittenberger Druckereien, aber auch als Antreiber für manche Buchproduktion schätzte.[6] Rörer war weiterhin einer der „Herausgeber“ von Lutherwerken, wobei er schon vorher durch die Bearbeitung einiger Vorlesungen und Predigten Luthers umfangreiche Erfahrungen gesammelt hatte, wie man ein Buch macht. Rörer trug durch sein Sammeln und Herausgeben von Luthers Werken ganz entscheidend auch zur Verbreitung der Wittenberger Reformation und der Gedanken Luthers bei. Er wirkte schließlich als „Multiplikator“ der Wittenberger Theologie. Diese vielfältige Beschäftigung mit dem Thema „Buch“ soll im folgenden Beitrag unter den drei Gesichtspunkten Rörer als Sammler, Herausgeber und Multiplikator von Luthers Werken umrissen werden.

2. Der Sammler von Luthers Werken

Sammeln ist mehr als nur einige Gegenstände, z. B. Bücher oder Bilder, zu besitzen. Sammeln hat etwas mit einem Ziel des Sammlers zu tun.[7] Im Falle Rörers ging es nicht darum,

4 Johann Mathesius (1504–1565) wurde beispielsweise durch die Lektüre von Luthers „Sermon von den guten Werken“ für die Reformation gewonnen. Vgl. dazu Georg Loesche: Johannes Mathesius. Ein Lebens- und Sittenbild aus der Reformationszeit, Bd. 1, Gotha 1895 (ND Nieuwkoop 1971), S. 30–39; Stefan Michel: Art. „Mathesius, Johann“, in: Lutherlexikon, hrsg. von Volker Leppin und Gury Schneider-Ludorff, Regensburg (im Druck). Zur Verbreitung der Reformation durch das Buch vgl. Bernd Moeller: Das Berühmtwerden Luthers, in: ders.: Luther-Rezeption. Kirchenhistorische Aufsätze zur Reformationsgeschichte, hrsg. von Johannes Schilling, Göttingen 2001, S. 15–41.

5 Vgl. Georg Buchwald: Jenaer Lutherfunde, in: Theologische Studien und Kritiken 67 (1894), S. 374–391; ders.: Lutherfunde in der Jenaer Universitätsbibliothek, in: Zeitschrift für Kirchengeschichte 14 (1894), S. 600–603.

6 Gegenüber Veit Dietrich bezeichnete er sich gegenüber Rörer wohl etwas mitleidig als den „servus servorum in Typographia“ (WABr 11, S. 20, Nr. 4069, 17. Januar 1545). Einmal nannte er Rörer auch seinen Mose, der ihn ständig antreibe (WA 5, 6 f. Nr. 5202). Vgl. auch WABr 10, S. 443 Nr. 3935: Luther schrieb den Brief am 7. November 1543 auf Drängen Rörers.

7 Vgl. dazu Wulf D. von Lucius: Bücherlust. Vom Sammeln, Köln 2000, S. 24–35; Reinhardt Brandt: Das Sammeln als Erkenntnis, in: Macrocosmos in Microcosmo – Die Welt in der Stube. Zur Geschichte des Sammelns 1450 bis 1800, hrsg. von Andreas Grote, Opladen 1994, S. 21–33; Lina Bolzoni: Das Sammeln und die ars memoriae, in: Macrocosmos in Microcosmo, S. 129–168.

eine Arbeitsbibliothek für seinen Dienst als Diakon an der Wittenberger Stadtkirche aufzubauen, aus der er für seine Predigten die aktuelle theologische Auslegung eines Textes hätte schöpfen können. Hinter Rörers Sammeln und Mitschreiben von Luthers Predigten und Vorlesungen stand eine Intention: Er wollte zunächst möglichst alle für das Verständnis der Heiligen Schrift relevanten Äußerungen Luthers zusammentragen, um sie – diese Intention kommt sicher erst später dazu – sogar für die Nachwelt zu bewahren.[8] Möglicherweise waren ihm diese Auslegungen deshalb so wichtig, weil Luther derjenige gewesen war, der das Verständnis der Bibel und besonders des Evangeliums nach einer Phase der „Verdunklung" durch die römische Theologie wieder aufgedeckt hatte. Dieses um die Mitte des 16. Jahrhunderts oft begegnende Erklärungsmuster könnte sich auch Rörer zu eigen gemacht haben. Jedenfalls taucht es in Quellen auf, die mit seinen Arbeiten in engem Zusammenhang stehen.[9] Noch ein weiteres Indiz spricht für die Annahme, dass Rörer im Laufe der Zeit seine Sammlung als einen besonderen „Schatz" der Wittenberger Reformation angesehen hat: Nach Luthers Tod begann er damit, am Rand von Texten, die er in seine Sammlung kopiert hatte, das Datum und einen Gebetsseufzer aus Ps 86,17 zu notieren: „F m s i b", d. h. „Fac mecum signum in bono/ Wirke an mir ein Zeichen zum Guten". Sah Rörer seine Arbeit gar als eine Art Gottesdienst an? Jedenfalls wird durch diese Datierungen an zahlreichen Quellenstücken deutlich, dass Rörer immer und überall bestrebt war, Quellen, die er noch nicht besaß, in seine Sammlung zu kopieren, um eine gewisse Vollständigkeit zu erreichen. Der Gebetsseufzer deutet dann darauf hin, dass er froh war, dieses Quellenstück in seine Sammlung kopiert zu haben, weil es so gewissermaßen vor dem Untergang des Vergessens oder Verlorengehens gerettet war.

Im engeren Sinne bestand die Sammlung Rörers aus etwa 41 handschriftlichen Bänden,[10] die Luthers Predigten und Vorlesungen, etliche seiner Briefe, Gutachten, Tischreden und Bibeleinzeichnungen beinhalteten.[11] Weiterhin hatte Rörer Material aus dem Wittenberger Umfeld aufgenommen, wozu beispielsweise Abschriften von Briefen und Mitschriften von Vorlesungen Melanchthons oder Mitschriften von Predigten Bugenhagens gehörten.[12] Bereits im 16. Jahrhundert gingen einige Bände verloren. Heute umfasst die in der Thürin-

[8] Schon Eike Wolgast: Die Wittenberger Luther-Ausgabe. Zur Überlieferung der Werke Luthers im 16. Jahrhundert, Nieuwkoop 1971, S. 23, bemerkte zu diesem Thema: „Sollte er die ganzen Jahrzehnte hindurch nur zu seiner eigenen Befriedigung eine vollständige Sammlung aller Predigten und Vorlesungen Luthers angelegt haben, oder hatte er das Ziel und den Plan, sein Material literarisch zu verwerten?"

[9] Vgl. die Vorrede von Stephan Tucher zu: Enarratio 53. Capitis Esaiae prophetae ex praelectionibus Reuerendi patris D. Martini Lutheri, summa fide & diligentia collecta per M. Georgium Rorarium, anno 1544. & nunc (hoc 1550. anno) primum in lucem aedita, Magdeburg: Michael Lotter, 1550 (VD16 4542/4543), ♣ 2r- A[2]v.

[10] Vgl. zu den verlorenen Bänden WABr 14, S. 183–187, sowie Ratsschulbibliothek Zwickau, Hs. 33: Verzeichnis der Sammlung Rörers für Andreas Poach, um 1552.

[11] Vgl. WABr 14, S. 175–282; sowie Michel: Sammler (wie Anm. 3), S. 52–58.

[12] Vgl. die von Georg Buchwald besorgte Edition: Johann Bugenhagens Katechismuspredigten, gehalten 1525 und 1532. Aus den Handschriften zum erstenmal herausgegeben, Leipzig 1909.

ger Universitäts- und Landesbibliothek in Jena verwahrte Sammlung Rörers noch 35 Bände, zu denen die beiden Bibelhandexemplare Martin Luthers des Neuen und Alten Testaments hinzu kommen sowie ein Rest des zweiten Bandes der Wittenberger Lutherausgabe in zweiter Auflage.

Mit hoher Wahrscheinlichkeit gehörte zu Rörers Sammlung auch einmal eine Bibliothek. Eine Spur dieser Bibliothek findet sich in dem Empfehlungsbrief Johannes Bugenhagens für Rörer an König Christian III. von Dänemark (1503–1559) vom 26. März 1551.[13] Darin beklagt Bugenhagen, der erst kurz zuvor von Rörers Abreise erfahren hatte:

> „Nu aber zuletzst hat ers mir selber angesagt, mit anzeigung das er schon furhin habe weggesandt 2 fasse mit büchern und klagett weiter uber diese jammerliche Zeit bei uns davon ich E. M. auch geschrieben habe bei dem Scherff, und uber ander seine eigen not und fare der Büchern Patris Lutheri, das sie zuletzt nicht alle hie muchten ausgedruckt werden etc."[14]

Rörers handschriftliche Sammlung hätte unmöglich die beiden erwähnten Fässer gefüllt, egal von welcher Fassgröße man dabei ausgeht.[15] In den Fässern müssen sich also auch andere Dinge, z. B. Bücher befunden haben. Ein Verzeichnis über 47 Sammelbände mit insgesamt 442 Einzeldrucken befindet sich in Rörers Sammelband ThULB Jena, Ms. Bos. q. 24t, dessen einzelne Faszikel nach 1553 in Jena entstanden sind.[16]

---

13 Zum Verhältnis Rörers zu Bugenhagen vgl. Stefan Michel: „... mein lieber Schwager". Johannes Bugenhagen und Georg Rörer in ihren familiären und theologischen Beziehungen, in: Der späte Bugenhagen, hrsg. von Irene Dingel und Stefan Rhein, Leipzig 2011, S. 63–73.

14 Dr. Johannes Bugenhagens Briefwechsel, hrsg. von Otto Vogt mit einem Vorwort und Nachträgen von Eike Wolgast unter Mitarbeit von Hans Volz, Hildesheim 1966, S. 491 f.

15 Die Größen für Fässer schwanken sehr. Es finden sich Angaben von 230 bis 550 Liter. Vgl. Fritz Verdenhalven: Alte Meß- und Währungssysteme aus dem deutschen Sprachgebiet, 2., wesentlich verm. und völlig überarb. Aufl., Neustadt an der Aisch 1993, S. 18; Heinz Ziegler: Flüssigkeitsmaße, Fässer und Tonnen in Norddeutschland vom 14. bis 19. Jahrhundert, in: Blätter für deutsche Landesgeschichte 113 (1977), S. 276–337, nennt zahlreiche verschiedene Fässer und Größen, aber leider keine Bücherfässer.

16 ThULB Jena, Ms. Bos. q. 24t, Bl. 51r–v und 53r–63r: Die von Georg Rörer überarbeitete Liste stammt von einer Schreiberhand, die offensichtlich eine kleine Bibliothek reformatorischer Literatur verzeichnete. Möglicherweise handelt es sich bei dieser Liste um ein Verzeichnis der Bibliothek Georg Rörers, vgl. WABr 14, S. 181, Anm. 13. Bei dem Band ThULB Jena, Ms. Bos. q. 24t selbst handelt es sich um ein Konvolut, das langsam zusammengewachsen ist, aber wahrscheinlich erst um 1900 gebunden wurde. Es enthält vor allem Briefe, besonders an Georg Rörer wegen des Drucks der Werke Martin Luthers in Jena. Das detaillierte Material macht deutlich, welchem Druck Rörer von Seiten Nikolaus von Amsdorfs, Johann Stoltz' und Matthäus Ratzebergers ausgesetzt war. Die Liste bildete ebenfalls einmal einen eigenständigen Faszikel mit der Zählung in roter Tinte von 1 bis 16. Für welchem Zweck Rörer seine (?) Bücher verzeichnen ließ, ist nicht zu ermitteln. Vielleicht sollte es als Katalog für die Arbeit an der Jenaer Lutherausgabe oder als Verzeichnis für seine Erben dienen. Das Verzeichnis ist in vier Rubriken eingeteilt: 1. „Tituli librorum, qui continentur in libris, compactis in tabellis ligneis corio obductis" (Titel der Bücher, die in den Büchern enthalten sind, die mit Leder überzogenen Holztafeln gebunden sind), Bl. 51r–v und 53r–57v: 13 Bände in Quart bezeichnet A bis N; 2. „Tituli librorum reliquorum, qui chartis obducti sunt [in anderer Tinte: In quarto]" (Titel der übrigen Bücher, die in Pergament gebunden sind), Bl. 58r–60v: 11 Bände in Quart bezeichnet A bis L; 3. „Libri in octauo compacti" (in Oktav gebundene Bücher),

Neben Schriften Luthers enthält das Buchverzeichnis unter anderem Titel von Johannes Oekolampad (1482–1531), Ulrich von Hutten (1488–1523),[17] Erasmus von Rotterdam (1469–1536),[18] Philipp Melanchthon,[19] Johannes Bugenhagen[20] und Urbanus Rhegius (1489–1541).[21] Sollte diese Buchliste also tatsächlich Rörers Bibliothek abbilden, die nach seinem Tod wahrscheinlich an seine Kinder weiter vererbt wurde, dann würde sie die breiten Interessen Rörers widerspiegeln. Er hatte besonders ein historisches Interesse am gesamten Ablauf der Reformation. Der Schwerpunkt seiner Sammlung ruhte zweifellos auf Wittenberg und den Werken Martin Luthers, gleichwohl waren für das Verständnis der Witten-

Bl. 60v–62r: 10 Bände in Oktav bezeichnet A bis K; 4. „Libelli in Octauo, qui in medio foliorum signati sunt" (Bücher in Oktav, die in der Mitte der Blätter bezeichnet sind. Vermutlich waren diese Bücher nicht richtig gebunden, sondern nur geheftet. Diesen Hinweis verdanke ich Dr. Christoph Mackert von der Universitätsbibliothek Leipzig.), Bl. 62r–63r: 14 Bände bezeichnet A bis O.

17 HVLDERICHI AB HVTTEN EQ. GERM. In Hieronymum Aleandrum, & Marinum Caracciolum, LEONIS decimi, P.M. Oratores in Germania, Inuectiue singule. In Cardinales, Episcopos, & Sacerdotes, Lutherum Vuormacie in concilio Germaniæ impugnantes, Inuectiua. Ad CAROLVM Imperatorem, pro Luthero, & veritatis ac libertatis caussa exhortatio, [Straßburg]: [Johann Schott], 1521 (VD16 H 6353).

18 Herr Erasmus Rotherodams verteutzthe auszlegung vber diese wort sant Pauus zcu den von Corinth/ in der Epistel am vierzehenden capittel. Jch wil lieber in meinen gemuet funff wort in der kirchen reden andere zcu vnterweysen dan zehentausent wort mit der zungen, Erfurt: Matthes Maler, 1521 (VD16 E 3126).

19 Philipp Melanchthon: Defensio contra Iohannem Ekium, Wittenberg 1519 (VD16 M 2926); Widder die Artickel der Bawerschafft, Wittenberg 1525 (VD16 M 4205); „Bedencken von der Reformation der Kirchen gestellet D. Phil: Me:"; Der BabstEsel, Wittenberg 1535 (VD16 M 2990); Christliche erinnerung, von den lieben Engeln, Wittenberg 1536 (VD16 M 3634); Catechesis puerillis (Auflage unklar); Responsio ad scriptum quorundam delectorum à Clero Secundario Coloniae Agrippinae, Wittenberg 1543 (VD16 M 4137); „Orationes multae et variae" (Band I der ersten Oktav-Abteilung); „De anima" (Auflage unklar); Eine Vorrede Philippi Melanthon, auff das fürgelegte Buch zu Regensburg. Deudsch ausgangen zu Wittenberg. Darin er unterrichtet. Was man von aller Reformation und vergleichungen, so in der Religion mit den Papisten fürgenomen wird, halten sol, Not und nützlich zu lesen. Item erklerung derselben Vorrede durch Antonium Abbam Pfarherr zu Zaphonhausen, Magedeburg 1549 (VD16 ZV 10654); „Orationes XIII" (Titelzuordnung unklar); „Argumenta psalmorum 60" (128 Bl., Auflage unklar); „Explicatio proverbiorum salomonis" (132 Bl., Auflage unklar); Enarratio brevis Concionum Libri Salomonis cui titulus est Ecclesiastes, Wittenberg 1550 (VD16 M 3159); Enarratio Symboli Niceni (Auflage unklar); Erotemata dialectices continentia fere integram artem, Wittenberg 1547 (oder eine andere Wittenberger Ausgabe); Initia Doctrinae Physicæ, Dictata in Academia Vuitebergensi, Wittenberg 1549 (oder eine andere Wittenberger Ausgabe); Oratio Lycurgi contra Leocraten, desertorem patriae, dulcissime de officiis patriae debitis disserens, Wittenberg 1545 (oder eine andere Wittenberger Ausgabe).

20 Es handelt sich um folgende Titel von Johannes Bugenhagen: In IIII. priora capita Euangelij secundum Matthaeum […], Wittenberg 1543 (VD16 B 9328); „Historia passionis et resurectionis" (mehrere Auflagen möglich); Publica, de Sacramento corporis et sanguinis Christi, ex Christi institutione, confeßio, qua suae fidei de coena Domini reddit rationem, Augsburg 1529 (VD16 B 9361); „Epistola ad fratres in inf. Ger." (Vielleicht handelt es sich um den Sendbrief an die Christen in England von 1525.); Der Erbarn Stadt Braunschwyg Christenliche Ordenung […], Nürnberg 1531 (VD16 B 7236); Was man vom Closter leben halten sol […], Wittenberg 1529 (VD16 B 9472); IONAS PROPHETA EXPOSITVS IN TERTIO CAPITE, TRActatus de uera poenitentia, … Ibidem, Historia certa, ex probatis Scriptoribus, diligentia et iudicio collecta, … Idem caput repurgatum ab impijs et blasphemis dubitationibus, Wittenberg 1550 (VD16 B 9336).

21 Dialogus. Ein lustig vnd nützlich Gesprech, vom zukünfftigen Concilio zu Mantua, Zwisschen einem Weltfromen, vnd einem Epicureer, vnd einem Christen, Durch D. Urbanum Rhegium, Zur Zelle jnn Sachssen. Augustinus ad Ianuarium […], Wittemberg: Joseph Klug, 1537 (VD16 R 1763).

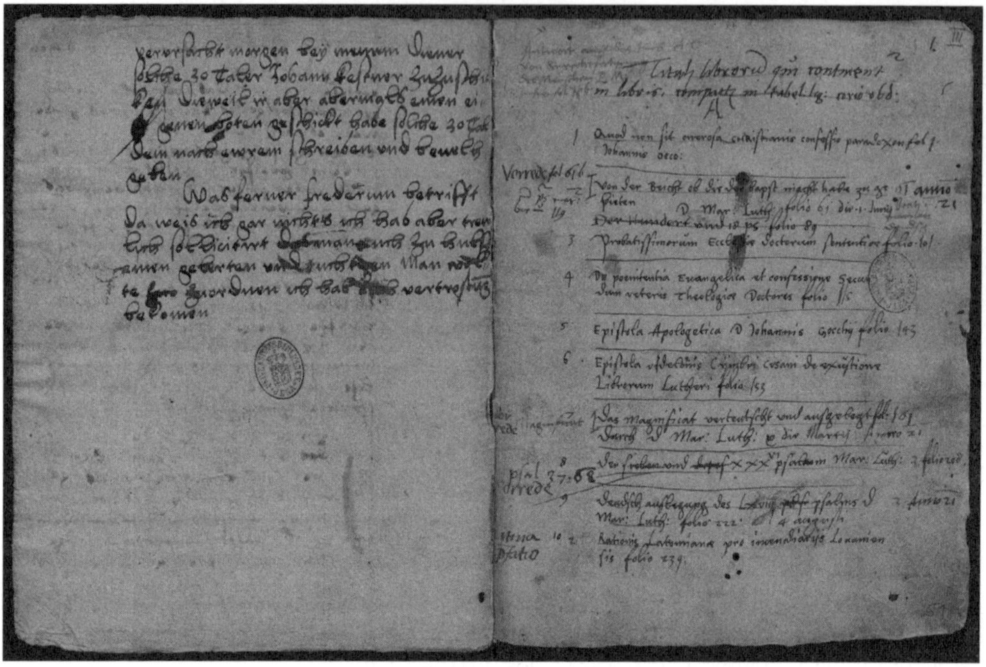

Abb. 1: Beginn eines Bücherverzeichnisses (ThULB Jena, Ms. Bos. q. 24t, 58r)

berger Reformation z. B. auch die Auseinandersetzungen der 1520er Jahre mit den Schweizern in der Abendmahlsfrage wichtig, so dass er sich auch ihre Schriften ins Regal stellte.[22]

Die überlieferten 35 handschriftlichen Bände zeigen sehr deutlich, wie planvoll Rörer beim Anlegen seiner Sammlung vorging. Immer wieder begegnen in den Bänden Hinweise darauf, woher Rörer sein Material bekam. Besonders häufig sind die Namen Caspar Cruciger (1504–1548) und Veit Dietrich (1506–1549) zu finden. Dies deutet nicht nur auf eine Freundschaft zwischen diesen drei Männern hin, sondern muss wohl auch als Arbeitsgemeinschaft verstanden werden. Alle drei setzten sich gemeinsam dafür ein, den Hunger nach Luthers Schriften auf dem Buchmarkt zu stillen. Später wird Philipp Melanchthon diese drei mehrfach als glaubhafte Zeugen und Arbeiter an der Erinnerung Luthers rühmen, deren Genauigkeit und Zuverlässigkeit es zu verdanken ist, dass die Worte Luthers bewahrt wurden.[23] Mindestens zweimal gibt es auch den Hinweis darauf, dass Rörer mit dem Pfarrer von Zahna (seit 1532) und späteren Superintendenten von Köthen, Johann Schlaginhaufen (gest. 1560), in freundschaftlichem Austausch von Mitschriften stand.[24]

---

[22] Eine endgültige Entschlüsselung der Liste muss weiteren Forschungen vorbehalten bleiben.

[23] Z. B. in der Vorrede zum dritten lateinischen Band der Wittenberger Lutherausgabe von 1549: MBW 5515 = CR 7, 390–399 Nr. 4523.

[24] Rörer lieh Schlaginhaufen die Predigten Luthers aus dem Jahr 1526 (ThULB Jena, Ms. Bos. o. 17d). Vgl. die Randnotiz in ThULB Jena, Ms. Bos. q. 24d, Bl. 86r (WA 40/I, 509): „9. Sept mutuo dedi Tomum concionum anni 26 Parocho in

Rörers Sammlung gibt aber nicht nur seine Quellen und damit freundschaftlichen Verbindungen preis, sondern sie zeigt auch, dass er um Systematisierung bemüht war. Dabei wählte er die Chronologie der Ereignisse, um seine Quellen zu ordnen. Seine Predigtmit- oder -nachschriften waren nach Jahrgängen geordnet. Auf dem Einband zeigten dies römische Zahlen an. Er entschied sich also gegen eine systematische Zusammenstellung des Materials. Diese Form der Strukturierung seiner Sammlungsinhalte begegnet nur gelegentlich, wenn er Material von anderen abschrieb, das schon systematisch geordnet war bzw. bei Abschriften von Tischreden, die unbedingt geordnet werden mussten.

Rörers Bedeutung als Sammler von Luthers Vorlesungen und Predigten fiel in Wittenberg schon früh auf. Es scheint aber so, als seien seine Bemühungen erst 1537 richtig gewürdigt worden: Nachdem Luther beim Bundestag von Schmalkalden im Februar 1537 schwer erkrankte und er selbst wie auch seine Kollegen glaubten, dass er sterben müsse,[25] führte dies zu einem heftigen Nachdenken über die Frage, was wäre, wenn Luther wirklich plötzlich nicht mehr da sein sollte. Georg Spalatin reagierte relativ schnell und unterbreitete Kurfürst Johann Friedrich I. (1503–1554), dem „Großmütigen", den Vorschlag, die Sammlung Rörer kopieren zu lassen, um die ungedruckten Predigten und Vorlesungen in die kurfürstliche Bibliothek aufzunehmen.[26] Johann Friedrich gab dazu im März 1537 auch seine Einwilligung. Jedoch ließ sich die Sammlung nicht einfach kopieren, da die Schreiber von Rörer hätten eingewiesen werden müssen, da er oft sehr schnell mitgeschrieben hatte. Dabei war seine Schrift durch zahlreiche Abkürzungen sehr flüchtig. Die Aufzeichnungen sprangen vom Deutschen ins Lateinische. Das Unternehmen scheint schließlich doch nicht in die Tat umgesetzt worden zu sein. Im September 1537 erhielt Rörer stattdessen eine kurfürstliche Bestallungsurkunde. Aus der Sequestration des Klosters Buch sollte er jährlich 60 Gulden erhalten, weil er sich bisher so sehr um die Bewahrung der Predigten und Vorlesungen Luthers bemüht hatte.[27] Diese Urkunde kann als Beginn der Wittenberger Lutherausgabe gedeutet werden: Johann Friedrich war nun bereit, die Erhaltung des theologischen Erbes Luthers in einer Gesamtausgabe um jeden Preis zu fördern. Dadurch wurde die Sammlung Rörers deutlich aufgewertet. Sie war nun nicht mehr nur eine Privatsammlung, sondern diente als eine Grundlage für die Erstellung der Wittenberger Lutherausgabe. Sie war Rörers historisches Gedächtnis der reformatorischen Ereignisse bis zu diesem Zeitpunkt.

Zana Schlag in den hauffen." Mit Schlaginhaufen schrieb er auch gemeinsam Tischreden mit, vgl. Stefan Michel: Thematische Bearbeitungen der Tischreden Martin Luthers durch Georg Rörer (1492–1557). Beobachtungen zu Überlieferung und Funktion, in: Martin Luthers Tischreden. Neuansätze der Forschung, hrsg. von Katharina Bärenfänger, Volker Leppin und Stefan Michel, Tübingen 2013, S. 221–240; WA Tr 2, XVI. Im Band ThULB Jena, Ms. Bos. q. 24s, Bl. 413v (383v alte Zählung) vermerkt Rörer ausdrücklich, dass er diese Tischreden von Schlaginhaufen abgeschrieben hat: „Ex libello Iohannis Turbicidae pastoris Köthensis."

25 Martin Brecht: Martin Luther. Bd. 3: Die Erhaltung der Kirche 1532–1546, Stuttgart 1987, S. 185–189.

26 ThHStAW, EGA, Reg. O, 492.

27 ThHStAW, EGA, Reg. Rr, S. 1–316, Nr. 1556, 2.

Als Rörer nach seinem Aufenthalt in Dänemark im Sommer 1553 nach Jena gekommen war, stattete ihm Anfang September der Weimarer Hofprediger Johann Aurifaber (1519–1575) einen Besuch ab, nicht zuletzt um seine Sammlung in Augenschein zu nehmen. Er berichtete darüber unter anderem an Wolf von Lauenstein (nachgewiesen 1548–1567), den Sekretär des geborenen Kurfürsten Johann Friedrich von Sachsen: „Sonst hatt M. Georg Rörer einen vnaussprechlichen grossen Schatz von predigten, die Doctor Martinus vom 23: ihar bis auff das 46: gethan vnd Ehr alle aus seinem munde geschrieben." Außerdem besitzt er „Etzliche Bücher voll colloquien vnd Tischreden".[28] Mehrfach benutzte Aurifaber den Ausdruck „Schatz",[29] um die Sammlung Rörers entsprechend zu würdigen. Damit wird zum ersten Mal die Sicht der Zeitgenossen auf Rörers Sammlung fassbar. Sie bezeichnen mit „Schatz" zunächst sicherlich den inhaltlichen Wert. Andererseits meint Schatz im Sinne seiner lateinischen Parallele „thesaurus" (aus dem Griechischen kommend) auch die Fülle des Inhalts („Vorrat, Überfluss"), die diese Sammlung wiederum wertvoll macht.[30] Aurifaber war sich in jedem Fall bewusst, dass Rörers handschriftliche Aufzeichnungen an Menge und Qualität unvergleichlich waren. Dieser Schatz musste für die Weimarer Herzöge gesichert werden, da die Ernestiner nach der Niederlage im Schmalkaldischen Krieg für sich beanspruchten, die wahren Verteidiger und Erben des Luthertums zu sein.[31] Sie könnte als Grundlage für die Edition zahlreicher noch nie gedruckter Bücher Luthers dienen.[32]

Ein letztes Mal wurde die Sammlung Rörers aufgewertet, als sie 1557 der Universität Jena und ihrer Bibliothek zur Verwahrung übergeben wurde. Aus seiner Sammlung wurde nun so etwas wie die „Staatssammlung" der Ernestiner. Die Handschriften waren zwar nur sehr schwer zu entziffern, aber trotzdem behielten sich die Ernestiner das Recht vor, die Nutzung dieser Sammlung zu gewähren. Dies diente einerseits dem Schutz dieses Schatzes,

---

[28] ThHStAW, EGA, Reg. O 775, Bl. 4r.

[29] Diesen Ausdruck benutzte Aurifaber auch in seinem Brief vom 23. November 1550 an den dänischen König Christian III., von dem er hoffte, dass er bei ihm Zuflucht finden könne. Mit „Schatz" umschrieb er den Wert seiner Sammlung von Material zu Leben und Werk Martin Luthers. Vgl. Gelehrter Männer Briefe an die Könige in Dännemark, erster Teil, hrsg. von Andreas Schumacher, Kopenhagen/Leipzig 1758, S. 231.

[30] Vgl. das Stichwort in Basilius Faber: Thesaurus eruditionis schlosaticae, Tomus alter, Leipzig 1735, S. 982.

[31] Joachim Bauer: Der Kampf um das „wahre" Luthertum. Jena und Wittenberg 1548, in: Das Interim 1548/50. Herrschaftskrise und Glaubenskonflikt, hrsg. von Luise Schorn-Schütte, Gütersloh 2005, S. 277–291; Daniel Gehrt: Kurfürst Johann Friedrich I. und die ernestinische Konfessionspolitik zwischen 1548 und 1580, in: Johann Friedrich I. – der lutherische Kurfürst, hrsg. von Volker Leppin, Georg Schmidt und Sabine Wefers, Gütersloh 2006, S. 307–326; Siegrid Westphal: Nach dem Verlust der Kurwürde. Die Ausbildung konfessioneller Identität anstelle politischer Macht bei den Ernestinern, in: Zwischen Schande und Ehre. Erinnerungsbrüche und die Kontinuität des Hauses. Legitimationsmuster und Traditionsverständnis des frühneuzeitlichen Adels in Umbruch und Krise, hrsg. von Horst Carl und Martin Wrede, Mainz 2007, S. 173–192.

[32] ThHStAW, EGA, Reg. O 775, S. 34 f.: „Memorial" und S. 36 f.: „Ratschlag und Bedenken. Wie viel nützlicher guten Bücher D.M.L. deutsch vnd lateinisch mochten In Druck geferttiget werden, so sonst bisher sind Im Verborgen gelegen, vnd mit der Zeit gahr mochten vnttergehen vnd verloren werden."

für den sie sehr viel Geld bezahlt hatten. Andererseits – und das ist wichtiger – behielten sie sich so auch das Recht auf die richtige Lutherdeutung vor.[33]

3. Der Herausgeber von Luthers Werken

Georg Rörer ist in den 1530er Jahren nicht der einzige und auch sicher nicht der erfolgreichste Herausgeber von Luthers Werken gewesen. Vor ihm kommen zweifellos Caspar Cruciger und Veit Dietrich zu stehen, die deutlich mehr Werke Luthers zum Druck beförderten.[34] Daneben muss aber auch an Stephan Roth (1492–1546) oder Justus Jonas (1493–1555) gedacht werden. Dietrich brachte beispielsweise 21 Schriften Luthers zum Druck, darunter befanden sich so wichtige Ausgaben wie der Vorlesungen über Psalm 90[35] oder Teile der Genesisvorlesung.[36] Während Dietrich für die Arbeit von Luther oft Kritik erntete, weil dieser meinte, er sei in der Bearbeitung seiner Texte allzu frei verfahren,[37] genoss Caspar Cruciger Luthers volles Vertrauen.[38] Cruciger gab immerhin 17 Schriften Luthers, fast ausnahmslos Predigten, im Druck heraus. Angesichts dessen sind die sechs von der Weimarer Lutherausgabe als von Rörer herausgegebenen Schriften Luthers auf den ersten Blick eher marginal. Bedenkt man aber, dass sich darunter Luthers Galatervorlesung[39] von 1532 befindet, und Rörer als Herausgeber der Wittenberger und Jenaer Werkausgabe entscheidenden Anteil an der Überlieferung der Werke hatte, sowie schließlich die Vorlagen für zahlreiche Ausgaben von Dietrich und Cruciger lieferte, ist dieses Ergebnis wiederum zu relativieren.

Fragt man nach der Motivation für diese Arbeiten im Dienste Luthers, dann mag der Widmungsbrief Caspar Crucigers an den Görlitzer Ratsherrn Gregor Berndt, den er 1533 den von ihm herausgegebenen fünf Predigten Luthers über den 1. Johannesbrief voran stellte, einen Anhaltspunkt liefern. Daraus ist zu erfahren, warum Cruciger diese Ausgabe veranstaltete. Vielleicht galt dies in ähnlichen Fällen auch für Rörer:

---

33 Vgl. auch Joachim Ott: Zur Verwahrgeschichte der Rörersammlung in Jena, in: Georg Rörer (wie Anm. 3), S. 229–251.

34 Vgl. WA 61, S. 168–168 und 171.

35 WA 40/III, S. 476–594; vgl. Matthias Schlicht: Luthers Vorlesung über Psalm 90. Überlieferung und Theologie, Göttingen 1994.

36 Vgl. Peter Meinhold: Die Genesisvorlesung Luthers und ihre Herausgeber, Stuttgart 1936.

37 Vgl. dazu die 16 Briefe von Veit Dietrich an Justus Menius aus der Zeit von 1532 bis 1548, Walter Friedensburg: Aus dem Briefarchiv des Justus Menius, in: ARG (1925), S. 192–209.

38 Vgl. dazu Theodor Pressel: Caspar Cruciger. Nach gleichzeitigen Quellen, Elberfeld 1862, S. 40 f.; Oswald Gottlob Schmidt: Caspar Crucigers Leben für christliche Leser insgemein aus den Quellen erzählt, Leipzig und Dresden 1862, S. 242 f.

39 Vgl. Stefan Michel: Martin Luthers Galaterbriefvorlesung von 1531. Quellenkritische Beobachtungen an der Kollegmitschrift Georg Rörers (1492–1557), in: Lutherjahrbuch 77 (2010), S. 65–80.

> „Nach dem jr [Gregor Berndt] offt und viel mich gebeten umb die predigten unsers lieben Vaters D. Mart[ini] Luth[eri] von der Christlichen Liebe gethan, so jr selbs alhier gehöret und sonderlich gefallen dazu habt, und fur nötig achtet auch andern mit zu teilen, Hab ich auff solch ewer bitt und beger die selbigen predigten zu samen gefasset und euch zugefallen und andern (so es begeren) zu dienst lassen ausgehen. Denn ich hoffe, sie sollen vielen nützlich sein, deste stercker zu der rechten Christlichen liebe zu reitzen und auch denen das maul zu stopffen, die nicht auffhören, widder die unsern zu schreyen, als lere und halte man nichts von der liebe und guten wercken."[40]

Es gab ein Verlangen nach Luthers Schiften. Seine Bücher wurden gelesen und waren begehrt. Doch Luther selbst konnte dieses Verlangen gar nicht allein stillen. Die Arbeit der drei Männer – Cruciger, Dietrich und Rörer – war also in der Tat nur zum Besten für Luther und die Wittenberger Reformation. Sie entlasteten Luther, der zu ihnen ein gewisses Vertrauen hatte. Sie sorgten durch die Edition der Schriften Luthers für eine weitere Verbreitung der Wittenberger Theologie. Zugleich machten diese Werke in apologetischer Absicht deutlich, dass das Evangelium in Wittenberg rein gelehrt wurde und es eben keinen Grund für gegnerische Angriffe gäbe.

Allerdings stand Luther den Arbeiten der drei in unterschiedlichem Maße kritisch gegenüber. Gerade Veit Dietrich litt öfter unter Luthers zorniger Unzufriedenheit, weil er ihm zu stark in seinen Text eingriff. Cruciger genoss da schon mehr Wertschätzung, wobei auch er keinen „authentischen" Luther zum Druck beförderte, sondern selbstverständlich die Predigten bearbeitete, um daraus zusammenhängende wie lesbare Texte zu machen. Allerdings offenbarte der 1536 von Conrad Cordatus (1480–1546) ausgelöste Streit,[41] dass man in Wittenberg nicht einheitlich lehrte, sondern zwischen Luther und Melanchthon und damit auch ihren jeweiligen Schülern eine gewisse Differenz in der Akzentsetzung einiger theologischer Lehrsätze bestand. Dies betraf natürlich auch Dietrich, Cruciger und Rörer, die Schüler Luthers wie Melanchthons waren und problemlos „lehrmäßige Treue zu Melanchthon und rückhaltlose Verehrung für Luther" miteinander verbinden konnten.[42] Wenn man nicht völlig einheitlich lehrte, hatte dies sicher auch Auswirkungen auf die Textgestaltung. Nicht alle Formulierungen der von Cruciger herausgegebenen Schriften Luthers dürften genuin „lutherisch" sein, sondern vielleicht ebenso von Melanchthons Gedanken inspiriert.

Die Eigenart der Arbeitsweise Rörers soll kurz an seiner Ausgabe der Galaterbriefvorlesung Luthers dargestellt werden: Rörer hörte diese Vorlesung 1532 gemeinsam mit seinen Freunden Dietrich und Cruciger. Er hatte das Problem, dass Luther sehr schnell sprach. Deshalb übersetzte er simultan Wendungen vom Deutschen ins Lateinische, um noch

---

40 WA 36, S. XXXI f.

41 Zuletzt Werner Führer: Die Schmalkaldischen Artikel, Tübingen 2009, S. 32–40.

42 Irene Dingel: Luther und Wittenberg, in: Luther Handbuch, hrsg. von Albrecht Beutel, Tübingen 2005, S. 177.

schneller mitschreiben zu können. Wie seine anderen Mitschriften überarbeitete Rörer auch dieses Kollegheft nochmals. Da er sehr schnell schrieb und dabei sehr stark abkürzte, waren diese Überarbeitungen sogar für ihn von größter Wichtigkeit. Entweder korrigierte er unleserliche Worte oder versuchte, Kollegheftе anderer Hörer zu bekommen, um seine Aufzeichnungen noch einmal überprüfen zu können. Bei der Überarbeitung der Galaterbriefvorlesung zog Rörer die Hefte Dietrichs und Crucigers heran, die allerdings nicht mehr erhalten sind. Am Ende hatte er einen Text in einer lateinisch-deutschen Mischsprache, der zum einen durch Luthers Vortrag selbst und zum anderen durch Rörers Übersetzungen entstanden war. Dies konnte Rörer unmöglich als Galaterkommentar zum Druck bringen. Deshalb überarbeitete er den Text nochmals und erstellte wahrscheinlich eine lateinische Druckvorlage, die ebenfalls nicht mehr erhalten ist. Diese Fassung war von allen privaten Bezügen, die Luther am Rande eingeflochten hatte, gereinigt und in einem einheitlichen Latein verfasst. Aber auch Rörer hatte – wie Cruciger – Ausdrücke Melanchthons einfließen lassen, die ihm vielleicht präziser erschienen als manche Formulierungen Luthers.[43] Dieser Befund markiert Rörers freien Umgang mit Luthers mündlichen Vorträgen: Da Rörer Bücher herzustellen hatte, musste er wie ein Lektor arbeiten, um einen möglichst guten Text auf den Buchmarkt bringen zu können. Dies verweist zugleich auf ein grundsätzliches hermeneutisches Problem aller Schriften Luthers, die nicht selbst von ihm geschrieben und zum Druck gebracht wurden: Sie sind alle bearbeitet worden und bieten kaum den darin gesuchten „authentischen" Luther.

Trotzdem wurden 1537 Cruciger und Rörer zu den Hauptbearbeitern der Wittenberger Lutherausgabe bestimmt. Sie hatten einfach den größten Überblick über Luthers Werk und waren damit am intensivsten vertraut. Luther billigte ihre Arbeitsweise. Und Johann Friedrich forcierte das Vorankommen der Ausgabe: So ermahnte er 1543 über seinen Kanzler Gregor Brück die Universität und Drucker in Wittenberg, die Lutherausgabe noch zu Lebzeiten des Reformators weiterzuführen.[44]

Die Übung in der Herstellung von Luthers Büchern hatte sich Rörer aber nicht nur durch seine Mitschriften erworben.[45] Seit 1527 ist Rörer auch in verschiedenen Wittenberger Druckereien als Korrektor zu finden. Zunächst arbeitete er wohl für Joseph Klug

[43] Gerhard Schulze: Die Vorlesung Luthers über den Galaterbrief von 1531 und der gedruckte Kommentar von 1535, in: Theologische Studien und Kritiken 98/99 (1926), S. 18–82, hier S. 68–81.

[44] ThHStAW, EGA, Reg. O, Nr. 486.

[45] Vgl. zum folgenden Abschnitt auch Stefan Michel: Der Korrektor der Bibel. Luthers Übersetzung der Heiligen Schrift in den Händen Georg Rörers, in: Georg Rörer (wie Anm. 3), S. 181–199. Dort findet sich auch weitere Literatur.

(gest. 1552),[46] wahrscheinlich ab 1537 oder 1538 für Hans Lufft (gest. 1584).[47] Nach 1553 war er für die Korrekturen der gedruckten Bücher in der Druckerei von Christian Rödinger in Jena zuständig. Er unterstand damit unmittelbar den Weimarer Herzögen, die sich aus religionspolitischen Gründen überdurchschnittlich für die Herausgabe der Werke Luthers engagierten.[48] Grundsätzlich war die Arbeit des Korrektors immens wichtig, weil die Herstellung eines Buches sehr aufwendig war. Er hatte zu prüfen, ob beim Setzen keine Fehler in den Text gekommen waren. Darüber hinaus wird Rörer in Wittenberg auch auf Luthers Interessen geachtet haben, dass z. B. die Bücher ein ordentliches Layout hatten.

Dieser enge Umgang mit Luther und seinem Werk hatte aber auch zur Folge, dass sich Rörer im Interesse der Leser nicht immer an die Vorlagen hielt, sondern diese an die Zeitumstände anpasste. Er versuchte auf diese Weise, den bestmöglichen Text einer Schrift zu erhalten. Dies ist ein durchaus vernünftiges Verfahren, das zu Luthers Lebzeiten auch oft praktiziert wurde, wenn man aus einem freien Vortrag ein gedrucktes Werk zu erstellen hat, allerdings war es nach Luthers Tod sehr umstritten. Nikolaus von Amsdorf (1483–1565) warf Rörer schließlich vor, dass er die Schriften Luthers mutwillig verfälsche. Nachdem 1548 der zweite deutsche Band erschienen war, polemisierte ausgerechnet der enge Lutherfreund Amsdorf 1549 in einer Streitschrift: „Das die zu Wittenberg im andern Teil der Bücher Doctoris Martini im Buch ‚Daß diese Worte Christi ‚Das ist mein Leib‘ etc. noch feststehen‘, mehr denn ein Blatt vier ganzer Paragraphos ausgelassen haben“.[49] Darin wies Amsdorf darauf hin, dass Rörer vier ganze Absätze in Luthers Büchlein von 1527 ausgelassen hatte, die gegen Martin Bucers (1491–1551) Abendmahlstheologie gerichtet waren. Rörer verteidigte sich damit, dass Luther ihm selbst noch vor seinem Tod aufgetragen habe, diese Passage auszulassen, da sie nicht mehr aktuell sei.

Als Rörer 1553 nach Jena kam, musste er mit Amsdorf zusammenarbeiten. Beide wechselten einige Briefe, in denen Amsdorf dem schwer beleidigten Rörer mehrfach versicherte, dass nicht seine Person, sondern nur die verfälschte Ausgabe Gegenstand der Kritik sei.

---

46 Georg Buchwald: Stadtschreiber M. Stephan Roth in Zwickau in seiner literarisch-buchhändlerischen Bedeutung für die Reformationsgeschichte, in: Archiv für Geschichte des Deutschen Buchhandels 16 (1893), S. 6–246, hier S. 69; Otto Clemen: Beiträge zur Geschichte des Wittenberger Buchdrucks in der Reformationszeit, in: Gutenberg-Jahrbuch 1941, S. 174–185, bes. S. 175–179. Der Beitrag ist wieder abgedruckt in ders.: Kleine Schriften zur Reformationsgeschichte (1897–1944), Bd. 8, hrsg. von Ernst Koch, Leipzig 1987, S. 206–217.

47 Wolfgang Mejer: Der Buchdrucker Hans Lufft zu Wittenberg, 2., verm. Aufl., Leipzig 1923, S. 38–40; Gustav Georg Zeltner: Kurtz-gefasste Historie der gedruckten Bibel-Version und anderer Schriften D. Martin. Lutheri, in der Beschreibung des Lebens und Fatorum Hanns Luffts/ Berühmten Buchdruckers und Händlers zu Wittenberg/ auch anderer dasigen und benachbarten Typographorum. Mit vielen Anmerckungen erläutert, Nürnberg und Altdorff 1727 (ND Leipzig 1989), S. 73 f.

48 Vgl. Verzeichnis der Drucke in Jena zwischen 1553 und 1580, in: Daniel Gehrt: Ernestinische Konfessionspolitik. Bekenntnisbildung, Herrschaftskonsolidierung und dynastische Identitätsstiftung vom Augsburger Interim 1548 bis zur Konkordienformel 1577, Leipzig 2011, S. 543–620.

49 VD16 L 4281.

Rörer sammelte diese Briefe sehr sorgfältig.[50] Amsdorf hörte jedoch nicht auf, weiter die Wittenberger Ausgabe anzugreifen. In der Vorrede des 1555 erschienenen ersten Bandes der Jenaer Ausgabe unterstellte er der Konkurrenzausgabe fünf schwere Verfälschungen der Texte Luthers: Es würden polemische Passagen ausgelassen, Texte geändert, fremde Schriften aufgenommen, Übersetzungen angefertigt sowie die Schriften nach sachlichen, nicht nach chronologischen Gesichtspunkten geordnet.

Rörer muss einen sehr guten Ruf als Herausgeber von Luthers Werken besessen haben. So verwundert es auch nicht, dass Konrad Rühel, Bartholomäus Vogel und Christoph Schramm sich 1555 in einem Brief an Rörer wandten und ihn um Material für die Herausgabe der Genesisvorlesung Luthers baten.[51] Sie hatten bereits 1544 mit Veit Dietrich darüber einen Vertrag geschlossen. Allerdings hatte Dietrich offensichtlich nicht geliefert.[52] Rörer konnte 1555 allerdings auch unmöglich liefern, zum einen war er voll mit den Korrekturen an der Jenaer Lutherausgabe beschäftigt und zum anderen hätte er sicher in Wittenberg kein Buch mehr verlegt, weil er ja nun in Jena verpflichtet war.

Durch Rörers Mitarbeit sowohl an der Wittenberger als auch an der Jenaer Lutherausgabe könnte man sogar sagen, dass er der wichtigste Herausgeber der Werke Luthers im 16. Jahrhundert war. Anfangs gemeinsam mit Cruciger, nach dessen Tod 1548 redigierte er zwischen 1539 und 1551 allein sieben Bände der Wittenberger Luther-Ausgabe, d. h. vier Bände der deutschen und drei Bände der lateinischen Reihe. Damit war mehr als die Hälfte des Vorhabens erledigt. Band eins und zwei der deutschen und der lateinischen Reihe lagen sogar in einer jeweils überarbeiteten zweiten Auflage vor. Als Rörer 1557 in Jena starb, erschienen im selben Jahr der fünfte deutsche sowie der zweite und dritte lateinische Band der Jenaer Lutherausgabe, d. h. er hatte an mindestens vier von acht deutschen und zwei von vier lateinischen Bänden noch mitgearbeitet.[53]

4. Der Multiplikator der Werke Luthers

Dass Rörer schon durch seine Tätigkeit als Herausgeber als Multiplikator der Werke Luthers wirkte, liegt auf der Hand. Erhard Schnepff (1495–1558) wollte dies auch gerade in seiner Einladung zur Beerdigung Rörers in Jena festgehalten wissen und betonte deshalb:

---

50 Vgl. ThULB Jena, Ms. Bos. q. 24t.

51 ThULB Jena, Ms. Bos. q. 24r, Bl. 108v–109v. Vgl. dazu Hans Volz: Zur Geschichte des Wittenberger Buchdrucks 1544–47, in: Gutenberg-Jahrbuch 38 (1963), S. 113–119, hier S. 116, Anm. 20; zum Wittenberger Buchdruck und dem anfragenden Konsortium vgl. auch Hans Lülfing: Universität, Buchdruck und Buchhandel in Wittenberg, vornehmlich im 16. Jahrhundert, in: 450 Jahre Martin-Luther-Universität Halle-Wittenberg. Bd. 1: Wittenberg 1502–1817, Halle 1952, S. 377–391, hier S. 385.

52 ThULB Jena, Ms. Bos. q. 24r, Bl. 107v–108r; vgl. Volz: Geschichte (wie Anm. 51), S. 115 f.

53 Vgl. zu den Angaben Kurt Aland: Hilfsbuch zum Lutherstudium, 4., durchges. und erw. Aufl., Bielefeld 1996, S. 549–567 (Wittenberger Ausgabe), S. 569–587 (Jenaer Ausgabe).

Rörer habe immer gern mit anderen seine Schätze geteilt und wirklich alles dafür getan, dass von den Äußerungen Luthers nichts verloren ging.

Jedoch wirkte Rörer noch in andere Richtungen, indem er ein kleines Netzwerk gleichgesinnter Mitstreiter unterhielt. Auf Cruciger, Dietrich oder Johannes Schlaginhaufen wurde bereits verwiesen. Sicher gehörte auch Friedrich Myconius (1490–1546) dazu.[54] Eine wirklich herausragende Rolle nimmt aber unter Rörers Vertrauten der Buchliebhaber und -sammler Stephan Roth, Stadtschreiber in Zwickau, ein.[55] Rörer kannte Roth aus Wittenberg, wo dieser zwischen 1523 und 1528 studiert hatte. Er war der Schwager des Wittenberger Buchdruckers Georg Rhau (1488–1548) und hatte vor Rörer in dessen Werkstatt Drucke korrigiert. Immer wieder unterrichteten sich beide in ihrem Briefwechsel über jeweils neue zeitgeschichtliche Ereignisse. Roth fragte oft in Briefen bei Rörer an, ob dieses oder jenes Buch schon erschienen sei. Leider sind in der Ratsschulbibliothek Zwickau nur noch die Briefe Rörers an Roth erhalten, dies sind aber immerhin 82, die zwischen 1527 und 1544 geschrieben wurden. Später wandte sich Rörer an Roth, wenn er Schriften für die Wittenberger Lutherausgabe brauchte. Roth vermittelte den Kontakt zu Levin Metsch auf Mylau (1507–1571), der ein glühender Verehrer Luthers war und unbedingt seine neuesten Schriften erwerben wollte. Rörer erhoffte sich von diesem Kontakt weiteres Material für die Wittenberger Lutherausgabe, das er noch nicht besaß. Sicher kannte Rörer auch Roths Verzeichnis aller Lutherdrucke aus dem Jahr 1528[56] und benutzte es bei der Erstellung der ersten Bände der Wittenberger Lutherausgabe. Dieses Verzeichnis war der früheste Versuch, eine Luthergesamtausgabe zu initiieren.

Rörer kannte sicher durch seine Tätigkeit als Diakon an der Wittenberger Stadtkirche die Bedürfnisse und Fähigkeiten der Menschen. Eine Gesamtausgabe der Werke Luthers konnten sich wohl die wenigstens Menschen leisten und hatten sicher auch gar kein Interesse daran. Dagegen war eine praktische Auswahlausgabe durchaus brauchbar. Deshalb gab Rörer erneut eine Sammlung von Luthers Trostschriften heraus, die zuerst Caspar Cruciger besorgt hatte.[57] Erstmals erschien die durch Rörer überarbeitete Ausgabe der „Trostschriften und Predigten" 1554 in Jena. Diese kleine Sammlung seelsorglicher Texte konnte durch-

---

54 Vgl. Der Briefwechsel des Friedrich Mykonius (1524–1546). Ein Beitrag zur allgemeinen Reformationsgeschichte und zur Biographie eines mitteldeutschen Reformators, bearb. von Hans-Ulrich Delius, Tübingen 1960, S. 194 f., Nr. 447; Friedrich Mykonius 1490–1546: Lebensbild und neue Funde zum Briefwechsel des Reformators. Mit einer textgeschichtlichen Einleitung und einem Korrespondentenverzeichnis der gesamten Erstausgabe, bearb. von Heinrich Ulbrich, Tübingen 1962, S. 80 f., Nr. 398.

55 Vgl. zum Folgenden Georg Buchwald: Zur Wittenberger Stadt- und Universitätsgeschichte in der Reformationszeit. Briefe aus Wittenberg an M. Stephan Roth in Zwickau, Leipzig 1893; Regine Metzler: Stephan Roth 1492–1546. Stadtschreiber in Zwickau und Bildungsbürger der Reformationszeit, Leipzig/Stuttgart 2008.

56 WA 38, 132–134 und WA 60, 3–15; vgl. dazu Reinhold Jauernig: Die Konkurrenz der Jenaer mit der Wittenberger Ausgabe von Martin Luthers Werken, in: Lutherjahrbuch 26 (1959), S. 75–92, hier S. 76.

57 Vgl. WABr 14, S. 572–574 (zu Cruciger) und 592–602 (zu Rörer). Vgl. zu Rörers Arbeitsstil seine Bearbeitungen der Trostschriftenausgabe Johann Aurifabers von 1547 (WABr 14, S. 574 f.; VD16 L 4705) in ThULB Jena, Ms. Bos. q. 24u, Bl. 329–360 (neue Zählung = 327–358 alte Zählung).

aus als Andachtsbuch benutzt werden, womit Rörer Luthers Theologie in eine praktikable Form brachte, die in existentiellen Momenten, wenn man bei einem Trauerfall oder während einer Krankheit des Trostes bedurfte, zum Tragen kam.

Schließlich hatte Rörer durch die Herausgabe der Schriften Luthers auch Anteil an der Formung eines Lutherbildes. Intensiv wären dabei natürlich die beiden Monumente der Wittenberger und Jenaer Lutherausgabe zu betrachten, was hier nicht geleistet werden kann. Herausragend war daneben die Bedeutung der von Rörer besorgten Edition der Galaterbriefvorlesung von 1532 in Form des Galaterkommentars von 1535. Andreas Osiander (1498–1552) konnte sich beispielsweise auf Luthers Kommentar berufen, als er sich wegen seiner rechtfertigungstheologischen Ansichten verteidigen musste.[58] Weiterhin wird das hohe Ansehen dieser Vorlesung Luthers eindrucksvoll durch die „Solida Declaratio" der Konkordienformel dokumentiert. Am Ende des Artikels von der Rechtfertigung wurde sogar ausdrücklich auf sie verwiesen: „Was dann ferner zu eigentlicher Erklärung dieses hohen und vornehmen Artikels der Rechtfertigung für Gott vonnöten, [...] wollen wir männiglich uf die schöne und herrliche Auslegung D. Luthers über die Epistel S. Pauli an die Galater gewiesen und umb geliebter Kürze willen hiermit gezogen haben."[59] Rörer hatte also durch seine Edition einen immerhin kleinen Anteil an der späteren Rezeption der Rechtfertigungslehre Luthers.

Ein zweites Beispiel stellt Luthers Vorlesung über Jesaja 53 aus dem Jahr 1544 dar.[60] Zwar gab nicht Rörer, sondern der Diakon an St. Ulrich in Magdeburg, Stephan Tucher (gest. 1550), diese Vorlesung heraus,[61] aber dieser verwendete Rörers Mitschrift als Vorlage. Leider ist die Nachschrift, nachdem sie an Hieronymus Besold (gest. 1562) nach Nürnberg ausgeliehen wurde, verloren gegangen. Sie befand sich in Rörers Band „G".[62] Interessant an diesem Vorgang ist, dass der Druck nicht in Wittenberg erschien, sondern in Magdeburg. Die Vorrede Tuchers läßt keinen Zweifel daran, dass die theologische Schrift als eine Streitschrift gegen das Interim gedacht ist. Darin wird nämlich Luthers Standpunkt und zugleich seine Bedeutung deutlich: Er hat die Kirche aus den Finsternissen einer falschen Theologie geführt, die nun wieder versucht, die Menschen zu verwirren und vom Weg des Evangeliums abzuführen. Breit schüttet er das ganze Arsenal an Polemik gegen das Interim aus. Rörer muss davon gewusst haben, zumal er auch mit Matthias Flacius (1520–1575) und

---

58 Emanuel Hirsch: Die Theologie des Andreas Osiander und ihre geschichtlichen Voraussetzungen, Göttingen 1919.

59 BSLK, 936, 15 f.; vgl. zur Bedeutung von Luthers Galaterbriefkommentar von 1535 Robert Kolb: The influence of Luther's Galatians commentary of 1535 on later sixteenth-century Lutheran commentaries on Galatians, in: ARG 84 (1993), S. 156–183.

60 WA 40/III, 683–746. Der Druck trägt den Titel: Enarratio 53. Capitis Esaiae prophetae ex praelectionibus Reuerendi patris D.Martini Lutheri, summa fide & diligentia collecta per M. Georgium Rorarium, anno 1544. & nunc (hoc 1550. Anno) primum in lucem aedita, Magdeburg 1550 (VD16 L 4542).

61 Thomas Kaufmann: Das Ende der Reformation. Magdeburgs „Herrgotts Kanzlei" (1548–1551/2), Tübingen 2003, S. 163 f., Anm. 16 und S. 177.

62 Vgl. dazu WABr 14, S. 184 f., sowie WA 40/III, S. 683.

Nikolaus Gallus (1516–1570) in einer losen Verbindung stand.[63] Tucher, den Schwiegersohn Erasmus Albers (1500–1553), dürfte er aus seiner Wittenberger Studienzeit (1535) gekannt haben. Rörer rückt damit in einen Kreis von Theologen, in den er mit seinem Wirken in Jena voll eintreten sollte: Aus einem entschiedenen Wittenberger wurde ein entschiedener Jenaer und damit Wittenberg-Gegner. Er war einer von drei regelmäßigen „Stenographen" der Worte Luthers. Seine Lutherüberlieferung verbürgte nach 1553 in Jena die Authentizität zumindest der Lutherausgabe. Er blieb damit der Büchermacher Luthers nach dessen Tod. Alle Angriffe auf ihn unterblieben in der Öffentlichkeit. Amsdorf griff nun nicht mehr Rörer an, sondern die Wittenberger Buchproduktion, die Luthers Werk seiner Ansicht nach verfälschte.

Ein „Sonderfall" der Vermittlung von Luthers Theologie war die Weitergabe seiner Bücher an andere. Wer so viel mit Büchern zu tun hatte wie Georg Rörer, wurde zweifellos auch immer wieder nach Büchern gefragt, die gerade neu erschienen oder nur schwer zu bekommen waren. Womöglich konnte man durch ihn auch einen Teil des Kaufpreises sparen, weil er von der „Handelsspanne" etwas nachlassen konnte. Jedoch ist das alles sehr spekulativ, denn Georg Rörer war kein Buchhändler im modernen Sinn: Er besaß keinen Laden oder Stand auf dem Markt, wie es damals üblich war. Er bezeichnete sich auch nie als „Buchführer", wie die richtige Bezeichnung eines Buchhändlers im 16. Jahrhundert lautete.[64] Eher versorgte er seine Freunde, insbesondere Stephan Roth mit Wittenberger Neuerscheinungen. Gleichwohl führte dies dazu, dass Heinrich Grimm ihn als „Schwarzbuchhändler" einstufte.[65]

Vor allem vermittelte er nach 1528 Stephan Roth in Zwickau[66] die Wittenberger Neuerscheinungen.[67] Jedoch trat Roth mit den Wittenberger Buchführern, wie Christoph Schramm,[68] nach und nach in direkten Kontakt, so dass Rörers Dienste nicht unbedingt mehr notwendig waren. Deswegen müssen seine Dienste statt als „Schwarzbuchhandel" eher als Freundschaftsdienste für Roth eingestuft werden. Denn weitere Belege für einen Handel Rörers mit Wittenberger Druckerzeugnissen lassen sich bislang nicht beibringen.[69]

63 Vgl. z. B. den Brief des Gallus an einen ungenannten Freund über das Wüten des Teufels in den gegenwärtigen Zeiten (Magdeburg, 10. November 1550), in: ThULB Jena, Ms. Bos. q. 24s, Bl. 94r–v.

64 Vgl. für diesen Zusammenhang die Einträge „Buchhändler", „Buchhandel" und „Buchführer" in: Reclams Sachlexikon des Buches, 2., verb. Aufl., hrsg. von Ursula Rautenberg, Stuttgart 2003.

65 Heinrich Grimm: Die Buchführer des deutschen Kulturbereichs und ihre Niederlassungsorte in der Zeitspanne 1490 bis um 1550, in: Archiv für Geschichte des Buchwesens 7 (1967), S. 1153–1771, hier S. 1622.

66 Holger Nickel: Stephan Roths Buchhandel, in: Beiträge zur Geschichte des Buchwesens im konfessionellen Zeitalter, hrsg. von Herbert Göpfert u. a., Wiesbaden 1985, S. 241–250.

67 Buchwald: Stadtschreiber (wie Anm. 47), S. 93, Nr. 228; S. 102, Nr. 263; S. 107 Nr. 279 (Der Brief muss auf den 23. April 1529 datiert werden!); S. 110, Nr. 294; S. 113, Nr. 308 u. ö.

68 Vgl. die sehr eindrückliche Liste bei Buchwald: Stadtschreiber (wie Anm. 46), S. 190 f., Nr. 598.

69 Vielmehr verschenkte Rörer zahlreiche der von ihm betreuten Bücher an Adlige, vermutlich in der Hoffnung, dafür ein Ehrengeschenk oder Anerkennung zu erhalten. So schickte Nikolaus von Amsdorf am 22. Juni 1548 Bücher an Johann Friedrich, die ihm Georg Rörer – „ein getrewer frommer vnd gelerter Theologus" (Bl. 45r) – mit der Bitte um Weiter-

5. Resümee

Georg Rörer hat an der Buchproduktion in Wittenberg und Jena einen entscheidenden Anteil gehabt: Als „Schreiber“ fertigte er Vorlagen an, die anderen für die Edition der Werke Luthers dienten. Als „Sammler“ drang er auf Vollständigkeit und suchte ständig, neue Quellen zur Wittenberger Reformation zusammen zu bekommen. Als „Herausgeber“ bearbeitete er selbst Luthers Vorträge für den Druck und machte daraus erst stringente Schriften. Als „Korrektor“ begab er sich in Luthers Büchern auf Fehlersuche und stellte im Zweifelsfall einen fehlerfreien Druck sicher. Und als „Kompilator“ vereinigte er das Material zu zwei großen Werkausgaben Luthers. Eine immense Lebensleistung im Schatten Martin Luthers ist damit nur bruchstückhaft umrissen. Mit dieser Arbeit hatte er jedoch einen entscheidenden Anteil am Medienereignis Reformation.[70]

leitung zugesandt hat „zu einer dangksagung aller von E.F.G. entpfangen wolthat mit uderthenigster bitt E.F.G. wolt sülchs genediglich annemen vnd ihr gefallen lassen.“ (ThHStAW, EGA, Reg. M, fol. 403–407, Faszikel 2, 45–46).

70 Berndt Hamm: Die Reformation als Medienereignis, in: Jahrbuch für Biblische Theologie 11 (1996), S. 137–166.

Thomas Thibault Döring

Caspar Borner und seine Bibliothek

1. Einleitung

Der Wittenberger Professor der Poesie und spätere Archivar in der sächsischen kurfürstlichen Kanzlei, Petrus Albinus (1543–1598), behandelte in seiner „Meißnischen Land- und Bergchronik"[1] im 25. Kapitel die berühmten sächsischen Gelehrten. Es finden sich viele bekannte Namen, u. a. Vincentius Gruner (erw. 1410), Johannes Tetzel (um 1460–1519), Nikolaus von Amsdorff (1483–1565), Peter Apian (1495–1552), Georg Agricola (um 1530–1575), Julius Pflug (1499–1564), Georg Fabricius (1516–1571) und auch Caspar Borner (um 1492–1547).

Die kurze Darstellung des Albinus ist eine der frühesten bekannten Würdigungen[2] Caspar Borners:

> „Caspar Bornerus zum Hayn geborn/ Hat in seiner Jugend Rom und Welschland beschawet / Ist ein guter Mathematicus und achtzehn Jahr Schulmeister in der Thomaser Schul zu Leipzig gewesen/ Nachmals Doctor in der heiligen Schrifft worden / und darauff derselben Professor neben Alexandro Alesio gewesen / da er denn der Universitet auffnemen und bestes nach höchstem vergnügen gefördert / und unter andern erlanget / das das Pauliner Kloster zur selben geschlagen / und ein new Collegium draus gemacht worden / welches er auch zu nutz und gebrauch derselben gebawet. Item die Bibliothek sehr gebessert / aus den umbliegenden Klöstern / als Zell und andern / dessen Fabricius auch in Hodeporico Chemnicensi gedencket / auch viel newe Bücher darein gezeuget.... Ist in seiner jugend auch die fürnembste ursach gewesen / das im jar 1514 Petrus Schade Mosellanus gen Leipzig kommen / darinnen denn derselbe grossen frommen geschaffet / Aber gemeinen nutz zu balde / nemlich seines alters im ein und dreyssigsten Jar abgangen. Es hat auch Bornerus eine Historiam zu schreiben angefangen / wie aus einem Brief Fabricii aus Padua an ihn /zusehen/ darinnen er ihn sonderlich adhortirt zur beschreibung der hendel / so sich in der Religion verenderung zugetragen / Welches hernach von Sleidano

[1] Petrus Albinus: Meisznische Land vnd BergChronica, Dresden: Gimel Bergen d.Ä., 1590 (VD16 W 1679).

[2] Ältere Literatur zu Caspar Borner: Joachim Feller: Rediviva D. Casparis Borneri Memoria, in: Catalogus codicum manuscriptorum bibliothecae paulinae in Academia Lipsiensi, Leipzig: Gleditsch, 1686, S. 1–59; Johann August Ernesti: Elogium Caspari Borneri. Grammatici, Philosophi, Mathematici et Theologici Lipsiensis clarissimi, in: Johann August Ernesti: Opuscula Oratoria, Leiden 1767, S. 445-461; August Ludwig Diemer: Caspar Börner. Ein Beytrag zu den Jubilar-Geschenken im Jahre 1817. Leipzig 1817; Friedrich Wilhelm Ehrenfried Rost: Was hat die Leipziger Thomasschule für die Reformation gethan? Leipzig 1817.

> prestirt worden. Für sein Schulbuch Analogia genant / in welchem er von einem theil der Etymologiae in Grammatica gehandelt / hat Fabricius ein Praefation gemacht. Sonsten hat er auch einen grossen Historia cum Indicem aus Sabellico covigirt. Ist gestorben im Jar 1547. Den dritten maij."[3]

Die letzte Angabe ist nicht richtig, Borners Todestag war der 2. Mai, aber sonst bietet der Text einen guten Überblick über die wesentlichen Aspekte von Caspar Borners Leben und Werk. Diese sind:

1. Caspar Borner der Mathematiker, Geograph und Astronom
2. Caspar Borner der Pädagoge (als Rektor der Thomasschule)
3. Caspar Borner der Theologe und Hochschullehrer
4. Caspar Borner der – modern formuliert – Hochschulpolitiker
5. Caspar Borner der Historiker.

Heute, reichlich 400 Jahre nach Albinus' Werk, hat sich die Sicht auf Borner eingeengt. Er wird als Reformator der Leipziger Universität und als Gründer der Leipziger Universitätsbibliothek geachtet. Er ist als Briefpartner von Philipp Melanchthon (1497–1560), Martin Luther (1483–1546), Johannes Pfeil (gest. 1541) und anderen Gelehrten in Erinnerung. Seine Tätigkeiten als Mathematiker, Theologe, Pädagoge oder Historiker sind vergessen.[4] Dies hat seinen Grund sicherlich darin, dass Borners Leistungen in diesen Wissenschaften aus heutiger Sicht eher als bescheiden einzuschätzen sind, bzw. eingeschätzt werden müssen, weil einfach zu wenig darüber bekannt ist. Diesem Mangel kann ein Stück weit abgeholfen werden, wenn die Privatbibliothek Caspar Borners näher untersucht würde. Vorliegender Beitrag will an einzelnen Beispielen zeigen, welche Einblicke in Borners Gelehrtenleben durch Auswertung der Eintragungen in seinen Büchern zu gewinnen sind. Zuvor soll aber die Bedeutung der Privatbibliothek Borners für die Bibliotheksgeschichte Leipzigs gewürdigt und ihr Umfang und ihre Charakteristik kurz skizziert werden.

Albinus berichtet davon, dass Borner aus den sächsischen Klöstern Bücher für die Bibliothek in Leipzig gesammelt habe und „auch viel newe Bücher darein gezeuget". Borner hinterließ seine Privatbibliothek testamentarisch der Universität Leipzig.

---

3 Albinus: Chronik (wie Anm. 1), S. 349.

4 Neuere Literatur zu Caspar Borner: Richard Kallmeier: Caspar Borner in seiner Bedeutung für die Reformation und für die Leipziger Universität, Phil. Diss., Leipzig, 1898; Friedrich Zarncke: Caspar Borner und die Reformation der Universität Leipzig, in: ders.: Kleine Schriften, Bd. 2, Leipzig 1898, S. 75–96; Rainer Kössling: Caspar Borner, in: Sächsische Lebensbilder, Bd. 5, hrsg. von Gerald Wiemers, Stuttgart 2003, S. 45–74; Rainer Kössling: Caspar Borners Beitrag zur Pflege der „studia humanitatis" an der Leipziger Universität, in: Der Humanismus an der Universität Leipzig: Akten des in Zusammenarbeit mit dem Lehrstuhl für Sächsische Landesgeschichte an der Universität Leipzig und dem Leipziger Geschichtsverein am 9./10. November 2007 in Leipzig veranstalteten Symposiums, hrsg. von Enno Bünz und Franz Fuchs, Wiesbaden 2008, S. 41–57.

2. Leipzigs Bibliothekslandschaft am Anfang des 16. Jahrhunderts

Um die Bedeutung dieser Schenkung zu verstehen, sei ein Blick auf die Bibliothekssituation Sachsens in den 30er und 40er Jahren des 16. Jahrhunderts gestattet. Das spätmittelalterliche Bibliothekswesen war von Klosterbibliotheken bestimmt. Im albertinischen Sachsen befanden sich die bedeutendsten Büchersammlungen im Zisterzienserkloster Altzelle, im Dominikanerkloster Leipzig und im Benediktinerkloster Chemnitz. An der Universität Leipzig gab es eine umfangreichere Bibliothek am Großen Fürstenkolleg und eine etwas kleinere an der Philosophischen Fakultät. Die Sammlung am Kleinen Fürstenkolleg zählte hingegen nur etwa 120 Bände. Auch die Juristische Fakultät soll über eine eigene Bibliothek verfügt haben, von der jedoch nichts weiter bekannt ist. Sie war sicherlich nicht umfangreich. Neben diesen Büchersammlungen an Institutionen entstanden auch Privatsammlungen, die naturgemäß mit dem Tod ihres Besitzers zerfielen, wenn sie nicht als Legat in eine der institutionellen Bibliotheken inkorporiert wurden.

Durch die Ereignisse der Reformation wandelte sich die Bibliothekslandschaft vollständig. Die Klosterbibliotheken erstarrten, hatten kaum noch Neuzugänge und waren schon vor der endgültigen Säkularisation als lebendige Bibliotheken erloschen. So sind Drucke nach 1520 in den Bibliotheken von Altzelle und Chemnitz eine ausgesprochene Seltenheit. Die Dominikaner in Leipzig dagegen hatten auch noch in den 1520er und frühen 1530er Jahren einen nicht unbedeutenden Neuzugang, der sich aber fast ausschließlich auf antilutherische Kontroversliteratur beschränkte.

Auch das Wachstum der universitären Sammlungen stagnierte nach 1520. Dies hatte mit der sinkenden Studentenzahl, bedingt durch die Konkurrenz der Universität Wittenberg, zu tun, aber auch damit, dass die vorreformatorischen Lehrinhalte als überholt empfunden und entsprechende Texte nicht mehr angeschafft wurden, sich aber Neues noch nicht ausgebildet hatte oder sich im albertinischen Sachsen Herzog Georgs nicht etablieren durfte. Die Entwicklung der institutionalisierten Bibliotheken verlangsamte sich, während die Buchproduktion und die Vielfalt der Texte, bedingt durch den Ideenumbruch der Reformation, deutlich zunahmen. Die neue Literatur wurde jedoch in den alten Bibliotheken nicht gesammelt. Bibliotheken neuen Typs, wie sie die Reformation hervorbrachte, so in erster Linie die Kirchenbibliotheken und Schulbibliotheken wie St. Afra in Meißen oder auch Landesbibliotheken wie die in Dresden, existierten in den 1530er und 1540er Jahren noch nicht oder nur ansatzweise. Diese Jahre bilden einen Ausschnitt der Bibliotheksgeschichte, in denen die alten Bibliotheken nicht mehr und die neuen Bibliotheken noch nicht existierten. So fiel besonders Privatbibliotheken dieser Zeit die Aufgabe zu, die aktuelle Tages- und Forschungsliteratur zu sammeln und später in Form von Legaten den neu entstandenen Bibliotheken zur Verfügung zu stellen. Die Bibliothek Borners entstand in ihrem Hauptteil in dieser Zwischenzeit.

Caspar Borner konnte den Landesherren Herzog Moritz von Sachsen (1521–1553) davon überzeugen, die Klosterbibliotheken der Universität Leipzig zur Verfügung zu stellen. Borner wählte aus dem Bestand der Klosterbibliotheken diejenigen Handschriften und Drucke aus, die für den universitären Gebrauch geeignet schienen. Manches, zum Beispiel liturgische Bücher, übernahm Borner nicht. Dabei kann es ihm nicht entgangen sein, dass auf Grund der oben genannten Prozesse die Klosterbibliotheken kaum moderne Literatur besaßen. Solche wurde jedoch von einer Universität, die sich nach den neuen evangelischen Prinzipien reformieren wollte, benötigt. Darum vermachte Borner seine eigene Bibliothek, die in dem Maße, wie es einer Privatperson zu sammeln möglich war, eben diese Literatur vereinte.

3. Borners Bibliothek als Teil der Leipziger Universitätsbibliothek

Der Gründungsbestand der Universitätsbibliothek besteht aus den säkularisierten Klosterbibliotheken und der Privatbibliothek Caspar Borners. Fast alle modernen Autoren bzw. modernen Texteditionen antiker Autoren, alle Drucke aus den 1530er und 1540er Jahren stammen aus der Privatbibliothek Borners. Quantitativ betrug der Anteil der Bornerschen Bücher an der neugegründeten Universitätsbibliothek immerhin zirka acht Prozent.

Borners Bücher wurden am 21. November 1547 und den beiden folgenden Tagen aus seinem Zimmer im Paulinum in die Bibliothek gebracht.[5] Die mathematischen Instrumente, die Karten und die ungebundenen Materialien wurden separat davon in einem Nebenraum gelagert. Diese Instrumente und Karten sind heute nicht mehr vorhanden. Der lange Zeitabstand zwischen Borners Tod am 2. Mai und dem Buchtransport erklärt sich aus Erbstreitigkeiten. Verwandte Borners hatten Ansprüche auf sein Erbe erhoben. Der Konflikt konnte durch einen Vergleich geregelt werden.

Die Situation in den Bibliotheksräumen war im November 1547 folgendermaßen: Durch Caspar Borners Initiative war nicht nur der Gebäudekomplex des ehemaligen Dominikanerklosters in den Besitz der Universität gekommen und in den Jahren ab 1543 den Bedürfnissen des Lehrbetriebs entsprechend umgebaut worden, sondern es waren auch die Bibliotheksbestände der übrigen Klöster des albertinischen Sachsens der Universität übergeben worden. Sicher ist, dass Borner nicht alle diese Bibliotheken in Gänze nach Leipzig gebracht hatte. Zumindest in Chemnitz und Pegau sind Teile der Bibliotheken vor Ort geblieben. Diejenigen Bestände aber, die nach Leipzig kamen, wurden im ehemaligen Dominikanerkloster zunächst auf dem Speicher gelagert, wo sich auch schon die Bibliotheken des Leipziger Franziskanerklosters und die Büchersammlung der Leipziger Augustiner-

5 Acta Rectorum Universitatis Studii Lipsiensis ind ab anno MDXXIIII usque ad annum MDLVIIII, hrsg. von Friedrich Zarncke, Leipzig 1859, S. 334.

chorherren befanden. Die Bibliothek der Dominikaner hatte man an ihrem ursprünglichen Platz belassen. Dazu kam eine große Anzahl Bücher, die Borner, nach seiner eigenen Aussage, aus den verlassenen Zellen der Mönche zusammengesammelt hatte. Es war die letzte umfangreiche Lebensarbeit Borners gewesen, diese verschiedenen Bestände zu sichten, zu ordnen und Dubletten auszuscheiden. Er hatte zu diesem Zweck einen Zettelkatalog angelegt. Über dieser Arbeit ist er verstorben, und nun wurde seine Privatbibliothek ebenfalls in die Räume, wo die Universitätsbibliothek im Entstehen war, verbracht.

Borners Nachfolger in der Bibliotheksleitung hatten nun die Aufgabe, diese verschiedenen Bestände, die ehemalige in Pulten an Ketten liegende Dominikanerbibliothek, die aus den Zellen herantransportierten Werke, die auf dem Speicher liegenden Bücher der anderen Klosterbibliotheken und Borners private Sammlung zu einem Corpus zu vereinigen.

Dies geschah wohl noch nach Borners eigenem Plan, indem 53 Pulte, geordnet nach den vier Fakultäten, gebildet wurden. 15 Pulte umfassten die Bestände für die Philosophische Fakultät, vier Pulte waren der Medizin, sechs Pulte der Rechtswissenschaft gewidmet. Der Großteil – 28 Pulte – nahm die theologische Literatur auf. Innerhalb der Fakultäten gab es natürlich weitere Unterscheidungen, so waren z. B. zwei der 15 philosophischen Pulte der Astronomie und Geographie gewidmet oder fünf Pulte den historischen Werken, wobei hierunter auch die Heiligenviten zählten. Die Ethik umfasste ein Pult. Die Rechtswissenschaften waren in ziviles, kanonisches, deutsches und praktisches Recht eingeteilt. Es wurde nicht zwischen Handschriften und Drucken unterschieden. Alle Bände waren angekettet und wurden auf dem Vorderdeckel mit einem meist 8 × 8 cm (bei Oktav- und Quartformat) oder 16 × 9 cm (bei Folioformaten) großem Schild beklebt, das eine kurze Inhaltsangabe des Bandes und eine Nummer zeigte. Die Nummer kennzeichnete den Standort des Bandes innerhalb seines Pultes. Eine Pultbezeichnung hinzuzufügen erübrigte sich, weil die Bände ja angekettet waren. Auch die Bände aus Borners Privatbibliothek erhielten solche Nummern und solche Schilder. Die Nummern der Borner'schen Bände zeigen, dass diese nicht gesondert etwa am Ende des jeweiligen Pultes aufgestellt waren, sondern innerhalb der Pulte breit gestreut Platz fanden. Dies bedeutet, dass die Borner'sche Privatsammlung nicht nachträglich der schon fertig systematisierten und aufgestellten Universitätsbibliothek angefügt wurde, sondern zu einem Zeitpunkt in die Bibliothek kam, da diese Arbeiten noch nicht abgeschlossen waren.

In dieser Pultordnung blieb die Universitätsbibliothek bis in die 1670er Jahre, bis der damalige Bibliotheksleiter, Joachim Feller (1638–1691), den gesamten Bestand von den Ketten befreite, die Handschriften von den Drucken trennte und beides gesondert voneinander in eine neue Ordnung, die aber wieder die Gliederung nach den vier Fakultäten aufwies, in Regale aufstellte. Schon dreißig Jahre später stellte Christian Friedrich Börner (1683–1753) den gesamten Bestand neu auf. Diese Neuordnung war nötig, weil die oben erwähnten Bibliotheken der Philosophischen Fakultät und des Großen und Kleinen Fürstenkollegs in den Besitz der Universitätsbibliothek übergegangen waren und diese verschiedenen Bestände miteinander verschmolzen werden mussten.

Bei dieser Gelegenheit sortierte Börner entstehende Dubletten aus und verkaufte diese. Möglicherweise kamen zu diesem Zeitpunkt schon erste Bände aus der Bornerschen Bibliothek abhanden. Dies geschah ganz sicher bei der nächsten Neuaufstellung des Bestandes, die Mitte des 19. Jahrhunderts von Ernst Gotthelf Gersdorf (1804–1874) vorgenommen wurde. Zu diesem Zeitpunkt wurden die Fachsignaturen eingerichtet, nach denen der Altbestand der Universitätsbibliothek noch heute aufgestellt ist. Gersdorf begnügte sich nicht damit, die vorhandenen Bände nach der neuen Ordnung umzusortieren, sondern – der Mode jener Zeit entsprechend, vergleichbares geschah an vielen öffentlichen Bibliotheken – er löste in großer Anzahl die historischen Sammelbände auf. Der Zweck dieses Handelns war, die einzelnen Titel ihrer jeweiligen wissenschaftlichen Zugehörigkeit entsprechend in die rechte Fachsignatur unterbringen zu können. Die ausgelösten Drucke erhielten anonyme Bibliothekseinbände, die alten Buchdecken wurden weggeworfen. Bei dieser Aktion entstand eine große Anzahl Dubletten, die in mehreren Auktionen veräußert wurden, auch eine unbekannte Anzahl von Bänden aus der Bornerschen Bibliothek erlitten dieses Schicksal des Aufgetrennt- und/oder Verkauftwerdens.

Außer diesen bibliothekarischen Aktivitäten war die Privatbibliothek Borners den üblichen Gefahren ausgesetzt, die die Zeit allgemein für Bibliotheksbestände bereithält: Wurmfraß, Diebstahl, Dauerentleihungen, Nässeschäden, Restaurierungen usw. Viele Bände wurden auch durch die Bergungsaktionen während des Zweiten Weltkrieges in Mitleidenschaft gezogen. So wurde die Bibliothek Borners im allgemeinen Bestand zerstreut, die historischen Einbände teilweise entfernt, neu eingebunden und manches Stück als Dublette veräußert.

Nachdem die Widrigkeiten, die einer Rekonstruktion der Bornerschen Bibliothek entgegenstehen, geschildert worden sind, soll nun aufgeführt werden, welche Umstände eine Identifikation erleichtern.

4. Möglichkeiten der Identifikation – Rekonstruktion der Bibliothek

Caspar Borner ließ seine Bücher seit etwa 1530 immer bei demselben Buchbinder, Adolar Baldershain (gest. 1544), einbinden. Baldershain stammte aus Halberstadt, wurde 1526 Leipziger Bürger und arbeitete ab 1530 für den Leipziger Rat. Bis zu seinem Tode war er der vielleicht bedeutendste Leipziger Buchbinder. In den Beständen der Universitätsbibliothek sind viele seiner Einbände aus verschiedenen Provenienzen zu finden.

Borner bevorzugte dunkle Kalbsledereinbände, die häufig mit den Initialen CB auf dem Vorderdeckel versehen wurden. Solche Einbände sind bei der Durchsicht der Bestände recht leicht auszumachen. Diesen Umstand nutzte sowohl Heinrich Schreiber, der 1937 in seinem Beitrag[6] über Adolar Baldershain in der Festschrift für Konrad Häbler eine Reihe Bücher aus der Bornerschen Bibliothek aufzählte als auch Sylvie Jacottet, die im Oktober 2009 in der Zeitschrift Einbandforschung einen Beitrag[7] zu Borners Privatbibliothek publizierte. Mit diesen beiden Aufsätzen ist die gesamte Literatur genannt, die es bisher über Borners Privatbibliothek gibt.

Schwieriger ist die Identifikation der Bände aus Borners Bibliothek, die nicht von Baldershain gebunden worden sind. Dabei handelt es sich um Einbände, die Borner anfertigen ließ, bevor Baldershain seine Tätigkeit aufnahm oder um Bände, die Borner gebraucht erwarb oder ihm geschenkt oder vermacht wurden. Borner hat keine Besitzvermerke in seine Bücher eingetragen. Eine Ausnahme ist eine griechische Ausgabe des Neuen Testaments[8], die Borner laut Kaufvermerk 1521 auf der Frankfurter Messe erworben hat. Da er zur selben Zeit endgültig das Amt des Lehrers der Thomasschule übernahm und damit auch das Amt des Notars des Leipziger Thomasklosters verbunden war, zeichnete er in den Vorderdeckel sein Signum ein – die eherne Schlange am Kreuz mit einem Satz auf Griechisch aus dem 12. Kapitel des Johannesevangeliums „Und ich, wenn ich erhöht werde von der Erde, so will ich alle zu mir ziehen“. Er überschrieb das Ganze stolz mit „Signum Chaspari Borneri utr. auth. notarii“ (Abb. 1). Aber dies war eine gelegentliche Anwandlung, es ist kein weiteres Buch mit einem direkten Besitzvermerk in seiner Bibliothek zu finden. Hingegen gibt es einige Bände, in denen er Schenkungen vermerkte, so z. B. in einer Ausgabe von Abenragels De judiciis astrorum, von Erhardt Ratoldt 1485 in Venedig gedruckt,[9] die er vom Leipziger Professor Virgilius Wellendörffer (gest. 1533) geschenkt bekam: „Magister Virgilius Wellendorffer Saltzburgensis mihi Caspari Borner codicem hunc ex bibliotheca sua unius legavit et tradidit“ lautet der Vermerk auf dem Vorsatzblatt. Die Inkunabel ist in einem Bibliothekseinband der UB Leipzig um 1850 gebunden, es handelt sich somit um einen der oben geschilderten Fälle, dass ein historischer Einband aufgetrennt wurde. Die Suche nach dem ehemaligen anderen Bestandteil ergab, dass die Inkunabel vormals als erster Teil der Handschrift Ms 1463, einem Sammelband mit astronomischen Traktaten und Tabellen, vorgebunden war, womit die Provenienz der Handschrift geklärt werden konnte.

Zwar schrieb Borner keine Besitzvermerke in seine Bücher, aber häufig hinterließ er Gebrauchsspuren, annotierte beim Lesen die Texte oder fügte handschriftliche Register ein, z. B. Register der in den Texten erwähnten Personen. Diese handschriftlichen Eintragungen sind ein weiteres Identifikationsmerkmal, das man aber nur nutzen kann, indem man die in Frage kommenden Bestände der UBL systematisch durchblättert, um diese Annotationen zu finden.

---

6 Heinrich Schreiber: Adolar Baldensheym, ein Leipziger Renaissancebuchbinder, in: Beiträge zum Rollen- und Platteneinband im 16. Jahrhundert, hrsg. von Ilse Schunke, Leipzig 1937, S. 176–200.

7 Sylvie Jacottet: Caspar Borner und seine Bücher, in: Einbandforschung 25 (2009), S. 21–33.

8 Hagenau: Thomas Anshelm, 1522 (VD16 B 4177; UB Leipzig, Biblia.351).

9 GW 12117 (UB Leipzig, Astron.96).

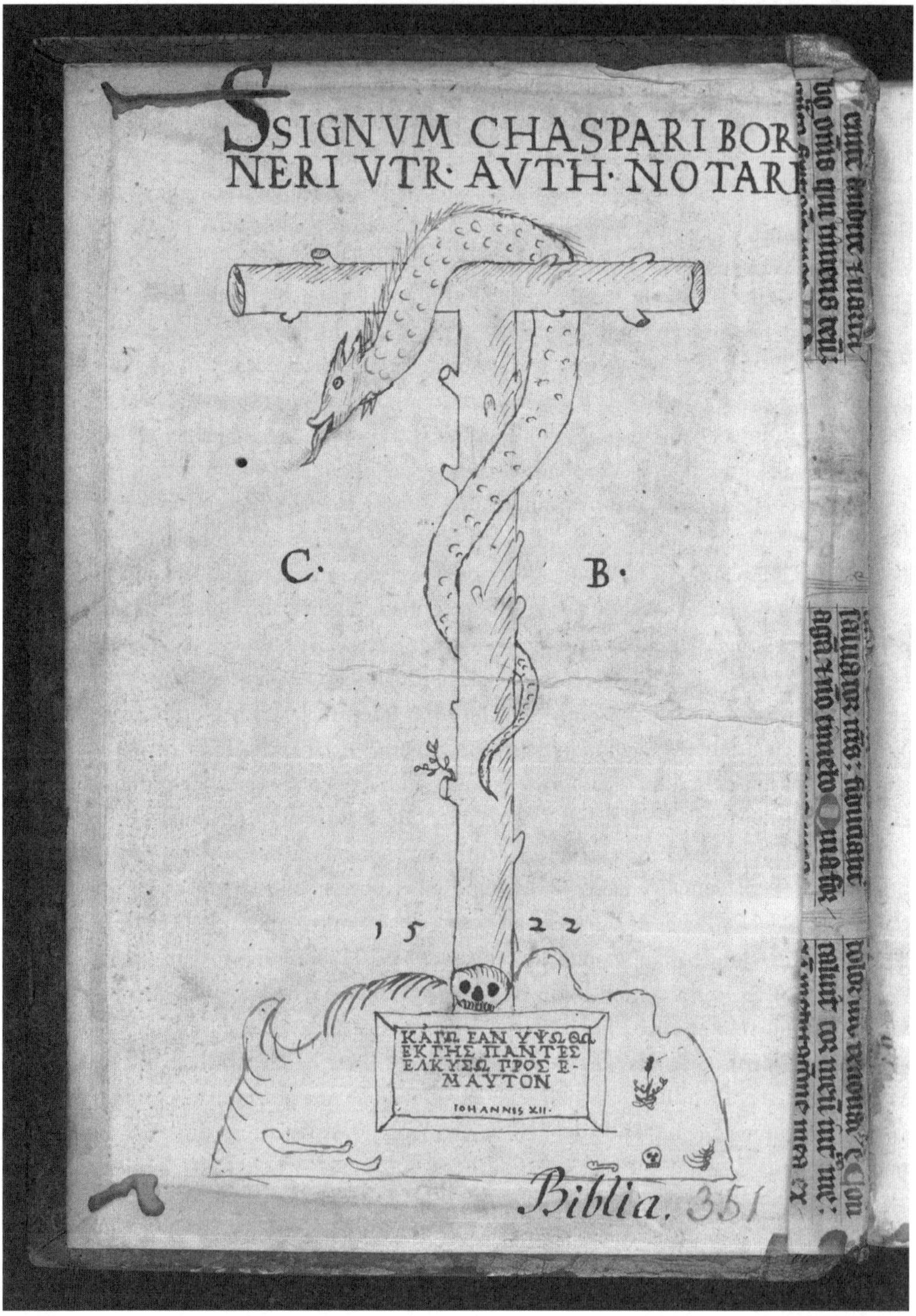

Abb. 1: *Borners Exlibris (UB Leipzig, Biblia.351).*

Ein letztes Merkmal für Borners Bücher ist eine bestimmte Art der Schnittbeschriftung in Majuskeln auf dem Vorderschnitt. Diese Schnittbeschriftung nennt in der Regel den oder die Autoren, wenn aber in einem Sammelband eine große Zahl kleinerer Drucke zusammengefasst ist, begnügte sich Borner mit summarischen Angaben. So ist ein Oktavband mit einem Dutzend astronomischer Drucke[10], hauptsächlich Gebrauchsanweisungen für diverse astronomische Instrumente, mit „Astron" gekennzeichnet oder ein Band mit insgesamt 15 Flugschriften der 1520er Jahre mit „Theol. huius temporis ab a 26 ad a 29"[11].

Ein letzter Weg, Bücher aus Borners Vorbesitz zu identifizieren, ist die Rekonstruktion der aufgelösten Sammelbände, welche durch die alten systematischen Kataloge der Universitätsbibliothek aus dem 18. Jahrhundert ermöglicht wird. Die später aufgelösten Sammelbände sind darin noch in ihrer ursprünglichen Zusammensetzung verzeichnet. Mit diesen Angaben kann der Versuch unternommen werden, anhand übereinstimmender Holzwurmgänge oder zusammenpassender Flecken auf den Schnitten diejenigen nun einzeln gebundenen Drucke wieder zusammenzusuchen, die ehemals zusammengehörten. In den letzten 15 Jahren konnte bei den Zuarbeiten der UB Leipzig zum VD16, bei der Revision der Bestände des 16. Jahrhunderts, bei Durchsicht des Bestandes der mittelalterlichen Handschriften und zuletzt bei der laufenden Inkunabelkatalogisierung mittels der geschilderten Identifikationsmöglichkeiten der Großteil der Bornerschen Bibliothek identifiziert werden.

5. Umfang und Charakteristik von Borners Bibliothek

Gegenwärtig sind 760 Titel aus Borners Privatbibliothek bekannt, die sich auf 198 Bände mit historischen und 62 Bände mit neuzeitlichen Einbänden verteilen. Die 62 neuzeitlich eingebundenen Drucke sind Überreste einer unbekannten Anzahl aufgelöster Einbände. Wenn man als Durchschnittswert rechnet, dass drei Drucke früher in einem Sammelband vereinigt waren, ergeben die 62 Drucke ungefähr weitere 20 Bände. Es ist somit davon auszugehen, dass Borners Bibliothek mindestens 220 Buchbinderbände umfasste. Die tatsächliche Zahl sowohl der Titel als auch der Bände wird etwas höher gewesen sein, denn durch Dublettenverkäufe sind Verluste eingetreten. Ein Beispiel hierfür ist eine Sueton-Ausgabe aus dem Jahre 1493, in Bologna gedruckt, die aus Borners Besitz stammend heute Teil der Inkunabelsammlung der Stadtbibliothek Leipzig ist.[12] Der Band trägt einen Besitzvermerk eines F. G. Dürr aus dem Jahre 1756, was zeigt, dass schon im 18. Jahrhundert, vermutlich aber noch früher, dieser Band von der Universitätsbibliothek verkauft wurde. Ein weite-

10 UB Leipzig, Math.902.

11 UB Leipzig, Syst.Theol.836.

12 GW M44198 (UB Leipzig, Inc.Civ.Lips.45).

res Beispiel ist eine Ausgabe der Historien des Niccolo Leonico Tomeo (1546–1531), 1531 in Basel von Hieronymus Froben (1501–1563) gedruckt, die sich heute im Besitz des Deutschen Buch- und Schriftmuseums befindet.[13] Dieser Band trägt einen Schenkungsvermerk aus dem Jahre 1619, zu diesem Zeitpunkt war das Buch schon auf dem freien Buchmarkt.

Der am stärksten vertretene Autor ist Philipp Melanchthon mit 25 Titeln. Im Vergleich dazu sind von Martin Luther lediglich vier Schriften zu verzeichnen, was wohl die Präferenz in der reformatorischen Überzeugung Borners klar ausdrückt. Ähnlich zahlreich wie die Schriften Melanchthons sind die des Erasmus von Rotterdam (um 1467–1536), es sind 20 Titel in der Bibliothek nachweisbar. Von den Reformatoren wurden Johannes Brenz (1499–1570) und Johannes Bugenhagen (1485–1558) von Borner besonders geschätzt. Bemerkenswert ist, dass auf dem dritten Rang in der Häufigkeit der Titel der Kirchenvater Gregor von Nazianz zu finden ist.

Ein Blick auf die Erscheinungsjahre der Drucke zeigt, dass die Bibliothek im Wesentlichen in den 1520er und 1530er Jahren entstanden ist. Rund 25 Prozent der Titel stammen aus den Jahren bis 1520, 65 Prozent beträgt der Anteil der Druckjahre 1521 bis 1540. Etwas über 30 Drucke sind aus den Jahren 1541 bis 1547, Borners Todesjahr, überliefert. Bei den Titeln, die vor 1520 erschienen sind, handelt es sich hauptsächlich um Ausgaben klassischer Autoren, darunter befinden sich besonders zahlreich Aldinen. Der Hauptteil der Bibliothek aus dem dritten und vierten Jahrzehnt des 16. Jahrhunderts besteht aus reformatorischen, hauptsächlich bibelexegetischen Schriften mit dem auffälligen Fehlen von Lutherdrucken, aus Flugschriften und Neuigkeitsliteratur sowie aus mathematischen und astronomischen Titeln. In seinen letzten Lebensjahren hat Borner kaum noch Bücher erworben.[14]

Die Auswertung der Titel nach ihren Druckorten zeigt erneut den Charakter der Bornerschen Bibliothek als Gelehrtenbibliothek eines Humanisten der Reformationszeit. Häufigster Druckort ist Basel mit 126 Titeln, die vorwiegend aus den Offizinen von Johannes Froben, dem Verleger des Erasmus von Rotterdam, von Johannes Heerwagen und Heinrich Petri stammen. An zweiter Stelle der Druckorte ist Wittenberg mit 89 Titeln zu finden mit Schriften von Melanchthon, Brenz, Bugenhagen sowie reformatorischen Flugschriften. 89 Titel zählt man für Venedig. Dabei steht die Presse des Aldus Manutius (1449–1515) mit griechischen und lateinischen Ausgaben antiker Autoren im Vordergrund. Straßburger und Nürnberger Titel sind jeweils mit etwa 50 Stück vertreten. Hingegen fehlen Drucke aus anderen Zentren des Buchdrucks fast vollständig, so gibt es nur drei Antwerpener Drucke und aus den Niederlanden lediglich zwei Titel aus Deventer. Auch die französischen Druckereien sind eher karg vertreten: für Paris zählt man 21 Drucke, für Lyon zwölf Titel. Auch die Druckereien seiner Heimatstadt Leipzig boten Caspar Borner wenig Interes-

---

13 VD16 L 1236 (Sign.: III 6, 15a), vgl. Konrad von Rabenau: Deutsche Renaissanceeinbände, Brüssel 1994, Nr. 9.

14 Die Auszählung ergab: Drucke mit Erscheinungsjahr vor 1500: 43 Stück; Erscheinungsjahr bis 1510: 34 Stück, bis 1520: 87 Stück, bis 1530: 268 Stück, bis 1540: 222 Stück, Erscheinungsjahr ab 1541: 32 Stück. Die Differenz zur Gesamtanzahl von 760 Titeln kommt dadurch zustande, dass nur die sicher datierten Titel gezählt wurden.

santes. Zwar sind es formal 42 Drucke, die aus Leipziger Offizinen stammen, bei näherer Betrachtung stellt sich jedoch heraus, dass es sich lediglich um Flugschriftenliteratur von wenigen Blatt Umfang handelt.

Am Anfang des Beitrages wurde die Hoffnung geäußert, durch die Rekonstruktion der Privatbibliothek Borners Rückschlüsse auf sein wissenschaftliches Werk ziehen zu können. Die Auswertung aller handschriftlichen Einträge ist eine Arbeit, die weit über den Rahmen dieses Aufsatzes hinausgeht. Aber einige Beispiele sollen die Möglichkeiten zeigen. In der Würdigung Borners durch Albinus konnten fünf Schwerpunkte des Schaffens Borners festgestellt werden. Sieht man die Bibliotheksbestände nach diesen Schwerpunkten durch, gewinnt man interessante Einsichten. Der Überblick erfolgt in der Reihe der oben aufgeführten Liste der verschiedenen Aspekte von Borners Wirksamkeit. Dabei muss und kann der vierte Aspekt, seine Tätigkeit als Hochschulpolitiker, übergangen werden, denn dazu ist in der Privatbibliothek nichts zu finden.

6. Auswertung der Gebrauchspuren in der Privatbibliothek

6.1. Caspar Borner als Mathematiker, Astronom und Geograph

24 Bände sind diesen Wissensgebieten zuzurechnen. Mathematische und astronomische Traktate, astronomische Tabellen, Rechenbüchlein, Reisebeschreibungen u. ä. m. machen somit zehn Prozent des Bestandes aus. Auffällig ist die intensive Bearbeitung der Bände, Borner hat sie fast durchgängig mit Marginalien versehen, ein Umstand, der bei philosophischen oder theologischen Werken weniger zu beobachten ist. Von besonderem Interesse ist Borners Ausgabe der Stoefflerschen Ephemeriden.[15] Für die Jahre 1528 bis 1531 hat Borner diese als eine Art meteorologisches Tagebuch genutzt. So ist diesem zu entnehmen, dass das erste Oktoberwochenende des Jahres 1531 in Leipzig kalt aber sonnig war, es vom 9. bis 12. Oktober geregnet hat und in den darauffolgenden Tagen ein ausgesprochen neblig dunstiges Wetter herrschte (Abb. 2). Auch die Beobachtung von Mondfinsternissen protokollierte Borner in einer Regiomontanus-Ausgabe.[16] So scheiterte der Versuch, die totale Mondfinsternis im März 1523 in Leipzig zu beobachten, weil der Himmel dicht bewölkt war. Besser war es mit den Finsternissen 1522 in Leipzig oder 1519 in Wittenberg bestellt, wo Borner sich die Uhrzeiten und den Verlauf des Himmelsereignisses aufschreiben konnte.

---

15 Johannes Stoeffler: Almanach noua plurimis annis venturis inseruientia: accuratissime supputata: toti fere Europe dextro sydere impartita, Venedig: Liechtenstein, 1506 (EDIT16 61701; UB Leipzig, Astron.237).

16 Johannes Regiomontanus: In laudem operis calendarij a Ioanne de Monte Regio Germanorum decoris nostre etatis astronomorum principis, Venedig: Liechtenstein, 1514 (EDIT16 75743; UB Leipzig, Astron.233).

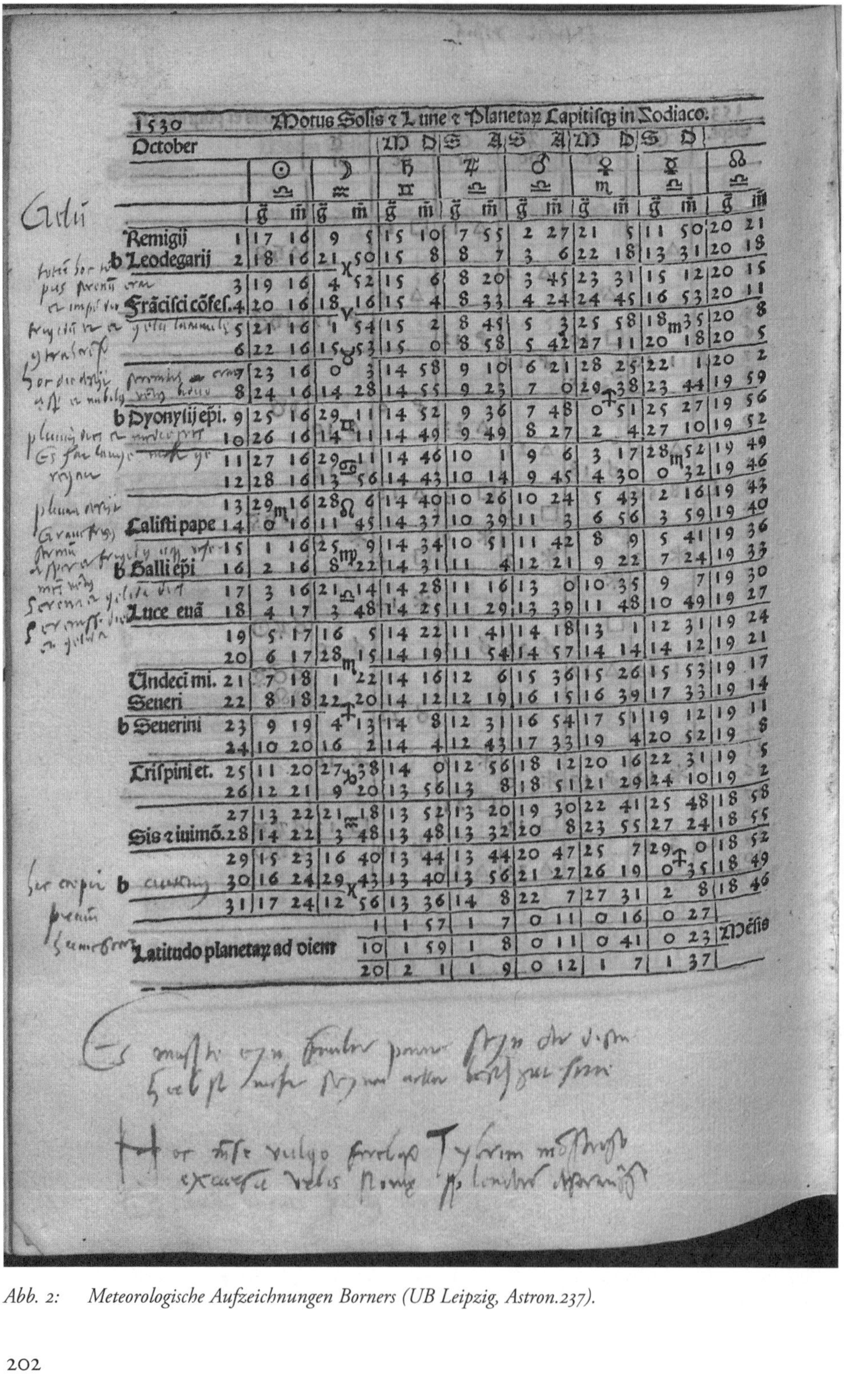

Abb. 2: Meteorologische Aufzeichnungen Borners (UB Leipzig, Astron.237).

Ein Beispiel für Borners Beschäftigung mit der Astrologie bietet eine weitere Ausgabe der Ephemeriden[17]. Im Hinterdeckel hat Borner ein Horoskop für Papst Paul III. (1468–1549, Pontifikat ab 1534) berechnet und gezeichnet.

Mitunter scheint zwischen den sachlichen Anmerkungen in Form der Marginalien etwas von der Persönlichkeit Borner auf. So findet sich in den Annotationen zu Joachim Ringelbergers Institutiones Astronomicae,[18] 1527 in Köln erschienen, ein Ausbruch Borners in Deutsch – was bemerkenswert ist, denn Borner annotiert ansonsten konsequent selbst deutsche Texte in Latein. Dieser wurde durch eine fehlerhafte Darstellung der Planetenumgänge verursacht: „Hi läßt sich Clugel allererst mit heller stimme hören, dass er ein narre ist". Die Suche nach einem Astronomen des 16. Jahrhunderts namens Klugel war erfolglos. Wahrscheinlich ist dieser Name eine Wortbildung vergleichbar dem Ausdruck „Herr Naseweis". Borners Verdikt bezieht sich also auf Joachim Ringelberger.

Für Borners Beschäftigung mit der Geographie seien genannt: die erste Beschreibung der Magellanschen Weltumseglung De moluccis insulis,[19] die von Borner intensiv durchgearbeitet wurde oder die Tatsache, dass er Informationen, die er durch seinen Briefwechsel erhielt auch in entsprechende Bände seiner Bibliothek eintrug. So findet sich im Anhang zu einer Plinius-Ausgabe[20] die Abschrift eines Briefes von Johannes Poliander (1487–1541), in dem dieser über die Eigenheiten des Bernsteinsammelns an der preußischen Ostseeküste berichtet. Poliander, Borners Vorgänger als Lehrer der Thomasschule, war 1526 nach der Säkularisierung Preußens als evangelischer Prediger dorthin übergesiedelt.

In einer Ausgabe der Geographica des Claudius Ptolemäus aus Rom 1508[21] (Abb. 3) ist der zweite Teil des Werkes, der die Längen- und Breitenangaben von ca. 8.000 Orten auflistet, übersät von handschriftlichen Korrekturen Borners. Er verweist mehrfach auf einen „Codex pircamerano", dem er wohl die Angaben entnommen hat. Es liegt nahe, dass es sich dabei um die von Willibald Pirckheimer veranstaltete Ptolemäus-Ausgabe aus dem Jahre 1525 handelt,[22] wobei es etwas verwundert, dass Borner ein gedrucktes Buch als Kodex bezeichnet haben soll, vielleicht ist auch eine Ptolemäus-Handschrift im Besitz Pirckheimers gemeint.

Abschließend sei erwähnt, dass Borner in den 1520er Jahren an der Philosophischen Fakultät der Universität Leipzig Vorlesungen über das Werk „De Sphaeris" des Johannes de Sacrobosco hielt.

---

17 Johannes Stoeffler: Ephemeridum opus à capite anni redemptoris Christi M.D.XXXII.|| in alios XX. proximè subsequentes, Tübingen: Morhard, 1531 (VD S 9197; UB Leipzig, Astron.238).

18 Johannes Ringelberg: Institutiones astronomicae, Köln: Quentell, 1528 (VD16 R 2446; UB Leipzig, Math.902/2).

19 Maximillianus <Transsylvanus>: De Moluccis insulis, Köln: Cervicornus, 1523 (VD16 S 6122; UB Leipzig, Libri. sep.6282).

20 Basel: Froben, 1535 (VD16 P 3537; UB Leipzig, Med.lat.23).

21 EDIT16 73332 (UB Leipzig, Geogr.11).

22 Straßburg: Grüninger, 1525 (VD16 P 5211).

Abb. 3: Seiten aus Borners Exemplar der Geographica des Claudius Ptolemäus (UB Leipzig, Geogr.11).

6.2. Borner als Pädagoge

Weit weniger Hinweise bietet die Bibliothek zum zweiten Punkt: Borner als Pädagoge. Borner verwaltete von 1518 bis 1536 das Rektorenamt an der Thomasschule. Er lehrte griechische und römische Literatur, Mathematik und Geschichte. Das einzige Werk, das Borner hat drucken lassen, seine „Analogia", eine Übersicht über die lateinische Deklination und Konjugation,[23] sicherlich im Kontext seiner Tätigkeit als Lehrer entstanden, fehlt in seiner eigenen Bibliothek. Auch sonst finden sich nur wenige grammatische Werke in seiner Büchersammlung: Das Wörterbuch des Dasypodius etwa und Werke von Laurentius Valla. In einer Ausgabe der Instituta artium des Marcus Valerius Probus[24] finden sich Tabellen mit deklinierten Pronomen von Borners Hand, die er dort vielleicht in Vorbereitung eines Unterrichts eingezeichnet hat. Auf dem Titelblatt ist das Datum Februar 1515 verzeichnet.

23 Leipzig: Blum, 1539 (VD16 B 6728).

24 Vicenza: Maria, 1509 (EDIT16 39977; UB Leipzig, Gram.lat.7/2).

Da wir wissen, dass Borner im Januar 1515 nach Freiberg gereist war, um an der dort neu eröffneten Lateinschule zu arbeiten, liegt diese Vermutung nahe. Der Druck ist in anderer Hinsicht interessant: zusammengebunden mit einer Ausgabe der Noctes atticae des Gellius ist er in einem Kölner Einband der Werkstatt a.b. gebunden und wohl von Borner selbst 1514 von seinem Aufenthalt dort mitgebracht worden. Eine weitere in diesem Zusammenhang gehörende Lesespur könnten Borners Marginalien in der ersten bei Aldus Manutius erschienenen Werkausgabe des Giovanni Pontano (1429–1503) sein.[25] Im ersten Band, der sonst keinerlei Bearbeitungsspuren trägt, ist auch Pontanos Schrift über den Gehorsam enthalten. Das Kapitel über den Gehorsam gegenüber dem Lehrer ist von Borner reich annotiert. Hoffentlich hat die Autorität des italienischen Humanisten die aufsässigen Thomasschüler in die Schranken gewiesen.

6.3. Caspar Borner als Theologe

Für diesen Aspekt von Borners Wirken ist es mit Belegen wieder besser bestellt. Ab 1543 bekleidete Borner eine theologische Professur, und es finden sich in seiner Büchersammlung auffällig viele Werkausgaben der Kirchenväter, besonders Johannes Chrysostomus, Ambrosius und Gregor von Nazianz. Es gibt eine Tertullian-Ausgabe, die sehr intensiv annotiert ist.[26] Besonders Tertullians Abhandlungen über die Häresien haben Borners gesteigerte Aufmerksamkeit gefunden. Die Beschäftigung mit Häresie und Devianz im Allgemeinen und speziell den wiedertäuferischen Bewegungen seiner Zeit ist in den Bearbeitungsspuren Borners immer wieder deutlich festzustellen.

Das interessanteste Stück in diesem Zusammenhang ist ein dicker Folioband,[27] in dem Borner geordnet nach Stichworten Notizen und Belege für einzelne theologische Schlüsselbegriffe zusammengetragen hat. Sowohl die Auswahl der Schlüsselbegriffe als auch die Art der Literaturverweise bieten bei näherer Auswertung Einblicke in die Konzeption seiner theologischen Vorlesungen und seine theologischen Interessen überhaupt.[28]

In Borners Bibliothek finden sich die verschiedensten Bibelausgaben. Erwähnenswert ist eine Ausgabe der Lufft-Bibel, also der ersten deutschen Gesamtbibel, die 1535, im Jahr ihres Druckes, von Borner erworben und von seinem Buchbinder Baldershain eingebun-

25 Venedig: Manutius, 1518 (EDIT16 47484; UB Leipzig, Ald.114).

26 Basel: Froben, 1521 (VD16 T 559; UB Leipzig, Scr.eccl.290).

27 UB Leipzig, Ms 2001; vgl. Die neuzeitlichen Handschriften der Signaturgruppe Ms 2000 (Ms 2001–Ms 2999) sowie kleinerer Bestände (Cod. Haen., Ms Apel, Ms Gabelentz, Ms Nicolai, Ms Thomas), bearb. Von Thomas Fuchs, Wiesbaden 2011, S. 1–2.

28 Die ersten zwanzig Begriffe in Reihenfolge ihres Auftretens sind: „peccatum, originale peccatum, pueri seu infantes, oboedientia, claves, scandalum, humilitas, indulgentia papalis, hereses (umfangreich), revelatio (umfangreich), natalis christi, quadragesima, filius domini, confessio (umfangreich), spiritus sanctus, sententia, evangelium, regnum christi".

Abb. 4: Italienischer Einband, vermutlich von Borner selbst aus Italien mitgebracht (UB Leipzig, Lit.ital.65).

den wurde. Zu dieser Zeit war im Herzogtum Sachsen der Besitz und Vertrieb lutherischer Schriften unter Strafe gestellt, worum sich Borner und Baldershain aber nicht zu kümmern schienen. Eine griechische und eine hebräische Ausgabe der Bibel besaß Borner ebenso wie eine italienische Evangelienausgabe, in einem italienischen Einband gebunden. Es ist zu vermuten, dass er den Band selbst aus Italien mitbrachte (Abb. 4).
Die Bibelauslegungen in Borners Büchersammlung sind alle reformatorisch. Einen Einblick in Borners speziellere Interessen gewährt z. B. die Auslegung der Apostelgeschichte des Erasmus Sarcer (1501–1559).[29] Borner hat lediglich die Kapitel annotiert, die sich mit der Einrichtung der Gütergemeinschaft in der christlichen Urgemeinde beschäftigen und die Geschichte der Heuchelei von Hananias und Saphira[30] berichten. Sarcer nutzt diese Textstellen, um gegen die Wiedertäufer zu polemisieren. Unter der Sammlung der reformatorischen Flugschriften aus Borners Besitz befinden sich auch etliche zu diesem Thema. Aus einem Brief Melanchthons an Friedrich Myconius (1490–1546) vom Oktober 1535 wird deutlich, dass sich Melanchthon, Myconius und Borner während einer gemeinsamen Reise über „Italienische Ereignisse" unterhalten haben. Borner schickt später über Melanchthon einen Bericht über diese Ereignisse an Myconius und bittet im Gegenzug um einen Bericht über den Münsterischen Aufruhr.[31] Aus diesen Hinweisen wird deutlich, dass sich Borner besonders für die Täufer interessierte.

6.4. Borner als Historiker

Caspar Borner als Historiker, das heißt auch und vor allem Caspar Borner als Zeitzeuge. Ähnlich intensiv annotiert wie die astronomischen Werke seiner Büchersammlung sind die Flugschriften und Zeitungen, die sich mit den Ereignissen der Zeit beschäftigen. Borner hat dieses Kleinschrifttum in chronologisch geordneten Sammelbänden zusammengefasst. Als Beispiel hierfür soll der Inhalt einer dieser Bände skizziert werden. Es handelt sich um einen Sammelband mit 44 Drucken und Zeitungen zum Zeitgeschehen zwischen 1536 und 1543.[32] Dies ist schon an der Schnittbeschriftung „RESA XXXVI ad usque 1543" erkennbar. Am Anfang sind sieben Zeitungen vereint, die Nachrichten vom Kriege Kaiser Karls V. (1500–1558) gegen Frankreich in den Jahren 1536 und 1537 bringen. Darauf folgen Schriften zum angeblichen Hochverrat des Feldherren Hans Katzianer (1491–1539).[33] Um

[29] Basel: Westheimer, 1540 (VD16 ZV 13716; UB Leipzig, Exeg.2470).

[30] Das Ehepaar verkaufte sein Grundstück zugunsten der Jerusalemer Christengemeinde, behielt aber einen Teil des Erlöses für sich selbst.

[31] CR 2, Sp. 960 f., Nr. 1347; MBW Nr. 1651.

[32] UB Leipzig, Neue.Gesch.102.

[33] Hans Katzianer von Katzenstein erlitt als kaiserlicher Feldherr 1537 bei Esseg eine katastrophale Niederlage gegen die Türken.

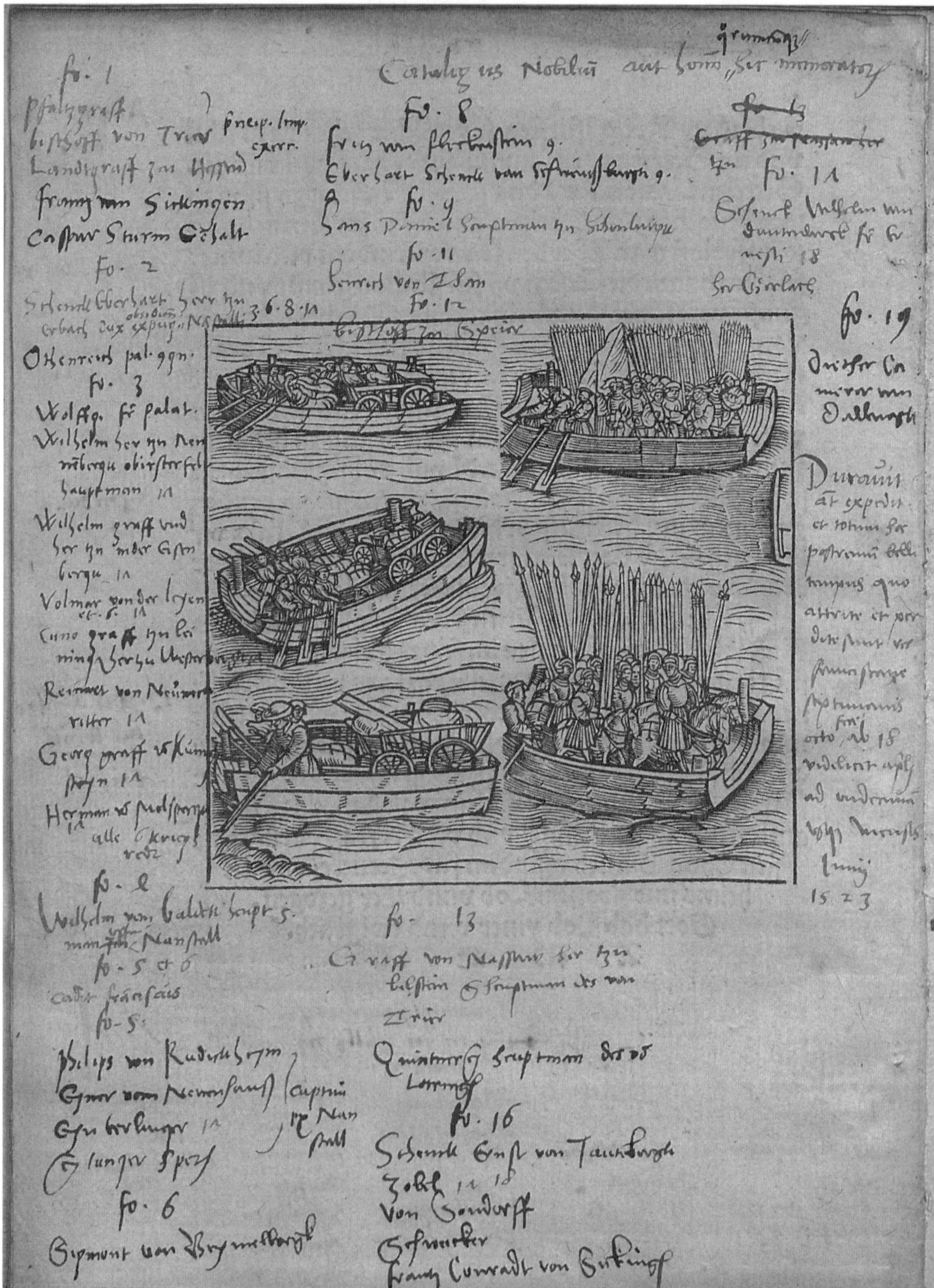

Abb. 5: *Borners handschriftlicher Index zu einer Flugschrift, die Sickinger Fehde betreffend (UB Leipzig, NeueGesch.115-d).*

einen anderen aufregenden Justizfall jener Zeit geht es in den darauffolgenden Flugschriften: um die Verurteilung und Hinrichtung von Hans Schenitz (1499–1535)[34]. Darauf folgt ein Komplex von Flugschriften, der sich mit den kriegerischen Auseinandersetzungen mit den Türken im Jahr 1539 befasst[35]. Es folgen Flugschriften zum Reichstag in Regensburg 1541 und zu einem Stadtbrand in Prag. In den nächsten Flugschriften geht es wieder um die türkischen Händel, diesmal um die Kämpfe in Ungarn und die Expedition Karls V. gegen Algier im Jahre 1541. Als nächstes finden sich Flugschriften zur Eroberung des Herzogtums Braunschweig-Lüneburg durch die Truppen des Schmalkaldischen Bundes. Den Abschluss bilden Schriften zum Geldrischen Erbfolgekrieg, darunter ein von Borner besonders reich annotierter Druck[36].

Auch ein Bericht über die Fehde Franz von Sickingens (1481–1523)[37] trägt zahlreiche Marginalien und ist mit einem Register der erwähnten Orte und Personen ausgestattet (Abb. 5). In gleicher Weise mit Marginalien und Registern ist ein Bericht über die Eroberung Roms im Jahre 1527[38] versehen. Borner zeigt sich gut informiert, denn die Mitteilung, dass die Engelsburg gestürmt und der Papst gefangen sei, bezeichnet er als „Ertzlandlüge", einer der seltenen Fälle, da er in deutscher Sprache schreibt. Nachdem er so seiner Empörung Luft gemacht hatte, notierte er den rechten Gang der Ereignisse in Rom.

Leider waren gerade diese Sammelbände mit solcher Flugschriftenliteratur in der Vergangenheit bevorzugtes Ziel des bibliothekarischen Ordnungsfiebers, galt es doch Flugschriften, die sich mit italienischer Geschichte beschäftigen, in eine entsprechende Fachgruppe unterzubringen und solche, die sich der deutschen Geschichte widmen, in eine Fachgruppe Deutsche Geschichte zu stecken. So wurden die Sammelbände auseinandergerissen und die einzelnen Flugschriften ihrer Provenienzmerkmale beraubt breit über den Bestand verstreut. So sind im Bestand der UB Leipzig sicher noch eine ganze Reihe Flugschriften aus Borners Vorbesitz versteckt, die bisher noch nicht als solche identifiziert werden konnten.

Natürlich besaß Borner auch reichlich im eigentlichen Sinne historische Werke, z. B. Herodot, Thucydides, Xenophon, Caesar, Tacitus, Prokopius von Caesarea (um 500–um 562) oder Flavio Biondo (1392–1463) u. a. m. Besonders intensiv studierte er den italienischen Geschichtsschreiber Marcantonio Sabellicus (um 1436–1506), aus dessen Werken

34 Kammerdiener und Baumeister Hans Schenitz war ein Vertrauter des Kardinals Albrecht von Brandenburg gewesen, der in Ungnade fiel und dem der Prozess gemacht wurde. 1525 wurde er hingerichtet. Sein Bruder Anton prangerte den Prozess als Justizmord an, worauf sich eine lange durch Flugschriften geführte Auseinandersetzung anbahnte, in die auch Luther eingriff.

35 Hauptsächlich die Belagerung Castelnuovos (heute Herceg novi, Montenegro) durch die Türken betreffend.

36 Gründlicher Bericht [...] belangend den Überzug und Einfall [...] des Herzogen von Kleve Diener (lat.). Nürnberg: o. Dr., 1543 (VD16 N 1573).

37 Warlicher bericht wie von den dreyen Churfürsten und Fürsten nämlich Tryer, Pfaltz und Hessen weylandt Frantz von Sickingen überzogen, Mainz: Schöffer, 1523 (VD16 S 10018; UB Leipzig, NeueGesch.115-d).

38 Newe gezeytunge von Rom, Leipzig: Stöckel, 1527 (VD16 N 957; UB Leipzig, Hist.Ital.576).

er zwei Foliobände Auszüge anfertigte, wie schon Albinus in seiner Würdigung Borners erwähnt hat.[39]
Es ist aber eine andere Bemerkung des Petrus Albinus, die hellhörig macht:

> „Es hat auch Bornerus eine Historiam zu schreiben angefangen / wie aus einem Brief Fabricii aus Padua an ihn /zusehen/ darinnen er ihn sonderlich adhortirt zur Beschreibung der Hendel / so sich in der Religion Verenderung zugetragen / Welches hernach von Sleidano prestirt worden."[40]

Petrus Albinus hat seinem Geschichtswerk ein Quellenverzeichnis beigefügt, in dem auch Caspar Borner genannt wird: „Caspar Bornerus Haynensis, Theologus Lips." Es ist unwahrscheinlich, dass Albinus Caspar Borner persönlich gekannt oder gesprochen hat. Vielmehr muss Albinus ein historisches Werk aus Borners Hand vorgelegen haben. Er nennt an verschiedenen Stellen Borner als Gewährsmann, z. B. bei einer Notiz über einen Lehensbrief Friedrichs III. (1415–1493): „Hiebey hat Bornerus observiert/ das in dieses Brieffs auffgedrucktem Siegel/ des keysers Friderici Geburtstag gestanden/ nemlich das 1415. jar am Tage Matthei."[41] Borner scheint die Originalurkunden untersucht zu haben. Dazu passt, dass in Borners Privatbibliothek auch Literatur zu den Historischen Hilfswissenschaften vorhanden war, zur Numismatik, Epigraphik und zur Chronologie. Könnte man alle Erwähnungen Borners in Albinus Chronik überblicken, gewönne man vielleicht einen gewissen Einblick in die Natur dieses Bornerschen Werkes, das verlorengegangen ist, so wie andere Quellen zur sächsischen Geschichte, die Albinus noch zur Verfügung hatte (z. B. die Annalen des Thomasklosters in Leipzig). Georg Fabricius soll Borner dazu geraten haben, sich besonders mit „den Hendeln, so sich in der Religion Verenderung zugetragen" haben, zu beschäftigen. Die Sammlung und Annotierung der Flugschriften, das Anlegen von Orts- und Personenregistern sind ein Hinweis darauf, dass Borner vorhatte oder vielleicht auch damit begonnen hatte, eine Geschichte der Reformation zu schreiben. Borner wäre damit einer der ersten Historiographen der Reformation. Vielleicht war es auch eine Chronik zur sächsischen oder deutschen Geschichte. Dies ist alles Spekulation, dass es aber ein irgendwie geartetes historisches Werk von Borner gegeben haben muss, bezeugt Albinus.

Zum Abschluss soll noch erwähnt werden, dass die Privatbibliothek Borners nicht nur ein Beispiel für eine Büchersammlung der Reformationszeit und nicht nur ein Mittel ist, um besseren Einblick in das Denken und die Arbeitsprozesse Borners zu erlangen, sondern ebenfalls Beziehungen der humanistischen Gelehrten und Reformatoren untereinander aufzeigt. Manches Buch aus Borners Bibliothek war zuvor durch verschiedene und auch berühmte Hände gegangen. So übernahm Borner nach dem Tod des Petrus Mosel-

---

39 UB Leipzig, Ms 2002 und Ms 2003; vgl. Die neuzeitlichen Handschriften (wie Anm. 27), S. 1–2.

40 Albinus: Chronik (wie Anm. 1), S. 349.

41 Ebd., S. 215.

lanus (1493–1524) einige seiner Bücher, die ihrerseits durch ihre Marginalien Einblick in dessen Arbeitsweise gewähren. Mitunter tragen die Bornerschen Bände Widmungen oder andere Eintragungen von der Hand Melanchthons. Es finden sich in Borners Privatbibliothek Werke aus dem Vorbesitz von Alexander Brassicanus (1500–1539), Johannes Pfeil oder Engelhard Funk (um 1450–1513). Manche Vorbesitzer sind noch nicht identifiziert, noch lange nicht alle Notationen entdeckt, gelesen und verstanden.

Stefan Rhein

Melanchthons Bücherschrank*

Als sich 1527 wie ein Lauffeuer die Nachricht von der Eroberung Roms durch die kaiserlichen Truppen verbreitete und ganz Europa erschütterte, war auch in Wittenberg der Hall noch zu spüren. Für Martin Luther stellte sich die Lage eindeutig dar: der „Sacco di Roma" – das ist die gerechte Strafe für den Antichristen auf dem Papstthron. So schrieb der Reformator in einem Brief vom 13. Juli 1527:

> „Rom ist zusammen mit dem Papst elendlich vernichtet, indem Christus es so gebot, dass der Kaiser gezwungen wird, obgleich er anstelle des Papstes den Luther verfolgte, nun anstelle Luthers den Papst zu vernichten. Alles dient freilich Christus, zum Vorteil der Seinen und zum Nachteil der Feinde."[1]

Der Kollege an Luthers Seite, Philipp Melanchthon, nahm dieses Ereignis weitaus differenzierter wahr. Einen ersten Niederschlag findet die Nachricht in einem Brief vom 6. Juni 1527:

> „Außer Gerüchten wissen wir noch nichts Neues über die Einnahme Roms; ich wünschte mir, sie stimmen nicht, einmal aus vielen anderen Gründen, vor allem aber deswegen, weil ich um die Bibliotheken fürchte, die an keinem Platz der Welt reichhaltiger sind als dort."[2]

Im Gegensatz zum populären reformatorischen Schrifttum, in dem der Sacco als Gottesgericht gedeutet wurde, verfasste Melanchthon die Deklamation „De capta et direpta urbe Roma", die ein Jahr später, im März 1528, von Johannes Reiffenstein vorgetragen wurde. Hier ist Rom die gemeinsame Heimat der klassischen Bildung und der Ort berühmter

---

* Für vielfältige Unterstützung danke ich Matthias Dall'Asta (Melanchthon-Forschungsstelle Heidelberg), Falk Eisermann (Staatsbibliothek zu Berlin), Günter Frank (Melanchthonhaus Bretten), Claudine Moulin (Universität Trier), Christine Mundhenk (Melanchthon-Forschungsstelle Heidelberg), Joachim Ott (Thüringer Landes- und Universitätsbibliothek Jena), Konrad von Rabenau und Clemens Rohfleisch (UB Heidelberg).

1 WABr 4, S. 222, 9–12: „Roma vastata est cum papa miserabiliter, Sic regnante Christo ut Caesar pro papa Lutherum persequens, pro Luthero papam cogatur vastare. Omnia scilicet serviunt Christo pro suis et contra adversarios."

2 MBW T 1, S. 249, Nr. 556: „Novi nihil habemus praeter rumores de capta Roma, quos optarim vanos esse cum ob alias multas causas, tum quia metuo bibliothecis, quae nullo in loco totius orbis terrarum locupletiores sunt quam ibi."

Kirchen, Kunstsammlungen und Bibliotheken: „Es ist kein geringeres Verbrechen, Bibliotheken als Kirchen zu zerstören."[3]

Der Mann, der gegen den protestantischen Mainstream und gegen die reformatorischen Eiferer die humanistische Bildung und ihre Ursprungs- und Blüteorte hoch hielt, wurde mit dem Ehrentitel „Praeceptor Germaniae" ausgezeichnet, häufig im Gelehrtentypus mit einem Buch in der Hand auf den zeitgenössischen Bildern dargestellt oder steht sogar in Denkmalgröße vor der Brettener Stiftskirche lorbeerbekränzt auf Folianten, die mit „Plato", „Aristoteles" und „Grammatica Graeca" tituliert sind. Doch ein wissenschaftlicher Beitrag, der Melanchthons Verhältnis zum Buch oder seinen Buchbesitz zum Thema hat, ist in der breit gefächerten Forschungsliteratur zu Melanchthon nicht zu finden. Die Ausnahme bildet ein Beitrag von Willi Göber, der 1928 im Zentralblatt für Bibliothekswesen gerade mal ein Buch aus Melanchthons Bibliothek identifizierte.[4] So kann der folgende Beitrag nur ein erster Schritt sein, um das Terrain abzustecken und zu sondieren.[5]

Gleich am Beginn dieser Spurensuche muss ein Auktionskatalog Erwähnung finden, der das Überleben von Melanchthons Bibliothek suggerierte und vermeintliche Exemplare aus der Privatbibliothek des Reformators versprach. Der Frankfurter Mediziner und Bibliograph Dr. Georg Kloss hatte seine große Sammlung an Inkunabeln und alten Drucken dem Londoner Auktionshaus Sotheby verkauft, das wiederum im Mai 1835 die insgesamt 4.682 Nummern zur Auktion ausrief. Bereits auf dem Titelblatt des Katalogs war von „many original and unpublished manuscripts, and printed books with ms. annotations, by Philip Melancthon" die Rede, und im Katalog selbst wurden ca. 600 Bücher mit dem Herkunftsort der Bibliothek Melanchthons angeführt, identifizierbar durch angebli-

[3] CR 11, Sp. 135: „Non minus autem sacrilegium est, bibliothecas quam phana diripere." Zu Melanchthons Deklamation vgl. Stefan Rhein: „Italia magistra orbis terrarum". Melanchthon und der italienische Humanismus, in: Humanismus und Wittenberger Reformation, hrsg. von Michael Beyer u. a., Leipzig 1996, S. 367–388, hier S. 372 f.

[4] Willi Göber: Aus Melanchthons Bibliothek, in: Zentralblatt für Bibliothekswesen 45 (1928), S. 297–302. Die Forschungsliteratur zu Melanchthon (bis 1970) ist detailliert aufgeführt von Wilhelm Hammer: Die Melanchthonforschung im Wandel der Jahrhunderte. Ein beschreibendes Verzeichnis. Bd. 1–4, Gütersloh 1968–1996. Zum Brettener Melanchthon-Denkmal vgl. Otto Kammer: Reformationsdenkmäler im 19. und 20. Jahrhundert, Leipzig 2004, S. 83 f. Vgl. auch das erste öffentliche Denkmal Melanchthons in Nürnberg von 1826, das den Gründer der Nürnberger Oberen Schule mit den Folianten „Cicero", „Aristoteles" und „Platon" zeigt (ebd., S. 198).

[5] Einen überaus instruktiven Einstieg in unser Thema bietet jetzt Matthias Dall'Asta: Widmungen, Annotationen und Besitzvermerke in ausgewählten Büchern aus Reuchlins, Luthers und Melanchthons Bibliotheken und Umfeld, in: Überlieferungs- und Gebrauchsspuren in Historischen Buchbeständen, hrsg. von Hanns Peter Neuheuser, Köln 2012, S. 93–124. Das Projekt „Autorenbibliotheken" des Schweizerischen Literaturarchivs bietet vielfältige Anregungen zur Erforschung des Umgangs eines Autors mit Büchern und mit seiner Bibliothek, vgl. die Beiträge in Quarto 30/31 (2010) etwa zu Gebrauchsspuren, Glossen und Annotationen von Claudine Moulin: Am Rande der Blätter: Gebrauchsspuren, Glossen und Annotationen in Handschriften und Büchern aus kulturhistorischer Perspektive, S. 19–26, zur Arbeitsbibliothek als Bestandteil des Autorennachlasses von Ursula Ruch: Vom Sammeln, S. 34–38, oder zu einzelnen Autoren von Bernhard Böschenstein: Paul Celan: Der Autor als kreativer Leser, S. 92–97, Ulrich Weber: Friedrich Dürrenmatt und seine Bibliothek, S. 111–117, Thomas Richter: Golo Manns Auseinandersetzung mit Ernst Jünger im Spiegel seiner nachgelassenen Bibliothek, S. 80–85.

che handschriftliche Notizen des früheren Besitzers. Kloss selbst veröffentlichte sechs Jahre später, im Jahr 1841, eine scharfe Entgegnung, entlarvte die „Melanchthonmanie" der Auktionatoren und legte dar, dass die Sammlung insbesondere aus katholischen Regionen und Institutionen erwachsen sei; nur drei Nummern enthielten handschriftliche Eintragungen Melanchthons, nämlich die Ausgabe von Melanchthons „Opuscula Philosophica", Wittenberg 1553, die Ausgabe von Melanchthons Appendix zum Chronicon Carionis und ein Sammelband mit Melanchthons Opuscula Theologica, Gedichten und Briefen.[6] Da es sich bei diesen Bänden offenkundig nur um Melanchthons eigene Werke handelt, bleibt von „Melanchthon's library" nichts übrig, außer einer Menge von Irritationen, da immer wieder angebliche Stücke in der Forschungsliteratur auftauchen. So meinte etwa George McCracken 1933, vier Bücher aus Melanchthons Privatbibliothek identifizieren zu können, eine Livius-Ausgabe, Basel 1534–35, eine Koberger-Bibel von 1477 sowie zwei Vergilausgaben, Straßburg 1527 und Paris 1532, alle aus der Sammlung Kloss an US-amerikanische Bibliotheken verkauft und allein schon durch die Provenienz als nicht zu Melanchthons Besitz gehörig erwiesen.[7] Als trügerisch erweist sich also die Hoffnung, Melanchthons Bibliothek als in weiten Teilen intakt und erhalten auffinden zu können.

Im Fall Melanchthons existiert im Übrigen auch kein zeitgenössisches Bestandsverzeichnis, wie es sie für Gelehrte des 15. und 16. Jahrhunderts in erstaunlich hoher Zahl gibt; so kennen wir Bücherinventare des Mediziners Nicolò Leoniceno, von Giovanni Pico della Mirandola, Erasmus von Rotterdam, Johannes Reuchlin, Konrad Peutinger oder Martin Bucer.[8] Wie bei Melanchthon gibt es auch im Falle des Bücherbesitzes Martin Luthers weder ein überliefertes Inventar noch einen geschlossen erhaltenen Bestand. Heinrich Kramm fasste in seiner „Geschichte der deutschen Bibliotheken" die desolate Erkenntnislage zur Bibliothek des Reformators mit den Worten „Trümmerhaufen von Luthers Bücherei" zusammen.[9] Ernst Thiele hat 1917 in mühseliger Kleinarbeit 27 Werke unter der

---

6 Georg Kloss: Über Melanchthons angebliche Handschriften, welche in dem Catalogue of the Library of Dr. Kloss verzeichnet sind, in: Serapaeum 2 (1841), S. 369–377. Zu Georg Burkard Kloss (1787–1854) vgl. Allgemeine Deutsche Biographie 16 (1882), S. 227–228 (Wilhelm Stricker).

7 Vgl. George E. McCracken: Marginalia attributed to Melanchthon, in: Classical Philology 28 (1933), S. 53–55. Dazu Hammer: Melanchthonforschung (wie Anm. 4), Bd. 2, Nr. 3403: „Die Exemplare stammten keinesfalls aus M.s Besitz." Zu den Irritationen der „angeblichen Bibliothek Melanchthons" vgl. auch Karl Hartfelder: Melanchthoniana Paedagogica, Leipzig 1892, S. 228 f.: „Die angebliche Melanchthon-Bibliothek ist bis heute nicht zur Ruhe gekommen. Diese sogenannten Handexemplare Melanchthons führen immer noch eine Wanderexistenz in den Antiquariaten. Wir warnen hiermit alle Freunde alter Bücher, sich durch unbeglaubigte Anpreisungen täuschen zu lassen."

8 Vgl. Frank Fürbeth: Deutsche Privatbibliotheken des Spätmittelalters und der Frühen Neuzeit. Forschungsstand und -perspektiven, in: Zur Erforschung mittelalterlicher Bibliotheken. Chancen – Entwicklungen – Perspektiven, hrsg. von Andrea Rupp und Michael Embach, Frankfurt/Main 2009, S. 185–208.

9 Heinrich Kramm: Deutsche Bibliotheken unter dem Einfluß von Humanismus und Reformation. Ein Beitrag zur deutschen Bildungsgeschichte, Leipzig 1938, Ndr. Nendeln 1968, S. 57; zu Melanchthon ebd.

Überschrift „Bücher aus Luthers Bibliothek“ versammelt[10], doch seitdem ist wenig Neues an Wissen zum konkreten Buchbesitz Luthers hinzugekommen, zumal die breit angelegte Studie von Holger Flachmann zu „Martin Luther und das Buch“ bei diesem Thema den Wissensstand nur zusammenfasst.[11] Das Urteil vom „Trümmerhaufen“ drängt sich auch im Falle der Bibliothek Melanchthons auf, da, wie erwähnt, weder ein Inventarverzeichnis noch ein überlieferter Bestand an Büchern noch eine umfassende wissenschaftliche Darstellung vorhanden sind.

Besondere Aufmerksamkeit darf für unser Thema das Bücherinventar des Caspar Peucer (1525–1602) beanspruchen, das mit 1.455 Titeln aufwartet, unter ihnen 22 Handschriften.[12] Das Verzeichnis wurde von Peucer selbst betitelt: „Bibliotheca mea quae est Budissinae“ (also in Bautzen) und war zuvor von verschiedenen Händen geschrieben worden, höchstwahrscheinlich im letzten Drittel des 16. Jahrhunderts. Das Inventar ordnet die Bücher in „Theologici“, „Juridici“, „Medici“, „Historici“, „Philosophici“, „Poetici“ und „Lexica“, nennt aber nur Kurztitel, so dass die Identifikation nicht immer leicht fällt. Auch diese Bibliothek ist nicht erhalten, auf den ersten Blick nicht verwunderlich, da Peucer als Haupt der philippistischen Kryptocalvinisten in mehrjährige Haft geriet (1574–1586), doch belegt das genannte Inventar, dass die Bücher in Bautzen in Sicherheit gebracht werden konnten. Ob sie nach Peucers Haftentlassung mit ihm nach Dessau gelangten, ist nicht bekannt; wenn zumindest Teile in Bautzen verblieben waren, sind sie höchstwahrscheinlich Opfer des großen Stadtbrands von 1634 geworden.[13] Die Bibliothek Peucers bildet in ihrer Vielfalt das humanistische und reformatorische Wissenschaftsverständnis Melanchthons ab. Peucer, der seit dem 7. Juni 1550 Schwiegersohn Melanchthons war und mit seiner schnell wachsenden Familie in einem Haus auf dem Grundstück der Schwiegereltern wohnte, wurde nach 1560 zum Erben Melanchthons, nicht nur in theologischer und kirchenpolitischer Hinsicht, sondern auch als literarischer Nachlassverwalter. Welche Bücher aus dem Eigentum Melanchthons in dasjenige Peucers übergingen, verrät das Inventarverzeichnis

---

10 Ernst Thiele: Die Originalhandschriften Luthers, in: Lutherstudien zur 4. Jahrhundertfeier der Reformation, Weimar 1917, S. 233–260, hier S. 259 f. sowie S. 243–247.

11 Holger Flachmann: Martin Luther und das Buch. Eine historische Studie zur Bedeutung des Buches im Handeln und Denken des Reformators, Tübingen 1996, S. 30–35.

12 Robert Kolb: Caspar Peucer's library. Portrait of a Wittenberg Professor of the Mid-Sixteenth Century, S. Louis 1976, S. 5 f.

13 Vgl. Zwischen Katheder, Thron und Kerker. Leben und Werk des Humanisten Caspar Peucer (1525–1602), hrsg. vom Stadtmuseum Bautzen, Bautzen 2001, S. 188 f. (dort auch Faksimile der ersten Seite des Inventars). Eine Nachfrage in der Anhaltischen Landesbibliothek Dessau ergab, dass dort keine Kenntnisse über Bücher aus Peucers (und damit vielleicht Melanchthons) Besitz vorhanden sind. Ohne Verweis auf Peucers Nachlass: Ernst Koch: Bemerkungen zur handschriftlichen Melanchthon-Überlieferung in der Anhaltischen Landesbibliothek Dessau, in: Reformation in Anhalt: Melanchthon – Fürst Georg III., Dessau 1997, S. 100–106. Zu Peucer als herausragenden „Promotor“ der Melanchthon-Memoria – neben Camerarius und Pezel – vgl. Irene Dingel: Freunde – Gegner – Feinde. Melanchthon in den Konfliktfeldern seiner Zeit, in: Philipp Melanchthon. Lehrer Deutschlands, Reformator Europas, hrsg. von ders. und Armin Kohnle, Leipzig 2011, S. 15–34, hier S. 30–32.

leider nicht. Doch steht wohl außer Zweifel, dass sich unter den 1.455 Titeln des Peucerschen Inventarverzeichnisses auch Exemplare aus Melanchthons Privatbibliothek befunden haben.[14]

Wie zentral sich das Thema „Buch“ nicht nur für das Schaffen, sondern auch für das Leben Melanchthons darstellt, mag durch folgende Begebenheit illustriert werden, die in dem 1560 erschienenen Bericht über Melanchthons Tod und letzte Lebenstage erzählt wird (Kurtzer Bericht, Wie der Ehrwirdig, unser lieber Vater und Praeceptor Philippus Melanchthon, sein Leben hie auff Erden geendet und ganz Christlich beschlossen hat, Mit kurtzer erzelung, was sich etliche tage zuvor mit Im in seiner Schwachheit zugetragen hat. Geschrieben von den Professoribus der Universitet Witteberg, die alles, was hie bericht wird, selbst gesehen und angehöret haben).

Im Angesicht des nahenden Todes führte Melanchthons letzter Gang außerhalb seines Wohnhauses demnach in eine Druckerei, am Ostersamstag, den 13. April 1560, sechs Tage vor dem Sterbetag. Melanchthon hatte in der Nacht – er war um 3 Uhr aufgestanden – noch den universitären Anschlag zum Osterfest verfasst und das Manuskript vor dem Gottesdienst am Ostersamstag in die Druckerei gebracht: „Da er nu in die Kirche ging, name er die Schrifft mit sich und trug sie zum Drucker, das sie denselbigen tag noch gedruckt würde.“[15] Sorgfältig wie er war, ging er nach dem Gottesdienst wiederum dorthin, um Korrektur zu lesen, und danach endgültig nach Hause: „Nach mittage umb zwey ging er wider in die Druckerey, das die Schrifft, die er zu morgens hinein getragen hette, gedruckt würde und nicht etwan seumnis geschehe. Und dieses ist das letzte mal gewest, das er aus dem hause gegangen; denn er hat sich hernach stets inne gehalten.“[16] Damit schloss sich ein Lebenskreis, denn der Student Melanchthon begann sein Berufsleben in einer Buchdruckerei, in Tübingen bei Thomas Anshelm, wo er sich auf Empfehlung seines Mentors Johannes Reuchlin ab 1513/14 als Korrektor um die Druckfehlerberichtigung, aber auch um die inhaltliche Redaktion bis hin zu eigenen Vorworten zu kümmern hatte.[17] Das umfangreichste Buchprojekt in der Verantwortung des jungen Melanchthon war die Weltchronik von Johannes Nauclerus, die nach dessen Tod 1510 nur als Manuskript vorlag und in der postumen Druckfassung von 1516 über 500 Blätter in Großfolio umfasste. Noch in der

---

[14] So auch Göber: Aus Melanchthons Bibliothek (wie Anm. 4), S. 298: „Da er [sc. Melanchthon] sein Haus seinem gelehrten Schwiegersohne Kaspar Peucer hinterließ, möchte ich annehmen, daß ihm auch die Bibliothek zugefallen ist.“ Von Melanchthon sind keine testamentarischen Verfügungen zu seiner Bibliothek erhalten.

[15] Philipp Melanchthons letzte Lebenstage, Heimgang und Bestattung nach den gleichzeitigen Berichten der Wittenberger Professoren, hrsg. von Nikolaus Müller, Leipzig 1910, S. 63.

[16] Ebd., S. 63 f.

[17] Vgl. Stefan Rhein: Buchdruck und Humanismus. Melanchthon als Korrektor in der Druckerei des Thomas Anshelm, in: Philipp Melanchthon in Süddeutschland. Bildungsstationen eines Reformators, hrsg. von dems. u. a., Karlsruhe 1997, S. 63–74, und Sönke Lorenz: Melanchthon in Tübingen. Zwischen Studia humaniora, Buchdruck und Bursen, in: Philipp Melanchthon. Seine Bedeutung für Kirche und Theologie, Bildung und Wissenschaft, hrsg. von Friedrich Schweitzer u. a., Neukirchen-Vlyn 2010, S. 27–57, hier S. 35–37.

Wittenberger Leichenrede auf Melanchthon von 1560 schildert der Redner, Veit Oertel, die umfänglichen Redaktionsarbeiten:

> „Er [sc. Melanchthon] stund auch Thome Anßhelms Truckerej ein zeitlang für und that grossen vleiß, daß die Chronick Naucleri recht getruckt würde, denn er sehr viel falsches darinnen emendirt unnd zu recht bracht, endert, was unnütz war, setzt ein jeglichs an sein rechten orth, erkläret, was tunckel war, that auch viel uberflüssigs, so hinein geflickt war, gar hinweg unnd bracht mit solchem seinen vleiß zuwegen, daß diß Buch, so zuvor ein weitlaufftig und ungeordnet pluderment war, numehr ein rechte ordentliche Chronica oder zeitbuch würde, auch von vielen mit lust auffgekaufft und nicht ohn mercklichen nutz gelesen wurde."[18]

Nicht nur die Tübinger Studien- und Korrektorenzeit Melanchthons ist eng mit dem Namen Reuchlin verknüpft. Denn den biographischen Startpunkt des Philipp Melanchthon alias Philipp Schwarzert markiert die Humanistentaufe, die Johannes Reuchlin seinem jungen Verwandten angedeihen ließ und die durch ein Buch bis heute eindrucksvoll bezeugt ist. Reuchlin überreichte dem jungen Schüler der Pforzheimer Lateinschule am 15. März 1509 die griechische Grammatik des Konstantinos Laskaris und schrieb auf sein eingeklebtes Wappen eine eigenhändige Widmung: „Diese griechische Grammatik machte Johannes Reuchlin aus Pforzheim, Doktor der [kaiserlichen] Rechte, Philipp Melanchthon aus Bretten zum Geschenk. Im Jahr des Herrn 1509, am 15. März."[19] Ob es sich dabei zugleich um das erste Buch in Melanchthons Bücherschrank handelte, mag dahingestellt sein. Der jetzige Aufbewahrungsort der 1480 in Mailand erschienenen „Erotemata", einer griechischen Grammatik in Fragen und Antworten, ist die Universitätsbibliothek Uppsala, doch ist der Weg des Buches dorthin unklar.[20]

Johannes Reuchlin führte seinen jungen Verwandten Philipp Schwarzert in die humanistische Gesellschaft ein, indem er ihn mit bedeutenden Akteuren des südwestdeutschen Humanismus wie Jakob Wimpfeling, Georg Simler oder Johannes Hiltebrant in Kontakt brachte und ihm die Stelle in der Offizin Anshelms vermittelte. Wie viele Humanisten besaß Reuchlin eine private Bibliothek, ein Spiegelbild des vir trilinguis, da sie mit ihren

---

18 Die zeitgenössische Übersetzung zitiert nach Rhein: Buchdruck (wie Anm. 17), S. 70.

19 Zum Verhältnis Melanchthons zu Reuchlin vgl. umfassend Heinz Scheible: Reuchlins Einfluss auf Melanchthon, in: ders.: Melanchthon und die Reformation. Forschungsbeiträge, hrsg. von Gerhard May und Rolf Decot, Mainz 1996, S. 71–97. Die Abbildung der Widmung in: Stefan Rhein: Johannes Reuchlin (1455–1522). Ein deutscher „uomo universale", in: Humanismus im deutschen Südwesten. Biographische Profile, hrsg. von Paul Gerhard Schmidt, 2. Aufl., Stuttgart 2000, S. 59–76, hier S. 65.

20 Nach Auskunft von Otfried Czajka (Stockholm) stammt der erste Hinweis in den Katalogen der UB Uppsala auf diesen Band aus dem Jahr 1796; im Buch selbst sind keine Notizen von der Hand Melanchthons vorhanden. Zur Präsenz der Werke Melanchthons in Schweden (und in schwedischen Bibliotheken) vgl. umfassend Otfried Czaika: Anmerkungen zum literarischen Profil der Melanchthonrezeption im Schwedischen Reich während des 16. Jahrhunderts, in: Philipp Melanchthon (wie Anm. 13), S. 335–349.

insgesamt ca. 350 Bänden etwa 250 lateinische, über 50 griechische und wohl rund 40 hebräische Bücher umfasste, darunter auch Sammelbände, so dass eine Gesamtzahl von weit über 500 Titeln vermutet wird.[21] Der deutsche Frühhumanist war vorrangig auf Druckerzeugnisse aus Italien angewiesen, vor allem was die griechischen und hebräischen Bücher betraf. Reuchlin besaß neben eigenen guten Kontakten zum venezianischen Buchdrucker und Verleger Aldo Manuzio Mittelsmänner vor Ort, die für ihn den italienischen Buchmarkt beobachten sollten. Johannes Streler musste sich im November 1491 gegen die hartnäckige Ungeduld seines Auftraggebers zur Wehr setzen:

> „Ich habe Deine beiden Briefe erhalten, hochgebildeter Mann, in denen Du die Ansicht äußerst, ich sei in Deinen Angelegenheiten nachlässig. Du denkst über mich ganz anders, als es den Tatsachen entspricht. Denn wenn Du wüßtest, welche Sorgfalt ich darin habe walten lassen, hättest Du von mir nicht eine solche Meinung. [...] Es gibt bei uns in Florenz nicht die Menge Bücher, wie Du vermutest. Derzeit kann ich keine hebräische Bibel erwerben – außer der einen in Bologna, der jedoch etliche Blätter fehlen und die ich deshalb nicht kaufen will. Wenn aber später noch einige andere zu uns gebracht würden, entspräche ich gerne Deinem Wunsch. Die Reden des Aischines finde ich überhaupt nicht; Plotin ist bis jetzt noch nicht vollständig gedruckt; er wird zwei rheinische Gulden kosten; die Werke Platons mit der Theologie [Marsilio Ficinos], die vor kurzem in Venedig gedruckt worden sind, habe ich für Dich gekauft. Ebenso das ‚Hexaemeron' von [Giovanni Pico della] Mirandola. Hinsichtlich der griechischen Bücher, die ich noch für Dich erwerben soll, mußt Du wissen: Ich bin hier bei allen Buchhändlern gewesen und finde rein gar nichts davon."[22]

1498 ging Reuchlin bei seiner letzten Italienreise auf eigene Einkaufstour, offensichtlich so erfolgreich, dass er die neuen Bände nicht selbst nach Deutschland mitnehmen konnte, sondern das Handelshaus Fugger mit dem Transport beauftragen musste.[23]

Die Bibliothek Reuchlins war für Melanchthon gewiss ein besonderes Bildungserlebnis, zumal ihm Reuchlin im wissenschaftlichen Profil - hohe Kompetenz der drei biblischen Sprachen, literarische Interessen in Theaterspiel und Dichtkunst, politisches Engagement, breite wissenschaftliche Ausrichtung etc. – und auch in der Lebensweise stets Vorbild blieb; Reuchlin ist übrigens außer dem Vater die einzige Person, an die sich Melanchthon noch auf dem Totenbett erinnerte, bis hin zu alltäglichen Kleinigkeiten, etwa dass Reuchlin auch

---

21 Zu Reuchlins Bibliothek vgl. Johannes Reuchlins Bibliothek. Gestern und Heute. Schätze und Schicksal einer Büchersammlung der Renaissance, bearb. von Matthias Dall'Asta und Gerald Dörner, hrsg. von Isabel Greschat, Ubstadt-Weiher 2007, und Matthias Dall'Asta: Bibliotheca trilinguis und „dimidium animae" – Johannes Reuchlin als Büchersammler, in: Sammler und Bibliotheken im Wandel der Zeiten, hrsg. von Sabine Graef u. a., Frankfurt/Main 2010, S. 117–144.

22 Vgl. Johannes Reuchlin: Briefwechsel. Bd. 1, bearb. von Matthias Dall'Asta und Gerald Dörner, Stuttgart-Bad Cannstatt 1999, S. 148 ff., Nr. 48, in deutscher Übersetzung in: Johannes Reuchlin: Briefwechsel. Leseausgabe in deutscher Übersetzung. Bd. 1, übers. von Adalbert Weh, Stuttgart-Bad Cannstatt 2000, S. 106 f.

23 Vgl. ausführlich Matthias Dall'Asta: Bücher aus Italien. Reuchlins Kontakte zu italienischen Buchhändlern und Druckern, in: Reuchlin und Italien, hrsg. von Gerald Dörner, Stuttgart 1999, S. 23–43.

tagsüber eine Schlafhaube aus Leinen zu tragen pflegte.[24] Reuchlin hatte Melanchthon als Erben seiner Bibliothek vorgesehen, doch führte die von Reuchlin vermittelte Berufung nach Wittenberg und v. a. die enge Verbindung mit Luther und der Reformation zu einer tiefen Entfremdung, so dass Melanchthon enterbt und stattdessen das Pforzheimer Michaelsstift zum Erben eingesetzt wurde. Erst 15 Monate nach dem Tod Reuchlins (am 30. Juni 1522 in Stuttgart) erfuhr Melanchthon von der neuen Rechtslage, wie er in einem Brief vom Oktober 1523 mitteilt; Georg Spalatin, seit 1512 verantwortlich für die kurfürstliche Schlossbibliothek, hatte offensichtlich bei Melanchthon nach der für Wittenberg verlorenen Bibliothek nachgefragt, und dieser antwortete, den Wert vor dem Hintergrund der Wittenberger Studien gering schätzend:

> „Über Reuchlins Bibliothek habe ich selbst erst neulich erfahren, was festgelegt wurde: Sie wurde dem Kollegium der Pforzheimer Priester vermacht. Diese Stadt war, wie Du wohl weißt, Reuchlins Heimat, die vor allem, wie ich höre, er durch dieses sein Denkmal auszeichnen wollte. Mir hat er sie vor Zeugen versprochen; die Wohltat wurde mit Worten angekündigt. Aus welchem Grund er aber diese Absicht geändert hat, kann ich allenfalls vermuten. Die ihn bei mir entschuldigen, sagen, er sei wegen Luther, dessen Anhänger zu sein ich nicht bestreite, entfremdet worden. Ich habe außer den üblichen Hilfen niemals etwas von Reuchlin erwartet, obgleich eine alte Freundschaft der Unsrigen mit seiner Familie bestand und er mich über die Maßen zu lieben schien. Ich habe auch niemals zum Ausdruck gebracht, ein solches Geschenk zu erwarten, und er sah, daß ich mir für teures Geld eine Bibliothek aufbaute. Außer den Werken der Druckerei des Aldus Manutius hat sie kaum zwei Büchlein, die Dich aufregen; damit Du nicht meinst, es sei durch diesen gleichsam dem Schlund entrissenen Bissen ein großer Verlust entstanden. Die hebräischen [Handschriften und Drucke] schätzte er am meisten und hatte sie teuer erstanden. Nichts ist darunter, das ich anerkenne, außer der Bibel, und die gibt es auch sonst. Das andere taugt für den Ofen. Nun weißt Du, was für eine Bibliothek das ist und wem sie vermacht wurde."[25]

So herablassend hier Melanchthon über die Bibliothek Reuchlins urteilt, so ist diese Aussage wohl doch auch der Situation geschuldet, d. h. der Enttäuschung über die Nachricht der Enterbung und der Verteidigung gegenüber Spalatin, dem er vielleicht Hoffnungen auf einen bedeutsamen Zuwachs für die kurfürstliche Bibliothek gemacht hatte. Das letzte Wort über Reuchlins Bibliothek war damit noch nicht gesprochen, denn Melanchthon ging auf sie in seiner Reuchlin-Rede von 1552 ein und lobte seinen Mentor als großen Philologen und mutigen Kämpfer gegen die Kölner Theologen und eben auch als Eigentümer einer wichtigen Büchersammlung, die er dankenswerterweise durch Erbschaft öffentlich zugänglich gemacht habe. Melanchthons intime Kenntnis des Bestandes zeigt sich in Hinweisen auf noch unpublizierte Handschriften etwa von Mark Aurel oder Maximos von

---

24 Vgl. Stefan Rhein: Philipp Melanchthon (1497–1560). Ein Leben im Rückblick, in: Momente. Beiträge zur Landeskunde von Baden-Württemberg Heft 2 (2010), S. 6–9.

25 Zitiert nach Scheible: Einfluss (wie Anm. 19), S. 76 f. Lateinischer Text in MBW T 2, S. 94 f., Nr. 294. Die Erbschaft erwähnt Reuchlin in einem Brief an Melanchthon vom 12. September 1519 (MBW Nr. 67).

Tyros oder der Akten des Konzils von Ephesos; sein von keiner Bitterkeit getrübter Respekt dem Eigentümer gegenüber äußert sich in Worten wie: „[...] muss dennoch die Absicht Reuchlins gelobt werden, da er nicht wollte, dass die Bücher von Erben verstreut, sondern an einem festgelegten Ort verwahrt würden, wo sie auch in Zukunft noch sehr vielen von Nutzen sein konnten."[26] Der junge Melanchthon gehörte übrigens zu den Nutznießern der Reuchlinschen Bibliothek; in einem Brief von Januar 1518 dankte er Reuchlin für geliehene Bücher - Simplikios, Ammonios, Philoponos – und bittet um einen Albertus Magnus.[27]

Das ausdrückliche Insistieren auf dem Wert von Bibliotheken und dem öffentlichen Zugang zu Büchern ist bei Melanchthon nicht nur humanistische Rhetorik, sondern basiert auf eigener beruflicher Praxis. Denn nur einen Monat nach seiner Ankunft in Wittenberg tauschte sich Melanchthon mit Spalatin über Buchanschaffungen aus; er habe zwei hebräische Bibeln aus Leipzig angeschafft, während Spalatin aus Nürnberg eine griechische Bibel besorgen solle.[28] Der Kontakt zwischen Melanchthon und Spalatin kreiste höchstwahrscheinlich häufig um Buchanschaffungen für die Schloss- und Universitätsbibliothek, auch wenn wir davon nur aus dem Briefwechsel erfahren, der erst nach 1525 intensiver einsetzte, als Spalatin nach dem Tod seines Herrn, Kurfürst Friedrichs des Weisen, Wittenberg verließ und Pfarrer in Altenburg wurde, für die Bibliotheksleitung gleichwohl weiterhin verantwortlich war.[29] Melanchthon ging bei den Erwerbungen übrigens sogar in Vorkasse und musste offenkundig bisweilen geraume Zeit auf sein Geld warten, wie er am 12. Mai 1528 gegenüber Hieronymus Baumgartner klagte: Er habe Bücher gekauft und noch nicht einmal die Hälfte des Geldes erhalten.[30] Zwischen Spalatin und Melanchthon gab es auch brieflichen Austausch über die Anschaffungspolitik der Bibliothek; dabei drängte Melanchthon gegen die Anweisung des Kurfürsten, nur theologische Literatur anzuschaffen, auf

26 CR 11, Sp. 999–1010, hier Sp. 1009, Übersetzung von Matthias Dall'Asta in: Melanchthon deutsch, hrsg. von Michael Beyer u. a., 2. Aufl., Leipzig 2011, Bd. 1, S. 188–206, hier S. 202. Zu Melanchthon und Reuchlins Bibliothek vgl. jetzt Dall'Asta: Bibliotheca trilinguis (wie Anm. 21), S. 128–131: Dall'Asta erklärt das negative Urteil des jungen Wittenbergers über die Bibliothek Reuchlins mit Reserviertheit gegenüber der jüdischen Kabbala sowie mit dem Umstand, dass die von Reuchlin gesammelten hebräischen Glossare, Grammatiken etc. bereits zu Melanchthons Zeiten durch moderne Ausgaben überholt waren.

27 MBW Nr. 15.

28 MBW Nr. 24, Brief vom 24. September 1518. Ohne Hinweise auf den Austausch in Bibliotheksdingen Christine Weide: Der Briefwechsel zwischen Georg Spalatin und Philipp Melanchthon. Eine Bestandsaufnahme, in: Philipp Melanchthon (wie Anm. 13), S. 35–42.

29 Vgl. MBW Nrn. 603, 608, 1289, 1293. Zu Spalatins Bibliothekarsaufgaben vgl. Irmgard Höß: Georg Spalatin (1484–1545). Ein Leben in der Zeit des Humanismus und der Reformation, 2. Aufl., Weimar 1989, S. 65–70 und S. 376–378. Vgl. auch Sachiko Kusukawa: A Wittenberg University Library Catalogue of 1536, Cambridge 1995, S. XVII: „It was Spalatin who was the main driving force behind the expansion of the library collections. He oversaw the purchase of books for three successive Electors. And he organized the purchase of books, often from Leipzig and Frankfurt fairs, but also from the Franciscan monastery and All Saint's Church at Wittenberg."

30 MBW Nr. 677. Bücher für die Bibliothek erwarb Melanchthon auch 1539 auf der Frankfurter Messe, vgl. Walter Friedensburg: Urkundenbuch der Universität Wittenberg. Bd. 1 (1502–1611), Magdeburg 1926, S. 221, Nr. 222.

ein breites Profil und riet zum Ankauf deutscher und lateinischer Bücher aller Fächer.[31] Wenige Wochen zuvor schrieb Melanchthon, er werde über angekaufte Bücher Rechenschaft ablegen, sobald sie gebunden vorlägen[32]; offenkundig war nicht jede Anschaffung Melanchthons unumstritten, so dass der Reformator, in diesem Fall wohl eher der multidisziplinäre Humanist, sich gegenüber Spalatin und damit auch gegenüber dem Kurfürsten rechtfertigen musste. So hat Melanchthon bereits Jahre zuvor, im September 1525, für den Kauf eines griechischen Galen gekämpft, wie Spalatin in einer Instruktion des Kurfürsten Johann handschriftlich anmerkte: „Magister Philipp bitt unterteniglich, man wolle den newen griechischen Galenum in die librey kaufen. […] Ich wolt auch selbs gern, das man dasselb buch erkauft."[33] Melanchthon brauchte den Galen-Text offensichtlich für die Vorbereitung einer Vorlesung, die er dann 1526, wie wir von Eobanus Hessus erfahren, hielt; bei dem neuen Galen handelte es sich in der Tat um eine Neuerscheinung, die „Opera Omnia Graeca", gedruckt in der Offizin Manuzios.[34]

Wie sehr Melanchthon in den Bibliotheksbetrieb eingebunden war, illustriert deutlich eine schriftliche Aufforderung von Kurfürst Johann Friedrich von Sachsen vom 7. Juni 1539. Der Kurfürst, der seit seinem Regierungsantritt 1532 aufgeschlossen die Bibliothek beförderte und einen festen Anschaffungsetat einrichtete, beauftragte Melanchthon und Lucas Edenberger, Nachforschungen nach den aus der kurfürstlichen Bibliothek entliehenen Büchern anzustellen, damit die säumigen Entleiher nicht eigens durch ein öffentlich angeschlagenes Mandat gemahnt werden müssten.[35] Lucas Edenberger war seit 1536 hauptamtlicher Bibliothekar, nachdem er zuvor schon Georg Spalatin bei dessen Bibliotheksaufgaben unterstützt hatte.[36] Was Melanchthons Anteil an der kurfürstlichen Schloss- und Universitätsbibliothek betrifft, so ist deren Historiograph Ernst Hildebrandt recht zurück-

---

31 MBW Nr. 1300 (Anfang Januar 1533).

32 MBW Nr. 1293 (12. Dezember [?] 1532).

33 Hartfelder: Melanchthoniana (wie Anm. 7), S. 85. Vgl. Nikolaus Mani: Die griechische Editio princeps des Galenos (1525), ihre Entstehung und ihre Wirkung, in: Gesnerus 13 (1956), S. 29–52, hier S. 39.

34 Zur Galen-Vorlesung vgl. Stefan Rhein: Philipp Melanchthon als Gräzist, in: Werk und Rezeption Philipp Melanchthons in Universität und Schule, hrsg. von Günther Wartenberg, Leipzig 1999, S. 53–69, hier S. 65 mit Anm. 88. Zu Melanchthons Galen-Rezeption vgl. Sascha Salatowsky: De Anima. Die Rezeption der aristotelischen Psychologie im 16. und 17. Jahrhundert, Amsterdam 2006, S. 112–116, und Jürgen Helm: Galen-Rezeption im 16. Jahrhundert am Beispiel Philipp Melanchthons (online: www.ieg-ego.eu; Zugriff: 10.2.2012).

35 MBW Nr. 2221. Vgl. auch Friedensburg: Urkundenbuch (wie Anm. 30), S. 222, Nr. 224. Zu Johann Friedrichs Einsatz für die Wittenberger Bibliothek (Anschaffungsetat von 100 Gulden jährlich ab 1534, Umzug in die große Hofstube im Schloss, Neueinrichtung mit Pulten, Erstellung von Katalogen, Einrichtung einer Bibliothekarsstelle etc.) vgl. Joachim Bauer: Kurfürst Johann Friedrich I. von Sachsen und die Bücher, in: Johann Friedrich I. – der lutherische Kurfürst, hrsg. von Volker Leppin u. a., Göttingen 2006, S. 169–189, hier S. 177–182. Zum Anwachsen der Schloss- und Universitätsbibliothek vgl. Uwe Schirmer: Kursächsische Staatsfinanzen (1456–1656). Strukturen – Verfassung – Funktionseliten, Stuttgart 2006, S. 437 f.

36 Zu dem Prinzenerzieher, Bibliothekar und Hebräischprofessor Edenberger (1505–1548) vgl. Heinrich Kühne: Magister Lucas Edenberger und sein Bücherankauf für die Wittenberger Schlossbücherei, in: Marginalien 33 (1969), S. 15–28, und MBW 11, S. 388.

haltend, wenn er von Melanchthon als Berater oder nur von Melanchthons „Beteiligung" an der Bücherauswahl spricht.[37] Melanchthons Engagement für die Bibliothek im Wittenberger Schloss muss indessen als weit bedeutender eingeschätzt werden; er scheint wie ein heutiger Beauftragter der Universität für die Bibliothek zu fungieren. Dieser Einsatz für die öffentliche Bibliothek erschwert im Übrigen die Rekonstruktion von Melanchthons Privatbibliothek erheblich, da schriftliche Hinweise bei Melanchthon auf Bucherwerbungen den Zielort meist offen halten: die öffentliche Bibliothek im Schloss oder die private Bibliothek im eigenen Haus.

Melanchthon ist indes in der Schloss- und Universitätsbibliothek nicht nur auf der Bibliothekarseite, sondern auch auf der Nutzerseite in Erscheinung getreten. Spalatin notierte auf der Rückseite des Anschaffungsregisters von 1536 vier Entleihungen Melanchthons:

> „Dominus Philippus Melanchton habet ex Bibliotheca
>
> 1. Unum volumen grecorum Oratorum Isocratis, Lysiae etc.
>
> 2. Unum volumen Epitomes in Almagestum et summae Anglicanae
>
> 3. Firmicum
>
> 4. Tertullianum".

Der frühere Jenenser Bibliotheksdirektor Carl Georg Brandis identifizierte diese Bände in der Bibliotheca Electoralis, die sich seit 1549 in Jena befindet, heute in der Thüringer Universitäts- und Landesbibliothek: einen Band griechischer Redner (Venedig 1513), einen Miszellanband mit dem Almagest des Ptolemaios (Venedig 1496) und mit der „Summa astrologiae iudicialis" des Johannes Eschuid (Venedig 1489), außerdem einen Sammelband mit dem astrologischen Grundriss in acht Büchern des römischen Autors Firmicus Maternus an der Spitze, ergänzt mit weiteren astronomischen Werken etwa von Manilius und Arat, und als vierte Entleihung die Editio princeps der Werke Tertullians, Basel 1521.[38] Während diese Bücher durch Spalatin für Melanchthon bezeugt sind und Melanchthon selbst im November 1536 von einem Codex des Firmicus Maternus aus der Schlossbibliothek spricht[39], bedarf die Identifikation weiterer Bände, die Melanchthon in der Schlossbibliothek benutzt haben soll, einer kritischen Durchsicht. Brandis will weitere sieben Bän-

---

37 Ernst Hildebrandt: Die kurfürstliche Schloß- und Universitätsbibliothek zu Wittenberg. 1512–1547. Beiträge zu ihrer Geschichte, in: Zeitschrift für Buchkunde 2 (1925), S. 34–42, S. 109–129, S. 157–188, hier S. 172.

38 Carl Georg Brandis: Luther und Melanchthon als Benutzer der Wittenberger Bibliothek, in: Theologische Studien und Kritiken 90 (1917), S. 206–221, hier S. 210–212. Der Eintrag Spalatins zu den Entleihungen Melanchthons ist faksimiliert in: Philipp Melanchthon (1497–1560). Vordenker der Reformation. Reformationsgeschichte(n) in der Thüringer Universitäts- und Landesbibliothek Jena, [Jena 2010], S. 26.

39 MBW Nr. 1809. Außerdem lassen sich von der Hand Melanchthons Marginalien in dem Tertullian-Band (2 Op. Theol. III, 1), in der Firmicus-Ausgabe (2 Phil. V, 11) und in der Ptolemaios-Ausgabe (2 Phil. V, 281 und 282) auffinden, so das Ergebnis der kursorischen Durchsicht durch die Kollegen der Melanchthon-Forschungsstelle Heidelberg an Hand von Digitalisaten.

de festgestellt haben, deren handschriftliche Glossen er Melanchthon zuweist. Doch hat Heinz Scheible bereits in einem Fall festgestellt, dass die vermeintlichen Notate keineswegs von Melanchthon stammen, nämlich bei Reuchlins „De verbo mirifico", so dass eine Überprüfung auch der übrigen Titel angezeigt ist.[40]

Dank der Unterstützung durch die Kollegen der Thüringischen Universitäts- und Landesbibliothek Jena und insbesondere der Melanchthon-Forschungsstelle Heidelberg kann festgehalten werden: Brandis identifizierte auf Grund des Einbandes und der vermeintlich charakteristischen Handschrift Melanchthons folgende Bücher: (1) einen Sammelband mit Schriften des Ambrosius und des Giovanni Francesco Pico della Mirandola (1509–1521), (2) eine Ausgabe von ethischen Schriften des Aristoteles (1498), (3) einen Plutarch (1509), (4) einen Sammelband mit Marientexten, mit Eusebius und mit Reuchlins „De verbo mirifico" (1494–1509), (5) die Geschichte Frankreichs von Robert Gaguin (1497), (6) die Werke der Hrotsvit von Gandersheim (1501) und (7) den „Ligurinus" in der Ausgabe des Celtis (1507).

Die Überprüfung der handschriftlichen Einträge durch die Kollegen der Melanchthon-Forschungsstelle Heidelberg hat folgendes ergeben:
Sammelband (1) ist von Melanchthon annotiert (2 Op. Theol. III, 281–283).
Die Aristoteles-Ausgabe (2) ist ebenfalls von Melanchthon intensiv benutzt (2 Phil.IV, 13b).
Auch der „Plutarch" (3) zeigt Melanchthon-Marginalglossen (2 Phil. VI, 38b).
Sammelband (4) zeigt keine Spuren von Melanchthons Hand (2 Op. Theol. IV, 116).
Die Gaguin-Ausgabe (5) hat keine Einträge von Melanchthons Hand (2 Germ. III, 32).
Die Ausgabe der Hrotsvit-Werke (6) ist nicht von Melanchthon annotiert (2 Art. Lib. IX, 2).
Der „Ligurinus" von Celtis (7) ist ebenfalls nicht von Melanchthon benutzt worden (2 Art. Lib. IX, 3).

Da der Sammelband mit den Eusebius-Texten (4) ohne Einträge von der Hand Melanchthons ist, trifft dieser Befund auch auf die Notiz in eben diesem Band zu, wo in Eusebius' „Evangelica Praeparatio" handschriftlich noch auf eine Ausgabe des Jamblich „in ista bibliotheca" hingewiesen wird.[41]

Allmählich kommen wir in die Nähe von Melanchthons Bücherschrank. Denn dort standen ganz offensichtlich nicht nur eigene, sondern auch entliehene Bücher, die Melanchthon unterschiedslos bearbeitete und handschriftlich annotierte. Diese kamen überwiegend aus der Universitäts- und Schlossbibliothek, doch offensichtlich auch aus der Bibliothek des Paedagogiums, wie ein kurzer Brief Melanchthons an Johannes Marcellus, den

[40] Scheible: Einfluss (wie Anm. 19), S. 87; Reuchlins „De verbo mirifico" trägt die Signatur 2 Phil. IV, 66. Ohne Zweifel an den Ergebnissen von Brandis Georg Karpe: Melanchthon in Jena und die Melanchthonüberlieferung der Universitätsbibliothek, in: „In disciplina Domini" – In der Schule des Herrn, Berlin 1963, S. 45–54.

[41] Irrtümlicherweise mit Zuordnung dieses Eintrags zu Melanchthon, vgl. Brandis: Luther (wie Anm. 38), S. 213 f. und Hildebrandt: Schloß- und Universitätsbibliothek (wie Anm. 37), S. 180.

Vorsteher des Paedagogiums, nahe legt, in dem er für seine Arbeit an der Dialektik um den Kommentar des Boethius zu Ciceros Topik bittet.[42]

Die eigene Bibliothek erscheint in Melanchthons Briefen erstmals am 12. Oktober 1518, in einem Brief an Georg Spalatin, in dem er bereits nach knapp acht Wochen Wittenberger Lehrtätigkeit seine erste wissenschaftliche Publikation keineswegs nur ankündigen, sondern bereits vorlegen kann: die lateinische Übersetzung von Lukians Rede „Gegen die Verleumdung". Dies habe er rasch tun wollen, obgleich seine Bibliothek noch nicht eingetroffen sei.[43] Der Bücherbesitz des jungen Professors scheint ansehnlich gewesen zu sein; zumindest stellte der Transport einen gewissen logistischen Aufwand dar. So legte Reuchlin bereits im Mai 1518, Wochen bevor im Juli 1518 die Bestätigung des Kurfürsten zur Professur eintraf, in einem Brief an Kurfürst Friedrich den Weisen dar, dass der Büchertransport durch Kaufleute auf der Frankfurter Messe nach Wittenberg durchgeführt werden könnte:

> „Nun, gnädigster fürst und Herr, ist wohl noth, dass sich magister Philipps zu dem hinziehen rüste, und alle seine bücher mit ihm bringe, denn ohne viel bücher besonders in der hohen schule, kann niemand recht weder lehren noch lesen. Darum hat er ihm vorgenommen, in nächstkünftiger messe zu Frankfurth mit den kaufleuten eures landes seine bücher hinein gen Wittenberg zu verfertigen, und mit den kaufleuten zu reuten, nachdem er des wegs und der orte unbekannt ist."[44]

Reuchlin gibt sogar Ort und Zeit eines solchen Treffens zwecks Bücherübergabe an: Frankfurter Messe, in der Buchergasse bei Thomas Anshelm, um den 14. September herum. Wann die Bücher ihren Weg vom Main an die Elbe hinter sich brachten, ist nicht bekannt.

Erst über zwanzig Jahre später (1541) werden die eigenen Bücher in ihrer Gesamtheit wieder erwähnt: Melanchthon erhält eine Bibelausgabe aus Venedig, doch schickt er diese postwendend zurück, da er zu Hause genügend Bücher habe.[45] Ähnlich verfuhr Melanchthon übrigens auch, als er eine syrische Evangeliumsübersetzung, die er von Johann Albrecht Widmannstetter zugeschickt bekam, umgehend weiterschenkte.[46] Wiederum neun Jahre später, 1550, entschuldigte sich Melanchthon für die verspätete Rücksendung eines Manuskripts; es sei nicht auffindbar gewesen, denn im Schmalkaldischen Krieg habe er viel Hausrat und zahlreiche Bücher verloren.[47] Einen letzten Blick auf die Ordnung bzw. Unordnung unter den Schriften, Papieren und Büchern im Arbeitszimmer Melanchthons

---

[42] MBW Nr. 9343, ein griechisches Billet, zwischen 1536 und 1542 datierbar.

[43] MBW Nr. 29.

[44] Ludwig Geiger: Johann Reuchlins Briefwechsel, Stuttgart 1875, Ndr. Hildesheim 1962, S. 297. Edition und Kommentar des Briefes vom 7.5.1518 jetzt in: Johannes Reuchlin: Briefwechsel, Bd. 4, bearb. von Matthias Dall'Asta und Gerald Dörner, Stuttgart/Bad Cannstatt 2013, S. 91–103.

[45] MBW Nr. 2668.

[46] MBW Nr. 7790 mit Anm.: Das dem Greifswalder Theologen Jakob Runge geschenkte Buch befindet sich heute in der UB Rostock, Db 555.

[47] MBW Nr. 5838.

gewährt der bereits erwähnte Bericht der Wittenberger Professoren über die letzten Tage ihres berühmten Kollegen. Denn am 18. April 1560, einen Tag vor seinem Tod, wollte Melanchthon sein Testament abschließen:

> „Nicht lange hernach befahl er, man sollte umb suchen nach dem Testament, das er angefangen hatte zu machen [...]; und man suchte an allen orten mit allem vleis danach, es ward aber nicht gefunden, das man darfür helt, es habs in etwan ein fürwitziger, loser tropff ausgefüret, wie im denn solches mit andern Schrifften viel mehr mit gespielt worden ist von vielen.“[48]

Die lateinische Fassung des Berichts präzisiert die Suche: Gesucht wurde „in omnibus musaei scriniis“, also in allen Schränken des Arbeitszimmers, doch vermutete man einen dreisten Raub, „quod factum est de chartis et scriptis aliis in Bibliotheca illius plurimis“ („wie es sehr vielen anderen Büchern und Schriften in seiner Bibliothek passierte“).[49] Die gewisse Unübersichtlichkeit des Buchbestands in Melanchthons Arbeitszimmer war auch dem besten Freund, Joachim Camerarius, nicht verborgen geblieben, der in seiner Biographie von 1566 bei der Schilderung des Charakters seines Helden unmissverständlich ausführt:

> „Von derselben Offenheit war er auch beim Schreiben. Ja, er überließ sogar all seine Bücher und Schriften und die Briefe, die ihm täglich in großer Zahl von den verschiedensten Menschen in sehr unterschiedlichen Lagen und Orten geschickt wurden, den Augen und Händen aller zur Benutzung, wobei feststeht, dass ihm sehr viel davon heimlich weggenommen wurde. Und doch konnte er, obwohl er selbst dies wohl bemerkte und auch seine Freunde ihn ermahnten, dass er seine Dinge besser bewachen solle, zumal er ja seinerseits andere gerade dazu aufforderte, dies zu tun, und obwohl sie ihm nicht nur die Gefahren, sondern auch das schon gegenwärtige Übel aufzeigten, niemals dazu gebracht werden, sich und seine Meinung bzw. Gewohnheiten auf diesem Gebiet zu ändern.“[50]

Der Mann, für den der ordo mundi et naturae so denk- und werkprägend war, legte offensichtlich bei seiner eigenen Arbeitsordnung eine große Nachlässigkeit an den Tag, so dass es das fehlende Bücherinventar gewiss auch nie gegeben hat – zumindest nicht von der Hand Melanchthons. Im Falle Melanchthons ist übrigens auch eine weitere Form der Bücherordnung bzw. Bücherzuordnung nicht überliefert: Das Eigentum konnte durch die Gestaltung der Bucheinbände ablesbar gemacht werden, insbesondere durch Supralibros, bisweilen verknüpft mit dem Bindejahr. Doch auch von diesem Ordnungsprinzip hat Melanchthon offensichtlich keinen Gebrauch gemacht.[51]

---

48 Philipp Melanchthons letzte Lebenstage (wie Anm. 15), S. 73.

49 Ebd., S. 28.

50 Joachim Camerarius: Das Leben Philipp Melanchthons, übers. von Volker Werner, Leipzig 2010, S. 73.

51 Vgl. exemplarisch Sylvie Jacottet: Caspar Borner († 1547) und seine Bücher. Einbandkundliche Merkmale als ein Mittel, die Privatbibliothek des Rektors der Leipziger Universität bei der Einführung der Reformation zu rekonstruieren, in:

Studienanleitungen für Studenten bilden eine eigene Textsorte, die bei Humanisten und Reformatoren nicht selten vorkommt. Melanchthon geht bei seinen Ratschlägen durchweg inhaltlich vor, insbesondere durch Lektüreempfehlungen für die verschiedenen Fächer und Niveaus,[52] während ein anderer Reformator, Heinrich Bullinger, seine „Ratio studiorum“ auch auf die Arbeitsorganisation ausdehnte und dabei hohe Ordnungsstandards im Arbeitszimmer forderte und sicherlich auch selbst einhielt:

> „Und inwendig soll alles schön geordnet und reinlich sein, alles soll seinen bestimmten Platz innehaben, nichts soll unschicklich, nichts unordentlich da oder dort herumliegen. Den Tisch sollst du in die Mitte stellen, und zwar soll die Tischfläche vom Boden weg die Höhe haben, dass du im Stehen lesen kannst, auch sollst du die Bücher auf Gestellen so über dem Tisch aufstellen, dass du alle in Sicht und in der Nähe hast. Auch wird es nicht unnütz sein, wenn du den Tisch mit einem grünen oder schwarzen Tuch bedeckst; daran nämlich erholt sich das Augenlicht. [...] In dieser unserer Musenbehausung aber soll sich nichts finden, was den Wissenschaften fremd ist. Vom obern Teil der Wand oder der Decke sollen Globen oder astronomische Sphären herabhängen. Den Wänden sollen zum Schmucke dienen entweder Karten nach Ptolemäus oder andere Darstellungen, die zu den edlen Wissenschaften Bezug haben, oder aber ehrbare Bilder. [...] Auch Bücher sollen vorhanden sein, geordnet aufgestellt und schön eingebunden.“[53]

In dem imaginierten Bücherschrank Melanchthons nachträglich Ordnung zu schaffen, ist ein unmögliches Unterfangen. Wenn die Zeitgenossen offenkundig vor der Unordnung kapitulierten und Manuskripte nicht finden konnten, so muss es heute bei einem Versuch bleiben, erste Buchexemplare näher zu bestimmen. Dabei gilt es, zunächst einmal die disparaten und zum Teil versteckten Hinweise in der Forschungsliteratur zu sammeln, bei denen Bücher mit ausdrücklichem Besitzvermerk Melanchthons bekannt gemacht wurden. Hier ist der bereits erwähnte Beitrag von Willi Göber zu nennen, der eine in der Universitäts- und Landesbibliothek Halle vorhandenen Ausgabe der von Erasmus besorgten Seneca-Florilegiensammlung, Antwerpen 1534, mit zahlreichen eigenhändigen Annotationen vorstellt, mit ausdrücklicher Angabe auf dem Titelblatt „Philippus Melanth.“.[54] Zwei Exemplare kann ich als eigens ausgezeichnete Bände hinzufügen, die bislang keine wissenschaftliche Beachtung fanden und doch nur wenige Meter vom Haus Melanchthons entfernt liegen, nämlich in der Bibliothek des Evangelischen Predigerseminars Wittenberg.

Einband-Forschung Heft 25 (2009), S. 21–33.

52 Als Beispiel: „Wie man lernen und studieren soll“/ „Ratio studiorum“ (1554), in: Melanchthon deutsch (wie Anm. 26), Bd. 1, S. 106–109 (Übersetzung von Günther Wartenberg).

53 Zitat aus der „Studiorum ratio“ von 1528 bei Urs Leu: Heinrich Bullingers Privatbibliothek, in: Zwingliana 30 (2003), S. 5–29, hier S. 21 f.

54 Vgl. Göber: Aus Melanchthons Bibliothek (wie Anm. 4), hier S. 301 auch der Hinweis auf eine Ausgabe von Luthers „Von den Gutten wercken“ (Wittenberg 1521) in der Vaticana mit handschriftlichen Notizen Melanchthons. Abbildung des Besitzvermerks der Seneca-Ausgabe in: Melanchthon und die Universität. Zeitzeugnisse aus den Halleschen Sammlungen, hrsg. von Ralf-Torsten Speler, Halle 1997, S. 31.

Dort befinden sich zwei Platon-Bände, zwei Aldinen mit Erscheinungsjahr 1513 (Abb. 1). Auf dem Titelblatt des einen Bandes steht in roter Tinte gut lesbar: „Philippus Melanchthon 1518". Beide Bücher tragen einen gleich lautenden Kaufvermerk: „Empta opera Platonis ex bibliotheca Phillippi Mel: Anno 1526", jeweils ergänzt um den Kaufpreis. Bei der Durchsicht der beiden Bände fällt auf, dass von der Hand Melanchthons keine Benutzungsspuren zu entdecken sind.[55] Der neue Griechischprofessor kündigte bereits kurz nach seiner Ankunft in Wittenberg gegenüber Spalatin hochfahrende Editionsvorhaben an, darunter auch eine Edition von Platons Symposium. Von einer Vorlesung und Edition des Symposiums ließ Melanchthon jedoch bald danach ab: „Ich habe im Sinn, über Platons Phaidon zu lesen, denn das Symposium, so fürchte ich, ficht unschuldige Ohren an."[56] Doch auch der Phaidon scheint bloßer Plan geblieben zu sein; denn eine Platon-Vorlesung ist durch keine Universitätsankündigung, keine Abschrift oder eine sonstige Erwähnung bezeugt. Auch wenn Melanchthon vom Lehrwert Platons nicht überzeugt war – „Es ist also nützlich, die Jugendlichen an den Umgang mit Aristoteles zu gewöhnen. Die platonische Willkür im Erörtern erzeugt unsichere und schwankende Meinungen."[57] – und offensichtlich mit seiner Platon-Ausgabe kaum arbeitete, so lassen sich doch wenige Beschäftigungen Melanchthons mit Platon bis 1526, bis zum Verkauf seiner Ausgabe, feststellen. Eine intensivere Auseinandersetzung mit Leben und Werk Platons zeigt dann die Deklamation „De Platone" vom September 1538; die Textgrundlage hierfür ist Melanchthons Handexemplar der „Opera omnia" Platons, Basel 1534, die der Drucker Johannes Walder dem Wittenberger persönlich druckfrisch zuschickte.[58] Auch dieses Exemplar ist erhalten und liegt in der Bibliothek des Evangelischen Ministeriums zu Erfurt (Pu 60), von Melanchthon mit zahlreichen Marginalien versehen.

Ich will im Folgenden versuchen, die Griechisch-Abteilung im Bücherschrank Melanchthons näher zu beschreiben und dabei die überlieferten Bücher mit Besitzeintragungen, aber auch die nur brieflich oder per Zitat erschließbaren Ausgaben aufzuzeigen. Die von Melanchthon selbst verfassten Editionen, Übersetzungen und Kommentare bleiben außerhalb der Betrachtung. Die Auflistung mag in dem Punkt erstaunen, dass sie einige Autoren der griechischen Antike, mit denen sich Melanchthon bekanntermaßen intensiv beschäftigt hat, nicht aufführt, etwa Demosthenes, zu dem Melanchthon zahlreiche Editionen und

[55] Die beiden gleich eingebundenen Bände tragen die Signaturen 2° SW 145 und 2° SW 147. Für die Kaufeinträge vermutet der Katalog des Predigerseminars die Hand des Justus Jonas und ordnet dieser auch die wenigen Marginalglossen zu. In der Bibliothek des Ev. Predigerseminars Wittenberg lässt sich aus der Bibliothek Melanchthons noch eine Lukian-Ausgabe nachweisen, außerdem eine Ausgabe von Theophylakt und eine von Sophokles mit Marginalglossen Melanchthons (s. unten zu den einzelnen Autoren).

[56] MBW T 1, S. 92, 20 f., Nr. 35.

[57] „Utile est igitur adolescentes ad Aristotelicam consuetudinem assuefieri. Platonica illa licentia in disputando parit incertas et ambiguas opiniones [...]." Melanchthons Werke in Auswahl, hrsg. von Robert Stupperich, Teil: 3. Humanistische Schriften, Gütersloh 1961, S. 103, 27–29.

[58] MBW Nr. 1413.

Kommentare verfasste.[59] Wenn die Textausgaben Melanchthons nicht präzise bestimmbar sind, können die Autoren im Folgenden keinen Platz finden.

- Aesop: Die Fabeln des Aesop, die in ihrer lateinischen Fassung gerade dem sprachlichen Anfängerunterricht häufig als Lehrbuch dienten, sind u. a. in Straßburg 1515 gedruckt worden; das Exemplar der Houghton Library in Harvard trägt auf dem Titelblatt den handschriftlichen Namenszug von ‚Philippus Melanchthon', der nach Auskunft des Katalogs autograph ist.[60]
- Ammonios: Melanchthon sandte den von ihm aus der Bibliothek Reuchlins ausgeliehenen „Ammonios" im Januar 1518 wieder zurück (MBW Nr. 15).[61]
- Anakreon: Die Editio princeps, Paris 1554, war offensichtlich in Melanchthons Besitz, da er am 30. April 1555 Georg Fabricius sein Exemplar anbietet (MBW Nr. 7478).
- Arat: Das astronomische Werk „Phainomena" lieh sich Melanchthon aus der Wittenberger Schlossbibliothek aus und zwar eine Ausgabe des griechischen Originals u. a. mit Kommentaren.[62]
- Aristeides: Am 3. Dezember 1524 berichtet Melanchthon vom Erhalt einer Handschrift des Rhetors Aristeides aus der Bibliothek von Sigismund von Lobkowitz zu Hassenstein.[63]
- Aristophanes: Sigismund Gelenius brachte 1547 bei Froben eine kommentierte Ausgabe heraus, dedizierte diese Melanchthon (MBW Nr. 4494), entschuldigte sich kurz darauf, dass dieser noch kein Exemplar erhalten habe, ließ dann aber über den Wittenberger Buchhändler Christoph Schramm ein Exemplar übergeben (MBW Nr. 4911). Melanchthon zitierte später aus dieser „editio Basiliensis maior" (vgl. MBW Nr. 6058).

---

59 Zusammenfassend Ulrich Schindel: Demosthenes im 18. Jahrhundert, München 1963, S. 34: „Zwölfmal taucht er [sc. Demosthenes] in Melanchthons Ankündigungen auf, Homer dagegen nur siebenmal, Euripides sechsmal. Freilich darf man nicht übersehen, daß das Verhältnis des Demosthenes zu Homer sonst umgekehrt ist und daß dieses erstaunliche Übergewicht des Demosthenes der persönlichen Vorliebe Melanchthons entspricht. Es wirken hier seine starken rhetorischen Interessen, die ihn gleichfalls zwölfmal über Cicero lesen lassen. Das bewunderte Vorbild Melanchthon verschafft Demosthenes von nun an einen festen Platz in der Reihe der gelesenen Autoren."

60 So Jürgen Leonhardt: Reformation und Komödie. Die Tübinger Terenzausgabe von 1516 und Melanchthon, in: Philipp Melanchthon (wie Anm. 17), S. 112–129, hier S. 125 f.

61 Vgl. Karl Christ: Die Bibliothek Reuchlins in Pforzheim, Leipzig 1924, S. 74.

62 Brandis: Luther (wie Anm. 38), S. 212.

63 MBW Nr. 358 und 351.2. Zur Bibliothek Lobkowitz vgl. Otto Clemen: Beiträge zur Reformationsgeschichte. Bd. 3, Berlin 1903, S. 85–89: Durch die Vermittlung des aus Kommotau stammenden Wittenberger Hebraisten Matthäus Aurogallus kamen 70 Handschriften aus der Bibliothek nach Wittenberg, die von Luther, Melanchthon u. a. benutzt, dann wieder zurückgebracht, dort aber, so ein zeitgenössischer Bericht, Opfer eines Brandes wurden.

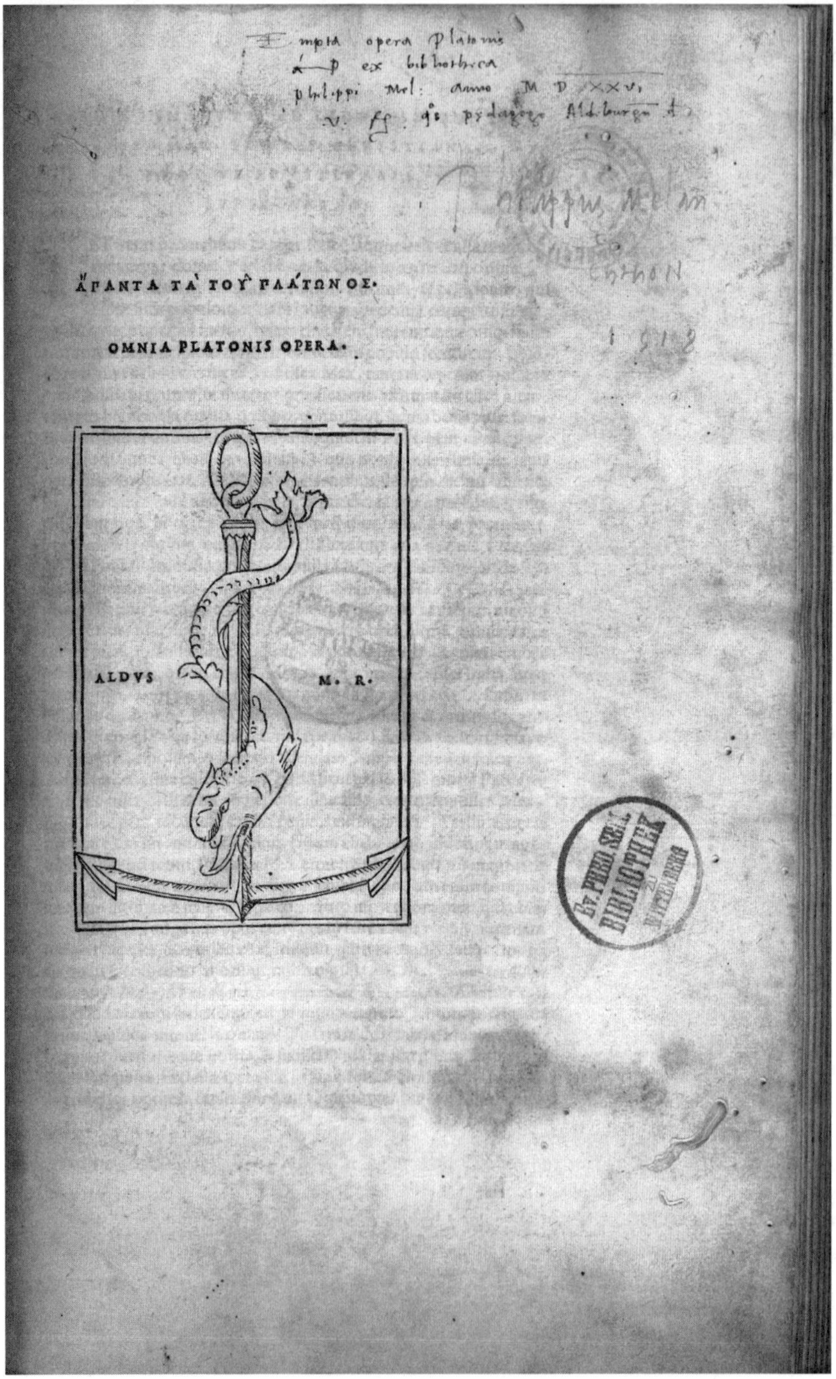

Abb. 1: *Apanta ta tou Platonos. Omnia Platonis opera, Venedig: Manuzio, Aldo Pio; Torresano, Andrea, 1513 (Ev. Predigerseminar Wittenberg, 2° SW 147; EDIT16 37450).*

- Aristoteles: Die Ausgabe der ethischen Schriften des Aristoteles von 1498, die sich in der Wittenberger Schlossbibliothek befand, wurde von Melanchthon benutzt (ThULB Jena 2 Phil. IV, 13b).[64]
- Athanasius: Präzise zitierte Melanchthon den Kirchenvater in einem Brief vom 28. November 1552: „Ac verba Athanasii illustria sunt in lib. de incarn. verbi pag. 28 in edit. Colon.“, also in der lateinischen Edition, Köln 1532.[65]
- Athenaios: Zumindest für kurze Zeit muss Melanchthon die „Deipnosophistai“ des Athenaios besessen haben, da er die 1514 erschienene Aldine seinem Mentor Reuchlin schenkte.[66] In einem Brief vom 7. April 1556 teilt Melanchthon Petrus Vincentius die Neuerscheinung einer lateinischen Edition des Athenaios mit, Basel 1556, die eben aus Frankfurt/Main eingetroffen sei (MBW Nr. 7779).
- Basilius: Seit November 1522 war die Wittenberger Schlossbibliothek im Besitz von Schriften des Basilius aus der Lobkowitzschen Bibliothek (MBW Nr. 247). Am 10. September 1530 bedankte sich Melanchthon für den Erhalt der bei Setzer in Hagenau 1528 erschienenen Ausgabe der „Epistolae Graecae“ von Basilius und Gregor von Nazianz (MBW Nr. 1071); wenige Wochen später, im November 1530, erhielt er aus Venedig die griechischen Messformulare des Basilius, die sogen. Basilius-Liturgie (MBW Nr. 1099). Die „Opera graeca“, die Erasmus 1532 in Basel herausgab, zitierte Melanchthon in einer Buchinschrift mit der Quellenangabe „Basil. pag. 418“.[67]
- Bibel: Melanchthons Handexemplar des griechischen Neuen Testaments, 1548 od. 1549, ohne Ort, befindet sich in SPK Berlin (Libr. Impr. cum notis mss. oct. 21) und enthält handschriftliche Marginalien, außerdem eine Widmung an Johannes Ferinarius, datiert auf 1558, so dass der Reformator dieses Handexemplar offenbar bis zu diesem Zeitpunkt verwendete.
- Cassius Dio: Melanchthon schickte am 17. Juni 1548 ein „Dionis fragmentum“ an Camerarius, nach MBW höchstwahrscheinlich die Editio princeps von 1548 (MBW Nr. 5183).

---

64 Zu den Aristoteles-Studien Melanchthons sind v. a. die grundlegenden Arbeiten von Günter Frank heranzuziehen, zuletzt: Melanchthons Tübinger Plan einer neuen Aristoteles-Ausgabe, in: Philipp Melanchthon in Tübingen, hrsg. von Sönke Lorenz u. a., Tübingen 2010, S. 106–115. Melanchthon besaß wohl auch die Aristoteles-Gesamtausgabe Basel 1550, vgl. 24th ILAB. Aquarian Book Fair, Zürich 2012, S. 104 f.

65 CR 7, Sp. 1145, MBW Nr. 6654. Zur hohen Wertschätzung gerade des Traktats „De incarnatione Verbi“ vgl. Eginhard Peter Meijering: Melanchthon and Patristic Thought. The Doctrines of Christ und Grace, the Trinity and the Creation, Leiden 1983, S. 34–39 (ohne das Briefzitat mit dem eindeutigen Hinweis auf die Kölner Edition zu kennen, so dass Meijering die Textgrundlage schuldig bleiben muss). Mit präziser Quellenangabe auch in CR 13, Sp. 1228 („lib 3. de sancto Spiritu pag. 54“).

66 Vgl. Karl Preisendanz: Die Bibliothek Johannes Reuchlins, in: Johannes Reuchlin (1455–1522), neu hrsg. von Hermann Kling und Stefan Rhein, Sigmaringen 1994, S. 35–82, hier S. 66 mit Anm. 243.

67 Autograph in einer Loci-Ausgabe von 1535, Georg Helt gehörend (Melanchthonhaus Bretten, M 594). Weiterer Beleg bei Meijering: Melanchthon (wie Anm. 65), S. 40.

- Johannes Chrysostomos: Zusammen mit Schriften des Basilius erhielt Melanchthon im November 1522 „aliquot volumina Chrysostomi" (MBW Nr. 247)[68] und im November 1530 die sogen. Chrysostomosliturgie (MBW Nr. 1099).
- Clemens von Alexandrien: Meijering erweist als Melanchthons Zitatquelle die „Opera omnia", Florenz 1550.[69]
- Diodorus Siculus: Melanchthon besaß von dem Historiker die von Vincentius Obsopoeus besorgte und heute in Wolfenbüttel aufbewahrte Ausgabe Basel 1539, die er, wie die durchgängigen Anstreichungen und Notizen illustrieren, intensiv studiert hat.[70]
- Epiphanios: Melanchthon hatte sich in Erfurt von Johannes Lang einen Epiphanios-Codex entliehen und von 1529 bis 1542 behalten. Er ließ ihn über Camerarius zu Johannes Oporinus nach Basel schicken, wo er dann die Grundlage der Editio princeps von 1544 wurde (vgl. MBW Nr. 3639 Anm.); der zweite Teil der Handschrift befindet sich jetzt in der ThULB Jena (Ms. Bos. 1).[71]
- Euripides: Melanchthon besaß die Ausgabe Basel 1544, die er mit Randbemerkungen versah und an Veit Oertel weiterschenkte („Philippus Melanthon Vito") und die heute in der UB Heidelberg liegt (Cod. Heid. 365, 325).
- Eusebius: Melanchthon zitiert 1556 in einer Disputation die Kirchengeschichte des Eusebius mit präziser Quellenangabe: „libro decimo historiae Ecclesiasticae pag. 112" mit einem ausführlichen griechischen Text (CR 12, Sp. 638).
- Galen: Melanchthon setzte sich für den Kauf der „Opera omnia Graeca" Galens, Venedig 1525, für die Schloss- und Universitätsbibliothek ein und hielt auf ihrer Grundlage 1526 eine Vorlesung (s. oben S. 222). Am 14. Februar 1538 berichtet Melanchthon von seiner Lektüre des Galen-Kommentars von Janus Cornarius, Basel 1537 (MBW Nr. 1998).
- Gregor von Nazianz: Die Ausgabe der „Epistolae Graecae" von Basilius und Gregor von Nazianz, Hagenau 1528, erhielt Melanchthon im September 1530 (MBW Nr. 1071). Bereits seit November 1522 konnte er in der Wittenberger Schlossbibliothek die aus der Lobkowitzschen Bibliothek stammenden Schriften des Gregor von Nazianz einsehen (MBW Nr. 247). In seiner „Griechischen Grammatik" zitiert er eine Stelle aus dem „Panegyricus an Athanasius" „ut in Aldicis", höchstwahrscheinlich nach der Aldine von 1516 der „Orationes" (CR 20, Sp. 91). Er kannte zudem zwei Nazianz-Codices (MBW Nr. 3191).

---

68 Clemen identifiziert diesen Codex aus der Lobkowitzschen Bibliothek als Grundlage der Chrysostomos-Übersetzung des Petrus Mosellanus (erschienen Leipzig 1523), vgl. Clemen: Beiträge (wie Anm. 63), S. 86 mit Anm. 3.

69 Meijering: Melanchthon (wie Anm. 65), S. 51 Anm. 160.

70 HAB Wolfenbüttel Cod. Guelf. 861.1. Helmst. Vgl. Walter Thüringer: Die Melanchthonhandschriften der Herzog August Bibliothek Wolfenbüttel, Frankfurt/Main 1982, S. 74.

71 Vgl. Annette von Stockhausen: Katalog der griechischen Handschriften im Besitz der Thüringer Universitäts- und Landesbibliothek Jena, in: Byzantinische Zeitschrift 94 (2001), S. 684–701, hier S. 685–689.

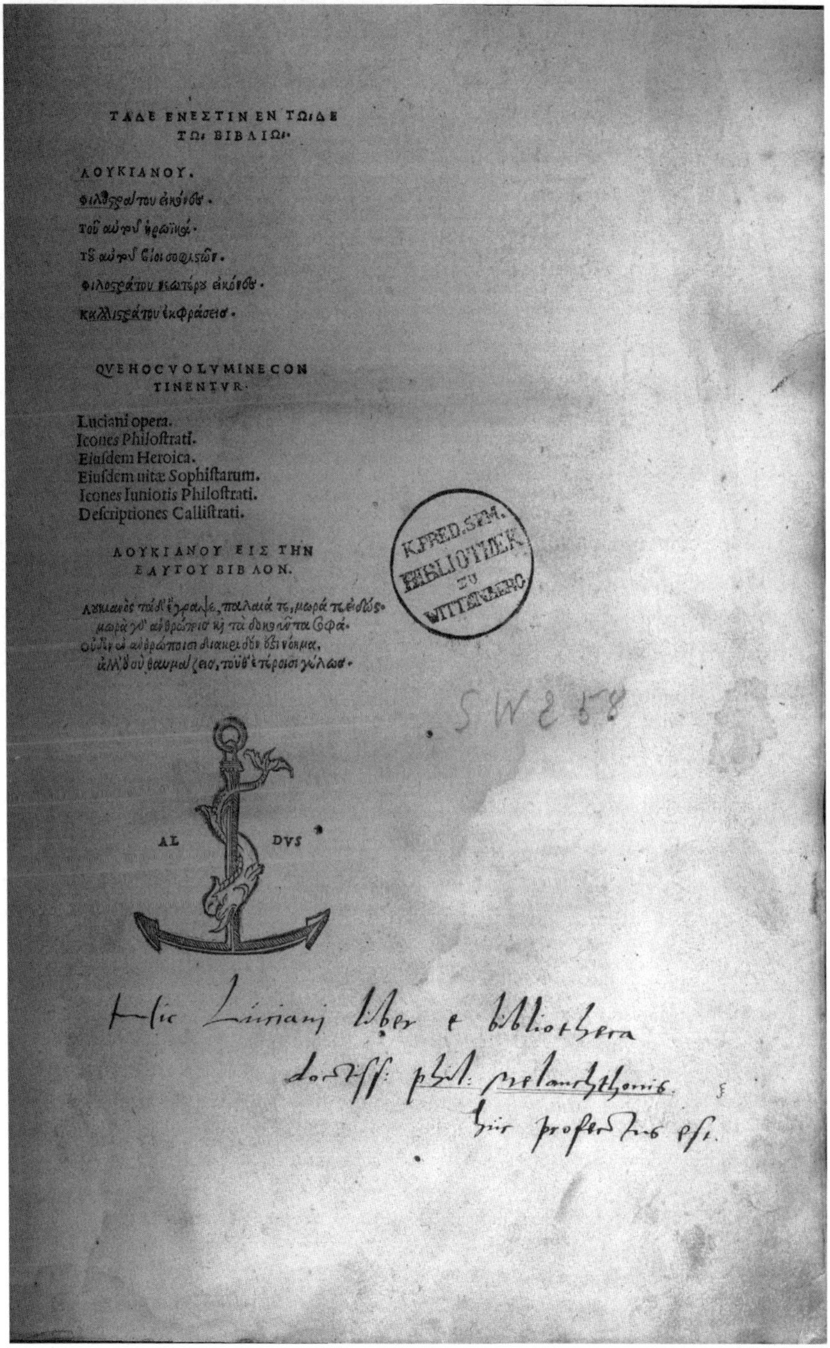

Abb. 2: *Lucianus: Tade enestin en toide toi biblioi. Loukianou. Philostratou Eikones. Tou autou Heroika, Venedig: Manuzio, Aldo Pio, 1503 (Ev. Predigerseminar Wittenberg, 2° SW 258; EDIT16 63229).*

- Heliodor: Den Roman „Aithiopika" übersetzte Melanchthons polnischer (katholischer) Schüler Stanislaw Warszewicki, ermutigt von seinem Lehrer, der auch die Ausgabe Basel 1552 bevorwortete. In einem Brief an den Verleger Oporin bittet der junge Übersetzer, nach der Drucklegung einige Exemplare an Melanchthon, auch zum Weitergeben, zu schicken.[72]
- Hesiod: Am 3. April 1519 erbat Melanchthon von Johannes Lang sein Hesiod-Exemplar zurück, entweder die Aldine von 1495 oder die Ausgabe Giunta, Florenz 1516 (MBW Nr. 50). Seinem Freund Camerarius teilte er am 2. Juli 1526 mit, dass das „Hesiodi commentariolum" angekommen sei (MBW Nr. 473 mit Vermutung der Ausgabe Zürich 1526).
- Hippokrates: Melanchthon kannte die von Leonhard Fuchs kommentierte Ausgabe der „Epidemien", Hagenau 1532 (MBW Nr. 1430). Von Camerarius erhielt er im März 1528 zum Geschenk eine teure Hippokrates-Ausgabe, vielleicht Basel 1526 (so MBW Nr. 660).
- Homer: Melanchthon benutzte die Odyssee-Ausgabe von 1525, die später in die Privatbibliothek des Freiberger Mineralogen und Geologen Abraham Gottlob Werner (1749–1817) überging und sich heute in der UB der TU Bergakademie Freiberg befindet.[73]
- Irenäus: Das Werk des Bischofs aus Lyon aus dem zweiten nachchristlichen Jahrhundert zitierte Melanchthon nach der von Erasmus besorgten Ausgabe Basel 1528.[74]
- Justinus Martyr: Am 28. Oktober 1551 berichtete Melanchthon Camerarius, er habe hier in Wittenberg „Justini Martyros libros" gefunden, darin die „Expositio", die er gern edieren wolle, also ganz offensichtlich Justinus-Handschriften (MBW Nr. 6247). Die „Expositio" stammt allerdings höchstwahrscheinlich von Theodoret.[75] Die Handschrift scheint eine Abschrift des Codex Regius Parisinius gewesen zu sein und umfasste demnach noch weitere Stücke (etwa Justins „Dialogus cum Tryphone" etc.).[76]

---

72 Vgl. Martin Steinmann: Aus dem Briefwechsel des Basler Druckers Johannes Oporinus, in: Basler Zeitschrift für Geschichte und Altertumskunde 69 (1969), S. 104–203, hier S. 128. Am 20. April 1551 schickte Melanchthon die lateinische Heliodor-Übersetzung seines Schülers an Oporin zur Drucklegung (MBW Nr. 6056).

73 Vgl. Peter Schmidt: Griechische Ausgabe der Odyssee (1525) mit Autograph Melanchthons in der Privatbibliothek Abraham Gottlob Werners, in: Marginalien 94 (1984), S. 61–65. Melanchthon schenkte 1519 Luther eine Homer-Ausgabe mit eigenhändiger Widmung, vgl. Hans Volz: Melanchthons Anteil an der Lutherbibel, in: ARG 45 (1954), S. 196–233, hier S. 228 (hier auch Hinweis einer weiteren Homer-Ausgabe als Geschenk Melanchthons an Luther). Zu Melanchthons Homer-Beschäftigung vgl. Thomas Bleicher: Homer in der deutschen Literatur (1450–1740). Zur Rezeption der Antike und zur Poetologie der Neuzeit, Stuttgart 1972, S. 72–86.

74 Vgl. Meijering: Melanchthon (wie Anm. 65), S. 67–70.

75 Zur Verfasserfrage der „Expositio rectae fidei" vgl. mit Darlegung der Forschung Silke-Petra Bergjan: Theodoret von Cyrus und der Neunizänismus, Berlin 1993, S. 112 Anm. 3.

76 Der Pariser Codex wurde 1551 Grundlage der Editio princeps durch Robert Stephanus, vgl. auch Corpus Apologetarum Christianorum saeculi secundi. Tom. 1, pars 1, 3. Aufl., Jena 1876, S. XXI und Tom 3, pars 1, S. XI Anm. *: „Ex hac fonte [sc. Pariser Codex] ... videtur codex fluxisse, cuius Phil. Melanthon in Epistula ad Joach. Camerarium [...] mentionem facit."

- Kallimachos: Melanchthon besaß die von Sigismund Gelenius besorgte Ausgabe Basel: Froben 1532.[77]
- Kyrill von Alexandrien: Meijering belegt als Textgrundlage die vierbändige lateinische Übersetzung der Werke, Basel 1546.[78]
- Lukian: In der Bibliothek des Ev. Predigerseminars Wittenberg (2° SW 258) befindet sich eine Lukian-Ausgabe, Venedig 1503 (Abb. 2), mit folgender zeitgenössischer Provenienz-Angabe von unbekannter Hand: „Hic Lucianj liber e bibliotheca doctiss: Phil: Melanchthonis huc profectus est" (keine Benutzungsspuren Melanchthons).
- Makarios: Unter dem Namen des ägyptischen Einsiedlers Makarios sind Homilien, Apophthegmata und asketische Traktate überliefert, die erstmals Paris 1559 ediert wurden. Am 25. Januar und 9. Februar 1560 zitierte Melanchthon diese aktuelle Ausgabe, im zweiten Brief sogar mit präziser Seitenangabe (MBW Nr. 9205 und 9226).
- Mark Aurel: Melanchthon lernte den römischen Kaiser und Schriftsteller und seine in Griechisch verfassten „Meditationes" durch eine Handschrift in der Bibliothek Reuchlins kennen.[79]
- Maximos von Tyros: Reuchlins Bibliothek enthielt eine Handschrift der „Dialexeis" des Redners und Platonikers, die von Melanchthon in seiner Gedenkrede auf Reuchlin auch erwähnt wird.[80] Am 16. Dezember 1518 berichtete Melanchthon Spalatin von einer Ausgabe: „Tyrium habebis et spero aliquando pleniorem" (MBW Nr. 35), offensichtlich mit der Hoffnung, bald einen umfänglicheren Text zu bekommen. Handelt es sich hierbei um eine Handschrift, oder weiß Melanchthon schon im Dezember 1518 von der Ausgabe Froben 1519, deren Schlusswort des Druckers an die Leser auf den 27. Januar 1519 datiert ist?[81]
- Johannes Philoponos: Die Aldine von 1504, die Melanchthon im Januar 1518 Reuchlin zurücksandte, enthielt auch Werke des christlichen Aristotelikers Philoponos (MBW Nr. 15).[82] 1517 gab Melanchthon Franciscus Stadianus für dessen Vorlesung über die „Analytica Posteriora" des Aristoteles Exzerpte aus Philoponos aus der genannten Ausgabe.[83]
- Platon: Melanchthons mit zahlreichen Randbemerkungen versehenes Handexemplar, ein Druck der von Simon Grynaeus herausgegebenen „Opera omnia", Basel 1534, ein

77 Vgl. Melanchthons Briefwechsel. Bd. 1 (1510–1528), hrsg. von Otto Clemen, Leipzig 1926 (Supplementa Melanchthoniana, Abt. 6/1), S. 99 f., mit dem Hinweis auf das in der Freiberger Gymnasialbibliothek erhaltene Exemplar Melanchthons.

78 Meijering: Melanchthon (wie Anm. 65), S. 55.

79 Vgl. Christ: Bibliothek (wie Anm. 61), S. 76 f.

80 Ebd., S. 76.

81 Maximii Tirii philosophi Platonici Sermones e graeca in latinam linguam versi [...], Basel: Froben 1519 (VD16 M 1681).

82 Christ: Bibliothek (wie Anm. 61), S. 74.

83 So Melanchthon in seiner Wittenberger Antrittsrede, Text in: Melanchthons Werke in Auswahl (wie Anm. 57), S. 36, 7–9; vgl. Lorenz: Melanchthon (wie Anm. 17), S. 50 f.

Geschenk des Druckers Johannes Walders an Melanchthon (MBW 1413, 1. März 1534), befindet sich heute in der Bibliothek des Evangelischen Ministeriums in Erfurt.[84]

- Plutarch: Melanchthon kritisiert eine falsche Wortübersetzung in der „Vita Ciceronis", die sich in der Ausgabe Basel 1536 findet (so CR 17, Sp. 156 mit Anm. 8a). Er arbeitete auch mit dem Exemplar der „Plutarchi Opuscula" aus der Wittenberger Schlossbibliothek, der Aldine von 1509 (ThULB Jena, 2 Phil. VI, 38b; s. oben S. 224).
- Polybios: Melanchthon besaß die von Vincentius Obsopoeus besorgte Ausgabe Hagenau 1530 (MBW Nr. 1305).
- Proklos: Der von Melanchthon aus der Wittenberger Schloss- und Universitätsbibliothek entliehene astrologische Sammelband enthielt auch den griechischen Text der „Sphaera" des Proklos.[85] In seiner Platonausgabe (Basel 1534) konnte Melanchthon auch auf die Kommentare des Proklos zum „Timaios" und zur „Politik" Platons zurückgreifen (s. oben zu Platon). Am 14. Dezember 1553 berichtete Melanchthon, er habe die Erklärung des Proklos zur astronomischen Schrift „Tetrabiblos" des Ptolemaios erhalten; es handelte sich um eine Handschrift aus Mainz, die ihm Hieronymus Komerstadt überlassen hatte, von der Hand Jakob Questenbergs geschrieben, eines engen Reuchlin-Bekannten (MBW Nr. 7278). Melanchthon gab die Handschrift dem Basler Drucker Johannes Oporinus weiter, so dass sie die Grundlage der Editio princeps (Basel 1555) werden konnte (MBW Nr. 7040); im Herbst 1555 verschickte er die ersten Exemplare der neuen Ausgabe (MBW Nr. 7609 und 7636).
- Ptolemaios: Am 4. Oktober 1535 bedankte sich Melanchthon bei Camerarius für dessen Edition der „Tetrabiblos", Nürnberg 1535, die er umgehend als Textgrundlage für eine Vorlesung im Wintersemester 1535/36 verwendete (MBW Nr. 1638).[86] Während Camerarius 1535 Text und Übersetzung der beiden ersten Bücher herausbrachte, publizierte Melanchthon 1553 (bei Johannes Oporin, Basel) die erste vollständige Übersetzung dieser astrologischen Schrift (MBW Nr. 6787).
- Pythagoras: Melanchthon zitiert aus den pseudo-pythagoreischen Gedichten in einem Brief vom 10. Oktober 1543, nach Otto Clemen aus der von Veit Amerbach besorgten Edition „Poemata Pythagorae et Phocylidis Graeca", Straßburg 1539 (MBW Nr. 3341).[87]

[84] Sign.: Pu 60 (s. oben S. 228). Der ausführliche Titel lautet: „Platonis omnia opera cum commentariis Procli in Timaeum et Politica, thesauro veteris Philiosophiae maximo." Melanchthon lobt den Herausgeber Grynaeus in einer Vorrede vom November 1534 (MBW Nr. 1509). Zu diesem Handexemplar Melanchthons vgl. Günter Frank: Philipp Melanchthon und die europäische Kulturgeschichte, in: Fragmenta Melanchthoniana. Bd. 2. Gedenken und Rezeption – 100 Jahre Melanchthonhaus, hrsg. von Günter Frank und Sebastian Lalla, Ubstadt-Weiher 2003, S. 133–146, hier S. 140 f.

[85] Vgl. Brandis: Luther (wie Anm. 38), S. 212.

[86] Zur Vorlesungsreihe zu Ptolemaios (1535–1537) vgl. Rhein: Melanchthon (wie Anm. 34), S. 67.

[87] Otto Clemen: Ein Brief Melanchthons an den Teupitzer Pfarrer aus dem Jahr 1543, in: ders.: Kleine Schriften zur Reformationsgeschichte (1897–1944), Bd. 5, hrsg. von Ernst Koch, Leipzig 1984, S. 287–295, hier S. 292 mit Anm. 1. Die zweite Auflage erschien 1542, vgl. Ludwig Fischer: Veit Trolman von Wemding, genannt Vitus Amerpachius als Professor in Wittenberg (1530–1543), Freiburg 1926, S. 190, Nr. 4.

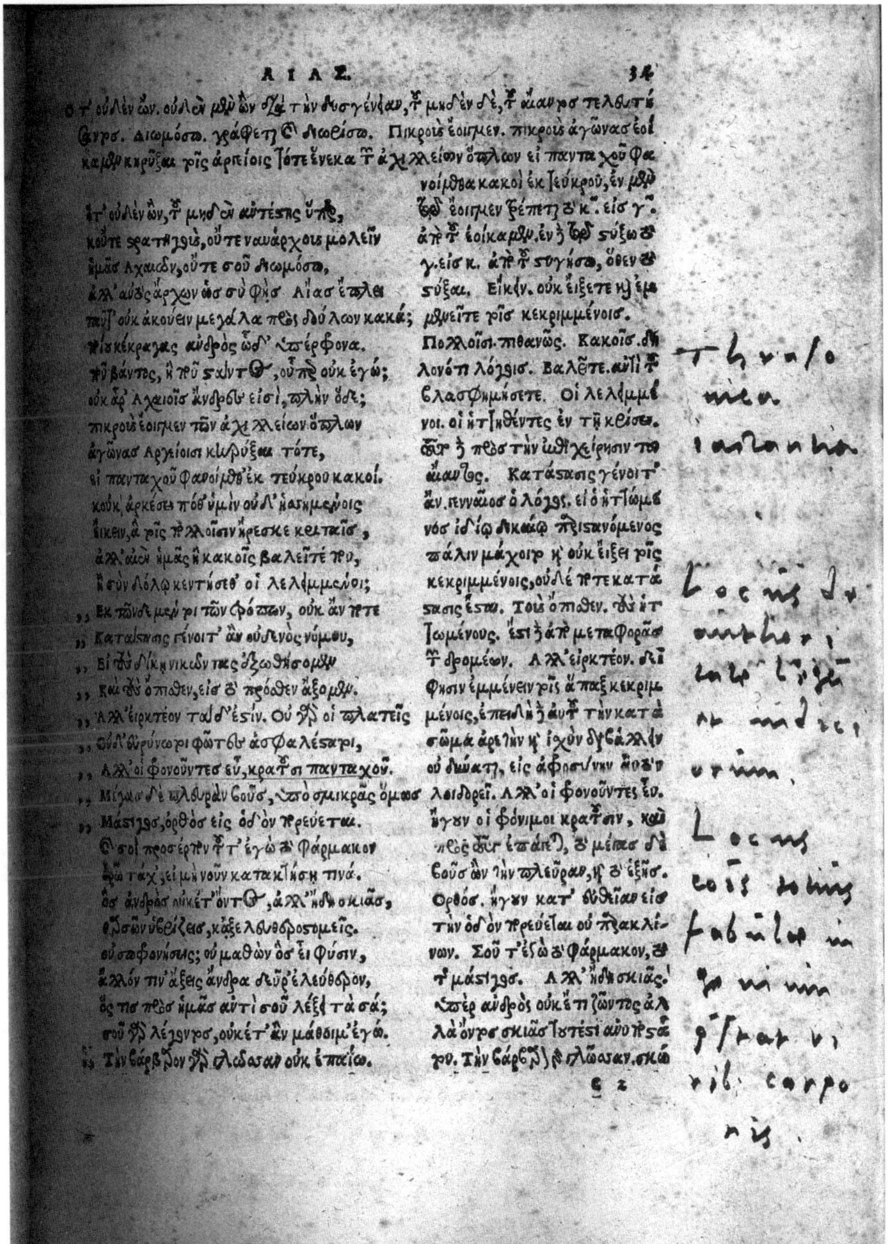

Abb. 3: *Sophoclis Tragoediae septem, Frankfurt/Main: Braubach, Peter, 1544 (Ev. Predigerseminar Wittenberg, HB Phil 2; VD16 S 7033).*

- Simplikios: Aus Reuchlins Bibliothek lieh sich Melanchthon den Aristoteles-Kommentar aus (Venedig 1499), den er im Januar 1518 wieder zurückschickte (MBW Nr. 15).[88]
- Sophokles: Als griechische Textausgabe besaß Melanchthon seit Mai 1534 die von Camerarius edierten „Sophoclis tragoediae septem", Hagenau 1534 (MBW Nr. 1434), und beruft sich auf sie, da er, so in einem Brief vom 28. März 1536, die italienischen Editionen (d. h. Venedig 1502 und Florenz 1522) nicht eingesehen habe (MBW Nr. 1712). Am 1. Januar 1526 sendete Melanchthon einen handschriftlichen „Sophoclis codicem" mit Scholien an Camerarius (MBW Nr. 438, vgl. auch MBW Nr. 359).[89] Marginalien von der Hand Melanchthons lassen sich auch in der im Wittenberger Predigerseminar aufbewahrten griechischen Ausgabe Frankfurt: Braubach, 1544 finden, insbesondere zum „Aias" (Abb. 3).[90]
- Stobaios: Als Melanchthons Exemplar des „Florilegium" vermutet MBW die Ausgabe Zürich 1543 (MBW Nr. 4548 mit Anm.).
- Theodoret: Am 6. Februar 1536 bedankte sich Melanchthon bei Camerarius für dessen Übersetzung der Kirchengeschichte Theodorets, Basel 1536 (MBW Nr. 1694). S. oben bei Justinus Martyr.
- Theokrit: Am 2. Juli 1526 bat Melanchthon Camerarius, ihm Theokrits „Idyllen" für seine Vorlesung zu schicken (MBW T Nr. 473 vermutet die Ausgabe Löwen 1520). Später besaß er die von Camerarius besorgte Ausgabe der „Idyllen" (Hagenau 1530), vgl. MBW T Nr. 1206.
- Theophylakt: Aus der Bibliothek Lobkowitz bekam die Wittenberger Bibliothek einen Codex (MBW Nr. 247). Die Bibliothek des Evangelischen Predigerseminars Wittenberg besitzt die zweibändige Ausgabe der „Enarrationes" zu den vier Evangelien und den Paulus-Briefen des Theophylakt in der Übersetzung des Johannes Ökolampad und des Johannes Lonicer, Basel 1540/41 (2° Hth 750), wo sich auch Marginalglossen von der Hand Melanchthons finden lassen (z. B. Teil 2, fol. 28r.).
- Thukydides: In der von Camerarius herausgegebenen Thukydides-Edition, Basel 1540, die sich in der UB Heidelberg befindet (Cod. Heid. 365, 326), steht handschriftlich: „Manus est Philippi Melanchthonis quo marginibus et aliis locis est apposita." Später wurde zwischen „Manus" und „est" ein „non" hinzugefügt. Die Kollegen der Melanchthon-Forschungsstelle schließen sich nach der Durchsicht der Marginalglossen dem „non" an.
- Xenophon: Am 4. Dezember 1543 las Melanchthon in der Xenophon-Übersetzung des Camerarius, die in Leipzig 1543 erschienen war (MBW Nr. 3398). Diese Übersetzung

88 Christ: Bibliothek (wie Anm. 61), S. 57.

89 Dieser Codex stammt aus der Lobkowitzschen Bibliothek, vgl. Anastasia Daskarolis: Die Wiedergeburt des Sophokles aus dem Geist des Humanismus. Studien zur Sophokles-Rezeption in Deutschland vom Beginn des 16. bis zur Mitte des 17. Jahrhunderts, Tübingen 2000, S. 74; zu Melanchthons Sophokles-Beschäftigung vgl. ebd., S. 67–110.

90 Das Exemplar in der Bibliothek des Ev. Predigerseminars Wittenberg trägt die Signatur Hb Phil. 2.

umfasste die Werke „De forma rei publicae Lacedaemoniorum", „De forma rei publicae Atheniensium" und „De praefectura et disciplina equestre".

Melanchthons Privatbibliothek avancierte zum Exempel einer desolaten Überlieferungs- und Forschungslage, so etwa bei Frank Fürbeth, der in seinem Überblick über „Deutsche Privatbibliotheken des Spätmittelalters und der Frühen Neuzeit" bei der möglichen Bandbreite des rekonstruierbaren Besitzes mit Melanchthon und seiner nur in wenigen Einzelstücken überlieferten Bibliothek beginnt.[91] Recherchen in Bibliotheken sowie die genaue Durchsicht des Briefwechsels erweitern den Wissensstand erheblich. Melanchthons Bücherschrank füllt sich allmählich, doch viele Regalbretter im Arbeits- und Studierzimmer des Universalgelehrten sind noch völlig leer.[92]

[91] Fürbeth: Privatbibliotheken (wie Anm. 8), S. 188, Anm. 16.

[92] Hier seien noch zwei weitere Buchexemplare genannt, die Melanchthon als Besitzer aufweisen, jenseits der Graeca, kein Ergebnis systematischer Recherchen, sondern eher zufällige Lesefrüchte: Paul Eber: Calendarium Historicum, Wittenberg 1550 (in: Stadtbibliothek Nürnberg, Sign.: Strob. 487 8°; vgl. Stefan Rhein: Paul Eber aus Kitzingen – Schüler und Kollege Philipp Melanchthons, in: Zeitschrift für Bayerische Kirchengeschichte 80 [2011], S. 239–259, hier S. 251, Anm. 38); Johannes Reuchlin: Rudimenta linguae hebraicae (in: UB Rostock, Sign. CIc-1750, vgl. Heinrich Stoll: Ein kostbares Neues Testament, in: ARG 31 [1934], S. 219–227, hier S. 222, Anm. 2, und Volker Gummelt: Lex et Evangelium. Untersuchungen zur Jesaja-Vorlesung von Johannes Bugenhagen, Berlin 1994, S. 97 f.).

Joachim Ott

Buchdruck, Polemik und Zensur um 1560

Eine Bücherliste des Jenaer Bibliothekars Martin Bott

Ende August 1549 trafen in Jena zahlreiche Kisten und Fässer mit Büchern ein. Ihren Weg dorthin hatten sie über Wittenberg und Weimar gefunden. Untergebracht wurden sie im ehemaligen Jenaer Dominikanerkloster. Damit hatte die großartige Bibliothek der ernestinischen Kurfürsten (Bibliotheca Electoralis) einen neuen Ort gefunden.[1] Der erste Bibliothekar dieser nunmehr Fürstlich Sächsischen Bibliothek zu Jena war Anton Heuglin (gest. wohl 1578), der Ende 1554 aus dem Dienst schied. Als seinen Nachfolger beriefen die Eigentümer der Bibliothek, die drei Söhne des vormaligen sächsischen Kurfürsten Johann Friedrich I. (1503–1554), am 11. Januar 1555 Martin Bott, ihren früheren Stubenheizer. Bis zu seinem Tod am 30. Juli 1563 war Bott für die Jenaer Bibliothek verantwortlich. Den drei Herzögen unterstand er direkt und wurde aus Mitteln ihrer Hofhaltung vergütet.[2] In seine Hände legten sie mit Brief vom 9. Juni 1557[3] die Verwaltung der bedeutenden Sammlung von Handschriften und Drucken des in Jena kurz zuvor verstorbenen engen Luther-Mitarbeiters Georg Rörer (1492–1557). Bott inventarisierte diese in zwei Verzeichnissen, die sich zusammen mit Rörers Büchern in der Thüringer Universitäts- und Landesbibliothek (ThULB) Jena befinden. Es handelt sich bei diesen Verzeichnissen um Ms. Bos. q. 25 c[4],

1 Zur Bibliotheca Electoralis vgl. http://www.urmel-dl.de/Projekte/BibliothecaElectoralis.html. Zu ihrer Jenaer Frühgeschichte Herbert Koch: Die „Electoralis", in: Zentralblatt für Bibliothekswesen 66 (1952), S. 343–358; Georg Karpe: Nachreformatorische Gründungsperiode. Die Fürstlich Sächsische Bibliothek Jena 1549–1650, in: Geschichte der Universitätsbibliothek Jena 1549–1945, Weimar 1958, S. 1–139, bes. S. 13–15, 18, 40 f.; Volker Wahl: Das Collegium Jenense – die Gründungsstätte der Universität Jena in den ersten Jahrzehnten ihres Bestehens, in: 750 Jahre Jena, hrsg. v. Bernd Wilhelmi, Jena 1985, S. 635–666, bes. S. 639 f.; Felicitas Marwinski u. a.: Jena 1. Thüringer Universitäts- und Landesbibliothek (ThULB), in: Handbuch der Historischen Buchbestände in Deutschland, Band 20: Thüringen H–R, Hildesheim u. a. 1999, S. 49–206, hier S. 50 f.; Bernhard Tönnies: Die Handschriften der Thüringer Universitäts- und Landesbibliothek Jena, Band 1: Die mittelalterlichen lateinischen Handschriften der Electoralis-Gruppe, Wiesbaden 2002, bes. S. 11; Sabine Wefers: Wissen in Fässern und Kisten: von Wittenberg nach Jena, in: Johann Friedrich I. – der lutherische Kurfürst, hrsg. v. Volker Leppin, Georg Schmidt und Sabine Wefers, Gütersloh 2006, S. 191–207; Joachim Bauer: Universitätsgeschichte und Mythos. Erinnerung, Selbstvergewisserung und Selbstverständnis Jenaer Akademiker 1548–1858, Stuttgart 2012, S. 72, 96–112, 197–201.

2 Zur Person vgl. Karpe: Gründungsperiode (wie Anm. 1), S. 21–24, bes. S. 18: „Die beiden ersten Bibliothekare gehören gleich Edenberger und Spalatin noch zum Personenkreis des kurfürstlichen Hofes und verkehren deshalb in ihren dienstlichen und privaten Anliegen unmittelbar mit den Ernestinern."

3 ThULB Jena, Bibliotheksarchiv, AA I 1, Bl. 2, vgl. Karpe: Gründungsperiode (wie Anm. 1), S. 71 f.

4 Katalogisat und Digitalisat: http://archive.thulb.uni-jena.de/hisbest/receive/HisBest_cbu_00005253.

eine Quarthandschrift im Umfang eines Doppelblattes, auf die hier nicht näher eingegangen werden muss, sowie um Ms. Bos. q. 25 d. In letzterer Handschrift ist auch eine Bücherliste Botts zu finden, die sich nicht auf Rörer bezieht.[5] Um diese soll es im Folgenden gehen.

Die 1970 in der Weimarer Lutherausgabe erschienene Abhandlung zur Sammlung Rörers von Hans Volz und Eike Wolgast enthält eine Kurzbeschreibung von Ms. Bos. q. 25 d.[6] Im Rahmen des 2008 bis 2011 durchgeführten, von der Deutschen Forschungsgemeinschaft geförderten Jenaer Projekts zur Aufarbeitung der Sammlung Rörer wurde die Handschrift digitalisiert und, mit einem Katalogisat verbunden, im Internet zugänglich gemacht.[7] Einige grundsätzliche Angaben zur Handschrift können daher hier genügen. Sie umfasst im Grunde vier Papier-Doppelblätter, also acht Blätter, in einem für alte Bibliothekskataloge nicht unüblichen Schmalfolioformat von 31,5 x 10,5 cm, gebunden in einen einfachen Makulaturumschlag, für den ein Blatt einer liturgischen Pergamenthandschrift des 14. Jahrhunderts Verwendung fand. Als Bl. 9–12 gezählt finden sich hinten lose eingelegt vier weitere Papierblätter kleineren Formats (22,5 x 10,5 cm; Bl. 10–11 Doppelblatt) – eine Hinzufügung wohl erst des 20. Jahrhunderts. Auf Bl. 1r–5v und 7r–8r (8v leer) stehen Verzeichnisse zur Rörersammlung von der Hand Martin Botts; Bl. 9r–11v (Bl. 12 bis auf einen späteren Vermerk leer) enthält von Rörers Hand ein Verzeichnis von Briefen Luthers sowie die Abschrift eines Briefs Luthers an Hieronymus Weller. Terminus ante quem non für die Entstehung der Handschrift (ohne Bl. 9–12) ist in jedem Fall Rörers Tod am 24. April 1557, präziser aber der 25. Mai, an dem das Gros von dessen Sammlung an Martin Bott übergeben wurde (einzelne Handschriften folgten erst 1558/62). Daraufhin entstanden Botts Inventare.

Keinen Bezug zu den übrigen Texten der Handschrift weist die hier zu erörternde, in Anhang 1 transkribierte Bücherliste auf Bl. 6rv (rechte Hälfte des Doppelblatts 3/6) auf. Durch Stilvergleich ist gesichert, dass sie wie die sie umgebenden Texte von Botts Hand stammt.[8] Wie er angibt, umfasst die in vier Abschnitte unterteilte Liste Drucke, die er „von Conrado“, also vom Jenaer Buchführer Konrad König (Teil 1, 6r: Nr. 1–16; Teil 3,

---

5 Die irreführende Signatur „Ms. Bos.“ ist das Ergebnis einer in der Jenaer Bibliothek gegen 1702/04 erfolgten Vermischung des Rörerbestands und der Handschriften aus dem Vorbesitz des Jenaer Historikers Johann Andreas Bose (1626–1674), vgl. Bettina Klein-Ilbeck/Joachim Ott, unter Mitarbeit von Gerhardt Powitz und Bernhard Tönnies: Die Handschriften der Thüringer Universitäts- und Landesbibliothek Jena, Band 2: Die mittelalterlichen lateinischen Handschriften der Signaturreihen außerhalb der Electoralis-Gruppe, Wiesbaden 2009, S. 17–23.

6 Hans Volz/Eike Wolgast: Georg Rörers Handschriftensammlung, in: D. Martin Luthers Werke. Kritische Gesamtausgabe. Briefwechsel, Bd. 14, Weimar 1970, S. 175–282, hier S. 260.

7 Zum Projekt vgl. http://archive.thulb.uni-jena.de/hisbest/receive/HisBest_cbu_00005256. Zum Projekt vgl. http://www.urmel-dl.de/Projekte/SammlungGeorgRörer.html.

8 Weitere Bücherlisten Botts, deren Auswertung in Kürze erfolgen soll, finden sich in der Handschrift ThULB Jena, Ms. App. 22 B (10), 4v–8r. Sie beziehen sich auf Drucke der Bibliotheca Electoralis sowie auf Bücher (offenbar Geschenke bzw. aufgelöste ältere Jenaer Deposita), die Bott 1556 und 1558 erhielt, u. a. vom Jenaer Rechtsgelehrten Basilius Monner.

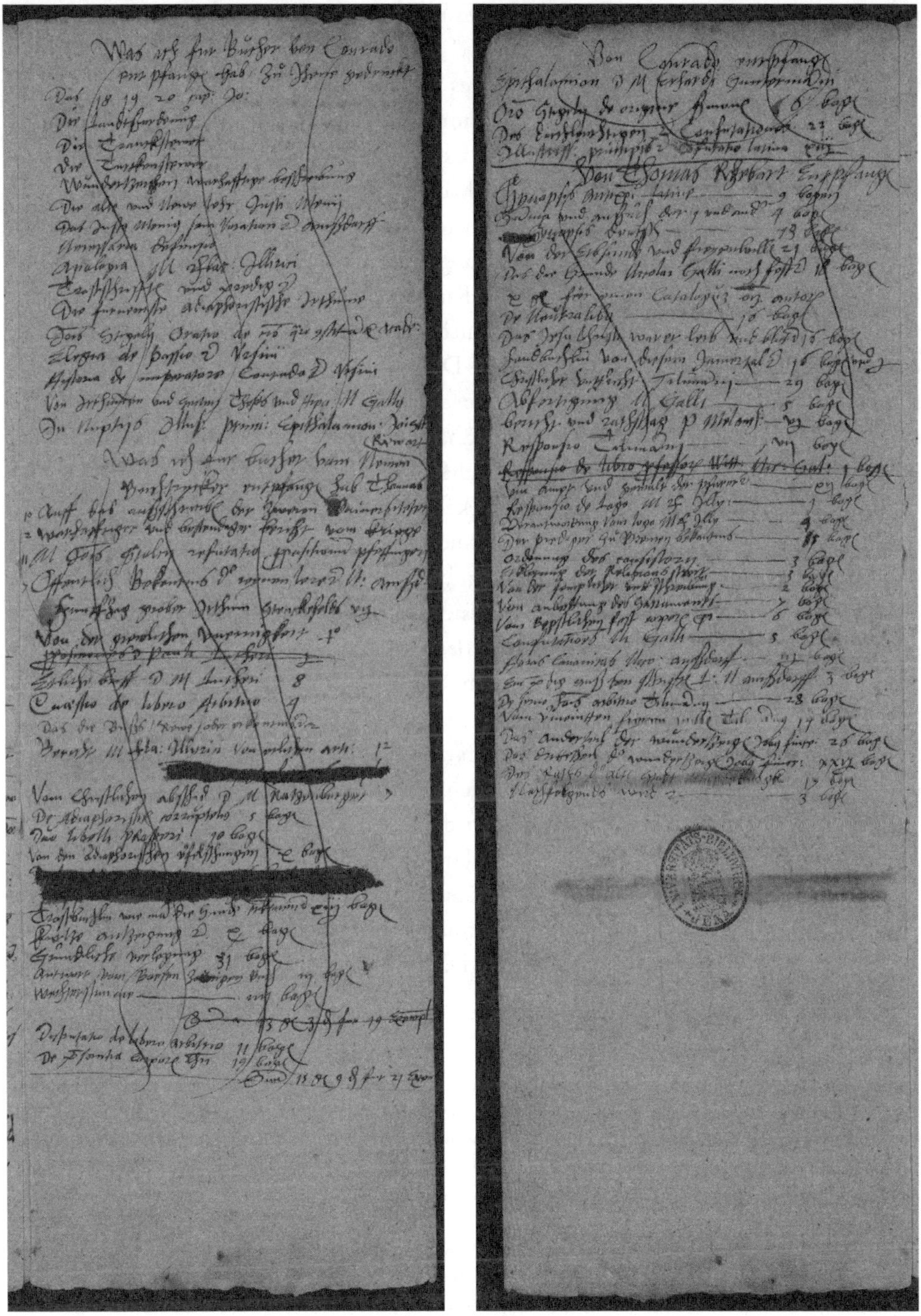

Abb. 1: Bücherliste Martin Botts (ThULB Jena, Ms. Bos. q. 25 d, 6rv).

6v: Nr. 39–42), und vom Jenaer Buchdrucker und Buchführer Thomas Rebart (Teil 2, 6r: Nr. 17–38; Teil 4, 6v: Nr. 43–73) „empfangen“ habe. Beide waren namhafte Persönlichkeiten des Jenaer Buchwesens nach der Mitte des 16. Jahrhunderts. Konrad König wurde von den drei Söhnen Johann Friedrichs I. 1554 zum amtlichen Buchhändler Jenas berufen. Er ließ sich jedoch bald Betrügereien zu Schulden kommen, wurde daraufhin 1559 verhaftet, Ende des Jahres gegen Zahlung einer Entschädigung freigelassen und setzte danach seine Buchhändlertätigkeit bis zu seinem Tod (spätestens 1575) in Leipzig fort.[9] Mit Urkunde vom 8. März 1559 wurde zu seinem Nachfolger als amtlicher Jenaer Buchhändler Thomas Rebart[10] ernannt. Er hatte als Schriftgießer begonnen und wohl beim Jenaer Drucker Christian Rödinger d. Ä. (gest. 1556)[11] das Buchdruckerhandwerk erlernt. Ab 1558 druckte er eigenständig und entwickelte sich, neben Donatus Richtzenhain (gest. 1604/05)[12], zum führenden Drucker Jenas. 1565/67 druckte er zeitweilig auch in Frankfurt am Main und Gotha. In der Folge der Grumbachschen Händel wurde er 1568 verhaftet und in Dresden inhaftiert. Seine Bestattung in Frankfurt am Main ist für den 28. September 1570 bezeugt.

Botts Liste führt insgesamt 73 Druckwerke auf. Ein oder zwei weitere zwischen Nr. 31 und 32 wurden geschwärzt; Nr. 23 und 55 sind durchgestrichen. Zu den ersten 16 Titeln (aus Königs Hand) merkt Bott an, sie seien „Zu Jhene gedruckt“. Rebart bezeichnet er eingangs der ersten auf diesen bezogenen Liste als „Newen Buchtrucker“. Ab Titel Nr. 17 gibt Bott den Umfang der Drucke (Anzahl der Druckbogen) und für die Titel der ersten Rebart-Liste (Nr. 17–38, ohne die gestrichene Nr. 23) auch eine Preissumme an: 15 Groschen und 9 Pfennige für 21 Exemplare (getilgt sind zwei frühere Summenangaben zwischen Nr. 27/28 und 36/37). Zwischen Titel Nr. 47 und 48 findet sich die Angabe „x gr. für einen Catalogum omnium autorum“, was sich auf ein Verlagsverzeichnis, aber auch einen Werktitel[13] beziehen könnte. Auffällig ist, dass die Liste recto komplett und verso zur Hälfte abschnittsweise mit grobem Federschwung durchgestrichen ist.

Mehrere Hinweise erlauben es, Botts Liste genau zu datieren. Die frühesten genannten Drucke berühren zwar noch das Erscheinungsjahr 1556 (Nr. 2, 5), doch entstand, wie gesagt, Ms. Bos. q. 25 d nicht vor Mai 1557. Da der erste Teil der Liste mit 16 von Konrad

9 Zur Person vgl. Friedrich Lütge: Geschichte des Jenaer Buchhandels einschließlich der Buchdruckereien, Jena 1929, S. 12–21.

10 Zu Rebart vgl. ebd., S. 18–27; Christoph Reske: Die Buchdrucker des 16. und 17. Jahrhunderts im deutschen Sprachgebiet. Auf der Grundlage des gleichnamigen Werkes von Josef Benzing, Wiesbaden 2007, S. 401.

11 Vgl. zu Rödinger ebd., S. 400 f. Das dort nicht ermittelte Todesdatum Rödingers lässt sich dank einer auf den 5. Dezember 1556 datierten Einladung zu seinem Begräbnis eingrenzen: Gotha, Forschungsbibliothek, Chart. B 213, 78v–79v. Die zum Teil noch ohne den Zusatz „Erben“ auf 1557 datierten Rödinger-Drucke wurden also bereits sämtlich nach seinem Tod gedruckt, vgl. die Auflistung bei Daniel Gehrt: Ernestinische Konfessionspolitik. Bekenntnisbildung, Herrschaftskonsolidierung und dynastische Identitätsstiftung vom Augsburger Interim 1548 bis zur Konkordienformel 1577, Leipzig 2011, S. 563 f.

12 Zu Richtzenhain vgl. Reske: Buchdrucker (wie Anm. 10), S. 401 f.

13 Etwa in der Art des 1564 in Straßburg von Josias Rihel gedruckten Verzeichnisses von Bibelkommentatoren „Catalogus autorum omnium quotquot in sacros biblicos libros aliquid commenti aut elucubrati sunt […]“, VD16 ZV 16505.

König erhaltenen Drucken nicht nur auch solche von 1557, sondern noch von 1558 enthält und dieser Teil erkennbar in einem Schwung geschrieben wurde, wird man das Jahr, in dem Bott mit der Liste begann, auf 1558 ansetzen dürfen. Beim anschließenden Teil ist dies gesichert, weil Thomas Rebart, der als „neuer Buchdrucker“ bezeichnet wird, als solcher 1558 in Erscheinung trat. Dieser zweite Teil wurde dann mehrmals, wie dies der Duktus und die zweimal überarbeitete Angabe der Preissumme zeigen, durch neue Zugänge bis zum Erscheinungsjahr 1560 erweitert. Der vielleicht bereits zwischenzeitlich eingetragene umseitige dritte Listenteil weist vier Drucke noch von 1559 aus Königs Hand auf, dessen Tätigkeit als Buchhändler in diesem Jahr endete. Der abschließende vierte Teil der Liste enthält – wiederum in mehreren Schreibansätzen – von Rebart empfangene Titel im Wesentlichen der Erscheinungsjahre 1560/61 sowie zuletzt, ab Nr. 65, des Jahres 1562. Nur vereinzelte Titel stammen noch von 1558/59. Bott wird somit seine Liste 1562 abgeschlossen haben, zumal Werke mit Erscheinungsjahr 1563 nicht mehr aufgeführt sind. Definitiver Terminus post quem non ist Botts Tod am 30. Juli 1563. Die Datierung der Liste ist aber allem Anschein nach auf 1558 bis 1562 festzulegen. Als Abfassungsort steht Botts Wohn- und Tätigkeitsort Jena fest.

In der Literatur findet sich Botts Liste lediglich kurz erwähnt. Georg Karpe, langjähriger Leiter der Jenaer Handschriftenabteilung, schreibt 1958 dazu nur: „Um 1557 herum hatte bereits Martin Bott Zensurexemplare der Jenaer Drucker durch die Buchführer Konrad König und Thomas Rebart zum Verbleib in der Bibliothek empfangen.“[14] Auf Karpe verweisend, formulieren 1970 Hans Volz und Eike Wolgast (s. o.): „Das nicht auf die Rörerhandschriften bezügliche Bl. 6 ist mit Notizen über den Eingang von Zensurexemplaren des Jenaer Verlegers [sic!] Konrad König und des dortigen Buchdruckers Thomas Rebart beschrieben.“[15] Ebenso folgt das „Handbuch der Historischen Buchbestände“ (1999) Karpe: „Auch zu Botts Amtszeit flossen Gelder für den Bücherkauf nur spärlich. Zum Ausgleich bekam er seit 1557 wenigstens die Zensurexemplare der Jenaer Drucker über die Buchführer Konrad König und Thomas Rebart zugewiesen.“[16] Karpes etwas zu früher Datierungsansatz lässt sich wie gezeigt korrigieren. Vor allem aber sind seine weiteren Aussagen näher zu überprüfen: dass es sich bei den Titeln der Liste um „Zensurexemplare“, und zwar solche „der Jenaer Drucker“, handele und dass diese für die Jenaer Bibliothek bestimmt gewesen seien. Die erste Aussage (Zensurexemplare) führt letztlich zu der Frage nach dem inhaltlichen Spektrum der von Bott gelisteten Werke. Dieser Aspekt sei zunächst zurückgestellt. Zuvor ist auf Basis der in Anhang 2 dargestellten Identifizierung dieser Werke zu fragen, bei welchen Druckern sie publiziert wurden und ob sie tatsächlich mit der Jenaer Bibliothek in Verbindung zu bringen sind.

14 Karpe: Gründungsperiode (wie Anm. 1), S. 67 (Zitat), S. 71.

15 Volz/Wolgast: Handschriftensammlung (wie Anm. 6), S. 260.

16 Marwinski u. a.: ThULB (wie Anm. 1), S. 51.

Auf den ersten Blick ist feststellbar, dass Botts Liste in der Tat ganz erwartungsgemäß die Jenaer Buchdruckproduktion um 1560 betrifft. Die von Konrad König empfangenen Werke sind ausnahmslos „zu Jhene gedruckt", wie Bott eingangs schreibt. Bis auf zwei Rebart-Drucke (Nr. 15, 41) entstammen sie der Offizin Christian Rödingers d. Ä. bzw. seiner Erben, die in Jena bis 1557 das Druckmonopol hatte und bis 1562 tätig war. Von Königs Nachfolger Rebart erhielt Bott, was Jenaer Drucke angeht, fast nur solche aus dessen eigener Produktion. Rödinger d. Ä. ist in Rebarts Lieferungen nur eventuell noch mit einem Druck vertreten (Nr. 37), und der dritte Jenaer Buchdrucker, Donatus Richtzenhain, der unter seinem Namen ab 1559 druckte, lediglich mit einem gesicherten eigenständigen Druck (Nr. 38; wohl auch Nr. 34). Die ab 1562 einsetzende Kooperation Rebarts und Richtzenhains dokumentieren Nr. 65 und 71. Darauf, dass Rödinger/Erben und Richtzenhain in den späteren Listenteilen so deutlich unterproportional vertreten sind, wird zurückzukommen sein.

Selbst von Rebarts eigenen Drucken aber ging nicht einmal die Hälfte an Bott. Überhaupt stellt sich heraus, dass lediglich 43 der 73 Drucke auf Botts Liste dem Druckort Jena verlässlich zuzuordnen sind. Wahrscheinlich kommen noch zwei weitere Drucke hinzu, die bislang nicht bekannt waren: die wohl 1559/60 gedruckte und damit vermutlich erste Ausgabe des „Trostbüchleins" von Nicodemus Kramer (Nr. 32) und ein Epithalamion wohl von 1559, das vom bzw. für den nachmaligen Kahlaer Pfarrer Erhard Gundermann verfasst wurde (Nr. 39). Bei weiteren Titeln, die keine Orts- bzw. Druckerangabe aufweisen oder bei denen die Titelidentifizierung nicht sicher gelingt, steht eine Prüfung noch aus, ob sie ebenfalls der Liste Jenaer Drucke hinzugefügt werden können (Nr. 4, 18, 23, 37, 62 [Variante(n)], 63). Bei Nr. 70, dem zweiten Band der „Wunderzeichen" Hiob Fincels, fällt auf, dass bislang kein Jenaer Druck dieses Bandes bekannt ist, anders als beim ersten und dritten Band des Werks.[17] Botts Druckbogenangabe passt zur Leipziger Ausgabe von 1559 (s. u.), doch bliebe zu fragen, ob die Jenaer Drucker den zweiten Band tatsächlich ausgelassen haben.

Für 23 Titel und damit einen nicht geringen Anteil der von Rebart empfangenen Drucke sind Jenaer Ausgaben nicht nachweisbar. Botts Titel- und Druckbogenangaben lassen sich aber auswärtigen Drucken zuordnen, vorrangig von Heinrich Geißler in Regensburg (Nr. 25, 35, 36, 44, 47, 52, 53, 55, 61, 62 [Variante], 64) sowie Ambrosius und Wolfgang Kirchner in Magdeburg (Nr. 29, 49, 51, 54, 56, 59, 68, 69), ferner von Peter Braubach in Frankfurt am Main (Nr. 48), Jakob Bärwald in Leipzig (Nr. 70; vgl. s.o.) und Urban Gaubisch in Eisleben (Nr. 72, 73).[18] Die Überlegung, ob es sich hier nicht um bislang unbekannte Jenaer Drucke (Rebarts) handeln könnte, wird man schnell verwerfen. Denn in

---

17 Vgl. Gehrt: Konfessionspolitik (wie Anm. 11), S. 552; S. 561 Nr. 40; S. 577 Nr. 192 f.

18 Zu diesen Druckern vgl. Reske: Buchdrucker (wie Anm. 10), S. 781 f. (Geißler), S. 581 f. (Kirchner), S. 227 f. (Braubach), S. 520 (Bärwald), S. 186 f. (Gaubisch).

Botts Liste wird Nikolaus Rebart nicht nur als Buchdrucker, sondern vorrangig in seiner Eigenschaft als Buchhändler greifbar. Im Fall von Nikolaus Gallus, dessen Werke in der Liste besonders häufig vertreten sind, steht dies besonders klar vor Augen. Karl Schottenloher hat 1920 einen Briefwechsel zwischen dem Regensburger Theologen und Rebart publiziert. Er betrifft zwei der Werke von Gallus auf der Liste Botts und steht somit mit dieser in direktem historischem Bezug: Am 20. Juni 1560 schreibt Gallus aus Regensburg an Rebart einen Brief, der eine Paketsendung von nicht weniger als 700 Exemplaren seiner Polemik „Summa und Auszug der ersten und andern antwort Nicolai Galli auf der Professorn zu Wittemberg ausgangne Acta [...]" (Nr. 44 der Bott-Liste) begleitet. Diese seien für die Naumburger Petri-Pauli-Messe bestimmt. Rebart möge sie verkaufen, wobei Gallus etwa entstehende Kosten begleichen wolle. Es handele sich allerdings lediglich um einen Vorabauszug aus seiner im Druck befindlichen Antwort „auf das wittembergisch lesterbuch". Gemeint ist das Werk „Das die gründe Nicolai Galli noch fest stehen wider der Adiaphoristen Acta und Auszug [...]", Nr. 47 auf Botts Liste. Gallus bittet Rebart, ihm mitzuteilen, wieviel Exemplare er davon erhalten möchte und ob er ihm diese nach Frankfurt auf die Buchmesse oder nach Jena schicken solle. Abschließend ersucht Gallus um Zusendung einer Rechnung über Bücher, die Rebart dem Regensburger Buchführer Wolfgang Moser für ihn mitgeben wolle. Dem Brief lagen auch 42 Gulden für Regensburger Stipendiaten der Jenaer Schule bei.[19] Mit Verzögerung, am 12. Februar 1561, antwortet Rebart aus Jena mit der für Gallus ernüchternden Mitteilung, dass dessen Polemiken wegen einer allgemein feststellbaren Stimmung, solche „Streitbücher" zu meiden, kaum Abnehmer fänden. Maximal 100 bis 150 Exemplare ließen sich auf lange Sicht verkaufen. Eine große Anzahl liege noch in Frankfurt und Jena; größtenteils würden sie makuliert. Die Rechnung und die von Gallus gewünschten Bücher wolle er baldmöglichst schicken.[20]

Dieser Briefwechsel stellt hinreichend klar, dass der ganz überwiegende Teil der nicht für Jena nachweisbaren Drucke aus Rebarts Hand, wie sie sich auf Botts Liste finden, auswärtige Produkte sind. Der Buchhändler Rebart stand, wie für sein Gewerbe üblich, in persönlichem Kontakt mit Verfassern oder besorgte Titel anderer Drucker auf den Messen in Frankfurt am Main, Leipzig oder Naumburg.[21] Zum regen Besuch der Messen hatte Rebart, der „einen regelrechten Sortimentsbuchhandel" betrieb und damit zwangsläufig

[19] Karl Schottenloher: Das Regensburger Buchgewerbe im 15. und 16. Jahrhundert. Mit Akten und Druckverzeichnis, Mainz 1920, S. 130 f., Nr. 57 mit S. 53.

[20] Ebd., S. 132 f., Nr. 61: „Dieweil man aber itziger Zeit allenthalten die streitbücher, so hie bei uns und sonst gedruckt werden, nicht allein nicht wil noch auch begert zu kaufen, sondern auch so seind, das man das gesicht, dieselben anzuschauen, darvon weg wendet, als haben E.e. günstiglich zu bedencken, das mir ein solche grosse anzal der exemplaria, so mir von E.e. bisher zugeschickt, ganz und gar beschwerlich ist, dieselben für mich zu behalten und mich dadurch mutwilliglich in schulden zu führen, sintemal nicht zu hoffen, das ich die mein leben lang verkaufen würde".

[21] Vgl. zum Kontext Monika Toeller: Die Buchmesse in Frankfurt a. Main vor 1560. Ihre kommunikative Bedeutung in der Frühdruckzeit, Diss. phil. München 1983; Sabine Niemeier: Funktionen der Frankfurter Buchmesse im Wandel – von den Anfängen bis heute, Wiesbaden 2001, S. 9–17.

auswärtige Drucke im Angebot führte, sich bei seiner Einstellung seinem Dienstherrn Johann Friedrich II., dem Mittleren (1529–1595; ältester Sohn Johann Friedrichs I.), gegenüber verpflichtet.[22]

Wie verhält es sich mit Karpes Ansicht (von ihm nicht belegt), die Bücher der Liste seien „zum Verbleib in der [Jenaer] Bibliothek" bestimmt gewesen? Dazu ist zunächst anzumerken, dass Karpe die Liste im Zusammenhang mit den Anfängen eines Pflichtexemplarrechts der Jenaer Bibliothek erwähnt. Wie er zeigen kann, wurden die Jenaer Drucker allerdings erst 1570 dazu verpflichtet, je ein Exemplar der bei ihnen neu gedruckten Werke unentgeltlich an die Bibliothek abzugeben.[23] Dass Botts Liste ein solches Prinzip nicht zu Grunde liegt, zeigen allein schon die Preisangaben im zweiten Teil. Die dort aufgeführten Drucke kaufte Bott von Rebart an, sicherlich aus einem ihm zur Verfügung stehenden Budget des Hofs Johann Friedrichs II.[24] Botts Liste, welche die Jenaer Buchproduktion ihrer Zeit nicht einmal annähernd spiegelt und zudem viele auswärtige Werke enthält, ist eine rein geschäftliche Angelegenheit: Nicht Buchdrucker gaben ihre Werke ab, sondern Buchhändler boten solche an – auch wenn Rebart beides war. Daraus freilich ist kein zwingender Zusammenhang mit der Jenaer Bibliothek abzuleiten. Um prüfen zu können, ob es diesen Zusammenhang gab, liegt es nahe, Botts Liste mit den Beständen der ThULB Jena abzugleichen und dabei nicht nur den heutigen elektronischen Katalog, sondern auch ältere Kataloge zu konsultieren. Dabei in den Blick zu nehmen sind ausschließlich die ab dem 16. Jahrhundert historisch gewachsenen Bestände, die also theoretisch Exemplare aus Botts Liste enthalten könnten. Nicht relevant sind spätere Zugänge. In Frage kommen damit nur die Signaturen, welche auf eine unter der Oberaufsicht Johann Wolfgang von Goethes in den Jahren ab 1817 vollzogene grundhafte Umordnung der Jenaer Bibliothek zurückgehen. Damals entwickelte man eine Neusystematisierung nach dem Pertinenzprinzip, auf die fast alle Bestände der Jenaer Bibliothek verteilt wurden – ungeachtet ihrer Provenienzen. Diese Signaturen setzen sich aus Abkürzungen der maßgeblichen Wissenschaftsgebiete, römischer Bezifferung der jeweiligen Untergebiete, Formatangabe und arabischer Bandziffer zusammen.[25]

---

22 Vgl. Lütge: Geschichte (wie Anm. 9), S. 19, 21 (Zitat), 50.

23 In den Statuten der Jenaer Universität von 1591 wurde dies nochmals manifestiert und die Pflicht zur Abgabe auch auf die Regierungen in Weimar und Coburg ausgeweitet, vgl. Karpe: Gründungsperiode (wie Anm. 1), S. 66 f.; Lütge: Geschichte (wie Anm. 9), S. 292; zum Thema vgl. auch Heinz Pflaume: Zur Geschichte des Pflichtexemplars in Thüringen, in: Bibliothek. Bibliothekar. Bibliothekswissenschaft. Festschrift Joris Vorstius zum 60. Geburtstag dargebracht, Leipzig 1954, S. 225–231, hier S. 225 f.

24 Dass es sich nicht bloß um Wertangaben handelt, zeigt schon die Formulierung „Summa für [...] Exemplare". Da bei den übrigen Werken der Liste Preisangaben fehlen, muss offen bleiben, ob auch sie angekauft wurden, oder ob es eine anderweitige Übereinkunft mit König und Rebart gab.

25 Vgl. Geschichte der Universitätsbibliothek Jena (wie Anm. 1), S. 390–433, bes. S. 422–426; Lothar Bohmüller/Konrad Marwinski: Bibliotheksalltag 1820. Aus den Diensttagebüchern des Jenaer Universitätsbibliothekars Georg Gottlieb Güldenapfel und seiner Mitarbeiter, Jena 1988; Marwinski u. a.: ThULB (wie Anm. 1), S. 53–54, 65 ff.

Der Abgleich von Botts Liste mit den Beständen der ThULB Jena unter dieser Prämisse ergibt folgende Zahlen: 26 Titel (Nr. 1, 3, 13, 14, 15, 23, 32, 39, 41, 42, 43, 45, 50, 51, 54, 58, 61, 62, 63, 64, 66, 67, 68, 69, 70, 71), also fast ein Drittel, sind gar nicht (auch nicht in den hier nicht relevanten Bestandssegmenten) vorhanden. Bei einigen Titeln sind einzelne der in Frage kommenden Druckvarianten nicht vorhanden (Nr. 2a/c, 5 a/b, 12a, 18a, 20a, 24b, 31b). Dagegen sind 33 Titel bzw. in Frage kommende Druckvarianten (Nr. 2b, 5c, 6, 7, 8, 9, 10, 11, 12b, 16, 17, 18b, 20b, 26, 27, 28, 29, 31a, 34, 35, 36, 37, 44, 46, 47, 49, 52, 53, 55, 56, 57, 59, 72) in Exemplaren mit Signaturen der Goethe-Zeit nachweisbar und damit von Interesse.[26] Sie verteilen sich auf 20 Bände.[27] Untersucht man diese autoptisch, so findet sich freilich nirgends eine verlässliche Spur, die es erlaubt hätte, Exemplare der Bott-Liste sicher zu identifizieren. Zum Teil geben sich diese Bände im Gegenteil als Zugänge viel späterer Zeit zu erkennen.

Die aus diesen Beobachtungen resultierende Vermutung, dass die Titel auf Botts Liste entgegen der Annahme Karpes nicht für die Jenaer Bibliothek bestimmt waren, gewinnt weiteres Gewicht, wenn man die erhaltenen frühneuzeitlichen Kataloge der Jenaer Bibliothek heranzieht. Denn der heutige Befund, dass von den Drucken der Liste Botts nur der kleinere Teil vorhanden ist, trifft bereits für die früheren Jahrhunderte zu. In dem nach derzeitigem Kenntnisstand frühesten vollständig erhaltenen Inventar der Jenaer Bibliothek[28], das gegen 1570/73 und damit rund zehn Jahre nach Botts Liste angefertigt wurde, findet sich keiner der dort aufgeführten Titel. Erst in späteren Katalogen trifft man – wie noch heute – einige von ihnen an, wobei allerdings der Zeitpunkt ihres Eingangs in die Jenaer

26 16 davon (Nr. 7, 8, 11, 12b, 16, 17, 20b, 26, 27, 28, 37, 44, 47, 49, 55, 72) besitzt die ThULB Jena zusätzlich in Exemplaren aus der Bibliothek des Jenaer Juristen und Historikers Christian Gottlieb Buder (1693–1763) und/oder der späten Signaturengruppe „MS". 17 Titel bzw. Druckvarianten (Nr. 4, 19, 21a-c, 22, 24a, 25, 30, 31a, 33, 38, 40, 48, 60, 65, 73) sind überhaupt nur in Exemplaren Buders respektive der „MS"-Reihe vorhanden. Beides berührt sammlungsgeschichtlich nicht die Zeit, in der Botts Liste entstand, vgl. zur Bibliothek Buders Klein-Ilbeck/Ott: Handschriften (wie Anm. 5), S. 23–26. Die Signaturengruppe „MS" („Monographien Sonderaktion") wurde Mitte des 20. Jahrhunderts für neue Zugänge der Jenaer Bibliothek eingerichtet.

27 4 Art.lib. IX,10(1) (Bott-Liste Nr. 16); 4 Gall. II,65(3) (Nr. 18b); 4 Hist.lit. VI,1 und 4 Ph. XII,10(10) (Nr. 12b); 4 Jur. XVII,80(2) und 2 Jur. XVII,62/5 (Nr. 2b); 4 Theol. XXVII,8 (12) (Nr. 44); 4 Theol. XXXV,26(14) (Nr. 28); 4 Theol. XXXVII,92(21) (Nr. 56); 4 Theol. XLIII,3(32) (Nr. 53); 4 Theol. XLIII,4(9) (Nr. 11); 4 Theol. XLIII,4(2) (Nr. 27); 4 Theol. XLIII,4(8) (Nr. 31a); 4 Theol. XLIII,4(5) (Nr. 34); 4 Theol. XLIII,4(4) (Nr. 47); 4 Theol. XLIII,4(12) (Nr. 52); 4 Theol. XLIII,4(3) (Nr. 55); 4 Theol. XLIII,6 (13) (Nr. 6); 4 Theol. XLIII,6(14) (Nr. 7); 4 Theol. XLIII,6(14a) (Nr. 26); 4 Theol. XLIII,6(19) (Nr. 20b); 4 Theol. XLIII,6(20) (Nr. 17); 4 Theol. XLIII,6(21) (Nr. 9); 4 Theol. XLIII,6(23) (Nr. 29); 4 Theol. XLIII,6(24) (Nr. 35); 4 Theol. XLIII,4(6) (Nr. 8); 4 Theol. XLIII,10(6) (Nr. 36); 4 Theol. XLIII,11(1) (Nr. 46); 4 Theol. XLIII,26(2) (Nr. 49); 4 Theol. XLIII,26(3) (Nr. 59); 4 Theol. XLIII,38(20) (Nr. 72); 8 Hist.un. III,24/4 (Nr. 5c); 8 Op.theol. V,17(2) (Nr. 10); 8 Theol. III,10/6(2) (Nr. 57); 8 Theol. XXV,55(4) (Nr. 37). Eine Häufung von Titeln der Liste findet sich also in den Bänden 4 Theol. XLIII,4 und 4 Theol. XLIII,6 (jeweils 8 Titel, von insgesamt 12 bzw. 24 enthaltenen), die ausweislich ihrer Einbände zusammengehören, allein schon wegen ihres albertinischen Kontextes (Supralibros Kurfürst Augusts von Sachsens auf 4 Theol. XLIII,4) mit Botts Liste aber nicht in Zusammenhang stehen können.

28 ThULB Jena, Bibliotheksarchiv, AC I 1; dazu Karpe: Gründungsperiode (wie Anm. 1), S. 94 f. (mit unzutreffender Datierung).

Bibliothek unklar bleibt. Zu fragen ist also, welchen anderen Weg als den in die Jenaer Bibliothek die gelisteten Werke genommen haben könnten. Dazu sind diese zunächst selbst in den Blick zu nehmen.

Die Identifizierung der Werke auf der Liste Botts ergibt folgende Verteilung, was ihre Verfasser betrifft: Mit zwölf oder 13 Titeln an der Spitze steht Matthias Flacius (Nr. 6, 8, 9, 11, 17, 21, 22, 26, 27, 34, 37 [?], 57, 58), gefolgt von Nikolaus Gallus mit elf Titeln (Nr. 15, 25, 35, 36, 44, 47, 52, 55, 61, 64, 65) und Tilemann Heshusen mit acht Titeln (Nr. 38, 49, 51, 54, 56, 59, 68, 69) sowie zwei auf ihn bezogene Werke (Nr. 72, 73). Die Herzöge Johann Friedrich II., Johann Wilhelm I. und Johann Friedrich III. sind mit fünf oder sechs Titeln (Nr. 2, 3, 4 [?], 41, 42, 60) sowie Johannes Wigand mit Matthaeus Richter (Judex) (Nr. 29, 31, 43, 45, 48) und – posthum – Martin Luther (Nr. 1, 10, 23, 24, 46) mit je fünf Titeln vertreten. Auf Nikolaus von Amsdorf (Nr. 7, 20, 66, 67) entfallen vier, auf Hiob Fincel (Nr. 5, 70, 71) und Johann Stigel (Nr. 12, 16, 40) je drei und auf Johannes Ursinus (Nr. 13, 14) zwei Titel. Je ein Titel stammt von Johann Hachenburg (Nr. 63), Nicodemus Kramer (Nr. 32), Johann Leon (Nr. 50), Philipp Melanchthon (Nr. 53), Andreas Poach (Nr. 28), Prosper Aquitanus (Nr. 30), Johannes Stoltz (Nr. 19) und Johann Winnigstedt (Nr. 33). Für zwei Titel lassen sich die Verfasser bislang nicht bestimmen (Nr. 18, 62); bei Titel Nr. 39 ist unklar, ob der genannte Erhard Gundermann Verfasser oder Adressat des Werks ist.

Was das inhaltliche Spektrum der 73 gelisteten Werke angeht, so dominiert mit 48 Titeln die theologische Polemik ganz eindeutig. Mit weitem Abstand folgt erbaulich-religiöse Literatur, unter ihnen die fünf Werke Luthers (14 Titel). Kaum relevant ist der Anteil an Gelegenheitsschriften (fünf Titel), Amtsdruckschriften (vier Titel) und Universitätsschriften (zwei Titel). Gegenüber der von Daniel Gehrt[29] errechneten inhaltlichen Verteilung aller in den Botts Liste betreffenden Jahren 1556 bis 1562 in Jena gedruckten Werke fällt auf, dass der dort feststellbare Schwerpunkt auf den Polemiken bei Bott um nochmals über 40 Prozent höher zu Buche schlägt. Einen großen Anteil daran haben neben den Schriften von Flacius die großenteils außerhalb von Jena gedruckten Werke von Gallus und Heshusen. Botts Liste ist entsprechend ein Spiegel jener heftigen theologischen Konflikte um 1560, welche besonders die Gnesiolutheraner in Jena erregten. Wichtige Polemiken des adiaphoristischen Streits erhielt Bott ebenso wie solche zum majoristischen mit Fixierung auf Justus Menius. Beiträge größerer Anzahl zum Streit um den freien Willen finden sich ebenso wie Angriffe gegen Kaspar Schwenckfelds Lehre und Positionen zum zweiten Abendmahlsstreit.[30]

In der Tat fällt Botts Aktivität, bei den Jenaer Buchführern Drucke zu besorgen, mit dem Zeitraum 1558/62 exakt in eine prägende, besonders kontroverse Phase der ernestini-

[29] Vgl. Gehrt: Konfessionspolitik (wie Anm. 11), S. 544 f. mit Tabellen S. 546–549.

[30] Vgl. zu diesen Konflikten und ihrem Bezug zu Jena ebd., passim.

schen Bekenntnisbildung. Dazu hat jüngst Daniel Gehrt umfassend publiziert,[31] weshalb hier wenige Stichpunkte genügen können. Es waren die Jahre, da Herzog Johann Friedrich II. die konfessionspolitische Linie der Ernestiner, das „wahre Luthertum" zu bewahren und in den aktuellen theologischen Streitigkeiten zu verteidigen, innerhalb seines Territoriums wie auch nach außen hin profilierte. Er versicherte sich dabei der Mithilfe einer Reihe von Theologen, die nach Jena kamen, allen voran Matthias Flacius. Die Agitation Johann Friedrichs und seiner „Flacianer" diente nicht zuletzt der Etablierung einer streng lutherischen Führungsrolle der Ernestiner innerhalb der evangelischen Reichsstände und richtete sich namentlich gegen das albertinische Kursachsen. In dem in Botts Liste in der deutschen wie der lateinischen Fassung aufgeführten Druck des Konfutationsbuchs von 1559 (Nr. 41 f.) erlangte das ernestinische Bekenntnis Schriftform, war aber selbst im eigenen Lager umstritten. Etliche von Johann Friedrichs Mitstreitern wandelten sich zu seinen Gegnern, aufgrund der „entgegengesetzten Ansichten über das Ausmaß der Abgrenzung und den Einsatz polemischer Publizistik". Mit kompromisslos zugespitzter Polemik sowie eigenen Vorstellungen zur Konfessionalisierung schossen die Jenaer Professoren um Flacius über die Zielstellung des Herzogs hinaus. Johann Friedrich geriet „in einen Kompetenzstreit mit seinen Theologen über die Bestimmung der Rechtgläubigkeit, die Kirchenzucht und die Bücherzensur, der für erhebliche Instabilität an der Universität und in der Landeskirche sorgte."[32] 1561 wurden Flacius, Johannes Wigand, Matthaeus Richter (Judex) und andere entlassen. Flacius, zudem des Landes verwiesen, agitierte später von Regensburg aus gegen seinen vormaligen Dienstherrn, unterstützt von Nikolaus Gallus.

Der Stellenwert von Botts Handeln wird deutlich, wenn man versteht, dass seine Liste in diesem zunehmend aufgeladenen Spannungsfeld zwischen ausufernder Polemik seitens der Theologieprofessoren und dem landesherrlichen Bestreben, diese durch Zensur kontrolliert zu halten, anwuchs. Eben jene Polemiken, die Johann Friedrich schließlich mehr Schwierigkeiten als Nutzen erbrachten, prägen die Liste. Bott begann in dem Moment zu sammeln, als Johann Friedrich II. Jena „zum Zentrum der antialbertinischen Publizistik" machte, was ab 1558 „eine rasante Zunahme der polemischen Schriften" zur Folge hatte. Der Herzog ließ „seine Theologen den Büchermarkt mit einer Welle von Flugschriften gegen die römisch-katholische Kirche, aber vor allem gegen die albertinischen Theologen fluten. Die Hochkonjunktur der polemischen Publizistik hielt bis 1561 an. [...] Erst nach der Visitation von 1562, die keinen Konsens über die umstrittene Willenslehre erreichte, sondern vielmehr den Streit auf die gesamte Landeskirche ausdehnte, beschloß Johann Friedrich II., die Publikation theologischer Kontroversliteratur grundsätzlich zu unterbinden. Sie verschwand in den letzten Regierungsjahren des Herzogs zwischen 1563 bis 1566

31 Gehrt: Konfessionspolitik (wie Anm. 11).

32 Zitate ebd., S. 214. Zum Konfutationsbuch und seinen Auflagen ebd., S. 129–137, bes. S. 130, Anm. 152.

beinahe vollständig."[33] Rebart hatte ja bereits Anfang 1561, in seinem oben genannten Brief an Gallus, von Vorbehalten gegenüber den Kontroversschriften berichtet. Für die Jenaer Drucker brachten diese Jahre ein Wechselbad zwischen hoher Auslastung und Niedergang der Produktion.[34]

Weder dass Botts Liste 1558 – zu Beginn der Hochphase – einsetzt, noch dass sie in eben dem Jahr 1562 abbricht, in dem Johann Friedrich seine am 9. September formal abgeschlossene Visitation[35] durchführen ließ, dürfte Zufall sein. Denn auf welchen Auswahlprinzipien beruht eigentlich Botts Liste? Warum gerade diese Drucke? Was den Druckort Jena angeht, so sind diesem, wie gesehen mindestens 43 (höchstens rund 50) Titel zuzuordnen. Bedenkt man, dass in den Jahren 1556 bis 1562, in denen die gelisteten Werke erschienen, Jena insgesamt eine Produktion von 165 Drucken aufweist,[36] zeigt die Liste zwar absolut gesehen nur einen relativ kleinen Ausschnitt des gesamten Aufkommens. Bewertet man jedoch nur die Jenaer Drucke mit Erscheinungsjahr ab 1558, so ist der Anteil jeweils höher; allein jene von 1559 finden sich zu über der Hälfte auf Botts Liste. Dabei fällt auf, dass von den Polemiken nur wenige nicht dort aufgeführt sind, während die zahlreichen Lutherdrucke dieser Jahre sowie das erbaulich-religiöse und das Gelegenheitsschrifttum meistens ausgelassen sind. Den ausgesprochen hohen Listenanteil an Polemiken verstärken noch die auswärtigen, fast ausschließlich dieser Gattung zugehörigen Drucke. In diesem Zusammenhang wird auch verständlich, warum – wie oben festgestellt – in den späteren Teilen der Liste Drucke Rödingers d. Ä./Erben und Richtzenhains so wenig vertreten sind: Sicherlich waren sie wirtschaftliche Rivalen des Buchdruckers Rebart,[37] und Letzterer mag in seiner Eigenschaft als Buchführer die Belieferung Botts mit lokalen Konkurrenzprodukten nicht gerade erzwungen haben. Entscheidender sind aber die Produktionsschwerpunkte der drei Jenaer Offizinen im Zeitraum 1558 bis 1562.[38] Rödinger d. Ä./Erben ebenso wie Richtzenhain verlegten sich ganz überwiegend auf Lutherwerke respektive erbaulich-religiöse Titel sowie Gelegenheits- und Universitätsschriften, also die für Botts Liste weniger relevante Literatur. Von ihren wenigen Polemiken sind die meisten auf Botts Liste vertreten. Rebart, auf den der weitaus größte Anteil der Jenaer Druckproduktion zur Entstehungszeit der Liste entfiel, druckte dagegen zu mehr als der Hälfte Streitschriften.

Man darf also sagen, dass Botts Augenmerk in erster Linie gezielt der politisch und religiös brisanten Literatur galt, die Zusammenstellung keinesfalls zufällig ist. Solches Auswählen aber entspricht kaum der Sichtweise eines Bibliothekars, der auf inhaltliche Breite achten sollte. Vielmehr ist davon auszugehen, dass hier der Blick desjenigen maßgeblich

---

33 Zitate ebd., S. 551, 556.

34 Vgl. ebd., S. 141 f.

35 Vgl. dazu ebd., S. 217–246.

36 Vgl. ebd., S. 546 (Tabelle 4).

37 Vgl. ebd., S. 142.

38 Grundlage der folgenden Auswertung ist die Titelliste ebd., S. 564–578.

war, in dessen Diensten Bott stand und aus dessen Mitteln die Drucke bezahlt wurden: Herzog Johann Friedrich II. Bott war als Beamter an dessen Hof tatsächlich mehr als nur der Sachwalter der Fürstlich Sächsischen Bibliothek im ehemaligen Jenaer Dominikanerkloster – ein Amt, das Johann Friedrich selbst übrigens nicht als ausnehmend anstrengend erachtete.[39] Die Vorgänge nach Botts plötzlichem Tod am 30. Juli 1563 lassen erkennen, dass dieser mit Aufgaben betraut war, die unter die höfische Geheimhaltung fielen. Denn auffällig rasch, mit Brief vom 2. August, befahl Johann Friedrich, „alles das Jheniche, so an brieffenn, schrifftenn, vortzeichnussenn, vnnd andernn Missiven, nichts ausgeschlossenn", in Botts Nachlass zu finden sei, gut verschlossen an den Herzog persönlich zu schicken, „Vnnd sonnstenn niemandts, es sey auch wehr es woll, lesenn, oder sehenn lassenn."[40]. Es wäre zwar möglich, dass erst im Rahmen dieser Aktion auch die Drucke der Liste, die sich bis dahin bei Bott befunden hätten, in Johann Friedrichs Hand gelangten. Näher liegt jedoch, davon auszugehen, dass Bott sie ab 1558 sukzessive dem Herzog zukommen ließ, damit dieser sie einsehen und prüfen konnte. Dass die vier Listenteile nicht in einem Schwung, sondern jeweils einzeln durchgestrichen sind, weist in diese Richtung. Eventuell hatte Bott zum Zeitpunkt seines Todes die nicht durchgestrichenen Nr. 56–73 noch nicht abgeliefert.

Jedenfalls: Hinweise auf den Verbleib der gelisteten Werke in Jena finden sich wie gesagt nicht. Überhaupt ist auffällig, dass die dortige Bibliothek ausweislich ihres frühesten erhaltenen Inventars (gegen 1570/73; vgl. s.o.) nicht nur die Werke von Botts Liste nicht besaß, sondern von dem überbordenden polemischen Schrifttum der Zeit überhaupt völlig unberührt geblieben war. Ohnehin wurde sie erst ab 1574 dank planmäßiger Zuwendungen ihrer Erhalter systematisch erweitert.[41] Ganz anders dagegen die Bibliothek Johann Friedrichs II. Als diese über 1.350 Titel starke Sammlung 1574 von Weimar nach Jena überführt wurde, fertigte der Jenaer Bibliothekar und Buchbinder Johannes Weischner (gest. 1589) ein Inventar dazu an.[42] Es belegt, dass Johann Friedrich II. zahlreiche Werke der theologischen Polemik besaß. Zehn der Titel auf Botts Liste finden sich auch im Katalog Weischners.[43]

Wie zuletzt Daniel Gehrt dargestellt hat, verfolgte Johann Friedrich II. die Produktion der Streitschriften seiner Zeit intensiv und machte dabei von seinem Zensurrecht Gebrauch, was nicht immer geduldet wurde: Zu den Konflikten, die 1561 zur Entlassung

---

39 Eine Stunde Bibliotheksarbeit täglich reiche aus, vgl. seinen Brief vom 14. Oktober 1563 bezüglich der Nachfolge Botts, zitiert bei Karpe: Gründungsperiode (wie Anm. 1), S. 25.

40 ThULB Jena, Bibliotheksarchiv, AA I 1, 5r; vgl. Karpe: Gründungsperiode (wie Anm. 1), S. 23.

41 Vgl. ebd., S. 55.

42 Vgl. ebd., S. 77–80, 120–123. 1590 wurde diese Bibliothek von Johann Friedrichs Sohn Herzog Johann Casimir (1564–1633) als Erbteil eingefordert und 1590 nach Coburg verbracht.

43 Von den drei Abschriften des Inventars (vgl. Karpe: Gründungsperiode, wie Anm. 1, S. 78) wurde das Exemplar ThULB Jena, Bibliotheksarchiv, AA I 1, 96r–196v, hier 105r–164v (Theologica in quart und oktav) verglichen: Bott-Liste Nr. 1, 9 (146r), 19 (111r), 22 (147r), 32 (154v bzw. 162r), 41 f. (145v), 48, 50 (154v bzw. 162r), 65 (153v).

von Flacius und anderen führten, gehörte seit Mitte 1560 auch ein Streit um die Bücherzensur des Herzogs, die man in Jena unterwanderte. In diesem Zusammenhang wurde etwa Rebart verboten, Werke der Jenaer Theologen auf der Buchmesse in Leipzig zu verkaufen.[44] Da Bott wie gezeigt offensichtlich solche Werke an den Herzog zu schicken hatte, trifft Karpes Formulierung „Zensurexemplare" durchaus den Punkt. Johann Friedrich war es auch wichtig, über das Publikationsgeschehen außerhalb seines Territoriums auf dem Laufenden gehalten zu werden, um notfalls darauf Einfluss nehmen zu können. So forderte er etwa mit Brief vom 24. Mai 1562 den Rat zu Regensburg auf, dafür zu sorgen, dass dortige Drucker keine theologischen Streitschriften mehr verbreiten. Diese erzeugten nur „verwirrung und verdunkelunge reiner unverfelschter lhere gottes worts und evangelij". In seiner Antwort vom 9. Juni legte der Rat ausführlich dar, dass die Regensburger Drucke gerade der Verteidigung der reinen Lehre Gottes und der Evangelien dienten und sich der Verfälschung entgegenstellten, weshalb dem Anliegen Johann Friedrichs nicht entsprochen werden könne.[45] Gemeint waren neben den Polemiken des aus Jena vertriebenen Flacius jene von Nikolaus Gallus, die auf Botts Liste stark vertreten sind.

Johann Friedrichs Willen, auswärtige wie Jenaer Drucke zur Einsichtnahme und Prüfung zu erlangen, kamen Buchhändler wie Konrad König und Thomas Rebart im Zusammenspiel mit Sachverständigen des Hofs nach, zu denen Martin Bott gehörte. Dessen Bücherliste von 1558/62 ist Spiegel einer unruhigen Phase protestantischer Konfessionsbildung.

[44] Vgl. Gehrt: Konfessionspolitik (wie Anm. 11), S. 195 f., vgl. auch S. 233.

[45] Briefwechsel abgedruckt bei Schottenloher: Buchgewerbe (wie Anm. 19), S. 141–144 (Zitat S. 141), mit S. 38. Eine ähnliche Initiative Johann Friedrichs II. galt 1561 dem Erfurter Stadtrat, vgl. Herbert Koch: Altjenaer Bücherzensur, in: Gutenberg-Jahrbuch 27 (1952), S. 225–227, hier S. 226.

Anhang 1: Transkription ThULB Jena, Ms. Bos. q. 25 d, Bl. 6rv

[6r] Was ich fur Bucher von Conrado entpfangen hab, Zu Jhene gedruckt

[1] Das 18 19, 20 cap: Jo:
[2] Die Landtßordenung
[3] Die Tranckstewer
[4] Die Turckenstewer
[5] Wundertzeichen warhafftige beschreibung
[6] Die alte vnd Newe lehr Justi Menii
[7] Das Justus Menius sein Vocation etc. Amßdorff
[8] Necessaria defensio
[9] Apologia M Flac: Illirici
[10] Trostschrifften vnd predig etc.
[11] Die furnemste adiaphoristische Irthume
[12] Johannis Stigelii Oratio de causis quare constituantur acade:
[13] Elegia de passio [sic !] etc. Vrsini
[14] Historia de imperatore Conrado etc. Vrsini
[15] Von Irthumen vnd Secten Theses vnd Hipo: N Gallus
[16] In Nuptiis Illuß: princi: Epithalamion. Jo: Sti:

Was ich fur bucher vom Newen Buchtrucker entpfangen hab Thomas Rewart

[17] 10 Auff das außschreiben der zweien Vniversiteten
[18] 2 Warhafftiger vnd bestendiger bericht vom Kriege
[19] 11 M Johannis Stolcii refutatio propositionum Pfeffingeri
[20] 7 Offentlich Bekentnis der reynen lere etc. N: Amßd:
[21] Funffzig grober Irthum Stenckefelds vii
[22] Von der grewlichen Vneinigkeit 4°
[23] Propositiones in Pauli Lutheri 1 [?; Zeile durchgestrichen]
[24] Etliche briff D M Lutheri 8
[25] Quaestio de libero Arbitrio 4
[26] Das die Bußs / Rewe / oder erkentnis etc. 2
[27] Bericht M Fla: Illyrici Von etlichen arti: 12
[ ] Summa [?] [...] ß fur 10 Exemplar [Eintrag geschwärzt]
[28] Vom Christlichen abschid D M Ratzenberger 7
[29] De Adiaphoristicis corruptelis 5 bogen
[30] Duo libelli Prosperi 10 bogen
[31] Von den Adiaphoristhen verfelschungen x bogen

[ ] [...] 16 bogen [...] [Eintrag geschwärzt]
[ ] [...] [Eintrag geschwärzt]
[32] Trostbuchlin wie man die Sunde erkennen etc. xiii bogen
[33] Kurtze Antzeigung etc. x bogen
[34] Grundliche verlegung 31 bogen
[35] Antwort vom Boesen Zornigen Buch iii bogen
[36] Wechterstimme iiii bogen
[ ] Summa 13 gr. 3 ₰ fur 19 Exemplar [Zeile durchgestrichen]
[37] Disputatio de libero arbitrio 11 bogen
[38] De presentia Corporis Christi 19 bogen
[ ] Summa 15 gr. 9 ₰ fur 21 Exem

[6v] Von Conrado entpfangen

[39] Epithalamion D M Erhardi Guntermanni
[40] Oratio Stigelii de origine ßermonis 6 bogen
[41] Des Durchleuchtigen etc. Confutationes 22 bogen
[42] Illustriss: principis etc. Confutatio latina xiii

Von Thomas Rhebart Entpfangen

[43] Synopsis Antichristi Latine 9 bogen
[44] Summa vnd auszuch der 1 vnd ander 4 bogen
[45] Synopsis deutsch 13 bogen
[46] Von der Erbsunde vnd Freyen Willen 21 bogen
[47] Das die Grunde Nicolai Galli noch fest etc. 18 bogen
[ ] x gr. fur einen Catalogum omnium autorum
[48] De Neutralibus 16 bogen
[49] Das Jesu Christi warer leib vnd blut etc. 16 bogen
[50] Handbuchlin von diesem Jamertal etc. 16 bogen vnd 1 [?]
[51] Christlicher Vntterricht Tilmanni 29 bogen
[52] Abfertigung M Galli 5 bogen
[53] Bericht vnd ratschlag P Melanch: vi bogen
[54] Responsio Tilmanni vii bogen
[55] Responsio de libro professorum Witt: Nic: Gal: 1 bogen [Zeile durchgestrichen]
[56] Vm [sic !] ampt vnd gewalt der pfarer etc. xii bogen
[57] Responsio de Logo M F Illy: 1 bogen
[58] Verantwortung Vom logo M F Illy 4 bogen
[59] Der prediger zu Bremen bekentnis 5 bogen

[60] Ordenung des consistorii 3 bogen
[61] Erklerung der Religionsstreit 3 bogen
[62] Von der semplicher vntterschreibung 2 bogen
[63] Von anbettung des Sacraments 7 bogen
[64] Vom Bepstlichen fest corporis Christi 6 bogen
[65] Confutationes M Galli 5 bogen
[66] Horas Canonicas Nico: Amßdorff iii bogen
[67] Ein predig auß den schrifften L: N Amßdorff 3 bogen
[68] De servo hominis arbitrio Tilmannus 28 bogen
[69] Vom vermeintten freyen willen Tilmannus 14 bogen
[70] Das ander teil der wundertzeigen [sic !] Johannis Fince: 26 bogen
[71] Das dritte theil der wundertzeigen [sic !] Johannis Fince: xxvi bogen
[72] Des Raths der alten Stadt Magdeburgk 17 bogen
[73] Nachfolgends wird etc. 3 bogen

Anhang 2: Identifizierung der gelisteten Drucke[46]

[1] Das 18 19, 20 cap: Jo:
Luther, Martin: Das achtzehend vnd || neunzehend Capitel/ vnd ein Stück || aus dem zwentzigsten S.Johannis von || dem Leiden/ Sterben/ vnd Aufferste=||hung vnsers HErrn Jhesu || Christi.|| Gepredigt vnd ausgelegt durch Doc.|| Mart. Luth. Anno M.D.XXVIII.|| vnd XXIX.|| Vorhin nie im Druck ausgangen || vnd jtzt allererst zusamen bracht.|| Gedruckt zu Jhena durch Christian || Rödingers Erben.|| Anno M.D.LVII.|| (18. Martij.). [8], 139, [1] Bl.; 4° [VD16 L 3637; Gehrt VDJ Nr. 60]

[2] Die Landtßordenung
Es kommen drei Varianten in Frage:

a) Johann Friedrich II., Johann Wilhelm I., Johann Friedrich III., Herzöge von Sachsen: Der durchleuchtigen/|| hochgebornen Fürsten vnd Herrn/ Herrn Johans=||Friderichen/ des Mittlers/ Herrn Johans Wilhelm/ vnd || Herrn Johans Friderichen/ des Jüngern/ gebrüdere/ Hertzo=||gen zu Sachssen ... || Pollicey vnd Landtsordenung ... || 1556.|| (Gedruckt zu Jhena/ durch Christian Rödinger.||). [70] Bl.; 4° [VD16 S 1107; Gehrt VDJ Nr. 43]
b) Johann Friedrich II., Johann Wilhelm I., Johann Friedrich III., Herzöge von Sachsen: Der durchleuchtigen/|| hochgebornen Fürsten vnd Herrn/ Herrn Johans=|| Friderichen/ des Mittlern/ Herrn Johans Wilhelm/ vnd || Herrn Johans Friderichen/ des Jüngern/ gebrüdere/ Hertzo||gen zu Sachssen ... || Pollicey vnd Landtsordenung ... || 1556.|| (Gedruckt zu Jhena/ durch Christian || Rödinger.||). [70] Bl.; 4° [VD16 S 1108; Gehrt VDJ Nr. 44]
c) Johann Friedrich II., Johann Wilhelm I., Johann Friedrich III., Herzöge von Sachsen: Der durchleuchtigen/ hoch=||gebornen Fürsten vnd Herrn/ Herrn Johans=|| Friderichen/ des Mittlern/ Herrn Johans Wilhelm/|| vnd Herrn Johans Friderichen/ des Jüngern/|| gebrüdere/ Hertzogen zu Sachssen/ Land=||grauen in Düringen ... || Pollicey vnd Landtsor=||denung/ zu wolfart vnd bestem/ der || selben Landen vnd Vnterthanen/ bedacht || vnd ausgangen.|| ANNO || 1556.|| (Gedruckt zu Jhena/ durch Christian || Rödinger.||). [46] Bl.; 2° [VD16 ZV 23849; Gehrt VDJ Nr. 45]

46 Die Zitationen sind Übernahmen aus dem Verzeichnis der im deutschen Sprachbereich erschienenen Drucke des 16. Jahrhunderts (= VD16) bzw. Gehrt: Konfessionspolitik (wie Anm. 11), S. 543 ff.: „Verzeichnis der Drucke in Jena zwischen 1553 und 1580 (VDJ)" (= Gehrt VDJ).

[3] Die Tranckstewer
Johann Friedrich II., Johann Wilhelm I., Johann Friedrich III., Herzöge von Sachsen: Der Hertzogen zu || Sachssen etc. Gebrüdere Landschafft || newe zu Salfelt gewilligte || Tranckstewer.|| 1557.|| [Jena: Christian Rödinger d. Ä. Erben]. [15] Bl.; 4° [VD16 ZV 13627; Gehrt VDJ Nr. 59]

[4] Die Turckenstewer
Eine Schrift im Zusammenhang der auf dem Regensburger Reichstag 1556/57 festgelegten Türkensteuer. Möglicherweise identisch mit dem folgenden Druck, in dem auf diese Steuer Bezug genommen wird:
Johann Friedrich II., Johann Wilhelm I., Johann Friedrich III., Herzöge von Sachsen: Der Hertzogen zu || Sachssen etc. Gebrüdere/ Gemei=||ner Landschafft/ auff dem Landtage zu || Salfelt/ Montag nach Viti jüngst ver=||gangen/ vnterthenige bewilligte || Steur vnd Hülff/ be=||langend.|| 1557.|| [Jena: Christian Rödinger d. Ä. Erben]. [14] Bl.; 4° [VD16 ZV 13626; Gehrt VDJ Nr. 58]

[5] Wundertzeichen warhafftige beschreibung
Es kommen drei Varianten in Frage:

a) Fincel, Hiob: Wunderzeichen.|| Warhafftige beschreibung || vnd gründlich verzeichnus schreck=||licher Wunderzeichen vnd Geschichten/|| die von dem Jar an M.D.XVII.|| bis auff jtziges Jar M.D.LVI.|| geschehen vnd ergangen sind/|| nach der Jarzal.|| Durch || Jobum Fincelium.|| ... || Gedruckt zu Jhena/ durch || Christian Rödinger.|| M.D.LVI. [223] Bl.; 8° [VD16 F 1103; Gehrt VDJ Nr. 40]
b) Fincel, Hiob: Wunderzeichen.|| Warhafftige beschreibung || vnd gründlich verzeichnus schreck=||licher Wunderzeichen vnd Geschichten/|| die von dem Jar an M.D.XVII.|| bis auff jtziges Jar M.D.LVI.|| geschehen vnd ergangen sind/|| noch der Jarzal.|| Auffs new vbersehen vnd gebessert.|| Durch || Jobum Fincelium.|| ... || Gedruckt zu Jhena/ durch || Christian Rödinger.|| M.D.LVI. [219] Bl.; 8° [VD16 ZV 5854; Gehrt VDJ Nr. 41]
c) Variante ThULB Jena, 8 Hist.un. III,24/4 (Zugang des 19. Jahrhunderts). Bl. 1 mit Titel sowie Bl. S [vii–viii]; T i fehlen (vorgebunden handschriftliche Titelangabe des 19. Jahrhunderts: „Fincelius, Iobus. Warhafftige Beschreibung und kurtz Verzeichnus schrecklicher Wunderzeichen und Geschichten, die von der Zeit an, da Gottes Wort in Deudschland angangen, am Himel, Erden und andern Creaturen geschehen sind Nach der Jarzal". Dies vielleicht nach VD16 F 1105, Zwischentitel). Ausgabebezeichnung: Gedruckt zu || Jhena durch Chri=||stian Rödinger. || 1556. [219] Bl.; 8° [Nicht bei VD16 und Gehrt VDJ]

[6] Die alte vnd Newe lehr Justi Menii
Flacius, Matthias: Die alte vnd newe || Lehr Justi Menij/ jederman zur || Warnung vnd jtzt zu einem vor=||drab Matth.Fl. Illyrici.|| ... || [Jena: Christian Rödinger d. Ä. Erben, 1557]. [6] Bl.; 4° [VD16 M 4537; Gehrt VDJ Nr. 57]

[7] Das Justus Menius sein Vocation etc. Amßdorff
Amsdorf, Nikolaus von: Das Justus Meni=||us sein Vocation vnd Kirche || heimlich verlassen/ vnd von || der reinen Lere des || Euangelij abge=||fallen sey.|| Niclas von Amsdorff.|| ... || (Kurtze Antwort M.|| Anthonij Otthonis/ auff das || Lesterbuch Menij.||) [Jena: Christian Rödinger d. Ä. Erben, 1557]. [16] Bl.; 4° [VD16 A 2345; Gehrt VDJ Nr. 55]

[8] Necessaria defensio
Flacius, Matthias: NECESSARIA || DEFENSIO M.FL.ILLYRI=||ci contra famosam Chartam, titulo, Vuit=||tebergensium Scholastico=||rum, editam.|| ... || (IENAE M.D.LVIII.||) [Christian Rödinger d. Ä. Erben]. [4] Bl.; 4° [VD16 F 1453; Gehrt VDJ Nr. 75]

[9] Apologia M Flac: Illirici
Flacius, Matthias: Apologia M.Fl.Jl=||lyrici/ auff zwo vnchristliche Schrifften || Justi Menij/ Darinnen von den grew=||lichen Verfelschungen der Adiapho=||risterey vnd Maioristerey allerley nütz=||lichs angezeigt wird.|| ... || IHENAE.|| Anno M.D.LVIII.|| [Christian Rödinger d. Ä. Erben]. [72] Bl.; 4° [VD16 F 1271; Gehrt VDJ Nr. 71]

[10] Trostschrifften vnd predig etc.
Luther, Martin: Trostschrifften || vnd Predigten des Ehrwird.|| Herrn D.M.L. für die/ so in To=||des/ vnd ander Noth vnd anfech=||tung sind. Durch D. Caspar || Creutziger zusammen || gebracht.|| Jtzt aber von newem zuge=||richt/ vnd ... || ge=||mehret/ durch Georgium || Rorarium.|| ... || Gedruckt zu Jhena/ durch || Christian Rödingers || Erben.|| [1558]. [219] Bl.; 8° [VD16 L 3487; Gehrt VDJ Nr. 88][47]

[11] Die furnemste adiaphoristische Irthume
Flacius, Matthias: Die fürnemste Adia=||phoristische jrthumen/ der waren Reli=||gion Verfelschungen vnd Ergernissen/ aus jren || eignen Schrifften vnd handlungen || trewlich zusamen ge=||zogen.|| Mit einer Vorred etlicher trewen Lerer/|| so wider solche hochschedliche jrthumen der Ba=||bylonischen Bulerey bisher mit Gottes || hülff gestritten haben.|| ... || [Jena: Christian Rödinger d. Ä. Erben, 1558]. [36] Bl.; 4° [VD16 V 2769; Gehrt VDJ Nr. 74]

47 Da dieser Titel zwischen weiteren 1558 erschienenen Werken angegeben ist, wird es sich nicht um eine der beiden früheren Jenaer Ausgaben von 1554 (VD16 L 3480 f.; Gehrt VDJ Nr. 16 f.) handeln.

[12] Johannis Stigelii Oratio de causis quare constituantur acade:
Es kommen zwei Varianten in Frage:

a) Stigel, Johann: IOANNIS STI=||GELII ORATIO || DE CAVSIS QVARE CONSTI=||tuantur Academiae, Habita Ienae, in celeberrimo || consessu ... Ducum Saxoniae,|| Principum ... & coetus || Scholastici, cum publice recitarentur || Priuilegia ... Academiae || Ienensis. 2. die Februaij.|| Anno ... || M.D.LVIII.|| Eiusdem STIGELII Epistola, continens nar=||rationem celebratae ... || pompae ... || (EPIGRAMMA=||TA QVAEDAM STIGELII || facta, inter spectacula Eque=||stria.||) (IENAE.|| Excudebant haeredes Christiani || Rhodij.|| Anno M.D.LVIII.||). [47] Bl.; 4° [VD16 S 9086; Gehrt VDJ Nr. 92]
b) Stigel, Johann: IOANNIS STI=||GELII ORATIO.|| DE CAVSIS QVARE CONSTI=||tuantur Academiae, Habita Ienae, in celeberrimo || consessu Illustrissimorum Ducum Saxoniae,|| Principum, Comitum, Nobilitatis, & coetus || Scholastici, cum publice recitarentur || Priuilegia, & Statuta Academiae || Ienensis. 2. die Februarij.|| Anno Salutis || M.D.LVIII.|| Eiusdem STIGELII Epistola, continens nar=||rationem celebratae in hoc conuentu || pompae, & spectaculorum.|| ... || (EPIGRAMMA=||TA QVAEDAM STIGELII || facta, inter spectacula Eque=||stria.||) (IENAE.|| Excudebant haeredes Christiani || Rhodij.|| Anno M.D.LVIII.||). [47] Bl.; 4° [VD16 S 9087; Gehrt VDJ Nr. 93]

[13] Elegia de passio [sic !] etc. Vrsini
Ursinus, Johannes: ELEGIA DE PAS=||SIONE ET RESVRRECTIONE || Domini nostri Iesu Christi, scripta ad Genero=||sum & clarissimum virum Anthonium || Fuggerum D. in Kirchberg & || Vueissenhorn &c.|| A.|| IOANNE VRSINO || GENENSE.|| Anno M.D.LVIII.|| [Jena: Christian Rödinger d. Ä. Erben]. [4] Bl.; 4° [VD16 U 285; Gehrt VDJ Nr. 95]

[14] Historia de imperatore Conrado etc. Vrsini
Ursinus, Johannes: HISTORIA DE || IMPERATORE CONRADO SVE=||uo, & Guelfo Bauariae Duce, liberato ingenti peri=||culo in obsidione Vuinspergensi coniugis suae || honestissimo, & tamen vafro consilio ... || Scripta || ad amplissimum Sena=||tum Reip.Augu=||stannae.|| A.|| M. IOANNE VRSINO || GENENSI.|| GENAE.|| Anno M.D.LVIII.|| [Christian Rödinger d. Ä. Erben]. [8] Bl.; 4° [VD16 U 287; Gehrt VDJ Nr. 96]

[15] Von Irthumen vnd Secten Theses vnd Hipo: N Gallus
Gallus, Nikolaus: Voñ Jrthumẽn vñd || Secten Theses vnd Hypotheses/ das ist/|| gemeine erwiesene Sprüche/ auff gegenwerti=||ge zeit vnd hendel gezogen/ zu erhaltung wares ver=||stands/ vnser Christlichen Augspurgischen Con=||fession/ vnd absonderung der Sec-

ten/|| Dieser zeit nötig.|| Durch Nicolaum Gallum.|| ... || Gedruckt zu Jhena/ Durch || Thomas Rewart.|| Anno M.D.LVIII.||. [24] Bl.; 4° [VD16 G 310; Gehrt VDJ Nr. 77]

[16] In Nuptiis Illuß: princi: Epithalamion. Jo: Sti:
Stigel, Johann: IN NVPTIIS || ILLVSTRISSIMI PRINCIPIS || AC DOMINI, DOMINI IOANNIS || FRIDERICI, eius nominis Secundi, Ducis Sax||oniae, Landgrauij Thuringiae, Marggrauij Mis||niae, & Illustrissimae Dominae ELISABE=||TAE, Filiae Illustriss. Principis ac Domini || FRIDERICI, Comitis Palatini ad Rhe=||nũ, Ducis Bauariae, Comitis Spon||heimensis, Carmen gratu=||latorium.|| Autore.|| IOANNE STIGELIO.|| IENAE.|| Anno M.D.LVIII.|| [Christian Rödinger d. Ä. Erben]. [15] Bl.; 4° [VD16 S 9075; Gehrt VDJ Nr. 91][48]

[17] 10 Auff das außschreiben der zweien Vniversiteten
Flacius, Matthias: Auff das ausschreiben || der zweisen Vniuersiteten/ vnd die Jnuecti=||uam Scholasticorum/ Antwort M.Fla. Jllyrici/|| darin die Adiaphoristen aus jren eigen Schrifften || vnd zeugnissen/ jrer grewlichen Bulerey mit der || Babylonischen Bestien vber=||wiesen werden.|| ... || Gedruckt zu Jhena/ Durch || Thomas Rewart.|| Anno M.D.LVIII.||. [40] Bl.; 4° [VD16 F 1274; Gehrt VDJ Nr. 72]

[18] 2 Warhafftiger vnd bestendiger bericht vom Kriege
Es kommen zwei der Druckbogenangabe Botts entsprechende Varianten ohne Orts- und Druckerangabe in Frage, die daraufhin zu prüfen wären, ob sie Jena zugeordnet werden können:

a) Warhafftiger besten=||diger Bericht/ von dem Krie=||ge/ zwischen Franckreich || vnd Engelandt.|| Auch von desselbigen || jtzigem Friedstande vnd Vertra=||ge. Vnd wie die Christliche Religion der || Augsburgischen Confession/ in || Franckreich auch eindrin=||gen wil.|| Anno M.D.LVIII.||. [8] Bl.; 4° [VD16 W 704]
b) Warhafftiger besten=||diger Bericht/ von dem Kriege/ zwi=||schen Franckreich vnd Engelland.|| Auch von desselbigen jtzigem Friedstande || vnd Vertrage. Vnd wie die Christliche Reli=||gion der Augsburgischen Confession/ in || Franckreich auch eindringen || wil.|| Anno M.D.LVIII.||. [8] Bl.; 4° [VD16 ZV 18358]

[19] 11 M Johannis Stolcii refutatio propositionum Pfeffingeri
Stoltz, Johannes: M.IOANNIS STOLSII || CONCIONATORIS AVLICI || Ducum Saxoniae Refutatio propositionum Pfeffin=||geri de Libero arbitrio, cum Praefatione ||

[48] Da die Titelangabe zwischen solchen weiterer Drucke von 1558 steht, wird es sich nicht um Stigels Jenaer Druck zu Johann Friedrichs II. Hochzeit mit Agnes von 1555 (VD16 S 9076; Gehrt VDJ Nr. 36) handeln.

M. Ioannis Aurifabri.|| MATTH: FLA: ILLYRICI DE || eadam controuersia.|| ... || Anno M.D.LVIII.|| [Jena: Thomas Rebart]. [44] Bl.; 4° [VD16 S 9267; Gehrt VDJ Nr. 94]

[20] 7 Offentlich Bekentnis der reynen lere etc. N: Amßd:
Es kommen zwei Varianten in Frage:

a) Amsdorf, Nikolaus von: Offeñtliche || Bekentnis der reinen Lehre des Euan=||gelij/ Vnd Confutatio der jtzigen || Schwermer.|| Niclas von Amsdorff. || Jtem ein Register Jllyrici/ etlicher || bittern vnwarheiten Menij || vnd anderer.|| ... || Gedruckt zu Jhena/ Durch || Thomas Rewart.|| Anno M.D.LVIII.||. [28] Bl.; 4° [VD16 A 2381; Gehrt VDJ Nr. 67]
b) Amsdorf, Nikolaus von: Offentliche || Bekentnis der reinen lere des Euan=||gelij/ Vnd Confutatio der jtzigen || Schwermer.|| Niclas von Amsdorff.|| Jtem ein Register Jllyrici etlicher || bittern vnwarheiten Menij || vnd anderer.|| ... || Gedruckt zu Jhena/ Durch || Thomas Rewart.|| Anno M. D.LVIII.||. [28] Bl.; 4° [VD16 A 2382; Gehrt VDJ Nr. 68]

[21] Funffzig grober Irthum Stenckefelds vii
Es kommen drei Varianten in Frage:

a) Flacius, Matthias: Fuñffzig grobe Jr||thumen der Stenckfeldischen Schwer=||merey/ aus seinen eigen Büchern trewlich zusamen || gelesen ... || Symphonia der Stenckfeldischen vnd || Antichristischen lere.|| Vrteil von der Stenckfeldischen schwer=||merey/ der getrewen Diener in der Kirchen || zu Brunschweig vnd Hannouer.|| Der hochgelerten Theologen zu Schmal=||kald Anno 1540. versamlet Vrteil von der || Schwenckfeldischen Schwermerey.|| Von den grewlichen jrthumen der newen || Schwenckfeldischen Postill/ vnter dem namen des Johans Wörmers/ newlich ausgangen.|| Gedruckt zu Jhena/ durch Thomas Rebart.|| Anno M.D.LVIII.||. [26] Bl.; 4° [VD16 F 1399; Gehrt VDJ Nr. 73]
b) Flacius, Matthias: Funffzig grobe jr=||thumen der Stenckfeldischen Schwer=||merey/ aus seinen eigen Büchern trewlich zusamen || gelesen vnd verzeichnet/ damit sich die einfeltigen || Christen desto fleissiger für seinem Gifft || schewen vnd hüten.|| Symphonia der Stenckfeldischen vnd || Antichristischen lere.|| Vrteil von der Stenckfeldischen schwer=||merey/der getrewen Diener in der Kirchen || zu Brunschweig vnd Hannouer.|| Der ... Theologen zu Schmal=||kald Anno 1540. versamlet Vrteil von der || Schwenckfeldischen Schwermerey.|| Von den grewlichen jrthumen der newen || Schwenckfeldischen Postill/vnter dem namen || des Johans Wörmers/newlich ausgangen.|| Gedruckt zu Jhena /durch Thomas Rebart.|| Anno M.D.LIX.||. [26] Bl.; 4° [VD16 F 1400; Gehrt VDJ Nr. 103]
c) Flacius, Matthias: Fuñffzig grobe Jr||thumen der Stenckfeldischen Schwer=||merey/ aus seinen eigen Büchern trewlich zusamen || gelesen ... || Symphonia der Stenckfeldischen vnd || Antichristischen lere.|| Vrteil von der Stenckfeldischen schwer=||merey/ der getrewen Diener in der Kirchen || zu Brunschweig vnd Hannouer.|| Der hochgelerten

Theologen zu Schmal=||kald Anno 1540. versamlet Vrteil von der || Schwenckfeldischen Schwermerey.|| Von den grewlichen jrthumen der newen || Schwenckfeldischen Postill/ vnter dem namen || des Johans Wörmers/ newlich ausgangen.|| Gedruckt zu Jhena/ durch Thomas Rebart.|| Anno M.D.LIX.||. [26] Bl.; 4° [VD16 F 1401; Gehrt VDJ Nr. 104]

[22] Von der grewlichen Vneinigkeit 4°
Flacius, Matthias: Voñ der grewlicheñ || Vneinigkeit/ Zwitracht/ Secten || vnd Rotten der Bepstischen Reli=||gion vnd Kirchen/ Jtziger zeit || sehr nützlich zu lesen:|| Durch || Matth. Flacium Jlliricum.|| ... || Jhena.|| Gedruckt durch Thomam Rebart.|| Anno M.D.LIX.||. [38] Bl.; 4° [VD16 F 1539; Gehrt VDJ Nr. 101]

[23] Propositiones in Pauli Lutheri 1 [?; Zeile durchgestrichen]
Ein lateinischer Druck aus Jenaer bzw. Rebarts Produktion mit Paulus-Auslegungen Luthers ist bislang nicht nachgewiesen.[49] Dass die Zeile durchgestrichen ist, könnte bedeuten, dass er nicht in Umlauf kam bzw. dass es sich angesichts des geringen Umfangs von mutmaßlich einem Bogen[50] nur um einen Andruck handelte.

[24] Etliche briff D M Lutheri 8
Es kommen zwei Varianten in Frage:

a) Luther, Martin: Etliche Brieffe/ des || Ehrwirdigen herrn D.Martini Luthers/|| seliger Gedechtnis/ an die Theologos auff den || Reichstag zu Augspurg geschrieben/ Anno || M.D.XXX.Von der vereinigung Christi || vnd Belials ... || Verdeudscht.|| ... || [v.Matthias Flacius Illyricus d. Ä.] Gedruckt zu Jhena/ durch Thomas Rebart.|| Anno M.D.LVIII.||. [32] Bl.; 4° [VD16 L 3728; Gehrt VDJ Nr. 80]
b) Luther, Martin: Etliche Brieffe/ des || Ehrwirdigen herrn D.Martini Luthers/|| seliger Gedechtnis/ an die Theologos auff den || Reichstag zu Augspurg geschrieben/ Anno || M.D.XXX. Von der vereinigung Christi || vnd Belials ... || Verdeudscht.|| Jtem etliche andere Schrifften ... || (Eine Schrifft Johannis Brentij/|| von den Adiaphoris.||) [Hrsg.v.(M.Fl.Jllyr.||)] Gedruckt zu Jhena/ durch Thomas Rebart.|| Anno M.D.LVIII.||. [32] Bl.; 4° [VD16 ZV 10077; Gehrt VDJ Nr. 81]

[49] Zu erwähnen ist, dass der von Rödingers d. Ä. Erben gedruckte abschließende vierte Band der lateinischen Reihe der Jenaer Lutherausgabe von 1558 (VD16 L 3427; Gehrt VDJ Nr. 85) mit einer Kommentarfassung Luthers zum Galaterbrief beginnt.

[50] Das über den Bogenumfang Auskunft gebende Zeichen am Schluss der Zeile wiederholt Bott bei Nr. 50, wo die Identifizierung als „1“ rechnerisch stimmig ist.

[25] Quaestio de libero Arbitrio 4
Kein Jenaer Druck nachgewiesen. Das Werk liegt in der folgenden, vom Umfang her mit Botts Druckbogenangabe übereinstimmenden Regensburger Ausgabe vor:
Gallus, Nikolaus: QVAESTIO.|| DE LIBERO ARBI=||TRIO, QVATENVS ILLA QVIBVSDAM || nunc disceptatur in Ecclesijs Augustanae || Confessionis.|| CVM ADSERTIONE.|| EX PERPETVA PROPHETICAE ET APO=||stolicae scripturae sententia ... || (RATISPONAE EXCVDEBAT HEN=||RICVS GEISLER.|| ANNO M.D.LIX.||). [16] Bl.; 4° [VD16 G 272]

[26] Das die Bußs / Rewe / oder erkentnis etc. 2
Flacius, Matthias: Das die Buss/ Rewe/|| oder erkentnis des Zorns vnd der Sünden/|| eigentlich allein aus dem Gesetz: Vnd widerumb die ver=||gebung der Sünden/ oder Gnade/ allein aus dem E=||uangelio zu predigen sey/ welcher vnterscheid || des Gesetzes vnd Euangelij auffs || fleissigst zu Mercken || ist.|| M.F.Jllyr:|| ... || (Gedruckt zu Jhena/ durch Thomam Rebart.|| Anno M.D.LIX.||). [8] Bl.; 4° [VD16 F 1331; Gehrt VDJ Nr. 98]

[27] Bericht M Fla: Illyrici Von etlichen arti: 12
Flacius, Matthias: Bericht M.Fla.|| Jllyrici/ Von etlichen Artikeln der || Christlichen Lehr/ vnd von seinem Le=||ben/ vnd enlich auch von den Adia=||phorischen Handlungen/ wider || die falschen Geticht der || Adiaphoristen.|| ... || Anno M.D.LIX.|| [Jena: Thomas Rebart]. [48] Bl.; 4° [VD16 F 1280; Gehrt VDJ Nr. 100]

[28] Vom Christlichen abschid D M Ratzenberger 7
Poach, Andreas: Vom Christlichen|| Abschied aus diesem sterblichen Le=||ben des lieben thewren Mannes Mat=||thei Ratzenbergers der Artzney || Doctors || Bericht durch Andream Poach Pfar||herrn zun Augustinern in Erffurdt/ vnd an=||dere/ So dabey gewesen/ kurtz zusa=||men gezogen.|| Anno Domini M.D.LIX.|| Mense Ianuario.|| Gedruckt zu Jhena durch Tho=||mam Rebart.|| [1559]. [28] Bl.; 4° [VD16 P 3814; Gehrt VDJ Nr. 120]

[29] De Adiaphoristicis corruptelis 5 bogen
Kein Jenaer Druck nachgewiesen. Die lateinische Version der in Botts Liste unter Nr. 31 (vgl. dort) verzeichneten deutschen Fassung dieser Schrift liegt in der folgenden, vom Umfang her mit Botts Druckbogenangabe übereinstimmenden Magdeburger Ausgabe vor:
Wigand, Johann und Richter (Judex), Matthaeus: DE ADIAPHO=||RISTICIS CORRVPTE=||LIS, IN MAGNO LIBRO ACTO=||rum Interimisticorum, sub conficto titulo pro=||fessorum Vuitebergensium aedito,|| repetitis,|| ADMONITIONES || M.Iohannis Vuigandi & || M.Matthaei Iudicis || Apologiae uice scriptae.|| M.D.LIX.|| (IMPRESSVM MAGDEBVRGI || per Ambrosium Kirchner.||). [20] Bl.; 4° [VD16 W 2702]

[30] Duo libelli Prosperi 10 bogen
Prosper Aquitanus: DVO LIBEL=||LI D. PROSPERI DE ORIGINA||li peccato & Libero arb: pro gratia contra || recentiores Pelagianos scripti ... || Et quaedam alia de eadem materia,|| haudquaquam contemnenda.|| ... || (DE ORIGI=||nali pecc. & Libero arbit. M. Fla. Illy.||) [Jena: Thomas Rebart, 1559]. [80] Bl.; 8° [VD16 P 5090; Gehrt VDJ Nr. 121][51]

[31] Von den Adiaphoristhen verfelschungen x bogen
Es kommen zwei Varianten in Frage:

a) Wigand, Johann und Richter (Judex), Matthaeus: Von den Adiaphori=||stischen verfelschungen in dem grossen || buche/ Actorum Synodicorum, das ist/ der Jnte=||rimistischen hendel/ vnter dem vermeineten || Namen der professorn zu Wittenberg aus=||gangen/ vñ auffs new widerholet.|| Nothwendige Erinnerung durch M. Johan=||nem Wigand/ von M. Mattheum Judicem.|| Von einem Christen aus dem latein verdeudscht.|| ... || (Gedruckt zu JHENA.||)[Thomas Rebart 1559]. [40] Bl.; 4° [VD16 W 2703; Gehrt VDJ Nr. 131]
b) Wigand, Johann und Richter (Judex), Matthaeus: Von den Adiaphori=||stischen verfelschungen in dem grossen || buche/ Actorum Synodicorum, das ist/ der Jnte=||rimistischen hendel/ vnter dem vermeinten Na=||men der Professorn zu Wittenberg ausgan||gen/ vnd auffs new widerholet.|| Nothwendige Erinnernng durch M. Johannem || Wigand/ vnd M. Mattheum Judicem.|| Von einem Christen aus dem Latein verdeutscht.|| ... || (Gedruckt zu JHENA.||)[Thomas Rebart 1559]. [40] Bl.; 4° [VD16 ZV 21268; Gehrt VDJ Nr. 132]

[32] Trostbuchlin wie man die Sunde erkennen etc. xiii bogen
Nicht nachgewiesene Ausgabe des „Trostbüchleins" von Nicodemus Kramer, die ausweislich des zeitlichen Horizonts dieses Abschnitts der Liste Botts 1559 oder 1560 gedruckt wurde. Es liegt nahe, sie als Jenaer Druck, am ehesten wohl Rebarts, zu bestimmen. Jedenfalls liegt er noch vor der bislang bekannten, mit 96 Blättern im Oktavformat etwas schmaleren Jenaer Ausgabe von Donatus Richtzenhain von 1561 (VD16 K 2219; Gehrt VDJ Nr. 170) und könnte insofern die Erstausgabe gewesen sein.

[33] Kurtze Antzeigung etc. x bogen
Winnigstedt, Johann: Kurtze anzeigung || aus der heiligen Schrifft/ vnd aus den || Büchern der Veter/ wider die Sacrilegos,|| das ist/ wider die Kirchendiebe || der jtzigen zeit/|| Durch Johañ Winnistede/ Diener des ... || Euangelij ... zu Quedlinburg/|| vnd jtzt im 1559. Jar. Erstlich in den || Druck gegeben mit || zweien Vor=||reden.|| Doctoris Joachimi Mörlin/ Superintendenten || zu Braunschweig. Vnd Ern Autoris Lampa=||dij/ Licentiaten vnd Pre-

[51] Gehrts Corrigenda zu VD16 P 5090 werden durch Botts Liste bestätigt.

dicanten || zu Halberstat.|| … || (Gedruckt zu Jena/ durch || Thomam Rebart.|| ANNO M.D.LX.||). [37] Bl.; 4° [VD16 W 3500; Gehrt VDJ Nr. 158]

[34] Grundliche verlegung 31 bogen
Es kommen zwei Varianten in Frage:
a) Flacius, Matthias: Gründliche Verle=||gung des langen Comments || der Adiaphoristen/ oder der verzelung || jrer handlungen/ Zu gründlicher || erforschung der warheit in dieser || sache sehr nützlich zu lesen/|| Durch || M.Fl.Jllyricum.|| … || (Gedruckt zu Jhena/|| durch Donatum Richtzenhayn.|| Anno M.D.LX.||). [124] Bl.; 4° [VD16 F 1412; Gehrt VDJ Nr. 133]
b) Flacius, Matthias: Gründliche Ver=||legung des langen Comments || der Adiaphoristen/ oder der verzelung || jrer handlungen/ Zu gründlicher || erforschung der warheit in dieser || sache sehr nützlich zu lesen/|| Durch || M.Fl.Jllyricum.|| … || (Anno M.D.LX.||) [Jena: Donatus Richtzenhain?[52]]. [124] Bl.; 4° [VD16 F 1413; Gehrt VDJ Nr. 134]

[35] Antwort vom Boesen Zornigen Buch iii bogen
Kein Jenaer Druck nachgewiesen. Das Werk liegt in der folgenden, vom Umfang her mit Botts Druckbogenangabe übereinstimmenden Regensburger Ausgabe vor:
Gallus, Nikolaus: Antwort/|| Von dem bösen zorni=/||gen Buch der Professorn zu Wittem=||berg/ an die liebe Kirche/ das sie vrteile vnd ver=||stehe/ Was vnd wieuil sie dise sachen in || gemein/ vnnd einen jeden Christen || in sonderheit angehen.|| Durch Nic. Gallum.|| … || Gedruckt zu Regenspurg/ durch || Heinrichen Geißler.|| Anno/ M.D.Lix.||. [12] Bl.; 4° [VD16 G 290]

[36] Wechterstimme iiii bogen
Kein Jenaer Druck nachgewiesen. Das Werk liegt in der folgenden, vom Umfang her mit Botts Druckbogenangabe übereinstimmenden Regensburger Ausgabe vor:
Gallus, Nikolaus: Wächterstimme/|| Nic. Galli.|| Wo vnd in was Stü=||cken/ vnter dem Namen Lutheri/ der || Augspurgischen Confession vnd H. Schrift/|| Wider Lutherum/ wider die Augspur. Conf.|| vnd H. Schrifft jtzo gelehret wird/|| Den Christen zur ||warnung. || … || Gedruckt zu Regenspurg/ durch || Heinrichen Geißler.|| [um 1560]. [16] Bl.; 4° [VD16 G 313]

[37] Disputatio de libero arbitrio ii bogen
Eine „Disputatio de originali peccato et libero arbitrio" des Matthias Flacius liegt in zwei in Jena gedruckten Versionen vor. Während die frühere von 1559 (… contra praesentes errores; VD16 F 1347; Gehrt VDJ Nr. 99) vom Umfang her (24 Blätter oktav) nicht zu Botts

[52] Zuweisung nach VD16. Es wäre zu prüfen, ob diese Version nicht Rebart zugewiesen werden kann.

Druckbogenangabe passt – „11 bogen“ ergäben im Oktavformat 88 Blätter –, wird die in dieser Hinsicht passende spätere (... contra pontificios) von 1560, die keinen Druckernamen nennt, bei VD16 Christian Rödinger (Erben) zugewiesen (VD16 F 1348; Gehrt VDJ Nr. 135; 87 Blätter oktav). Es wäre freilich zu prüfen, ob sie nicht Rebart zugeordnet werden kann. Da Bott, dessen Titelangaben stets gewissenhaft sind, das Element „de originali peccato“ nicht nennt, ist nicht auszuschließen, dass er ein anderes, bisher nicht nachweisbares Werk „Disputatio de libero arbitrio“ vor Augen hatte.[53]

[38] De presentia Corporis Christi 19 bogen
Es kommen zwei Varianten in Frage:

a) Heshusen, Tilemann: DE PRAESENTIA || CORPORIS || CHRISTI IN || COENA DOMIMI.|| D.TILEMANVS || HESHVSIVS VVE-||SALIENSIS.|| IHENAE || ANNO || M.D.LX.|| (excudebat Donatus Ri=||tzenhain ... || Mense Iulio.||). [151] Bl.; 8° [VD16 H 3102; Gehrt VDJ Nr. 136]
b) Heshusen, Tilemann: DE PRAESENTIA || CORPORIS || CHRISTI IN || COENA DOMINI || Contra Sacramen-||tarios.|| D. TILEMANVS || HESHVSIVS VVE-||SALIENSIS.|| IHENAE || ANNO || M.D.LX.|| (excudebat Donatus Ri=||tzenhain ... || Mense Iulio.||). [151] Bl.; 8° [VD16 H 3103; Gehrt VDJ Nr. 137]

[39] Epithalamion D M Erhardi Guntermanni
Bislang nicht nachgewiesenes, von bzw. für Erhard Gundermann verfasstes Epithalamium, das wie die anderen Titel dieses Listenabschnitts 1559 gedruckt worden sein dürfte. Der Kahlaer Diakon Erhard Gundermann erhielt 1562 die Pfarrstelle in Kahla, wo er 1564 starb und vom Rat mit einem Grabstein in der Stadtkirche gewürdigt wurde.[54] Angesichts des Wirkungsorts Gundermanns ist das benachbarte Jena als Druckort vorauszusetzen.

[40] Oratio Stigelii de origine ßermonis 6 bogen
Stigel, Johann: ORATIO || IOANNIS STIGELII,|| de origine & vsu || Sermonis.|| HABITA IN ACADEMIA IENENSI || cum decerneret titulum Magisterij Phi=||losophici aliquot honestis & Eru=||ditis uiris.|| Anno salutis.|| M.D.LIX.|| IENAE || Excudebant Haeredes Christiani || Rhodij.||. [22] Bl.; 4° [VD16 S 9088; Gehrt VDJ Nr. 123]

53 Vom Kontext und Umfang her auszuschließen ist die „Disputatio de libero arbitrio“ des Andreas Musculus, die 1555 in Frankfurt/Oder erschien (VD16 ZV 11287). Die „Quaestio de libero arbitrio“ des Nikolaus Gallus ist in Botts Liste unter Nr. 25 verzeichnet, s. dort.

54 Zur Person ThULB Jena, Ms. Prov. f. 136, Teil 2 (Kahlaische Chronik des Matthäus Gundermann), S. 53; vgl. Richard Denner: Jahrbücher zur Geschichte der Stadt Kahla, Kahla 1937/38, S. 90, 92; Gehrt: Konfessionspolitik (wie Anm. 11), S. 199.

[41] Des Durchleuchtigen etc. Confutationes 22 bogen
Einer der drei für Jena nachgewiesenen Drucke der deutschen Version im Quartformat[55] des Konfutationsbuchs Johann Friedrichs II. (VD16 S 1097–1099; Gehrt VDJ Nr. 108–110). Vom Umfang her passt VD16 S 1097 (Gehrt VDJ Nr. 108) zu Botts Druckbogenangabe: DEs Durchleüchtigen/|| Hochgebornen Fürsten vnd Herren/ her=||ren Johans Friderichen des Mittlern/ Hertzogen || zu Sachssen ... || für sich selbs/ Vnd von wegen seiner F.G.|| Brüdere/ Hertzog Johans Wilhelmen/ vnnd Hertzog Jo=||hans Friderichen des Jüngern zu Sachssen [et]c. in Gottes || wort/ Prophetischer vnd Apostolischer schrifft/ gegrün=||dete Confutationes/ Widerlegungen vnnd verdam̃ung || etlicher ... || zu || förderung ... des Antichristische Ba=||pstumbs eingeschlichenen vnd eingerissenen Corruptelen/|| Secten vnd Jrrthumẽn ... || An jrer F.G.|| getrewe Landstände/ Vnterthanen vnd Verwañten auß=||gangen ... || Jhena.|| [Thomas Rebart, 1559]. [8], 79 Bl.; 4°

[42] Illustriss: principis etc. Confutatio latina xiii
Einer der drei für Jena nachgewiesenen Drucke der lateinischen Version des Konfutationsbuchs Johann Friedrichs II. (VD16 S 1100 f.; ZV 13629; Gehrt VDJ Nr. 111–113). Die von Bott angegebene Anzahl der Druckbogen ist für die beiden Quartversionen zu niedrig und für die Oktavausgabe etwas zu hoch, so dass am ehesten an letztere zu denken ist: ILLVSTRIS=||SIMI PRINCIPIS ... || IOHANNIS || Friderici secundi, Ducis Saxoniae,|| Landgrauij Thuringiae, & Marchionis || Misniae, suo ac Fratrum D. Iohannis Vuilhelmi, et D.|| Iohannis Friderici natu Iunioris nomine, solida et ex || Verbo DEI sumpta Confutatio et condemnatio prae=||cipuarum Corruptelarum, Sectarum, et errorum, hoc || tempore ad instaurationem et propagationem Regni || Antichristi Rom. Pontificis aliarumque fanaticarum || opinionum, ingruentium et grassantium, contra ueram || sacrae Scripturae, Confessionis Augustanae, et Schmal=||kaldicorum Articulorum Religionem, ad suae Celsit. et || Fratrum suorum subditos cuiuscunque Ordinis scripta || et edita ... || IENAE.|| (Ex officina Typographica Haere=||dum Christiani Rhodij.||) [1559]. [8], 82, [8] Bl.; 8° [VD16 S 1101; Gehrt VDJ Nr. 113]

[43] Synopsis Antichristi Latine 9 bogen
Wigand, Johann: SYNOPSIS || ANTICHRISTI RO||MANI SPIRITV ORIS CHRI=||sti reuelati.|| IOHAN, VVIGAND.|| ... || IHENAE.|| EXCVDEBAT THOMAS || rebart. Anno 1.5.60.||. [34] Bl.; 4° [VD16 W 2868; Gehrt VDJ Nr. 157]

[55] Die Oktavausgabe VD16 S 1096 (Gehrt VDJ Nr. 107) scheidet angesichts der von Bott genannten, hierfür zu hohen Druckbogenzahl aus.

[44] Summa vnd auszuch der 1 vnd ander 4 bogen
Kein Jenaer Druck nachgewiesen. Das Werk liegt in der folgenden, vom Umfang her mit Botts Druckbogenangabe übereinstimmenden Regensburger Ausgabe vor:
Gallus, Nikolaus: Summa vnd Aus=||zug der ersten vnd andern antwort || Nicolai Galli/ auf der Professorn zu Wittem=||temberg ausgangne Acta/ Sumã vnd Aus=||zug derselben/ sovil die Disputation der || Hauptsachen/ für die gemeine|| Kirche belanget. || Jñ blosse Argumenta gefasset/ die || Christen des grunds der warheit dardurch || kurtz zuberichten.|| ... || Gedruckt zu Regenspurg/ durch || Heinrichen Geißler.|| Anno M.D.LX.||. [16] Bl.; 4° [VD16 G 295]

[45] Synopsis deutsch 13 bogen
Wigand, Johann: SYNOPSIS.|| Oder Spiegel || des Römischen Antichrists/|| durch den Geist des mundes Got=||tes offenbaret. Jm Latein || ausgangen.|| Durch || Johannem Wigandum.|| Verdeudscht durch Andre=||am Coruinum.|| Jtem.|| Artickel oder Heubtlehre der || Bepstischen Religion ... || Durch Johannem || Wigandum.|| Gedruckt zu Jehna durch || Thomam Rebart.|| 1560.||. [103] Bl.; 8° [VD16 W 2870; Gehrt VDJ Nr. 156]

[46] Von der Erbsunde vnd Freyen Willen 21 bogen
Eine der je zwei Varianten der beiden Jenaer Rebart-Ausgaben des Werks „Wahrhaftige und beständige Meinung und Zeugnis von der Erbsünde und dem freien Willen“ Martin Luthers von 1560 und 1561 (VD16 L 3493 f., 3498; ZV 10092; Gehrt VDJ Nr. 146 f., 174 f.).

[47] Das die Grunde Nicolai Galli noch fest etc. 18 bogen
Kein Jenaer Druck nachgewiesen. Das Werk liegt der folgenden, vom Umfang her mit Botts Druckbogenangabe übereinstimmenden Regensburger Ausgabe vor:
Gallus, Nikolaus: Das die gründe Ni=||colai Galli noch fest stehen/ wider || der Adiaphoristen Acta vnd Auszug.|| Den Christen zu einem solchen Be=||richt/ das sie daraus den gantzen handel leicht || verstehen ... || Disputationsweise/ Christlich/ gütlich/|| geschriben. || Gegen der vngenenten Wittembergischen || Scribenten/ grewliche vnchristliche || Lesterschrifft.|| ... || Regenspurg.|| 1560.|| (Gedruckt ... durch || Heinrichen Geißler ||). [72] Bl.; 4° [VD16 G 263]

[48] De Neutralibus 16 bogen
Kein Jenaer Druck nachgewiesen. Das Werk liegt in der folgenden, vom Umfang her mit Botts Druckbogenangabe übereinstimmenden Ausgabe aus Frankfurt am Main vor:
Wigand, Johann: DE NEV=||TRALIBVS ET ME-||dijs Libellus utilis & necessa-||rius,|| AVTORE || Iohanne Vuigando.|| ... || FRANCOFORTI EX || Officina Petri Brubacchij,|| M.D.LX.||. [8] Bl., 234 S., [1] Bl.; 8° [VD16 W 2809]

[49] Das Jesu Christi warer leib vnd blut etc. 16 bogen
Kein Jenaer Druck nachgewiesen. Das Werk liegt in der folgenden, vom Umfang her mit Botts Druckbogenangabe übereinstimmenden Magdeburger Ausgabe[56] vor:
Heshusen, Tilemann: Das Jesu Christi wa=||rer Leib vnd Blut/ im heiligen || Abendmal gegenwertig sey/|| wider den Rottengeist zu || Bremen/ Doc.Al=||bert Harden=||berg.|| Durch || Tilemanum Heszhusium We=||saliensem/ der heiligen Schrifft || Doctorem.|| M.D.LX.|| (Gedruckt zu Magde=||burg/ durch Wolff || Kirchener.||).[63] Bl.; 4° [VD16 H 3026]

[50] Handbuchlin von diesem Jamertal etc. 16 bogen vnd 1 [?]
Leon, Johann: Handbüchlin/|| Von diesem Jamerthal se=||ligklich abzusterben/ mit Christli=||cher vnterweisunge/ krancke/ bekümmer=||te/ vnd angefochtene Personen/|| in Todes nöten zu || trösten.|| Durch || Johan Leon/ Pfarher zu || grossen Mülhausen || ... || Gedruckt zu Jhena durch || Thomam Rebart.|| 1560.||. [131] Bl.; 8° [VD16 L 1211; Gehrt VDJ Nr. 141]

[51] Christlicher Vntterricht Tilmanni 29 bogen
Kein Jenaer Druck nachgewiesen. Das Werk liegt in der folgenden, vom Umfang her mit Botts Druckbogenangabe übereinstimmenden Magdeburger Ausgabe vor:
Heshusen, Tilemann: Christlicher || vnterricht/ wie || man Gott recht || anruffen || sol.|| Durch || Doct': Tilemanum || Heshusium.|| ... || M.D.LX.|| (Gedruckt zu Magde-||burg/ durch Wolff=||gang Kirche=||ner.|| M.D.LXI.||). [231] Bl.; 8° [VD16 H 3023]

[52] Abfertigung M Galli 5 bogen
Kein Jenaer Druck nachgewiesen. Das Werk liegt in der folgenden, vom Umfang her mit Botts Druckbogenangabe übereinstimmenden Regensburger Ausgabe vor:
Gallus, Nikolaus: Abfertigung/|| Der vngenenten Wittember=||gischen Lester Scribenten.|| Vnd manung || Der Professorn selb/ zu gebürlicher || rechtschaffner Disputation/ vnd aus=||fürung jhrer eigen sachen.|| Des weichens vnd vergleichens mit den Papisten/ vn=||ter ertichtem Namen der Adiaphora/ ... || Durch Nic. Gallum/ zu gebür=||licher antwort geschrieben. || ... || Regenspurg/|| M.D.LXI.|| (Truckts Heinrich Geisler.||). [19] Bl.; 4° [VD16 G 250]

[53] Bericht vnd ratschlag P Melanch: vi bogen
Kein Jenaer Druck nachgewiesen. Das Werk „Bericht und Ratschlag vom Streit des heiligen Nachtmahls ..." von Philipp Melanchthon liegt in mehreren Drucken vor: drei ohne

[56] Die Oberurseler Ausgabe Nikolaus Heinrichs d. Ä. und Sigmund Feyerabends von 1561 (VD16 H 3028; 83 Blätter oktav) kann wegen ihres abweichenden Umfangs nicht gemeint sein.

Orts- und Druckerangabe, 1560 (VD16 M 3539 f.; jeweils 6 Blätter quart; VD16 ZV 22480; 4 Blätter quart); Regensburg: Heinrich Geißler, 1560 (VD16 M 3541; 22 Blätter quart); Straßburg: Christian Müller d. Ä., 1560 (VD16 ZV 22479; 4 Blätter quart); Marburg: Andreas Kolbe, 1561 (VD16 M 3543; 8 Blätter quart). Botts Druckbogenangabe entspricht einzig Geißlers Regensburger Druck:
Bericht vnd Rath=||schlag Philippi Melanthonis/ Vom || streit des heiligen Nachtmals/ vnd zen=||kischen Kirchen=||dienern.|| Geschrieben an einen Churfärsten || des Reichs.|| Mit zugethaner notwendiger/ warhaffter || vnd trewer erinnerung.|| [v.(Nic.Gallus.||)] (Zu Regenspurg nachgedruckt/ durch Hein=||richen Geisler/ Anno M.D.Lx.|| im Nouember.||). [22] Bl.; 4° [VD16 M 3541]

[54] Responsio Tilmanni vii bogen
Kein Jenaer Druck nachgewiesen. Das Werk liegt in der folgenden, vom Umfang her mit Botts Druckbogenangabe übereinstimmenden Magdeburger Ausgabe vor:
Heshusen, Tilemann: RESPONSIO || TILEMANI HESHV=||SII, AD PRAEIVDICIVM PHILIPPI || Melanthonis, de controuersia Coenae || Domini.|| ANNO || M.D.Lx.|| [Magdeburg: Wolfgang Kirchner]. [28] Bl.; 4° [VD16 H 3130]

[55] Responsio de libro professorum Witt: Nic: Gal: i bogen [Zeile durchgestrichen]
Kein Jenaer Druck nachgewiesen. Das Werk liegt in der folgenden, vom Umfang her mit Botts Druckbogenangabe übereinstimmenden Regensburger Ausgabe vor:
Gallus, Nikolaus: RESPONSIO DE || LIBRO PROFESSORVM || VVITTEMBERGENSVM DATA || Ecclesiae, vt iudicet in his, quae sua || intersunt.|| SCRIPTA A NIC. Gallo.|| ... || RATISPONAE EXCVDEBAT HENRI=||CVS GEISLER|| ANNO DOMINI. 1559.||. [4] Bl.; 4° [VD16 G 289]

[56] Vm [sic !] ampt vnd gewalt der pfarer etc. xii bogen
Kein Jenaer Druck nachgewiesen. Das Werk liegt in der folgenden, vom Umfang her mit Botts Druckbogenangabe übereinstimmenden Magdeburger Ausgabe vor:
Heshusen, Tilemann: Vom Ampt vnd Ge=||walt der Pfar=||herrn.|| D.Tilemanus Heshusius.|| ... || M.D.LXI.|| (Gedruckt zu Magde=||burg durch Wolff=||gang Kirche=||ner.||). [47] Bl.; 4° [VD16 H 3163]

[57] Responsio de Logo M F Illy: i bogen
Flacius, Matthias: REPETITIO A=||POLOGIAE M. FL. ILLYR.|| de LOGO et alijs qui=||busdam.|| ... || (EXCERPTVM CONFES=||sio: Illyr: de Deo Anno 1557 ... editae.||) (REFVTATIO ILLYR:|| Anno 1558. aedita.||) IENAE.|| Anno M.D.LXI.|| [Thomas Rebart]. [8] Bl.; 8° [VD16 F 1489; Gehrt VDJ Nr. 163]

[58] Verantwortung Vom logo M F Illy 4 bogen
Es kommen zwei Varianten in Frage:

a) Flacius, Matthias: Verantwortung M.|| Fla. Jllyr. vom Logo von dem Wort/ oder || Son Gottes vnd etlichen andern aufflagen.|| ... || Anno M.D.LXI.|| [Jena: Thomas Rebart]. [15] Bl.; 4° [VD16 F 1484; Gehrt VDJ Nr. 164]
b) Flacius, Matthias: Verantwortung M.|| Fla.Jllyr. vom Logo von dem Wort/|| oder Son Gottes vnd etlichen andern || aufflagen.|| ... || Anno M.D.LXI.|| [Jena: Thomas Rebart]. [15] Bl.; 4° [VD16 F 1485; Gehrt VDJ Nr. 165]

[59] Der prediger zu Bremen bekentnis 5 bogen
Kein Jenaer Druck nachgewiesen. Das Werk „Der Prediger zu Bremen Bekenntnis vom Nachtmahl Jesu Christi" von Tilemann Heshusen liegt in drei Magdeburger Ausgaben Wolfgang Kirchners von 1560/61 vor (VD16 P 4749; 17 Blätter quart; P 4750; 17 Blätter quart; P 4751; 83 Blätter quart), von denen mit Botts Druckbogenangabe nur die ersten beiden in Übereinstimmung zu bringen sind.

[60] Ordenung des consistorii 3 bogen
Johann Friedrich II, Herzog von Sachsen: Ordenung vnd sum||marischer Process des Fürstlichen || Sechsischen Consistorij. Auffge=||richtet in dem jar.|| M.D.LXI.|| (Gedruckt zu Jhe=||na/ durch Thomam Rebart.|| Anno M.D.LXI.||). [11] Bl.; 4° [VD16 S 1105; Gehrt VDJ Nr. 168][57]

[61] Erklerung der Religionsstreit 3 bogen
Kein Jenaer Druck nachgewiesen. Das Werk liegt in der folgenden, vom Umfang her mit Botts Druckbogenangabe übereinstimmenden Regensburger Ausgabe vor:
Gallus, Nikolaus: Erklerung der Religi=||ons streite/ zu nottürfftigem vn=||terricht der Kirchen/ vnd ablenung fal=||scher Calumnien. || Wider die verfelscher der waren Augspur=||gischen Confession. || Durch Nicolaum Gallum. || ... || Gedruckt zu Regenspurg/ durch || Heinrichen Geißler.|| Anno M.D Ljx. ||. [12] Bl.; 4° [VD16 G 270]

[62] Von der semplicher vntterschreibung 2 bogen
Kein Jenaer Druck nachgewiesen. Das Werk „Von der sämtlichen Unterschreibung der Augsburgischen Confession ..." liegt in drei jeweils acht Blätter im Quartformat umfassenden Drucken von 1561 vor: zwei ohne Orts- und Druckerangabe (VD16 V 2628 f.) sowie ein Regensburger Druck Heinrich Geißlers (VD16 V 2630). Zu prüfen wäre, ob einer oder beide anonymen Drucke Jena (Rebart) zugewiesen werden könnte(n).

57 Der parallele Jenaer Druck dieses Werks von Donatus Richtzenhain (VD16 S 1106; Gehrt VDJ Nr. 167) kann wegen seines im Vergleich zur Druckbogenangabe Botts zu geringen Umfangs (7 Blätter) nicht gemeint sein.

[63] Von anbettung des Sacraments 7 bogen
Kein Jenaer Druck nachgewiesen. Das Werk liegt in der folgenden, vom Umfang her mit Botts Druckbogenangabe übereinstimmenden Ausgabe vor, die daraufhin zu überprüfen wäre, ob sie Jena (Rebart) zugewiesen werden könnte:
Hachenburg, Johann: Vom anbeten || des Sacraments/ Dazu || vom vbriegen/ vnnd niderfallen || Sacrament im Abendmal des || HERREN Christi/|| Declaration/|| M. Joannis Hachenburg.|| Aus den Büchern des Ehr. D. Mar=||tini Lutheri seliger gedechtnis/|| fleissig vnd rein zusamen || getragen.|| An den Landgraffen zu Hessen [et]c.|| (M.D.LXI.||) [s.l.]. [55] Bl.; 8° [VD16 ZV 7209]

[64] Vom Bepstlichen fest corporis Christi 6 bogen
Kein Jenaer Druck nachgewiesen. Das Werk „Vom päpstlichen abgöttischen Fest Corporis Christi ..." des Nikolaus Gallus liegt in zwei vom Umfang her mit Botts Druckbogenangabe übereinstimmenden Regensburger Ausgaben Heinrich Geißlers von 1559 vor (VD16 G 308; ZV 6353; jeweils 24 Blätter quart).

[65] Confutationes M Galli 5 bogen
Gallus, Nikolaus: CONFVTATIONES || Etzlicher ge=||genwertiger Secten vnd || Corruptelen/ Magistri Nicolai || Galli, Pfarrherr vnd Su=||perintendenten/ der Stad || Regenspurg.|| Jtem Widerlegung des || Jrrthums Osiandri/ durch || einen trewen guthertzigen || Christen geschehen.|| [v.(Sebaldus hei||den ... ||)] Jtem bekanntnus von dẽ || Nachtmal des HErrn Jhesu || Christi/ Tilemani Hesshusij/|| der Heiligen Schrifft || Doctoris.|| Gedruckt zu Jhena/|| ANNO 1562.|| [Thomas Rebart und Donatus Richtzenhain]. [38] Bl.; 8° [VD16 G 261; Gehrt VDJ Nr. 194]

[66] Horas Canonicas Nico: Amßdorff iii bogen
Amsdorf, Nikolaus von: HORAS CANONICAS || Jn Klöstern vñ Stiff||ten singen/ Vnd gebotenen Adiaphora hal=||ten/ ist eben so wol Abgötterey/ Als die || schentlichste Opffermesse.|| Miclas von Amsdorff.|| ... || Gedruckt zu Jhena/ durch Tho=||mam Rhebart/ Anno || M.D.LXII.||. [10] Bl.; 4° [VD16 A 2374; Gehrt VDJ Nr. 182]

[67] Ein predig auß den schrifften L: N Amßdorff 3 bogen
Amsdorf, Nikolaus von: Ein Predigt aus den || Schrifften Lutheri vber die Pro=||pheten gezogen.|| Das Deudscheland/ wie Jsrael/ Judea/|| vnd Jerusalem/ wird zustört vnd verwüstet || werden/ vmb gleicher Sünde willen.|| Niclas von Amsdorff.|| ... || Gedruckt zu Jhena/ durch || Thomam Rhebart.|| Anno M.D.LXII.||. [12] Bl.; 4° [VD16 A 2384; Gehrt VDJ Nr. 184]

[68] De servo hominis arbitrio Tilmannus 28 bogen
Kein Jenaer Druck nachgewiesen. Das Werk liegt in der folgenden, vom Umfang her mit Botts Druckbogenangabe annähernd übereinstimmenden Magdeburger Ausgabe vor:
Heshusen, Tilemann: DE SERVO HO=||MINIS ARBITRIO: ET || CONVERSIONE EIVS || per Dei gratiam aduersus || Synergiae adser=||tores.|| Autore || D. TILEMANO HES=||husio.|| ... || MAGDEBVRGI || Ex Officina Typographica Vuolff=||gangi Kirchneri. Anno || M.D.LXII.||. [116] Bl.; 4° [VD16 H 3138]

[69] Vom vermeintten freyen willen Tilmannus 14 bogen
Kein Jenaer Druck nachgewiesen. Das Werk liegt in der folgenden, vom Umfang her mit Botts Druckbogenangabe übereinstimmenden Magdeburger Ausgabe vor:
Heshusen, Tilemann: Vom Vermeinten || freyen willen/ Wi=||der die Synergisten.|| D. Tilemanus Hesshusius.|| ... || Gedruckt zu Magdeburg/ Durch || Wolffgang Kirchener.|| Anno LXII|| [=1562]. [56] Bl.; 4° [VD16 H 3169]

[70] Das ander teil der wundertzeigen [sic !] Johannis Fince: 26 bogen
Kein Jenaer Druck nachgewiesen. Der zweite Teil der „Wunderzeichen“ von Hiob Fincel liegt in zwei vom Umfang her mit Botts Druckbogenangabe übereinstimmenden Leipziger Drucken Jakob Bärwalds von 1559 vor (VD16 F 1106; ZV 22131; jeweils 207 Blätter quart). Eine Ausgabe Rebarts ist bislang nur für 1566 nachgewiesen (Frankfurt am Main; VD16 F 1109).

[71] Das dritte theil der wundertzeigen [sic !] Johannis Fince: xxvi bogen
Es kommen zwei Varianten in Frage:

a) Fincel, Hiob: Wunderzeichen/|| Der dritte Teil/ so von der || zeit an/ da Gottes wort in || Deudschland/ Rein vnd || lauter gepredigет worden/|| geschehen/ vnd er=||gangen sind.|| Durch || Jobum Fincelium.|| Gedruckt zu Jhena/ Durch Donatum || Richtzenhain/ vnd Thomam Re=||bart/ Anno M.D.LXII.||. [204] Bl.; 8° [VD16 F 1107; Gehrt VDJ Nr. 192]
b) Fincel, Hiob: Wunderzeichen/|| Der dritte Teil/ so von der || zeit an/ da Gottes wort in || Deudschland/ Rein vnd || lauter gepredigет worden/|| geschehen/ vnd er=||gangen sind.|| Durch || Jobum Fincelium.|| Gedruckt zu Jhena/ Durch Donatum || Richtzenhein/ vnd Thomam Re=||bart/ Anno M.D.LXII.||. [204] Bl.; 8° [VD16 ZV 15882; Gehrt VDJ Nr. 193]

[72] Des Raths der alten Stadt Magdeburgk 17 bogen
Kein Jenaer Druck nachgewiesen. Das auf Tilemann Heshusen bezogene Werk „Des Rats der alten Stadt Magdeburg Bericht, aus was beweglichen Ursachen ...“ liegt in einem Eislebener Druck Urban Gaubischs von 1562 vor (VD16 M 132). Bei VD16 sind unter dieser

Nummer auch die in Botts Liste abschließend (Nr. 73) separat aufgeführten Anhänge eingeschlossen.[58] Mit 80 Blättern im Quartformat entspricht der Eislebener Druck der Summe aus Botts Nummern 72 und 73:
Des Raths der alten Stadt Magde=||burgk Bericht/ Aus was beweglichen vrsachen sich jtzi=||ger zeit/ etzlich hendel zugetragen/ Sampt ange=||hengter Christlicher bitt/ ermanung || vnd erbietung.|| ... D. Tilemanni Hes||husij notwendige entschuldigung/ vnd || gründliche verantwortung/ Wider den ertichten || Bericht/ des Raths der alten Stad Mag=||deburgk/ von der Ausführung || der Prediger da=||selbst.|| ... || (1.|| Wilhelmi Eccij Radensis Brieff/ an die El=||testen/ der Gerbkammer S. Vlrichs zu Magde=||burgk.|| 2.|| Etlicher Bürger von Arnstad Brieff/ in der || enturlaubunge D. Joach. Mörlini daselbst aus=||gangen.|| 3.|| Zwene Brieffe/ des H. Mans Gottes D.|| Martini Lutheri/ darin er von solchem schreiben || berichtet/ vnd vrtelt.||) M.D.LXII.|| [Eisleben: Urban Gaubisch]. [80] Bl.; 4°

[73] Nachfolgends wird etc. 3 bogen
Kein Jenaer Druck nachgewiesen. Es handelt sich um die mit der Formulierung „Nachfolgends wird der Christliche Leser finden ...“ eingeleiteten Anhänge (u. a. Briefe Luthers und Ecks; vgl. VD16 M 132) zu dem vorgenannten Werk (Nr. 72).

58 Das Werk Nr. 72 ist in Entsprechung der zweigeteilten Verzeichnung bei Bott auch ohne die Anhänge Nr. 73 überliefert, in der ThULB Jena etwa unter den Signaturen 4 Theol. XLIII,38(20) und 8 MS 8557 (6).

Heiko Jadatz

Mitteldeutsche Pfarr-und Kirchenbibliotheken im 16. Jahrhundert

Befunde in den Akten der evangelischen Kirchenvisitationen

Am 31. Oktober 1525 schrieb Martin Luther an Kurfürst Johann und bat ihn darum, als „gottes trewes werkzeug" die „allentalben so elend liegenden pfarreien [...] zu besehen [zu visitieren] und zu ordenen".[1] Dabei ahnte der Wittenberger Reformator wohl noch nicht, in welchem Ausmaß nicht nur die Pfarrstellen wirtschaftlich am Boden lagen, sondern auch der allgemeine und theologische Bildungsstand der Pfarrer zu beklagen war. Ohne Zweifel gehört dieser Brief zu den ersten Anstößen für eine evangelische Landeskirche, denn dem Kurfürsten wurde hier Aufsicht und Ordnung für die Kirche übertragen. Doch zunächst ging man in Wittenberg davon aus, dass mit der Regelung und Neuordnung von Pfarreibesitz und Pfarreieinkommen auch die kirchliche Gesamtsituation in der Einzelgemeinde auf einem sicheren Fundament stehe. Dem entsprechend sollten der Visitationskommission in erster Linie Juristen angehören, die vor allem die wirtschaftlichen Belange kontrollieren und regeln würden.

Der ersten Visitationskommission gehörten neben den kursächsischen Räten Hans Edler von der Planitz, Erasmus von Haubitz und Hieronymus Schurff auch Philipp Melanchthon an.[2] Der im Juni 1527 ausgefertigten Visitationsinstruktion[3] kann man entnehmen, dass neben den Wirtschaftsfragen – verhandelt wurden hier Zusammenlegungen von Pfarrstellen und Einrichtung Gemeiner Kästen – auch die Lehre der Pfarrer in den Blick zu nehmen war. Die Pfarrer wurden ermahnt, sich der neuen Lehre gemäß zu verhalten, die eingesetzten Superintendenten hatten darauf zu achten. Hartnäckig altgläubige Priester sollten die Visitatoren absetzen, Irrlehrer des Landes verweisen. Aus dem ersten Bericht der Visitatoren – visitiert wurde zunächst der Thüringer Kreis – ist deutlich herauszulesen, dass die Visitationskommission einen landläufig katastrophalen Bildungsstand der Pfarrer feststellen musste.[4] Im zweiten Visitationsbericht vom August 1527 stellte man fest, dass

---

1 WABr 3, S. 594–596, Nr. 937.

2 Heiko Jadatz: Die evangelischen Kirchenvisitationen in Sachsen 1524–1540, in: Glaube und Macht: Sachsen im Europa der Reformationszeit, hrsg. von Harald Marx und Eckhard Kluth, Dresden 2004, S. 71.

3 Die Evangelischen Kirchenordnungen des XVI. Jahrhunderts, hrsg. von Emil Sehling. Bd. 1, 1., Leipzig 1902, Ndr. Aalen 1970, S. 142–148, Nr. 1.

4 MBW T 3, S. 105–120, Nr. 567.

die Pfarrer „der mehren theil fast vbel vnd vngeschickt“ seien und die Gemeinden nicht ordentlich christlich unterweisen könnten.[5] Die Visitatoren baten um eine Ordnung, nach der sie die Pfarrer in ihrem theologischen Bildungsstand beurteilen konnten und die den Pfarrern als theologische Richtschnur für Predigt und Zeremonien überlassen werden konnte.

Melanchthon begann bereits im August 1528 – die Visitation musste wegen der Pest in Wittenberg unterbrochen werden – mit der Aufstellung entsprechender Artikel: „Articuli de quibus egerunt per Visitatores in regione Saxoniae“[6]. Die Artikel sollten lediglich als Konzept gelten, wurden aber ohne Wissen des Verfassers veröffentlicht. Diese Artikel bildeten eine Vorstufe für den „Unterricht der Visitatoren an die Pfarrherren im Kurfürstentum Sachsen“[7], der im Herbst von den Wittenberger Reformatoren erarbeitet wurde und welcher der von den Visitatoren geforderten theologischen Richtschnur Rechnung trug. Im März lag der fertige Text vor und wurde in Wittenberg bei Nickel Schirlentz gedruckt. Inhaltlich lagen die Hauptakzente des Unterrichts auf Predigt, Sakramentenlehre, Kirchen- und Gottesdienstordnung, Superintendentenamt und Schulwesen. Mit dem „Unterricht der Visitatoren“ wurden die evangelischen Kirchenvisitationen in Sachsen mit dem Anspruch verbunden, alle Pfarreien mit diesem Standardwerk auszustatten. Als man die Visitationen im Herbst 1528 wieder aufnahm, wurde den Pfarrern die Ausrichtung ihrer Lehre am Unterricht der Visitatoren verordnet, so für die Stadt Torgau:

> „Uber vorangezeigt furgenommen maß zu predigen und zu leren soll der pfarrer sich mit der weiß und ordnung der lere und predig halten vermoge des buchleins intituliert underricht der visitator etc., neulich in druck ausgegangen, und damit allenthalben einickeit der ceremonien bleibe, die ceremonien nach anzeige desselbs buchleins nicht ubergehen noch vorendern“.[8]

So wurde mit dem Unterricht der Visitatoren und der Anordnung, sich in Lehre und Zeremonien danach zu richten, eine erste Grundlage für evangelische Pfarr- und Kirchenbibliotheken geschaffen.

Der Buchbesitz in den Pfarreien war seit der kursächsischen Visitation 1528/29 ein fester Bestandteil im Kanon der Visitationsordnungen. Allein aus ihnen lässt sich die Entwicklung der Bibliotheken evangelischer Pfarrer und Gemeinden im 16. Jahrhundert rekonstruieren.

---

5 MBW T 3, S. 130–137, Nr. 574.

6 ARTI=||CVLI DE QVIBVS || EGERVNT PER VISI=||tatores in regione Saxoniae. ||Wittembergae || 1527 || (Excusum ... per || Nicolaum Schirlentz.||) (VD16 M 2590). Ediert: CR 26, Sp. 9–28.

7 Vnterricht || der Visitatorn || an die Pfarhern ym || Kurf[ue]rstenthum || zu Sachssen.|| Wittemberg || 1528 ||[Nickel Schirlentz] (VD16 M 2601). Ediert: Martin Luther: Studienausgabe, Bd. 3, hrsg. von Hans-Ulrich Delius, Berlin 1983, S. 403–462.

8 EKO 1. 1 (wie Anm. 3), S. 676, Nr. 152.

In den Akten der zweiten ernestinischen Kirchenvisitation von 1532/34 wird erkennbar, dass der verordnete Buchbestand bereits weit über den Besitz des Unterrichtes der Visitatoren hinausging. In der Visitationsverordnung für den Meißner und Vogtländischen Kreis von 1533 wurde festgelegt, dass die Gemeinde eine Reihe von Büchern anschaffen soll mit der Begründung, die Pfarrer könnten selbst wegen ihrer Armut die Bücher nicht kaufen, die Gemeinde dürfte jedoch in der christlichen Unterweisung nicht „ubel verseumet" werden.[9] Genannt wurden hier folgende Bücher, die jede Pfarrei besitzen sollte:

1. eine lateinische Bibel,
2. die deutsche Bibel nach der Übersetzung Martin Luthers,
3. Luthers Predigtpostillen für das Kirchenjahr,
4. Luthers Predigtpostillen für die kirchlichen Feste,
5. die Loci communes von Melanchthon,
6. der Unterricht der Visitatoren,
7. Luthers Deutscher Katechismus,
8. Luthers Kleiner Katechismus,
9. „gesangbuchlein" (Wittenberger Gesangbuch),
10. die Apologie der Confessio Augustana deutsch und lateinisch und
11. der deutsche Psalter und die Summarien über die Psalmen nach Martin Luther.

Angesichts der Zustände, die in der ersten Visitation – besonders im Blick auf den Bildungsstand der Pfarrer und der wirtschaftlichen Situation der Gemeinden – scheint die Verordnung in der zweiten Visitation recht hoch gegriffen. Die Vorgabe, welche Bucher in einer Kirchenbibliothek vorliegen sollen, wurde 1539 auch für die Kirchenvisitationen im albertinischen Sachsen übernommen. Der Unterricht der Visitatoren wurde sowohl für die Einführung der Reformation im Freiberger Land 1538 als auch für das albertinische Herzogtum 1539 nachgedruckt.[10] Zu den verordneten Büchern kam hier ab 1540 die „Heinrichsagende"[11] hinzu, die im Anschluss an die erste Kirchenvisitation erarbeitet worden war und in Sachsen im Laufe des 16. Jahrhunderts eine große Verbreitung erfuhr.

Noch zwanzig Jahre später, in der albertinischen Generalvisitation von 1554–56 und in der ernestinischen Visitation von 1554, wurden in den Visitationsordnungen deutlich die Probleme wegen der Gemeindebibliotheken benannt. In der Visitationsinstruktion der Ernestiner Johann Friedrichs des Mittleren, Johann Wilhelms und Johann Friedrichs d. J. vom Juni 1554 wurde festgestellt, dass „etzliche arme dorfpfarrer" weder die Deutsche Bibel

---

9 EKO 1. 1 (wie Anm. 3), S. 194 f., Nr. 9.

10 Vnterricht der || Visitatorn/ an die Pfarherrn in || Hertzog Heinrichs || zu Sachsen Fůrstenthum/|| Gleicher form der Visi=||tation im Kurfůrsten||thum gestellet.||Wittemberg.|| M.D.XXXIX.|| (Gedrückt ... || durch Hans Lufft.||) (VD16 M 2606); vgl. Luther: Studienausgabe 3 (wie Anm. 7), S. 404 f.

11 Kirchen=||ordnunge zum an=||fang/ fur die Pfarher in || Hertzog Hein||richs zu Sach||sen v.g.h. F[ue]rsten=||thumb.|| M.D.XXXIX.|| (Gedruckt zu Wittemberg/ durch Hans Lufft/||) (VD16 A 742). Ediert: EKO 1. 1 (wie Anm. 3), S. 264–281 Nr. 24.

noch Luthers Predigtpostillen besitzen würden.[12] Es wurde verfügt, dass aus dem Kirchenvermögen neben diesen beiden Werken, die Confessio Augustana, die Schmalkaldischen Artikel sowie der Unterricht der Visitatoren angeschafft werden sollen. Den Buchführern in Jena sollte indes befohlen werden, zu moderaten Preisen den Pfarreien die geforderten Bücher zu verkaufen. Dass die Bibliotheken im Besitz der Pfarreien und nicht des jeweiligen Pfarrers sein sollen, brachte erwartungsgemäß Probleme mit sich. Offensichtlich brachten Pfarrer besonders bei Stellenwechsel die Bücher der Kirchenbibliothek in ihren privaten Besitz oder gingen nicht sorgfältig damit um. Denn in der ernestinischen Instruktion von 1554 wurde betont, dass bei Stellenwechsel die Kirchväter die Bibliotheken laut Inventarverzeichnis entgegennehmen und dem neuen Pfarrer übergeben sollen. Würde aber ein Pfarrer die Bücher „umbbringen oder beschmiren, und nicht sauber halten" müßte er oder seine Angehörigen für den Schaden aufkommen.

Ganz parallel sind die Befunde in der albertinischen Generalvisitation. Die Visitatoren sollten kontrollieren, ob in jeder Pfarrei die Deutsche Bibel vorhanden sei, ansonsten war den Kirchvätern zu befehlen, aus dem Kirchenvermögen ein Exemplar anzuschaffen.[13] Zudem wurde in der Instruktion festgelegt, dass jede Kirchenbibliothek durch die Confessio Augustana sowie durch die Confessio Saxonica[14] zu ergänzen ist. Die Kosten für beide Exemplare – so die Instruktion weiter – wurden von dem jeweiligen Amt übernommen. Auch in den Generalartikeln von 1557, die im Anschluss an die Generalvisitation verfasst worden sind, wurde wiederholt, dass beide Konfessionstexte auf Kosten des kursächsischen Hofes gedruckt und für jede Kirchenbibliothek übergeben werden sollen.

Es ist offensichtlich, dass es in den 1550er Jahren sowohl im albertinischen und als auch im ernestinischen Sachsen im Blick auf die Kirchenbibliotheken zu einer „konfessionellen Straffung" kam. Deutlich zeichnen sich hier innerprotestantische Streitigkeiten, besonders die innerwettinischen Auseinandersetzungen ab, die nach dem Schmalkaldischen Krieg und durch den Streit um das Augsburger Interim auftraten. Der Passus für die Kirchenbibliotheken in den albertinischen Generalartikeln „damit eintregtigkeit in der lehr im ganzen lande erhalten werde" sowie die Festlegung, dass Melanchthons Confessio Saxonica neben der Confessio Augustana auf Landeskosten für alle Kirchenbibliotheken angeschafft werden sollen, sind Indizien, dass der Dresdener Hof versuchte, auch über die Bibliotheken in den einzelnen Pfarreien eine konfessionelle Einheit in Kursachsen herzustellen.[15] Ganz parallel dazu wurde in der ernestinischen Visitationsinstruktion Wert darauf gelegt, dass neben der Confessio Augustana die Schmalkaldischen Artikel[16] in jeder Bibliothek vorhan-

---

[12] EKO 1. 1 (wie Anm. 3), S. 227 Nr. 15

[13] EKO 1. 1 (wie Anm. 3), S. 306 Nr. 30.

[14] Zur Confessio Saxonica vgl. Günther Wartenberg: Die Confessio Saxonica als Bekenntnis evangelischer Reichsstände, in: ders.: Wittenberger Reformation und territoriale Politik: gesammelte Aufsätze, Leipzig 2003, S. 175–189.

[15] EKO 1. 1 (wie Anm. 3), S. 317 Nr. 32.

[16] Zu den Schmalkaldischen Artikeln vgl. Hans Martin Müller: Schmalkaldische Artikel, in: RGG 7, S. 928 f.

den sind – ein Bekenntnistext also, der unter ernestinischer Federführung im Blick auf das geplante Konzil von Mantua in den Jahren 1536/37 verfasst und verabschiedet wurde.

Neben den verordneten Büchern in den Bibliotheken wurden seit Mitte des 16. Jahrhunderts diese wegen verbotener Bücher kontrolliert. In der ernstinischen Instruktion von 1554 legte man deshalb fest: Sollten „vil alter und neuer schedlicher, adiaphorischer, Bullingischer, Calvinischer und andere kezerische bucher" vorhanden sein, müssten diese von den Visitatoren aus den Bibliotheken entfernt oder zumindest die Pfarrer verwarnt werden, diese nicht in Predigt und christlicher Lehre zu gebrauchen. Der Hinweis auf den Adiaphoristischen Streit sowie auf die reformierten Theologen Heinrich Bullinger und Johann Calvin spiegelt die konfessionspolitischen Interessen im ernestinischen Sachsen wider. Interessant erscheint die Konsequenz aus dem Besitz sogenannter „verdächtiger Bücher", denn liest man hier die Instruktion richtig, so sind diese nicht in jedem Fall aus den Bibliotheken zu entfernen, sondern die Pfarrer sollen damit verantwortungsbewusst umgehen und diese nicht für die christliche Unterweisung und in Predigten verwenden. Dieser liberale Umgang mit dem Besitz „verbotener Bücher" wurde in den Lokalvisitationen von 1577 bis 1585 wiederum aufgegriffen. In der Visitationsordnung vom 24. Juni 1577 legte man fest, dass die Visitatoren auch die Bibliotheken der Pfarrer kontrollieren sollen.[17] Würden sie darin „vordechtige falscher Bucher" finden, sei zu prüfen, ob der Pfarrer diese „cum iudicio" (also mit „Urteilsvermögen") lese, um seine Gemeinde dadurch besser vor Irrlehren warnen zu können.

In den Lokalvisitationen verordnete man neben der Kontrolle der Bibliotheken den Pfarrern auch die Lektüre bestimmter Bücher. Die Lokalvisitationen wurden unter der Federführung des Württemberger Theologen Jakob Andreae[18] entwickelt, um in einem engmaschigen Turnus von einem halben Jahr die Pfarrer, Kirchendiener und Gemeinden intensiv zu visitieren. Dadurch konnte nicht nur der Bestand der Bibliotheken, sondern auch deren Benutzung von den Visitatoren kontrolliert werden. In der Visitationsinstruktion wurde festgelegt: Die Visitatoren sollen sich erkundigen,

> „was eines jeden tegliche privata studia sein, ihn zum studiren vormahnen, auch jede visitation etwas zu lesen und sich dorinne zu uben vorordenen und mit was nutz und fleiss solches ihme geschehen, uf nechstfolgende visitation erkunden".[19]

Die verordnete Lektüre waren häufig ein biblisches Buch, ein Artikel aus Melanchthons Loci Communes oder ein Abschnitt aus dem Unterricht der Visitatoren.

---

17 EKO 1. 1 (wie Anm. 3), S. 349 Nr. 35.

18 Zu Jakob Andreae vgl. Siegfried Hermle: Andreae, Jakob, in: RGG 1, S. 470.

19 EKO 1. 1 (wie Anm. 3), S. 349 Nr. 35.

In den Kontext des kursächsischen Visitationswerkes gehörte auch die Erarbeitung der großen Schul- und Kirchenordnung von 1580, in der die Flut an Einzelordnungen überarbeitet und gebündelt wurde.[20] Darin sind auch Festlegungen für Bücherbesitz und Bücherverwendung enthalten, wie in den Generalartikeln von 1557:

1. Hatten die Visitatoren die Bibliotheken regelmäßig zu kontrollieren, um Verluste zu vermeiden.
2. Sollten Pfarrer und Kirchenälteste dafür sorgen, dass vor allem die Bücher Luthers angeschafft werden.
3. Wurde beklagt, dass nach dem Tod Luthers seine Schriften in größeren Bänden zusammengefasst verkauft wurden, so dass diese für Pfarrer nicht mehr bezahlbar waren und dafür vorrangig die Schriften anderer Theologen gekauft würden. Deshalb wurde in der Ordnung angeregt, die einzelnen Schriften wieder im Oktav- oder Quart-Format zu drucken, damit diese nicht nur der Pfarrer, sondern auch der „Gemeine Mann" erwerben kann.
4. Sollten nicht nur Luthers Lehrschriften nachgedruckt werden, sondern auch seine Streitschriften, damit die Pfarrer diese in neueren Auseinandersetzungen mit Altgläubigen und Irrlehrern verwenden könnten.

Es stellt sich die Frage, wie die Festlegungen in den Einzelgemeinden wirklich eine Anwendung finden konnten. Dazu sollen einige herausragende Beispiele aus dem Leipziger Land herangezogen werden. In der ersten Hälfte des 16. Jahrhunderts tauchten in den Visitationsberichten keine Bücherbestände auf. Die Visitatoren beschränkten sich für die meisten Gemeinden auf den Hinweis, dass der Pfarrer sich in der Lehre an den Unterricht der Visitatoren orientieren und die christliche Unterweisung nach Luthers Katechismus halten soll. Theologisch ungebildeten Pfarrern, die dennoch im Amt belassen werden, wurde befohlen, in der Predigt Luthers Postillen zu verwenden. Im albertinischen Sachsen ordnete man zudem an, im Gottesdienst die Heinrichsagende zu benutzen. Damit lässt sich zunächst feststellen, dass bald nach Einführung der Reformation in Kursachsen und im Herzogtum Sachsen der Unterricht der Visitatoren, die Katechismen Luthers, mitunter Luthers Predigtpostillen und im albertinischen Sachsen die Heinrichsagende zum Grundbestand der Kirchenbibliotheken gehörten.

Erst in der Generalvisitation wurden in den Visitationsberichten unter den Inventarverzeichnissen auch die Bücherbestände aufgeführt. In den meisten Gemeinden zählen zum Inventarium die Lutherbibel, die Heinrichsagende sowie die Confessio Augustana. In der Generalvisitation von 1574 sind die Bücherverzeichnisse in den Visitationsberichten wesentlich detaillierter. Zum Grundbestand der Bibliotheken gehörte nun auch das Cor-

[20] EKO 1. 1 (wie Anm. 3), S. 359–457 Nr. 41.

pus doctrinae Melanchthons.[21] Das 1560 veröffentlichte Bekenntniswerk war seit 1566 als „Corpus doctrinae Misnicum"[22] im albertinischen Territorium ein verbindliches theologisches Dokument und folgerichtig auch in den meisten Kirchenbibliotheken zu finden.

Interessant erscheint die Auflistung der altgläubigen Literatur, die leider nicht näher bezeichnet wird, sondern nur mit „ein alt papistisch Meßbuch", „ein grob alt Gesangbuch" oder als „alte große pergamentene Bücher in folio, darin die hymni undt sequentes sindt" bezeichnet wurden. Es ist beachtlich, dass fast alle Verzeichnisse noch ein bis zwei altgläubige Bücher enthielten. Wie mit dieser Literatur umzugehen war, zeigt die Verordnung für das Dorf Probstheida: die vier Messbücher waren zu verkaufen und das Geld „der Kirchen zum besten" anzuwenden.[23] Für die Filialkirche zu Mockau im Leipziger Land schlugen die Visitatoren vor, die „alten geschriebenen Bücher in Pergament" zu verkaufen, um dafür „andere gute Bücher" anzuschaffen.[24]

Die Bücherverzeichnisse in den Visitationsberichten zeigen aber auch, dass in vielen Kirchen die verordneten Bücher nicht vorhanden waren. Im Leipziger Land besaß nur die Hälfte der Pfarreien die Heinrichsagende und nur ein Drittel die Deutsche Bibel. In den Visitationsberichten von 1574 wurden die Begründungen für die mangelhaften Bibliotheken festgehalten. Der Pfarrer von Beucha gab zu, dass die in bisherigen Kirchenvisitationen von den Kirchenältesten angegebene Deutsche Bibel nie tatsächlich vorhanden gewesen wäre. Der Pfarrer von Schönefeld sagte aus, dass sein Amtsvorgänger bis auf die Deutsche Bibel, die Heinrichsagende und ein altes Gesangbuch alle Bücher mitgenommen hätte. In Markkleeberg war die Deutsche Bibel neben dem Corpus doctrinae, der Augsburger Konfession und den Loci communes nach Angaben des Pfarrers bei einem Brand 1571 zu Schaden gekommen und seit dem nicht wieder von der Gemeinde angeschafft worden. In Panitzsch wurde das Corpus doctrinae laut Visitationsbericht gestohlen.[25]

Die Visitationsberichte der Lokalvisitationen zwischen 1577 und 1585 machen auch Angaben über verbotene Bücher in den Pfarr- oder Kirchenbibliotheken. In Taucha fanden die Visitatoren calvinistische Bücher in der Bibliothek des Pfarrers, im Visitationsbericht wurde (entsprechend der Visitationsordnung) festgehalten, die verdächtigen Bücher lese er „cum iudicio, damit er seine Pfarrkinder vor irem schwarm und gifft warnen khan".[26] Anders ging man mit dem Fall in Liebertwolkwitz um. Ließen die Visitatoren in ihrem Bericht von 1574 die Angaben zur Bibliothek völlig aus, stellte der Visitator in der Herbst-

21 CORPVS || Doctrinae Christianae.|| … LIPSIAE.|| Anno M. D. LX.||(IN OFFICINA ERNESTI VOEGELINI || CONSTANTIENSIS.||) (VD16 ZV 26779).

22 Wartenberg: Die Confessio Saxonica (wie Anm. 14), S. 175.

23 Ephoralarchiv Leipzig-Stadt: Schrank 1, Fach 6, Nr. 80, 1.

24 Heiko Jadatz: Wittenberger Reformation im Leipziger Land. Dorfgemeinden im Spiegel der evangelischen Kirchenvisitationen des 16. Jahrhunderts, Leipzig 2007, S. 118.

25 Befunde zu den einzelnen Orten, ebd.

26 Ebd., S. 129 f.

visitation 1578 eine ganze Reihe calvinistischer Bücher fest, genannt werden die Autoren Wolfgang Musculus, Rudolf Gwalther, Nils Hemmingsen und Theodor Beza.[27] Der Pfarrer zeigte sich geständig. Die Visitatoren ordneten deshalb an, er solle sich auf lutherische Literatur beschränken.

Zu den Einzelbefunden aus dem Leipziger Land sollen vergleichend noch die Ergebnisse aus den Visitationen 1562 und 1578 im Hochstift Merseburg herangezogen werden. 1544/45 wurde im Hochstift die Reformation durchgesetzt. Durch die Administration des Albertiners Herzog August wurde die kirchliche Neuordnung stark an das sächsische Modell angelehnt. Mit dem Askanier Georg III. von Anhalt als Coadjutor in spiritualibus wurden jedoch auch andere Akzente gesetzt. Zudem stand das Hochstift – zumindest formal – zwischen 1549 und 1561 unter dem Episcopat Michael Heldings, das zwar keine Rekatholisierung des Stifts zur Folge hatte, wohl aber als Zäsur in der kirchlichen Neuordnung zu betrachten ist. Im Blick auf die Bibliotheken galten die Festlegungen der kursächsischen Visitationsordnungen. Für die Visitation 1562, die im Anschluss an das Episkopat Heldings gehalten wurde, ordnete man zudem an, dass für jede Pfarrei das Corpus doctrinae deutsch angeschafft werden sollte.[28] Auch für die Lokalvisitation 1577 wurde für die Bibliotheken der Passus aus der kursächsischen Instruktion übernommen.[29]

Die Visitationsberichte von 1562 liefern für die meisten Gemeinden ausführliche Bibliotheksverzeichnisse. So gab der Pfarrer von Schkeitbar (südwestlich von Leipzig) den Buchbestand zu Protokoll, den er bei seinem Amtsantritt vorgefunden hatte:

> „Die ganze Bibel deutsch, zweiteilig in weiß Leder gebunden, gedruckt 1541 habe ich meinem Küster geliehen, dass er sie auch lese. Nochmals das ander teil der Bibel, als die Propheten, auch in weis Leder. Corpus doctrinae deutsch in weiß Leder. Kirchengesenge sampt den evangelien und episteln Joh. Spangenbergi in halb breter gebunden, liegt stets in der Kirche auf dem Pult. 3 Psalter deutsch, alle in weiß Leder. Loci theologici d. Phil. Melanchthons deutsch, in schwarz Leder. Agenda herzog Heinrichs zu sachsen, in schwarz Leder, bleibt auch stets in der Kirche. 2 schreibbucher mit ledigen papier zum kirchenregistern".[30]

Wie in den sächsischen Visitationen wurden die Gemeinden auch im Hochstift Merseburg verpflichtet, einen Grundbestand an Büchern anzuschaffen. Im Visitationsbericht für die Stadt Lützen sind im Inventarium fünf Bücher angegeben, welche die Gemeinde für sieben Gulden in Merseburg bei dem Stiftssuperintendenten Anton Musa kaufen musste.[31]

---

27 Ebd., S. 130.

28 Die Protokolle der Kirchenvisitationen im Stift Merseburg von 1562 und 1578, bearb. von Walther Friedensburg, Magdeburg 1931, S. 13 f.

29 Ebd., S. 323.

30 Ebd., S. 173.

31 Ebd., S. 118.

Genannt wurden Luthers Postillen, ein Psalter, die deutsche Bibel in zwei Teilen, die Agende von Johann Spangenberg und eine weitere Agende. Der hier aufgeführte Buchbestand entspricht dem der anderen Pfarreien. In der Lokalvisitation von 1578 wurden neben dem üblichen Buchbestand der Kirchen auch die Bibliotheken der Pfarrer kontrolliert. Fast formelhaft wird für die meisten Pfarrbibliotheken festgehalten, z.B. für Markranstädt: Der Pfarrer „hat eine reine und gute bibliotheca. Lieset auch der adversariorum scripta und will sich der Augsburgischen cenfession zu lesen befleissigen“[32]. Der Pfarrer in Zwenkau berichtete über den Bestand und über die Benutzung seiner Bibliothek selbst:

> „Meine bibliotec ist nicht vordechtig und wenn ich ettliche vordechtige bücher hette, will ich dieselben mit vorleihung göttlicher gnad und hülfe lesen cum judicio. privata studia mus ich richten nach der zeit und gelegenheit. was mir aber in oder wegen jeder visitation zu lesen und zu lernen auferlegt wird, wil ich vermittelst göttlicher gnade und hülfe gerne lesen und lernen“.[33]

Im Vergleich zu den Bibliotheken in Kursachsen fällt auf, dass im Hochstift in den meisten Kirchen und Pfarreien die Werke des Nordhäuser Pfarrers Johann Spangenbergs vorhanden sind.[34] Dabei überwiegt die Agende, die „Cantionales ecclesiastice […] und Kirchengesenge Deudsch“, die 1545 bei Michael Lotter in Magdeburg gedruckt wurde. Es handelt sich hier um eine Zusammenstellung gottesdienstlicher Texte mit zugehöriger musikalischer Notation in einem lateinischsprachigen und einem deutschsprachigen Teil. Der lateinische Teil des Buches enthält größtenteils mittelalterliche Messliturgien. Ein Blick in die Vorrede zur Agende bringt Klarheit, warum dieses Werk in den Bibliotheken der Stiftspfarreien deutlich häufiger vorkommt als in den sächsischen Pfarreien. Spangenberg widmete das Werk dem Merseburger Koadjutor Georg von Anhalt. In der Vorrede wurde Georg von Anhalt als derjenige genannt, der den Druck des Werkes unterstütze und „wie Achilles durch seinen Schild gegen die Sykophanten“ als Protektor der neuen Agende fungierte. Die Förderung des Werkes fiel mit dem Amtsantritt Georgs im Hochstift zusammen. So ist evident, dass der Koadjutor hier für seine Stiftspfarreien eine eigene Agende etablieren und damit die Heinrichsagende nicht als maßgebende Agende übernehmen wollte. Diese Entscheidung spiegelte sich auch noch Jahrzehnte später in den Bibliotheken der Kirchen und Pfarreien des Stiftes wider. Im Zuge dessen tauchten in den einzelnen Bücherverzeichnissen häufig auch andere Werke Spangenbergs auf, wie seine Leichenpredigten oder sei-

32 Ebd., S. 346.

33 Ebda, S. 422.

34 CANTIONES || ECCLESIAS||TICAE LATINAE, DOMINICIS || ET FESTIS DIEBVS … 1545.|| Magdebur=||ge/ per Michaelem || Lotther.|| (VD16 S 7760); zur Spangenberg-Agende vgl. Ernst Koch: Typographus incuriosus? Druckgeschichte der Cantiones ecclesiasticae von Johann Spangenberg (1545), in: Buchwesen in Spätmittelalter und Früher Neuzeit: Festschrift für Helmut Claus zum 75. Geburtstag, hrsg. von Ulman Weiß, Epfendorf/Neckar 2008, S. 267–275.

ne „Margarita theologica", den Hauptstücken der christlichen Lehre, die 1540 in Leipzig gedruckt wurden.

Zusammenfassend kann festgestellt werden, daß die Einrichtung von Kirchenbibliotheken seit den ersten kursächsischen Kirchenvisitationen zum festen Bestandteil der Verordnungen gehörte. Die Gemeinden wurden in die Pflicht genommen, unabhängig von den privaten Pfarrbibliotheken einen Grundbestand an Büchern anzuschaffen, die in den Kirchen als Bibliothek verblieben, dazu gehörte zunächst die Deutsche Bibel, der Unterricht der Visitatoren, die Loci communes, Luthers Gesangbuch, Luthers Katechismen, Psalmen und Postillen. Dass die Gemeinden dieser Anordnung nur schwerfällig nachkamen, zeigen die Bücherverzeichnisse späterer Visitationen sowie die Entscheidung des Landesherrn, bestimmte Werke wie den Unterricht der Visitatoren aus den Ämtern finanzieren zu lassen.

Mit wachsenden konfessionellen Spannungen, besonders zwischen Albertinern und Ernestinern, wurde der Grundbestand der Bibliotheken durch konfessionell akzentuierte Schriften wie im albertinischen Sachsen dem Corpus doctrinae oder der Confessio Saxonica ergänzt.

In den 1570er Jahren wurden in den Visitationen zunehmend auch die Pfarrbibliotheken nach verbotenen Büchern kontrolliert. Bemerkenswert ist dabei die Beobachtung, daß die Visitatoren solche Bücher den Pfarrern überlassen und lediglich anordnen, sie nur zur Ermahnung der Gemeinden zu lesen.

Die Bücherverzeichnisse verdeutlichen, dass in den meisten Bibliotheken noch in der zweiten Hälfte des 16. Jahrhunderts altgläubige Literatur vorhanden war, die mitunter zugunsten lutherischer Bücher verkauft werden sollte, häufig aber im Inventarium belassen wurden.

Der Vergleich mit den Befunden im Hochstift Merseburg zeigt, dass hier die Visitatoren im Blick auf die Bibliotheken mit gleichen Festlegungen und Methoden vorgingen wie in den sächsischen Territorien. An der auffälligen Verbreitung der Spangenberg-Agende im Hochstift ist aber auch zu erkennen, dass die Bibliotheken einer eigenen regionalen Prägung unterstanden.

Thomas Fuchs

Prolegomena zu einer evangelischen Theologie der Bibliothek

Die Gründung der Kirchenbibliothek von St. Nikolai in Leipzig

1. Das evangelische Schriftprinzip

Der Titel des Beitrages ist ambitioniert, behauptet er doch, eine religiöse und/oder theologische Interpretation für die Gründung evangelischer Kirchenbibliotheken im 16. Jahrhundert geben zu können. Eine evangelische Theologie des Bibliothekswesens versucht gegen die Abstraktionshermeneutik der Informationswissenschaft die philosophisch-weltanschaulichen, religiös-theologischen oder anthropologischen Gründe für das Entstehen von Bibliotheken auszuleuchten. Natürlich wird dies nicht gelingen. Die weiteren Ausführungen werden der Versuch bleiben, sich der historischen Weltwirklichkeit anzunähern, aber es geht um die Annäherung an das historische Phänomen „evangelische Bibliothek" als Ausdruck von Frömmigkeit, Glaube und als Nachweis eines Teils des christlichen Lebensvollzugs; anders formuliert: Es geht um die Frage, ob die evangelischen Pfarrer im 16. Jahrhundert Bibliotheken aus weiteren Gründen, nämlich religiös-theologischen, einrichteten, als aus dem Wunsch nach Information und Wissen.

Alle Überlegungen zu einer religiös-theologischen Interpretation des Buchbesitzes und der Bibliotheksgründungen im 16. Jahrhundert nach dem Auftreten Luthers basieren auf der These von der zentralen historischen und theologischen Bedeutung des evangelischen Schriftprinzips. Für die religiöse Fundierung des Buchbesitzes, sei er privater oder institutioneller Natur, war das evangelische Schriftprinzip Dreh- und Angelpunkt, dem sich in der Form seiner wissenssoziologischen Ausprägung auch die katholischen Gegner der Reformation nicht entziehen konnten. Nur die Täufer und andere radikale Gruppen setzten der intellektuellen Operation des evangelischen Schriftprinzips die Empathie der geistigen Gottesbegegnung entgegen.

„Christus est punctus mathematicus sacrae scripturae." Christus ist der mathematische Punkt der heiligen Schrift. In den Tischreden Martin Luthers ist dieser Satz zu lesen.[1] In ihm kommt der tiefere theologische Grund für Luthers Schriftprinzip zum Ausdruck. Luther hatte das Schriftprinzip in einer bestimmten theologischen und Kirchen-

[1] WATr 2, S. 439, Nr. 2383.

rechtstradition vorgefunden, durch ihn aber wurde es zu einem umfassend rezipierten und wirkungsmächtigen Prinzip theologischer Erkenntnis und Wahrheitsfindung ausgebaut.

Die revolutionäre Kraft des reformatorischen Prinzips der Wahrheitsfindung speiste sich aus einer bestimmten theologischen Tradition. Entscheidend wurde seine soziale und politische Reichweite. Die theologisch-religiösen Inhalte der Reformatorentheologie durchdrangen auf zweifache Weise die Gesellschaft: zum einen vertikal in ihrer sozialen Differenziertheit, zum anderen horizontal in dem Versuch einer radikalen Sakralisierung der Gesellschaft bis hin zu einer theokratischen Gesellschaftsform, wie wir sie in Genf oder in der radikalen Reformation beobachten können. Mögen diese beiden Tendenzen an der Weltwirklichkeit, an der Umsetzung von Theorie in Praxis, gescheitert sein, so lassen sich doch in vielen Lebensbereichen radikale Veränderungen durch den reformatorischen Aufbruch beobachten.

Die Geschichte der Bibliotheken und des Buches ist ein eindrückliches Beispiel für die umstürzlerische Kraft des reformatorischen Prinzips. Auf dem Gebiet des Buch- und Bibliothekswesens, Bibliothek meint die begründete und institutionalisierte Summe von Texten egal welchen Medientyps, war sie das Produkt einer religionsgeschichtlichen und einer wissenssoziologischen Revolution, die ihre ideelle Basis im sola scriptura-Prinzip und seinen hermeneutischen Grundlagen besaß. Die Reformation begründete einen neuen Denkstil, d. h. ‚reformatorisch gesinnt sein' kann nicht nur dadurch bestimmt werden, dass eine Person oder eine Personengruppe ein bestimmtes Bekenntnis besaß, sondern auch durch die Art und Weise, wie sie dachte. Ein überzeugendes Exempel für diese beiden Bestimmungen des Reformatorischen ist die Person des Erasmus von Rotterdam. Dem Rezeptionsdiskurs war es völlig gleichgültig, ob der große Humanist sich in „De libero arbitrio" gegen Luther entschieden hatte, er wurde als reformatorischer Bibelexeget gelesen. Zugespitzt formuliert gibt es Erasmus dreimal, den historischen, den des evangelischen Diskurses und den von der Kirchengeschichtsschreibung konstituierten. Für die Zeitgenossen war die Auseinandersetzung um die Frage des freien Willens viel weniger dramatisch als beispielsweise der durch die Lutherschrift „Von der babylonischen Gefangenschaft der Kirche" ausgelöste Konflikt, der tatsächlich die Geister schied.

Die Reformation als Denkstil basierte hermeneutisch auf dem sola scriptura-Prinzip und wissenssoziologisch auf einem normativ-referentiellen Wissensmodus. In Kombination ließen diese beiden Phänomene auf dem Gebiet des Wissens keinen Stein auf dem anderen. Die gesamte durch die Kirche legitimierte Wissenstradition kam auf den Prüfstand. Bis in die Veränderung der literarischen Genera hinein wirkte der reformatorische Denkstil.

Luther und seine Mitstreiter hielten der römischen Rituskirche, die in den Auseinandersetzungen mit dem Hussitismus verbindlich den Ritus als Eingießung der Gnade Gottes von der Voraussetzung des Glaubens gelöst hatte,[2] formal eine evangelische Buchkirche entgegen. Die Flugschrift „Die göttliche Mühle", 1521 von Froben in Zürich gedruckt, enthält einen Holzschnitt.[3] Auf diesem erzählenden Bild zermahlen die Reformatoren Luther, Erasmus und Zwingli die neutestamentlichen Schriften zu den vier theologischen Kardinaltugenden Glaube, Liebe, Hoffnung und Werke. Aus den Tugenden wiederum machen sie ein Buch und reichen es als Angebot dem Klerus, der es ablehnt. Das Buch, und zwar kein näher benanntes, enthält das Gotteswort. Dieser Punkt ist entscheidend: Das Gotteswort ist nicht an die Bibel gebunden, es ist nicht in den biblischen Schriften eingesperrt. Das Gotteswort, das Evangelium, kann in jedem Buch sein, muss es geradezu sein, weil nur das Evangelium Wahrheit begründen kann, sofern es sich nicht um Bereiche des „tertius usus legis" handelt. Luther und seine Mitstreiter hielten der römischen Rituskirche, in der eine der Bevölkerung entrückte Priesterkaste magische Praktiken vollzog und dadurch in einer transzendenten Beziehung zu Gott stand, das Theorem einer evangelischen Buchkirche entgegen. Sie begründete sich nicht aus der Magie des Ritus, die den Priester in eine transzendente Existenz überführte, in der „das Gemeinwesen mit den Himmlischen und Gott verbunden wird"[4], theologisch begründet im „character indelibilis" des ordinierten Priesters, sondern aus der interpretatorischen Gewissheit der heiligen Schrift, in gewisser Weise aus der Transzendenz jedes Individuums im „simul justus et peccator". In einem selbstreferentiellen Argument begründete die Kirche die Überordnung der Priester über die Laien: Die Verwaltung der Sakramente begründe die Überordnung der Priester, deren Stellung wiederum durch die Verwaltung der Sakramente begründet wurde.[5]

In der frühen Reformationszeit sind die Beispiele Legion, in denen sich die evangelische Bevölkerung polemisch gegen den magischen Charakter insbesondere des Abendmahls wandte. In einer symbolträchtigen Metaphorik wurde dem dunklen Geheimnis der Magie und der Zauberei das helle und klare Gotteswort entgegengehalten. Um es zugespitzt zu formulieren: Die Reformatoren und ihre Anhänger versuchten die Sakralisierung der Gesellschaft durch eine Rationalisierung der religiösen Praktiken zu erreichen.

Die evangelische Buchkirche, wie sie wahrscheinlich Zwingli in der „Göttlichen Mühle" skizziert hatte, gründete auf einer auf bestimmten wissenssoziologischen Modi basierenden

---

2 Martin V. in der Bulle „Inter cunctas" und das Dekret „Pro Armeniis" des Konzils von Florenz, in: Enchiridion symbolorum definitionum et declarationum de rebus fidei et morum, hrsg. von Heinrich Denzinger und Adolf Schönmetzer, 32. Aufl., Freiburg 1958, S. 326 und 332–337.

3 Hans-Joachim Köhler: Bibliographie der Flugschriften des 16. Jahrhunderts. Teil 1: Das frühe 16. Jahrhundert (1501–1530), Bd. 1: Druckbeschreibungen A–G, Tübingen 1991, s. S. 463.

4 Der Ulmer Dominikaner Felix Fabri, zitiert nach: Gottfried Geiger: Die Reichsstadt Ulm vor der Reformation. Städtisches und kirchliches Leben am Ausgang des Mittelalters, Stuttgart 1971, S. 154.

5 „Sacerdotes in omni gente in omni tempore supremi sunt habiti in numero hominum et quasi dii reputati, pro eo quod sunt medii inter Deum et populum constituti, ut sanctus Thomas 3 parte, quaest. 22 art. 1 habet. Nam sacramenta et alia divina mysteria, quae sunt Dei, populo ministrant, et orationes ac oblationes, quae sunt hominum, Deo offerunt, et hoc agunt non tam pro optimatibus, quam pro infirmis et pauperibus", zit. n. Geiger: Reichsstadt (wie Anm. 4), S. 156.

intellektuellen Operation, nämlich der Exegese der heiligen Schrift. Der Satz Luthers, dass jeder Mensch, der aus der Taufe gekrochen sei, auch Priester sei, wirkte außerordentlich überzeugend. Das allgemeine Priestertum benötigte keine Geistlichen mehr, die das Buch der Bücher deuteten. Die Menschen konnten sich auf die Klarheit des Wortes Gottes verlassen, das zu einer unmittelbaren Quelle des Glaubens geworden war. Gott sprach ganz direkt zu jedem Menschen in einem Text, der sich aufgrund seiner Übereinstimmung mit dem Evangelium selbstreferentiell bewahrheitete. Entscheidend war die Frage, in welcher Form dieser Text zu den Menschen gelangte. Formal konnte Gott in jedem Text sein, entsprechend vielfältig waren die Texte, in denen Gott und der wahre Glauben den Menschen begegnen konnte. In Kaufbeuren beispielsweise wurden 1521 in der Martinskirche Schriften Martin Luthers verlesen.[6]

Zwei Medien standen den Reformatoren zur Verfügung, um ihre Botschaft und das Gotteswort unter das Volk zu bringen: das gedruckte Buch und die Predigt. Andere Medien spielten dagegen eine geringe Rolle. Textbezogenheit war ein signifikantes Merkmal der reformatorischen Bewegung.

Die neue „Text"-Kirche begegnet in den Büchern in dreifacher Weise: Erstens in jedem Buch des neuen Glaubens, zweitens in den Sammelbänden, die sich die Besitzer nach gewissen Prinzipien zusammenbinden ließen, und drittens in den Büchersammlungen oder Bibliotheken, die aus Einzeltexten oder Sammelbänden gebildet wurden. Ein Beispiel aus der Kirchenbibliothek von St. Thomas kann diese Zusammenhänge verdeutlichen. Ein Sammelband mit einem um 1518/19 oder sehr bald danach in Leipzig gebundenen Einband, der ganz sicher einem Universitätsmitglied gehörte, enthält folgende Texte:

1. Cordus, Euricius: Quattuor hereticorũ ex Predicatorũ || ordine Berne combustorũ apud || Jnferos ad su[pro]stites fratres || Querimonia.|| Cum variis eorundem Epitaphiis.|| [Leipzig: Wolfgang Stöckel, 1509] [mit dem fiktiven Druckort: „Jmpressum in Noua ciuitate Hispanie"] (St.Thomas.842/1; VD16 C 5096).

2. Luther, Martin: Acta. F. Martini || Luther August.|| apud. D. Legatũ Apo=||stolicũ Augustae.|| [Leipzig: Melchior Lotter d. Ä., 1518] (St.Thomas.842/2; VD16 L 3640).

3. Luther, Martin: Sermo de virtu=||te excõmunicationis Fra=||tri Martino Luther Augustiniano a || linguis tertijs tandem || euerberatus.|| Leipzig: Valentin Schumann, 1518 (St. Thomas.842/3; VD16 L 6028).

6 Thomas Fuchs: Konfession und Gespräch. Typologie und Funktion der Religionsgespräche in der Reformationszeit, Köln u. a. 1995, S. 278.

4. Luther, Martin: Appellatio. F.|| Martini Luther ad || Concilium.|| [Leipzig: Valentin Schumann, 1518] (St.Thomas.842/4; VD16 L 3846).

5. Appellatio vni=||uersitatis Parisiensis.|| [Leipzig: Valentin Schumann, 1519] (St.Thomas.842/5; VD16 P 755).

6. Parcus, Franz (Hg.): Speculum Notariorũ/ Tabellionũ et || scribarum ad cõmunẽ eorum vtilita=||tem congestum/ reflectẽs in se vigintiduas questiũculas cir||ca eorũ officia et praxim necessarias ... || Leipzig: Wolfgang Stöckel, 1518 (St.Thomas.842/6; VD16 ZV 1085).

7. Pittorio, Luigi Bigi: PICTORII SA||CRA ET SATYRICA epigrãmata.|| MICHAELIS Verini Florẽtini quaedã.|| B. DARDANI Epigrãmata ad Domi/||nicum Saulum Genuensem.|| BENEDICTI Iouij Nouocomensis,|| Disticha. Ad Franciscũ Iuliũ Caluũ.|| LAVRENTII Lippij Collensis, Disti/||cha. Ad Laurẽtiũ Medicẽ Florẽtinũ.|| P.FAVSTI Andrelini Disticha. Ad || Io.Ruseum regium Quaestorem.|| P.FAVSTI Aegloga moralissima. Ad || Ludouicũ Aureliũ Galliarũ Regem.|| LVDOVICI Lazarelli Septempeda/||ni Bombyx. Ad Ang.Colotium.|| Basel: Johann Froben, 1518 (St.Thomas.842/7; VD16 B 5456).

8. Erasmus, Desiderius: ENCOMI-||VM MATRIMONII,|| PER DES. ERAS||MVM ROT.|| ENCOMI-||VM ARTIS MEDI/||CAE PER EVN/||DEM.|| Basel: Johann Froben, 1518 (St.Thomas.842/8; VD16 E 2809).

9. Erasmus, Desiderius: Querela Pa||cis vndique gentiũ || eiectae [pro]fligatę[que] Autore Eras=||mo Roterodamo. Eiusdẽ[que] || ĩ genere consolatorio,|| de morte Decla||matio.|| Leipzig: Valentin Schumann, 1518 (St.Thomas.842/9; VD16 E 3492).

10. Mosellanus, Petrus: ORATIO || DE VARIARVM LINGVARVM COG=||NITIONE PARANDA PETRO MO||SELLANO PROTEGENSE AV=||THORE LIPSIAE IN MAGNA || ERVDITORVM CORONA || PRONVNCIATA.|| Leipzig: Valentin Schumann, 1518 (St.Thomas.842/10; VD16 S 2132).

11. Reuchlin, Johannes u. a.: EPISTOLAE || TRIVM ILLVSTRIVM VI||rorum, ad Hermannum Comitem || Nuenarium.|| Eiusdem responsoria una ad Ioannem Reuchli||num, & altera ad Lectorem.|| ITEM, LIBELLVS ACCVSA||torius Fratris Iacobi de Hochstraten. contra || Oculare speculum Ioannis Reuchlin.|| DIFFAMATIONES EIVSDEM || Iacobi.|| ITEM, DEFENSIO NOVA IO||annis Reuchlin ex urbe Roma allata,|| id[que] paucis ab hinc diebus.|| [Hagenau: Thomas Anshelm, 1518] (St.Thomas.842/11; VD16 R 1247).

Der Sammelband mit humanistischen Titeln ist von zwei antidominikanischen Texten eingerahmt, symbolisch umfasst der Antiklerikalismus die humanistischen Bildungsbestrebungen, oder anders formuliert zeigt der Jetzerhandel zu Beginn die Falschheit des Widerstandes der Dominikaner z. B. gegen Reuchlin. Die Architektur des Sammelbandes ist vom antischolastischen Humanismus, dem reformatorischen Aufbruch und den humanistischen Studieninteressen geprägt. Interessant sind in diesem Zusammenhang die Lektürehinweise im Buch, die sogenannten Provenienzmerkmale. Folgende lassen sich ausmachen:
Nr. 1: einzelne Buchstaben gestrichen und der Text korrigiert, wohl Fehler des Setzers, z. B. [B4]r: „Quid sera iam preceps non mouet arma furor" verbessert zu „Quid fera ..."
Nr. 7: Merkzeichen, vereinzelte Marginalien mit Stichwörtern zur Lektürehilfe.
Nr. 8: Merkzeichen, Marginalien, z. B. S. 34: „dieta quid sit?"
Nr. 9: Wenige Marginalien, wieder Stichwörter zur Lektürehilfe.
Nr. 11: Die Reuchlin zustimmenden Textteile mit Merkzeichen und Marginalien, wieder als Stichwörter, z. B. in dem Brief Reuchlins an Hermann von Neuenahr ist zu der Aufforderung des Humanisten, „Tu vero fortis athleta, pugnabis contra Lerneam bestiam, pro veritate contra mendacium" am Rande notiert „Lernea bestia".

In diesem Sammelband wurden Luther und Erasmus sowie die Auseinandersetzungen Reuchlins in eine Kampflinie gestellt und die Freiheit der Studien gegen die Dominikaner behauptet. An der Dominikaneruniversität Leipzig besaß diese Haltung eine ganz eigene Brisanz.

Nicht nur der Inhalt der Bücher, sondern auch ihre Behältnisse, die Bibliotheken, veränderten sich dramatisch in den zur Reformation übergegangenen Städten und Territorien. In Gegenden, die sehr früh evangelisch wurden, reichen Bibliotheksverluste bis zum völligen Untergang der Sammlungen. Wenige Ereignisse haben die europäische Buch- und Bibliotheksgeschichte so grundlegend verändert wie die Reformation. Der Bruch mit den wissenssoziologischen Grundlagen der römischen Kirche vollzog sich radikal und unwiederbringlich.

Allerdings hebelten die Zentrifugalkräfte des allgemeinen Priestertums die hermeneutische Wirksamkeit des evangelischen Schriftprinzips und seines wissenssoziologischen Fundaments aus. Die Reformatoren, an erster Stelle Luther selbst, reagierten darauf mit der Akademisierung des theologischen Diskurses und der wissenschaftlichen Ausbildung der Pfarrer an den Universitäten. In den frühen 1520er Jahren hatte Luther gegen die Kirche behauptet, dass die Schrift völlig klar und eindeutig sei: „Das wort Gots ist klar allen gleubigen, kein mensch kan es rechtfertigen. Die urteil Gottes sein gerechtfertigt in yn selbs", so in der 1523 erschienen Flugschrift „Daß eine christliche versammlung oder Gemeinde Recht und Macht habe, alle Lehre zu urteilen und Lehrer zu berufen".[7]

[7] WA 11, S. 401–416.

Nach dem Bauernkrieg wurde die Schriftauslegung den Laien genommen und den Schriftkundigen gegeben. Luther definierte eine zweistufige hermeneutische Hierarchie des Schriftzugangs.[8] Die Prediger besäßen so viele Kenntnisse aus der übersetzten Bibel, dass sie Christus verstehen, lehren, predigen und heilig leben können. Darüber stehen die „propheten" aus 1. Kor. 14, 29/30. Mit ihren Kenntnissen der heiligen Sprachen stünden ihnen die Exegese und der Kampf gegen die Häresie zu.

Das allgemeine Priestertum und das evangelische Schriftprinzip wurden von der Akademisierung eingehegt. Spätestens seit den 1530er Jahren war die Reformation eine Reformatorenveranstaltung, auch wenn sie unter den Laien verankert war und von ihnen tatkräftig gefördert wurde. Historisch bildeten Fürstenreformation und Volksreformation niemals Gegensätze.[9] Die theologischen und religiösen Konflikte verschwanden allerdings nicht, sie verlagerten sich nur auf neue Sachgebiete und wechselten die Gegner aus.

Die Disziplinierung des reformatorischen Denkstils im akademisch-philologischen Diskurs der studierten Geistlichen war die Antwort der ersten Reformatorengeneration auf die Zersplitterung der reformatorischen Bewegung. In der zweiten Hälfte des 16. Jahrhunderts sorgten die Kirchenbildungsprozesse innerhalb der evangelischen Bekenntnisse für eine Verfestigung einer Gemeindestruktur von gelehrten Pfarrern und religiös gebildeten Laien. Innerhalb dieser Gemeindestruktur war die Gründung evangelischer Kirchenbibliotheken verankert. Dabei ist Gemeinde zum einen als juristischer Begriff zu verstehen, zum anderen als geistlicher. Die Gemeinde als „Corpus christianum im kleinen"[10] war der Ort des Glaubens. Insofern trug die Institution Gemeinde Verantwortung für die Möglichkeit des wahren Glaubens und seine Sicherung gegen Angriffe jeder Art.

2. Die Gründung der Kirchenbibliothek von St. Nikolai

Gemeindeprinzip, Schriftbezug und evangelisches Bekenntnis bildeten den geistes- und diskursgeschichtlichen Hintergrund der Gründung der Kirchenbibliothek von St. Nikolai in Leipzig im Jahr 1597. Als Vergleichsfolie kann die schon 1580 gegründete Bibliothek von St. Thomas herangezogen werden.[11] Hier zeigt sich die Wirksamkeit des Gemeindeprinzips: jede Kirchengemeinde besaß eine eigenständige Bibliothek.

8 WA 15, 40.

9 Heiko Augustinus Oberman: Die Wirkung der Reformation. Probleme und Perspektiven, Stuttgart 1987.

10 Bernd Moeller: Reichsstadt und Reformation, Gütersloh 1962.

11 Zur Geschichte der Kirchenbibliothek von St. Thomas siehe Thomas Fuchs: Die Bibliothek der Thomaskirche, in: 800 Jahre Thomana. Glauben – Singen – Lernen, Festschrift zum Jubiläum von Thomaskirche, Thomanerchor und Thomasschule, hrsg. von Stefan Altner und Martin Petzoldt, Wettin-Löbejün 2012, S. 347–363; Die Kirchenbibliothek von St. Thomas wurde 2012 in einer Ausstellung der UB Leipzig vorgestellt: 3 x Thomas – die Bibliotheken des Thomasklosters, der Thomaskirche und der Thomasschule im Laufe der Jahrhunderte. Katalog zur gleichnamigen Ausstellung in der

Zwar liegen die ersten Anfänge von evangelischen Büchersammlungen an den Leipziger Gemeinden weitgehend im Dunkeln, sicher ist, dass es keinerlei Bezüge zu den mittelalterlichen Büchersammlungen an St. Nikolai und am Augustinerchorherrenstift St. Thomas gab. Zwar müssen in beiden Sammlungen die Inkunabeln weitgehend als Kriegsverlust angesehen werden, aber die noch vorhandenen Frühdrucke vermitteln ein eindeutiges Bild. In St. Thomas sind nur eine mittelalterliche liturgische Handschrift und eine liturgische Inkunabel aus der alten Klosterbibliothek erhalten.[12] In St. Nikolai sind ebenfalls nur liturgische Bücher der vorreformatorischen Zeit aus dem Gebrauch der Kirche überliefert.[13] Allerdings gelangten Bücher aus den Bibliotheken des Leipziger Dominikanerklosters[14] und des Zisterzienserklosters Altzelle[15] nach St. Nikolai. Der Leipziger Theologieprofessor Georg Dottanius vermachte einen zweibändigen „Viaticus secundum rubricam ecclesie Merseburgensis" einem nicht näher benannten Leipziger Kloster. Die Bände tragen noch die Ketten, mit denen sie an die Pulte angekettet waren.[16] Aller Wahrscheinlichkeit nach stammten sie aus den von Casper Borner in Leipzig zusammengezogenen sächsischen Klosterbeständen, die dieser nicht der Universitätsbibliothek einverleibte.

Für den Bruch zwischen vorreformatorischen und reformatorischen Büchersammlungen gibt es eine prominente Ausnahme: Die Handschriften und Drucke mit den Chorgesängen und liturgischen Texten dienten dem Gottesdienstgebrauch und wurden deshalb überliefert, wahrscheinlich außerhalb der Bibliotheken direkt in den Kirchenräumen.[17] Allerdings mussten die Choralhandschriften den protestantischen Lesern des 16. und 17. Jahrhunderts gleichsam übersetzt werden, da für sie die alte gotische Buchschrift nicht mehr verständlich war. Für dieses Phänomen existierte in der Frühen Neuzeit mit

---

Bibliotheca Albertina vom 18. Oktober bis 20. Januar 2013, hrsg. von Thomas Fuchs und Christoph Mackert, Leipzig 2012.

12 Das so genannte Thomasgraduale, UB Leipzig, Ms Thomas 391, ediert und ausführlich beschrieben in: Das Graduale der St. Thomaskirche zu Leipzig (14. Jahrhundert) als Zeuge deutscher Choralüberlieferung, 2 Bde. hrsg. von Peter Wagner, Leipzig 1930–1932; UB Leipzig, St.Thomas.47: Missale Misnense, [Nürnberg: Georg Stuchs, nach 1.IX.1500] (GW M24545).

13 Die Bibliothek der Kirche von St. Nicolai in Leipzig wurde zusammen mit der Kirchenbibliothek von St. Thomas 1930 als Depositum an die UB Leipzig gegeben. Einige Drucke und Handschriften wurden allerdings im Vorfeld der Übergabe auf eine Archivsignatur umgestellt und verblieben im Archiv der Nikolaikirche (Signaturen: I J 1–I J 27), so auch olim-Signaturen St. Nicolai 986 u. 988–989, großformatige Missale des 15. Jahrhunderts, Archiv der Nikolaikirche, I J 1–3; vgl. Die neuzeitlichen Handschriften der Signaturgruppe Ms 2000 (Ms 2001–Ms 2999) sowie kleinerer Bestände (Cod. Haen., Ms Apel, Ms Gabelentz, Ms Nicolai, Ms Thomas), bearb. von Thomas Fuchs, Wiesbaden 2011, S. 471; Die Handschriften sind noch in den gedruckten Bibliothekskatalog von 1912 eingetragen: Hermann Ferdinand von Criegern: Katalog der Leipziger Kirchenbibliotheken, Leipzig 1912, S. 288.

14 UB Leipzig, St.Nicolai.154.

15 UB Leipzig, St.Nicolai.132 und St.Nicolai.1920.

16 UB Leipzig, St.Nicolai.846–847.

17 Fuchs: Bibliothek (wie Anm. 11), S. 349.

dem Begriff „Mönchsschrift" ein Terminus technicus.[18] Im Falle der Choralhandschrift von St. Nikolai wurde das Nicht-mehr-lesen-können dadurch gelöst, dass die Liedtexte zwischen den Zeilen in Bleistift in einer humanistischen Kursive des 16. oder 17. Jahrhunderts wiederholt wurden.[19]

Die in den Bibliotheken neu aufgenommenen Drucke und Handschriften mussten außerhalb des liturgischen Bereichs einen evangelischen Stresstest bestehen. In St. Thomas ist ein Wiegendruck mit einem Text des Thomas von Aquin überliefert, in dem Nikolaus Selnecker das Buch des Thomas von Aquin über die Wahrheit des christlichen Glaubens lobte.[20] In eine von Silvanus Othmar in Augsburg 1518 gedruckte Bibel, die Holzschnitte in Nachahmung der 1483 von Koberger in Nürnberg gedruckten deutschen Bibel[21] enthält, schrieb Selnecker die Notiz: „Diese Bibel in zwey theil gebunden, sol derwegen billich aufgehalten werden, das wir sehen, wie man vor vnser zeit geteutschet hat, und was wir, Gott lob, dagegen zurechnen für ein herrlich teutsch vnd liecht haben."[22]

Im Gegensatz zu Borner konnte Selnecker eine Generation später auf die eigentliche Reformationsepoche als historisches Ereignis zurückblicken. Bei ihm lässt sich ein antiquarisches Interesse beobachten, das die Erhaltung eines vorreformatorischen Buches rechtfertigen konnte. Deutlich spricht aus dem Eintrag Selneckers der Stolz über das Erreichte, der Triumph der Reformation über die römische Kirche, der mit einer klassischen Lichtmetapher verdeutlicht wurde.

Nur die Bücher konnten in die Bibliothek von St. Nikolai gelangen, die vor dem Richterstuhl der evangelischen Geistlichkeit bestehen konnten oder in den Augen der Reformatoren von Nutzen sein konnten. An den Kirchen St. Nikolai und St. Thomas wurden die Bibliotheken erst beseitigt, bevor neue aufgebaut wurden. Der Traditionsbruch der Reformation war in dieser Hinsicht tatsächlich radikal.

Mit dem Ende der alten Bibliotheken verschwand nicht gänzlich der Buchbesitz in den Kirchen, er war aber stark funktional gebunden. Das betraf, wie schon erwähnt, die Liturgica, aber auch sonstige Einzeltitel, beispielweise ein deutscher Psalter Luthers[23] sowie weitere Bibelausgaben. Schon vor der offiziellen Gründung der Nikolaibibliothek gab es eine, wenn auch geringe, Büchersammlung an der Nikolaikirche. Wolfgang Peinick kaufte in seiner Funktion als Kirchenvater 1576 für St. Nikolai eine lateinische Bibel.[24] 1588 gelangte

---

18 Thomas Fuchs: Geschichtsbewußtsein und Geschichtsschreibung zwischen Reformation und Aufklärung. Städtechroniken, Kirchenbücher und historische Befragungen in Hessen, 1500 bis 1800, Marburg 2006, S. 152.

19 Archiv der Nikolaikirche I J 1–3, ehemals Handschriften der Kirchenbibliothek von St. Nikolai: St.Nicolai.986, 988–989, vgl. Die neuzeitlichen Handschriften (wie Anm. 13), S. 471–472.

20 UB Leipzig, St.Thomas.326 (GW M46568).

21 GW 4303.

22 UB Leipzig, St.Thomas.295 (VD16 B 2676); der Eintrag ist abgedruckt bei Heinrich Pipping: Arcana Bibliothecae Thomanae Lipsiensis sacra, Leipzig 1703, S. 56.

23 UB Leipzig, St.Nicolai.103.

24 UB Leipzig, St.Nicolai.66.

Das bůch der schöpffung

¶ Hie hebt an Genesis das Erst bůch der fünff bůcher Moysi

Das Erst Capitel

Ist von der schöpffung der welt vnd aller creaturen / vnd von den wercken der sechs tag.

IN dem anfang hat got beschaffen himel vñ erden Aber die erd was eitel vñ lär vnd die finsternuß waren auff dem antlütz des abgrunds / vnd der gayst gottes schwebet oder ward getragen auff den wassern. Vnnd got der sprach. Es werd das liecht. Vnnd das liecht ist worden. vnd got sahe das liecht das es gůt was / vnnd tailet das liecht von der finsternuß: vñ das liecht hieß er den tag / vnd die finsternuß die nacht. Vnd es ward abent vñ morgen ain tag / vnd got sprach. Es werd das firmament in dem mittel der wasser / vnd taile die wasser von den wassern / vnd gott machet das firmament / vnd tailet die wasser die da waren vnder dẽ firmament von den die da waren ob dem firmament. vnd es ist also geschehen. vnd got hieß das firmament den himel. Vnd es ist der abent vñ der morgen der ander tag worden / vnnd gott sprach aber. Es sollen gesamelt werdñ die wasser die vnder dem hymel seind in ain stat / vnd erschein die dürre. vnd es ist also geschehen. vnd got hieß die

a

Abb. 1: Bibel teütsch der erst tail, Augsburg: Silvan Otmar, Johann Rynmann, 1518 (UB Leipzig, St. Thomas.295:1; VD16 B 2676).

eine Züricher Bibelausgabe von 1544 an St. Nikolai.[25] Das Buch enthält eigenhändige Einträge Nikolaus Selneckers. Erst mit der Verdichtung der Gemeinden und ihrer zunehmenden Institutionalisierung wurden auch ihre Bibliotheken zu Institutionen eigenen Rechts.

Der Verdichtungsprozess der Bücherbestände an St. Nikolai zu einer Bibliothek fand ihren Abschluss in ihrer formalen Gründung am 29. November 1597. Die Gründungsurkunde ist in der Form einer akademischen Rede gehalten, die wohl während einer gottesdienstlichen Veranstaltung von dem Pfarrer und Theologieprofessor Cornelius Becker vorgetragen wurde. Unterschrieben wurde sie von ihm und den Diakonen Vinzenz Schmuck, Matthias Franck und Johannes Bartholomaeus. Die Gründungsurkunde ist in einer weitgehend von Cornelius Becker geschriebenen Handschrift der Nikolaibibliothek zusammen mit einem „Liber donatorum" überliefert.[26]

In der Rede wandte sich Becker an den Rektor, die Magister und Doktoren der Universität, die Ratsherren und die nicht namentlich genannten anwesenden Adligen. Der Aufbau der Kirchenbibliothek wurde mit dem übergreifenden Beispiel der Israeliten begründet, die schon die Bedeutung der heiligen Schriften betont hätten, d. h. die Bibliothek wurde als Aufbewahrungsort für die Urkunden der evangelischen Textreligion definiert. Sie diene dem Studium von Frömmigkeit und Humanität gegen die Feinde der Kirche („Studia pietatis et humanitatis").

Die Bibliothek wurde als „Thesaurus" bezeichnet für „Nostrum, Vestrum, Publicum, Sacrum". Thesaurus als religiöser Begriff verweist auf den „Thesaurus ecclesiae", die Bücher enthalten den Gnadenschatz der Kirche. Somit wurde formal zum einen eine Bibliothek für die Geistlichen, für das Ministerium von St. Nikolai gegründet, zum anderen für die Öffentlichkeit. Öffentlichkeit war wohl nur ein humanistischer Topos. Eine öffentliche Bibliothek war die Kirchenbibliothek von St. Nikolai in ihrer Geschichte nie. Im Widerstreit zur humanistischen Topologie der Öffentlichkeit wurde die Sammlung im Sinne Luthers zur Ausbildung der Geistlichen instrumentalisiert. Sie diene dazu, die Theologie und die Wissenschaften, die Philosophie und die Sprachen zu lernen, also all das, was in Luthers Vorstellung den gelehrten Theologen vom religiös gebildeten Laien unterschied. Rhetorisch zusammengeführt wurden diese beiden Gruppen durch einen weiteren Topos: Die Bücher dienen dem Wohl der Kirche und dem Fortgang der Wissenschaften, und in einer weiteren rhetorischen Figur: Die Bibliothek diene dem allgemeinen Nutzen ebenso wie denen, die in das Kirchenamt berufen sind und zukünftig berufen werden. Formal gegründet als Bibliothek für die gesamte christliche Gemeinde von St. Nikolai, war sie

---

25 UB Leipzig, St.Nicolai.113 (VD16 B 2622), mit der Einbandprägung „I K" und „1564"; auf dem vorderen Vorsatz „Nicolaus Selnecker Lipsensis" sowie „Nicolaus Selneccerus pater filio Georgio dd: die summae Trinitatis 1580"; der Eintrag zur Schenkung an St. Nikolai: „Haec Biblia dono [gestrichen accepta] a Georgio data Danieli fratri, piae memoriae, nunc Nicoläo dantur et commendantur. 1588 die pentecostes."

26 UB Leipzig, Ms Nicolai 1637:1, Bl. 2v–6r; die Handschrift ist beschrieben in: Die neuzeitlichen Handschriften (wie Anm. 13), S. 473.

praktisch eine Funktionsbibliothek für die Geistlichen in den Identifikations- und Konfessionskämpfen des späten 16. und frühen 17. Jahrhunderts. Deshalb wurde sie mit dem Rückgang der Konfessionskämpfe auch weitgehend marginalisiert. Cornelius Becker trug in einen Band, den er 1597 der Nikolaibibliothek schenkte, den Vermerk „Bibliothecae usibus ministerii" ein.[27]

Die Pfarrer und Diakone sollten sich in der Bibliothek bilden, um gegen die Häresie kämpfen zu können. Sie sorgten damit auch für die Gemeinde als geistliche Gemeinde und deren Seelenheil. Der Pfarrer trat als Vertreter der Gemeinde zur Sicherung der Rechtgläubigkeit auf. Durch Buchgeschenke brachten die Gemeindemitglieder diese Verbindung zum Ausdruck.

In der Nikolai-Bibliothek begegnet nicht nur Luthers Konzept der gelehrten Theologen und der religiös gebildeten Laien als Grundprogramm der evangelischen Gemeindebildung, sondern auch die spezifisch reformatorische Erinnerungskultur, und zwar in zweifacher Weise: zum einen als Traditionalisierungsinstrument, zum anderen als Teil der individuellen Memoria.

Die Reformation stand, historisch gesehen, vor einer grundlegenden Herausforderung, nämlich wie sie innerhalb der Geschichte zu verorten sei, spätestens als klar wurde, dass es keine Rückkehr mehr zu Rom geben werde und eine eigene Kirche entstanden war. Die Erinnerungsmodi für den Umgang mit der Geschichte der Kirche in ihrem Verhältnis zum evangelischen Glauben umfassten ein breites Spektrum von negativen und positiven Erinnerungsmodi. Auf der einen Seite standen Radikalablehnungen der kirchlichen Tradition wie beispielsweise in der protestantischen Martyriologie, in der alle von Rom Verfolgten zu Vorläufern des evangelischen Glaubens gemacht wurden, auf der anderen Seite Strategien einer Eigengeschichte, die möglichst viele Inhalte der römischen Kirche in das eigene Geschichtsbild zu integrieren versuchte, beispielsweise in den evangelischen Heiligenkalendern.[28] Beide Herangehensweisen dienten der Traditionsstiftung, d. h. der Verlängerung der evangelischen Geschichte bis zu Christus und der alten Kirche.

In der Kirchenbibliothek von St. Nikolai begegnet in der ältesten Schicht der Bibliothek ein solcher Versuch der Traditionsstiftung. Der von Cornelius Becker geschriebene „Liber donatorum" enthält, wie der Name sagt, ein Verzeichnis der Geschenke an die Bibliothek von 1597 bis zu Beckers Tod 1604 sowie vereinzelte Nachträge bis 1606.[29] Durch die Geschenke wurde die Trias Kirche, Rat und Bürger als Fundament der christlichen Gemeinde dokumentiert. Der „Liber donatorum" führt die Schenkungen nach vier Kategorien auf:

1. Die „publico aere", also mit Zuweisungen des Rates, erworbenen Bücher

[27] Origenes: Opera quae quidem extant omnia, Basel 1571, UB Leipzig, St.Nicolai.974 (VD16 O 911).

[28] Thomas Fuchs: Protestantische Heiligen-memoria im 16. Jahrhundert, in: Historische Zeitschrift 267 (1998), S. 587–614.

[29] UB Leipzig, Ms Nicolai 1637:1, Bl. 7r–19r.

2. Bücher, die die Geistlichen von St. Nikolai gestiftet hatten
3. Bücher, die von Bürgermeistern und Ratsherren gestiftet wurden
4. Geschenke von Bürgern

Unter den mit Mitteln des Rates erworbenen Büchern stehen an erster Stelle verschiedene Bibelausgaben, gefolgt von den Werkausgaben der lateinischen und griechischen Kirchenväter. Danach folgen scholastische Theologen, Nikolaus de Lyra und Hugo von St. Cher, Thomas, Duns Scotus, Bonaventura, gefolgt von den reformatorischen Lichtgestalten Luther und Melanchthon, den Bekenntnisschriften, insbesondere der Konkordienformel, Gesangbüchern, Agenden und schließlich deutschen Übersetzungen der Bibel bzw. von Bibelteilen. Die Homilien des Friedrich Nausea sind das einzige Werk eines katholischen Theologen der Zeit. Für Predigtliteratur galt in gewisser Weise die konfessionelle Literaturscheidung nicht.

Sehr viel spezifischer waren die Buchgeschenke der Geistlichen: Cornelius Becker schenkte die Werke des Origenes, Vinzenz Schmuck mit Andreas Hondorffs „Promptuarium Exemplorum" einen evangelischen Heiligenkalender, Matthias Franck eine Ausgabe der Werke von Johannes Gerson und Johannes Bartholomäus die „Historien" des Theophylaktos Simokates.

Die Geschenke der Bürgermeister und Ratsherren waren sehr viel deutlicher an den zeitgenössischen theologischen Fragen orientiert. Sie schenkten am häufigsten Werke evangelischer Autoren. Zu nennen sind Werk- oder Teilausgaben von Fürst Georg von Anhalt, Urbanus Rhegius, Martin Luther, Tileman Heshusen, Johannes Brenz, Martin Chemnitz, Caspar Huberinus, Adam Reusner, Johannes Marbach, Nikolaus Selnecker, Simon Pauli und Johannes Mathesius.

Die reformierten Theologen Benedictus Aretius, Theodor Beza, Petrus Martyr Vermigli, Rudolf Walther, Konrad Pellikan und Hieronymus Zanchi waren ausschließlich mit exegetischen und homiletischen Werken vertreten. Systematisch-theologische Arbeiten fehlen völlig. Die reformierten Autoren wurden dabei immer mit lutherischen Augen gelesen. Das Vorhandensein ihrer Bücher in der Nikolaibibliothek darf nicht als Zugeständnis oder Annäherung an das reformierte Bekenntnis gelesen werden. Die 1598 in die Bibliothek gelangten Homilien des Ludwig Lavater sind in einen Einband mit den aufgeprägten Porträts von Luther und Melanchthon eingebunden.[30]

Mit den Werkausgaben von Robert Bellarmin und Gregor von Valencia waren die beiden einflussreichsten katholischen Theologen der Zeit vertreten.

Die Kirchenväterliteratur spielte dagegen eine geringe Rolle: Den Werkausgaben von Beda Venerabilis, Gregor dem Großen, Philon von Alexandria, Theodoret und Johannes Damascenus folgte kein einziger scholastischer Theologe. Für die Laien war die Geschichte der Römischen Kirche eine vollständig vergangene Geschichte.

---

30 UB Leipzig, St.Nicolai.220.

Überraschenderweise waren keine Bibeln oder Bibelausgaben unter den Geschenken, dafür aber drei philologische Werke für die Bibelexegese sowie einige historische Arbeiten: Flavius Josephus, die Suida, die „Historia Julia" von Reiner Reineccius, ein ungenanntes Werk von Paolo Giovio und die Magdeburger Zenturien.

Die Bürger spendeten im Gegensatz zu den Ratsmitgliedern überwiegend Geld, während nur ein Ratsherr kein Buch sondern einen Geldbetrag stiftete. Von den 78 namentlich aufgeführten Bürgern schenkten 40 einen Geldbetrag. Ganz ähnlich wie bei den Ratsherren standen lutherische Autoren bei den Buchgeschenken deutlich im Vordergrund: Veit Dietrich, Nikolaus Selnecker, Luther, Hieronymus Mencelius, David Chytraeus, Erasmus Sarcerius, Wolfgang Musculus, Joachim Mörlin, Johannes Bugenhagen, Georg Strigenitz, Cyriacus Spangenberg, Ägidius Hunnius, Matthias Flacius Illyricus, Bartholomäus Westheimer, Friedrich Roth, Martin Bucer, Heinrich Rothe, Christoph Vischer, Hieronymus Weller, Jeremias Homberger und Johannes Gigas.

Katholische Werke waren die Postillen des Johannes Ferus, die „Bibliotheca sancta" des Sixtus Senensis, ein einleitungswissenschaftliches Werk zur Bibel, und die Bibelauslegung des spanischen Theologen Benedictus Arias Montanus.

Von reformierten Autoren liegen vor: exegetische Werke von Rudolf Walther, Sébastien Castellion, Heinrich Bullinger, Otto Werdmüller und Lambert Daneau. Mit den „Disputationes" des Johann Jakob Grynaeus und den „Loci" des István Szegedi Kiss kamen erstmals systematisch-theologische Arbeiten reformierter Autoren in den Bestand.

Einen Schwerpunkt bildeten Bibelausgaben und philologische sowie Einleitungsarbeiten zur Bibel: eine Median Bibel, Wittenberger und Jenaer Quartbibeln, eine Hamburger „Biblia Trilinquia", eine französische Bibel, „Eine gar alte deutsche Bibel", wie es im „Liber donatorum" heißt, wahrscheinlich eine heute im Archiv der Nikolaikirche befindliche Inkunabel[31], ein hebräisches sowie ein griechisches Wörterbuch, die Bibelausgabe von Immanuel Tremellius und das „Itinerarium sacrae scripturae" Heinrich Büntings.

Ebenfalls stark vertreten waren historische Arbeiten vornehmlich der protestantischen Geschichtstradition: Chronologien von Samuel Henning, Leonhard Krentzheim und Johann Rauw, dazu eine „Historia Anglicana", das „Chronicon Carionis" in einer von Melanchthon besorgten Ausgabe, Sleidan, das „Chronicon Corinthiacum" von Cyriacus Spangenberg, Siegfried Saccius, Joseph Justus Scaliger, die Regententafel von Johannes Schuward, Sigmund Feyerabend, Jan van Gorp, ein „Calendarium Sanctorum", die sächsische Fürstengeschichte des Georg Fabricius und die „Annalen" von Cesare Baronio, die katholische Antwort auf die Magdeburger Zenturien. Wie bei den anderen Schenkern auch waren humanistische Schriftsteller nur wenig vertreten, nämlich die Werke von Seneca und Marsilio Ficini.

---

31 Biblia (dt.). Übers. aus dem Lat. Mit dt. Tituli psalmorum und Register. Augsburg: [Günther Zainer, um 1475–76] (GW 4298).

Die Bücherstiftungen verweisen auf die religiöse Funktion der Bibliothek als Traditionalisierungsmaschine. Die kirchliche und theologische Überlieferung wurde nach den Kriterien des evangelischen Glaubens gemäß dem Wissensmodus der evangelischen Eigengeschichte selektiert, d. h. bestimmte Traditionen der Kirche wurden in die eigene Geschichte und theologische Werthaltung und somit ihre Dokumente in die Textreligion der Reformation integriert.

Die Bibliothek diente der Sicherstellung des Bekenntnisses und der Aufrechterhaltung bzw. Demonstration des Prinzips des theologisch gebildeten Geistlichen, die in Leipzig wie in anderen Städten auch hohe Kirchenämter mit akademisch-wissenschaftlichen Positionen verbanden, sei es an Universitäten oder an akademischen Gymnasien. Die Bücher dienten den Geistlichen dazu, die Anforderungen des durch die Reformatoren aufgerichteten wissenschaftlich-theologischen Bibeldiskurses zu erfüllen, mit anderen Worten, den Anforderungen der normativ-referentiellen Wissensweise. Bücher und Bibliotheken gehörten zur Institutionalisierung des Luthertums als Kirche. Die Kirchengemeinden wurden intellektuell in Bibliotheken verdichtet.

Die Kirchenbibliotheken waren aber nicht nur Zeugnisse der Intellektualisierung der evangelischen Kirchenbildung und in ihren Traditionalisierungsprozessen ein Teil der reformatorischen Erinnerungskultur, sondern auch Speicherobjekte der individuellen Memoria.

Die Kirche wies seit der Reformation in den Kirchenbüchern den christlichen Lebensvollzug jedes einzelnen Kirchenmitgliedes nach und versuchte somit die Sakralisierungsforderungen der Reformatoren an die Gesellschaft umzusetzen. Ebenfalls ein Glaubenszeugnis, nun nicht von der Kirche über die Gemeindemitglieder, sondern der Gemeindemitglieder über die Kirche, bildeten die Bücherschenkungen. Die Ausstattung der geschenkten Bände verweist auf deren Memorialcharakter. Geradezu formelhaft begegnet in den Widmungseinträgen der Schenker, dass die Stiftung zur frommen oder ewigen Memoria des Schenkers geschehe.[32] 21 Bände tragen aufwendige Wappenzeichnungen der Stifter.[33] Der Apotheker Elias Weidmann trug in sein Donum eine Abhandlung über die Geschichte der Familie und ihrer Apotheke ein, die 1409 in Leipzig mit der Gründung der Universität eingerichtet worden war, und nahm somit die Memoria an seine Vorfahren in die eigene auf.[34] Auch die Wappenzeichnungen verweisen auf den familialen Charakter der Memoria. Die Erwähnung der Schenker in den „Liber donatorum“ sicherte Ihnen einen Platz im Gedächtnis der Kirche. Darüber hinaus wurden die Schenker in den ältesten Kata-

32 Z. B. UB Leipzig, St.Nicolai.1474.

33 UB Leipzig, St.Nicolai.62; St.Nicolai.203; St.Nicolai.207; St.Nicolai.225; St.Nicolai.250; St.Nicolai.254; St.Nicolai.524; St.Nicolai.555; St.Nicolai.657; St.Nicolai.671; St.Nicolai.760:1; St.Nicolai.929; St.Nicolai.1136; St.Nicolai.1137; St.Nicolai.1138; St.Nicolai.1139; St.Nicolai.1140; St.Nicolai.1518; St.Nicolai.1533; St.Nicolai.1875; St.Nicolai.1876.

34 UB Leipzig, St.Nicolai.1474: Desiderius Erasmus: Omnia Opera, Basel 1540 (VD16 E 1859).

Abb. 2: Buch aus dem Besitz von Cornelius Becker (UB Leipzig, St.Nicolai.1078).

log der Nikolaibibliothek eingetragen, der vom späten 16. bis zum frühen 18. Jahrhundert geführt wurde.[35]

Nicht nur Wappenzeichnungen, sondern auch punzierte Goldschnitte und aufwendige Einbände stellten den Rang der Bücher und ihrer Schenker heraus. Der Symbolgehalt der Buchausstattung war doppelter Natur: zum einen erhielten die Bücher als Glaubenstexte besondere Aufmerksamkeit und Pflege, zum anderen ehrten sie den Schenker, ohne dass es sich um eine Zimelienbibliothek im eigentlichen Sinne wie die Leipziger Ratsbibliothek[36] gehandelt hätte. In gewisser Weise können wir von einer Funktionsbibliothek mit memorialem Symbolgehalt sprechen.

Nach der eigentlichen Gründungsphase der Bibliothek zwischen 1597 und 1606, als der „Liber donatorum" abgebrochen wurde, wuchs die Bibliothek stark durch zwei bedeutende Schenkungen: Cornelius Becker, der eigentliche Gründer der Nikolaibibliothek, vermachte St. Nikolai seine Büchersammlung bzw. einen großen Teil davon. 139 Bände mit insgesamt 1.146 Titeln lassen sich nachweisen.[37] Sie gelangten nach Beckers Tod 1604 in die Bibliothek.

Eine zweite bedeutende Schenkung bildeten die Bücher von Thomas Weinrich, Pfarrer an St. Nikolai und Professor der Theologie. Aus seinem Besitz lassen sich noch 426 Titel nachweisen. Zwischen 1604 und 1606 schenkte auch Georg Wirth zwei Bände der Nikolaikirche[38], was bemerkenswert ist, da er seine Bibliothek der Thomaskirchenbibliothek geschenkt hatte, von denen sich dort noch 78 Titel nachweisen lassen.[39]

Nach dem Ende dieser weiteren Gründungsphase, spätestens aber nach dem Dreißigjährigen Krieg, führte die Bibliothek nur noch ein Schattendasein. Sie hatte mit dem Ende des Konfessionskonflikts weitgehend ihren funktionalen und symbolischen Sinn verloren. Die Zahl der Zugänge nach der Mitte des 17. Jahrhunderts ist außerordentlich gering und spricht eine deutliche Sprache. Lassen sich in der Kirchenbibliothek von St. Nikolai zum gegenwärtigen Zeitpunkt, ohne Berücksichtigung der im Nikolai-Archiv befindlichen Drucke aus der historischen Kirchenbibliothek, insgesamt 1.758 Titel mit Erscheinungsjahr 1501 bis 1600 nachweisen, so aus dem 17. Jahrhundert 1.235 Titel und aus dem 18. Jahrhundert nur noch 584 Titel. Dieses Verhältnis ist mehr als ungewöhnlich. Zu erwarten wäre eine Steigerung der Titelzahlen von Jahrhundert zu Jahrhundert um den Faktor Drei.

35 UB Leipzig, Ms Nicolai 1637:2; Die neuzeitlichen Handschriften (wie Anm. 13), S. 473.

36 Leipziger, Eure Bücher! Zwölf Kapitel zur Bestandsgeschichte der Leipziger Stadtbibliothek, Ausstellung in der Bibliotheca Albertina 18. Juni bis 28. November 2009, hrsg. von Thomas Fuchs und Christoph Mackert, Leipzig 2009.

37 Teile dieser Sammlung wurden zu unbekannter Zeit aus der Nikolaibibliothek abgegeben. Es ist davon auszugehen, dass es sich dabei um Bücher handelte, die nicht dem Bestandsprofil der Kirchenbibliothek entsprachen. So enthält die historische Bibliothek der Thomasschule einen Band aus Beckers Besitz mit einem für seine Sammlung typischen Einband und der Prägung „CBD 1594" [Cornelius Becker Diakon], der zwei Drucke mit religiösen Gedichten enthält, UB Leipzig, TB 631; vgl. dazu mit einer Abbildung des Einbandes in: 3 x Thomas (wie Anm. 11), S. 147.

38 UB Leipzig, St.Nicolai.930 u. St.Nicolai.1198.

39 Fuchs: Bibliothek (wie Anm. 11), S. 355–356.

Deutlich unterstrichen wird dieser Befund bei einem Blick auf die Erscheinungsjahre der Drucke des 17. Jahrhunderts. Hier stehen 907 Titel aus der ersten Jahrhunderthälfte nur noch 327 Titel gegenüber, die 1651 bis 1700 gedruckt wurden. Zu erwarten wäre, dass das Verhältnis genau umgekehrt wäre. Wird das Ende des Dreißigjährigen Krieges, das neben der frühen Reformationsepoche als der bedeutendste Einschnitt in der Buchdruckgeschichte der Frühen Neuzeit gilt, als Grenze genommen, ergibt sich wiederum dieses Bild: 2.653 Titel erschienen zwischen 1501 und 1650, während nur noch 912 Titel in die Nikolaibibliothek gelangten, die zwischen 1651 und 1800 gedruckt wurden.

Die Marginalisierung der Nikolaibibliothek wie auch der Bibliothek der Thomaskirche wurde noch dadurch gefördert, dass mit der Ratsbibliothek und der Universitätsbibliothek sowie dem Ausbau des privaten Bücherbesitzes im Zeitalter der Aufklärung sehr viel umfangreichere Sammlungen als die Kirchenbibliotheken den Geistlichen der beiden Leipziger Hauptkirchen zur Verfügung standen.

Abkürzungen

ARG	Archiv für Reformationsgeschichte
BSLK	Bekenntnisschriften der evangelisch-lutherischen Kirche, 13. Aufl., Göttingen 2010
CR	Philippi Melanthonis opera quae supersunt omnia, hrsg. von Karl Gottlieb Bretschneider und Heinrich Ernst Bindseil (Corpus reformatorum 1-28), Bd. 1-28, Halle, Braunschweig 1834-1860
EDIT16	Censimento nazionale delle edizioni italiane del XVI secolo (EDIT16): http://edit16.iccu.sbn.it/
EKO	Die evangelischen Kirchenordnungen des 16. Jahrhunderts, hrsg. von Emil Sehling, Teil 1-24, Leipzig, Tübingen 1902-2012
FB Gotha	Forschungsbibliothek Gotha
GW	Gesamtkatalog der Wiegendrucke: http://www.gesamtkatalogderwiegendrucke.de/
MBW	Philipp Melanchthon: Briefwechsel. Kritische und kommentierte Gesamtausgabe, Regesten, Bd. 1 f., hrsg. von Heinz Scheible, Stuttgart-Bad Canstatt 1977 f.
MBW T	Philipp Melanchthon: Briefwechsel. Kritische und kommentierte Gesamtausgabe, Texte, Bd. 1 f., hrsg. von Heinz Scheible, Stuttgart-Bad Canstatt 1991 f.
RGG	Die Religion in Geschichte und Gegenwart. Handwörterbuch für Theologie und Religionswissenschaft, 9 Bde., hrsg. von Hans Dieter Betz, Don S. Browning, Bernd Janowski und Eberhard Jüngel, 4. Aufl., Tübingen 1998-2007
ThHStAW, EGA	Thüringisches Hauptstaatsarchiv Weimar, Ernestinisches Gesamtarchiv
ThULB	Thüringer Universitäts- und Landesbibliothek
TRE	Theologische Realenzyklopädie, 38 Bde., hrsg. von Gerhard Müller, Berlin 1977-2007
UB	Universitätsbibliothek
USTC	Universal Short Title Catalogue: http://ustc.ac.uk/
VD16	Verzeichnis der im deutschen Sprachbereich erschienenen Drucke des 16. Jahrhunderts: www.vd16.de
VD17	Verzeichnis der im deutschen Sprachbereich erschienenen Drucke des 17. Jahrhunderts: www.vd17.de
WA	D. Martin Luthers Werke. Kritische Gesamtausgabe, Schriften, Weimar 1884 f.
WABr	D. Martin Luthers Werke. Kritische Gesamtausgabe, Briefwechsel, Bd. 1-18, Weimar 1930-1985
WATr	D. Martin Luthers Werke. Kritische Gesamtausgabe, Tischreden, Bd. 1–6, Weimar 1912–1921

Register der Personen, Orte und Körperschaften

Abenragel 197
Achilles 285
Adam von Fulda 138 f., 146, 154
Adam, Wolfgang 119
Adelog von Hildesheim; *Bischof* 39
Aelius Donatus 58
Aesop 229
Afra von Augsburg; *Märtyrerin, Heilige* 168
Agnes; *Kurfürstin von Sachsen* 262
Agricola, Georg 191
Ägypten 235
Aischines 219
Alber, Erasmus 188
Albertus Magnus 112, 221
Albinus, Petrus 191 f., 201, 210
Albrecht (der Beherzte); *Herzog von Sachsen* 134
Albrecht von Brandenburg; *Kardinal* 209
Albrecht von Brandenburg-Ansbach; *Herzog von Preußen* 120 f.
Aleander, Hieronymus; *Kardinal* 177
Alesius, Alexander 191
Alexicacus → siehe *Heliodorus Alexicacus*
Algier 209
Allstedt 95, 126
Altenburg 27, 74, 87 f., 93, 95, 97, 105 f., 117, 120, 129
  Herzogliche Bibliothek 96
  Klosterbibliothek 93
  Stadtarchiv (Ratsbibliothek) 88, 95 f., 106, 117, 120
Altzelle; Zisterzienserkloster 15, 53, 92, 191, 193, 294
Alveldt, Augustin von 79 f.
Amann, Konrad 100, 127, 132
Ambrosius 106, 205, 224
Amerbach, Veit 236
Ammonios 221, 229
Amsdorf, Nikolaus von 108, 176, 184 f., 188, 191, 250, 255, 257, 260, 263, 274
Anakreon 229
Andreae, Jakob 281
Angelus de Claviso 61
Annaburg 125
Anshelm, Thomas 97, 197, 217 f., 225, 291
Antonius Florentinus 57
Antwerpen 23 f., 28-30, 32, 200, 227
Antworter OFM, Georg; *Würzburger Weihbischof* 43-45
Apian, Peter 191
Apolonia; *Tochter Heinrichs des Mittleren und Margaretes von Sachsen* 169
Aquitanus, Prosper 250, 266
Arat 223, 229
Aretius, Benedictus 299
Aristeides 229
Aristophanes 110, 229
Aristoteles 111, 214, 222, 224, 228, 231, 235, 238
Arminius 116
Arnaldus de Villa nova 135 f.
Ascenius 94
Athanasius 231 f.
Athen 239
Athenaios 231
Äthiopien 234
Augsburg 15, 24 f., 28, 33, 73, 118, 244, 261 f., 264 f., 267, 269, 273, 279 f., 282 f., 295 f., 300
  Bistum 50 f., 58
  Reichstag 118, 264
August; *Kurfürst von Sachsen* 249, 284

Augustinus, Aurelius 58, 106, 177
Aurifaber, Johann 180, 186, 263
Aurogallus, Matthäus 229
Aventin, Johannes 110, 116

Babylon 260, 262, 288
Baldershain, Adolar 196 f., 205, 207
Baldus de Ubaldis 117
Bamberg 28 f., 63 f., 136
Bistum 50
Baptista de Tortis 117
Barbari, Jacopo de 142
Barbarus, Hermolaus 115
Barby 132, 138
Baronio, Cesare 300
Barterode (bei Göttingen) 66 f.
Bartholomaeus, Johannes 297, 299
Bartolus de Saxoferrato 117
Bärwald, Jakob 246, 275
Basel 28, 32 f., 62, 64, 73, 82, 108, 159, 200, 203, 215, 223, 228, 231 f., 234-236, 238, 291
Basilius 229, 231 f.
Bastel; *unehelicher Sohn Kurfürst Friedrichs III.* 152-154
Baumgarten, Hermann 144
Baumgartner, Hieronymus 221
Bautzen 216
Bayern 14, 116, 134, 154
Becker, Carl Ferdinand 16
Becker, Cornelius 37, 297-299, 302 f.
Beda Venerabilis 299
Behm, Hermann 168
Bellarmin, Robert; *Kardinal* 299
Bembo, Pietro; *Kardinal* 111
Benno; *Bischof von Meißen* 31
Berching 55
Berlin 17, 116, 169 f., 231
    Staatsbibliothek 96, 169 f., 231
Bernhard von Clairvaux 107
Bernbeuren 58
Berndt, Gregor 181 f.
Beroald der Ältere, Philipp 111
Berthold von Henneberg; *Erzbischof von Mainz* 10
Besold, Hieronymus 187
Bestolz, Peter 151
Betmeister, Hans 158
Beucha (bei Leipzig) 283
Beuren; Kloster 14
Beza, Theodor 284, 299
Biberach 55
Biel, Gabriel 58
Biondo, Flavio 209
Bodeker OPraem, Stefan; *Bischof von Brandenburg* 42 f., 45
Bodenstein → siehe *Karlstadt, Andreas*
Boethius 225
Böhmen 48
Boineburg, Johann Christian von 17
Bologna 111, 199, 219
Bonaventura 58, 299
Bonstetten, Albrecht von 139
Boort, Henricus 58
Bora, Katharina von 130
Borna 126
Borner, Caspar 36, 191-211, 226, 294 f.
Börner, Christian Friedrich 195 f.
Böschenstein, Johannes 93
Bose, Johann Andreas 242
Bott, Martin 37, 241-255, 262, 264-276
Brandenburg 42 f., 45, 209
    Bistum 57, 131
Brandis, Carl Georg 223 f.
Brant, Sebastian 62, 64
Brassicanus, Alexander 211
Braubach, Peter 246, 270
Braunschweig 57, 65 f., 177, 263, 266
Braunschweig-Lüneburg; Herzogtum 142, 147 f., 209
Bremen 256, 271, 273
Brenbach, Konrad 57
Brenz, Johannes 108, 200, 299
Breslau 28, 32 f., 62, 74, 97
Bresnicer, Alexius 21
Bretten 218, 231
Briesmann, Johann 95
Brixen 53
Brück, Gregor 183
Bruck, Robert 128, 132, 142
Brunfels, Otto 119
Bucer, Martin 108, 184, 215, 300
Budaeus, Gulielmus 110

Buder, Christian Gottlieb 249
Bugenhagen, Johannes 36, 91, 101 f., 108, 159, 161 f., 167, 170 f., 175-177, 200, 239, 300
Bullinger, Heinrich 106, 227, 281
Bünau, Heinrich von 133, 144, 146
Bünting, Heinrich 300
Burckhardt, Stephan 95
Burkhardt, Johannes 22

Calvin, Johannes 30, 281, 283 f.
Camerarius, Joachim 92, 115, 216, 226, 231 f., 234, 236, 238
Carion, Johannes 116, 300
Carl, Gottlieb Matthias 45
Carleti, Angelus 61
Cäsar, Gaius Julius 110, 114, 209
Cäsarius von Heisterbach 52
Castellion, Sébastien 300
Castelnuovo → siehe *Herceg Novi*
Cato 112
Catull 110
Celan, Paul 214
Cellarius, Johann 105
Celle 169 f.
Celsus, Aulus Cornelius 119
Celtis, Conrad 224
Chammünster 55
Chemnitz; Benediktinerkloster 193 f.
Chemnitz, Martin 299
Chilian, Laurentius 95
Chilian, Michael 95, 106, 112
Christian III.; *König von Dänemark* 176, 180
Chrysostomos, Johannes 106, 205, 232
Chur; Bistum 50, 61
Chytraeus, David 300
Cicero, Markus Tullius 58, 110-112, 121, 214, 225, 229, 236
Clemens VII.; *Papst* 209, 213
Clemens von Alexandrien 232
Coburg 27, 126 f., 131, 133, 165, 248, 253
Cochlaeus, Johannes 9 f., 108
Colditz; Jagdschloss 125, 146
Columella 112
Cordatus, Conrad 182
Cordus, Euricius 290
Cornarius, Janus 232
Cranach der Ältere, Lucas 121, 128, 142, 157 f., 162 f., 169
Cranach der Jüngere, Lucas 173
Crotus Rubeanus 80
Cruciger, Caspar 36, 178, 181-183, 185 f., 260
Cyprian 106
Cyprian, Ernst Salomon 94, 110, 121
Cyrill von Alexandrien 106, 235

Damascenus, Johannes 299
Daneau, Lambert 300
Dänemark 103, 116, 180
Danzig 28, 32 f.
Dasypodius 204
Demosthenes 110, 228 f.
Dessau 216
Deventer 58, 200
Dietenberger, Johannes 12
Dietrich III. von Bocksdorf; *Bischof von Naumburg* 53 f.
Dietrich, Veit 174, 178, 181-183, 185 f., 300
Dietrich von Nieheim 81
Dio, Cassius 231
Dio Chrysostomus 114
Diogenes 112
Donatus → siehe *Aelius Donatus*
Donauwörth 55
Döring, Christian 162 f.
Dottanius, Georg 294
Drach, Peter 24, 88
Dresden 134 f., 162, 193, 244, 280
Duderstadt 57
Durandus, Guillelmus 107
Dürer, Albrecht 64, 120
Dürrenmatt, Friedrich 214
Duns Scotus, Johannes 299

Ebendorfer, Thomas 58
Eber, Paul 239
Eberbach; *Zisterzienserkloster* 41
Echter von Mespelbrunn, Julius; *Fürstbischof von Würzburg* 54
Eck, Johannes 12, 35, 49, 83 f., 88, 105, 108, 177, 276

Edenberger, Lucas 222, 241
Eichsfeld 14
Eichstätt 45
  Bistum 47, 50 f.
Einsiedel, Heinrich von 126
Eisleben 246, 275 f.
Ellinger, Johann Heinrich 18
Elsaß 32, 99, 108
Embrico; *Bischof von Augsburg* 51
Emser, Hieronymus 12, 83, 108
England 20, 27, 29, 32, 177, 262
Ephesus 220
Epiphanios 232
Epp OESA, Sigismund 131
Erasmus, Desiderius 11, 16, 35, 82, 94, 101 f., 106, 110 f., 113, 177, 200, 215, 227, 231, 234, 288 f., 291 f., 301
Erfurt 16, 28, 43, 50, 52 f., 57, 93, 105, 131, 168, 228, 232, 236, 254, 265
  Augustinereremitenkloster 265
  Evangelisches Ministerium 228
  Humanistenkreis 91, 111, 113
  Rat 254
  Universität 80, 91
Erlangen 74
Erlbach, Georg 51
Ernst I.; *Herzog von Braunschweig-Lüneburg* 147 f., 152 f., 167
Eschuid, Johannes 223
Esseg 207
Esslingen 14
Euripides 110, 229, 232
Eusebius 114, 224, 232

Fabri, Johannes; *Bischof von Wien* 62
Fabricius, Georg 191 f., 210, 229, 300
Feigenbaum, Johann 62
Feil, Johannes 156, 170
Feller, Joachim 36, 195
Ferinarius, Johannes 231
Ferus, Johannes 300
Feyerabend, Sigmund 271, 300
Ficino, Marsilio 113, 219, 300
Fincel, Hiob 246, 250, 257, 259, 275
Firmicus Maternus, Iulius 223
Flacius, Matthias 187, 250 f., 254-256, 260, 262-267, 272 f., 300
Florenz 28, 113, 117, 219, 232, 234, 238, 289
Florus 114
Franck, Matthias 297, 299
Franken 147
Frankfurt am Main 24, 28 f., 32 f., 57, 61, 197, 214, 221, 231, 237 f., 244, 246 f., 270
  Messe 197, 221, 225, 247
Frankfurt an der Oder 28, 268
Frankreich 22, 27, 29, 32, 103, 107, 200, 207, 224, 262, 300
Franz; *Herzog von Braunschweig-Lüneburg* 167-169
Freiberg 205, 234 f., 279
Freiburg im Breisgau 162
Freising 51, 53
  Bistum 50
Friedrich I.; *Kaiser* 39
Friedrich III.; *Kurfürst von Sachsen* 35, 87 f., 94 f., 114, 117, 125-132, 134 f., 139, 142-144, 146 f., 149-152, 156, 159, 161-163, 165, 168-170, 210, 221 f., 225
Fries, Wolf 97, 149
Fritsch, Johann 18 f.
Froben, Hieronymus 200, 203, 205, 229, 235
Froben, Johannes 97, 200, 291
Fuchs, Leonhard 119, 234
Fuchssteiner, Sebastian 13
Fugger; Familie 219, 261
Fulda 138 f.
Funk, Engelhard 211
Füssen 51, 58
Fust, Johann 107

Gaguin, Robert 224
Galenus 119, 222, 232
Gallus, Nikolaus 188, 247, 250 f., 254-257, 261 f., 265, 267 f., 270-274
Gatenara, Marcus 119
Gaubisch, Urban 246, 275 f.
Gaza, Theodor 110
Geißler, Heinrich 246, 265, 267, 270-274
Geldern; Herzogtum 209
Gelenius, Sigismund 229, 235
Gellius, Aulus 205
Genf 28, 30

Gensch, Christian 18
Georg; *Herzog von Sachsen* 25, 27, 30-32, 83, 108, 132, 193
Georg III.; *Fürst von Anhalt* 284 f., 299
Georgenthal; Klosterbibliothek 87, 91
Georg von Löwenstein; *Bamberger Domherr* 63f, 66
Gerhard II. von Goch; *Bischof von Naumburg* 53
Gerlach, Otto von 76
Gersdorf, Ernst Gotthelf 196
Gerson, Johannes 107, 299
Gertitz, Ambrosius 135
Gigas, Johannes 300
Giovio, Paolo 300
Glitsch, Konrad 49 f.
Glogau; Kirchenbibliothek 96 f.
Goertz, Margarethe 26
Görlitz 181
Goethe, Johann Wolfgang von 248 f.
Gorp, Jan van 300
Gotha 244
  Forschungsbibliothek 16, 35, 88, 93, 96, 105, 107, 112, 121, 129, 134, 168
  Herzogliche Bibliothek → siehe *Gotha, Forschungsbibliothek*
Gottfried von Spitzenberg; *Bischof von Würzburg* 39 f.
Göttingen 66 f.
Gratian 117
Graubünden 61
Gregor der Große; *Papst* 58, 299
Gregor von Nazianz 106, 200, 205, 231 f.
Gregor von Valencia 299
Greifswald 225
Grimm, Heinrich 188
Grimma 126
Grünhain; Zisterzienserkloster 92
Gruner, Vincentius 191
Grumbach, Argula von 108
Grumbach, Wilhelm von 244
Grynaeus, Johann Jakob 300
Grynaeus, Simon 235 f.
Guarinus, Baptista 58
Guido von Monte Rocherii 60
Güldenapfel, Georg Gottlieb 248
Guldin, Johannes; *Konstanzer Domherr* 55
Gundermann, Erhard 246, 250, 256, 268
Gutenberg, Johannes 12, 19, 21, 25, 57
Gwalther, Rudolf 284, 299, 300

Hachenburg, Johann 250, 274
Hagenau 32, 114, 159, 231 f., 234, 238, 291
Halberstadt 73, 156, 196, 267
Halle an der Saale 17, 152, 155, 227
  Servitenkloster 92
Hamburg 300
Hananias 207
Hannover 263
Hardenberg, Albert 271
Hartung, Simon 59
Harvard; Houghton Library 229
Harz 14
Haubitz, Erasmus von 277
Heerwagen, Johannes 200
Heffner, Claus 140, 144
Heidelberg 74, 126, 223 f., 232, 238
Heiliges Land 39, 274, 297
Heilbronn 55
Heinrich I.; *deutscher König* 115
Heinrich II.; *Kaiser* 115
Heinrich V.; *Herzog von Sachsen* 103, 279, 282-285
Heinrich; *Herzog von Braunschweig-Lüneburg* 142, 169
Heinrich I.; *Markgraf von Meißen* 52
Heinrich, Nikolaus 271
Heinrich Raspe; *Gegenkönig zu Kaiser Friedrich II.* 41
Helding, Michael 284
Heliodor 234
Heliodorus Alexicacus 97
Helt, Georg 231
Hemmingsen, Nils 284
Henning, Samuel 300
Herceg Novi 209
Herodot 110, 209
Herzheimer, Hans 154 f.
Heshusen, Tilemann 250, 256 f., 268, 271-276, 299
Hesiod 234
Hessen 14, 126, 134, 209
Hessus, Johann Dulcus 105
Hessus, Helius Eobanus 93, 111, 222
Heuglin, Anton 241

Hieronymus 106
Hilaria von Augsburg 168
Hilarion von Gaza 168
Hilarius 106
Hildebrandt, Ernst 90, 128 f., 143, 149, 165, 222
Hinderbach, Johannes; *Bischof von Trient* 62, 64, 66
Hiltebrant 218
Hippokrates 119, 234
Hispanus, Petrus 58
Hohenlohe, Gottfried von 51
Homer 110, 229, 234
Hondorff, Andreas 299
Horaz 95, 110
Horb 55
Hovet, Johann 59
Hrotsvit von Gandersheim 224
Huberinus, Caspar 299
Hufner, Stefan 57
Hugo von Ripelin 57
Hugo von Saint-Cher 299
Hunnius, Ägidius 300
Hutten, Ulrich von 80, 82, 111, 116, 118, 177

Irenäus von Lyon; *Bischof* 234
Isidor von Sevilla 115
Isny (im Allgäu) 55-57
Isokrates 223
Israel → siehe *Heiliges Land*
Italien 27, 29, 32, 103, 106, 111, 113, 116, 142, 206 f., 209, 213, 219

Jamblich 224
Jena 18 f., 27 f., 36 f., 68, 73 f., 115, 127, 129, 132, 134, 143, 150, 159, 168, 174, 176, 180 f., 184-189, 223 f., 232, 241-255, 258-276, 300
  Bibliotheca Electoralis 241, 245, 248-250, 253
  Buchdruck und –handel 242, 244, 246, 248, 252 f., 258-275
  Dominikanerkloster 241, 253
  Lutherausgabe 181, 185-189, 264
  Universität und Universitätsbibliothek 92, 96, 114 f., 127 f., 174, 176, 180, 223 f., 232, 241 f., 248 f., 276
Jerusalem 207, 274
Jesaja 239
Johann; *Kurfürst von Sachsen* 125-127, 130, 142, 147, 167, 277
Johann; Herzog von Sachsen, *Sohn Herzog Georgs* 162
Johann IV. von Breslau; *Bischof* 51
Johannes III. Grünwalder; *Fürstbischof von Freising* 51
Johannes II. von Schleinitz; *Bischof von Naumburg* 53
Johannes III. von Schönberg; *Bischof von Naumburg* 53
Johannes von Garlandia 58
Johannes von Hirschfeld 152 f.
Johann Casimir; *Herzog von Sachsen-Coburg-Eisenach* 253
Johann Friedrich I.; *Kurfürst von Sachsen* 87, 93, 96, 99 f., 132-134, 154 f., 163, 179 f., 183, 188, 222, 241, 244, 248
Johann Friedrich II.; *Herzog von Sachsen-Weimar* 37, 241, 244, 248, 250 f., 253 f., 258 f., 262, 269, 273, 279
Johann Friedrich III.; *Herzog von Sachsen-Weimar* 241, 244, 250, 258 f., 269, 279
Johannes Markus von Aldringen; *Bischof von Seckau* 62
Johann Wilhelm I.; *Herzog von Sachsen-Weimar* 241, 244, 250, 258 f., 269, 279
Jonas, Justus 91, 108, 181, 228
Josephus, Flavius 114, 300
Jovius, Paulus 118
Judäa 274
Jünger, Ernst 214
Justinus Martyr 114, 234, 238

Kahla (bei Jena) 246, 268
Kaiser, Hermann; *Propst im Wittenberger Allerheiligenstift* 131
Kallimachos 235
Kapellendorf 59
Karlstadt, Andreas 49, 108 f.
Karl V.; *Kaiser* 27, 77, 115, 177, 207, 209, 213
Karpe, Georg 245, 248 f., 254
Katzianer, Hans 207

Kaufbeuren 13, 290
Martinskirche 290
Kempten 55
Kirchner, Ambrosius 246, 265
Kirchner, Wolfgang 246, 271-273, 275
Kiss, István Szegedi 300
Kitzingen 239
Kitzscher, Johannes 138
Kitzscher, Jurg 151
Kitzscher, Friedrich; *Propst des Wittenberger Allerheiligenstifts* 138
Kleve; Herzogtum 209
Kloss, Georg 214 f.
Klug, Joseph 183 f.
Knot, Paulus 161, 171
Koberger, Anton 24, 215, 295
Köln 28-30, 32 f., 52, 126, 203, 205, 220, 231
Kolbe, Andreas 272
Komerstadt, Hieronymus 236
Kommotau 229
König, Konrad 242, 244-246, 248, 254-256
Konrad III. der Sendlinger; *Bischof von Freising* 51
Konrad II. von Thüngen; *Fürstbischof von Würzburg* 54
Konstantin; *römischer Kaiser* 118
Konstanz 51, 55, 81, 83
Bistum 50
Korneuburg 50
Köster, Lorenz Sigismund 18
Köthen 178
Kraft, Adam 138
Kramer, Nicodemus 246, 250, 266
Kramm, Heinrich 215
Krantz, Albert 116
Krentzheim, Leonhard 300
Küchenmeister, Sebastian 143
Kune, Kirstan 134

Laktanz 106
Lambert, Franz 108
Lampe, Heinrich 65 f.
Landsberg, Martin 136
Lang, Johannes 232, 234
Laskaris, Konstaninos 218
Lauenstein, Wolf von 180
Lauffen am Neckar 55
Lavater, Ludwig 299
Lehnin; Zisterzienserkloster 92
Leibniz, Gottfried Wilhelm 17
Leipzig 13, 15, 19, 24-30, 32-34, 36 f., 43, 53, 57 f., 73 f., 79, 84, 131 f., 136 f., 142, 151, 173, 191-203, 209 f., 221, 238, 244, 246, 254, 275, 282-284, 287, 290 f., 293-295, 297-304
Augustinerchorherrenstift 194 f., 210, 293, 294
Buchdruck und –handel 19, 24 f., 27-30, 32 f., 73 f., 136 f., 142, 196, 200 f., 244, 246 f., 254, 275, 290 f.
Dominikanerkloster 15, 92, 191, 193-195, 294
Franziskanerkloster 194
Leipziger Disputation 79, 84
Messe 221, 247, 254
Rat und Ratsbibliothek 53, 106, 196, 299 f., 303 f.
St. Nikolai 37, 287, 293-295, 297-304
Thomaskirche 15, 290 f., 293-296, 303 f.
Thomaskloster → siehe *Leipzig, Augustinerchorherrenstift*
Thomasschule 191 f., 197, 203-205, 293
Universität und Universitätsbibliothek 13, 36, 43, 57 f., 96, 106, 136, 177, 191-199, 203, 209, 226, 292, 294, 297, 301, 304
Leon, Johann 250, 271
Leoniceno, Nicolò 215
Leo X.; *Papst* 105
Liebertwolkwitz (bei Leipzig) 283
Linck, Wenzeslaus 93, 108
Livius, Titus 114, 215
Lobkowitz zu Hassenstein, Sigismund von 229, 231 f., 238
Lochau 125-127, 140, 142, 146, 151, 156-158, 163, 164-171
Jagdschloss 125
Lagerbuch 126, 156-158, 165-171
Lochmair, Michael 58
Lommer, Markus 55
London 24, 27-30, 32, 214
Lorenz von Bibra; *Fürstbischof von Würzburg* 54
Loeser, Thamo; *Meißner Domherr* 143
Lotter der Jüngere, Melchior 71, 73, 105, 290
Lotter, Michael 185
Lübeck; Bistum 41

Ludolf von Magdeburg; *Erzbischof* 40 f.
Lufft, Hans 26, 161, 170 f., 184, 205, 279
Lukian 110, 113, 225, 228, 233, 235
Lupi, Johannes 61
Lüttich 82
Lützen 284
Luther, Martin 9 f., 12-15, 19-21, 25, 30 f., 35 f., 47 f., 49, 64, 68-71, 73-85, 88 f., 91, 94 f., 101-105, 107 f., 117, 121 f., 125-130, 139, 149, 158 f., 161-163, 165, 167, 169-171, 173-189, 192, 200, 207, 209, 213-216, 220, 223, 227, 229, 234, 241 f., 250, 252, 255, 258, 260, 264, 267, 270, 274, 276-280, 282, 285-293, 295, 297-300
Lyon 27-29, 200, 234
Lysias 223

Mader, Felix 39
Magdeburg 10, 27 f., 40 f., 187, 246, 257, 265, 271-273, 275 f., 285, 300
Magellan, Ferdinand 203
Mailand 28, 218
Mainz 28, 30, 41, 107, 159, 236
  Erzbistum 10, 50, 52, 61
Maior, Georg 93
Makarios 235
Manilius 223
Mann, Golo 214
Mantua 177, 281
Mantuanus, Baptista 110 f.
Marbach 55
Marbach, Johannes 299
Marburg 272
Marcellus, Johannes 224
Margarete von Sachsen; *Herzogin von Braunschweig-Lüneburg* 142, 169
Marienthal; Kloster 61
Mark Aurel; *römischer Kaiser* 220, 235
Markkleeberg (bei Leipzig) 283
Markranstädt (bei Leipzig) 285
Marschalk, Nicolaus 142
Martin V.; *Papst* 289
Mathesius, Johannes 174, 299
Mattenclot, Alhard 66 f.
Manutius, Aldus 24, 91, 97, 106, 111 f., 115, 200, 205, 219 f., 222, 228, 230-236
Maximilian I.; *Kaiser* 82, 94, 114 f., 117
Maximos von Tyros 220, 235
Mecklenburg-Vorpommern 45
Meiferth, Johannes 135
Meißen 103, 134, 143, 147, 149, 191, 193, 262, 279, 283
  St. Afra, Schulbibliothek 193
Mela, Pomponius 118
Melanchthon, Philipp 15, 21, 30, 36 f., 89, 91-94, 97, 101 f., 105, 108, 110 f., 115, 120, 158 f., 162, 173, 175, 177 f., 182 f., 192, 200, 207, 211, 213-236, 238 f., 250, 256, 271 f., 277-284, 299 f.
Mellrichstadt 135 f.
Mencelius, Hieronymus 300
Menius, Justus 181, 250, 255, 260, 263
Mergentheim 68
Merseburg 34, 284-286, 294
  Bistum 48 f.
  Hochstift 284-286
Metsch auf Mylau, Levin 186
Minden 147
Mitteldeutschland 52, 87
Mockau (bei Leipzig) 283
Molau, Barthol 19
Molitoris, Ulrich 58
Monner, Basilius 242
Montanus, Benedictus Arias 300
Montenegro 209
Mörlin, Joachim 266, 276, 300
Moritz; *Kurfürst von Sachsen* 194
Morus, Thomas 113
Mosellanus, Petrus 191, 210 f., 232, 291
Moser, Wolfgang 247
Mühlhausen 271
Müller, Christian 272
München 73, 136
Münchhausen, Ludolf von 21
Münster 207
Münster, Sebastian 106
Müntzer, Thomas 49 f., 108
Murner, Thomas 83 f.
Musa, Anton 284
Musculus, Andreas 268
Musculus, Wolfgang 284, 300
Mutianus Rufus, Conradus 88, 91-93, 110 f., 113

Myconius, Friedrich 186, 207
Mylius, Johann Christoph 128

Nauclerus, Johannes 217 f.
Naumburg 247
 Bistum 46-48, 53 f., 62, 68
 Domstift 34
 Messe 247
Nausea, Friedrich 299
Neapel 27 f.
Neuenahr, Hermann von 291 f.
Nider, Johannes 58
Niederlande 22, 29, 200
Niederösterreich 50
Niedersteinbach (bei Rochlitz) 48 f.
Niemeck, Anton 146 f., 149
Nikolaus von Kues 118
Nikolaus von Lyra 58, 107, 299
Nithart, Egbert 147
Nordgau 55
Nordhausen 177
Nürnberg 28-30, 32 f., 62, 64, 88, 92, 115, 117, 126, 131, 149, 159, 168, 187, 200, 214, 221, 295
Nürtingen 55

Oberösterreich 50
Obsopoeus, Vincentius 232, 236
Oehlhafen von Schöllenbach; *Leipziger Ratsherrenfamilie* 25
Oekolampad, Johannes 108, 110, 177, 238
Oertel, Veit 217, 232
Oldradus de Ponte 62
Oporinus, Johannes 232, 234, 236
Origines 106, 299
Orlamünde (in Thüringen) 49 f.
Orosius, Paulus 115
Osiander, Andreas 187, 274
Österreich 17, 50, 52, 55
Othmar, Silvanus 15, 295 f.
Otto, Anton 177
Otto I.; *Kaiser* 115
Otto II.; *Kaiser* 115
Otto III.; *Kaiser* 115
Otto I.; *Herzog von Braunschweig-Lüneburg* 147 f., 152 f.
Otto III. von Hachberg; *Bischof von Konstanz* 51
Otto von Lonsdorf; *Bischof von Passau* 51
Otto von Freising 115
Ovid 110

Padua 191, 210
Palladius 112
Panitzsch (bei Leipzig) 283
Paracelsus → siehe *Theophrast von Hohenheim*
Parcus, Franz 291
Paris 27-29, 32, 52, 59, 94, 200, 215, 229, 234 f., 291
Parentucelli, Tommaso 100
Passau; Bistum 50 f.
Paul III.; *Papst* 203
Pauli, Simon 299
Paulus Aegineta 119
Paulus von Tarsus 255, 264
Pegau 17, 194
Peinick, Wolfgang 295
Pelagius 266
Pelbart von Temesvar 58
Pellikan, Konrad 299
Perroti, Niccolò 138
Peter von Schaumberg; *Bischof von Augsburg* 51
Peter von Schleinitz; *Bischof von Naumburg* 53
Petrarca, Francesco 100, 111, 113
Petri, Heinrich 200
Petrus de Crescenciis 49 f.
Petrus de Natalibus 106
Petrus Lombardus 57, 107
Peucer, Caspar 216
Peuerbach, Georg 118
Peutinger, Konrad 25, 99, 215
Pezel, Christoph 216
Pfalz 209
Pfeffinger, Degenhart 120, 131, 144, 151, 154, 255, 262
Pfeil, Johannes 192, 211
Pflug, Julius; *Bischof von Naumburg* 45 f., 53 f., 62, 68, 191
Pforzheim 37, 106, 218, 220, 229
Phaidon 228
Philaretus 119

Philipp I.; *König von Kastilien, Leon und Granada* 94
Philipp; *Landgraf von Hessen* 274
Philon von Alexandria 299
Philoponos, Johannes 221, 235
Pico della Mirandola, Giovanni 111, 113, 215, 219
Pico della Mirandola, Giovanni Francesco 224
Piccolomini, Enea Silvio → siehe *Pius II.*
Pirckheimer, Willibald 118, 120, 203
Pistoris, Simon 136
Pittorio, Luigi Bigi 291
Pius II. ; *Papst* 116, 118
Planitz, Hans von der 277
Plantsch, Martin 58
Platon 111, 214, 219, 228, 230, 235 f.
Plautus 110
Pleydenwurff, Hans 63 f., 66
Plinius 112, 114, 118, 203
Plotin 219
Plutarch 112-114, 224, 236
Poach, Andreas 250, 265
Poliander, Johannes 203
Poliziano, Angelo 111
Pollich, Martin 135 f.
Pollux, Julius 110
Polybios 236
Pontano, Giovanni 205
Prag 28, 32, 43, 95, 209
Prettin 57
Preußen 203
Prierias, Silvester 79 f.
Probstheida (bei Leipzig) 283
Probus, Marcus Valerius 204
Prokopius von Caesarea 209
Ptolemaeus, Claudius 118, 203 f., 223, 227, 236
Pythagoras 236

Quedlinburg 266
Questenberg, Jakob 236

Ratoldt, Erhardt 197
Ratzeberger, Matthäus 176, 255, 265
Ratzeburg; Bistum 41, 49
Rauw, Johann 300
Ravenna 142
Rebart, Thomas 244-248, 252, 254-256, 262-275
Regensburg 51, 53, 177, 209, 246 f., 251, 254, 259, 267, 270-274
  Bistum 50
Regiomontanus, Johannes 201
Reifenstein; Zisterzienserkloster 14
Reiffenstein, Johannes 213
Reineccius, Reiner 300
Reinhardsbrunn; Benediktinerkloster 92
Reißenbusch, Wolfgang 142
Reitemeier, Arnd 55
Renner, Adam 138
Renner, Christoph 139
Reuchlin, Johannes 37, 90-92, 106, 111, 113, 214 f., 217-221, 224 f., 229, 231, 235 f., 238, 291 f.
Reusner, Adam 299
Reyser, Georg 54
Rhau, Georg 186
Rhegius, Urbanus 177, 299
Rhenanus, Beatus 88, 99, 116
Rhodiginus, Coelius 110
Richter (Judex), Matthäus 250 f., 265 f.
Richtzenhain, Donatus 244, 246, 252, 266-268, 273-275
Ricius, Paulus 113
Rihel, Josias 244
Ringelberger, Joachim 203
Rochlitz 48 f.
Rödinger, Christian 184, 244, 246, 252, 258-262, 264, 268 f.
Rolevinck, Werner 116
Rom 27 f., 30, 80, 83, 103, 114, 175, 191, 203, 209, 213, 298
Rörer, Georg 36, 100, 173-189, 241 f., 260
Rösslin, Eucharius 119
Rostock 28, 147, 225
Roth, Friedrich 300
Roth, Stefan 159, 167, 181, 184, 186, 188
Rothe, Heinrich 300
Rotschitz, Georg von 117
Rudolf, Gerhard 139
Rudolf II. von Scherenberg; *Fürstbischof von Würzburg* 54
Rudolstadt 17, 49, 61
Rühel, Konrad 185

Runge, Jakob 225
Rynmann, Johann 296

Sabellicus, Marcus Antonius 58, 115, 192, 209
Saccius, Siegfried 300
Sachsen 13-15, 90, 93, 116, 128, 132, 134, 143, 154, 193, 194, 207, 277-280, 282 f., 286, 300
Sacrobosco, Johannes de 203
Sagittarius, Caspar 115
Sagittarius, Paul Martin 117
Sallust 110, 112
Salzburg; Kirchenprovinz 50, 53, 197
Sängerin, N.N. 143-145
Saphira 207
Sarcer, Erasmus 207, 300
Saulgau 55
Saxo Grammaticus 116
Scaliger, Joseph Justus 300
Schaumburg, Silvester von 79
Schedel, Hartmann 100, 115
Schenitz, Anton 209
Schenitz, Hans 209
Scheu, Peter 57 f., 61
Scheurl, Christoph 88, 93, 147
Schirlentz, Nickel 278
Schkeitbar (bei Leipzig) 284
Schlaginhaufen, Johann 178 f., 186
Schlegel, Christian 96
Schleswig-Holstein 49, 66
Schlettstadt 32
Schmalkalden 179 f., 209, 225, 263 f., 269, 280
Schmuck, Vinzenz 297, 299
Schnepff, Erhard 185
Schober, Barthel 147
Schöffer, Peter 107
Schönefeld (bei Leipzig) 283
Schramm, Christoph 185, 188, 229
Schreiber, Heinrich 196 f.
Schreiter, Nikolaus 131
Schumann, Valentin 290 f.
Schurff, Hieronymus 277
Schuward, Johannes 300
Schwaben 14
Schweden 218
Schweinfurt am Main 62
Schweinitz 167-171
Schweiz 32 f., 50 f., 58, 178, 214
Schwenckfeld, Kaspar 250, 255, 263 f.
Seckau; Bistum 62
Seeburg 57
Seeburg, Johannes 57
Selnecker, Nikolaus 15, 295, 297, 299 f.
Seneca 112, 227, 300
Senensis, Sixtus 300
Seratoris, Johannes 58 f.
Setzer, Johann 231
Sibutus, Georg 115, 132 f.
Sickingen, Franz von 208 f.
Siculus, Diodorus 232
Siegfried III. von Eppstein; *Erzbischof von Mainz* 41
Sigismund; *Kaiser* 83
Silvester I.; *Papst* 118
Simler, Georg 218
Simon, Heinrich 19
Simpert; *Bischof von Augsburg* 168
Simplikios 221, 238
Singer, Adam 135 f., 138-144, 146, 152
Sleidanus, Johannes 300
Sobel, Grzegorz 97
Solinus, Gaius Julius 118
Sophokles 228, 237 f.
Spalatin, Georg 35 f., 77, 87-123, 126, 128-130, 143, 146-149, 152-154, 158 f., 161, 165, 167-171, 179, 220-223, 225, 228, 241
Spalatin, Katharina 95 f.
Spangenberg, Cyriacus 300
Spangenberg, Johann 284-286
Spanien 29, 103, 300
Speyer 28 f., 60, 88
Stadianus, Franciscus 235
Steiermark 50
Stella, Erasmus 118
Stephanus, Robert 234
Stifel, Michael 14
Stigel, Johann 250, 255 f., 261 f., 268
Stobaios 238
Stöckel, Wolfgang 11, 290 f.
Stoeffler, Johannes 201, 203
Stollberg 131
Stoltz, Johannes 176, 250, 255, 262
Strabo 118

Straßburg 13, 28 f., 32 f., 73, 151, 159, 200, 215, 229, 236, 244, 272
Streler, Johannes 219
Strigenitz, Georg 300
Sueton 114, 199
Suidas 300
Sulzbach 55
Surgant, Johann Ulrich 59 f.

Tacitus 114, 116, 209
Taubenheim, Christoph 126
Taucha (bei Leipzig) 283
Tauler, Johannes 107
Teistungenburg; Zisterzienserinnenkloster 14
Terenz 110, 229
Tertullian 106, 205, 223
Tetzel, Johannes 191
Teupitz 236
Theodoret von Cyrus 234, 238, 299
Theokrit 238
Theophrast von Hohenheim 111
Theophylaktos Simokates 228, 238, 299
Thietmar von Merseburg; *Bischof von Merseburg* 115
Thomai, Petrus; *Jurist aus Ravenna* 142
Thomas von Aquin 57, 295, 299
Thomas von Kempen 68
Thukydides 209, 238
Thüringen 14, 36, 49, 59, 61, 90, 93, 96, 105, 112, 114, 128, 134, 156, 223 f., 248, 258, 262, 277
Tischer, Fabian 149 f., 154
Tischer, Thonius 156
Tisscher, Barthel 146
Tomeo, Niccolo Leonico 200
Torgau 94, 96, 125, 134, 139 f., 142, 144, 146, 161 f., 164, 167, 170 f., 278
Tremellius, Immanuel 300
Trient 62, 64
Trier 209
Trithemius, Johannes 144, 146
Tübingen 9 f., 217 f., 229, 231
Tucher, Stephan 187 f.
Tulln 50
Türkei 207, 209

Ulm 28 f., 55, 289
Ulno, Hans 140
Ulrich von Augsburg; *Bischof* 168
Ungarn 209
Uppsala 218
Urban, Heinrich OCist 88, 91
Urbanus; *Poet und vermutlich Kaplan der Wittenberger Schlosskirche* 138, 151
Ursinus, Johannes 250, 255, 261

Valerius Maximus 114
Valla, Lorenzo 106, 113, 118, 204
Venedig 25, 27 f., 32, 91, 97, 106, 138, 197, 200, 219, 223, 225, 230, 232 f., 235, 238
Vergil 95, 110, 215
Vermigli, Petrus Martyr 299
Versor, Johannes 58
Vincentius, Petrus 142, 231
Vischer, Christoph 300
Vogel, Bartholomäus 185
Vogtland 103, 279
Vollandt, Ambrosius 143

Walch, Johann Georg 74
Walder, Johannes 228, 236
Walter, Johannes 138, 142, 146, 160-164, 170
Warbeck, Veit 91
Warszewicki, Stanislaw 234
Wassertrüdingen 55
Weida 151
Weidmann, Elias 301
Weimar 47, 68, 74, 96, 126 f., 129 f., 136, 139 f., 143, 154, 165, 174, 180 f., 184, 241 f., 248, 253
Weinrich, Thomas 303
Weischner, Johannes 253
Wellendörffer, Virgilius 197
Weller, Hieronymus 242, 300
Wemding 51, 55
Werdmüller, Otto 300
Werner, Abraham Gottlob 234
Westfalen 116
Westheimer, Bartholomäus 300
Wichmann von Seeburg; *Erzbischof von Magdeburg* 40 f.

Widmannstetter, Johann Albrecht 225
Wien 28, 50, 62
Wigand, Johannes 250 f., 265 f., 269 f.
Wildenfels 152
Wilhelm von Holland; *römisch-deutscher König* 41
Wimpfeling, Jakob 82, 116, 218
Winnigstedt, Johann 250, 266
Wirth, Georg 303
Wittenberg 14, 19, 24-26, 28, 30, 32-36, 68, 71-73, 79-81, 95-97, 100, 116, 125-159, 161-163, 165 f., 169-171, 173-179, 181-189, 191, 200 f., 213-217, 220 f., 223-225, 227-238, 241, 247, 260, 265-267, 270-272, 277-280, 283, 300
  Allerheiligenstift 131, 138, 143, 150, 221
  Amtsküchenrechnung 138-142, 148, 152, 154, 165
  Baurechnung 146-150
  Buchdruck und –handel 19, 24 f., 28, 30, 32 f., 71, 73, 105, 129, 162, 173 f., 183-186, 188, 200
  Evangelisches Predigerseminar 227 f., 233, 235, 237 f.
  Franziskanerkloster 131, 147, 221
  Heiltumsbuch 128
  Lutherausgabe 175 f., 179, 181, 183, 185-187, 189
  Rat 138
  Schloss 138-140, 142 f., 147-149, 152 f., 155, 223
  Schlossbibliothek 35, 81, 87 f., 90-92, 94, 97, 99 f., 102, 125-130, 134, 143, 146, 150, 155, 159, 165, 220 f., 223 f., 229, 231 f., 236
  Schlosskirche 134, 138, 143, 149-151, 154 f.
  St. Marien 159, 173, 175, 186
  Universität und Universitätsbibliothek 94, 100, 127, 131, 139 f., 142 f., 147, 165, 173, 183, 193, 216 f., 221, 223-225, 227, 232, 236, 238, 247, 266 f., 270-272
Wolfenbüttel 19, 232
Wolf; *Organist der Wittenberger Schlosskirche* 138
Worbis; Kloster 14
Worms 73, 83, 92 f., 126 f., 133, 151, 162
  Bischöfliche Bibliothek 92 f.
  Reichstag 73, 83, 126, 130
Württemberg 108, 134, 281
Würzburg 39-41, 43-45, 50 f., 54
  Bistum 50 f., 54
  Schloss Marienberg 54

Xenophon 112, 209, 238 f.

Zahna 178
Zainer, Günther 300
Zanchi, Hieronymus 299
Zeitz 34, 45 f., 48
Zürich 28, 108, 234, 238, 289, 297
Zwenkau (bei Leipzig) 285
Zwickau 17, 28, 159, 175, 184, 186, 188
Zwingli, Huldrich 108, 289

Die Autorinnen und Autoren des Bandes

Prof. Dr. Enno Bünz, Historisches Seminar, Universität Leipzig, Beethovenstr. 15, 04107 Leipzig

Dr. Hendrikje Carius, Forschungsbibliothek Gotha, Schloss Friedenstein, 99867 Gotha

Thomas Thibault Döring M.A., Universitätsbibliothek Leipzig, Beethovenstr. 6, 04107 Leipzig

Prof. Dr. Thomas Fuchs, Universitätsbibliothek Leipzig, Beethovenstr. 6, 04107 Leipzig

Dr. Heiko Jadatz, Vikar der Ev.-Luth. Landeskirche Sachsens, Karl-Wagler-Str. 1, 04703 Leisnig

Prof. Dr. Armin Kohnle, Institut für Kirchengeschichte, Theologische Fakultät, Universität Leipzig, Martin-Luther-Ring 3, 04109 Leipzig

Thomas Lang M.A., Stiftung Leucorea, Collegienstr. 62, 06886 Lutherstadt Wittenberg

Dr. Stefan Michel, Fachgebiet Kirchengeschichte, Theologische Fakultät, Friedrich-Schiller-Universität Jena, Fürstengraben 6, 07743 Jena

Dr. Joachim Ott, Thüringer Universitäts- und Landesbibliothek Jena, Bibliotheksplatz 2, 07743 Jena

Dr. Stefan Rhein, Stiftung Luthergedenkstätten in Sachsen-Anhalt, Collegienstr. 54, 06886 Lutherstadt Wittenberg

Wolfgang Sommer

Frömmigkeit und Weltoffenheit im deutschen Luthertum

Leucorea-Studien zur Geschichte der Reformation und der Lutherischen Orthodoxie (LStRLO) | 19

432 Seiten | Hardcover | 15,5 x 23 cm
ISBN 978-3-374-03624-0
EUR 48,00 [D]

Die wirkungskräftige Perspektive vom obrigkeitshörigen und politisch passiven Luthertum bei Max Weber und Ernst Troeltsch prägte lange Zeit das Bild vom Luthertum bis in das gegenwärtige allgemeine Bewusstsein. Doch diese Sicht auf das Luthertum ist schon in der ersten Hälfte des 20. Jahrhunderts und in den letzten Jahrzehnten korrigiert worden. In diese Forschungen reihen sich die hier ausgewählten Aufsätze ein, die im Rahmen der Kirchen-, Theologie- und Frömmigkeitsgeschichte Themenkreise aus der gegenwärtigen Orthodoxie- und Pietismusforschung aufgreifen, aber auch allgemein- und sozialgeschichtliche Themen tangieren. Sie haben besonders das Verhältnis des kirchlichen Amtes zur weltlichen Obrigkeit und die Bedeutung von Luthers Unterscheidung des weltlichen und geistlichen Regimentes Gottes in der Geschichte des deutschen Luthertums vom 17. bis 20. Jahrhundert im Blick.